儿童劳动的
历史考察

ERTONG LAODONG DE
LISHI KAOCHA

鲁运庚　著

人民出版社

目　录

绪　论

一、选题缘起与意义

（一）选题的缘起

若干年以前，读到庄解忧先生《英国工业革命时期童工的作用与地位》（1981）一文①，对文中描述英国工业革命期间使用四五岁儿童参加劳动的情况感到非常震惊。笔者生长在农村，对城里的生活不甚了解，但对农村的生活却很熟悉。农村八九岁的孩子参加力所能及的劳动是很正常的事情，比如割草喂牲口，或在农忙时节到田间送饭等，很少有人让小孩从事超出其负荷的劳动。当时想，英国在进行工业革命时使用儿童劳动，其他国家进行工业革命时是否也同样使用了儿童劳动？在互联网尚未普及的年代，带着上述疑问开始在国家图书馆、北京大学图书馆等处查阅相关资料一探究竟。从某种程度上说，是庄先生的文章使我对该问题产生了浓厚的学术兴趣。

这里有相互关联的两个层面：一是中国社会有无童工，程度如何；二

---

① 庄解忧：《英国工业革命时期童工的作用与地位》，《厦门大学学报（哲学社会科学版）》1981 年第 4 期。

是中小学生甚至大学生的独立性问题。对这两个层面的问题，可引用几个材料加以说明。

关于第一层面的问题，我们从比较权威的报刊、网站上，选择了从改革开放至今的一些主题相同的报道加以说明。

材料一："国营四川泸州市罐头食品厂……长年从合江县城关、福宝、九支等 10 多个区乡雇用民工 1000 多人，其中相当一部分是童工。"① 据了解，目前招用童工的企业在泸州市远不止这一家。

材料二："［1992—1993 学年第一学期］期末，我县在校中小学生 45759 人（不含高中），到今年［1993］新学期报名截止，流失学生 3050 人，流失率 6.7%，少数学校流失率达 40%"。流失的学生中绝大部分已于春节前后"到沿海开放城市打工"，"干的是一些粗活、脏活、重活，充当廉价劳动力"。②

材料三：2007 年前后，在"山西洪洞黑砖窑案"中，有 13 户"无证照的砖瓦窑非法使用童工 15 名，其中最小的年龄为 13 岁"。③

材料四：2014 年 1 月，深圳宝安一工厂涉嫌使用 69 名来自四川大凉山的童工，媒体对此曝光后竟然遭到"口诛笔伐"，甚至有人说"媒体人为了新闻丧失了自己的道德"。④

……

改革开放以来，我们对童工现象的认知有一个过程。按照卜卫研究员

---

① 孙炜：《泸州市罐头食品厂大招童工》，《人民日报》1989 年 4 月 12 日。
② 覃长祝：《学生流失严重单位莫用童工》，《人民日报》1993 年 4 月 7 日。
③ 相关报道见《山西洪洞黑砖窑案》(http://news.sohu.com/s2007/heizhuanyao/，2007 年 8 月 15 日)、《山西"黑砖窑"非法用工案》(http://news.enorth.com.cn/system/2007/06/15/001721350.shtml，2007 年 8 月 15 日) 等。
④ ［作者不详］《解救童工是在"作恶"?》(2014 年 1 月 6 日)，http://view.news.qq.com/original/intouchtoday/n2665.html；刘楠：《四川大凉山童工调查：一座村庄半数儿童辍学》(2014 年 3 月 26 日)，http://www.legaldaily.com.cn/locality/content/2014-03-26/content_5397946_2.htm，2007 年 8 月 15 日。

的说法，至少在 1997 年以前，"童工还未成为一个非常关注的社会问题"，"媒体对'童工'问题也了解甚少"。但在 2001—2002 年间，仅人民网、新华网等重点媒体关于童工现象的报道数量就累计超过了 1466 条。① 对此类现象，想一探究竟。

第二层面的问题也可通过几个典型的报道加以说明。

材料一：中国的独生子女，1979 年是 610 万人，2011 年约 1.5 亿人。这些独生子女后来被称为中国的"小皇帝"。之所以这样称呼，是因为他们在与人打交道或处理人际关系时，存在一定问题。②

材料二：中山大学博雅学院的甘阳先生说："有些学生非常以个人为中心，非常不尊重他人，也非常不知道尊重老师。比如老师给你发一条短信，很多同学是不回复的。"③

材料三：2014 年 3 月 9 日，国家邮政局市场监管司副司长刘良一称，快递业务的便捷，使有的高校学生把积攒的脏衣服快递回家去洗……④

……

类似的事例还可举出许多。

从笔者工作的学校来看，每年新生入学之际，几乎看不到独自前来报到的新生。通常情况下是由包括父母、爷爷、奶奶等在内的亲属陪同前

① 卜卫：《通过媒体报道透视童工现象——关于中国童工报道的研究报告》，《青年研究》2002 年第 8 期。

② 杨丽娅：《中国独生子女的"小皇帝病"》(2013 年 1 月 31 日)，http://news.takung-pao.com/mainland/outlook/q/2013/0131/1419219.html，2015 年 6 月 16 日。当然也有人并不赞同这种说法，认为"独生子女与非独生子女间并没有那么多差异"，他们只是一个普通的群体，和其他人一样受到社会背景、生活环境等的影响，"他们都是改革开放塑造的一代"。见顾华宁、陈俊：《专家：别"妖魔化"独生子女"小皇帝"长大了》，http://edu.jschina.com.cn/system/2012/10/16/014905233_02.shtml，2015 年 6 月 16 日。

③ 韦英哲：《甘阳批评大学生缺乏独立性》，http://finance.ifeng.com/a/20140923/13136959_0.shtml，2015 年 6 月 16 日。

④ [作者不详]《大学生快递脏衣服已成新业务》(2014 年 3 月 11 日)，http://news.xinmin.cn/domestic/2014/03/11/23738403.html，2015 年 6 月 16 日。

来，少则两人，多则六七人陪同。固然有像学生家长所说的那样，来送学生权当是出来旅游。但当学生报到时，一切手续都由父母等人来办理，甚至到了宿舍其床铺都要由父母来收拾，这可能就存在问题了吧？

以上材料反映的并不是个别现象，所反映的事实是，至少有相当大比例的青少年甚至大学生独立自主的能力较差，对动手干活更是不屑一顾。

所幸，2015年7月教育部联合共青团中央、全国少工委印发了《关于加强中小学劳动教育的意见》(教基〔2015〕4号)，其中谈到劳动教育在家庭中被软化、在学校中被弱化、在社会中被淡化的现象，指出"中小学生劳动机会减少、劳动意识缺乏，出现了一些学生轻视劳动、不会劳动、不珍惜劳动成果的现象"。要改变这种现状，需在小学、初中、高中每个学段，"安排一定时间的农业生产、工业体验、商业和服务业实习等劳动实践"，组织学生学工学农。"农村学校可结合实际情况，在农忙时节组织学生帮助家长进行适当的农业生产劳动。"借此提高中小学生的劳动素养，使其明白"生活靠劳动创造，人生也靠劳动创造"的道理，为他们终身发展和人生幸福奠定基础。[1] 教育部即将发布的《义务教育劳动课程标准》将"日常生活劳动、生产劳动、服务性劳动"列入其中，旨在培养青少年的劳动意识，树立正确的劳动观念。[2] 从某种程度上说，有关部门已经意识到青少年轻视劳动的问题。

基于以上思考，本课题意在说明，儿童适度地参加劳动，对其身心健康发展具有积极意义。

（二）研究的意义

从理论上说，儿童劳动问题可以看作儿童预期社会化的问题，尤其是

---

[1]　《教育部　共青团中央　全国少工委关于加强中小学劳动教育的意见（教基〔2015〕4号）》，中华人民共和国教育部网站，http://www.moe.gov.cn/，2019年4月28日。

[2]　《教育部关于印发义务教育课程方案和课程标准的通知》，中华人民共和国教育部网站，http://www.moe.gov.cn/srcsite/A26/S8001/202204/t20220420_619921.html。

在教育尚未普及的前工业社会中更是如此。研究儿童劳动问题，能在某一方面揭示出儿童预期社会化的不同表现形式和某种结果。

社会化（socialization）指的是个体获得参与社会所需能力的一种方式，也就是一个角色学习的过程，通过这个过程人们采取了某种特定的生活方式。社会化是某种文化模式在人格上的烙印，是将人们融入现有社会制度模式的主要手段。① 通过这一过程，个体在学习生活技能、职业技能、社会行为规范的同时，逐渐融入社会。

儿童的社会化过程，通常以预期社会化的形式出现。所谓预期社会化，即"指向未来角色的社会学习过程"，是个体在进入一个新的社会化过程之前，对向往的有关角色内容、角色规范、角色期望等不断明确的过程。② 儿童预期社会化，就是儿童"预演"未来的社会角色。儿童劳动是一种儿童预期未来社会角色的行为。

古往今来，儿童被寄予太多的希望。不同时空中的儿童因处境有别导致的期望迥异。

从古代中国的情况来看，对儿童的预期就是要儿童"有若成人"。学者熊秉真在《童年忆往：中国孩子的历史》（2000）一书中，对中国历史上一些个人的年谱、传记、历史资料进行研究，以实例说明中国传统社会文化中的理想儿童形象，就是"俨若成人"。他指出，在古代人的理想中，男孩就是"安静异常，不好嬉戏，少有友伴，也几不涉足任何户外及体力活动的'标准小书生'"。他们"性格早熟，举止完全不类儿

---

① George Ritzer & J. Michael Ryan, *The Concise Encylopedia of Sociology*, Malden, MA: Wiley-Blackwell, 2011, p. 588.

② ［美］戴维·波普诺：《社会学》，李强译，中国人民大学出版社 1999 年版，第 142 页；胡治宇：《预期社会化对大学新生角色转变的作用及其实现途径》，《贵州大学学报（社会科学版）》2010 年第 3 期。

童"①。这种理想的儿童形象直到现在还为许多人所称道。比如，现实生活中常有人说，自家的孩子不听话，贪玩好动，不像邻居家的孩子听话，爱学习等。殊不知，正是这种对"好孩子"的要求，"忽略了儿童的个体价值"，使儿童形成"易于顺从、趋同的心理"。久而久之，使得儿童会竭力想"成为一个成人眼中的'好孩子'"，从而影响了儿童"独立判断、辨别能力"的形成。②

在欧洲，前工业社会中盛行的是"小大人"的儿童观，也就是将儿童看成是"缩小的成人"，从其能够独立行动开始就要像成年人一样活动。在落后的经济条件下，也不可能让儿童长时间依赖成年人，只能希望"像成人那样行动，早日独立生活"③。

从全球范围来看，前工业社会中的儿童被预期为未来社会的不同成员。④ 儿童的成长变成了实现成人理想（预期）的过程，或者换句话说，儿童的成长就是一个程式化的过程。比如，前工业社会中教育尚未普及，拥有一定技能的人会受到社会的尊重，在其生活的群体中常会被高看一眼。于是，有很多儿童监护人，希望儿童能外出学徒习得某种技艺，赢得周围人的重视。倘若外出学徒成功，对儿童的监护人来讲，他所收获的不仅仅是儿童通过学徒所获得的手艺，还有精神上的愉悦，也就是他为能拥有一个"有本事"的孩子而骄傲。从某种程度上说，儿童监护人的收获一点也不比其被监护者的收获少，而且这种收获还具有保值性。随着被监护人手艺的日臻成熟，监护人在精神上获得的愉悦有与日俱增的趋势。同

---

① 熊秉真：《童年忆往：中国孩子的历史》，麦田出版股份有限公司 2000 年版，第 115 页。

② 张丽：《"好孩子""乖孩子""坏孩子"——兼论中国民间文化中的儿童观及其演变》，《教育导刊：下半月》2005 年第 10 期。

③ 张春珍：《儿童不是"小大人"》，硕士学位论文，南京师范大学，2012 年，第 6—7 页。

④ 详见本书第二章有关内容。

样，外出做家佣的一些女孩子也充满了幻想。在前工业化时期的欧洲社会中，不少女孩子都把外出做家佣，看作是"为未来甜蜜的婚姻积攒嫁妆的希望所在"。无论是学徒还是家佣，当人们作出这种选择时，倾向于选择带来积极影响的一面，往往忽视选择可能带来的负面影响。比如拿不到薪酬，或者可能带来的人身伤害等。这说明，由于诸多因素的影响，预期与预期的实现之间总有很多差距。因此，现代儿童父母等监护人，对儿童的预期应该建立在理性选择的基础之上。合理的预期，既有利于儿童预期社会化的实现，又不至于使儿童监护人因预期不能实现而有失落感。

从现实的情况来看，对儿童劳动的研究既可为政府建立多维度的保护儿童体系提供参考，又可为企业承担社会责任提供借鉴。

国际劳工组织的数据显示，截止到 2020 年，全球有 1/10 的儿童被迫做工，其中 1.6 亿人的年龄在 5—17 岁之间。5—17 岁童工的数量及其在同年龄段儿童中的比例各地差异较大，其中非洲地区有 9220 万人，占 21.6%，亚洲及太平洋地区有 4870 万人，占 5.6%，美洲地区有 830 万人，占 4.3%，欧洲和中亚地区有 830 万人，占 5.7%，阿拉伯国家约 240 万人，占 5.8%①。这些儿童从事着对心理、生理和情感发展有害的劳动，有的甚至被迫从事贩毒等犯罪活动。要实现国际社会提出的消除最恶劣形式童工劳动的目标，需要各国政府、商界、公民和社会间的共同努力。此前，国际社会为消除童工劳动，进行了一些有益的尝试，并积累了一些成功的做法。如孟加拉国格拉民银行进行的社会发展和教育项目、巴西的阿塞计划、秘鲁实施的街头教育计划，以及中国中西部地区的马背小学、巡回小学、帐篷小学、早午晚班、节假日学校、清真寺里女童班等。以上各种计划、措施、做法，覆盖人口众多，有利于儿童接受文化教育，也有利

---

① International Labour Office and Clnited Nations Childreis Funds Executive Summary, Child Labour: Globar Estimates 2020, Trends and the Road Forward, ILO and UNICEF, New York, 2021, License: CCBY4.0, pp. 3, 11.

于防止学生辍学等。这些都可为一些发展中国家消除童工劳动提供多方面的借鉴意义。①

　　作为儿童劳动的一种形式，童工劳动主要集中在非正规经济部门当中。当然也有许多行业中没有确切的记载。② 一些非正规经济部门，如个体工商户、私营企业等是使用儿童劳动的高发领域。这种情况的出现，显然与其劳工保护的社会责任不健全有直接的关系。本研究显示，非正规经济部门要树立良好的企业形象，就必须承担相应的社会责任，尤其是要承担劳工保护的社会责任。

二、研究思路与方法

（一）研究的基本思路

　　从探讨儿童是否应参加劳动入手，以不同时期的儿童劳动为基本线索，探讨工业化时期，以欧美为主的西方国家，以及东方的中国、日本、印度等国家，使用儿童劳动的基本情况、规制童工的主要途径和成功做法，并对现代世界范围内的儿童劳动，以及国际社会为消除童工劳动所采取的行动作概要介绍，为一些欠发达国家，建立健全或完善保护儿童的法律体系提供参考。

　　具体说来，一是从前工业社会中的儿童劳动入手，以欧洲前工业社会的儿童劳动为例，探讨儿童劳动的类型、基本特征以及劳动对儿童后续发展的影响等。二是研究儿童劳动如何演变成童工劳动，以英国工业革命为例，说明机器生产促成了儿童劳动向童工劳动的转变，进一步考察英美国家以外国家工业革命中使用童工劳动的情况；再次探讨不同国家对童工劳动的规制问题。当童工成为劳动力的重要组成部分时，不同国家的社会各

---

① 尹明明、鲁运庚：《对中国童工现象的认识》，《青年研究》2002 年第 12 期。

② O. O'Donnel, etc., *Child Labour and Health*: *Evidence and Research Issues*, UCW Working Paper 1, Understanding Children's Work（UCW Programme），2012.

阶层反应有别。围绕童工劳动虽也有存废之争，但占主导地位的观点是，限制、禁止使用童工劳动。为此，一些国家陆续通过工厂法、童工法约束童工劳动。三是对现代世界范围内的童工劳动问题作概要介绍。指出，不论是发达国家还是欠发达国家，童工劳动现象依然存在，只是程度不同，且也不像工业化时期那样严重。四是介绍国际社会反童工劳动的活动。指出，要消除作为全球性问题的童工劳动，不仅需要国家层面的努力，全体社会成员的参与，而且还需要国际社会的通力合作。唯有如此，才能创造"一个没有童工的未来"。

（二）主要观点

（1）儿童的成长是一个实现成人预期（理想）的过程。即，儿童的成长过程是一个程式化的过程，以成人（理想）预期的"人"为模型对儿童加以形塑的过程。不同的社会阶层有着不同的理想。尽管可能有交叉，但总体说来，某一阶层的理想多限于本阶层或相近阶层的精英人物再生产。现代社会中，仍不乏成人将儿童按照自己预期（理想）中的"人"加以塑造的现象。

（2）前工业社会中的儿童劳动，是学习生存技术和实现其社会化的一种方式，也是其监护人承担责任的一种反映，还是社会文化实现代际相传的一种纽带。在前工业社会，人口低龄化，生产生活水平低下，以及医疗条件欠缺导致的人口寿命较短，使得社会要有序延续，便不得不让每一位社会成员尽早掌握生存的技术。劳动是学校教育没有普及前的主要学习途径。

（3）类童工劳动尤其是童工劳动，是儿童家庭追求生活质量的一种反映。在前工业社会中，劳动被当作是儿童学习和谋生的一种手段。参加什么类型的劳动，有时并不取决于儿童本人，通常由监护人来确定，选择的依据是预期收益。前工业化和工业化时期，在工场或工厂劳动的收益往往高于农业劳动，因而有一定的吸引力。这也可以解释，为什么在机器生产兴起之初，工厂能够雇佣到大量儿童工人的原因。当童工，未必是儿童本人的意愿，只是低下的生活水平难以使人们将儿童的权利放在首位。

（4）儿童保护离不开政府和社会。儿童保护，就是保护儿童应享有的生存权、发展权、受保护权，以及参与权等基本权利不受侵犯。儿童保护的前提是，将儿童视为与成年人一样独立的个体，而不仅仅是视为弱小的保护对象，否则就是成人把自己的主观意志强加给儿童，导致儿童发展的扭曲和变形。政府与社会保护儿童，就是借助法律和社会舆论，打击和谴责各种妨碍儿童健康发展的行径，为儿童的成长营造适宜的环境。

（三）理论方法

1. 理性选择理论

理性选择理论是西方社会学中用以解释人们经济行为的一个理论，它由经济学中的理性选择理论演化而来。主要代表人物是美国社会学家詹姆斯·科尔曼（James Coleman，1926—1995）和社会经济学家格雷斯·贝克尔（Garys Becker，1930—2014）。①

根据理性选择理论的假设，个人追求自身的最大利益，在特定的环境中，当有不同的行为策略可供选择时，人们在理智上相信，不同的选择导致的结果迥异。在主观上，人们会对不同的选择结果有着不同的偏好排列。简言之，理性选择的过程就是理性行动者"趋向于采取最优策略""以最小代价取得最大收益"。该理论继承了亚当·斯密的"经济人"假设。根据"经济人"假设，人们在一切经济活动中的行动是一种理性行为。在各项利益的比较中选择自我的最大利益，力图以最小的经济代价去追逐和获得自身最大的经济利益。②

科尔曼认为，社会科学的主要任务是解释社会现象，而不是解释个人

---

① 本书中涉及的外国人名，除已有固定译名或引用文献中的译名外，其余一律按照或参考《英语姓名译名手册（第二次修订本）》（新华通讯社译名资料组编，商务印书馆1989年版）翻译。

② 薛为昶：《再论亚当·斯密"经济人"假设的价值合理性（上）》，《淮海工学院学报（社会科学版）》2006年第4期。

的行为。但要想充分了解社会现象，那就要先了解参与其中的人的行动。因此，他把自己的理论称作是个人层次的行动理论。在科尔曼的个人行动理论中，有目的行动是最核心的概念，它可以用合理性来说明。合理性则是理性行动者的基础，而行动者的行动原则就可以表述为最大限度地获取利益。在经济学中，理性选择也可以表述为，人们的选择是在对自己行为的利弊进行权衡后才做出的。"对行为的目的有着清醒的认识和前后一致的追求，对达成目的的方式有过认真的选择，赋予了这个选择合理的正当化理由，其中没有蕴含着任意和不可理喻的行为。"在各种约束条件之下，理性选择可以被定义为有着递延性偏好（transitive preference）的人们寻求最大化自身效用（maximize the utility）的行为。"递延性偏好是指当假设有三个对象 A、B、C 时，如果选择者的偏好序列为 A>B，并且 B>C，那么根据偏好的递延性，必定有偏好序列 A>C。而如果偏好序列表现为 B>C，C>A，那么肯定有 B>A。"[①] 在经济学领域中，这种定义的理性选择理论观点是最易被人接受的。本研究即以此为指引，考察儿童劳动的发展演变情况。

2. 研究方法

本研究以辩证唯物主义和历史唯物主义理论为指导，借鉴文献学、社会学等（交叉）学科理论与研究范式，采用文献研究法、比较研究法以及倒转推理法等研究方法展开研究。根据研究内容，一种或几种方法并用，以求得研究问题的真实。

（1）倒转推理法。这是 18 世纪德国史学家莫泽尔提出的一种解释历史的方法。尤斯图斯·莫泽尔（Justus Moser，1720—1794）是 18 世纪德国史学家，终生居住在德国北部的奥斯纳布吕克城。1768 年出版《奥斯

---

① 黄锫：《法律经济学逻辑起点研究——理性选择理论的内涵、反证及其补充》，《浙江社会科学》2007 年第 5 期。

纳布吕克史》，虽然写的是地区史，用今天的话来说却是以整体史观写成，并将文化史放在突出地位。作者在书中不搞揣测，"也不凭空推理，而是坚持实事求是地对待问题。"莫泽尔认为，农民的常识和经验比官僚干预优越。他说，"有用的马铃薯增值快于桑树；只要亚麻栽培能给农民换来好面包，他就不愿栽桑养蚕以便吃栗子了。"在《奥斯纳布吕克史》中，莫泽尔认为他所生活时代的农业社会仍然"和远古时代的一样"。后来他发现，某乡一个农民家庭仍然在有 600 多年历史的"古老的田庄"上过活，从而证实了他的猜测。由今溯古，他相信德国古代的确存在过自由的马克公社（Mark）。用现在的证据推知过去存在的事实的方法，就是莫泽尔用来解释历史的"倒转推理法"。① 这种方法类似现在常用的逆推法（backward pass）。研究前工业社会，以及工业化初期的儿童劳动与童工劳动时，使用的就是这种方法。

在现代一些欠发达国家和地区，存在类似于前工业社会中的经济状况。前工业社会中是否使用过儿童劳动，只有零星的资料记载，似乎无法令人相信。通过对现代欠发达国家或地区使用儿童劳动的情况研究，可以推知前工业社会中一定也有与此类似的现象。陆启光博士在其《壮族儿童的社会化研究——广西乐业县实地调查》中所介绍的情况，可以说明这一点。② 对现代一些存在类似工业化时期欧美国家经济状况国家童工劳动的研究，可以反证工业化时期大规模使用童工劳动的存在。

（2）文献研究法。本书研究问题时空跨度较大，涉及大量的文献资料（包括原始文献和研究文献）。原始文献中，有个人自传、图片（包括绘画）等文献资料；研究文献主要是与研究内容相关的论著。如，沈丹

---

① ［美］J. W. 汤普森：《历史著作史》下卷第 3 分册，孙秉莹等译，商务印书馆 1996 年版，第 157—158 页。

② 陆启光：《壮族儿童的社会化研究——广西乐业县实地调查》，博士学位论文，华东师范大学，2003 年，第 171—172 页。

泥《童工》（1927）、克拉潘《现代英国经济史》（中译本，1964）、保尔·芒图《十八世纪产业革命》（中译本，1983）等，都属于这种类型。对这些文献记载、研究的问题进行阅读、分析、整理，不仅能从中获取有关儿童劳动、童工劳动的资料，而且也能从中学习其理论方法，便于对童工劳动作更深入的探讨。

（3）比较研究法。儿童劳动和童工劳动，涉及不同历史时期的不同国家和地区。在前工业社会中，这些不同的国家和地区都有使用儿童劳动的记载。比较研究可以发现，前工业社会由于教育尚未普及，劳动就是传授技能的一种方式，是儿童实现社会化的一种途径。一个民族要想延续下去，势必要成功实现社会主流价值观的代际相传。在当时的条件下，集体劳动就能起到这种作用。

童工被称为是工业化的"副产品"。早期工业化国家，几乎没有一个在其工业化初期无使用童工劳动的记载。对这类记载进行比较研究，可以发现劳动时间长、劳动强度大、工资低下、工作环境恶劣基本上是一种共同现象，只是程度不同而已。正好印证了马克思所说，资本来到世间，从头到脚，每个毛孔都滴着血和肮脏的东西。[①] 可以说，资本的本性就是不择手段追逐利润。尽管各国都通过工厂法、童工法，或类似法令限制童工劳动，但实效却不一样。如何限制乃至禁止童工劳动，对今天仍存在童工劳动的一些欠发达国家来说，显然还有许多工作要做。

（四）创新与不足

本书是1949年新中国成立以来首部探讨儿童劳动的著作。

新中国成立前，研究儿童劳动主要是童工劳动的著作有王春生、师雅各《女工童工之研究》（1922）和沈丹泥《童工》（1927）。前者介绍了美、英、法、中等国女工、童工状况及拯救方法。后者集中探讨了童

———————
① 《马克思恩格斯全集》第44卷，人民出版社2001年版，第871页。

工产生的原因、使用童工的后果、国际社会保护童工的活动，以及旧中国童工劳动的情况。这两部著作的出版至今已近一个世纪，书中探讨的某些问题已有新变化，有必要在新形势下对相关问题重新进行梳理、审视。

新中国成立后至改革开放以前，将儿童劳动作为学术问题加以探讨，有为数不多的几篇论文，没有专门的著作。当时出版了几种涉及儿童劳动的读物。如《红头啄木鸟（美国童工的故事）》（［苏］柯马罗夫斯基，1955）、《童工血泪仇》（少年儿童出版社编，1965）、《资产阶级罪恶录童工泪》（《资产阶级罪恶录》创作组，1965）等，对所探讨问题的认识未必全面，有必要对个别的内容进行重新认识。

改革开放以来，有关儿童劳动、童工劳动的研究成果略有增多，只是仍以论文为主，未见有国内研究者出版的研究儿童劳动或童工劳动的著作。虽也有类似《童年的转型》（施义慧，2012）这样的学术专著出版，但其着眼点并不是童工劳动。

基于以上几点，本书在前辈先贤研究的基础上，对儿童劳动作一探讨，以期能对儿童劳动有一个正确的认识。

本书的不足之处主要有，一是笔者理论水平有限，对书中涉及的某些问题缺乏深入的理论分析。如关于前工业化时期儿童参加劳动的原因，多数研究者都认为是贫困所致。如果是这样的话，如何解释一些"富家子女"也受雇参加劳动的现象？类似情况还可举出一些。二是因实地调查欠缺，经验研究多于实证研究。书中的文献资料，多是前人调查、整理、研究的结果，属于"经验性的证据"，通过本人实地调查获得的"实证性的证据"明显不足。三是书中对个别问题的探讨过于简略，如童兵、童婚、童妓等，这类主题均可单独成册加以研究。本书仅用较小篇幅将其当作一种特殊类型的童工加以介绍，有兴趣的读者可做进一步的探讨。其他更多的不足则留待读者去发现和弥补。

此外，学术研究文献回顾部分，因考虑为后学查找资料时提供一点便利，将所见到的资料尽量包括（书后所列参考文献也有此考虑），这样一来就显得有些冗长、拖沓。

三、本书结构与术语

（一）本书结构与内容

全书由绪论、正文、结语、附录与参考文献等部分构成，其中正文部分有 6 章。

绪论，介绍了本书研究问题的缘起与研究意义，研究的基本思路与理论方法，全书的结构以及研究的资料依据。目的是便于读者从整体上对本书研究问题有一个大致的认识。

第一章，介绍的是国内外儿童劳动主要是童工劳动的研究现状。国内，童工劳动研究大约始于 20 世纪初期，到目前大体经历了 20 世纪上半叶、20 世纪中叶至 70 年代末期、20 世纪八九十年代以及 21 世纪初至目前几个阶段。虽然，不同的阶段对童工劳动的认识有别，但核心却始终是保护儿童。国外，对童工劳动的关注，可上溯至工业革命时期。经历了 19 世纪、20 世纪前 40 年和 20 世纪 40 年代末期至目前几个阶段。研究者的共识是，儿童是一个民族的未来，政府和社会没有理由不加以保护。总体看，境内对童工劳动研究的重视程度与海外相比稍显逊色。

第二章，探讨了前工业社会的儿童劳动问题。前工业社会中，使用儿童劳动最多的是农业和手工业两个部门。农业中的儿童劳动，各地情况相似，手工业中的儿童劳动则以欧洲较为典型。在欧洲，手工业中大规模的使用儿童劳动始于救济院。如巴黎在 1655 年开设救济院，生产花边时使用了 150 名少女，其中有些是 "不满 10 岁的孩子"。1690 年，萨尔贝特里尔救济院，在收容的 3000 多人中有 103 人是 6—10 岁的男童，286 人是 8—10 岁的女童。他们要经常参加编织地毯或加工床单的劳动。"像这样的习惯在英国、荷兰（米德尔堡）、普鲁士都可以看到"。① 如果说参加这些劳动的儿童是不幸的话，那么更大不幸的群体，则是工业革命之后进入工厂做工的儿童。

第三章，探讨了从儿童劳动到童工劳动的转变过程。英国工业革命后，机器生产代替手工劳动，机器生产给社会中下层儿童带来重大影响（最初是济贫院中的儿童）。工厂建立之初，由于劳动力缺乏，和原本在手工业中使用儿童劳动的传统，使得工厂主开始雇佣来自教区、济贫院和贫苦工人家庭的儿童。② 个别地方甚至出现了买卖儿童的市场。一些教区用花言巧语的方式诱骗一些贫穷家庭的儿童进入工厂做工，进入工厂做工儿童的自由已经受到了限制。他们工作的苦状和由此引发的一些问题，使儿童劳动的范围和性质发生了质的变化。儿童破天荒第一次成为经济结构的重要因素，成为劳动力市场的一部分，儿童劳动变成了童工劳动。

第四章，介绍了英国以外其他地区使用童工劳动的情况。英国工业革命之后，欧洲的一些主要国家如法国、德国、俄国等，也开始在工业生产中使用机器生产，并或早或晚的进行了工业革命。与工业化的扩展一样，英国以外的欧洲、美洲等地区在采用机器生产的同时也大量使用了女工童工劳动。在欧美之外的其他地区，如亚洲的中国、印度和日本，伴随着机器工业的出现，童工也出现在各行业中，如纺织、烟草、火柴、矿业、冶铁、机械制造、化学品厂、饮食厂甚至兵器加工厂等。如果说英国工业革命初期使用儿童劳动主要是因为劳动力不足的话，那么后工业化国家使用儿童劳动，则更多的是为了降低生产成本。童工成为名副其实的工业化"副产品"。

---

① ［英］约瑟夫·库里舍尔：《欧洲近代经济史》，石军、周莲译，北京大学出版社1990年版，第156—159页。

② Andrew L. Friedman, *Industry and Labour*: *Class Struggle at Work and Monopoly Capitalism*, London: Macmillan, 1977, p. 87.

第五章，讨论了各个国家对童工劳动的规制问题。在英国，受清教思想影响，工业革命前使用儿童劳动基本上为社会所认可。18 世纪的一些心地善良的经济理论家，以极为满意的心情描绘着那些不使任何一个儿童闲散超过 4 年的地区，并称赞这些最小的人以自己双手或双脚的劳动来赡养自己。① 受此影响，工业革命初期在劳动力缺乏的情况下，儿童就成为工厂劳动力的首选对象。一些六七岁，甚至三四岁的幼儿与成年工人一道在恶劣的劳动环境中，从事超出其身体负荷的劳动时，引起了一些慈善家、社会改革家的关注，他们开始呼吁限制使用童工劳动。从 1802 年到 1891 年间，英国先后制定并通过了一系列法令、条例规制童工劳动。此后，美国、法国、德国等欧美主要国家，亚洲的中国、印度、日本等国家也都先后通过类似法令规范童工劳动。使用童工劳动的行为逐渐受到限制。

第六章，考察了现代世界范围内的童工劳动。在现代世界中，无论发达国家还是欠发达国家，都存在着程度不同的童工劳动。在发达国家中，工业化初期那种大规模使用童工劳动的情形已经成为历史。发达国家中一些移民的子女更容易成为童工。② 在欠发达国家和地区，尤其是在亚洲、非洲和拉丁美洲，童工劳动仍然盛行。国际劳工组织 2016 年的数据显示，童工以及从事危险劳动的儿童占儿童总数的比例，亚太地区是 7.4%，美洲地区是 5.3%，撒哈拉非洲是 19.6%，阿拉伯国家是 2.9%，欧洲和中亚地区是 4%。③ 如何消除童工劳动现象，对欠发达国家仍然是一个挑战。本章还介绍了国际社会在全球消除童工劳动中采取的行动，这其中既有类似国际劳工组织、世界银行等国际性组织，又有诸如欧联盟、经济合作暨

---

① ［民主德国］汉斯·豪斯赫尔：《近代经济史：从十四世纪末至十九世纪下半叶》，王庆余等译，商务印书馆 1987 年版，第 171 页。

② ILO, *Global Estimates of Child Labour*, *Results and Ttrends 2012 to 2016*, p. 30.

③ ILO, *Global Estimates of Child Labour*, *Results and Ttrends 2012 to 2016*, p. 24.

发展组织等区域性组织，他们从不同的角度为禁止使用童工贡献着力量。1919—2019 年的百年间，国际劳工组织一直是全球消除童工劳动行动的引领者。

结语，主要列举了在研究过程中形成的几点看法。

附录，提供了国际劳工组织"准予就业最低年龄公约"以及中国政府"禁止使用童工规定"等几个文件材料，便于加深对禁用童工劳动问题的认识。

参考文献，列出了课题研究和本书写作过程中，使用或浏览过的中外文献资料，以及各类网络资源等，可供有兴趣的读者作进一步研究时参考。

（二）术语说明①

本书中使用了一些日常生活中经常遇到的术语。在历史语境中，这些术语的含义不完全等同于现在的意思。为避免歧义，对相关术语作进一步界定。如无特别说明，书中的同名术语都是在这里界定的意义上使用的。

儿童　汉语词汇中的"儿童"，在英语中与其对应的词汇是 child，children。《韦氏大辞典》对 child 的解释是，infant，a baby；a boy or girl in the period before puberty，即儿童是处于青春期之前阶段的男孩或女孩。② 汉语词汇中的"儿童"，《辞海》给出的解释是，指较幼小的未成年人（年纪比"少年"小）。这里没有具体的年龄。在国内外的一些法律规定中，儿童有了具体的年龄但存在较大的差别。如，英国《牛津法律大辞典》的界定，"儿童"是不满 14 岁的人。③ 日本《儿童福利法》的

---

① 本部分内容根据鲁运庚《儿童、青少年、童工及其他——一组儿童史概念术语辨析》一文改写而成，原文见《临沂大学学报》2013 年第 3 期。

② *Websters Dictionary of the English Language*（*Encyclopedia edition*），New York：William Collins Publishes，Inc.，1979，pp. 313，937，1456.

③ ［英］戴维·M. 沃克：《牛津法律大辞典》，李双元等译，法律出版社 2003 年版，第 194、560 页。

界定，"儿童"是指"未满 18 周岁的人"。《中华人民共和国刑法》附件
2 之"关于严惩拐卖、绑架妇女、儿童的犯罪分子的决定"，以及"最高
人民法院、最高人民检察院印发《关于执行〈全国人民代表大会常务委
员会关于严惩拐卖、绑架妇女、儿童的犯罪分子的决定〉的若干问题的
解答》的通知"，对"儿童"的界定是，"不满 14 岁的人"。① 从这几个
界定中可以看出，"儿童"是没有达到规定年龄的人。规定的这个"年
龄"，在不同的历史时期和不同的地方存在较大差异。事实上，近代教育
制度确立以前，人们对"儿童"与"成年人"的区别并"没有明确的意
识"。② 中世纪欧洲说的"儿童"，指的是年龄从 7 岁到 16 岁不等的人。③
1989 年，联合国大会通过《儿童权利公约》，其对"儿童"所作的界定
是，"儿童系指 18 岁以下的任何人。除非对其适用之法律规定成年年龄
低于 18 岁。"④ 目前，国际上对"儿童"较为通行的界定是指，"18 岁以
下的任何人"。如无特殊说明，书中的"儿童"一词指的是"18 岁以下
的任何人"。

少年　《现代汉语词典》（第 7 版）对"少年"的解释是，"人十岁
左右到十五六岁的阶段"。美国《标准少年法院法》中规定，"少年为不
满 18 岁的人"；英国《儿童及少年法》中规定，少年是"8 岁以上 17 岁
以下的人"；德国少年法院，将 14—18 岁的人称为少年。⑤《联合国少年

---

① 最高人民法院、最高人民检察院印发《关于执行〈全国人民代表大会常务委员会
关于严惩拐卖、绑架妇女、儿童的犯罪分子的决定〉的若干问题的解答》的通知（1992—
12—11），http://www.chinalawedu.com/falvfagui/fg21994/4902.shtml，2012 年 12 月 10 日。
② 陈映芳：《图像中的孩子——社会学的分析》，山东画报出版社 2003 年版，第
2 页。
③ Thomas Max Safley, "History of Child Labour in Germany: An Overview", in Hobbs, Sandy (eds.), *Child Labor: A World History Companion*, Santa Barbara, Calif: ABC-CLIO, 1999, pp. 615-618.
④ 国际劳工组织：《儿童权利公约》，《学前教育研究》1997 年第 6 期。
⑤ 姚建龙：《超越刑事司法——美国少年司法史纲》，法律出版社 2009 年版。详见第
一、二章中的有关内容。

司法最低限度标准规则（北京规则）》中规定，"少年系指按照各国法律制度，对其违法行为可以不同于成年人的方式进行处理的儿童或少年人"。① 若按照联合国《儿童权利公约》对"儿童"的界定，那么"少年"应该是某一年龄段的"儿童"。本书使用的"少年"，与"儿童"是同义语。

　　未成年人　"未成年人"是相对"成年人"而言。《牛津法律大辞典》对"未成年人"的解释是，"未满 21 岁的男子和女子"（1970 年以后改为 18 岁）。苏格兰法律规定，未成年人是，小于 18 岁大于 14 岁的男孩，和大于 12 岁的女孩。②《中华人民共和国未成年人保护法》第 2 条规定，本法所称"未成年人"是指未满 18 周岁的公民。③ 联合国《公民权利和政治权利国际公约》对"未成年人"的界定是，未达刑事责任年龄的儿童和达到刑事责任年龄的少年。"在一般情况下，未成年人包括儿童与少年两部分群体"，需要说明的是，在"少年"概念之前，"儿童与未成年人的含义是同一的"。但在不同历史时期的不同地区，"未成年人与成年人之间的界限是不一样的"，是有区别的。④ 本书使用的"未成年人"，泛指 18 岁以下的人，与"儿童""少年"的含义基本相同。

　　劳动、工作、干活　《现代汉语词典》（第 7 版）对"劳动"的解释是，"专指体力劳动"；对"工作"的解释是，"从事体力或脑力劳动"。英语词汇中，与劳动、工作对应的词语分别是，labor 和 work。《韦氏大辞典》对 labor 的释义是，physical or mental exertion；work；toil。对 work 一词的解释是，bodily or mental effort exerted to do or make something；labor；toil；employment 等。两词都有"体力""智力"活动的含义，也都有

---

① 共青团中央国际联络部：《联合国大会青年问题有关决议汇编》，共青团中央国际联络部 2007 年版，第 78 页。

② ［英］戴维·M. 沃克：《牛津法律大辞典》，第 765 页。

③ 《中华人民共和国未成年人保护法》，中国法制出版社 2007 年版，第 3 页。

④ 姚建龙：《超越刑事司法：美国少年司法史纲》，第 13 页。

"长时间或辛苦地工作"的含义。但在汉语中，"劳动"与"工作"存在如下区别，前者多指没有限制的不太正式的消耗体力的动作，后者指相对正式的、具有职业含义的消耗体力的行为，具有被"雇佣"的含义，更多的是用于成年人。在本书中，没有对"劳动"与"工作"作明确区分，基本上当作同义词使用。有时还会用到"干活"一词，代指"劳动"或"工作"，属于"劳动"或"工作"口头表达方式。在本书中，主要指儿童作出的轻便且对其发展无害的某种行为。

　　儿童劳动　具有狭义与广义之分。广义的儿童劳动指的是儿童从事的所有劳动，包括童工劳动；狭义的儿童劳动指的是，在不影响其接受学校教育、无害于其身心健康发展的前提下，从事的有利于身心成长，并能促使其完成社会化的一些简单的体力活动。这类活动可以在家里进行，也可以在学校或者户外进行。比如在家帮父母干一些类似扫地、擦桌子、倒垃圾之类的活，或者到离家近的小店买酱醋等等。① 这类劳动有利于儿童身心健康发展。本书使用的"儿童劳动"多是在广义上使用。

　　类童工　用来特指前工业化时期，在恶劣的工作环境中从事劳动的儿童，尤指手工制造业（工场手工业）中从事超出其身体负荷的劳动儿童，用来区别工业革命以后使用的童工。

　　童工　目前，国外学界尚没有为大家共同认可的界定。在我国，《现代汉语词典》（第7版）对童工的解释是，"雇用的未成年的工人"。一些文学作品，多是在这个意义上使用的。如柳仲甫《园丁之歌》中有"铁路上当童工，挨过多少鞭和棒"的句子。2002年，国务院颁布《禁止使用童工规定》，并没有明确的界定童工的含义，只是在第2条中以说明的形式，在括号中备注为"招用不满16周岁的未成年人，以下统称使用童

――――――――

　　① 朱微：《关注儿童劳动教育》，http://www.xinli110.com/jiajiao/jjll/201207/310563.html，2012年10月。

工"。① 国外学界，不同研究者在不同语境中使用的童工含义存在明显差别，即有的指儿童劳动，有的指恶劣形式的童工劳动。② 在本书中，童工指的是低于各国规定的最低受雇年龄，违法从事不利于儿童身心健康发展的劳动儿童。简言之，即没有得到本国法律规定认可的劳动儿童。童工劳动即没有得到法律认可的儿童劳动。

儿童权利　按照《儿童权利公约》(1989 年) 的表述，儿童权利指的主要是以下几种权利：生存权、发展权、受保护权和参与权。

儿童保护　即将儿童视为与成人一样独立的个体，保护其应享有的生存权、发展权、受保护权和参与权等权利不受侵犯。

前工业社会与前工业化时期　本书中的前工业社会与前工业化时期是两个不同的术语。前工业社会，借用的是丹尼尔·贝尔在《后工业社会的来临——对社会预测的一项探索》一书中使用的术语，即"工业社会是围绕生产和机器这个轴心并为了制造商品而组织起来的；前工业依靠原始的劳动力并从自然界提取初级资源。"③ 在本书中，前工业社会主要是指工业革命以前的社会，尤其是十四五世纪以前的社会。前工业化时期，指的是欧洲从封建主义向资本主义过渡、从传统农业社会向近代工业社会转变的时期。④ 本书中的前工业化时期，大体指 14—17 世纪末这段时期。

四、研究的资料依据

本书使用的资料主要有五类，分别是原始资料与原始资料汇编、国际劳工组织等机构的出版物、童工劳动问题或有关童工劳动问题的研究性论

---

① 李建、阎宝卿：《禁止使用童工规定释义》，中国法制出版社 2002 年版，第 4 页。

② 详见 Eric V. Edmonds, *Defining Child Labor: A Review of the Definitions of Child Labor in Policy Research*, Geneva: ILO, 2009。

③ [美] 丹尼尔·贝尔：《后工业社会的来临——对社会预测的一项探索》，高铦、王宏伟、魏章玲译，商务印书馆 1986 年版，第 2 页。

④ 沈汉：《论欧洲前工业化时期的过渡型社会集团》，《世界历史》1991 年第 5 期。

著、新闻报道与纪实文学以及网站或网络资源，当然各类资源存在交叉。

（一）**原始资料与原始资料汇编**

（1）英国国会出版物。如 *Second Report of the Commissioners on Trades and Manufactures together with an Index to the Second Report and the Appendices* （1843）；*First Report of the Commissioners with Appendix* （1863）；*Second Report of the Commissioners with Appendix* （1864）等。

（2）美国女工童工劳动条件资料汇编。*Report on the Condition of Woman and Child Wage-Earners in the United States* （1910–1913）；*Child Labor Bulletins* （1912–1920）。

（3）同时代人撰写的反映儿童劳动条件的论著、原始资料汇编等，以欧美国家工业革命前后的资料为主。如 *Factory Statistics* （1836）；*Report on the Sanitary Conditions of the Labouring Population of Great Britain* （1843）；*An Inquiry Into the Moral，Social，and Intellectual Condition of the Industrious Classes of Sheffield* （1857）等。原始资料汇编有：*Human Documents of the Industrial Revolution* （1966）[①]，*Industrial Revolution：Primary Sources* （2003）；*Du Travail Et de Ses Conditions：Chambres Et Conseils Du Travail* （1895）；*Le Travail des Enfants dans les Manufactures* （1868）；*Les Classes Ouvrières en Europe；études sur Leur Situation Matérielle et Morale* （1884）等。

（4）国内出版涉及儿童劳动的资料选编汇编等。如孙毓棠、汪敬虞主编《中国近代工业史资料》（1957—1962）、共青团中央青运史工作指导委员会等编辑出版的多卷本《中国青年运动历史资料》（1957—1988）、刘明逵《中国工人阶级状况 1840—1949》（1985）等。

---

① ［英］E. 罗伊斯顿·派克编：《被遗忘的苦难——英国工业革命的人文实录》，蔡师雄等译，福建人民出版社 1983 年版。

（二）国际劳工组织等机构的出版物

包括国际劳工组织的各类出版物，如有关文件、局长报告、全球童工劳动发展趋势报告等，世界银行等机构有关童工劳动的出版物，如《童工问题从令人不能容忍的形式着手》(1998)、《童工问题》(1999) 等。

（三）童工劳动问题或有关童工劳动问题的研究性论著

包括工业革命、经济史、劳动立法、劳动保障等方面的论著论文。

（1）早期的论著论文。如研究工业革命的经典著作 *The Industrial Revolution in the Eighteenth Century* (1929)；研究儿童劳动和学徒的 *Boy Labour and Apprenticeship* (1911)；研究儿童史的经典著作 *Centuries of Childhood：A Social History of Family Life* (1962)；研究英国经济史的经典著作 *An Economic History of Modern Britain：The Early Railway Age, 1820-1850* (1939)；哈蒙德夫妇研究劳工问题的经典三部曲：*The Town Labourer 1760-1832, The Village Labourer 1760-1832, The Skilled Labourer 1760-1832*；研究英国工厂立法的经典著作，如 *A History of Factory Legislation* (1911) 以及印度工厂立法的 *A History of Factory Legislation in India* (1920) 等。

（2）近年来有关童工劳动问题研究的论著。如有关全球童工劳动问题的 *The World of Child Labor：An Historical and Regional Survey* (2009)；有关欧洲童工劳动问题的 *Centuries of Child Labour：European Experiences from the Seventeenth to the Twentieth Century* (2005)；有关英国童工劳动问题研究的 *Child Labor and the Industrial Revolution* (1990)、*Hard at Work in Factories and Mines：The Economics of Child Labor during the British Industrial Revolution* (1999)，研究美国童工劳动的 *Child Labor an American History* (2002) 等。

（四）新闻报道与纪实文学

主要是涉及国内童工劳动的新闻报道。如山西"洪洞黑砖窑案"、

"四川大凉山童工调查：一座村庄半数儿童辍学"以及孙海浪报告文学《倾斜的童工世界》(1993) 等。

（五）网站或网络资源

（1）谷歌数字图书（Google Book, https://books.google.com），英文网站。以关键词搜索方式，能查找到很多需要的资料。其中，有的提供部分阅读，有的可提供全文，少数能下载 PDF 副本。

（2）哈蒂征信数字图书馆（Hathi Trust's Digital Library, https://www.hathitrust.org/），英文网站。该数字图书馆由美国高校图书馆联盟发起创建，以英文为主，现有 200 余万册电子书可免费下载。通过关键词搜索方式能查询到需要的原始资料或研究论著，并且可在网上浏览阅读，有的可下载 PDF 副本或图片格式副本。

（3）福高腾在线图书（Forgotten Books, http://www.forgottenbooks.com），英文网站。通过书名、作者等搜索方式，可以查找到 20 世纪中叶以前出版的一些文献资料，大多数图书为部分阅读，可以下载 PDF 副本。

（4）读秀学术搜索（http://www.duxiu.com）。全球最大的中文图书搜索及全文文献传递系统，可提供数百万种图书的全文检索与阅读，可以文献传递方式获得查询到的资料。

（5）百链云图书馆（http://www.blyun.com）。外文文献传递系统，能够检索全国 600 多个大型图书馆的海量外文文献资源，包括外文图书、期刊、论文、报纸等。对需要的文献有两种获取方式，一是如本单位图书馆已经购买该资源，可直接链接到原文；二是对于未购买的资源，可通过个人的电子邮箱申请原文（有偿）传递。

第一章　儿童劳动学术研究前史[*]

第一节　国内儿童劳动研究回顾^①

国内学界研究童工劳动大约始于 20 世纪初期。此后的研究历程大体经历了以下几个阶段：20 世纪上半叶（尤其是前二三十年），童工劳动研究较为活跃，取得的成果也比较多；20 世纪中叶至 70 年代末期，学界的童工劳动研究近乎沉寂，几乎没有学术研究成果；20 世纪八九十年代，学界童工劳动研究一度活跃，发表了不少学术论文；21 世纪以来，仍有研究者在关注这一问题，尽管其处于边缘状态。

一、20 世纪上半叶的童工劳动研究

20 世纪上半叶，伴随着经济发展出现的童工现象引起一些研究者的关注，他们围绕童工现象出现的原因、使用童工的危害以及解决童工问题的办法等进行了探讨，为解决童工问题建言献策。

———————————

* 本章梳理的主要是有关童工劳动的学术研究状况，许多研究中并未明确区分儿童劳动与童工劳动，故侧重了童工劳动。

① 本节内容根据鲁运庚、张美《百年来国内关于解决童工劳动问题研究的学术史论》一文改写而成，原文见《中州学刊》2018 年第 5 期。

（一）童工劳动研究的基本情况

1. 国内童工劳动研究的主要问题及成绩

20 世纪上半叶是研究童工劳动最为活跃的时期，表现为大量论著的出现①。其涉及的主要问题如下：

（1）童工劳动产生的原因与危害。关于童工劳动产生的原因，较有代表性的看法是，"强迫教育"未能全面实施的结果（陈振鹭，1931），也有人认为是"政府的不关心"所致（黄宇桢，1933）。使用童工的危害，以胡志宁的看法最具代表性。他在《中国女工童工问题及其补救方法》（1934）一文中认为，使用童工劳动直接后果是危及个人发展，间接后果是"危害社会的进步"。② 后来的研究者涉及该问题时，多是对这一看法的不同表述。

（2）解决童工劳动问题的途径。如何解决童工劳动问题，这是大多数研究者都要探求的问题，也提出了不少方案，主要有以下几种：

第一，对童工劳动不能简单禁止了事，还要考虑儿童的生存问题。邹

---

① 截至 2019 年 11 月底，笔者检索到的最早研究童工劳动的著作有，王春生、师雅各：《女工童工之研究》，美华浸会印书局 1922 年版；沈丹泥：《童工》，世界书局 1927 年版。涉及童工劳动问题的著作中，较具代表性的有，韩光德：《中山主义劳工浅说》，中央图书局 1927 年版；李剑华：《劳动问题与劳动法》，太平洋书店 1928 年版；李剑华：《劳工法论》，上海法学编译社 1932 年版；陈振鹭：《劳动问题大纲》，大学书店 1934 年版；何德明：《中国劳工问题》，商务印书馆 1936 年版；马超俊：《中国劳工问题》，民智书局 1936 年版；谢振民：《中华民国立法史》，正中书局 1937 年版；罗运炎：《中国劳工立法》，中华书局 1939 年版。上述著作都有专门的章节介绍童工劳动。代表性研究文章（按年代顺序）有，守常（李大钊）：《上海童工问题》，《中国工人》1925 年第 4 期；邹韬奋：《童工问题》，《教育与职业》1926 年第 72 期；蔡根深：《童工问题的研究》，《农工商周刊》1929 年第 50 期；陈振鹭：《中国童工问题》，《国立劳动大学劳动季刊》1931 年第 2 期；黄宇桢：《中国的童工问题》，《光华大学半月刊》1933 年第 5 期；高光鄂：《童工女工保护问题之研究》，《劳工月刊》1933 年第 2 期；刘舜丞：《现代中国童工问题》，《劳工月刊》1936 年第 10 期；邱培豪：《中国童工问题》，《社会月刊》1936 年第 6 号；刘福同：《各国童工律与教育》，《妇女新运》1942 年第 5 期；一士：《中国之童工问题》，《中国劳动》1945 年第 5 期、第 6 期。本书中涉及以上作者观点引文时，只注明作者及其论著出版的时间，特此说明。

② 胡志宁：《中国女工童工问题及其补救方法》，《社会月刊》1934 年第 1 期。

韬奋（1926）、蔡根深（1929）、一士（1945）等人是这种观点的代表。他们认为，应在对全国童工进行详细调查的基础上，以"救济"和"预防"相结合的办法循序渐进地解决。

第二，通过提高工资、限定最低雇佣年龄、实行强迫教育等方式限制使用童工。以胡志宁（1934）、邱培豪（1936）、易世芳（1941）、刘效骞（1945）等人为代表，强调限制而不是禁止童工劳动。

第三，依靠工人阶级力量解决童工劳动问题。持这种观点的人是李大钊（1925），他强调解决童工劳动问题需依靠"劳工团体"，这就把解救童工与工人阶级的解放斗争联系在一起。

第四，通过单独制定童工法解决童工劳动问题。以姚绍宣（1936）为代表，强调"中国应早日制定并颁布童工单行法"。① 但刘舜丞（1936）等人认为，工厂法名义上能限定童工劳动，实际上"能遵行工厂法规定者，甚罕见之"，单纯依靠法律解决不了问题。

第五，借鉴域外经验。王莹（1932）、冯笑梅（1945）等人在研究了美国各州保护童工的立法之后认为，除"更多的教育"和更彻底的执行"反对童工的法令"外，没有更好的解决办法。袁宗蔚（1937）、黄廷柱（1948）等人，通过研究印度的童工劳动问题及其立法认为，解决童工劳动问题应通盘考虑，同时也应借助国际劳工组织的力量来消除童工劳动。② 此

---

① 姚绍宣：《中国应早日制定童工法》，《现代父母》1936 年第 3 期。

② 研究域外童工劳动或涉及童工劳动的著述有，于化龙：《日本工业发达研究》，世界书局 1929 年版；萧仲烈：《非工业雇佣童工最低年龄之规定》，《中华法学杂志》1931 年第 4 期；王莹：《对于美国各州保护童工之立法的总检讨》，《劳工月刊》1932 年第 8 期；[匿名]《非工业工作童工雇用年龄之规定公约草案》，《国际劳工消息》1932 年第 2 期；[匿名]《国劳会议童工年龄》，《纺织时报》1932 年第 884 期；[匿名]《农业雇用童工之年龄限制公约草案》，《国际劳工消息》1933 年第 4 卷第 1 期；[匿名]《国劳讨论童工》，《兴华》1935 年第 22 期；袁宗蔚：《印度工厂立法之经过》，《法学杂志》1937 年第 1 期；冯笑梅：《美国政府怎样去解决三百万童工》，《妇女新运》1945 年第 9 期；黄廷柱：《印度之童工》，《社会建设》1948 年第 8 期；等等。

论较为中肯。

　　不同研究者提出的以上解决童工问题的种种办法，各有其合理性。在当时的条件下，对规范使用童工劳动都有积极意义。尤其是有研究者提到，借助国际劳工组织力量来消除童工劳动，对当时的政府在解决童工劳动问题时，能与国际社会保持同步是很好的建议。

　　2. 涉及童工劳动的其他研究和资料

　　一些社会学者，或一般研究者进行的社会调查，出版的调查报告，编辑的年鉴中有大量童工劳动的内容。① 借此人们能认识到，解决童工劳动问题的紧迫性。当时的一些新闻报道以及部分文学作品，对童工劳动也有报道和描写②，这有利于唤起社会对童工劳动的关注。

　　（二）对这一时期童工劳动研究的基本认识

　　20 世纪上半叶特别是二三十年代，社会经济一度呈现出良好的发展趋势，为处于贫困中的人们提供了一定的就业机会。为生活所迫，许多低龄儿童进入劳动力市场并引发了一些社会问题。童工劳动研究，即是部分研究者对引发的这些社会问题进行的阐释和描述。目的是说明其存在的非合规性，并试图找到妥善解决的办法。发现问题、研究问题、解决问题，是当时的研究者追求的目标。

---

　　① 王清彬等编：《第一次中国劳动年鉴》，北平社会调查部 1928 年版；邢必信等编：《第二次中国劳动年鉴》（上、中、下），北平大北印书局 1932 年版；实业部中国劳动年鉴编纂委员会编辑：《中国劳动年鉴 1933》，1934 年版；上海特别市社会局编：《上海特别市工资和工作时间》，商务印书馆 1936 年版；上海市劳资评断委员会编：《上海市 51 业工厂劳工统计》，［出版地不详］1948 年版。

　　② 新闻报道类的有，［匿名］《广州市童工生活（附表）》，《国际劳工通讯》1935 年第 15 期；［匿名］《青岛市童工工作状况（表格）》，《国际劳工通讯》1936 年第 18 期；［匿名］《香港之童工问题》，《国际劳工通讯》1936 年第 21 期；《汉口市府取缔楚胜火柴厂雇用低龄童工》，《国际劳工通讯》1935 年第 11 期等。文学作品类的有，［匿名］《码头童工》，《关声》1936 年第 3 期；于雁：《童工》，《华文每日》1943 年第 9 期；兵士：《女童工》，《萌芽》1946 年第 1 期。

二、20 世纪中叶至 70 年代末期的童工劳动研究

20 世纪中叶至 70 年代末期（大致对应新中国成立后至改革开放前夕这一时段），学界对童工劳动的研究一度沉寂。一方面是社会上的童工劳动现象几乎消失，另一方面是受到阶级斗争理论的影响，为数不多之有关童工劳动的著述，都印有深深的时代烙印。

（一）国内童工劳动的研究和著述

在本阶段，检索到的学术性文章是燕天诒先生所写的《资本家剥削童工的一篇血泪账——关于北京早期火柴工业中对童工的剥削和压迫的调查报告》（1965），该文以北京丹华火柴厂为例（童工占到工人总数的70%），探讨童工的劳动条件、工资待遇等。指出资本家在工厂中，以延长劳动时间的方式对工人和童工进行剥削。[①] 文章观点的时代痕迹明显。

罗宾·波特（Robin Porter）探讨了 20 世纪 70 年代香港的童工劳动问题。他在《香港的童工劳动》（1975）一文中指出，香港有 6.9%的儿童从事经济活动，不加制止会影响到儿童发展的质量，他建议将工厂立法扩展至所有工业领域，为儿童提供接受教育的机会，使其成为有尊严不受歧视的社会一员。[②] 这与当今国际劳工组织倡导为适龄儿童提供体面劳动机会的主张极为相似。

涉及童工劳动的著作和资料有，"中国劳工"运动史编纂委员会编著的多卷本《中国劳工运动史》（1959）一书，其中有较多篇幅讨论童工劳动，尤其是对上海工部局童工委员会的调查报告进行的分析值得关注。汪敬虞等人编纂的《中国近代工业史资料（1895—1914）》（1957）一书，辑

---

① 燕天诒：《资本家剥削童工的一篇血泪账——关于北京早期火柴工业中对童工的剥削和压迫的调查报告》，《前线》1965 年第 9 期。

② Robin Porter, "Child Labour in Hong Kong and Related Problems: A Brief Review", *International Lahour Review*, 1975, 111 (5): 427-39; Robin Porter, *Child Labor in Hong Kong and Related Problems*, Nottingham: Bertrand Russell Peace Foundation, 1975.

录有中国近代早期工业使用童工劳动的资料。中国新民主主义青年团中央委员会办公厅编辑的多卷本《中国青年运动历史资料》(1957)，辑录了涉及童工劳动的许多中国共产党的文件，以及其他研究文章、调查报告等。① 这类著述是研究近代中国童工劳动的重要参考资料。

此外，这一时期还出版了一些反映童工生活状况的文学作品和连环画②，主题都很鲜明，即控诉"万恶的旧社会"。如少年儿童出版社(1965) 一书的前言写道，在旧社会，童工受到资本主义的残酷剥削，资本家的工厂建立在童工的尸骨之上。③ 再如，少年儿童出版社的另一册《童工血泪仇》(1965)，其"告小读者"写道，本书揭露的是资产阶级压迫剥削童工的"种种罪恶事实"，也描写了童工反抗资本家的斗争。④ 此类作品是时代的产物。

（二）域外童工劳动介绍

涉及域外童工劳动的主要是新华社摘译介绍的部分短文，其基调多是说明资本主义制度下"童工的惨状"。⑤ 翻译出版著作中涉及童工劳动的有印度学者穆克吉所著《印度工人阶级》(1955)，有不少篇幅论及印度童

① "中国劳工"运动史编纂委员会：《中国劳工运动史》(2—5)，中国劳工福利出版社 1959 年版；汪敬虞编：《中国近代工业史资料（1895—1914）》，科学出版社 1957 年版；中国新民主主义青年团中央委员会办公厅：《中国青年运动历史资料》(第 1—10 册)，中国新民主主义青年团中央委员会办公厅，1957 年版。

② 路坦：《童工》（连环画），人民美术出版社 1954 年版；少年儿童出版社编：《童工血泪仇》，少年儿童出版社 1965 年版；山东省教育界：《童工血泪》，《山东文学》1965 年第 7 期；刘素珍：《童工血泪（报告文学）》，《长江文艺》1965 年第 5 期；钱瑞芬：《童工血泪仇》，《北京少年》1974 年第 1 期。

③ 少年儿童出版社编：《童工》，少年儿童出版社 1965 年版，第 2 页。

④ 少年儿童出版社编：《童工血泪仇》，少年儿童出版社 1965 年版，第 2 页。

⑤ 新华社电讯稿：《美国童工之惨状》，1950 年第 666—695 期；新华社新闻稿：《美国资本家大量雇佣童工》，1953 年第 1075—1103 期；新华社新闻稿：《英国童工工伤事故增加》，1956 年第 2050 期；新华社新闻稿：《英国女工和童工受歧视》，1957 年第 2464 期；新华社新闻稿：《美国农场滥用童工》，1957 年第 2400 期；［匿名］《美国广大童工处境悲惨》，《新华月报》1972 年第 6 期。

工的劳动条件、工资待遇等；英国经济史学家克拉潘撰写的《现代英国经济史》(1964)，有很多内容涉及英国工业革命时期的童工劳动及其规制问题①；苏联作家柯马罗夫斯基撰写的《红头啄木鸟（美国童工的故事)》(1955)，描写了美国童工生活的情形，强调了资本家对童工的剥削。② 这些涉及域外童工劳动的翻译作品虽然都有明显的时代痕迹，但借助它们我们可以对域外的童工劳动情况有一个大致的了解。

（三）本阶段童工劳动研究存在的不足

有关童工劳动的研究文章，和涉及童工劳动的著述，时代印记非常鲜明，其观点或也有可再探讨之处。但相关研究、介绍，提供的诸如童工数量、劳动条件等信息都有一定的价值，或可斟酌使用，其观点也为我们提供了不同语境中研究童工劳动的一种范式。

三、20 世纪八九十年代的童工劳动研究

20 世纪八九十年代，学界童工劳动研究基本延续了前一阶段的做法，但研究内容明显增多，除对历史上的童工劳动进行探讨外，更多的研究者把目光转向了现实社会中存在的童工劳动现象。

（一）20 世纪八九十年代的童工劳动现象研究

1. 媒体工作者对童工劳动现象的跟踪调查

20 世纪八九十年代，伴随着乡镇企业的发展和商品经济大潮的冲击，不少地区尤其是沿海发达地区的乡镇企业中，出现了大量使用儿童劳动的现象。对此，一些媒体工作者进行了跟踪调查，并发表了一些调查报告，对使用儿童劳动及其危害表示出深深的担忧。令完成、包永辉在名为

---

① ［印］穆克吉：《印度工人阶级》，王家骧、杨先泰译，世界知识出版社 1955 年版；［英］克拉潘：《现代英国经济史》，姚曾廙译，商务印书馆 1964 年版。

② ［苏联］格·柯马罗夫斯基、尼·柯马罗夫斯基：《红头啄木鸟（美国童工的故事)》，磬安译，少年儿童出版社 1955 年版。

《大陆雇佣童工现象令人担忧》（1988）的文章中说，大陆到底有多少童工难以说清楚。但"越来越多的孩子离开校园"，却是"一个显而易见的事实"。① 孙海浪的纪实文学《倾斜的童工世界》（1993），描写了 20 世纪八九十年代沿海地区，以私营个体为主的非正规企业使用儿童劳动的情况。认为，儿童劳动现象的出现与一些"包工头""人贩子"，通过伪造证件诱骗儿童打工，劳动管理制度"无法无章"，造成企业"雇佣临时工的混乱"等有密切关系，"最根本的原因是人们的法制观念淡薄"。② 龚卫民的有关文章（1997）也指出，沉渣泛起的童工现象，"令国人注目和忧思"，不少"流失生大都成了童工"，这"或许有助于我们认识到童工问题的严重性"。③

2. 学界对儿童劳动现象的研究

针对社会上存在的儿童劳动现象，成有信在《社会主义初级阶段童工的保护和教育》（1988）一文中指出，童工和社会主义制度并非不相容，与义务教育法也不矛盾。现阶段童工问题的出现有其必然性，是合乎规律的、进步的现象。④ 王宇人的《温州家庭工业雇工经营中的童工现象》（1987）一文也指出，现阶段我国农村家庭工业中的童工，"填补了家庭工业中劳动力的不足"。⑤ 张炳升、朱振国等人的看法则不是这样，他们在《各地应重视中小学生辍学当童工问题》（1988）一文中认为，雇佣童工是对儿童权利的侵犯，"应该引起全社会的重视"，有必要采取强有力

---

① 令完成、包永辉：《大陆雇佣童工现象令人担忧》，《瞭望周刊海外版》1988 年第 24 期。

② 孙海浪：《倾斜的童工世界》，中国少年儿童出版社 1993 年版，第 276、278 页。

③ 龚卫民：《哭泣的"小太阳"——童工现象透视》，《湖南经济》1997 年第 1 期；龚卫民：《童工现象透析》，《新一代》1997 年第 1 期。

④ 成有信：《社会主义初级阶段童工的保护和教育》，《教育研究》1988 年第 10 期。

⑤ 王宇人：《温州家庭工业雇工经营中的童工现象》，《社会科学研究参考资料》1987 年第 21 期。

的措施予以制止。①

在如何禁止童工劳动问题上，研究者的观点存在分歧。王宇人（1987）建议"各级政府部门增加对落后地区的教育投资，把农村少年儿童实现智力和体育同体力相结合的可能性变为现实，逐步消除童工现象的消极面"。郑俊杰在《略论我国童工问题及其治理对策》（1989）一文中的观点是，采用"亦读亦工厂校"解决童工劳动问题。② 肖丙生的《论童年劳动者现象及教育的责任》（1990）一文，则强调了"改革学校教育，消除学生厌学、辍学现象，以达到控制童年劳动者数量的目的。"③ 以上研究者，强调的是加强学校教育，借此达到控制童工劳动数量的目的。此类主张有其合理性。

与以上研究者主张不同的是，袁景衡在《建议制定〈限定童工法〉》（1987）一文中认为，应该把禁用童工劳动提到法律地位上去！建议我国应迅速制定《限制童工法》。④ 彭剑鸣的主张与袁景衡类似，他在《建议增设雇佣童工罪》（1993）一文中，主张从刑法上增设"雇佣童工罪"罪名，以打击使用童工劳动者。他还阐释了"雇佣童工罪的概念，及犯罪构成"和"刑罚"。⑤ 的确，有了"法律"才能做到有法可依，执法有据。但郑俊杰（1988）似乎并不认可这种做法。在他看来，法律能禁用童工，但"禁止不了童工产生的社会条件"，而只要这些条件存在，今天在沿海地区发生，明天就会在内地、边疆和市、县出现。事实也确实是这

① 张炳升、朱振国：《各地应重视中小学生辍学当童工问题》，《新华月报》1988年第5期。

② 郑俊杰：《略论我国童工问题及其治理对策》，《东南学术》1989年第4期。

③ 肖丙生：《论童年劳动者现象及教育的责任》，《北京师范大学学报（社会科学版）》1990年第1期。

④ 袁景衡：《建议制定〈限定童工法〉》，《法学杂志》1987年第9期。

⑤ 彭剑鸣：《建议增设雇佣童工罪》，《少年与法》1993年第4期。2002年12月我国刑法新设"雇佣童工从事危重劳动罪"。

样，法律不是万能的。

相对而言，我国台湾地区的情况稍显落后了一点。汤兰瑞在《大陆劳动立法关于童工、女工的保护与我方应有的省思》（1995）一文中指出，大陆关于女工、童工的保护，"有颇多较我方为优""我方主政者，实愧对我方劳工""应切实深省而寻求改善"。① 由此可以了解，台湾地区也存在亟待解决的童工劳动问题。

（二）历史上的童工劳动研究

1. 旧中国童工劳动的研究

研究旧中国的童工劳动的有，邱远猷先生的《旧中国资本家为什么大量使用童工》（1979）一文。邱先生在文章中指出，旧中国"资本家使用童工是非常普遍的"，这与童工工资低廉、易于管理、能最大限度"攫取更多的剩余价值"等有密切关系，认为"资本家为了赚钱，不知摧残和毁灭了"多少儿童。② 邱先生文章研究价值取向的时代印记较为明显。

2. 早期工业化国家童工劳动研究

研究早期工业化国家的童工劳动，以英国工业革命中的童工劳动研究为主。早期研究者以庄解忧先生为代表，他在《英国工业革命时期童工的作用与地位》（1981）一文中认为，童工是无产阶级的组成部分，他们"在资本主义生产方式战胜封建生产方式的过程中，建树了不可磨灭的功绩。"没有他们，英国就不可能有"世界工厂"的地位，"更不可能有高度发达的今天"。③ 在特定的历史语境中，庄先生对英国工业革命中童工的作用给予了高度评价。

----

① 汤兰瑞：《大陆劳动立法关于童工、女工的保护与我方应有的省思》，《工业安全卫生月刊》1995 年第 8 期。

② 邱远猷：《旧中国资本家为什么大量使用童工》，《历史教学》1979 年第 6 期。

③ 庄解忧：《英国工业革命时期童工的作用与地位》，《厦门大学学报（哲学社会科学版）》1981 年第 4 期。

（三）域外童工劳动研究

有研究者对这一时期世界各国存在的童工劳动现象，也进行了程度不同的探讨。欧阳新的文章《西方资本对童工的剥削》（1982）认为，童工劳动存在于全球各个国家之中，"时至今日，剥削童工仍是西方国家资本积累的一种方式"。[①] 杨智宽的《世界童工的悲惨生活》（1984）一文则对一些国家滥用童工的情况进行了分析，特别提到童工遭受的虐待，如男童在工厂中被工头用烧红的铁棍烙烫，女童在家中"挨打或被奸污也无处伸冤"，至于在砖瓦厂劳动的孩子则"时常患有不可医治的脊椎骨损伤"。[②] 以上看法的道德评判意味似较浓厚。

印度是使用童工较多的国家，诗言、张惠芳、王晓丹等人对此进行了程度不同的探讨。诗言在《印度的童工》（1993）一文中指出，印度童工数量庞大，年龄很小的孩子"在矿山、砖窑和建筑部门干力所不及的繁重劳动，有的在危害身体健康的火柴、烟火等工厂中干活"，劳动时间长达10—16小时。[③] 张惠芳的《印度的童工状况》（1993）一文也有类似看法。王晓丹则从义务教育与青少年问题角度探讨印度的童工问题，在《童工、童婚与义务教育——印度青少年问题》（1994）一文中认为，印度童工现象严重，大量童工、童婚的存在影响了印度青少年的发展。[④] 一个国家的未来与前景，很大程度上要依赖能带来民族希望的年轻一代，但童工显然不能。

对如何消除全球存在的童工劳动现象，《被世界忘却的童工大军》（1981）一文的观点是，如果我们把消灭童工"与其他社会改革分割开来，而不把它看成是社会改革的一部分"，则我们难以实现消灭童工的目标。[⑤] 此论至今也不为过。

---

① 欧阳新：《西方资本对童工的剥削》，《兰州学刊》1982年第4期。

② 杨智宽：《世界童工的悲惨生活》，《世界博览》1984年第3期。

③ 诗言：《印度的童工》，《当代亚太》1993年第3期。

④ 张惠芳：《印度的童工状况》，《南方人口》1993年第2期；王晓丹：《童工、童婚与义务教育——印度青少年问题》，《南亚研究》1994年第3期。

⑤ ［作者不详］《被世界忘却的童工大军》，《信使》1981年第1期。

（四）涉及童工劳动的著作资料

这一阶段有一部分著作和文学艺术作品涉及童工劳动，时代痕迹较为明显。[1] 特别值得一提的是，郑隆炎等人出版的《工业毒物学》(1980)一书，有相当一部分内容，论述了英国早期工厂中的卫生状况对童工的影响。认为"剥削儿童劳力不是什么值得鼓励的事件"。只有当英国变得富庶的时候，"儿童劳动［才会］不再被视为预治饥饿及流浪生活的最佳办法"。[2] 此论较为中肯，在当时的条件下，儿童劳动的确与家庭贫困有密切关系。其他涉及童工劳动的著作有，英国学者 E. 罗伊斯顿·派克编的《被遗忘的苦难——英国工业革命的人文实录》(中译本，1983)、法国经济史学家保尔·芒图撰写的《十八世纪产业革命——英国近代大工业初期的概况》(中译本，1983)，以及世界卫生组织编写的《危害童工健康的特殊因素》(1990) 等；[3] 涉及旧中国童工劳动的有，刘明逵编辑的《中国工人阶级历史状况 1840—1949》(1985) 资料集；[4] 涉及童工劳动、未成年工的国际公约有，国际劳工组织北京局编辑的《国际劳工公约和建议书》(1994—2010)。[5] 此外，北京大学法律系国外法学研究室编辑的《国外保护青少年法规与资料选编》(1981)，辑录了部分国家 20 世纪 40 年代至 70 年代保护青少年的法规。[6] 这些著作和资料对深入研究童工劳

---

[1]　裴愉发：《童工仇》(连环画)，陈小培、韦太绘画，上海人民美术出版社 1979 年版。

[2]　郑隆炎主编：《工业毒物学》，隆言出版社 1980 年版，第 28 页。

[3]　世界卫生组织编：《危害童工健康的特殊因素》，人民卫生出版社 1990 年版，第 3、7 页；［英］E. 罗伊斯顿·派克编：《被遗忘的苦难——英国工业革命的人文实录》，蔡师雄等译，福建人民出版社 1983 年版；［法］保尔·芒图：《十八世纪产业革命——英国近代大工业初期的概况》，杨人楩等译，商务印书馆 1983 年版。

[4]　刘明逵编：《中国工人阶级历史状况 1840—1949》第 1 卷第 1 册，中共中央党校出版社 1985 年版。

[5]　国际劳工组织北京局编：《国际劳工公约和建议书 1919—1994》第 1 卷，国际劳工组织北京局 1994 年版；《国际劳工公约和建议书 1919—1993》第 2 卷，国际劳工组织北京局 1994 年版；《国际劳工公约和建议书 1994—2007》第 3 卷，国际劳工组织北京局 2010 年版。

[6]　北京大学法律系国外法学研究室编：《国外保护青少年法规与资料选编》，群众出版社 1981 年版。

动问题都有重要的参考价值。

（五）对这一时期童工劳动研究的看法

改革开放初兴，人们的思想观念也在悄然发生变化。历史上存在的包括童工劳动在内的一些问题，由于社会环境与语境的变化，有了被重新审视的可能性。虽然如此，就对童工劳动的主流看法来说，与之前相比变化并不明显。不同的是，与童工劳动相关的研究成果在逐渐增多，说明关注童工劳动的人也在增加，这种趋势值得注意。

四、21 世纪以来的童工劳动研究

进入 21 世纪后，学界对童工劳动的研究虽然仍属"冷门"，但出现了一些新的特点。主要表现为，关于童工劳动的研究成果明显增多，研究内容有现实社会中的童工现象，也有早期工业化国家和欠发达国家的童工劳动问题，对童工劳动进行的跨学科研究已出现。这些情况表明童工劳动研究出现了一种新局面。

（一）20 世纪末至 21 世纪初的中国童工现象研究

2002 年，卜卫研究员发表《通过媒体报道透视童工现象——关于中国童工报道的研究报告》一文，借助媒体报道对中国社会中存在的童工现象进行探讨。她认为，"至少在 1997 年以前，童工还未成为一个非常受关注的社会问题"，而在 2001—2002 年间，以人民网、新华社为主的重点媒体，报道童工的数量达到了 733 条。报道涉及童工的工作场所、工资待遇、生存环境等方面。这些情况说明，20 世纪八九十年代到 21 世纪初期的前十年间，中国社会经济生活中确实存在童工现象，并成为现实社会中不可忽视的问题。[1] 尹明明、鲁运庚《对中国童工现象的认识》（2002），

---

[1]　卜卫：《通过媒体报道透视童工现象——关于中国童工报道的研究报告》，《青年研究》2002 年第 8 期。

陆士桢《童工问题及其治理》（2003），卢德平、刘湲《论中国的童工问题》（2010）等文章都对此进行过探讨，强调政府应该在解决童工劳动问题方面发挥更大作用。[1] 谷宏伟《凹型收益率曲线与中等教育投资"瓶颈"：对童工的另一种解释》（2006）一文，从教育视角探讨童工问题。他认为，"对落后地区的家庭而言，由于中等教育阶段的成本增加而收益下降"，使其不愿投资教育，"进而导致失学和童工问题"。他主张"将各种法规和措施结合在一起，综合治理，降低贫困家庭中等教育的成本"，才有可能最终减少和消除童工。[2] 的确，高昂的教育成本肯定吸引不了学龄儿童的监护人，与此相应的是，不能入学或辍学的儿童显然也不可能在家里吃闲饭。

（二）工业化时期的童工劳动研究

学界对早期工业化国家童工劳动的研究，集中在英美国家以及旧中国，也有研究者关注到马克思恩格斯关于童工劳动的论述。

1. 英国（工业革命时期）童工劳动研究

尹明明、刘长飞在《英国工业革命时期的童工劳动》（2000）一文中认为，英国工业革命期间使用童工劳动是一种较为普遍的现象，童工为工业革命的发展作出了牺牲。当时的工厂法，虽然没有从根本上禁止童工劳动，但在保护儿童方面却有积极作用。[3] 该文基本沿袭了庄解忧先生的观点。施义慧《19世纪英国解决童工问题原因探析》（2001）、《工业革命时期英国童工问题的由来及解决》（2009）等论文，以及在其博士学位论文基础上出

---

[1]　尹明明、鲁运庚：《对中国童工现象的认识》，《青年研究》2002年第12期；陆士桢：《童工问题及其治理》，《社会杂志》2003年第4期；卢德平、刘湲：《论中国的童工问题》，《中国青年研究》2010年第9期。

[2]　谷宏伟：《凹型收益率曲线与中等教育投资"瓶颈"：对童工的另一种解释》，《中国人口科学》2006年第4期。

[3]　尹明明、刘长飞：《英国工业革命时期的童工劳动》，《山东师范大学学报（人文社会科学版）》2000年第3期。

版的《童年的转型——19 世纪英国下层儿童生活史》（2012）一书中，从不同角度探讨了英国工业革命时期儿童的命运，认为童工劳动问题的解决是由于人们关于童年观念的变迁、儿童自身经济价值的变化，以及人道主义者对贫寒儿童的同情、当时人对英国未来的关注与忧虑等因素综合作用的结果。① 王文丰《英国工业革命时期的议会立法与童工问题》（2016）一文认为，议会立法解决童工问题，表明政府在解决社会问题上进入了"由自由放任转向了国家干预和治理的轨道"。② 汪雪憬硕士学位论文《Lord Ashley 的童工政策及其时代意义——以十小时工时法为例》（2010），探讨了 19 世纪初期英国童工的工作状况，以及阿什利（Lord Ashley，1801—1885）在国会推动十小时工时法（Ten Hours Bill）的历程。③ 以上两人的研究或可看作是从公共政策视角对童工劳动进行的探讨。近年来，国内有部分硕士研究生论文，对英国工业革命中的童工劳动也有研究或涉及④，且选题新颖独特。

鲁运庚《马克思恩格斯论童工劳动》（2006）一文，考察了马克思恩格斯对待童工劳动的态度。他指出马克思恩格斯在揭露批判英国工业革命时期各行业使用儿童劳动的同时，强调儿童劳动应与接受教育结合起来，并且认为这是造就全面发展的人的唯一方法。⑤ 马克思恩格斯有关儿童劳

---

① 施义慧：《19 世纪英国解决童工问题原因探析》，《广西社会科学》2001 年第 11 期；施义慧：《工业革命时期英国童工问题的由来及解决》，《英国研究》2009 年第 1 辑，第 145—167 页；《童年的转型——19 世纪英国下层儿童生活史》，南京大学出版社 2012 年版。

② 王文丰：《英国工业革命时期的议会立法与童工问题》，《东北师大学报（哲学社会科学版）》2016 年第 6 期。

③ 汪雪憬：《Lord Ashley 的童工政策及其时代意义——以十小时工时法为例》，硕士学位论文，成功大学，2010 年。

④ 张嘉瑶：《工业革命时期英国工厂童工生存状态研究》，硕士学位论文，西北师范大学，2015 年；马梵原：《工业革命时期英国贫困儿童救助问题研究》，硕士学位论文，华中师范大学，2015 年；桂佳琪：《"英国土生土长的小黑人"——工业革命时期文学中"扫烟囱的孩子"形象研究》，硕士学位论文，浙江财经大学，2016 年；刘静茹：《十九世纪英国工厂学校研究》，硕士学位论文，西北师范大学，2017 年。

⑤ 鲁运庚：《马克思恩格斯论童工劳动》，《历史教学问题》2006 年第 5 期。

动的论述值得作深入研究。

此外，一些有关工厂制度和工厂立法、早期工厂生活等方面的研究，也程度不同地论及童工劳动。①

英国工业革命时期的童工劳动研究，取得了一些成绩。但与国外同行的研究相比，差距还较大。有关童工劳动，如何影响儿童的生活，特别是对其成年后生活的影响等问题，还有深入研究的必要。

2. 美国童工劳动研究

20 世纪上半叶，已有研究者对美国的童工劳动给予了关注。② 进入 21 世纪以后，一些研究者，就美国不同历史时期的童工劳动，以及童工立法作了进一步探讨，取得了一些成绩。

鲁运庚《北美殖民地时期童工劳动与清教观念》（2009）一文，探讨了北美殖民地时期的童工劳动，认为清教思想中所有人（包括儿童）都必须参加劳动的思想，为当时的生产部门使用儿童劳动提供了理论依据。③ 尹明明《美国内战前的童工劳动》（2007）一文，探讨了北美殖民地时期到内战前这段时间内的童工劳动，认为当时社会上出现的童工劳动，与清教的劳动观念、劳动力缺乏以及童工劳动力价格低廉等有密切关

---

① 工厂立法研究有，鲁运庚：《欧文对英国早期工厂立法的贡献》，《历史教学》2006 年第 9 期；陈日华：《19 世纪英国对工厂制度的规制：实践与立法》，《贵州社会科学》2014 年第 1 期。工厂生活研究有，宋严萍：《英国工业化早期女工的苦难与牺牲》，《历史教学问题》2006 年第 5 期。社会立法、劳资政策研究有，赵虹：《英国工业革命期间的社会立法》，《云南师范大学学报》2002 年第 11 期；刘金源：《论 19 世纪初期英国政府的劳资政策》，《复旦学报（社会科学版）》2012 年第 2 期；邵成珠、刘金源：《论英国工业化时期的劳资关系立法（1825—1850）》，《英国研究》2010 年，第 158—178 页。

② 王莹：《对于美国各州保护童工之立法的总检讨》，《劳工月刊》1932 年第 8 期；祝世康：《美国之童工问题》，《劳工月刊》1933 年第 5 期；薛春浦：《美国修正童工法之经过及其前途》，《劳工月刊》1936 年第 1 期；冯笑梅：《美国政府怎样去解决三百万童工》，《妇女新运》1945 年第 9 期。

③ 鲁运庚：《北美殖民地时期童工劳动与清教观念》，《中国社会科学院研究生院学报》2009 年第 4 期。

系。其《20 世纪初期美国的童工立法》(2001) 一文，以童工立法为视角
考察美国的童工劳动立法，认为这些立法客观上有利于保护儿童利益。①
从这一角度切入的，还有杨明玉《美国童工法发展论述》(2015) 一文，
认为社会观念和宪政体制的变革是影响美国童工法发展的主要因素。② 文
章篇幅不大，还可作进一步的探讨。刘丽华《美国进步运动时期棉纺织
业中的童工问题透析》(2000) 一文，就美国内战后各生产部门，尤其是
棉纺织生产部门使用童工劳动问题进行探讨，分析了社会各界对童工劳动
的态度。认为，虽有社会各阶层奔走呼号反对使用童工劳动，但效果并不
明显。③ 这是国内最早探讨美国进步运动时期童工劳动方面的文章。类似
研究还有崔冯杰的硕士学位论文《美国镀金时代滥用童工的思想因素》
(2018)，认为自由放任主义和社会达尔文主义对使用童工劳动有推波助
澜的作用。④ 此外，赵全华 (2010)、龙晓华 (2011) 以及王菁 (2013) 等
人的硕士学位论文，也从不同角度对美国使用童工劳动的情况进行了分析，
认为美国内战后童工劳动虽然还没有被彻底禁止，但通过教会、民间团体
以及政府等各种力量的合力救助，童工劳动状况在一定程度上有所改善。⑤

3. 旧中国童工劳动研究

鲁运庚在《民国初年的童工研究》(2002) 一文中，针对民国初年童

————————

　　① 尹明明：《美国内战前的童工问题》，《北京师范大学学报（社会科学版)》2007 年
第 6 期；尹明明、刘长飞：《20 世纪初期美国的童工立法》，《山东师大学报（人文社会科
学版)》2001 年第 3 期；尹明明：《第一次世界大战与美国童工劳动述评》，《历史教学》
2001 年第 4 期。
　　② 杨明玉：《美国童工法发展论述》，《法制社会》2015 年第 9 期。
　　③ 刘丽华：《美国进步运动时期棉纺织业中的童工问题透析》，《辽宁大学学报（哲
学社会科学版)》2000 年第 2 期。
　　④ 崔冯杰：《美国镀金时代滥用童工的思想因素》，硕士学位论文，四川外国语大学，
2018 年。
　　⑤ 赵全华：《进步主义运动时期美国的童工救助》，硕士学位论文，山东师范大学，
2010 年；龙晓华：《童工：儿童还是工资劳动者?》，硕士学位论文，河南大学，2011 年；王
菁：《美国反对童工运动研究 (1912—1938 年)》，硕士学位论文，上海师范大学，2013 年。

工劳动的产生、涉及童工劳动的立法等进行了探讨，认为资本主义的发展催生了童工现象，当时制定并通过的一些劳工法在保护童工方面或多或少有一定的作用。[1] 李楠《近代中国工业化进程中童工使用与绩效研究》（2015）一文，借助计量史学研究方法，从童工对近代中国工业化贡献的角度探讨童工劳动问题，认为童工虽然在劳动力中占有较高的比重，但童工的贡献度仅占 3% 左右，童工对近代工业发展没有实际上的贡献。[2] 该文研究视角新颖独特，只是结论似乎还存在进一步斟酌之处。

有研究者针对不同地区的童工劳动进行了探讨。如任冉冉（2006）、王媛媛（2007）、丁勇华（2008）等人，对 20 世纪二三十年代上海地区童工劳动的研究。他们认为，上海各工厂普遍存在着雇佣童工现象，因童工问题十分复杂，其彻底解决绝非一朝一夕的事。大量存在的童工劳动在一定程度上影响了上海的现代化进程。[3] 何慧琳《浅析 20 世纪 30 年代四川成都童工的生存状况》（2013），探讨了 20 世纪 30 年代四川成都童工的生存问题。指出当时的童工中，有在工厂中劳动的童工，也有"乞丐工厂""难童工厂""幼孩教养厂"中特殊童工。[4] 这是一篇不错的论文习作。

---

[1] 鲁运庚、刘长飞：《民国初年的童工研究》，《民国档案》2002 年第 2 期；尹明明、鲁运庚：《20 世纪初中国的童工问题研究》，《山东师大学报（人文社会科学版）》2003 年第 3 期；鲁运庚：《中国共产党对童工问题的早期认识和主张》，《山东师范大学学报（人文社会科学版）》2004 年第 3 期。

[2] 李楠：《近代中国工业化进程中童工使用与绩效研究》，《中国人口科学》2015 年第 4 期；《童工与近代中国工业化》，《东方早报》2015 年 8 月 25 日；《农业冲击、乡村借贷与童工使用：来自 20 世纪 30 年代东北北部乡村社会的考察》，《中国经济史研究》2018 年第 1 期。

[3] 任冉冉：《民国时期上海童工问题研究》，上海社会科学界联合会：《社会进步与人文素养——上海市社会科学界第四届学术年会文集》（哲学·历史·人文学科卷），上海人民出版社 2006 年版，第 178—186 页；王媛媛：《近代中国童工问题研究——以 20 世纪二三十年代上海为中心》，硕士学位论文，苏州大学，2007 年；丁勇华、吕佳航：《试论 1920、1930 年代上海童工问题》，《上海大学学报（社会科学版）》2008 年第 2 期。

[4] 何慧琳：《浅析 20 世纪 30 年代四川成都童工的生存状况》，《剑南文学》2013 年第 11 期。

另外，有研究者在探讨近代产业工人或"打工妹"群体时也程度不同的论及童工劳动并有独特的看法。①

4. 东西方使用童工劳动比较研究

针对工业化初期东西方国家使用童工劳动的现象，鲁运庚、尹明明在《工业化时期东西方童工问题比较研究》（2003）一文中，从行业分布、劳动时间、劳动强度、劳动报酬、工作环境、童工劳动规范等方面进行了比较研究。认为，社会转型时期可借鉴一些成功的经验来处理本可避免的社会问题，以免引起社会的动荡。② 此文结论尚存在需补充完善之处。学者熊映美《各国童工女工禁止从事危险性有害性工作规定比较研究》（2003）一文，就现代世界各国禁止童工女工从事危险性、有害性工作的规定，进行比较研究。认为，欧洲、美洲与亚洲其他国家的法律，均受其地理位置与各国历史发展进程影响，更随其工业化程度高低而有差异。建议从立法精神、增加与更新有害物危险物的项目，提高有害物、危险物的标准等方面，对《劳工卫生安全法》进行修改。③ 凸显了学术研究的价值。

（三）全球童工劳动问题研究

现代全球范围内的童工劳动，主要集中在欠发达国家和地区，学界研究的重点，也主要是围绕欠发达国家和地区的童工劳动展开。

（1）宏观探讨全球童工劳动问题。郑德全《世界儿童问题面面观》（2003）一文，作者指出，要消除所有童工现象"世界各地区、各国和有关国际机构必须制定相互协调的政策和措施，采取一致行动"才行。④ 穆

---

① 马庚存：《论中国近代青年产业工人的历史命运》，《史林》2007年第6期；池子华：《近代"打工妹"群体研究的几个断面——以苏南地区为中心》，《江海学刊》2010年第5期。

② 鲁运庚、尹明明：《工业化时期东西方童工问题比较研究》，《甘肃社会科学》2003年第3期。

③ 熊映美：《各国童工女工禁止从事危险性有害性工作规定比较研究》，劳工委员会安全卫生研究所，2003年。

④ 郑德全：《世界儿童问题面面观》，《记者观察月刊》2003年第6期。

方顺在《欧洲童工问题日益严重》(2004) 一文中指出，欧洲的童工劳动虽然不严重，但最近几年童工队伍有扩大的趋势。[①] 贾晓清在其硕士学位论文《发展中国家童工问题研究》(2012) 中指出，全球童工中的大部分集中在欠发达国家，尤以亚太、拉美和撒哈拉以南非洲等地区为最。大量使用童工带来的危害不言而喻，但若单纯禁用童工而没有为其找到替代性出路，则会将童工置于更加悲惨的境地。[②] 因此，面对全球范围内的童工劳动，国际社会应共同努力一致行动才有可能消除童工劳动。

（2）个案与专题研究。何祺婷的硕士学位论文《瓜地马拉内战后非法童工问题研究 (1996—2005)》(2005)，探讨了危地马拉童工劳动问题，认为存在的原因除贫穷率高外，还有保护儿童执法不严、传统价值观等社会文化因素的影响。虽然危地马拉政府努力改善童工处境，但效果并不明显。在短期无法消弭童工现象的情况下，"提升成人劳动者的生活条件和所得"，或许会有助于消除童工现象。[③] 阮氏翠恒的硕士学位论文《教育政策视角下的河内童工问题治理研究》(2013)，探讨了越南河内的童工劳动问题。指出政府在解决童工问题中有着重要的主导作用，尤其是在提供免费基础教育、全民教育以及宣传教育方面的作用更为突出。宣传教育不仅有助于社会了解儿童过早参加劳动的危害，也有助于国家的法律法规得到认定和有效实施。[④] 王子涵、谭融两人撰写的《论印度童工问题及其治理》(2018) 一文，研究了印度社会中童工劳动问题，肯定了政府立法与政策并重的措施，以及在治理童工问题方面取得的成绩。同时指出，印度政府要

---

① 穆方顺：《欧洲童工问题日益严重》，《石油政工研究》2004 年第 1 期。
② 贾晓清：《发展中国家童工问题研究》，硕士学位论文，武汉科技大学，2012 年。
③ 何祺婷：《瓜地马拉内战后非法童工问题研究 (1996—2005)》，硕士学位论文，淡江大学拉丁美洲研究所，2005 年。
④ 阮氏翠恒：《教育政策视角下的河内童工问题治理研究》，硕士学位论文，广西大学，2013 年。

取缔童工劳动还有许多工作要做。① 从已有研究成果看，针对欠发达国家和地区童工劳动的研究，总体以个案研究为主，比较研究有待加强。

（3）从国际劳工标准、国际法角度探讨全球范围内童工劳动问题。佘云霞在其《国际劳工标准演变与争议》（2006）一书中认为，国际社会虽然在劳工问题上存在争议，但最终还是就消除最恶劣形式的童工劳动达成了共识。② 栾雨龄的硕士学位论文《国际童工标准法律问题研究》（2009），从法律角度探讨了国际童工标准的产生与演变的历史，指出了我国有关童工立法与国际童工标准之间的差异，认为中国应通过修改某些法律法规、实现产业结构升级等方式，来化解国际童工标准对中国企业的影响。③ 戴柳军以跨国公司为视角研究童工问题，在其硕士学位论文《童工问题的国际法研究》（2010）中探讨了国际组织在消除童工劳动的斗争中发挥的重要作用，认为解决童工问题需要跨国公司的积极参与。④ 成之约的文章《国际核心劳动基准及其在我国实践状况之评析——以童工雇用禁止为例》（2004）、徐婧媛的硕士学位论文《论禁止童工的国际法》（2009）分别从国际法角度探讨了禁止使用童工劳动问题，认为正视童工现象的存在是解决童工问题的先决条件。⑤ 的确，对问题没有正确认识，恐很难找到正确解决问题的办法。

（4）从儿童权利视角研究童工劳动。陈晓云硕士学位论文《童工权利的国际保护》（2007），探讨了国际劳工组织为禁用童工劳动采取措施的得失

① 王子涵、谭融：《论印度童工问题及其治理》，《天津师范大学学报（社会科学版）》2018 年第 5 期。

② 佘云霞：《国际劳工标准演变与争议》，社会科学文献出版社 2006 年版；佘云霞：《国际社会有关童工劳动的争议及解决》，《中国劳动关系学院学报》2010 年第 3 期。

③ 栾雨龄：《国际童工标准法律问题研究》，硕士学位论文，复旦大学，2009 年。

④ 戴柳军：《童工问题的国际法研究》，硕士学位论文，湖南师范大学，2010 年。

⑤ 成之约：《国际核心劳动基准及其在我国实践状况之评析——以童工雇用禁止为例》，《台湾民主季刊》2004 年第 4 期；徐婧媛：《论禁止童工的国际法》，硕士学位论文，武汉大学，2009 年。

问题，并就进一步加强中国童工权利的保护提出了自己的建议，如建立贫困儿童国家救济制度、加大义务教育的投入、推行劳动预备制度等。①

以上不同类型的研究，对我们从不同角度了解全球童工劳动，特别是欠发达国家的童工劳动都有积极意义。

（四）本阶段童工劳动研究的特点

进入 21 世纪以来，国内童工劳动研究虽处于边缘状态，但与以前相比有两个明显的不同：

一是研究成果的数量明显增多。从成果形式看，论文、研究报告占主导，尚未检索到国内研究者撰写的有关童工劳动的专著。② 译介的国际劳工组织出版物③，以及部分涉及童工劳动的译著④，对国人了解全球童工

---

① 陈晓云：《童工权利的国际保护》，硕士学位论文，厦门大学，2007 年；陈晓云：《童工国际保护初论》，《昆明理工大学学报（社会科学版）》2008 年第 9 期。

② 国内出版有，童工以及未成年人保护的法律法规及其释义著作：李建、阎宝卿《禁止使用童工规定释义》（中国法制出版社 2002 年版），郭秀晶、孙怀亮《未成年工特殊保护规定》（中国社会出版社 2003 年版）等。与童工劳动、儿童保护关系较为密切的著作有，熊秉真《童年忆往：中国孩子的历史》（麦田出版股份有限公司 2000 年版）、施义慧《童年的转型——19 世纪英国下层儿童生活史》（南京大学出版社 2012 年版）等。此类著作将童工劳动置于儿童生活的大背景中去理解，便于认识童工劳动对儿童成长的影响。

③ 国际劳工局：《童工问题，从令人不能容忍的形式着手，报告六（1）》，国际劳工大会，第 87 届会议，日内瓦 1998 年；国际劳工局：《童工问题，报告四（1）》，国际劳工大会，第 87 届会议，日内瓦 1999 年。[国际劳工局] 局长报告：《一个没有童工的未来》，国际劳工局 2002 年版；[国际劳工局] 局长报告：《童工劳动的终结：可望可及》，国际劳工局 2006 年版；[国际劳工局] 局长报告：《加速反童工劳动的行动》，国际劳工局 2010 年版。

④ [爱尔兰] Concern Worldwide：《你对童工了解多少》，涂释文译，社会资源研究所 2010 年版；[英] E. P. 汤普森：《英国工人阶级的形成》（上、下册），钱乘旦等译，译林出版社 2001 年版；[美] G. H. 埃尔德：《大萧条的孩子们》，田禾、马春华译，译林出版社 2002 年版；[法] 让—皮埃尔·内罗杜：《古罗马的儿童》，张鸿、向征译，广西师范大学出版社 2005 年版；[美] 维维安娜·泽利泽：《给无价的孩子定价：变迁中的儿童社会价值》，王水雄、宋静、林虹译，格致出版社 2008 年版；[英] 乔恩·萨维奇：《青春无羁 狂飙时代的社会运动 1875—1945》，吉林出版集团有限责任公司 2010 年版；[法] 阿利埃斯：《儿童的世纪 旧制度下的儿童和家庭生活》，沈坚、朱晓罕译，北京大学出版社 2013 年版；[英] 艾伦·普劳特：《童年论》，上海社会科学院出版社 2014 年版；[意] 艾格勒·贝奇、[法] 多米尼克·朱利亚：《西方儿童史》（上、下册），申华明、卞晓平译，商务印书馆 2016 年版。

劳动及反童工劳动的行动都有积极意义。

　　二是童工劳动或与之有关的立项课题开始出现。从已掌握的近年不同层次立项课题情况来看，以童工劳动为研究对象，或研究对象涉及童工劳动的国家社会科学基金项目有，池子华"近代中国'打工妹'群体研究——以长江三角洲地区为中心"（项目编号 09BZS046），鲁运庚"美国'拯救儿童运动'研究（1825—1935）"（项目编号 19BSS037）；教育部人文社会科学研究项目有，李楠"中国早期工业化中童工问题的理论及实证研究（1840—1936）"（项目编号 14YJC790066），鲁运庚"童工问题的历史考察与现实启示"（项目编号 12YJA770034）；国家民委项目有，蔡华"'我不想回家'——凉山童工沿海打工深层次原因调查"（项目编号 2014-GM-013）；省级社会科学规划基金项目有，施义慧的江苏省社会科学基金项目"转型时期英国儿童生活模式演变研究"（项目编号 09LSC011）。立项课题的出现，意味着童工劳动引起了学界的关注。

五、对国内童工劳动研究的几点认识

　　国内学界自 20 世纪初期开始关注童工劳动，历经百余年，其间虽时断时续，但作为一个学术问题一直有研究者加以关注。回顾学界百余年来的童工劳动研究，有如下认识：

　　第一，童工劳动研究随时代的不同而有变化。社会上存在较为严重的童工现象时，关注这一现象的研究者也多，相应的研究成果也丰富，由此印证了学术研究具有的现实关怀之意。在不同的历史时期，童工劳动研究者提出的建议和对策，有的被政府采纳甚至上升到政策层面，个别研究者的建议或许对有关立法，或修正有关法律产生过影响（2002 年 12 月 28 日第九届全国人大常委会公布《中华人民共和国刑法修正案（四）》，第四条规定新设"雇用童工从事危重劳动罪"。早在 1993 年彭剑鸣就提出类似建议）。

　　第二，总体研究水平还有待提高。纵观百余年来尤其是新中国成立以来的童工劳动研究，系统的童工劳动研究著作尚付阙如，高水平、理论性强的论文不多，研究方法较为单一，反映了对该问题研究的薄弱和处于被边缘化的境地。

第三，从已有研究成果呈现形式看，基本上以论文、研究报告为主。研究成果转化为课程的情况几乎没有，以文学艺术形式（戏剧电影）呈现的研究成果或普及性的研究成果都较少，说明对童工劳动的认知存在着较大的提升空间。

第二节　国外儿童劳动研究概述①

国外对童工劳动的关注和研究，根据不同国家和地区使用童工劳动的情况，及由此引发的社会关注程度呈现出不同的特点。学界研究童工劳动的进程，根据研究内容和范围大致划分为三个阶段，即从 18 世纪 60 年代到 19 世纪末期为第一阶段；20 世纪初期到 20 世纪 40 年代末为第二阶段；20 世纪 40 年代末到目前为第三个阶段。

一、18 世纪 60 年代到 19 世纪末期

这一时期对童工劳动的研究和关注，主要集中在以英国为主的欧美国家。欧美以外的其他国家，对童工劳动的研究尚不明显。

（一）以英国为主的欧美国家对工厂儿童劳动的关注

1. 英国的童工劳动研究

在英国，针对早期工厂滥用儿童劳动的情况，一些开明的工厂主、慈善家和医生开始"呼吁救救孩子"；政府有关部门和同时代人对工厂儿童

---

① 受语言条件限制，国外童工劳动研究概述，主要以接触到的用英语发表的文献为依据，有少量日语、德语、法语文献，未接触其他语种文献。本节提供的研究状况只是一个大致的研究脉络，敬祈读者谅解。

劳动给予关注并出版了一些反映工厂（儿童）劳动安全卫生等状况的书籍和资料；一些学者开始将儿童（童工）劳动当作工业革命的重要内容加以研究以期说明工业革命的"利弊"，逐渐形成工业革命研究中的"乐观派"和"悲观派"。总体来看，这一时期童工劳动研究中的道德评判色彩较为浓厚。

（1）开明工厂主和慈善家对儿童劳动的关注。最早关注到工厂儿童劳动的，是一些开明工厂主、慈善家和医生。主要代表人物有戴维·戴尔（David Dale，1739—1806）、乔赛亚·韦奇伍德（Josiah Wedgwood，1730—1795）、托马斯·帕西瓦尔（Thomas Percival，1740—1804）、罗伯特·皮尔（Robert Peel，1788—1850）、罗伯特·欧文（Robert Owen，1771—1858）、米歇尔·塞德勒（Michael Sadler，1780—1835）、马修·博尔顿（Matthew Boulton，1728—1809）、阿什利（Lord Ashley，1801—1885）、乔治·斯特林格·布尔（George Stringer Bull，1799—1865）等人，他们撰文呼吁社会关注工厂儿童。① 托马斯·帕西瓦尔指出，棉织工厂使用儿童劳动意味着剥夺了儿童受教育的机会，议会应当通过立法保护儿童。② 罗伯特·皮尔也指出，如果议会不对工厂儿童劳动进行干预，他们"将得不到丝毫的保障"，从而会"给下一代带来非常严重的令人惊恐的后果"。③ 罗伯特·欧文则在《调整工厂工时法案》（1815）、《工厂童工状况调查委员会》（1816）、《上利物浦伯爵书——论工厂童工问题》（1818）等文章中，呼吁限制童工劳动。④ 这些开明的工厂主和慈善家虽

① Clark Nardinelli, *Child Labor and the Industrial Revolution*, Bloomington：Indiana University Press，1990，p. 131.

② ［英］E. 伊斯顿·派克编：《被遗忘的苦难——英国工业革命的人文实录》，蔡师雄等译，福建人民出版社1983年版，第72页。

③ ［英］E. 伊斯顿·派克编：《被遗忘的苦难——英国工业革命的人文实录》，第81页。

④ 详细内容见本书第四章第一节。

然没有从学理上就儿童（童工）劳动问题进行深入探讨，但他们的一些观点和主张，有利于唤起社会对工厂儿童劳动的关注，也影响了后来研究工业革命的一些史学家和经济史学家，尤其是"悲观派"史学家。

（2）学界对童工劳动的研究。学界早期关注童工劳动缘于对英国工业革命的研究，部分研究者常以"童工劳动问题"阐释工业革命给人们带来的"利"和"弊"。

彼得·加斯克尔（Peter Gaskell）在《英国工业人口》（1833）一书中认为，早期工厂中童工的劳动条件到 19 世纪初期已经得到善。① 爱德华·贝恩斯（Edward Baines）的著作《英国棉纺工厂史》（1835）也认为，在工厂中对童工"辱骂只是例外，而不是常规"。工厂劳动对童工的危害不大。"童工也很少流露出烦恼的神情，他们经常愉快而不忧闷。"② 安德鲁·尤尔（Andrew Ure）的观点最具代表性，他在《工厂哲学》（1835）一书中说，工厂儿童是"根据自己的体力和能力从事着不同的工作""从没有遇到过对儿童的体罚"。只要贪婪的父母和监工在工厂中不虐待儿童，他们在工厂的劳动所得就能使其衣食无忧。对儿童来说，在工厂中劳动总比他待在阴冷潮湿、空气污浊的租住房里更有益于其成长。③ 罗伯特·H. 格雷格（Robert Hyde Greg）在《工厂问题》（1837）中进一步写道，工厂童工从事的劳动并不累，他们也很少受到伤害。对工厂产生的问

① P. Gaskell, *The Manufacturing Population of England, its Moral, Social, and Physical Conditions*, London: Baldwin and Cradock, 1833, p. 180.

② Edward Baines, *History of the Cotton Manufacture in Great Britain*, 1835, Reprint. London: Forgotten Books, 2013, Print. pp. 454-455.

③ Andrew Ure, *The Philosophy of Manufactures*, London: Charles Knight, 1835, p. 301; James Phillips Kay, *The Moral and Physical Condition of the Working Classes Employed in the Cotton Manufacture in Manchester*, London: J. Ridgway, 1832.

题，我们既不能看不到，也没必要夸大。① 与格雷格的看法类似，威廉·
C. 泰勒（William Cooke Taylor）的《工厂和工厂体系》(1844) 一书也指
出，"不管工厂童工的命运多么艰难"，家庭劳动制度下的儿童处境可能
"更加艰难""工厂的童工劳动实际上是国家的一件幸事"。儿童不去工厂
劳动后的唯一去处，可能是充满各种危险的街头。我们期望孩子们"四
肢清闲，嬉戏在山腰，吸入新鲜的空气"时，却也不能忽视那些"饿死
在茅屋里或路边水沟"中的儿童，以及"年幼的乞丐和流浪者"面带饥
色、心情绝望的神情。"我们宁可看到男女童工在工厂挣饭吃，而不愿意
看他们在路旁挨饿，在人行道上受冻。"② 由上可以看出，以安德鲁·尤
尔等人为代表的这部分研究者，强调工业革命改善了人们的生活，工厂中
的儿童虽也受到不公正待遇，但毕竟摆脱了饿死路旁的困境。从这个角度
讲，他们对工厂使用童工基本上持一种肯定态度，起码不是强烈反对。

　　与以上研究者看法不同的是，也有研究者对工厂使用童工劳动的行为
持一种否定态度。从约翰·菲尔登（John Fielden）的著作名称，差不多
能推知其态度。他在《工厂制度的罪恶》(1836) 中指出，我讨厌那种所
谓工厂劳动"非常轻松""不需要费劲"的鬼话，那种"渴望摆脱所经受
的单调乏味的苦役"的心情，非个中人所能体会。③ 恩斯特·冯·普林纳
（Ernst von Plener）的著作《英国工厂立法》(1873) 也认为，即使工厂法
通过后，非法雇佣儿童劳动等"社会上存在的问题一点也不比工厂立法

---

① Robert Hyde Greg, *The Factory Question, Considered in Relation to Its Effects on the Health and Morals of Those Employed in Factories...* London：J. Ridgway and Sons, 1837, pp. 122-123.

② William Cooke Taylor, *Factories and the Factory System：From Parliamentary Documents and Personal*, 1844, Reprint. London：Forgotten Books, 2013, Print. pp. 23-24.

③ John Fielden, *The Curse of the Factory System*, London：A. Cobbett, ［1836?］, pp. 31-34. 引文见［英］E. 罗伊斯顿·派克编：《被遗忘的苦难——英国工业革命的人文实录》，第188页。

通过前少"。此前的一些研究者，没有客观反映事实的真相。他说，尤尔挑选了一部分调查资料用来支持其对工厂制度的乐观看法，萨缪尔·A. 基德（Samuel A. Kydd）挑选了部分国会资料支撑其观点，却忘记了这些资料在原文中的本意。① 这部分研究者强调了童工在工厂中遭受的苦难。

比较以上两种不同的看法，能感知他们对待童工劳动的两种态度，即赞同和反对。这两种看法，在以后有关工业革命、童工劳动问题的研究中，又有了继承和发挥，进而发展成工业革命研究中的"乐观派"和"悲观派"。② 这两种派别的形成，难以排除其中的研究者探讨问题的角度不同。同一史实可多维度阐释，不同研究者从维度相同的角度解读，尚不能保证得出相同的结论。更不用说双方可能还存在只选择有利于自己史实的问题，再加上阶级、立场等因素渗透其中，有不同的看法也在情理之中。

（3）工厂劳动条件与安全卫生等方面资料的整理出版。为进一步了解制造业以及矿山中（儿童）工人的劳动条件，英国政府出版了不少有关工厂制造业和矿山（儿童）劳动条件与安全卫生状况的调查资料。最重要的是 18 卷本皇家委员会《矿山、制造业儿童雇用状况》报告，"1842 年矿山与制造业儿童雇佣条件"报告就包括在其中。③ 另外，矿山与制造业委员会还出版有《英国煤矿及其他矿业雇佣儿童劳动条件及待

①　Ernst von Plener, *The English Factory Legislation*, *from 1802 till the Present Time*, London: Chapman and Hall, 1873.

②　"悲观派"的主要代表人物是保尔·芒图、哈蒙德夫妇、桑巴特（Aemer Sombart）、韦伯夫妇（Sindney Webb）、德国历史学派以及美国制度学派等，他们的共同点是批判资本主义制度；"乐观派"的代表人物有哈耶克（F. A. Hayek）、克拉潘（John H. Clapham）等人，他们认为"工人阶级的境遇一直在缓慢而程度不一地改进"，儿童是否构成早期工业劳动力的重要组成部分值得怀疑，19 世纪时童工状况已经得到改善。详见施义慧：《十九世纪英国下层儿童生活史研究述评》，《史学月刊》2008 年第 4 期。

③　Great Britain, Parliament, House of Commons, *Irish University Press Series of British Parliamentary Papers. Industrial Revolution: Children's Employment*, Shannon: Irish University Press, 1968, 15 Vols.

遇》（1842）、《矿业和制造业儿童青少年道德和身体状况》（1843）等调查报告。① 除官方出版物外，也有一些个人或社团出版的调查报告，如查德威克《英国劳动人口卫生状况报告》（1843）等。② 这些报告资料是研究英国工业革命时期童工劳动的重要史料。

2. 英国以外其他欧美国家的童工劳动研究

英国以外其他欧美国家的童工劳动研究，主要以法国、德国、比利时、美国等国为主。在这些国家以外的其他国家，经济发展相对缓慢，童工劳动并不明显，因而尚未引起研究者的关注。

将欧洲地区童工劳动当作整体，进行综合研究的有列奥纳多·奥纳（Leonard Horner）的著作《论英国和其他国家工厂及多行业中的儿童雇用》（1840），该书简明扼要介绍了英国，以及法国、俄国、瑞典等国家工厂雇佣儿童劳动及其童工立法的情况。③ 另一部著作是爱玛·布鲁克（Emma Brooke）的《欧洲国家工厂立法表》（1898），以表格形式介绍了欧洲主要国家工厂立法涉及儿童雇佣的有关条款，如童工的最低雇佣年龄、劳动时间、安全卫生以及工厂检查等。④ 两书虽然简略，但从整体上探讨了欧洲的童工立法，对书中涉及国家规范使用儿童劳动的情况能有一个大致的了解。

反映法国童工劳动及相关问题的研究，主要体现在出版的调查报告和

---

① Commissioners in Mines and Manufactories, *The Condition and Treatment of the Children Employed in the Mines and Collieries of the United Kingdom*, London: William Strange, 1842.

② Edwin Chadwick, *Report on the Sanitary Conditions of the Labouring Population of Great Britain*, London: W. Clowes and Sons, 1843; *The Physical and Moral Condition of the Children and Young Persons Employed in Mines and Manufactures*, 1843.

③ Leonard Horner, *On the Employment of Children in Factories and Other Works in the United Kingdom and in Some Foreign Countries*, London: Longman, 1840.

④ Emma Brooke, *A Tabulation of the Factory Laws of European Countries in so far as They Relate to the Hours of Labour, and to Special Legislation for Women, Young Persons, and Children*, London: G. Richards, 1898.

资料上面。如有关工厂立法的《1874 年 5 月 19 日儿童劳动法评论汇编》①、《矿山、制造业与工厂童工及工人阶级劳动条件回忆录》（1847）、《青少年劳动者身体与道德状况》（1843）、《童工与工人阶级劳动条件调查》（1848）、《工矿企业中的妇女儿童劳动》（1885）以及《制造业中的童工劳动》（1868）等。② 借助这些资料能了解到政府与社会为解决童工劳动问题所做的努力。

　　德国、意大利、美国等国家也有数量不等的研究童工劳动的论著出版，如研究 19 世纪中后期德国工厂尤其是纺织工厂使用儿童劳动的《德国工厂的儿童雇用》（1890）一文③，研究意大利妇女童工劳动的有罗姆洛·B. 埃加诺（Romolo B. d'Ajano）的文章《意大利有关妇女儿童的工厂立法》（1896）④，研究美国童工劳动的有约翰·O. 格林（John O. Green）《工厂制度》（1846）以及威廉·F. 威洛比（William F. Willoughby）和克莱尔·德·格拉芬里德（Clare de Graffenried）同时出版的同名小册子《童工

---

① Ernest Nusse, Jules Perin, *Commentaire de La Loi Du 19 Mai 1874 Sur Le Travail Des Enfants: Et Des Filles Mineures Employes Dans L'Industrie Et Des Filles Mineures Employes Dans L'Industrie*, Reprint, London: Forgotten Books, 2013, Print.

② Edouard Ducpétiaux, *De La Condition Physique Et Morale Des Jeunes Ouvriers et des Moy-ens de l'Amé-liorer*, Bruxelles: Meline, Cans et Compagnie, 1843; *Mémoire sur la Condition des Classes Ouvrières et sur le Travail des Enfants dans les Mines*, *Manufactures & Usines*, de la Province de Liège, Bruxelles: Imprimerie De TH. Lesigns, 1847; Ministère de l'intérieur, *Enquête Sur La Condition Des Classes Ouvrières Et Sur Le Travail Des En-fants*, Bruxelles: Imprimerie De TIl Le-signs, 1848; *Les Conteurs Ouvriers*, *Dédiés aux Enfants des Classes Labori-euses*, Paris: En vente chez l'Auteur, rue du Faubourg-St-Antonie, 1849; *Le Travail des Enfants dans les Manufactur-es*, Paris: Librairie Guillaumix, 1868; *Le Travail des Enfants et des Filles Mineures dans L'industrie*, Paris: Librairie Administrative Berger-Lecvrault, 1885.

③ [s. n.] "The Employment of Children in German Factories", *Lend a Hand*, 1890, 5 (4): 285–286.

④ Romolo Broglio d'Ajano, "Factory *Legislation For the Protection of Women and* Children in Italy", *Journal of Political Economy*, 1896, 4 (3): 209–331.

劳动》(1896)①，其中两者都是以介绍英美国家的童工劳动为主。这些研究不同国家童工劳动的论著，反映了童工劳动研究在有关国家尚处于起步阶段。

（二）欧美以外的其他国家对童工劳动的关注

欧美以外国家中的童工劳动，尚未引起社会的特别关注，其研究也相对薄弱。这一时期的中国尚未见到有研究童工劳动的论著。不过，有关童工劳动规范（如 1878 年开平煤矿的《煤窑规条 33 则》，详见本书第四章内容）却已存在。印度从 1872 年开始讨论制定工厂法，差不多 10 年以后才通过。日本在 1882 年前后调查童工劳动条件，1887 年制定了有关法令。由此可见，这些国家的童工劳动已经引起人们的关注，但尚未见到相关的研究。

二、20 世纪初期至 20 世纪 40 年代末

本阶段研究童工劳动的阵地主要在美国。以研究英美国家尤其是美国的童工劳动为主，也有少量涉及其他国家童工劳动的研究。成果形式有综合研究性著作，也有个案、专题研究论著；研究方法以田野调查、案例分析、口述访谈以及比较研究等为主。在童工劳动专门研究之外，工业革命史、经济史、劳工立法等方面的研究也论及童工劳动并不乏独到见解。英国工业革命史学研究中的"乐观派"和"悲观派"，在童工劳动研究中也有所表现。

（一）以美国为主的欧美国家童工劳动研究

1. 英国学界的童工劳动研究

进入 20 世纪以后，英国童工劳动研究的内容和范围较前有了扩大。

---

① John Orne Green, *The Factory System*, *in Its Hygienic Relations*, Boston：The Society, 1846；William F. Willoughby, *Child Labor*, Baltimore：American Economic Association, 1890；Clare de Graffenried, *Child Labor*, Baltimore：American Economic Association, 1890.

对童工劳动的认识,"道德评判"现象有所弱化。童工劳动开始被当作基于儿童"主体性地位"的一种"社会现象"加以认识。英国在这一时期的童工劳动研究,根据其研究内容可划分为下列几类。

(1)童工劳动的调查统计。主要是针对 19 世纪末至 20 世纪初,英国各地使用童工劳动情况的调查,规模大小不一。如由苏格兰妇女贸易委员会主持的《儿童雇佣调查报告》(1901),其调查对象为 6—15 岁儿童的劳动情况,被调查儿童总数为 1406 人,从事的劳动有送奶、卖报、街头小商贩等,① 这些调查统计的资料性优于学术性。

(2)围绕童工劳动进行的专门研究。罗伯特·H. 谢拉德(Robert H. Sherard)以"奴役劳动"为视角研究童工问题,在《英国的儿童奴隶》(1905)一书中认为,20 世纪初期的英格兰和苏格兰各地有数十万儿童像奴隶般被奴役,从事着危险甚至致命的劳动。② 奥利弗·J. 邓洛普(Olive J. Dunlop)从学徒制视角探讨童工劳动,他在《英国学徒制与童工劳动》(1912)一书中认为,中世纪的学徒制是对儿童进行的一种职业训练,有利于儿童以后的发展,工厂制度下的童工劳动则不是这样,它只是将儿童商品化,提高了儿童的商业价值,这恰恰是对儿童的一种伤害。③ 瑞纳尔德·A. 布雷(Reginald A. Bray)的《儿童劳动与学徒》(1912)一书也有类似看法,认为童工劳动不像学徒那样有利于儿童的成长。④ 1912 年,国际劳工大会在苏黎世召开会议,会上成立了讨论童工问

---

① Scottish Council of Women's Trades, *The Employment of Children. Report of an Inquiry Conducted for the Scottish Council of Women's Trades*, Compiled by Several Investigators…, Glasgow, 1901, p. 7.

② Robert Harborough Sherard, *The Child-Slaves of Britain*, London: Harst and Blackett, Limited, 1905, p. xvii.

③ Olive Jocelyn Dunlop, *English Apprenticeship and Child Labour: A History*, New York: Macmillan, 1912, pp. 17–19, 265, 268, 296.

④ Reginald Arthur Bray, *Boy Labour and Apprenticeship*, London: Constable & Co., 1912, p. 196.

题的专门委员会。英国代表弗里德里希·基林（Frederic Keeling）的《英国的童工劳动》（1914），可以看作是弗里德里希·基林作为英国代表，就英国童工劳动向国际劳工大会所作的书面汇报。他特别强调了劳动立法在限制使用童工方面的积极作用。①

瑞纳尔德·A. 布雷（Reginald A. Bray）以战争对青少年劳动的影响为视角，探讨一战后英国青少年的受雇问题。在《战后青少年的雇佣劳动问题》（1918）一书中强调，若不解决日益严重的非法雇佣青少年劳动问题，青少年的未来势必受到损害，建议禁止 14 岁以下的儿童参加劳动，同时以法律形式限定 18 岁以下未成年人的劳动时间。② 艾瑞纳·O. 安德鲁斯（Irene O. Andrews）也在其著作《战争对英国妇女儿童的经济影响》（1921）中认为，战争对童工的需求，使得一些低于法定最低雇佣年龄的儿童参加劳动，削弱了童工法和义务教育法的效力，战争还使得原来分别由男童与女童从事的一些职业互换，给男女儿童的成长带来不利影响。③ 布雷和安德鲁斯的研究开启了探讨儿童生活的一种新视角。

（3）其他涉及童工劳动的研究。早期工厂法的主要内容之一就是规制工厂中的儿童劳动，对工厂法的研究不可避免的涉及童工劳动。B. L. 哈钦斯（B. L. Hutchins）的著作《工厂立法史》（1903），按照历史顺序系统地研究了英国的工厂法，并对工厂法的制定及由此产生的争论进行了探讨，强调了国家对血汗工厂进行有效监督的必要性。④ 这一观点可看作

---

① Frederic Keeling, *Child Labour in the United Kingdom*：*A Study of the Development and Administration of the Law Relating to the Employment of Children*, University of California Libraries, 1914.

② Reginald Arthur Bray, *The Problem of Juvenile Employment after the War*, London：H. M. Stationery off., Darling & Son, Ltd., 1918, p. 10.

③ Irene Osgood Andrews, *Economic Effects of the World War Upon Women and Children in Great Britain*, New York：Oxford University Press, 1921, pp. 167, 170, 175.

④ B. L. Hutchins, A. Harrison, *A History of Factory Legislation*, Westminster：P. S. King & Son, 1903.

是对萨缪尔·A. 基德（Samuel A. Kydd）在《工厂运动史》（1857）一书中强调工厂立法对限制童工劳动有积极作用观点的补充。[1]

工业史、经济史等相关学科涉及童工劳动的研究。这方面的著作较多，部分著作涉及童工问题时，或视角独特或看法新颖，对全方位认识童工劳动很有帮助。试举几例。

亨利·德·B. 吉宾斯（Henry de B. Gibbins）在其《19 世纪的工商业发展》（1901）一书中，以欧美主要国家工商业发展为研究对象，强调了经济发展对改善工人阶级劳动条件的作用，认为早期工厂中的确有四五岁的儿童参加劳动，但这种情况在 19 世纪时已有改变。[2] 哈蒙德夫妇（L. Hammond，B. B. Hammond）则特别强调了工业革命加重了儿童的苦难。他们在《城市劳动者》（1917）一书中认为，童工虽然不是工业革命的发明，但新的工业生产却扩大了儿童劳动的范围，尤其是儿童在很小的年龄就被雇用，势必影响其发育。[3] 海伊·罗宾斯（Hayes Robbins）的《劳工运动与农场主》（1922）一书也指出，工厂对儿童劳动力的需求导致一些人贩子贩卖儿童，名义上是让儿童当学徒，实际上却不是这样。被贩卖进入工厂做工的儿童，吃穿都是问题，更不用说获得报酬。他们时常受到监工的打骂，工厂成为滋生疾病、痛苦和罪恶的温床，国家应通过立法解决这些问题。[4] 伊维·平贝克（Ivy Pinchbeck）的著作《女工与工业革命》（1930）也强调，工业革命中的任何一个问题都没有像童工问题那样容易引起人们的愤怒。其实，类似的问题在家庭手工业时期就已存在，只

---

① Samuel Alfred Kydd, *The History of the Factory Movement from the Year 1802, to the Enactment of the Ten Hours' Bill in 1847*, 2 Vols., London: Simpkin, Marshall, and Co., 1857.

② Henry de Beltgens Gibbins, *Economic and Industrial, Progress of the Century*, London: The Linscott Publishing Company, 1901, p. 326.

③ Lawrence Hammond, Barbara Bradby Hammond, *The Town Labourer, 1760-1832, the New Civilisation*, London: Longmans, Green, 1917, pp. 14, 28, 32.

④ Hayes Robbins, *The Labor Movement and the Farmer*, New York: Harcourt, Brace and Company, 1922, pp. 21-23.

是那时儿童们在比较隐蔽的农舍中劳动，不太引人注意而已。其劳动条件与劳动时间未必好于工业革命时期。[1] 高尔顿·S. 沃特金斯（Gordon S. Watkins）的《劳动问题研究导论》（1922）有专章探讨童工劳动问题，认为儿童在贪婪的雇主和无知的父母面前很难凭一己之力自保，他们需要政府的保护。[2] 与罗宾斯一样，沃特金斯也强调了政府在保护儿童中的作用。乔治·R. 波特（George R. Porter）的《国家的进步》（1912）一书，强调了工厂立法在限制童工劳动方面的积极作用，认为随着工厂法的实行，将儿童视作家庭收入来源的理念逐渐为儿童应该接受教育的理念所取代，童工发生率逐渐下降。[3] 这一看法明显不同于哈蒙德夫妇。

英国学者对童工劳动及其所处环境的认知和解释，或肯定工业革命对儿童的积极影响，或强调工业革命给儿童带来的苦难。虽然都有各自的道理，但存在一个"度"的问题，过"度"强调某一方面则不自觉地滑入片面认识的泥潭。

2. 美国学界对童工劳动的研究

美国学界的童工劳动研究，除涉及美国童工劳动的方方面面，对美国以外国家的童工劳动也有程度不同的探讨，试将研究的基本情况梳理如下。

对童工劳动的全方位研究，根据研究内容可以划分为童工劳动综合性研究、行业部门童工劳动研究、各州童工劳动研究、童工立法及效用研究、童工劳动与义务教育关系以及其他研究等几类。

---

[1] Ivy Pinchbeck, *Women Workers and the Industrial Revolution, 1750 - 1850*, London：George Routledge, 1930, p. 232.

[2] Gordon Samuel Watkins, *An Introduction to the Study of Labor Problems*, New York：Thomas Y. Crowell Co., 1922, p. 123.

[3] George Richardson Porter, *The Progress of the Nation, in its Various Social and Economical Relations, from the Beginning of the Nineteenth Century*, London：Methuen &Co. Ltd., 1912, pp. 23-24.

（1）童工劳动综合性研究。围绕使用童工劳动的原因和后果，乔治·本杰明（George Benjamin）在《儿童问题》（1910）一书中指出，童工劳动的出现主要是父母与雇主的贪婪所致，过度使用儿童劳动会使其丧失向上发展的机会。[①] 多萝西·W. 道格拉斯（Dorothy W. Douglas）等人的《美国儿童工人》（1910）一书，以经济学中的供需理论分析童工劳动产生的原因。认为，童工劳动的产生与当时劳动力市场上的用工需求有关，特别是当童工能够给雇主带来更多利益时，他们就乐意使用童工。同时强调，过度使用童工劳动不利于儿童的健康成长。[②] 类似观点也见于西林·L. 萨姆纳（Helen L. Sumner，1905）、艾迪斯·S. 格雷（Edith S. Gray，1926）等人的研究中。[③]

斯科特·尼尔林（Scott Nearing）的著作《童工劳动的解决》（1911），意在寻找解决童工问题的途径，认为国家由一个个公民组成，现在的儿童就是未来社会的公民。童工意味着正常儿童的毁灭。解决童工劳动问题，首先应从消除童工劳动存在的基础入手。[④] 这一认识非常深刻。

（2）对行业部门童工劳动的研究。部分研究者针对各行业使用童工劳动情况进行了探讨，涉及纺织、煤炭以及农业等多个部门。罗伯特·W. 邓恩和杰克·哈代（Robert W. Dunn 和 Jack Hardy）的著作《劳工和纺织业》（1931），探讨了纺织业用工情况，认为儿童进入纺织工厂做工缘于"经济的需要"，用童工的话说就是，"我不得不去工作"，违法

---

① George Benjamin, *Child Problems*, New York: The Macmillan Company, 1910, pp. 166-167, 194.

② Dorothy W. Douglas, Katharine DuPre Lumpkin, *Child Workers in America*, New York: International Publishers, 1937, pp. 26, 182.

③ Edith S. Gray, *Industrial Accidents to Employed Minors in Wisconsin, Massachusetts, and New Jersey*, Washington: Government Printing Office, 1926; Helen L. Sumner & Thomas S. Adams, *Labor Problems: A Text Book*, New York: Macmillan, 1905.

④ Scott Nearing, *The Solution of the Child Labor Problem*, New York: Moffat, Yard, and Company, 1911, pp. 46, 49, vi.

使用童工与父母谎报儿童年龄、执法不严有密切关系。[1] 奈梯·P.麦克吉尔（Nettie P. McGill）在《西弗吉尼亚烟煤行业中儿童的福利》（1923）一书中，探讨了西弗吉尼亚州烟煤行业使用童工劳动的情况，认为矿业部门虽有法律限制，也有检查员，但煤矿中仍有年龄很小的儿童参加劳动，且工伤事故频发。这显然与检查员根本不到矿下检查有密切的关系。[2]

　　爱德华·N.克劳泊（Edward N. Cloppe）的《乡村儿童福利》（1922）、奈梯·P.麦克吉尔（Nettie P. McGill）的《农业劳动中的儿童》（1929）两部著作，考察的是乡村儿童的劳动情况，认为与工业部门中的童工得到保护不同，农业部门中的童工几乎没有受到任何限制，许多六七岁的儿童在农场劳动或外出劳动帮助家里维持生计。两人强调，要加强对乡村儿童劳动的保护。[3] 奈梯·P.麦克吉尔（Nettie P. McGill）在《街头儿童》（1912）一书中，对街头流浪儿童的生活进行了考察，指出不少无家可归的青少年流落街头，依靠卖报、擦皮鞋，或者充当小商贩维持生计，建议政府采取措施解救街头流浪儿童。[4] 这些研究有利于我们了解不同行业的童工劳动状况。

　　（3）针对各州的童工劳动研究。经济发展存在地区差异，在美国的表现就是，各州之间、同一个州的不同地区之间经济发展不平衡。受此影

---

　　[1]　Robert W. Dunn and Jack Hardy, *Labor and Textiles a Study of Cotton and Wool Manufacturing*, New York: International Publishers, 1931, pp. 93-94.

　　[2]　Nettie Pauline McGill, *The Welfare of Children in Bituminous Coal Mining Communities in West Virginia*, Washington: Government Printing Office, 1923, pp. 38-39.

　　[3]　Edward N. Clopper, *Rural Child Welfare*, *1922*, Reprint. London: Forgotten Books, 2013, p. 52; Nettie P. McGill, *Children in Agriculture*, Washington: Government Printing Office, 1929.

　　[4]　Nettie P. McGill, *Children in Street Work*, Washington: Government Printing Office, 1928, p. iv; Edward N. Clopper, *Child Labor in City Streets*, New York: The Macmillan Company, 1912.

响，童工劳动的分布也不均衡。一些研究者对此进行了探讨分析。

西林·L. 萨姆纳（Helen L. Sumner）的著作《波士顿的劳动儿童：现代法律规制下的童工劳动研究》(1922)，以波士顿的童工劳动为案例展开研究，探讨了波士顿 16 岁以下儿童劳动的数量、特点、条件和影响，认为童工劳动的出现与企业想要赚取高额利润有关。同时强调，童工劳动对儿童未来生活有不利影响。① 研究州一级层面童工劳动的有，奈梯·P. 麦克吉尔（Nettie P. McGill）的著作《纽泽西州的童工劳动》(1928)。② 李迪·罗伯茨（Lydia Roberts）的著作《北达科他州的童工劳动》(1923)，探讨的是新泽西州和北达科他州童工劳动，尤其是农村儿童从事的各类劳动以及在劳动中受到的各种伤害等。③ 约翰·V. 沃斯特（John V. Vorst）则将情况相近几个州的童工劳动作为研究对象，在其《哭泣的儿童：童工劳动研究》(1908) 著作中，探讨了阿拉巴马、乔治亚以及北方各州使用童工劳动的历史，认为只有废除童工劳动，儿童才能有一个美好的未来。为此，不管发生什么情况，我们都不应放弃废除童工劳动的努力。④

（4）童工立法及其效用研究。这一类研究主要以各州童工劳动立法或工厂法研究为主。对各州童工立法或工厂法研究的有，萨拉·S. 惠特莱斯（Sarah S. Whittelsey）的著作《马萨诸塞州劳动立法：历史与批判性研究》(1901)，以童工立法为切入点，聚焦马萨诸塞州劳动立法，考察其在什么条件下因什么原因通过，其在经济、社会和道德方面发挥的作用

---

① Helen Laura Sumner, *The Working Children of Boston: A Study of Child Labor under a Modern System of Legal Regulation*, Washington, D. C.: G. P. O., 1922.

② Nettie Pauline McGill, Mary Elizabeth Skinner, *Child Labor in New Jersey*, Washington: U. S. Department of Labor, Children's Bureau, 1928.

③ Lydia Roberts, *Child Labor in North Dakota*, Washington: Government Printing Office, 1923, pp. 27–28.

④ John Van Vorst, *The Cry of the Children: A Study of Child-labor*, New York: Moffat, Yard & Company, 1908, pp. xv, 246.

是什么等，认为研究劳动立法的历史可以趋利避害。① 亚瑟·S. 菲尔德
（Arthur S. Field）的《新泽西州的童工政策》（1910）一书，探讨了新泽
西州 1851—1904 年间的童工政策。认为，童工立法是社会立法的一部分，
目的是进行社会控制，儿童因为弱小无助，制定有关儿童的政策对其加以
保护是正常的，但从新泽西州的情况来看，至少在 1883 年以前州政府保
护儿童的努力做得不够，1904 年以后才有所改变。②

　　米利姆·E. 洛克伦（Miriam E. Loughran）的著作《美国童工立法
史》（1921），探讨的是美国各州童工保护立法情况，并将其各州立法分为
直接立法和间接立法两种。认为，前者是指诸如童工的最低就业年龄、劳
动种类、劳动时间等方面规定；后者是指义务教育方面的规定，如儿童的
入学年龄、学习期限等。作者将他们进行比较研究后认为，后者的效果不
如前者明显。③ 类似研究还有，弗雷德·R. 菲尔柴尔德的（Fred R. Fair-
child）《纽约州的工厂立法》（1905），约翰·K. B. 托尔斯（John K. B.
Towles）之《罗德岛的工厂立法》等著作以及恩斯特·S. 怀廷（Ernest S.
Whitin）的文章《缅因州的工厂立法》（1908）。④ 特别值得一提的是，雷

---

① Sarah Scovill Whittelsey, *Massachusetts Labor Legislation: An Historical and Critical Study*, 1901, Reprint, London: Forgotten Books, 2013, Print.; William Fielding Ogburn, *Progress and Uniformity in Child-labor Legislation*, New York: Columbia University, 1912; Copertina Flessibile, *Laws relating to the Employment of Women and Children in the United States*, Washington: Govt. Print. Off., 1907.

② Arthur Sargent Field, *The Child Labor Policy of New Jersey*, Headquarters: Nashville, TN, US, American Economic Association, 1910.

③ Miriam E. Loughran, *The Historical Development of Child-labor Legislation in the United States*, Washing-ton D. C., 1921.

④ Ernest Stagg Whitin, *Factory Legislation in Maine*, New York: Columbia University, 1908, p. 16; E. Stagg Whitin, "Factory Legislation in Maine", *Journal of Political Economy*, 1910, 18（1）: 73 - 73; Fred R. Fairchild, *Factory Legislation of the State of New York*, London: Macmillan Company, 1905; John Ker B. Towles, *Factory Legislation of Rhode Island*, Princeton, N. J.: American Economic Association, 1908.

蒙德·G. 富勒（Raymond G. Fuller）的《童工劳动与宪法》（1923）一书，围绕"儿童劳工修正案"（1924）提出前的争论展开论述，认为童工劳动剥夺了儿童在生活、健康、教育以及玩耍等方面的权利，要废除童工劳动政府应大力发展学校教育。① 总的来看，这类研究强调了政府与社会在儿童保护中的作用。

（5）童工劳动与义务教育关系研究。针对童工劳动与义务教育的关系，弗罗斯特·C. 恩赛因（Forest C. Ensign）的著作《义务教育入学率与童工劳动》（1921），在详细阐述普及义务教育的基础上，考察了童工立法和义务教育立法的发展进程，认为义务教育是解决童工劳动问题的一种手段。刘易斯·W. 帕克（Lewis W. Parker）等人在其论文《义务教育，解决童工问题》中也有类似看法。② 针对学童的校外劳动，C. D. 贾维斯（C. D. Jarvis）以分布在 11 个州乡村地区的 14391 名学童为调查对象，就学龄儿童放学后参加劳动的比例、劳动时间和报酬，以及劳动种类和性质、学龄儿童消磨休闲时间的方式、儿童辍学的原因等进行了调查，形成调查报告《学童在课余时间的劳动》（1917）。作者的结论是，教师应告诫学生在假期当中注意安全，特别是当其被雇参加劳动时更应注意。③ 该调查报告，作为教师对放学后学生的安全警示似乎更合适。

（6）涉及童工劳动的其他研究。G. F. 齐姆德（G. F. Zimand）的《童工劳动的动态画面》（1944）一文，关注了战争对儿童的影响。认为战争扩大了对童工劳动的需求，尤其是在日本偷袭珍珠港以后，童工成为许

---

① Raymond G. Fuller, *Child Labor and the Constitution*, New York：Thomas Y. Crowell Company，1923，pp. xvi，323.

② Forest C. Ensign, *Compulsory School Attendance and Child Labor：A Study of the Historical Development*, 1921, Reprint, London：Forgotten Books, 2013, Print.；Lewis W. Parker, etc., "Compulsory Education, the Solution of Child Labor Problem", *The Annals of the American Academy of Political and Social Science*, 1908, 32（22）：40-56.

③ C. D. Jarvis, *Work of School Children during Out-of-school Hours*, *Bulletin*, 1917, No. 20, Washington：Govern-ment Printing Office, 1917.

多行业中的重要劳动力。① 伊丽莎白·S. 马吉（Elizabeth S. Magee）也有类似看法。他在《战争对童工劳动的影响》（1944）一文中指出，1940—1944 年战争间非法雇佣青少年劳动现象严重，17 岁以下青少年的人数从 87 万多人增加到 200 多万人。战争期间，童工充实了美国各行业中的劳动力，由此给青少年带来的伤害也非常明显。② 战争应该让妇女儿童走开。

　　还有研究者关注到美国以外国家的童工劳动，如帕西瓦尔·芬奇（Percival Finch）的《中国在与童工劳动作斗争》（1925）一文，对中国存在的童工劳动，以及当时为禁用童工而作的努力进行了研究。认为，中国境内数以千计大小工厂中的童工，在恶劣环境下劳动只是为了能够填饱肚子。童工劳动的罪恶，在中国还没有引起足够的重视，也缺乏像国外那样限制使用童工的法律。③ 就当时中国的情况来看，的确如此。

　　（7）童工劳动调查统计与资料（汇编）。全国性童工劳动资料。查尔斯·P. 尼尔（Charles P. Neill）等人编辑的《美国工薪族妇女儿童劳动条件调查报告》（1910），是一个 19 卷本的资料汇编。内容涵盖棉纺、丝织、花边、制衣、商业、金属加工、玻璃制造等行业中，妇女儿童的受雇年龄、劳动时间、健康状况、卫生条件等各方面的状况，亦有对儿童犯罪、儿童死因、童工与入学教育等方面的调查资料④，是研究美国童工劳动的重要文献。其他如全国工业委员会调查报告《美国的青少年雇佣》

---

　　① G. F. Zimand,"The Changing Picture of Child Labor", *Annals of The American Academy of Political and Social Science*, 1944, 236（1）: 83-91.

　　② Elizabeth S. Magee, "Impact of the War on Child Labor", *The Annals of the American Academy of Political and Social Science*（*Adolescents in Wartime*）, 1944, 236: 101-109.

　　③ Percival Finch,"Battle Against Child Labor in China", *Current History*, 1925, 22（5）: 759-765.

　　④ Charles Patrick Neill, *Report on Condition of Woman and Child Wage-Earners in the United States*, 19 Vols., Washington: Government Printing Office, 1910.

（1925），对19世纪末20世纪初美国各州雇佣青少年劳动及其职业进行了调查分析，指出许多工业部门中使用青少年劳动较为普遍。[1] 类似资料较为丰富。

各州有关童工劳动的调查报告。如，海伦·伍德（Helen Wood）主持的针对部分州17岁以下儿童进行的调查，最终形成《1936年六州青工及其工作状况调查》（1940）。调查结果显示，长时间的劳动对青少年危害很大，建议严格执行童工法，做好儿童的职业训练，从根本上解决童工劳动问题等。[2] 这类调查报告是研究州一级童工劳动的重要资料。

（8）研究成果汇编。美国国家童工委员会、政治与社会科学学院等机构，还编辑出版了一些论文选编。如，《童工劳动和社会进步》（1907）、《工业中的童工雇佣》（1910）等，集中反映了这一时期童工劳动的研究成果。[3] 此外，美国劳工部儿童局出版的《1916—1924年间工业雇佣儿童、

---

[1]　W. Jett Lauck and Edgar Sydenstricker, *Conditions of Labor in American Industries*：*A Summarization of the Results of Recent Investigations*, New York：Funk and Wagnalls Company, 1917, p. 25；*The Employment of Young Persons in the United States*, New York：National Industrial Conference Board, Inc. 1925.

[2]　Helen Wood, *Young Workers and Their Jobs in 1936*：*A Survey in Six States*, Washington：United States Government Printing Office, 1940, pp. 1-2.

[3]　National Child Labor Committee, *The Child Labor Bulletin*, 7 Vol., New York：National Child Labour Committee, 1912-1918；National Child Labor Committee, *Child Labor and the Republic*, New York City：National Child Labor Committee, 1907；National Child Labor Committee, *The Child Workers of the Nation*：*Proceedings of the Fifth Annual Conference*, New York：American Academy of Political and Social Science, 1909；American Academy of Political and Social, National Child Labor Committee, *Child Labor and Social Progress Proceedings of the Fourth Annual Meeting of the National Child Labor Committee*, New York, 1908；National Child Labor Committee（US）, *Child Employing Industries*：*Proceedings of the Sixth Annual Conference*, New York, 1910；National Child Labor Committee（US）, *Child Labor*：*A Menace to Industry*, *Education and Good Citizenship*, 1906；National Child Labor Committee（US）, *Finding Employment for Children Who Leave the Grade Schools to go to Work...* Chicago, 1911；Edna D. Bullock, *Selected Articles on Child Labor*, Minneapolis：The H. W. Wilson Company, 1911.

青少年劳动研究论文索引》，是查找这期间有关童工劳动论著非常好用的工具书。[1]

总的来看，这一时期美国学界的童工劳动研究，无论是宏观探讨还是微观个案研究都较为充分，对已有研究的梳理总结也很到位，这为后来的研究者提供了极大便利。

3. 英美以外其他欧洲国家的童工劳动研究

宏观探讨欧洲国家童工劳动。查尔斯·W. A. 维蒂兹（Charles W. A. Veditz）《欧洲的童工立法》（1910）一书，以欧洲国家的童工劳动为研究对象，借助各国官方统计资料探讨其童工立法的实施及成效，对家庭工业、小企业使用儿童劳动及其规制情况也有涉及。[2] 通过该书可大致了解这一时期欧洲各国对童工劳动的规制情况。安娜·罗切斯特（Anna Rochester）《1917 年处于战争中国家的童工劳动》（1917）一书，探讨的是第一次世界大战期间各参战国使用童工劳动的情况，认为英国、法国、德国、俄国等国家，因青壮劳动力上前线打仗，不得不使用儿童充实劳动力队伍。[3] 借此，我们能从一个侧面看到战争对国家社会经济和个人生活的影响。

对法国童工劳动的探讨，主要表现在出版了一系列反映制造业和其他行业儿童与学徒保护的资料，如《制造业儿童和学徒社会保护公报》（1936）系列资料等。[4] 部分研究劳动问题的著作涉及童工劳动，如皮埃尔·布里森（Pierre Brisson）的著作《劳动史》（1906）、帕克·T. 穆恩

---

① Laura A. Thompson, *References on Child Labor and Minors in Industry 1916 – 1924*, Washington: Govern-ment Printing Office, 1925.

② Charles William Augustus Veditz, *Child Labor Legislation in Europe*, Bulletin of the Bureau of Labor, No. 89. Washington, 1910, pp. iv, 414.

③ Anna Rochester, *Child Labor in Warring Countries, 1917: A Brief Review of Foreign Reports*, Washington, D. C.: US Government Printing Office, 1917, p. 10.

④ *Bulletins Societe De Protection Des Apprentis Et Des Enfants Employes Dan Les Manufactures*, 1936.

（Parker T. Moon）的著作《法国的劳动问题与社会天主教运动》（1921）等，都有专门内容探讨童工劳动问题，为后学从不同视角探讨童工劳动提供借鉴。①

比利时的童工劳动研究，以 19 世纪末 20 世纪初的童工劳动及其立法为主。艾多德·杜波伊思（Eìdouard Dubois）的《比利时的童工劳动》（1902）一文，根据比利时 1896 年的人口普查数据，探讨了童工的年龄、行业分布工资待遇等问题，对 1889 年的童工法及其执行情况也作了考察。认为禁用童工劳动，需要制定并严格执行适用于所有工业部门的法律，有法不依是导致童工泛滥的原因之一。② 弗兰西斯·H. 麦克莱恩（Francis H. Mclean）等人的《比利时的童工劳动》（1906）一文，以 1889 年童工法为案例，研究比利时的童工法及其存在的问题。认为 1889 年的童工法在童工最低雇用年龄、义务教育等方面的规定都较为落后。③

瑞士的童工劳动研究，可以威廉·拉普达（William Rappard）的研究为代表，其著作《工业革命和保护劳工立法的起源》（1914）一书，探讨了十八九世纪瑞士工业化时期苏黎世等地工厂尤其是缫丝厂童工劳动的情况，指出工厂中 6—8 岁的儿童每天劳动十五六个小时是常事，1815—1877 年间，瑞士各地依法提高童工的最低雇用年龄，缩短其劳动时间，对保护瑞士儿童有积极意义。④

---

① Parker Thomas Moon, *The Labor Problem and the Social Catholic Movement in France*, New York：The Macmillan Company, 1921, pp. 111-112；Pierre Brisson, *Histoire du Travail et des Travailleurs*, Paris：Librairie C. Delagrave, 1906.

② Eìdouard Dubois,"Child Labor in Belgium", *Annals of the American Academy of Political and Social Science*, 1902, 20（1）：203-220.

③ Francis H. Mclean, etc., "Child Labor in Belgium", *Annals of the American Academy of Political and Social Science*, 1906, 28（2）：105-113.

④ William Rappard, *La Revolution Industrielle et les Origines de la Protection Legale du Travail en Suisse*, Bern：Staempfli et Cie., 1914, pp. 257, 280.

（二）欧美以外国家（日本、印度等）的童工劳动研究

日本学者恩斯特·福克斯维尔（Ernest Foxwell），在《日本的劳动保护》（1901）一文中探讨了日本的劳动保护问题。艾娃·F. 奥扎娃（Iwao F. Ayuzawa）的文章《日本的女工》（1929），研究了日本的女工雇佣问题。两人的文章，研究对象虽不是童工劳动，但在研究中却都涉及该问题，并认为童工也在保护之列。①

印度涉及童工劳动的著作，主要有 J. C. 基德（J. C. Kydd）的《印度工厂立法史》（1920）一书。作者在书中探讨了印度工厂立法的起源，分析了历次工厂法的得失，并就印度 1911 年的工厂法与英国相关法令进行比较，强调了英国工厂法对印度工厂立法的影响。②

三、20 世纪 40 年代末到目前

20 世纪 40 年代末期以来，国际社会发生的一系列事件，对儿童的社会地位产生了重要影响。1946 年联合国儿童基金会成立，开始致力于实现全球各国母婴和儿童的生存、发展、受保护等权利；1948 年通过的联合国《世界人权宣言》，强调儿童应该受到特殊照顾和协助并受社会保护；1959 年草拟的《儿童权利宣言》、1979 年确立的儿童年、1989 年通过的《儿童权利公约》等，都将儿童视为独立的个体，认为儿童应享受社会安全、享有健康成长和发展的权利。

在上述事件影响下，世界各国儿童的生活得到了更多的关照。童工劳动研究渗透到历史学、经济学、社会学、心理学和人类学等多学科领域，

---

① Ernest Foxwell, "The Protection of Labor in Japan", *The Ecnomic Journal*, 1901, 11 (41): 106-124; Iwao F. Ayuzawa, "The Employment of Women in Japanese I", *Industry International Labour Review*, 1929, 19 (2): 193-204.

② J. C. Kydd, *A History of Factory Legislation in India*, Calcutta: University of Calcutta, 1920.

形成了一种多学科交叉研究的局面。① 童工劳动开始被放置到家庭经济、社会福利、社会立法甚至国家命运的背景之下进行研究。这一时期，英国、美国、法国、德国、俄国等主要国家工业化期间的童工劳动，虽然仍受到研究者的关注，但已经不是研究的重点。从全球趋势看，研究者开始关注欠发达国家和地区的儿童劳动，不同地区之间儿童劳动的比较研究也有了新的进展，全球性和地区性儿童劳动的综合研究陆续展开并进一步深化。

（一）工业化早期童工劳动研究

1. 英国工业革命时期童工劳动的研究

（1）从不同视角对童工劳动进行的宏观探讨。克拉克·纳迪内里（Clark Nardinelli）的《童工劳动和工业革命》（1991）一书，以新古典经济学方法考察英国工业革命中的童工劳动及其作用，认为童工劳动未必是工业革命的"内在罪恶"，那只不过是处于贫困中的家庭不得已而为之的一种方法。至于童工劳动的式微，则是工厂法的实行及工人阶级家庭收入的提高等多方面的因素所致。② 与学界之前的观点相比，这种看法更客观一些。其后，米歇尔·拉瓦莱特（Michael Lavalette）主编的《往事重现：19—20 世纪英国的童工劳动》（1999）一书，考察了童工劳动研究的理论背景，探讨了童工劳动在英国的历史和现状。认为童工劳动没有像克拉克·纳迪内里（Clark Nardinelli）所说的那样随着工业资本主义的发展而消失。在作者看来，资本主义制度下只要是以剥削为目的的雇佣儿童劳动行为，不管其名称如何都应受到谴责。③ 此论有其合理性。彼得·柯比

---

① Sandy Hobbs, David Cornwell, "Child Labour: An Underdeveloped Topic in Psychology", *International Journal of Psychology*, 1986, 21 (1-4): 225-234.

② Clark Nardinelli, *Child Labour and the Industrial Revolution*, Bloomington: Indiana University Press, 1991.

③ Michael Lavalette, *A Thing of the Past? Child Labor in Britain in the 19th and 20th Centuries*, Liverpool: Liverpool University Press, 1999, p. 15.

（Peter Kirby）的著作《英国童工劳动，1750—1870》（2003）认为，工业革命中使用童工劳动最多的主要是传统的农业、制造业和服务业等部门，年龄较小的童工并没有被大规模的雇佣。童工劳动的衰落，并不完全像克拉克·纳迪内里所说是工厂法限制的结果。在他那里，国家立法和教育在消除童工劳动方面的作用被"严重夸大"。① 当然，这种看法仅是一家之言。

珍妮·汉弗莱斯（Jane Humphries）利用工人自传，探讨工人阶级子女的童年生活。她在《英国工业革命时期的童年与童工劳动》（2010）一书中认为，工业革命全面开展时期（1790—1850）是使用童工的高峰期，这时的童工劳动常常是家庭收入的重要来源。② 类似看法也出现在倪吉尔·古斯和卡特琳纳·霍尼曼（Nigel Goose 和 Katrina Honeyman）主编的《英国工业化时期的童年与童工劳动》（2013）一书中，强调不应仅把童工看作是工业革命的被动参与者和牺牲者，应把儿童看作是工业革命的参与者甚至是主角之一。③ 这种看法凸显了儿童的主体性，把儿童看作是工业革命的参与者没问题，若不加条件的说成是主角，似有夸大之嫌。

（2）以某一问题为研究对象的专题探讨。在童工劳动的专题研究中，有的针对某地区某行业的童工劳动展开研究，有的从社会立法角度进行探讨，研究各有特色，成果质量不一。

针对不同行业使用童工的研究有，珀·博林-豪特（Per Bolin-Hort）的《工作、家庭和国家：童工和英国棉纺织业生产组织，1780—1920》

---

① Peter Kirby, *Child Labour in Britain*, *1750-1870*, Basingstoke: Palgrave MacMillan, 2003.

② Jane Humphries, *Childhood and Child Labour in the British Industrial Revolution*, Cambridge: Cambridge University Press, 2010.

③ Nigel Goose and Katrina Honeyman, *Childhood and Child Labour in Industrial England*, *Diversity and Agency*, *1750-1914*, Farnham: Palgrave, 2013.

（1989）一书，使用比较研究方法探讨兰开夏、格拉斯哥，以及美国棉纺业生产中的童工劳动问题，提出了与传统观点不同的看法，认为棉纺业工厂童工的式微是由于工厂法的颁布所致，同时也是包括工会在内的多种因素共同作用的结果，单纯用技术进步来解释童工劳动的衰落，缺乏说服力。[1] 卡特琳娜·霍尼曼（Katrina Honeyman）在《英国童工，1780—1820：教区学徒和早期工业劳动力的构成》（2007）一书中，探讨了早期工业部门中儿童的处境及其在劳动力中的构成问题。认为儿童进入工厂的年龄有误传，其在工厂中受到的虐待情况也被夸大。以当时的社会标准和可供选择的生活方式来看，儿童劳动并不是什么坏事。例外的情况是教区学徒，他们受虐待的情况仍然没有得到现代历史学家应有的重视。[2] 与传统看法不同的是，郝尼曼认为学徒在早期工厂劳动力中占有很大的比重，如果没有学徒参与其中，英国的纺织工业发展就会受到严重的限制。此论针对早期工业部门的特定行业而言有其合理性。卡洛林·塔特儿（Carolyn Tuttle）的《工厂矿山中的苦力：英国工业革命期间的童工经济》（1999）一书，从新家庭经济学角度，利用供需理论分析工业革命期间纺织业和矿业中的童工劳动问题，兼及法国、德国、美国、比利时等国工业化初期的童工劳动，同时论及第三世界许多行业中的童工劳动。利用人口普查数据构建了儿童劳动市场模型，从家庭经济和传统经济学边际生产理论角度，探讨童工的供给与需求。认为，整个19世纪童工劳动的使用都维持在一个较高的水平上。[3] 这一观点明显不同于克拉克·纳迪内里（1991）等人的看法。但是，新经济学在解释童工劳动问题时，忽视了工

① Per Bolin-Hort, *Work, Family and the State: Child Labour and the Organization of Production in the British Cotton Industry, 1780-1920*, Lund: Lund University Press, 1989.

② Katrina Honeyman, *Child Workers in England, 1780-1820: Parish Apprentices and the Making of the Early Industrial Labour Force*, Aldershot: Ashgate 2007, p. 111.

③ Carolyn Tuttle, *Hard at Work in Factories and Mines: The Economics of Child Labor During the British Industrial Revolution*, Boulder, C. O.: Westview Press, 1999.

业革命初期的童工主要以孤儿院孤儿为主的事实。

乔治·L. 菲利普（George L. Phillips）的《扫烟囱男孩》（1949）一书，副标题是"扫烟囱行业废除童工劳动斗争史"。探讨了慈善家和志愿团体为反对使用儿童清扫烟囱进行的斗争历史，同时还有鼓励发明机器替代男孩清扫烟囱的提议在议会被否决的问题。认为英国应该为这段历史感到耻辱。① 类似著作还有 K. H. 斯特朗（Kathleen H. Strang）的《扫烟囱男孩：清扫烟囱行业学徒研究，1773—1875》（1982）一书②，尼尔森·范·马楠（Niels van Manen）的博士学位论文《英国反清扫烟囱儿童战役，1770—1840》（2010），从医学史角度分析了 18 世纪末至 19 世纪初英国对清扫烟囱行业的监管，论述了儿童健康、职业医学等方面的问题。作者认为涉及儿童和工人的问题当时也是医疗改革之政治话语的组成部分。③ 这些研究向人们展示了清扫烟囱儿童的命运，以及由此引发的医疗卫生和环境问题。

安纳·瓦梯（Anne Varty）的《维多利亚时代英国的儿童与剧院：只工作不玩耍》（2008）和狄亚纳·科尔克拉夫（Dyan Colclough）《维多利亚时代英国娱乐业中的童工，1875—1914》（2016），则聚焦 19 世纪英国娱乐业的儿童劳动。他们的研究认为，19 世纪 70 年代和 19 世纪 80 年代伦敦电影行业雇佣了大量的儿童，这些儿童在 19 世纪"为演出作出了无可争辩的贡献"。④

---

① George L. Phillips, *England's Climbing Boys: A History of the Long Struggle to Abolish Child Labor in Chimney Sweeping*, Cambridge M. A.: Harvard University Printing Office, 1949.

② Kathleen H. Strang, *The Climbing Boys: A Study of Sweeps' Apprentices, 1773-1875*, London: Allison and Busby, 1982.

③ Niels van Manen, *The Climbing Boy Campaigns in Britain, c. 1770-1840: Cultures of Reform, Languages of Health and Experiences of Childhood*, PhD Dissertation, University of University of Durham, 2010.

④ Anne Varty, *Children and Theatre in Victorian Britain: "All Work, No Play"*, Basingstoke: Palgrave Macmillan, 2008, p. 9; Dyan Colclough, *Child Labour in the British Victorian Entertainment Industry, 1875-1914*, New York: Palgrave Macmillan, 2016.

　　从法律角度探讨童工劳动的有莫里斯·W. 托马斯（Maurice W.
Thomas）的《早期工厂法：立法与管理的演进研究》（1948）一文，该文
考察了 1802 年到 1853 年之间工厂法的制定和实施效果。认为童工立法虽
然作用有限，但确立了后来工厂立法中的一些原则，其重要性不言而
喻。[1] 该文侧重的是宏观介绍。与此不同的是，玛丽·C. 麦克南尼
（Mary C. McNaney）的学位论文《19 世纪英国的童工劳动和立法》
（1955）则具体介绍了 19 世纪英国工商、贸易、矿业、清扫烟囱等行业
使用童工劳动和立法的有关问题。[2] 彼得·D. 格兰德佛森（Peter D.
Grundfossen）的学位论文《下议院议员有关 1833 年工厂法争论研究》
（1965）属于个案研究，探讨了围绕 1833 年工厂法赞同和反对者之间展
开的争论问题。[3] 珀·博林-豪特（Per Bolin-Hort）的著作《即时检查：
英国早期工厂立法的架构和实施，1825—1900》（1996）认为纺织工厂中
的童工问题是在 19 世纪前 10 年间的英国政治生活中经常遇到的问题。19
世纪 30 年代以前纺织工厂中的"幼儿奴隶"问题使得政府处于两难境
地。作者认为中产阶级的童年观所描绘的儿童情况与在工厂中劳动儿童的
情况并不一致。显然，中产阶级在"工厂问题"选择上还有空间。[4] 作者
有关"中产阶级童年观"的论述较为新颖。

　　米歇尔·拉瓦莱特（Michael Lavalette）的《资本主义劳动力市场上

---

　　[1]　Maurice W. Thomas, *The Early Factory Legislation：A Study in Legislative and Adminis-trative Evolution*, Essex, England：Thames Bank Publishing Co., Ltd., 1948.

　　[2]　Mary Christopher McNaney, *Child-Labor and Legislation in Nineteenth Century England*, Master's Theses, Paper 1131, http://ecommons.luc.edu/luc_ theses/1131, 1955.

　　[3]　Peter D. Grundfossen, *A Study of the Arguments for and Against the Factory Act of 1833 Used by Members of Parliament in the House of Commons*, Dissertations and Theses, Paper 212, 1965.

　　[4]　Per Bolin-Hort, *Bringing in the Inspector：The Framing and Enforcement of the Early Factory Legislation in Britain*, 1825 - 1900, Linköping：Linköping University Electronic Press, 1996, p. 4.

的儿童雇佣》(1994) 一书，从童工与劳动力市场之间的关系出发，探讨
童工劳动问题。认为在资本主义社会中，童工劳动通常与贫困、不平等之
类的社会问题联系在一起。儿童是否参加劳动一般不由自己决定，而是由
其所处家庭的经济环境所决定的。消除童工劳动的前提是解决社会上存在
的贫困问题和社会保障问题。① 这种看法，把童工劳动与社会贫困联系在
一起，认识较为深刻。

有研究者以一战和二战中的童工劳动为研究对象说明儿童与国家的关
系。贝瑞·梅奥尔和弗吉尼亚·莫罗（Berry Mayall 和 Virginia Morrow）
的著作《你可以帮助你的国家：二战中英国的儿童劳动》(2011)，探讨了
二战期间，学龄儿童作为劳动力的一部分所做的贡献。强调儿童参加一定
的劳动，对其接受教育和正确理解作为一个公民的责任有积极意义。② 需
要注意的是，儿童劳动和童工劳动有时是两种不一样的劳动。托马斯·D.
科伯恩（Thomas D. Cockburn）的研究则关注了儿童与家庭之间的关系。
他在《英国儿童劳动贡献的历史考察，1800—1914》(1999) 一文中，以
1800—1914 年间的曼彻斯特为例，探讨了儿童劳动对家庭经济的贡献。
认为儿童劳动在不同时期对家庭都有贡献，只是这些贡献不易测量，如女
童从事的家务劳动。作者认为在考察的这一区间内，儿童与成年家庭成员
完成相似的任务，理应具有同样的价值。③ 作者对儿童在家庭经济中的贡
献给予了充分的肯定。

其他方面的研究有，列内尔·罗斯（Lionel Rose）的《侵蚀的童年：
英国被压迫的儿童，1860—1918》(1991) 一书，考察了 19 世纪 60 年代

---

① Michael Lavalette, *Child Employment in the Capitalist Labour Market*, London: Aldershot, 1994, p. 15.

② Berry Mayall and Virginia Morrow, *You Can Help Your Country: English Children's Work during the Second World War*, London: Institute of Education, 2011.

③ Thomas D. Cockburn, "A Historical Perspective on the Working Contributions of Children in Britain 1800-1914", *Community*, *Work & Family*, 1999, 2 (1): 33-50.

到第一次世界大战前英国儿童就业、入学的历史，着重探讨了公众有关童工劳动和教育之间关系争论的历史。认为，看似免费的公共教育只是中产阶级资本家控制儿童的一种手段。① 这种观点颇为大胆。

　　总体说来，20世纪八九十年代以后，在工业化期间的童工劳动问题研究中，早期研究具有的那种道德谴责倾向已经有所弱化。童工劳动被置于历史进程中加以研究考察，得出的结论更为客观一些。这期间的研究，从不同角度采用多种方法对童工劳动展开研究，拓展了童工劳动研究的范围，丰富了研究的内容，使对儿童（劳动）的认识更加全面。

　　2. 对美国童工劳动的研究

　　这一时期，美国学界对童工劳动的研究仍占主要地位。从研究成果的形式看，有分量重的著作，也有短小精悍的文章。探讨的问题涉及童工劳动的方方面面，使用的研究方法多种多样，各有特点。

　　（1）综合研究。劳拉·O. 格林（Laura O. Greene）的《童工劳动的前生今世》（1992）一书，按照历史进程探寻美国童工劳动的历史、改革及立法情况。认为，早期的儿童劳动之所以被公众接受，是因为它在培养儿童独立性的同时，还可使儿童父母摆脱对公共慈善的依赖。现代的童工劳动却没有存在的理由。② 休·D. 辛德曼（Hugh D. Hindman）的著作《美国童工劳动史》（2002），从社会史、经济史和政治改革史等方面，对童工劳动进行跨学科研究，认为工业化导致童工劳动，童工劳动的消除也需工业化的进一步发展来实现。研究过去的童工劳动，是为全球反对童工劳动的斗争提供借鉴，③ 体现了历史研究的应有之义。书中的某些看法，

---

　　① Lionel Rose, *The Erosion of Childhood*: *Child Oppression in Britain*, *1860 – 1918*, London and New York: Routledge, 1991.

　　② Laura Offenhartz Greene, *Child Labour*: *Then and Now*, New York: Franklin Watts, 1992.

　　③ Hugh D. Hindman, *Child Labour*: *An American History*, Armonk, N. Y.: M. E. Sharpe, 2002.

我们在科林·海伍德的《19 世纪法国的童年：工作、健康和教育》
（1988）一书中也可见到。凯姆·M. 罗森堡（Chaim M. Rosenberg）的
《美国历史上的童工劳动》（2013）一书，梳理了美国历史上各种类型的童
工劳动以及反对童工劳动的斗争。认为，19 世纪末至 20 世纪初的美国工
业增长是以牺牲数百万儿童利益为代价的。直到今天，美国社会仍有大量
童工，有必要采取措施加以废除。[1] 罗森堡的这种看法，可以进一步增强
国际社会反童工劳动的信心。对童工劳动进行的综合研究，有利于从整体
上把握美国童工劳动的全貌。

　　（2）专题探讨。在美国童工劳动研究中，更多的是就某一方面的问
题进行的专题探究，诸如童工立法、童工劳动的危害、童工的经济贡
献等。

　　从不同视角研究童工法或与之相关的问题，较具代表性的有斯蒂芬·
B. 伍德（Stephen B. Wood）的著作《进步运动时期的宪法政治：童工劳
动和法律》（1968），该书从正反两方面阐释了国会有关童工劳动的争论，
分析了最高法院在童工劳动问题上摇摆不定的态度。认为通过行之有效的
立法即可解决童工劳动问题。[2] 显然，这类研究者比较重视立法在限制童
工劳动中的作用。其后艾兰·格林伯格尔（Ellen Greenberger）的文章
《政策视域下的童工案例研究》（1983）、迈赫乔里·麦克考儿-萨拉鲍
（Marjorie McCall-Sarbaugh）等人的研究报告《童工法：公共政策实施的
一个历史案例》（1989）中也基本上是这种看法。

　　有关童工劳动改革主题的研究。沃尔特·I. 特拉特纳（Walter I.
Trattner）的著作《为儿童而战：美国国家童工委员会和童工改革史》

---

　　① Chaim M. Rosenberg, *Child Labor in America*：*A History*, *Jefferson*, North Carolina：
McFarland & Company, Inc., 2013.

　　② Stephen B Wood, *Constitutional Politics in the Progressive Era Child Labor and the Law*,
Chicago：University of Chicago Press, 1968.

（1970），在探讨美国童工劳动发生发展的同时，重点阐释了全国童工委员会以及反对使用童工劳动的改革者废除童工劳动的努力。作者认为，州一级权力是制定全国性童工立法的主要阻力。① 该书是此类研究中影响最大的一部。谢力·萨莉（Shelley Sallee）的《新南部白人的童工改革》（2004）一书，探讨了进步运动时期阿拉巴马州纺织业的童工改革问题。作者批评了有些工人组织不关心童工改革的倾向，认为改革者是反对工厂使用童工、主张保护儿童福利的主要力量。② 此前少有研究者涉及这类问题。日本研究者平体由美《联邦制与社会改革——20世纪初美国童工劳动法规》（2007）一书，从社会搞改革视角对20世纪初期美国童工劳动问题进行探讨，作者考察了童工劳动的地域分布、全国童工劳动委员会的活动以及联邦制度社会改革的影响，认为联邦制所导致的州政府权力的独立性阻碍了美国童工劳动法规的制定和实施。③

关注童工劳动危害的研究。詹姆斯·D. 施密特（James D. Schmidt）的《工业暴力和童工立法的起源》（2010）一书，以19世纪80年代和20世纪20年代美国南部工厂雇佣童工劳动为主要研究对象，探讨了现代工业对青少年的伤害，尤其是不同类型的工伤事故导致的青少年残疾等问题。认为童工的生活就是"令人心寒的工业生活"，能改变这种状况的只有立法。④ 此前马尔文·J. 莱文（Marvin J. Levine）《雇佣儿童：美国童工劳动的危害》（2003）一书也有相似的结论，认为人们对处于危险境地

---

①　Walter I. Trattner, *Crusade for the Children: A History of the National Child Labor Committee and Child Labor Reform in America*, Chicago: Quadrangle Books, 1970.

②　Shelley Sallee, *The Whiteness of Child Labor Reform in the New South*, Athens, G. A.: The University of Georgia Press, 2004.

③　平体由美：《联邦制与社会改革——20世纪初美国童工劳动法规》，京都：世界思想社，2007年。

④　James D. Schmidt, *Industrial Violence and the Legal Origins of Child Labour*, New York: Cambridge University Press, 2010, p. 219.

的童工没有给予足够的关心。① 的确，当童工没有能力保护自己时，社会不应熟视无睹。

　　探讨儿童对家庭经济贡献。E. A. 哈梅尔（E. A. Hammel）等人撰写的《工业化时期儿童的价值：19 世纪美国儿童的性别比例》（1983） 一文，以 1820 年到 1860 年间的统计资料为依据，分析了 19 世纪美国不同地区男女儿童对家庭经济的贡献及其差异。认为，农业社会中男童的价值大于女童，而进入工业社会后，因为童工的使用使得男女儿童价值之间的差别逐渐变小。② 总体说来，儿童的经济价值逐渐被情感价值取代。③

　　战争虽然是成年人之间的事情，但妇女儿童不可能不受影响。纳特苏基·奥尕（Natsuki Aruga）的《中断学业：二战中的童工劳动》（1988）一文，探讨了二战期间美国的童工劳动问题。认为，美国在战争期间使用了 200 多万名 14—17 岁的儿童，也有很多 14 岁以下的儿童成为战时劳动力的重要组成部分，其中的大多数人都是非法受雇者。④ 战争对儿童的影响可见一斑。詹姆斯·艾兰·马坦（James Alan Marten）的著作《内战时期的儿童和青少年》（2012），探讨美国南北战争期间儿童和青少年的劳动和生活问题。指出当时的人口构成中，16 岁以下的儿童占有很大的比例，战争期间他们参与劳动是一种无奈的选择。⑤ 以上两人的研究，都强调

---

　　① Marvin J Levine, *Children for Hire*：*The Perils of Child Labor in the United States*, Westport, CT：Praeger, 2003.

　　② E. A. Hammel, And Others, "The Value of Children during Industrialization：Sex Ratios in Childhood in Nineteenth-Century America", *Journal of Family History*, 1983, 8 （4）：346–366.

　　③ 详见维维安娜·泽利泽《给无价的孩子定价：变迁中的儿童社会价值》一书中的有关论述。

　　④ ［s. n.］"Postwar Problems of Child Labor and Youth Employment", *The Social Service Review*, 1945, （4）：556–557；Natsuki Aruga, "An Finish School：Child Labor during World War II", *Labor History*, 1988, 29 （4）：498–530.

　　⑤ James Alan Marten, *Children and Youth during the Civil War Era*, New York：New York University Press, 2012.

战争加重了非法雇佣童工现象。战争本应让妇女儿童走开，但却让他们成为战争的受害者。战争中的妇女儿童生活是一个尚待拓展的研究领域。

还有研究者从公共卫生角度探讨童工劳动问题，如托德·帕斯托（Todd Postol）的《20世纪美国的公共卫生与劳动儿童：一个历史考察》（1993）一文认为，关注青少年健康一直是规范童工斗争的推动力。二战结束后美国童工数量曾一度减少，但20世纪80年代的移民潮又促成未成年人就业的复苏。未成年人的劳动环境和健康问题再度引起人们的关注。① 在童工劳动研究中，从公共卫生角度切入不失为一种有益的尝试。

（3）资料汇编。在这一阶段还有一些涉及童工劳动的资料汇编，比较重要的有罗伯特·H. 布雷姆纳（Robert H. Bremner）编辑的《美国历史记录中的儿童和青少年》（1970）一书，以辑录文献资料的方式阐释了美国从1600年到1970年前后儿童福利政策演变的历史。② 其中的许多内容涉及儿童劳动和童工劳动。朱迪斯·A. 兰塔（Judith A. Ranta）编辑的《工厂妇女儿童：19世纪美国纺织工厂资料指南》（1999）一书，是美国纺织工厂妇女儿童文献的说明和索引，涵盖了出版于1787—1900年间反映纺织工厂妇女儿童生活的457部作品。选文既有重要著作章节、期刊论文，也有报纸、大众小说、庸俗读物内容的摘录，从不同角度反映了工厂女工、童工的工作经历。书后附有按年代编排的标题、非小说类作品以及不可用作品的目录③，是研究19世纪美国童工史的重要资料之一。

---

① Todd Postol, "Public Health and Working Children in Twentieth-century America: an Historical Overview", *Journal of Public Health Policy*, 1993, 14 (3): 348-354.

② Robert H. Bremner, *Children and Youth in America: A Documentary History*, New York: Harvard University Press, 1970- [1971].

③ Judith A. Ranta, *Women and Children of the Mills: An Annotated Guide to Nineteenth-Century American Textile Factory Literature*, Westport, C. T.: Greenwood Press, 1999.

3. 工业化时期英美以外国家童工劳动的研究

（1）特定地区及不同国家童工劳动（比较）研究。对欧洲地区童工劳动的综合探讨，以玛哈杰塔·拉希凯南（Marjatta Rahikainen）等人的研究最具代表性。《童工劳动的世纪：17—20 世纪欧洲的经验》（2004）是玛哈杰塔·拉希凯南研究童工劳动的代表性作品，他以年代为序，用长时段研究方法对 17 世纪以来欧洲主要国家近 4 个世纪的童工劳动进行了比较研究。书中明确提到童工是劳动市场上的儿童，不是家里的劳动儿童，两者不能混在一起。拉希凯南认为，童工劳动的存在缘于有一个童工需求市场，对穷人家的孩子来说，他们拥有丰富的劳动经验，却没有幸福的童年经历。[①] 其中的某些观点也体现在道格拉斯的《美国儿童工人》（1910）、塔特尔的《工厂矿山中的苦力》（1999）等著作中。该书为我们了解 17 世纪以来欧洲主要国家的童工劳动提供了参考，但其所探讨的问题，跨度大且涉及许多国家，使用的文献资料尤其是一些二次性文献资料的准确性难免不存在问题。

宁德·康尼克-史密斯（Ning de Coninck-Smith）等人编辑的《勤劳的童年：1850—1990 年间北欧国家儿童的生活和劳动，1850—1990》（1997）一书是由各自独立的文章汇编而成的一部文集。书中探讨了北欧五国（瑞典、挪威、丹麦、芬兰和冰岛）儿童的劳动和生活经历。该书认为，史学家多关注工厂中的童工，事实上那只是劳动儿童的一小部分。大多数儿童劳动集中在农业和零售业当中，报酬多少不一。随着时间的推移，儿童劳动的性质和社会功能也发生了相应的变化。应当从更广阔的社会、文化视角来理解儿童劳动。[②] 该书时间跨度接近一个半世纪，基本上以历史脉络

---

① Marjatta Rahikainen, *Centuries of Child Labour: European Experiences from the Seventeenth to the Twentieth Century*, Aldershot: Ashgate, 2004, pp. 10-11.

② Ning de Coninck-Smith, etc., *Industrious Children: Work and Childhood in the Nordic Countries 1850-1990*, Odense: Odense University Press, 1997.

为线索，探讨北欧国家儿童的劳动和生活，可看作是了解北欧儿童生活不可多得的一部著作。

罗伯塔·赛切蒂（Roberta Cecchetti）的《边缘化生存：欧洲的儿童劳动，从被剥削到参与》（1998），是针对 20 世纪八九十年代欧洲童工劳动的一个研究报告。作者以英国、希腊、意大利和葡萄牙为案例，研究不同国家处理童工劳动的各种方式，认为青少年是否参加劳动，通常受社会环境和家庭环境影响，处于剥削境地的劳动儿童多来自贫穷家庭和少数民族家庭。主张消灭一切形式的危险性和剥削性童工劳动。①

艾丽莎白斯·安德森（Elisabeth Anderson）之《福利国家监管与企业家政策的起源：19 世纪欧洲的童工改革》（2018）一文，以德国、法国、比利时的童工法为案例进行比较研究，认为童工法是现代福利国家最早的政策体现。童工法的成败取决于企业精英的技能、创造力等②，弥补了以往童工劳动研究中无人关注企业家群体对童工法态度问题的不足。

以全球视角对不同国家的童工劳动进行比较研究主要有休·坎宁安（Hugh Cunningham）等人撰写的《历史视角下的童工劳动，1800—1985：欧洲、日本和哥伦比亚案例研究》（1996）一书。作者以 19 世纪的英国和比利时，以及 20 世纪哥伦比亚等国家的童工劳动及其规制情况为案例，说明童工劳动在不同国家表现有别。在现代世界上，消除童工劳动的政策，应建立在对不同国家和地区童工产生的条件进行认真评估的基础之上。③ 这种看法较为中肯，各个国家对本国童工劳动状况最有发言权。

---

① Roberta Cecchetti, *Living on the Edges*: *Children Who Work in Europe*, *from Exploitation to Participation*, European Forum for Child Welfare, Brussels, Belgium, 1998, p. 107.

② Elisabeth Anderson, "Policy Entrepreneurs and the Origins of the Regulatory Welfare State: Child Labor Reform in Nineteenth-Century Europe", *American Sociological Review*, 2018, 83（1）: 173–211.

③ Hugh Cunningham and Pier Paulo Viazzo, eds., *Child Labour in Historical Perspective 1800-1985*: *Case Studies from Europe*, *Japan and Colombia*, Florence: UNICEF, 1996.

（2）英美以外早期工业化国家的童工劳动研究。英美以外的早期工业化国家，这里主要指法国、德国、俄国、比利时以及日本等国家。不少研究者对这些国家工业化初期使用童工劳动的历史进行了探讨，并取得了可喜的成绩。

对法国工业化时期童工劳动的研究，涉及童工劳动的基本情况以及童工立法改革等内容。亚瑟·L. 邓纳姆（Arthur L. Dunham）的《法国的工业生活和劳动》（1943）一文，探讨了 1815—1848 年间工厂童工的劳动条件，强调了 1833 年基佐教育法、1841 年童工法对改善童工劳动条件的积极作用。① 科林·海伍德（Colin Heywood）的《19 世纪法国的童工劳动市场》（1981）一文，从供给与需求角度探讨了 19 世纪法国存在的童工劳动市场问题。认为一些研究者仅从道德判断角度谴责童工劳动，无益于问题的解决。其《19 世纪的法国童年：工作、健康和教育》（1988）一书，则较为全面地探讨了法国工业化时期的童工劳动问题。作者依照时间顺序，研究了 1841 年到 1874 年间童工法制定的背景和影响。认为将儿童从劳动市场中排挤出去，需要依靠"经济力量"，即通过发展经济达到最终消除童工劳动的目的。② 科林·海伍德的这一观点对后世影响较大。与科林·海伍德强调经济作用不同，李·S. 维斯巴赫（Lee S. Weissbach）强调了政府干预的重要性。他在第一部全面探讨法国童工问题的著作《19 世纪法国的童工劳动改革》（1989）中，将童工立法看作是"新的社会立法"，是"合理的政府干预"，也是法国"政治改革的尝试"，强调

---

① Arthur L. Dunham, "Industrial Life and Labor in France 1845–1848", *The Journal of Economic History*, 1943, 3 (2): 117–151.

② Colin Heywood, "The Market for Child Labor in Nineteenth-century France", *History*, 1981, 66 (216): 34–49; *Childhood in Nineteenth-Century France: Work, Health, and Education Among the Classes Populaires*, Cambridge: Cambridge University Press, 1988.

"保障青少年的身心健康和道德福利是与国家的利益紧密联系在一起的"。① 休·D. 辛德曼（Hugh D. Hindman）的《美国童工劳动史》（2002）也有类似看法。日本学者齐藤佳史的《产业革命时期法国阿尔萨斯地区的童工劳动问题——1841 年的童工法和企业家》（1999）一文，指出童工法是为企业之间的公平竞争创造条件，也是为了储备优质人才的手段。② 齐藤佳史的研究视角和观点都较为新颖。有研究者针对特定的工厂进行微观个案研究。如，皮特·舒丽尔（Peter Scholliers）的专题论文《艮特棉纺织工业中的儿童与成年人：沃特曼工厂，1835—1914》（1995），对艮特以招募少男少女闻名的最大的棉纺厂的童工劳动案例进行研究，同时与其他棉纺织厂进行了比较。认为艮特棉纺织厂使用大量的青少年劳动者，降低了生产成本，也增强了与其他同类工厂的竞争力。③ 艮特棉纺厂及其用工情况，可看作是法国棉纺业用工情况的缩影。借助这些研究，我们能了解到 19 世纪法国工业生产使用童工劳动及其规制情况。

德国童工劳动研究集中在普鲁士的童工立法方面。日本学者小川政亮（Ogawa Masaaki）的《普鲁士童工立法的历史考察》（1956）一文，探讨了童工立法在普鲁士发生发展与演变情况，强调了立法对保护童工的作用。④ 类似研究有雷纳·贝克（Rainer Beck）的著作《德国童工劳动立法的演进》（1971），与小川政亮仅着眼普鲁士童工立法不同，雷纳·贝克探讨的是，德国境内各邦在 1871—1913 年之间的童工立法问题，尤其是 19

---

① Lee Shai Weissbach, *Child Labor Reform in Nineteenth-Century France*, Baton Rouge：Louisiana State University Press, 1989, pp. 230, 25.

② 齊藤佳史："産業革命期フランス・アルザス地方における児童労働問題——1841年児童労働法と企業家"，社会経済史学，1999，64（5）：671-698。

③ Peter Scholliers, "Grown-Ups, Boys and Girls in the Ghent Cotton Industry：The Voortman Mills, 1835-1914", *Social History*, 1995, 20（2）：201-218.

④ Ogawa Masaaki, Ogawa Toshio, "History of the Child Labour Legislation in Prussia（Commemoration Issue of the Tenth Anniversary of the School）"，社會事業の諸問題：日本社會事業短期大學研究紀要，1956，（4）：84-144。

世纪后期对童工劳动的规制问题。作者认为，这些童工法本来是规制童工劳动的一个好的开端，但 1914 年爆发的第一次世界大战使其未能延续下去。① 小川政亮和雷纳·贝克两人的研究让我们对 1841—1913 年间的德国童工立法有了一个全面的认识。海默特·施瓦茨（Helmut Schwartz）的《纽伦堡的玩具制造和贸易工业》（2003）一文，探讨了玩具制造和商品贸易使用童工劳动的问题。作者认为，自中世纪以来直到 20 世纪，纽伦堡玩具制造业和商品贸易中就一直存在大量的童工劳动。② 迪特·卡斯特纳（Dieter Kastner）的《莱茵兰的童工劳动：普鲁士 1839 年童工法的措施及影响》（2004）一书，以比较研究方法探讨了普鲁士工业中心莱茵兰的童工劳动及其对童工劳动的规制情况。认为普鲁士 1839 年童工法与法国等其他欧洲国家相比构成了普鲁士和欧洲大陆未来社会政策的基石。作者批评了一些研究者用现代标准考察历史问题的做法，也对 20 世纪五六十年代"东德"学者认为普鲁士童工改革是为军国主义提供强壮新兵的观点进行了反驳。③ 对 1839 年普鲁士童工法的实际执行情况论述偏少成为书中的不足之处。其后艾丽莎白斯·安德森（Elisabeth Anderson）的文章《理念的落实：1817—1839 年间普鲁士童工改革的政治渊源》（2013）一文，以 1839 年童工法为案例，探讨了思想、动机和行动之间的关系，强调了思想、制度和政治之间的相互作用。④ 这一研究的哲学意义较为浓厚，视角新颖独特，对后学有较大启发作用。另有研究者对个别文学作品中反映的儿童劳动进行了研究。如，杰夫·冯·德里默伦（Jeff Van Drim-

① Rainer Beck, *The Development of Child Labor Legislation in Imperial Germany*, 1971.

② Helmut Schwartz, "History of the Nuremberg Toy Trade and Industry", http://www.medieva-lists.net/2010/12/12/history-of-the-nuremberg-toy-trade-and-industry/, 2019 年 10 月 1 日。

③ Dieter Kastnr, *Kinderarbeit im Rheinland: Entstehung und Wirkung des Ersten Preußischen Gesetzes Gegen die Arbeit von Kindern in Fabriken von 1839*, Köln: SH-Verlag, 2004.

④ Elisabeth Anderson, "Ideas in Action: the Politics of Prussian Child Labor Reform, 1817-1839", *Theory & Society*, 2013, 42 (1): 81-119.

melen）的著作《羽翼渐丰：〈汉赛尔和格雷特〉中的童工、性别角色和教育思想》（2006），以格林童话"糖果屋"为研究对象，强调了勤奋劳动对儿童的教育意义。[①]

俄国童工劳动研究中，鲍里斯·B.戈尔什科夫（Boris B. Gorshkov）的研究较具代表性。其博士学位论文《工厂儿童：俄罗斯帝国的儿童工业劳动者，1780—1914》（2006），以俄国工业化中的儿童劳动为研究对象，探讨了18世纪后期到1914年间俄罗斯工业中的儿童劳动及其相关问题，认为儿童是俄罗斯帝国工业劳动力的重要组成部分，并进一步分析了人们对童工的态度、围绕童工问题产生的争论，以及这一争论对当时社会立法的影响等。[②] 其《俄罗斯的工厂儿童：国家、社会和法律，1800—1917》（2009）是立足于其博士学位论文写就的一部著作，研究的对象仍然是19世纪俄国工厂的儿童劳动问题。作者认为，童工劳动作为一个"问题"大约出现在19世纪60年代，这与俄国工业革命的进程大致对应。虽然政府关注到工厂劳动儿童的惨状，并且也进行立法保护，但制定的法律存在缺陷，即忽视了农业和家庭手工业中的儿童劳动，使900多万儿童得不到保护，从而影响了其效力。[③] 通过鲍里斯·B.戈尔什科夫的研究，可详细了解19世纪俄国的童工劳动情况。弗里德里希·C.吉芬（Frederick C. Giffin）《俄国童工劳动条件的改进，1884年6月12日童工法》（1977）一文是研究工厂法影响的代表性文章。作者认为，工厂儿童没有受到虐待，早期工厂法也没完全实施，但不能否认童工受到剥削的事

---

① Jeff Van Drimmelen, *Children All Grown Up*: *Child Labor*, *Gender Roles and Pedagogical Function in Engelbert Humperdinck's Hänsel und Gretel*, Chapel Hill, 2006；中译《汉赛尔和格雷特》，也有的翻译为《糖果屋历险记》或《糖果屋》。

② Boris B. Gorshkov, *Factory Children*: *Child Industrial Labor in Imperial Russia 1780-1914*, Auburn: Auburn University, 2006, p. 272.

③ Boris B. Gorshkov, *Russia's Factory Children*: *State*, *Society*, *and the Law*, *1800-1917*, Pittsburgh, P. A.: University of Pittsburgh Press, 2009, p. 167.

实，1884 年以后工厂童工劳动条件得到改善可以说是工厂法实施的结果。[①] 此类观点同英国早期童工劳动研究者基林的思想基本一致。N. I. 纳里娃（N. I. Nalieva）的《俄国革命前的童工劳动和工业学徒》（1995）一文，考察了革命前沙皇政府制定的试图对儿童进行职业训练的政策，以及据此对儿童进行的职业训练及其效果等，认为学校以及企业培训学校缘于工厂使用儿童劳动。[②] 这一看法为我们探讨企业培训渊源提供了一种思路。

赫德特（René De Herdt）在其《比利时的童工劳动，1800—1914》一文中，探讨了比利时童工劳动的产生、发展和规制方面的问题。认为，比利时农业和工业部门中都曾大量使用童工劳动，但在规制童工劳动方面明显落于英国、日本等国家。[③]

西班牙童工劳动的研究中，恩里奎特·坎普斯（Enriqueta Camps）的《加泰罗尼亚早期工业化阶段童工劳动的变化，1850—1925》（2003）一文，以 19 世纪末 20 世纪初西班牙早期工业化阶段的加泰罗尼亚（Catalonia）地区的童工劳动为案例，分析其兴衰的原因。认为童工劳动的出现，与青少年人口的增长、家庭经济困难、劳动力短缺等因素密切相关。童工劳动的衰落是多种因素综合作用的结果。[④] 佩德罗·高尔阿特和阿俊·S. 白迪（Pedro Goulart 和 Arjun S. Bedi）研究了葡萄牙的童工劳动问题，其研究报告《葡萄牙童工劳动史》（2007），以长时段方法考察了 1850—2001

---

① Frederick C. Giffin, "Improving the Conditions of Child Labour in Russia: The Law of 12 June 1884", *European Studies Review*, 1977, 7 (4): 359-370.

② N. I. Nalieva, "Child Labor and Industrial Apprenticeship in Prerevolutionary Russia", *Russian Education and Society*, 1995, 37 (11): 11-18.

③ René De Herdt, "Child labour in Belgium 1800-1914", In: H. Cunningham & P. P. Viazzo (eds.), *Child Labour in Historical Perspective 1800-1985*, Florence (UNICEF) 1996, pp. 23-39.

④ Enriqueta Camps, *The Rise and Decline of Children's Labour Participation Levels during the Early Stages of Industrialisation Catalonia (1850-1925)*, Economics Working Papers 01/2003.

年间葡萄牙童工劳动的发展变化的历史。认为这一时段内的童工劳动是伴随经济结构、教育和最低雇佣年龄等政策的改变而发生变化的。童工劳动经历了从早期为社会接受到后来逐渐被人们排斥的变化，尤其是在 1986 年以后开始明显下降。① 该研究报告大体相当于葡萄牙童工劳动简史。

工业化初期荷兰的童工劳动较为活跃，有研究者对此进行了探讨。艾力瑟·冯·N. 米尔柯克（Elise van N. Meerkerk）等人的文章《在有偿劳动和职业训练之间：荷兰城市工业中的童工劳动，1600—1800》（2008），以长时段方法考察了 17—19 世纪荷兰儿童参加劳动的历史。认为前工业化时期荷兰使用儿童劳动较为普遍。至于儿童从事的是"有偿劳动"还是"职业训练"，通常取决于其年龄、性别和家庭背景，需要通过具体分析才能作出判断，不能一概而论。② 该文为我们考察前工业社会中的儿童成长路径提供了范例。施密特（C. B. A. Smit）的博士学位论文《莱顿工厂儿童：1800—1914 年间荷兰城镇的工业化、童工劳动与社会》，用作者自己的话说就是，弥补了此前荷兰童工劳动研究的不足。作者以荷兰纺织重镇莱顿的纺织业为案例，探讨分析 1800—1914 年间莱顿城的工业化进程、童工劳动与社会变化。认为，荷兰的童工劳动在 19 世纪下半叶不但没有消失，反而在数量上有了增加，但与之前不同的是，这时的童工中已很难见到八九岁以下的儿童。受雇儿童的年龄有了明显的提高。他进一步强调，消除童工劳动，既要有立法保障，也要改善劳动者的物质条件。③

卡尔·伊普森（Carl Ipsen）的著作《皮诺奇时代的意大利：自由主

---

① Pedro Goulart and Arjun S. Bedi, *A History of Child Labour in Portugal*, Institute of Social Studies, Working Paper No. 448, 2007.

② Elise van N. Meerkerk, Ariadne Schmidt, "Between Wage Labor and Vocation: Child Labor in Dutch Urban Industry, 1600 – 1800", *Journal of Social History*, 2008, 41 (3): 717-736.

③ Cornelis Bernardus Antonius Smit, *The Leiden Factory Children*, *Child Labor*, *Industrialization and Society in A Dutch Town*, *1800-1914*, Utrecht University Repository, 2014.

义时代的儿童和危险者》(2006)，探讨的是 19 世纪 70 年代到第一次世界大战期间意大利的贫穷儿童问题，其中有大量篇幅论及童工劳动。作者认为，虽然有个别政治家、慈善家、社会工作者、宗教人士给予贫穷儿童、童工一定的关注，但他们总体上处于被边缘化的境地。作者强调，儿童是国家的未来（公民和士兵），当家庭无力抚养［贫穷］儿童时，国家有责任照顾他们。① 对现代一些欠发达国家来说，这一观点具有较强的现实意义。

罗伯特·麦克托什（Robert Mclntosh）《煤矿业中的童工劳动》(2000) 一书，以 19 世纪末至 20 世纪 20 年代加拿大新斯科舍（Nova Scotia）煤矿中的童工劳动为研究对象，探讨煤矿童工的劳动条件及其规制问题。作者认为，煤矿中童工的劳动环境极不友好，绝对不像某些史学研究者所说，使用儿童当矿工是一种进步现象。这些人忽视了童工劳动本身就是一种罪恶，尽管贪婪成性的矿主认为他是在做慈善。② 该书是为数不多的研究煤矿童工劳动的著作之一。罗纳·F. 赫尔（Lorna F. Hurl）的论文《19 世纪后期安大略地区对工厂儿童劳动的约束》(1988)，探讨了安大略地区规制童工劳动的问题，认为立法保护童工有其积极意义。③

部分研究者对日本的童工劳动也给予了关注。榎一江（Osamu Saito）《近代日本的童工劳动》(1995) 一文，探讨了明治维新以后日本工业中的童工劳动问题，并与工业革命时期的英国进行比较。认为，劳动力的缺乏是使用童工的主要原因。④ 类似观点也出现在荻山正浩《战前日本的儿童劳动与劳动供给》(2008) 一文中。与榎一江不同的是，荻山正浩的结论

① Carl Ipsen, *Italy in the Age of Pinocchio: Children and Danger in the Liberal Era*, New York: Palgrave Macmillan, 2006.

② Robert Mclntosh, *Boys in the Pits: Child Labour in the Coal Mines*, Montreal & Kingston: McGill Queen's University Press, 2000, pp. 11, 179.

③ Lorna F. Hurl, "Restricting Child Factory Labour In Late Nineteenth Century Ontario", *Labour/Le Travail*, 1988, 21: 87-121.

④ Osamu Saito, "Child Labour in Modern Japan-A Comparative Quantitative History", *General Information*, 1995, 46 (3): 216-229.

是建立在其对劳动力市场上的纺织女工供给情况研究基础之上的。① 田中胜文《儿童的劳动教育：1911 年的工厂法》（1967）一文，以 1911 年工厂法为案例阐释儿童劳动与教育之间的关系，认为儿童过早参加劳动既不利于其接受教育，也不利于其健康成长。② 这一观点与早期欧美国家童工劳动研究者的看法极为类似，强调了儿童是国家未来的人力资源。罗纳尔多·多尔（Ronald Dore）《实现现代化的一个特殊案例：日本的工厂法，1882—1911》（1969）一文，分析了 1882—1911 年间日本政府围绕工厂法的制定进行的争论，以及工厂法通过后的影响。③ 强调了工厂法对童工劳动的约束作用。山中芳和（Yamanaka Yoshikazu）《日本近代早期的儿童劳动研究》（2001）一文，在探讨近代早期日本儿童劳动问题时指出，儿童劳动不仅是家庭经济的重要组成部分，而且是儿童成长为社会一员不可缺少的一步，对儿童成长有积极意义。④ 这一观点强调了劳动的教育意义。更重要的是，当家庭陷入困境时，儿童参加劳动是一种无奈的选择。对儿童来讲，其生存权利大于其他权利。

以上研究者对欧美以外早期工业化国家童工劳动的研究表明，现代发达国家历史上也程度不同的使用过童工劳动，只是在经过若干年的规制后，童工劳动才逐渐消失。因此，发达国家没有足够的理由来苛责欠发达国家中的童工劳动，更何况这些国家正在为消除童工劳动而努力。

4. 童工劳动研究中的"悲观派"和"乐观派"

20 世纪五六十年代以来，童工劳动研究中的"悲观派"和"乐观

---

① 荻山正浩：《战前日本的儿童劳动与劳动供给》，千葉大学経済研究，2008，23（3）：419-453。

② 田中勝文："児童労働と教育——とくに一九一一年工場法の施行をめぐって"，教育社会学研究，1967，22：148-161。

③ Ronald Dore, "The Modernizer as a Special Case: Japanese Factory Legislation, 1882-1911", *Comparative Studies in Society & History*, 1969, 11 (4): 433-450.

④ Yamanaka Yoshikazu, "A Study of Children's Labour in the Early Modern Japan", *Bulletin of School of Education Okayama University*, 2001, (116): 131-146.

派"观点，在 E. P. 汤普森（E. P. Thompson）和尼尔·J. 斯梅尔泽
（Neil J. Smelser）等人那里得到了进一步发挥。

伯特兰·罗素（Bertrand Russell）涉及童工劳动的论述也可归入"悲观派"阵营。他在《科学对社会的影响》（1953）一书中指出，工业革命在英国和美国都造成了难以言表的悲惨状况。在兰开夏的棉纺厂中，儿童们从六七岁的年龄开始每天从事 12 小时甚至 16 小时的劳动，还常常因为劳动中打瞌睡而受到鞭笞，也有儿童因为困顿的缘故而被卷入机器致残甚至丧失生命。[①] E. P. 汤普森《英国工人阶级的形成》（1963）一书，以大量篇幅论述童工遭受的剥削用以反驳"乐观派"的观点。他认为，前工业化时期的儿童劳动参与家庭经济活动，的确"单调、残忍"，但当时由父母照管。工厂制度下的童工劳动，"在父母的照管之下在家中从事家庭经济劳动"，工厂制度下的童工劳动，沿袭了手工工场体制中的儿童劳动，并且是沿袭了其最坏的方面。"每一个历史学家都知道 1780—1840 年间大规模的剥削童工的事实""对儿童如此规模和如此程度的剥削是我们历史上最可耻的事情之一"，工业革命对儿童来说是一场灾难。[②] 霍布斯鲍姆（Eric. J. Hobsbawm）在其著作《劳动者：劳动史研究》（1964）中也认为，儿童劳动降低了成年工人的工资，在某种程度上便于资本积累。[③] "悲观派"强调了工业革命对儿童剥削和压榨的一面。

与汤普森等人不同，尼尔·J. 斯梅尔泽（Neil J. Smelser）和 R. M. 哈特维尔（R. M. Hartwell）等人则延续了"乐观派"的主张。斯梅尔泽

---

① Bertrand Russell, *The Impact of Science on Society*, New York：AMS Press, 1953, pp. 19-21.

② E. P. Thompson, *The Making of the English Working Class*, New York：Vintage Books, 1963, pp. 331, 384. 译文见 E. P. 汤普森：《英国工人阶级的形成》中译本，第 386、403 页。

③ Eric. J. Hobsbawm, *Labouring Men：Studies in the History of Labour*, London：Weidenfeld and Nicolson, 1964.

在《工业革命时期英国社会的变化》(1959) 一书中指出，童工确实是工厂劳动力的重要组成部分，也确实起到了重要作用，但这不等于说其必然遭受苦难。除教区儿童劳动外，大多数童工是与父母亲戚一同参加劳动的，工厂劳动氛围也并非完全不友好。至于工厂法的制定，有改善劳动条件的因素，但主要的还是"技术变化"以及其他因素综合作用的结果。[1] R. M. 哈特维尔在《工业革命与经济发展》(1971) 一书中强调，童工状况的恶化并不是工业革命时期才出现的。事实上，早在家庭手工业时期就已露出端倪，那时儿童所受的伤害并不比工业革命时期少多少。他指出，一些研究童工劳动的历史著作，没有把研究重点放在问题本身，而是在"争论一个道德问题"，如有谁"同情那些过去曾经支持童工的人将会被贴上不道德的标签"。[2] 这种情况确实存在过。比较而言，"悲观派"的主张更像是道德判断。当我们把童工劳动置于特定的历史阶段时会发现，童工劳动在大多数情况下只是贫困家庭为生存而采取的一种不得已的手段，但这并不否认儿童遭受的苦难。

(二) 现代发达国家童工劳动研究

发达国家存在程度不同的童工劳动，对其进行的研究也有较大的差异（不排除有信息掌握不全的影响），试选取几个有代表性的国家加以说明。

在英国，桑迪·霍布斯和吉姆·麦吉奇尼 (Sandy Hobbs 和 Jim McKechnie) 的《英国儿童受雇情况》(1996) 一文，在回顾英国多年来已有儿童劳动研究的基础上认为，仍然存在雇佣没有达到就业年龄儿童的现象。两人合著的《英国的儿童就业：一个社会心理学的分析》(1997) 一书，进一步分析了英国保守党和欧盟之间围绕儿童非法雇佣问题进行的争

---

[1]　Neil Joseph Smelser, *Social Change in the Industrial Revolution*, Chicago: University of Chicago Press, 1959, pp. 193, 265-266.

[2]　R. M. Hartwell, *The Industrial Revolution and Economic Growth*, London: Methuen, 1971, p. 392.

论，以及国内存在的儿童违法劳动情况。批评了工会和 NGOs 组织在英国之外积极反对童工劳动而在本国却"很少或几乎不提"的做法。他们认为，包括英美等国在内的发达国家，片面谴责欠发达国家存在童工劳动，而对国内的同类现象却闭口不提的做法不利于问题的解决。① 这一观点较为中肯，对自己存在的问题视而不见，而对他国指手画脚，的确无助于解决问题。

　　针对现代美国社会存在的童工劳动问题，菲利普·J. 兰德里根（Philip J. Landrigan）等人在撰写的《童工劳动，这些年来一直伴随我们》（1997）文章中指出，20 世纪末期美国农业和投递报刊等行业中童工数量庞大，原因之一是未能严格遵守联邦童工法的规定。② 道格拉斯·克鲁泽（Douglas Kruse）的调查报告《美国非法童工：发生及其特点》（2000），分析了 20 世纪 70 年代以来美国使用童工劳动的特点，认为使用童工劳动每年可为雇主节省成本约 1.55 亿美元，巨额利益的诱惑使雇主铤而走险。③ 这一看法使我们认清了资本追逐利润的本性。西摩尔·莫斯科维茨（Seymour Moskowitz）名为《美国的童工劳动，谁来保护我们的孩子?》（2000）的文章，研究了 20 世纪 90 年代以来美国的童工劳动问题，指出 20 世纪 90 年代违法雇佣童工劳动的数量比 1950 年增加了两倍。④ 这种情况的确促使人们反思，谁来保护我们的孩子? 休·D. 辛德曼（Hugh D. Hindman）在《未竟事业：美国仍然存在童工劳动》（2006）一文中也指出，进入 21 世纪以后美国国内仍然存在许多有害的童工劳动形

① Sandy Hobbs and Jim McKechnie, *Child Employment in Britain*：*A Social and Psychological Analysis*, Edinburgh：The Stationery Office, 1997, pp. 23, 117.

② Philip J. Landrigan, Jane B. McCammon, "Child Labor：Still with us after All These Years", *Public Health Reports*, 1997, (112) 6：466-473.

③ Douglas Kruse, Douglas Mahony, "Illegal Child Labor in the United States：Prevalence and Characteristics", *Industrial and Labor Relations Review*, 2000, 54 (1)：17-40.

④ Seymour Moskowitz, "Child Labour in America：Who's Protecting Our Kids?", *Labor Law Journal*, 2000, (51) 4：202-211.

式（如童妓），政策制定者和社会活动家对此不应熟视无睹。① 以上研究者所做的研究工作，使我们了解到现代美国社会中仍存在的童工劳动问题。不足之处是，对美国政府如何处理这些问题似乎着墨少了一些。

俄罗斯存在的童工劳动现象，在国际劳工组织发表的《圣彼得堡街头儿童劳动状况深度分析》(2000) 和《列宁格勒街头儿童劳动状况深度分析》(2001) 两个研究报告中有所反映。根据研究报告，圣彼得堡和列宁格勒两个城市的流浪儿童，多数年龄在 13 岁以下，他们有的打工、捡破烂，有的从事贩毒、卖淫等活动。其中多数是恶劣形式的童工。劳动② 特拉纳·斯蒂芬森（Svetlana Stephenson）的研究报告《俄联邦的童工劳动》(2002)，以苏联解体前后俄联邦使用童工劳动情况为研究对象，分析了童工产生的原因。认为单亲家庭、社会排斥、价值观的变化、非正规经济的发展以及儿童保护和教育体系存在的问题等都是产生童工现象的原因。作者认为，童工劳动的产生非单一因素所致。③ 对境内存在的童工劳动，俄联邦政府有必要动用全社会的力量加以解决。

此外，也有研究者对意大利（Marina Valcarenghi, 1981）、葡萄牙（Pedro Goularta, Arjun S. Bedi, 2008） 等国家使用童工劳动情况进行研究，并认为个别国家中童工的数量能占到儿童总数的 8%—12%，显然儿童大量参与经济劳动对其接受教育非常不利。④

① Hugh D. Hindman, "Unfinished Business The Persistence of Child Labor in the US", *Employ Respons Rights Journal*, 2006, 18 (2)：125-131.

② ILO, *In-depth Analysis of the Situation of Working Street Children in St. Petersburg 2000*, ILO/IPEC Working Paper, St. Petersburg：ILO, 2001, pp. 9-10; ILO, *In-depth Analysis of the Situation of Working Street Children in the Leningrad Region 2001*, ILO/IPEC Working Paper, St. Petersburg：ILO, 2002.

③ Svetlana Stephenson, *Child labour in the Russian Federation*, Geneva：ILO, 2002.

④ Pedro Goularta, Arjun S. Bedi, "Child Labour and Educational Success in Portugal", *Economics of Education Review*, 2008, (27)：575-587; Marina Valcarenghi, *Child Labour in Italy: A General Review*, Child Labour Series No. 5, London：Anti-Slavery Society, 1981.

以上研究显示，现代发达国家仍存在程度不同的童工劳动，但与工业化初期相比，其规模与数量大大减小，这与各国政府与国际社会的努力是分不开的。

（三）欠发达国家童工劳动研究

目前国外学界研究童工劳动的重点集中在欠发达国家，这些研究大体上可以分为两类：一是将欠发达国家童工劳动当作整体进行综合探讨；二是对某一国家或地区，或某一国家、地区特定时段内的童工劳动，或特定主题进行专题研究。当然，也有研究兼具以上几个方面。

1. 综合性研究

阿里森·M. 斯科特（Alison M. Scott）的《双重经济增长条件下童工劳动结构的变化》（1981）一文，探讨了欠发达国家童工劳动产生的原因和解决的办法，认为贫穷和经济落后并不一定催生童工劳动，否则欠发达国家的童工劳动肯定比我们现在见到的要多。作者同时也强调，当经济条件不好时，政府在预防童工劳动方面有所作为是正确的。[1] 埃里克·法伊夫（Alec Fyfe）的《童工劳动》（1989）一书，探讨的是全球范围内的童工劳动现象，特别强调了童工劳动并不是欠发达国家特有的现象。作者在考察了英国、美国、欧洲、中南美洲以及印度等地的童工劳动后认为，世界经济的衰颓肯定会对儿童产生一定的影响。国际劳工组织和联合国儿童基金会为消除童工劳动所做的工作值得肯定。[2] D. C. 南俊达（D. C. Nanjunda）的《童工劳动和人权展望》（2008）一书认为，童工劳动是一个几乎存在于所有国家中的现象，只是欠发达国家多一些。在这些国家中，儿童仍然有着重要的经济作用，由此导致童工劳动问题一时难以解

---

[1]　Alison MacEwen Scott, "Changes in the Structure of Child Labour under Conditions of Dualistic Economic Growth", *Development and Change*, 1982, (13) 4: 537-550.

[2]　Alec Fyfe, *Child Labour*, Oxford: Polity Prenss, 1989.

决。① 拉塔·考沙尔（Lata Kaushal）在其著作《童工与人权的社会层面》（2009）中，提出了与阿里森·M. 斯科特（Alison M. Scott）不同的看法。他认为，单纯依靠政府行为难以解决童工劳动问题。② 米歇尔·鲍迪伦（Michael Bourdillon）等人的《儿童劳动的是是非非》（2010）一书认为，滥用童工无疑应受到谴责，但儿童在成长过程中从事一定的劳动是必要的。现代国际社会倡导的童工政策，无论是在保护童工还是在为儿童提供教育方面都存在一些问题。并非儿童从事的所有有酬劳动都是有害，也不是儿童在家里或者在学校里从事的无酬劳动就无害。③ 这种观点有混淆童工劳动（child labor）和儿童工作（child work）之嫌。总之，以上这些研究对正确认识欠发达国家存在的童工劳动，采取有效措施保护儿童有积极意义。

沙米拉·L. 马特哈（Sharmila L. Mhatre）的《南亚的童工立法，1881—1995》（1995）、S. 沃尔（S. Wal）的《不同行业中的童工劳动》（2006）、戈米尼·贺拉斯（Gamini Herath）和基绍尔·沙哈马（Kishor Sharma）的《南亚的童工劳动》（2007）等，都属于对特定地区或特定主题进行的研究，关注的主要是南亚地区的童工劳动及其立法规制情况。④

研究非洲童工劳动的有，安纳·吉兰德和莫里西亚·托瓦（Anne

---

① D. C. Nanjunda, *Child Labour and Human Rights A Prospective*, Delhi: Kalpaz Publications, 2008.

② Lata Kaushal, *Child Labour and Human Rights a Social Dimension*, New Delhi: MD Publications Pvt. Ltd, 2009; Lata Kaushal, *Child Labour: Problem and Policy Implication*, Delhi: M D Publications Pvt. Ltd, 2009.

③ Michael Bourdillon, Deborah Levison, William Myers and Ben White, *Rights and Wrongs of Children's Work*, London: Rutgers University Press, 2010.

④ Sharmila L. Mhatre, *Child Labour Legislation in South Asia 1881 – 1995*, A *Documentation and Analysis*, ROSA Report No. 4, UNICEF Regional Office for South Asia, Kathmandu, 1995; S. Wal, *Child Labour in Various Industries*, New Delhi: Sarup & Sons, 2006; Gamini Herath/Kishor Sharma, *Child Labour in South Asia*, London, UK: Ashgate Pub Co., 2007; S. Ali, C. K. Shukla, *Child Labour: Socio Economic Dimensions*, New Delhi: Ivy Publishing House, 2008.

Kielland 和 Maurizia Tovo）的《儿童在劳动：非洲童工劳动实践》（2006）
一书以及迈瑞特·加西亚和让·法里斯（Marito Garcia 和 Jean Fares）的
合著《非洲劳动力市场上的青少年》（2008）等。他们在探讨非洲使用童
工劳动的原因和后果时认为，童工劳动的产生不完全是因为贫穷，劳动密
集型产业多以及儿童的个人需求（如积攒零花钱等）等因素也应考虑在
内。西方国家有关童工劳动的政策不完全适用于非洲。① 这种看法较为客
观，与此前阿里森·M. 斯科特（1981）的观点基本一致。

　　针对美洲童工劳动的研究有，卡洛林·塔特尔（Carolyn Tuttle）的
《历史重演：拉丁美洲的童工劳动》（2006）一文，较为详细地介绍了 21
世纪初期拉美国家经济发展中出现的童工劳动情况。作者在与英国工业革
命时期的童工劳动进行比较后认为，过去的经验可以提供改善今日拉美儿
童生活处境的方法。② 凸显了历史研究为现实服务的特色。G. K. 李特
（G. K. Lieten）的研究报告《拉丁美洲恶劣形式的童工劳动》（2011），以
秘鲁、危地马拉、玻利维亚等国家的童工劳动为研究对象，强调不管在什
么情况下，童工劳动都没有存在的理由。③ 旗帜鲜明地彰显了国际社会大
多数研究者主张废除童工劳动的主张。

　　2. 专题研究

　　针对个别国家进行的研究或比较研究有，麦兰·韦纳（Myron
Weiner）的著作《印度儿童和国家：童工劳动和教育政策比较研究》
（1991）。作者使用比较研究方法，对英国、德国、奥地利、美国、日本、

---

　　① 　Anne Kielland，Maurizia Tovo，*Children at Work*：*Child Labor Practices in Africa*，Boul-
der，Colo.：Lynne Rienner Publications，2006；Marito Garcia，Jean Fares，*Youth in Africa's
Labor Market*，Washington，D. C.：World Bank，2008.

　　② 　Carolyn Tuttle，"History Repeats Itself：Child Labor in Latin America"，*Employee Re-
sponsibilities and Rights Journal*，2006，8（2）：143–154.

　　③ 　G. K. Lieten，*Hazardous Child Llabor in Latin America*，Dordrecht [Netherlands]；New
York：Springer-Verlag，2011，p. 1.

斯里兰卡和南朝鲜等国家教育政策、社会立法进行比较分析。认为，童工劳动并不是资本主义或工业化的阴暗面，使用童工劳动可看作是农业经济条件下的一种生存方式。它代表着"前工业化时期儿童、父母和工作的关系观念"，是"家庭而非个人，是一个社会行动的单位"。在韦纳看来，不同的政治模式和价值体系会导致不同的义务教育和童工立法模式。但只要按照他提出的 12 条建议去做，即可"将儿童从劳动力市场上转移到学校中"。① 韦纳特别强调了义务教育在消除童工劳动中的作用。麦兰·韦纳之外，理查德·安珂（Richard Anker）等人的文章《印度危险工业中的童工劳动经济》（1998）以及 S. V. 舍罗尔（S. V. Shirol）的著作《童工劳动：乡村的现实》（2000）、卡纳·V. 凡科特（Kanna V. Venkat）的《印度童工和法律》（2002）等著述，就印度童工劳动的行业分布、童工劳动与法律、谁应承担废除童工劳动的责任等进行了深入的探讨。② 以上这些研究，为深化对印度童工劳动的认识提供了参考。

艾瑞克·埃德蒙兹（Eric Edmonds）等人的研究报告《越南童工的转型》（2002），在分析了越南童工劳动的变化情况后认为，20 世纪 90 年代以来，童工劳动下降的原因之一是生活条件的改善。因此，政府宜将消除贫困作为解决童工劳动的手段之一。③ 兰斯·K. 瓦伦西亚（Lance K. Valencia）等人的著作《就业和劳工问题：失业、青年就业和童工劳动》

① Myron Weiner, *The Child and the State in India: Child Labor and Education Policy in Comparative Perspective*, Princeton: Princeton University Press, 1991, pp. 109, 194.

② Richard Anker, etc. (eds.), *Economics of Child Labor in Hazardous Industries of India*, New Delhi: Hindustan Publishers, 1998; S. V. Shirol, *Child Labour A Rural Reality*, New Delhi: Classical Pub. Co., 2000; Kanna V. Venkat, *Law and Child Labour in India*, New Delhi: Anmol Publications, 2002; H. Pramila Bhargava, *The Elimination of Child Labour: Whose Responsibility? A Practical Workbook*, New Delhi: Sage Publications, 2003; Ramsharan Sharma, *Child Labour Problems in Scheduled Castes and Tribes*, New Delhi: DPS Publishing House, 2010.

③ Eric Edmonds, Carrie Turk, *Child Labor in Transition in Vietnam*, Policy Research Working Paper Series, no. WPS 2774, Washington, D. C.: World Bank., 2002, http://documents.worldbank.org/curated/en/2002/02/1703252/child-labor-transition-vietnam.

（2010），分析了土耳其童工劳动的特点、原因、结果和解决的办法，强调了发展经济的重要性。① 两人的观点极为相似，都强调了政府发展经济、消除贫困是解决童工劳动问题的重要手段之一。

研究非洲不同国家童工劳动的著述较多，主要有托尼·萨默菲尔德（Tone Sommerfelt）的著作《摩洛哥的家佣童工》（2003）、杰克林·瓦哈巴（Jackline Wahba）的研究文章《埃及市场工资和父母经历对童工和入学的影响》（2006）以及加布里勒·兹德奈克（Gabrielle Zdunnek）等人的研究报告《加纳农业中的童工劳动和儿童经济行为》（2008）等。② 也有研究者从不同角度对非洲不同国家使用童工劳动进行比较研究。如，克里斯蒂娜·格鲁特阿特（Christiaan Grootaert）等人的著作《童工劳动政策分析：一个比较研究》（1999），在对科特迪瓦、哥伦比亚、玻利维亚和菲律宾等国家存在的童工劳动进行比较研究后认为，现代许多解决童工劳动问题的政策方法存在问题。他们主张应分步骤解决，即先对"打工"的"童工"加以保护，再以工读结合的方法解决童工劳动问题。③ 这与中国学者郑俊杰（1988）提出的"亦读亦工厂校"主张有着异曲同工之妙。如果只是"依法禁止童工"而不为儿童谋一条生活出路，难以说是从根本上解决了童工劳动问题。苏达哈山·坎纳戈拉亚禾（Sudharshan Cana-garajah）等人的文章《非洲的童工劳动：一个比较研究》（2001），就科特

① Lance K. Valencia, Bryson J. Hahn, *Employment and Labor Issues：Unemployment, Youth Employment and Child Labor*, New York：Nova Science Publishers, Inc. 2010.

② Gabrielle Zdunnek, *Child Labour and Children's Economic Activities in Agriculture in Ghana*, Berlin: SLE, 2008; Tone Sommerfelt, (ed.), "Domestic Child Labour in Morocco: An Analysis of the Parties Involved in Relationships To ' Petites Bonnes' ", Save the Children, FAFO Institute for Applied Social Science, Norway: Centraltrykkeriet AS, 2003. Available online: http://www. fafo. no/pub/rapp/370/370. pdf.Jackline Wahba, "The Influence of Market Wages and Parental History on Child Labour and Schooling in Egypt", *Journal of Population Economics*, 2006, 9(4)：823–852.

③ Christiaan Grootaert, Harry Anthony Patrinos, eds., *The Policy Analysis of Child Labor：A Comparative Study*, New York：St. Martin's Press, 1999.

迪瓦、加纳、赞比亚等国使用童工劳动的决定性因素进行了比较研究。认为贫困催生童工劳动，但入学交通成本、资本市场的缺陷以及家庭的不完整都可能导致童工劳动。[①] 作者关注到了此前被大多数研究者忽视的学生入学中的交通问题。学校分布稀少对远离学校的学生来说无疑增加了入学成本。谷宏伟博士在研究了贫困地区对待教育的态度后，提出"教育致贫"的观点，也同样表达了这种思想。[②] 事实上，苏达哈山·坎纳戈拉亚禾与谷宏伟等人的观点，从根本上说是承袭了韦纳的观点，即强调教育因素对童工劳动的影响。

拉美国家的童工劳动也是研究者关注的重点。罗斯林·A. 米克尔森（Roslyn A. Mickelson）针对美国、巴西和古巴的街头儿童进行比较研究，在《美洲的街头儿童》（2000）一书中，利用这些国家最新的人口统计数据，以案例研究方法对贫穷儿童、露宿街头儿童等的生活条件、教育经历等进行比较研究，认为社会有责任在教育政策方面对其倾斜。[③] 安纳·S. 布拉姆（Ann S. Blum）《1920—1940 年间墨西哥城的工作和家庭，以互惠、童工和社会再生产为视角》（2011）一文，对 1920—1940 年间墨西哥城内的童工劳动以及围绕童工劳动进行的争论、立法活动进行探讨。认为不同社会阶层在社会转型时期的价值观可能会有不同，但在对劳动始终处于家庭生活的中心地位认识方面却差别不大，都认为劳动有利于密切父母与子女之间的关系。[④] 适度参与群体性劳动活动，有利于儿童正常的融入

---

① Sudharshan Canagarajah, Helena Skyt Nielsen, "Child Labor in Africa: A Comparative Study", *The Annals of the American Academy of Political and Social Science*, 2001, 575（1）: 71-91.

② 谷宏伟：《凹型收益率曲线与中等教育投资"瓶颈"：对童工的另一种解释》，《中国人口科学》2006 年第 4 期。

③ Roslyn Arlin Mickelson, *Children on the Streets of the Americas: Homelessness, Education, and Globaliza-tion in the United States, Brazil, and Cuba*, New York: Routledge, 2000.

④ Ann S. Blum, "Speaking of Work and Family: Reciprocity, Child Labor, and Social Reproduction, Mexico City, 1920-1940", *Hispanic American Historical Review*, 2011, 91（1）: 63-95.

社会生活之中。

　　针对特定形式的童工劳动，主要围绕童兵、童妓等进行专题探讨。以童兵主题为研究对象的有大卫·M. 罗森（David M. Rosen）《青少年军队：恐怖主义和战争中的童兵》（2005）一书，作者以个案分析方法研究战争与童年的关系，分析了第二次世界大战与现代世界上一些地区冲突中使用童兵的事例，并强烈谴责了使用童兵的行为。认为儿童应该受到保护而不是参加战斗。① P. W. 辛格（P. W. Singer）是国际公认的战争专家，其《战争中的儿童》（2005）一书，针对现代世界上一些地区冲突中使用童兵的事例进行研究。认为 21 世纪世界上的一些地区冲突中，迫使儿童参加战争已是不争的事实，尤其是在阿富汗、伊拉克、哥伦比亚以及巴勒斯坦、塞拉利昂等地区最为突出。招募童兵的做法对全球安全非常不利，有必要采取积极措施加以预防。②

　　研究童妓的论著较多。从全球角度研究童妓的有罗伯特·B. 赖克（Robert B. Reich）的《强迫劳动，童妓》（1996）一书，该书分析了亚洲、拉美地区以及美国存在的童妓现象，书后附录了国际社会有关保护和预防童妓的有关规定。尤纳·默里等人（Una Murray, etc.）的著作《农业、家政和性剥削中的女童》（2004），探讨的是加纳、菲律宾和厄瓜多尔存在的童工劳动和童妓问题。朱利安·谢尔（Julian Sher）的著作《谁家女儿？美国童妓及其营救》（2011）集中考察了美国社会中存在的童妓问题。③

　　以女童工劳动为研究对象的著作有，斯瑞尼瓦萨·莱蒂（B.

---

　　① David M. Rosen, *Armies of the Young*: *Child Soldiers in War and Terrorism*, New Brunswick, New Jersey: Rutgers University Press, 2005.

　　② P. W. Singer, *Children at War*, New York: Pantheon Books, 2005.

　　③ Robert B. Reich, *Forced Labor*: *The Prostitution of Children*, Darby: Diane Publishing Company, 1996; Una Murray, etc., *Girl Child Labour in Agriculture*, *Ddomestic Work and Sexual Exploitation*, Geneva: ILO, 2004; Julian Sher, *Somebody's Daughter*: *The Hidden Story of America's Prostituted Children and the Battle to Save Them*, Chi-cago: Chicago Review Press, 2011.

Srinivasa Reddy）和拉美什（K. Ramesh）所著的《女童劳动：一个无休止剥削的世界》（2002）。该书认为受传统价值观、家庭观念和社会规范等影响，女童不仅被剥夺了受教育的机会，而且在社会上还受到歧视，在本不该参与的劳动中面临诸多类似性侵这样的危险，是对女童人权的侵犯。政府应当有专门保护女童的政策。① 以上类型的研究从另一个侧面揭示了全球部分女童的惨状，强调了国际社会应该相互协作共同努力，为女童营造一个适宜的成长环境。

从国际法视角探讨童工劳动的有，霍利·库伦（Holly Cullen）的《国际法在消除童工劳动中的作用》（2007）一书，作者从社会经济和文化多角度分析童工劳动问题，探讨了国际法在消除童工劳动中的作用，特别是针对童兵、童妓、强迫劳动等方面的法律及其作用。② 这类研究为国际社会消除童工劳动采取共同行动提供了依据。

（四）全球童工劳动研究趋势

童工劳动并非只是一个国家或一个地区的现象，而是一个全球性的社会问题。从全球角度研究童工劳动问题已成为一种趋势。目前的童工劳动研究主要关注了以下几个问题。

1. 以全球视角考察童工劳动的过去和现在

美国学者休·D. 辛德曼（Hugh D. Hindman）等人撰写的《世界童工劳动：历史和区域考察》（2009）一书，以全球童工劳动为视角考察了各地区童工劳动的发展、演变与趋势，将地区和国家的经济行为与童工劳动联系起来。认为儿童的经济行为与本地经济发展有着密切的联系。③ 这

---

① B. Srinivasa Reddy & K. Ramesh, *Girl Child Labour a World of Endless Exploitation*, New Delhi: Dominant Publishers and Distributors, 2002.

② Holly Cullen, The Role of International Law in the Elimination of Child Labor, Leiden/Boston: Martinus Nijhoff Publishers, 2007.

③ Hugh D. Hindman, eds., *The World of Child Labor: An Historical and Regional Survey*, Armonk: M. E. Sharpe, 2009.

是首部以全球视角研究童工劳动的著作。克里斯托弗·李特（Kristoffel Liete）等人编辑的《1650—2000 年间全球范围内的童工劳动》（2011）一书，利用长时段方法，对前工业社会和工业社会、殖民地和非殖民地社会，以及后殖民地社会中各经济部门中的童工劳动进行研究，目的是希望找到解决童工劳动问题的方法。该书是继休·D. 辛德曼（Hugh D. Hindman）著作之后的又一部研究全球童工劳动问题的力作。① 而之前的本·怀特（Ben White）等人的《全球化和童工劳动问题》（1999）一文也曾涉及过相关的主题。②

　　罗波·克拉克（Rob Clark）以全球反童工劳动视角，在《世界政治中的童工劳动，衰颓与延续，1980—2000》（2011）一文中，以 1980—2000 年间 116 个国家的 428 组相关资料为依据，说明通过发展经济以削弱童工劳动存在的基础比使用其他任何方式反童工劳动更有效。作者强调与其空喊废除童工劳动不如踏实发展经济更有用。③ 类似看法在大卫·帕克（David Parker）、基希珀·纳西（Giuseppe Nesi）以及国际劳工组织的相关研究成果中都可见到，强调在发展经济的同时应协调全球反童工劳动的行动。④

　　2. 有关童工劳动的理论探讨

　　（1）关于童工劳动的界定。米歇尔·拉瓦莱特（Michael Lavalette）

---

① Kristoffel Liete, Elise van Nederveen Meerkerk, *Child Labour's Global Past, 1650 - 2000*, Bern [etc.]: Peter Lang, 2011.

② Ben White, "Globalization and the Child Labour Problem", *Journal of International Development*, 1999, 8 (6): 829–839.

③ Rob Clark, "Child Labour in the World Polity: Decline and Persistence, 1980-2000", *Sociai Forces*, 2011, 89 (3): 1033–1056.

④ Giuseppe Nesi, Luca Nogler, Marco Pertile, *Child Labour in a Globalized World a Legal Analysis of ILO Action*, Farnham: Ashgate Publishing Ltd, 2008; David Parker, *Before Their Time: The World of Child Labor*, New York: Quantuck Lane Press, 2007; ILO, *Ending Child Labour in Domestic Work and Protecting Young Workers from Abusive Working Conditions*, ILO-IPEC Geneva: ILO, 2013, p. xi; ILO, *World Report on Child Labour 2015: Paving the Way to Decent Work for Young People*, Geneva: ILO, 2015.

等人在《资本主义劳动市场上的儿童雇佣》（1995）一书中认为，童工劳动研究中的混乱缘于部分研究者和政策制定者使用的"童工"概念模糊，由此导致对童工劳动的认识出现混乱。① 博伊登（Jo Boyden）等人的著作《儿童应该做什么工作》（1998）认为，"处理童工问题遇到的最大麻烦，即源于概念的错误"，建议用 work 和 labor 分别指称儿童从事的不同劳动。② 米歇尔·F. C. 鲍迪伦（Michael F. C. Bourdillon）的《对童工劳动最低年龄标准的再评估》（2009）一文，埃里克·V. 埃德蒙兹（Eric V. Edmonds）的研究报告《童工定义：从政策研究角度对童工定义的评述》（2009），也评述了童工劳动这一概念在使用过程中存在的问题。③ 这些研究以及类似研究，对童工的定义、使用过程中存在的问题进行了辨析，有利于消除童工劳动研究中存在的混乱。但时至今日，国际社会上仍无明确、清晰且能被大多数研究童工劳动的学者共同接受的界定。有鉴于此，在研究中先对使用的概念进行界定不失为一种能避免引起歧义且行之有效的应急办法。

（2）如何看待童工劳动。从历史上看，在不同的国家或地区，尤其是在不同的文化背景中，对童工劳动［实际上应为儿童劳动］的看法存在较大差异。本·怀特（Ben White）在《儿童，劳动与童工：对受雇儿童的不同回应》（1994）一文认为，不同国家、地区之间的儿童从事的劳动有着明显的不同，有些是可接受的，有些是不可接受的。与其废除童工劳动不如对童工实行切实的保护更有意义。其在《界定不可容忍：儿童

① Michael Lavalette, *Child Employment in the Capitalist Labour Market*, Geneva：International Labour Office, 1995.

② Jo Boyden, Birgitta Lang, William Myers, *What Works for Working Children*, Stockholm and Florence：Unicef/Radda Barnen, 1998, p. 10.

③ Michael F. C. Bourdillon, "Re-assessing Minimum-age Standards for Children's Work", *International Journal of Sociology and Social Policy*, 2009, 29（3-4）：106-117; Eric Edmonds, *Defining Child Labour：A Review of the Definitions of Child Labour in Policy Rresearch*, Geneva：ILO, 2009.

工作，全球标准与文化相对主义》（1999）一文中，进一步探讨了如何解决全球童工标准制定过程中存在的"普适性"和"相对性"之间的"不协调"问题。认为应该把各国的历史、文化考虑在内。① 怀特的研究强调了历史、文化因素在评价童工劳动中的作用是正确的，尤其在对现代欠发达国家童工劳动进行评估时，更应注意这一点。只是应该区分儿童劳动与童工劳动有时是两种不同性质的劳动。克里斯蒂安·格鲁特阿特（Christiaan Grootaert）等人的著作《比较研究视野中的童工劳动政策分析》（1999），有针对性地选择位于不同大陆、代表不同文化和历史背景国家的童工劳动进行比较研究后认为，许多国家儿童上学与参加劳动交织进行，某些现行政策——如禁用童工劳动，未必是解决这一问题的最佳策略。正确的做法应该是在对儿童权利进行立法保护的同时，将学校教育与劳动结合起来。② 西尔万·E. 黛西（Sylvain E. Dessy）等人在《最恶劣童工劳动形式的一种理论》（2005）一文中指出，人们凭直观和道义去消除最恶劣形式的童工劳动，却忽略了在欠发达国家完全禁用童工劳动并不受欢迎的事实。③ 这种看法在研究童工劳动的学者当中比较具有代表性。菲利普·迈岑（Phillip Mizen）在《看不见的手：有关儿童工作和劳动的国际视点》（2001）一书中强调，北美、西欧以及俄国等工业化国家和地区的儿童，时常在校外参与各种类型的劳动，从有偿雇佣到家务劳动都

---

① Ben White, "Children, Work and 'Child Labour': Changing Responses to the Employment of Children", *International Institute of Social Studies*, 1994, 25（4）: 849 – 878; Ben White, "Defining the Intolerable: Child Work, Global Standards and Cultural Relativism", *Childhood*, 1999, 6（1）: 133–144.

② Christiaan Grootaert, Harry Anthony Patrinos, *The Policy Analysis of Child Labor: A Comparative Study*, p. 2.

③ Sylvain E. Dessy, Stéphane Pallage, "A Theory of the Worst Forms of Child Labour", *The Economic Journal*, 2005, 115（500）: 68–87.

有，但这不等于是纵容童工劳动。① 曼弗雷德·李贝尔（Manfred Liebel）在其著作《自己的意愿：跨文化视角下的儿童劳动》（2004）中指出，成年人从不同角度来评价和看待童工劳动，但反对童工劳动未必是为了儿童的利益，尊重不同社会、文化背景的选择或许能发现解决童工劳动的办法。豪利·卡伦（Holly Cullen）的著作《国际法在废除童工劳动中的作用》（2007）中也有类似看法。② 从上述几例研究中可看出，如何看待童工劳动与对童工劳动的不同界定有密切关系，若不明确界定童工劳动，难免不出现混淆［狭义的］"儿童劳动"与"童工劳动"的现象。

（3）构建模型阐释童工劳动。考什克·巴苏和佛姆·H. 凡（Kaushik Basu 和 Pham H. Van）在《童工经济学》（1998）一文中提出两个假设以说明儿童与父母、劳动市场之间的关系。第一个假设可称为"奢侈公理"，即当家庭非童工收入非常低时，父母会让儿童去当童工；第二个假设可称为"替代公理"，即作为劳动力的成年人和儿童，可以相互替代且所得报酬成反比。根据这两个假设，作者认为在劳动力市场平衡的欠发达国家中，当成人工资很低时，禁止童工劳动会使童工家庭的经济状况更加恶化。③ 此文发表后影响巨大，在一定程度上回答了欠发达国家童工劳动难以解决的问题。类似研究有国际劳工组织的研究报告《童工劳动供给与需求阐释：对其构成基础的理论评述》（2007）认为贫困、文化因素、经济转型、教育质量等都会促成童工的生成。④ 强调了童工劳动

① Phillip Mizen, Christopher Pole and Angela Bolton, *Hidden Hands: International Perspectives on Children's Work and Labour*, New York: Routledge Falmer, 2001.

② Manfred Liebel, *A Will of Their Own: Cross-cultural Perspectives on Working Children*, Zed Books London/New York, 2004; Holly Cullen, *The Role of International Law in the Elimination of Child Labor*, The Netherlands: Martinus Nijhoff, 2007.

③ Kaushik Basu, Pham Hoang Van, "The Economics of Child Labor", *American Economic Review*, 1998, 88 (3): 412-427.

④ ILO/IPEC-SIMPOC, *Explaining the Demand and Supply of Child Labour: A Review of the Underlying Theories*, ILO/IPEC-SIMPOC, Geneva, 2007.

的产生是非单一因素所致。

（4）童工劳动与学校教育的关系。帕特里克·埃默森和安德尔·P.
苏扎（Patrick Emerson 和 Andr Portela Souza）的文章《有无童工陷阱？巴
西童工劳动的代际持续性》（2003），探讨了童工的代际传递性并提出了
"童工陷阱"理论，认为儿童参加劳动将无法进入学校接受教育，从而导
致人力资本的质量降低。未接受教育的成年人则可能会送儿童参加劳动而
不是入学接受教育，从而使童工长期存在。建议政府救助童工家庭而不是
童工本人。① A. 阿德玛西（A. Admassie）在《自给自足农村经济背景下
的童工劳动与学校教育能否兼容？》（2003）一文中，通过对埃塞俄比亚所
做的案例分析，认为部分欠发达国家的乡村儿童，参加劳动与接受学校教
育往往联系在一起，强调政策制定者应该将这种情况考虑在内，允许儿童
参加劳动与灵活接受教育结合起来，可能要比单纯废除童工劳动更好。②
这种看法被许多学者所认同。

回顾国外童工劳动研究的历程大致作如下预判，工业化期间的童工劳
动仍会受到关注，尤其是曾沦为发达国家殖民地的一些国家，其工业化时
的童工劳动现象可能更值得探讨。如何解决欠发达国家的童工劳动将是以
后研究的重点。如何界定、评价（儿童劳动）童工劳动，在可见的未来
仍会存在分歧，这是由不同研究者所处的历史、文化环境，或处于不同的
语境中造成的。在如何消除童工劳动问题上，可采取的方式方法有多种，
但对童工来说生存肯定是第一位的，当生存权受到威胁时，探讨童工的其
他权利缺乏存在的基础，也于事无补。

---

①　Patrick Emerson and Andr Portela Souza, "Is There a Child Labor Trap? Inter-Genera-
tional Persistence of Child Labor in Brazil", *Economic Development and Cultural Change*, 2003,
51（2）：375-398.

②　A. Admassie, "Child Labour and Schooling in the Context of a Subsistence Rural Econo-
my: Can They Be Compatible?", *International Journal of Educational Development*, 2003, 23
（2）：167-185.

第二章　前工业社会中的儿童劳动①

第一节　儿童劳动的基本情况

儿童劳动的历史同人类的历史一样久远。前工业社会中，世界各地都有儿童劳动的身影，从田间地头到手工作坊，儿童始终是劳动力的重要组成部分。②

一、儿童劳动的类型

（一）家务劳动

家务是指家庭日常生活事务。家务劳动是指需要消耗一定的体力和能力来完成日常生活事务的一种行为，比如照看小孩、饲养家畜家禽等。这是儿童参与最多的一种劳动。年龄的大小与性别，是儿童从事不同类型家务劳动的依据。但在一些个别家庭中，儿童可能具有双性角色。比如，在只有男童的家庭中，年龄小一点的儿童可能会充当女童角色，家庭中本该

---

① 本章内容根据鲁运庚《前工业化时期欧洲乡村的儿童劳动》一文改写而成。原文见《历史研究》2015 年第 6 期。

② Carolyn Tuttle，"History Repeats Itself：Child Labor in Latin America"，*Employee Responsibilities and Rights Journal*，2006，18（2）：43-145；Clive Gifford，*Child Labour*，London：Evans Brothers，2009，p. 8.

由女童干的活就要由男童来完成，比如帮助母亲择菜或者帮厨等家务活；在只有女童的家中，一些通常要由男童完成的活，就要由年龄大一点的女童来完成，比如饲养家禽、担水等，这种角色的转换是自然形成的。

（二）农业劳动

农业劳动是指从事犁地、播种、施肥、除害（驱赶啄食种子的鸟类、捉拿庄稼上的害虫或者拔除杂草）、收割庄稼（期间帮助捆扎，捡拾遗落的麦穗、谷穗）等与农作物种植、收割有关的一种行为活动，这是乡村儿童经常参与的一种劳动，尤其在夏秋季农作物种植、收割期间①，目的是学会农作物种植、侍弄、储存等技术。在前工业社会中，农业劳动是最重要的生存手段。

（三）手工业劳动

简单说来，手工业（handicraft industry）是用手工劳动，使用简单手工工具从事小规模生产劳动的工业。最初与农业密切联系，属于农民副业性质的家庭工业。在本书中，"手工业"一词是一个较为宽泛的概念，既包括传统意义上的纺织、裁缝、鞋匠、铁匠，以及与农业生产关系较为密切的一些农业生产之外的行业，也包括近代意义上的工场手工业（即绝大部分生产过程均由手工操作完成的资本主义工业大生产）。② 手工业劳动，可分为家庭作坊劳动和工场手工业劳动两种。在家庭手工业中，儿童劳动主要以帮手的形式出现；工场手工业中的儿童劳动主要以学徒和类童工为主。

在家庭手工业中，儿童很小就开始参与其中。如毛纺业生产中，儿童从三四岁起就进行梳毛、绕线等劳动。随着工场手工业的发展，分工越来

---

① Carlo M. Cipolla, *Before the Industrial Revolution: European Society and Economy, 1000-1700*, London: Taylor & Francis e-Library, 2005, pp. 45-46.

② ［俄］杜冈-巴拉诺夫斯基:《政治经济学原理》，赵维良等译，商务印书馆1997年版，第206页。

越细，工序越来越多，一些生产环节变成重复性劳动。以钟表生产为例，一只表的成型要经过许多道工序。这些工序有：毛坯、发条、字盘、游丝、钻石、指针、表壳、螺丝、镀金等。每一道工序中还可以再分出许多小类，例如制轮（又分黄铜轮和钢轮）、龃轮、装轮（把轮安到轴上，并把它抛光等等）、轴颈、齿轮安装（把各种齿轮和龃轮安装到机心中去）、切齿（切轮齿，扩孔，把棘爪簧和棘爪淬火）等等。① 工场手工业中的工序越细，其中的劳动就越不需要复杂的操作。技术要求不高，主要是重复性的劳动，儿童完全能够胜任。

（四）矿山劳动

矿山劳动是指以开采煤炭、铁矿等矿物质为主，兼及其他类型的矿山物质活动的一种劳动，对儿童来说这是一种危险的劳动。

矿山开采行业中使用儿童劳动并不鲜见。煤矿开采和其他采矿业中都有。② 在矿业部门中劳动的儿童，年龄普遍不大，一般在 5—9 岁之间。在这些地方，有时为了迫使儿童下矿劳动会用鞭子驱赶他们。俄国阿尔泰地区（Altairs，位于西伯利亚南部的鄂毕河和卡杜里河流域，富有铁、铅、锌等矿产资源），矿主们以兹梅伊诺戈尔斯克（Zmeinogorsk）和萨拉伊尔（Salair）为中心，在每年的春季都招募 500—800 名 7—12 岁的儿童，到当地的铁矿和其他工厂做工。③ 英国、法国的矿山业中也有类似情况。在矿坑中，儿童把矿石装进吊筐、桶和皮袋子里，在选矿台上用重锤将矿石打碎。德国矿物学家阿格里克拉，在描述 16 世纪德国矿山使用儿童劳动的情况时指出，混杂着金属末的矿石粉末、硫黄和砷气，弥漫在空气中，儿童吸入身体后危害极大。1494 年的波希米亚规则和 1575 年的匈

① 《马克思恩格斯文集》第 5 卷，人民出版社 2009 年版，第 397 页。

② Thomas Max Safley, Leonard N. Rosenband, *The Workplace Before the Factory*：*Artisans and Proletarians*, *1500-1800*, New York：Cornell University Press, *1993*, p. 115.

③ Boris B. Gorshkov, *Russia's Factory Cildren*：*State*, *Society*, *and Law*, *1800-1917*, Pittsburgh：University of Pittsburgh Press, 2009, p. 30.

牙利规则，曾在矿业部门禁止使用儿童劳动，但没有人遵守。[①]

（五）当兵打仗

当兵打仗是指儿童服兵役，充当"小战士"参加战斗，为保护某一阶层或集团的利益，而同试图侵犯其利益者进行斗争，或准备进行斗争的行为。在中世纪的欧洲，封臣的儿子在 10 岁或者 12 岁时就被送去接受训练，或者被送到领主的庄园里做持武器的人。[②] 家境不好的儿童服兵役，一方面能减少家里吃饭的人，另一方面可以带来少量的收入贴补家用。目前，没有足够的资料阐释儿童士兵的生活情况，但通过儿童十字军东征，可以对儿童士兵打仗的情况有所了解。

1212 年，法国年仅 12 岁的斯蒂芬（Stephen）和德国莱茵兰（Rhineland）10 岁的尼古拉（Nicholas），分别组织 3 万人和 2 万人的十字军。前者主要由一些女孩、流浪汉和妓女组成，从年龄来看不完全是儿童；后者主要由 12 岁以下的儿童组成。儿童十字军的目标是前往圣地耶路撒冷，摧毁穆斯林教派，夺回被异教徒占领的圣城。事实上，儿童十字军只不过是教皇和封建主发动战争的一个借口，其中的儿童或断送生命或被卖为奴，并没有达到预期目的。儿童从事与其年龄、智力不相符的活动较难成功。[③]

（六）其他劳动

航海、商业贸易中也有儿童参与其中。葡萄牙 16 世纪的航海日志中

---

① ［英］约瑟夫·库利舍尔：《欧洲近代经济史》，第 198 页。

② ［德］汉斯-维尔纳·格茨：《欧洲中世纪生活（7—13 世纪）》，王亚平译，东方出版社 2002 年版，第 198 页。

③ 鲁运庚：《儿童十字军》，《历史学习》1993 年第 3 期；Neil Schlager, *The Crusades*: *Primary Sources*, Detroit：UXL/Thomson/Gale, 2005, pp. 29-30. 当然也有人认为，此番运动的参与者并非儿童，至少并不都很年轻。讹误始于后世的纪年史家（约其后 30 年左右），他们误读拉丁文 pueri（"男孩"），直译成"儿童"。在原始记录中 pueri 是当时一种俚语用法，pueri 指德法北部失地的农民，后来著者笔下"儿童十字军"的故事便滥觞于将 pueri 误译"儿童"。直到最近才受到重新审视。见"维基百科"网站"儿童十字军"词条。

有使用儿童从事海上作业的记录。① 北美殖民地时期的个别港口城市中，航海、运输等被认为是较好的职业，其中的儿童劳动（以学徒为主）也较多。②

除以上几种类型外，儿童参与的劳动还有许多。虽然不可能像有人所说，儿童在五六岁时就能从事几百种工作③，但可以肯定的是，凡是成年人从事的劳动，儿童基本上都参与了，只是程度不同而已。

二、各类儿童劳动的基本情况

（一）家务劳动

儿童除在自己家里从事家务劳动外，还有可能要外出到其他家庭从事这类劳动，通常是以仆役、丫鬟、保姆、书童等身份出现，此类儿童类似现在所说的家佣儿童。④ 这里主要介绍家庭仆役和童养媳的情况。

1. 家庭仆役

家庭仆役是指儿童离开父母到别人家里当佣工（佣人、丫鬟、保姆、书童等）从事各类劳动。家庭仆役是世界上最古老的职业之一，其中有很大一部分是儿童。

李增红博士在谈到中世纪后期伦敦的家仆时指出，家仆的职业各种各样，"有高有低，做家仆的人也各有各的背景，并不都出身低微。"能够在高级市政官、市长、富商和世袭贵族家庭做家仆的人，享有一定的特

---

① Goulart P. & A. S. Bedi, "A History of Child Labor in Portugal", in K. Lieten & E. N. Meerkerk (eds.), *Child Labour's Global Past (1650-2000)*, Bern: Peter Lang, 2011, pp. 257-278.

② Billy Gordon Smith, *Down and Out in Early America*, University Park: Pennsylvania State University, 2004, p. 226.

③ ［英］约瑟夫·库利舍尔:《欧洲近代经济史》，第 196 页。

④ Gwyn Campbell, Suzanne Miers, Joseph C. Miller, *Child Slaves in the Modern World*, Athens, Ohio: Ohio University Press, 2011, p. 193.

权，不是什么人都有资格到这样的家庭中做家仆。只有举止优雅，富有艺术鉴赏能力以及对主人的事业有一定的帮助的人，"才能胜任此类工作"。他们一般是"乡绅、富裕市民的农村亲戚、牛津和剑桥大学的学生、伦敦的工匠和杰出人物。""一个市民的女儿特别是孤儿只有在另一个家庭做过一段时期的家务，方能取得学徒的资格。还有些家仆非常富有，竟能贷款给其主人或其主人的顾客，这表明他们并不是出身于贫穷的背景。""作为家仆并不意味着是受辱，或者地位必然就低下。"① 当然，这里说的不全是儿童。没有翔实的资料用以复原前工业社会中家庭仆役的生活情况，但通过各地保留下来的个人传记，以及一些讲道文章或手册中的记载，还是能对家仆的生活有一个大致的了解。

在欧洲，中世纪以来的很长时期内所说的家庭，是指在一个屋顶下生活的人，彼此之间不一定具有血缘关系。比如，十四五世纪的意大利家庭，其成员通常由妻子、子女、仆人、佣人和奴隶等组成。在十六七世纪的英国，一般说的家庭也是指在一起劳动生活的一些人。家庭中除亲族成员外，还有一些非亲族成员，主要有帮工、学徒、家佣、寄居者等。当时的欧洲流行着这样一个习惯，即从10多岁开始直到其组建家庭这段时间内，很多欧洲人要离开自己的父母，到其他人家里当一段时间的佣人，以学习一些生活技能。② 在欧洲的前工业社会中，儿童外出做一定时期的家庭仆役是一个较为普遍的现象。

十四五世纪的欧洲社会中，一些城镇人口中的仆役占有很大的比重。如16世纪上半叶的里昂，仆役人数占到当时人口总数的10%—12%。1690年的伦敦，学徒和仆役占到人口总数的20%左右。③ 约1/4到1/3的

① 李增洪：《13—15世纪伦敦社会各阶层分析》，中国社会科学出版社2005年版，第70—71页。
② 俞金尧：《欧洲历史上家庭概念的演变及其特征》，《世界历史》2004年第4期。
③ Liên Luu, *Immigrants and the Industries of London, 1500–1700*, Farnham/Surrey：Ashgate Publishing, Ltd., 2005, pp. 40, 41.

富裕家庭中都有仆役，当然他们不全是儿童。但在有的城镇，仆役中 15 岁以下儿童的比例却比较大，差不多能占到仆役总数的 10%，甚至更多。1637 年，瑞士苏黎世 14 岁以下儿童占到仆役人数的 10.2%，占同龄儿童的 9.1%；1647 年，德国萨尔茨堡的这两个比例分别是 3.6% 和 9.3%。在 18 世纪初期意大利的比萨地区，5—14 岁的仆役占到了人口总数的 12%。① 显然，这与当时"大多数家庭习惯于把孩子，尤其是幼子送到别人家充当仆役，学习技艺"，以及"邻里之间易子而役的习俗"有着密切的关系。②

家佣儿童从事的劳动多种多样。性别不同，劳动有别。男童的劳动角色有当马夫、贴身男仆、牧童等。女童的劳动主要有制作奶酪、饲养家禽、照看店铺、洗衣服、保洁、照顾病人，甚至照看幼小的婴儿等。

家佣的年龄各地不一，一般在 10—20 岁之间。在意大利、法国等地的一些中产阶级家庭中，有 8 岁左右的"小女仆"。伦敦，仆役儿童的年龄一般在 7—14 岁之间。③ 儿童外出做家佣的年龄受家境好坏的影响明显，当然也与儿童身体的承受能力，和是否能完成复杂的劳动有关。一般说来，失去父母的儿童可能较早地外出劳动。年龄大一点的儿童更受雇主喜欢，因为年龄太小难以完成复杂的劳动。

从来源看，家佣儿童多数是一些本村，或邻村中家庭相对贫穷的孩子，其地位介于学徒与寄养儿童之间。另有一些来自亲戚家中。市镇上条件较好，但没有子女的家庭，往往会使用有一定血缘关系的农村亲戚家的

---

① Viazzo, Pier Paolo, Marco Aime and Stefano Allovio, "Crossing the Boundary: Peasants, Shepherds, and Servants in a Western Alpine community", *History of the Family*, 2005, 10 (4): 387-405.

② 陈曦文、王乃耀主编：《英国社会转型时期经济发展研究》，首都师范大学出版社 2002 年版，第 261 页；詹斯·克雷·安德维格在研究撒哈拉以南非洲的童工劳动时，也提到了不同家庭之间交换孩子进行训练的问题。见 Jens Chr. Andvig, "Child Labour in Sub-Saharan Africa—An Exploration", *Forum for Development studies*, 1998, 25 (2): 327-362。

③ Lawrence Stone, *The Fmily*, *Sex and Marriage in England 1500-1800*, London: Weidenfeld & Nicolson, 1977, p. 107.

孩子做家务。这种做法看起来有剥削的味道，但实际上他也是在经济上帮助其亲戚，特别是对进城的孩子来讲，可能还会因此改变其成年后的生活。还有一些家佣儿童是买来的。1363 年，佛罗伦萨一份买卖奴隶的记录中这样写道："给我买一个农村的丫鬟（slave-girl）吧，年龄在 8—10 岁之间，身体健康，脾气要好，能吃苦耐劳。主要干洗盘子、刷碗、搬木柴、烧火炉之类的活。"① 类似情况，在十五六世纪葡萄牙从事的北大西洋奴隶贸易中也可见到。最后还有一部分，如前文所引李增红博士著作所说，是来自乡绅、富裕市民的农村亲戚，或者伦敦的工匠和杰出人物家庭中的孩子。甚至还有一部分是牛津大学和剑桥大学的学生。他们通常为高级市政官、市长、富商和世袭贵族做家仆。这些情况说明，仆役来源广泛，出身于家境拮据或宽裕者都有。②

中世纪的家佣儿童，不同于现在从事家务劳动的家仆。更多的情况下类似雇主的子女，从主人那里获取与其子女一样的衣服食物，也接受主人的管教。家佣儿童除了从事一些家务劳动外，还要到田间参加一定的劳动。在这种情况下，他们通常与主人签订年度契约，获得少量现金报酬。以女仆为例，1391—1392 年间牛津地区的女仆，其平均工资是 4 先令 10 便士，但只有在年终完工，或者准备离开雇主时才能得到规定的薪酬。因此，有些雇主常常会借故扣发工资，因而纠纷时有发生。③ 待遇不高，工作却很累。她们从天刚刚出现亮光开始劳动，一直干到晚上大多数人已经睡下为止。④ 家佣儿童常常处于一种危险境地，如与主人发生冲突时，通

① Judith M. Bennett, *Singlewomen in the European Past*, *1250-1800*, University Park: University of Pennsylvania Press, 1999, pp. 107, 108.

② Ann Kussmaul, *Servants in Husbandry in Early Modern England*, Cambridge: Cambridge University Press, 1981, p. 27; 李增红:《13—15 世纪伦敦社会各阶层分析》，第 71 页。

③ P. J. P. Goldberg, *Women*, *Work and Life Cycle in a Medieval Economy*: *Women in York and Yorkshire*, *c. 1300-1520*, Oxford: Oxford University Press, 1992, pp. 185-186.

④ Bonnie S. Anderson and Judith P. Zinsser, *A History of Their Own*: *Women in Europe from Prehistory to the Present*, Vol. 1, New York: Harper & Row, 1989, p. 358.

常的做法就是忍受主人的折磨。很少以事先签署的、具有法律意义的协议为基础来解决双方的争议。

家佣制度是西方农业社会家庭体系的重要特点之一，历史学家给它一个专门的名称，叫生活周期佣人（life-cycle servant），其"长久而普遍的存在表明西方农业社会的家庭具有合生产与生活功能于一体的典型特征"。① 18 世纪中后期的英、法等国，"佣人的工资大幅上涨，以致做佣人成了一门很有吸引力的职业。如果说，十六七世纪的佣人绝大部分满足于主人提供的食宿，没有更多要求的话，那么，到 18 世纪，佣人工作的货币化就为家佣提供了一个新的景象"。佣人的劳动不再是"对主人应尽的义务，而是一种可以用来交换金钱的商品"。主人与佣人的关系由过去的家庭关系，演变成"雇主与雇员之间的雇佣关系"，金钱货币成为"联系主人和佣人的唯一纽带"。18 世纪中叶以后，佣人的身份不再是收养来的孩子，"而是受雇于人，用劳动来换取每日工资的劳动者"。②

在亚洲，中国、日本、印度都有使用儿童做仆役的记载，只是名称有所不同。

根据日本《古事记》等文献的记载，中世纪日本的一些地方，有绑架买卖儿童做奴隶强迫其劳动的现象。16 世纪后期，在日本与葡萄牙的贸易中也有贩运儿童到欧洲充当奴隶的记载。到十七八世纪时，不少家庭开始雇佣女童做保姆（nursemaids），有的年龄仅五六岁，契约确定的年限 3—5 年不等，个别的长达 10 年之久。③

在中国，一些家庭中的仆人，通常是由成年人来担当的，儿童一般充当书童或小厮、丫鬟等。

---

① 俞金尧：《欧洲历史上家庭概念的演变及其特征》，《世界历史》2004 年第 4 期。

② 俞金尧：《欧洲历史上家庭概念的演变及其特征》，《世界历史》2004 年第 4 期。

③ Atsuko Fujino Kakinami, "History of Child Labor in Japan", in Hugh D. Hindman (eds.), *The World of Child Labor*, *A Historical and Regional Survey*, New York: M. E. Sharpe, 2009, pp. 881–887.

　　书童多为男童，是指在有钱人家侍候主人子弟读书兼做杂事的未成年的仆人。在中国古代的一些文学作品中，时常可见有关于书童的记载。如《儒林外史》第 53 回记载的小牛儿，就是徐九公子家的书童，当时只有10 多岁。再如，老舍写的《茶馆》中也有书童的描写。类似的记载有许多。

　　丫鬟是由女童来充当的，主要是服侍主人日常起居或干一些杂役的仆人，个别的也有用作以后赚钱的。在中国封建社会的一些地主或官僚家庭中，通常会有很多的小厮（男童）、丫鬟，分别从事不同的工作。这在许多古代文学作品中都有描写。如《儒林外史》第 3 回写道："到二三个月，范进家奴仆、丫鬟都有。"一些大家庭中，丫鬟的地位通常以服侍主子的地位来确定。地位较高的主子的贴身丫鬟被称为大丫鬟，没有固定主子或专供役使的年纪较小的被称为小丫鬟。这通过《红楼梦》对丫鬟的描写可见一斑。

　　儿童从事家佣，一般是在主人家里度过若干年。这期间，儿童们在付出其劳动的同时能够习得一定的生活技能，便于其进入成年人的社会。因此，有人认为儿童从事家佣，也是一种接受教育的方式。[①] 13—15 世纪期间的英国、法国、意大利等地，女童婚龄一般在 12—15 岁之间[②]，丹麦南部大学历史学教授西门顿（Deborah Simonton）据此认为，女童外出做家佣是学习"持家之道"和"攒嫁妆"的一种方式，通过这种方式，掌

―――――――――

　　① S. Hobbs, J. McKechnie and M. Lavalette, *Child Labour: A World History Companion*, Santa Barbara: ABC-Clio, 1999, p. 63.

　　② David, Herlihy, *Medieval Households*, Cambridge: Harvard University Press, 1985, pp. 103-111；也有人指出，16、17 世纪意大利南部女性的婚龄通常在 15—26 岁之间，低于 15 岁的不多。见 Giovanna, Da Molin, "Family Forms and Domestic Service in Southern Italy from the Seventeenth to the Nineteenth Centuries", *Journal of Family History*, 1990, 15（4）: 503-528；16—18 世纪欧洲婚龄的详细情况，见［奥］迈克尔·米特罗尔、雷因哈德·西德尔：《欧洲家庭史》，赵世玲等译，华夏出版社 1987 年版，第 31—34 页。

握为人妻母的技巧和生活技能。① 从欧洲的情况来看，家佣儿童劳动具有双重性，表现在出身不同阶层的儿童身上呈现一种正相反状态。对家境不太好的儿童来说，劳动的经济价值大于学习价值；而对家境相对好一点的儿童来说，劳动的学习价值大于经济价值。当然，对大多数家佣儿童而言，其劳动可能都具有双重性，即一方面学习"手艺"或学习"贸易知识"，以便成年后以此作为谋生手段；另一方面对少数家佣儿童而言，这是应对恶劣生存环境的需要，劳动可能只是为了糊口。

时至今日，世界各地仍普遍存在儿童家佣。他们被剥夺了应享有的权利，失去接受教育的机会，被迫长时间地劳动，领取低工资甚至没有工资。还有可能面临着被贩卖、奴役，或被迫从事对其身心健康发展造成危害工作的危险。儿童家佣中的女童，不但丧失了个人发展的机会，而且面临的危害也更大一些。为此，国际劳工组织把 2004 年"世界无童工日"的主题，确定为"关注儿童从事家佣"，以此唤起人们对从事家佣儿童的关注。②

2. 小媳妇（童养媳）

"小媳妇"一词，在这里借指女童当童养媳，或（被逼）嫁为人妇。与此相关的是童婚。许多民族中都有这种现象，但以亚洲的一些国家最为典型，尤其是古代中国、印度和阿拉伯国家。从某种程度上说，这是一种变相的家庭仆役。

在古代中国，童养媳有时被称为"待年媳"，就是有男孩的家境不太好的家庭，先领养一个女婴或幼女，等到其长到可以结婚的年龄时再正式

---

① Deborah Simonton,"Earning and Learning：Girlhood in Pre-industrial Europe", *Women's History Review*, 2004, 13（3）：363-387；David E. Vassberg, *The Village and the Outside World in Golden Age Castile：Mobility and Migration in Everyday Rural Life*, Cambridge：Cambridge University Press, 2002, p. 86.

② ILO, World Day Against Child Labour 2004, https：//www.ilo.org/ipec/Campaignandadvocacy/wdacl/2004/lang--en/index.htm，2019 年 9 月 29 日。

与这家的男子结婚。童养媳的记载可上溯到周代。童养媳的名称起源于宋代，元明清时普及于社会。不同时期不同地区的童养媳情况，在各地地方志中随处可见。比如，江西《新城县志》说到当地童养媳盛行，强调"农家不能具六礼，多幼小抱养者"。永州"贫家妇多童养"。① 常德府"郡人子女襁褓论婚……郡中此风俗沿先民未之有易"。② 根据《清史稿·地理志》，全国除蒙古、青海、西藏及土府州县并土司不计，共有州县厅 1742 个，查到有童养媳记载的 561 个，约占全国州县厅总数的 32.54%，实际存在数要高于这个百分数。③

除史料记载外，从现存童养媳当事人的口述中也可得到佐证。福建泉州的赖奶奶 3 岁经历丧父之痛，5 岁来到杜家做童养媳，12 岁开始给人打工，17 岁就"正式"成为杜家的媳妇。④

童养媳的生活是悲惨的。如浙江兰溪，"虐待养媳及婢妾之风盛行，凡婆母及大妇主因残忍者，往往横施毒苦，惨不忍睹"。⑤ 郑板桥曾在《姑恶》一诗中描述童养媳的苦难，"今日肆詈辱，明日鞭挞俱。五日无完衣，十日无完肤"。⑥ 有的童养媳还被当作婆家的财产而出卖，有的卖给妓院，有的出卖给他人为妻为妾，任人摆布，造成许多婚姻的悲剧。民间一向有"有男不当壮丁，有女不做童养媳"之说，⑦ 许多风土志、地方志也都有关于这方面的记载。童养媳首先是作为家庭的一个劳动力被支配

---

① 道光《永州府志》卷 5 上《风俗志》，岳麓书社 2008 年版，第 365 页。
② 嘉庆《常德府志》卷 13《风俗考》，岳麓书社 2008 年版，第 197 页。
③ 郭松义：《清代的婚姻关系——伦理与生活》，商务印书馆 2000 年版，第 251 页。
④ 王了、王昆火：《当年我是"童养媳"》，http://news.sina.com.cn/c/2004-11-02/02194108624s，2011 年 11 月 26 日。
⑤ 王春春：《从人口调节看清代的溺女婴和童养媳现象》，《法制与社会》2010 年第 14 期。
⑥ 王锡荣：《郑板桥集详注》，吉林文史出版社 1986 年版，第 194 页。
⑦ 王春春：《从人口调节看清代的溺女婴和童养媳现象》，《法制与社会》2010 年第 14 期。

使用的，作为家庭的私有财产无任何自由。大量的童养媳在夫家为奴为婢，所以"经常出现翁姑虐待童养媳直至毙命"的情况①，相关文学著作对此都有形象的描述。

童婚是父母包办婚姻的一种，通常在儿童年龄很小时就确定下婚姻关系。在亚洲，以印度最为典型。

在印度教徒看来，婚姻是一种圣礼，是每个人必须履行的神圣职责，至于婚龄则以宗教法典为依据。印度《梵天往世书》规定，幼女 4 岁以后就可以结婚。《摩奴法典》中规定，男子 30 岁，可以娶 12 岁的女子为妻；男子若为 24 岁，"女子应为 8 岁"。根据《摩诃婆罗多〈教诫篇〉》中的记载，男女婚配，以男子年龄是女子年龄的三倍最好。即"男方 21 岁，女方 7 岁"最合适。史诗《罗摩衍那》中的主角罗摩，结婚时年仅 7 岁，女主角悉多只有 6 岁。② 对于许多老百姓而言，上述规定就是法规。政府制定的法律可以变来变去，但宗教经典却是永恒的。③

英国占领印度后曾对童婚进行过干预。1860 年印度刑法规定，如果与 10 岁的女童发生性关系，将被控犯强奸罪。1894 年的《禁止童婚法》规定，"主持或参与 8 岁以下女孩结婚的要判处徒刑"。20 世纪初期的《巴罗达禁止早婚法》确定的"女性最低婚龄"是 12 岁。1913 年印多尔邦规定，"禁止 12 岁以下的女孩，15 岁以下的男孩结婚。"④ 有资料显示，在 20 世纪 30 年代初，印度有 70% 以上的妇女实际结婚年龄不到 15 岁。1929 年，印度政府曾试图通过《禁止童婚法》严禁童婚，但因该法令与印度教徒早婚的传统观念相背而未能实施。文献记载，从 1891 年到 1971 年的近百年间，35 岁以下女性平均结婚年龄从 12.77 岁提高到 17.2

---

① 温文芳：《晚清童养媳的婚姻状况及其盛行的原因》，《甘肃行政学院学报》2005 年第 2 期。

② 汶江：《印度的童婚》，《人口研究》1984 年第 4 期。

③ 黎海波：《印度童婚缘何禁而不止》，《当代世界》2005 年第 3 期。

④ 汶江：《印度的童婚》，《人口研究》1984 年第 4 期。

岁。但 2005—2006 年进行的印度全国家庭健康调查显示，22.6% 的女性在 16 岁以前结婚，2.6% 的女性不到 13 岁结婚。[①] 去结婚的儿童们，有的睡在母亲怀里，有的坐在父母膝上，他们东张西望，根本不知道发生了什么事情。[②] 数据显示，目前全球"儿童新娘"中，1/3 以上的人来自印度，半数以上来自南亚。[③]

小媳妇的受害者主要是女童。在现代世界上，女童的生存仍然要面对许多挑战，尤其是在欠发达国家中。一些女童常常要面对遭受性侵犯和性暴力，或者被蛇头贩卖，以及被沦为性工作者的威胁。[④] 国际劳工组织曾将 2009 年"世界无童工日"的主题确定为，"给女童一个机会，终结童工劳动"，以此强调"女童的确值得我们更多的关注"。[⑤]

（二）农业劳动

在以农业为主的社会中，对大多数人来说，学会耕作是生活的基础。儿童参加农业劳动，是未来生活的需要，也是父母把他当作劳动力使用的结果。[⑥] 这从有关记载、流传下来的图画，以及一些文学作品中可窥见一斑。

1. 辅助性农业生产

在前工业社会的一些欧洲国家中，7 岁好像就是成年人的标准。儿童过了 7 岁就被当作成年人使用，开始从事一些力所能及的劳动。他们"在成年人的身边或者在他们的监护下"，从事简单的农业劳动，如从地

---

① 汶江：《印度的童婚》，《人口研究》1984 年第 4 期。

② 印环：《印度的一种习俗——童婚》，《世界知识》1980 年第 11 期。

③ 朝阳帅哥：《印度：丑陋的童婚》，《看世界》2013 年第 19 期。

④ Joseph Anthony Gathia, *Child Prostitution in India*, New Delhi: Concept Publishing Company, 1999, pp. 2–19.

⑤ ILO, World Day Against Child Labour 2008, https://www.ilo.org/ipec/Campaignandadvocacy/wdacl/2008/lang--en/index.htm, 2019 年 9 月 29 日。

⑥ ［美］加里·S. 贝克尔：《家庭经济分析》，彭松建译，华夏出版社 1987 年版，第 108 页。

里向外捡拾石头，或者在播种后驱赶啄食庄稼种子的小鸟。① 这类劳动不
太需要体力，随季节的变化而有别。以中世纪的英国为例，一年之中的劳
动安排大体如下：一月，修理或者制作农具，修理栅栏；二月，朝田间运
送肥料；三月，耕地，撒肥；四月，耕地，春种；五月，挖掘沟渠，第一
次耕休闲地；六月，割晒牧草，第二次耕休闲地，剪羊毛；七月，割晒牧
草，剪羊毛，清除庄稼地的杂草；八月，收割庄稼；九月，脱粒，修剪果
树；十月，当年的最后一次耕地；十一月，采集橡子作为猪饲料；十二
月，修理、制作农具，宰杀牲畜。上述不同月份的劳动还要视天气情况而
定。② 夏收时节最为忙碌，全家不分男女老少共同参与。亨利·斯坦利·
贝内特在《英国庄园生活》一书中，就一家人在田间劳动的情形写道：
在地的一角，约翰·怀尔德和他的两个儿子理查德与罗杰"已埋头干了
一段时间，小儿子不断越过条田，翻晒头天早晨已收割的牧草"，大量的
"小佃农和他们的儿子构成了每个庄园劳动力的一部分"。③ 在 16 世纪的
西班牙，儿童一般从事捡拾木柴、放牧家畜、帮助耕地，或者捡拾遗落的
庄稼等方面的劳动。在德国中南部的上斯韦比（Upper swabia）地区，奥
地利西部福拉尔贝格（Vorarlberg）地区，由于农忙时节劳动力缺乏，儿
童年满 8 岁就开始在田间劳动。在芬兰，儿童的劳动主要是照看幼小的弟
妹、担水、劈柴、放牧牛羊。总的来看，儿童从事的多是轻便的辅助性劳
动。如果儿童不做，则要由成年人来完成。从这个角度讲，儿童劳动对家
庭经济是重要的补充。当然，有一些传统的农活对儿童来说并不轻松，也

① Lyman L. Johnson, "Role of Apprenticeship in Colonial Buenos Aires", *Revista de His-
toria de América*, 1987, (103): 7-30.

② [s.n] Medieval Farming, http://www.historylearningsite.co.uk/medieval_ farming.htm,
2011 年 12 月 10 日；[法] 福西耶：《中世纪劳动史》，陈青瑶译，世纪出版集团 2007 年版，
第 71 页。

③ [英] 亨利·斯坦利·贝内特：《英国庄园生活：1150—1400 年农民生活状况研
究》，龙秀清等译，上海人民出版社 2005 年版，第 13、52—53 页。

不是所有的劳动儿童都能参与，如以刀耕火种方式进行的劳动。欧洲大多数地方，儿童在年满 7 岁以后就可以支配自己的生活。随着年龄的增长其对家庭收入的影响也越来越大，[①] 儿童劳动成为农村家庭经济的重要组成部分。

在前工业社会中，亚洲地区的儿童劳动可以古代中国为代表。这里我们主要通过唐诗宋词中的描写作一大致的了解。

唐诗中有大量描写儿童在田间山野劳动的诗文，如"童儿新学稼"（沈千运《濮中言怀》）"荷锄先童稚，日入仍讨求。"（杜甫《除草》）"春来耕田遍沙碛，老稚欣欣种禾麦。"（戴叔伦《屯田词》）"半夜呼儿趁晓耕，羸牛无力渐艰行。时人不识农家苦，将谓田中谷自生。"（颜仁郁《农家》）宋代诗词中也有不少反映儿童劳动的描写，如"昼出耕田夜绩麻，村庄儿女各当家。童孙未解供耕织，也傍桑阴学种瓜。"（范成大《四时田园杂兴》）"大儿锄豆溪东，中儿正织鸡笼。最喜小儿亡赖，溪头卧剥莲蓬"（辛弃疾《清平乐·村居》）。[②] 在前工业社会中，参加劳动对儿童来说就是一种锻炼，可以让他们对社会生活有自己的体验，可以有足够的空间和时间去观察社会，慢慢融入社会。到了近代，"多少的工作，都是利用儿童，但那时候，这是在家里做工，或是跟着父兄在农村中做工。所以孩童得着机会学习了手艺的很多。"[③] 可以想象，在当时的条件下，儿童参与这些活动，实际上就是一种锻炼。借此使他们对生活有了自己的体验。

---

① Pavla Miller, *Transformations of Patriarchy in the West*, *1500-1900*, Bloomington：Indiana University Press, 1998, p. 71；Marjatta Rahikainen, *Centuries of Child Labour*：*European Experiences from the Seventeenth to the Twentieth Century*, Aldershot：Ashgate, 2004, pp. 53-83.

② 刘燕歌：《唐诗中的少年儿童生活研究》，硕士学位论文，西北大学，2007 年，第 25—26 页。

③ 黄宇桢：《〈中国的童工问题〉大众经济学讲话》，中国图书杂志公司 1939 年版，第 41—42 页。

　　在印度，儿童在成年家庭成员的监护下从事一些生产劳动，其身份是作为延续家庭生产的助手和学习者。①

　　非洲由于经济发展相对缓慢，农耕经济较为典型，儿童参加农业劳动更为普遍。十六七世纪殖民者入侵非洲前，儿童是劳动力的重要组成部分。他们与成年人一起，从事农业生产，放牧、打猎、经商、采矿，甚至打仗，其中的大部分是不自由的。参加劳动的儿童，有的是在部族战争中被俘获的，有的是因为父母债务所致。② 殖民者入侵后，不但继续役使儿童参加生产劳动，还开始把大量的儿童运送到欧洲、美洲等地区，从事繁重的体力劳动。

　　在北美殖民地，家庭是最基本的生产单位，儿童在四五岁以后就开始为家庭生活作贡献。男童打猎、捕鱼、采集干果，在农田中做一些零活，学着播种、侍弄以及收割谷物等庄稼。女童学会做家务活。这种情况的出现与当时的劳动力缺乏有很大关系。从殖民地时期一直到 19 世纪 40 年代中期，劳动力缺乏的状况没有多大的改善。家庭不得不使用儿童进行农业生产，或者到自营的商业中帮忙，或者外出学徒，作为家庭经济的补充。参加劳动的儿童年龄，一般在 10—14 岁之间。在当时，儿童四处游荡闲逛无所事事，比参加生产劳动更可怕。③

　　加拿大的儿童也没有间断过参加各种类型的劳动。父母希望他们通过参加农业劳动学会经营农场，外出学徒以便获得某种手艺。④ 较小年龄儿童，劳动的性别区分不那么明显。资料表明，女童很小参加劳动，但劳动

---

　　① Sundari, L., V. Natarajan and Ananthakrishna, "Sociological Aspects of Child Labour", *Indian Journal of Pediatrics*, 1984, 51 (413): 665-668.

　　② Beverly Grier, "Child Labor in Colonial Africa", in Hugh D. Hindman, *The World of Child Labor, A Historical and Regional Survey*, pp. 174-176.

　　③ D. Hindman, *Child Labor: An American History*, Armonk, New York: M. E. Sharpe, 2002, p. 13.

　　④ Nancy Janovicek, "Child Labor in Canada", in Hugh D. Hindman, *The World of Child Labor, A Historical and Regional Survey*, pp. 443-447.

种类不很清楚。猜想其从事的劳动应该以父母安排的零活（errand）为主，且多与成年女性从事的劳动有关。如与母亲一起在菜园，或者在厨房干一些辅助性的活。类似情况，在我国现代的一些少数民族地区还能够见到。①

与现代的儿童，尤其是生活在城市中的儿童相比，前工业社会中的儿童劳动就是参加生产劳动，而不像现代城市儿童认为的那样，劳动只是干一点家务，打扫一下卫生。如果年龄小干不了重活，那也得做一些农耕的外围工作。在当时，对儿童来说，劳动是一种责任，当劳动成了无法逃脱的责任时，只有硬着头皮做，久而久之就变成了一种习惯。国际劳工组织提供的数据显示，现代世界上仍然有 1 亿多的 5—17 岁的儿童参加农业生产劳动，他们分布在各个国家，尤其是欠发达国家。有的劳动对儿童的身心健康发展造成严重威胁。② 为唤起人们对农业童工的关注，国际劳工组织在 2007 年，把"世界无童工日"的主题确定为，"关注农业童工问题"。③

2. 放牧牲畜

放牧牲畜④，或者为牲畜打草（为牲畜提供草料），是农村儿童从事的比较多的一种劳动。⑤ 放牧的对象以牛羊为主，尤其是耕牛。在西方社会中，牛是财富与力量的象征；在中国则是勤劳的象征。牛对人类的生产活动极为重要，所以在农业社会中的地位也较高。

在中国，一些古代的诗歌作品、绘画中都有牧童的形象，说明当时儿

---

① 杨红：《拉祜女童的教育选择——一项教育人类学的回访与再研究》，博士学位论文，中央民族大学，2010 年，第 54 页。

② ILO，*Global Estimates of Child labour*：*Results and Trends*，*2012-2016*，Geneva：International Labour Offce（ILO），2017，p. 35.

③ Anon，"Child Labour and Agriculture"，http://www. ilo. org/ipec/Campaignandadvocacy/wdacl/2007/langen/index.htm，2011 年 11 月 26 日。

④ 详见刘燕歌：《唐诗中的少年儿童生活研究》，第 19—21 页。

⑤ ［法］福西耶：《中世纪劳动史》，第 160 页。

童从事放牧应该是一种常见的现象。"不言牧田远,不道牧坡深。所念牛驯扰,不乱牧童心。圆笠覆我首,长蓑披我襟。方将忧暑雨,亦以惧寒阳。大牛隐层坂,小牛穿近林。同类相鼓舞,触物成讴吟。取乐须臾间,宁问声与音。"(唐·储光羲《牧童词》)"斜光照墟落,穷巷牛羊归。野老念牧童,倚杖候荆扉。"(唐·王维《渭川田家》)"日暮鸟雀稀,稚子呼牛归。住处无邻里,柴门独掩扉。"(唐·丘为《泛若耶谿》)"朝牧牛,牧牛下江曲。夜牧牛,牧牛度村谷。荷蓑出林春雨细,芦管卧吹莎草绿。乱插蓬蒿箭满腰,不怕猛虎欺黄犊。"(唐·李涉《牧童词》)"谁人得似牧童心,牛上横眠秋听深。时复往来吹一曲,何愁南北不知音!"(唐·卢肇《牧童》)"牧竖持蓑笠,逢人气傲然。卧牛吹短笛,耕却傍溪田。"(唐·崔道融《牧竖》)"草满池塘水满陂,山衔落日浸寒漪。牧童归去横牛背,短笛无腔信口吹。"(宋·雷震《村晚》)"牧童骑黄牛,歌声振林越。意欲捕鸣蝉,忽然闭口立。"(清·袁枚《所见》)至近代早期,"儿童间亦有劳动者",但多半是"看牛拾芥"。[①] 现代,一些欠发达地区仍然存在儿童放牧的情况。如在拉祜族中,"10岁的男孩",不上学时,"可以在家放牛,他常常带着6岁的弟弟,赶着家里的牛群到山里放牧。8岁的是个女孩,她上小学,不过学校放假的时候,她也会去放牛,让哥哥腾出身来干别的活。"[②]

在国外,古埃及壁画中也有《牧牛图》。壁画描绘了一少年左手握绳,右手上扬赶牛前行的画面。在法国的上阿列日地区,儿童放牧时先要跟随经验丰富的牧人学习放牧的技巧,12岁可以放牧,但还不能独立进行。[③] 虽然,有关儿童放牧的记载主要体现在文学艺术作品中,似有证据

---

① 陈振鹭:《劳动问题大纲》,大学书店1934年版,第96页。

② 杜杉杉:《社会性别的平等模式——"筷子成双"与拉祜族的两性合一》,云南大学出版社2008年版,第116页。

③ Shulamith Shahar, *Childhood in the Middle Ages*, London /New York: Routledge, 1990, p. 245.

不充分之嫌。但"文学作为某一社会文化的一部分，只能发生在某一社会的环境中"。① 由此，我们认为无论是文学作品的描述还是绘画作品的表现，都说明了放牧儿童的存在及其重要性。以上所引材料描绘出了一幅典型的古代田园式的农业文明场景。可以想象得出，儿童牧牛时，有的骑坐在牛背上，吹着笛子，悠然自得；有的躺卧在山坡草地上，看着黄牛在旁边吃草，憧憬着未来。牧童们不"忧暑雨"，不"惧寒阳"，表现出一副坚强的样子。但牧童毕竟不是成年人，牧牛晚归，也引家人担忧，"野老念牧童，倚杖候荆扉"。这些说明，乡村儿童参与某种劳动是一种正常现象。

（三）手工业劳动

农业部门之外，使用儿童劳动最多的是手工业部门，其中的儿童劳动，有帮手、学徒和类童工3种类型。

1. 帮手

《现代汉语词典》的解释，帮手是"以体力劳动协助他人干活的人"。英语中相似的词汇是 helper，assitant（帮手，助手）等。在本书中，帮手指的是，没有以现金作为报偿或者没有任何报偿为家庭或他人提供劳务行为的儿童，不同于行会制度下的"帮工"（学徒要经过三五年才获得这一资格）。在家庭手工业中，儿童当帮手是司空见惯的事。

欧洲早期的家庭手工业，最初就是农民的家庭副业。在农村，一个家庭中也许只有一个工匠。农忙时是农民，在田间劳动；农闲时是手工业者，从事手工劳动。家庭手工业中最常见的是纺织工业。有学者认为，"手工工场这个字眼在多数情况下表示纺织业"，且妇女儿童参与其中。② 研究显示，在北安普顿（Northampton）的制鞋工业中，很少有人能凭一

① ［美］勒内·韦勒克、奥斯汀·沃伦：《文学理论》，刘象愚等译，江苏教育出版社2005年版，第114页。
② ［民主德国］汉斯·豪斯赫尔：《近代经济史：从十四世纪末至十九世纪下半叶》，第165、171页。

己之力生活。通常情况下，当"家中的儿童成长到能够拿得动制鞋工具的时候，他们就要参与生产劳动。"①

手工业的劳动组织形式简单。从纺织业的情况看，"妻子和女儿管纺车，儿子刷羊毛，而丈夫则使用织机去织"。这在十六七世纪英国的纺织业中随处可见。在德国奥斯纳布吕克附近农村的麻纺工业中亦可见到类似情形，因此布罗代尔认为麻纺工业就是"农民加上妻子、儿女和雇工"。②这种情况在当时欧洲的棉、毛、纺纱等行业中都较为普遍。③ 这些情况说明，儿童从较小的年龄起，就被训练掌握本行业的手艺，4岁左右时已能帮助绕线，6—9岁时学会了纺织，成为父母的得力助手。这类性质的儿童劳动，一方面是维持生存的需要；另一方面也具有学徒性质，但不同于童工劳动。尽管儿童的劳动时间有时可能超过12小时（当然并非天天如此），但在当时却能为社会认可并受到鼓励。

2. 学徒

学徒是指跟着某一行业的前辈学习技艺的新手。它最早产生于古代埃及和古巴比伦，后传播到其他地区。学徒不全是儿童，也有一些成年人。学徒的类型有两种：一种是在乡村市镇跟随"民间工匠艺人"学习者，通过观察、模仿和实际操作来学习；另一种即行会招收的学徒。这里主要以欧洲社会为例介绍后一种类型中的儿童学徒。

中世纪欧洲学徒制度较为盛行。从业人员按不同的身份分三等，依次为学徒、工匠、师傅。要想独立开业，必须经过学徒阶段。据曾经当过学徒的人自述，中世纪后期招收学徒的行业很多，像鞋匠、裁缝、纽扣制

---

① Pavla Miller, *Transformations of Patriarchy in the West*, 1500-1900, p. 71.

② ［法］费尔南·布罗代尔：《15至18世纪的物质文明、经济和资本主义》第2卷，顾良、施康强译，生活·读书·新知三联书店1993年版，第319页。

③ Julia De Lacy Mann, N. B. Harte, Kenneth G. Ponting, *Textile History and Economic History：Essays in Honour of Miss Julia de Lacy Mann*, Manchester：Manchester University Press, 1973, p. 305.

造、杂货零售、烹饪、服装设计、女装制作、银器制造、文具店、铠甲制造、铁匠以及其他一些需要认真学习方能从业的职业等都招收学徒。① 不过，有的行业招收学徒并不受人欢迎。如清扫烟囱行业。许多人认为让年仅四五岁的儿童进入狭窄的烟囱中清扫烟灰非常危险，1788 年英国政府通过专门的法令禁用儿童清扫烟囱。②

儿童开始学徒的年龄，随行业的不同而有别。好一点的行业，要求儿童从很小的年龄就开始学徒，比如金匠、银行家以及市镇中其他较好的职业等。孤儿院要求儿童开始学徒的时间也较早。如佛罗伦萨因诺琴蒂孤儿院（the Ospedale degli Innocenti），要求儿童六七岁就当学徒或仆役。1380—1480 年间，法国中部城市奥尔良的学徒记录中，也发现有 6 岁的女童和 7 岁的男童。③ 不同阶段，不同地区之间，学徒年龄存在差异。如 14 世纪早期，伦敦规定的学徒年龄是 14 岁左右，到 15 世纪初提高到十五六岁，个别行业达到 18 岁。1580—1809 年间，英国有记载显示，部分学徒的平均年龄在 15 岁左右。④ 差不多同时期的安特卫普，学徒的平均年龄是 15.6 岁，维也纳丝绸编织业学徒的平均年龄则是 14 岁。在 16 世纪法国的一些城市中，儿童学徒的年龄通常不早于 12 岁。⑤ 这些情况说

---

① Paula Humfrey, *The Experience of Domestic Service for Women in Early Modern London*, Farnham/Surrey：Ashgate Publishing, Ltd., 2011, p. 6.

② Carolyn Tuttle, "Child Labor during the British Industrial Revolution", EH.Net Encyclopedia, edited by Robert Whaples, http://eh.net/encyclopedia/article/tuttle.labor.child.britain, 2012 年 10 月 10 日。

③ Colin Heywood, *A History of Childhood*：*Children and Childhood in the West from Medieval to Modern Times*, Cambridge：Polity, 2001, p. 127.

④ 男女之间也有差异，女童的年龄小于男童。见 David Nicholas, "Child and Adolescent Labour in the Late Medieval City：A Flemish Model in Regional Perspective", pp. 1103-1131。

⑤ David Nicholas, "Child and Adolescent Labour in the Late Medieval City：A Flemish Model in Regional Perspective", pp. 1103-1131；不过，18 世纪初期英国仍有许多地方的学徒年龄在八九岁。见 Patricia Crawford, *Parents of Poor Children in England*, *1580-1800*, Oxford：Oxford University Press, 2010, p. 213。

明，学徒年龄的变化，或许与当时的经济发展和生活水平有一定关系。

从学徒的性别来看，男女儿童都有。女童在学徒总数中的比例不是很大，但在某些行业中却特别集中，如商业、家政服务领域。英国学者埃里克森（Amy Erickson），在对 1600—1800 年间伦敦 57 家公司保存的用工记录进行研究后发现，像烹饪、纺纱、制针、手套编织以及裁缝、贸易等行业中，招收的学徒基本上以女童为主。① 这种现象的出现与当时妇女社会地位低下有着密切的关系。在人们的意识中，女童就应该学习诸如烹饪、纺纱之类的女红，以便将来成为一个合格的家庭主妇。中国明清时期社会对女性的要求也基本如此。当时男性择妻的标准，基本上都是以"德，言，容，功"等四个方面来衡量，其中的"功"即为女红活计。②

从出生地来看，来自农村的学徒要比城市的多。英国经济学家琼斯说，在 18 世纪的哈兰姆郡刀剑制造业中，约有 50% 的外来学徒是出生于农业家庭的孩子。1720 年莱斯特郡的针织行业中，有 60% 的青年学徒来自农村。③ 这种情况或许与农民对子女的社会预期有着密切的关系。对农村儿童来说，要想改变成年后命运，就必须脱离农业生产。当时，学徒提供了一个获得财富、获得生活保障，日后能够体面生活，甚至能有向上流动的机会。这种情况对农村儿童具有很大的吸引力。

学徒中还有一部分教区儿童。为使其自食其力，教区便对其进行学徒训练。一方面是培养其自我生存能力，另一方面也是为减轻教区负担。④

学徒的期限在欧洲各地不尽一致。15 世纪五六十年代，英国学徒学

---

① Amy Erickson, "Identifying Women's Occupations in Early Modern London", http://www.hpss.geog.cam.ac.uk/research/projects/occupations/abstracts/paper13. pdf，2011 年 12 月 10 日。

② 张道一：《中国女工：母亲的艺术》，北京大学出版社 2006 年版。

③ 袁晓红：《前工业化时期英国经济的协调发展》，硕士学位论文，首都师范大学，2003 年，第 16 页。

④ ［民主德国］汉斯·豪斯赫尔：《近代经济史：从十四世纪末至十九世纪下半叶》，第 301 页。

习的最低年限是 7 年，法国是 5 年，德国短一些，从 2 年到 4 年不等。①
学徒期限也取决于学徒所学行业对其技术水平的要求程度。在威尼斯，学
习裁缝的期限是 3 年，而学习粮食贸易之类的期限是 5 年。② 16 世纪以
后，有些地区延长了学徒的学习年限。对师傅来说这种做法具有一举两得
的作用，一方面减少了学徒独立开业的机会，避免了增加潜在的竞争对
手；另一方面也可以无偿利用学徒的廉价劳动力。③ 在有些地方，学徒成
为延长了劳动时间的家佣，由此也可以理解，一些作坊中为什么常常会有
大量的妇女和儿童在那里劳动。④

　　欧洲各地对学徒的规范多种多样。除学徒期限外，还包括学徒的数
量、报酬等。不过，这些规定在各地差别较大。法国规定学徒有一定报
酬，英国没有；如果有的话，学徒的期限就要延长。⑤ 有的地方甚至规定
学徒拿工资属于非法行为。如 1527 年"伦敦自由人"行会（London free-
men）禁止付报酬给学徒，1744 年又重申了这一规定。有些行业，学徒的
家庭要给师傅一定费用。比如金匠、绸布商行会的学徒，入门费在 20—
40 先令之间。这种做法有利于师傅在未来的几年间精心照顾学徒，不用
担心照顾学徒支出的费用收不回来。⑥ 当然，对学徒来讲，缴费与否对其

---

① Keith D. M. Snell, *Annals of the Labouring Poor: Social Change and Ararian England, 1660-1900*, New York: Cambridge University Press, 1987, p. 228.

② Steven A. Epstein, *Wage Labor and Guilds in Medieval Europe*, Chapel Hill/London: The University of North Carolina Press, 1991, p. 65.

③ Stephan R. Epstein, Maarten R. Prak, *Guilds, Innovation, and the European Economy, 1400-1800*, Cambridge: Cambridge University Press, 2008, p. 61.

④ Marjorie K. McIntosh, *Working Women in English Society, 1300-1620*, New York: Cambridge University Press, 2005, p. 47.

⑤ J. Ashley, *An Introduction to English Economic History and Theory Part II: The Middle Ages*, Whitefish, M. T.: Kessinger Publishing, LLC, 2006, pp. 46-47.

⑥ Barbara A. Hanawalt, *Growing Up in Medieval London: the Experience of Childhood in History*, New York: Cambridge University Press, 2007, p.133; Ann Kussmaul, *Servants in Husbandry in Early Modern England*, New York: Cambridge University Press, 1981, pp. 4, 173.

接受的训练有一定影响。缴费者所受的训练好于未缴费者。对学徒数量的限制是为了避免不同行会之间使用廉价劳动力进行竞争。①

学徒通过对师傅的操作进行观察、模仿和自己操作，学习与其手艺有关的各种技术。学徒初期以干杂活为主，如打扫店铺、擦拭工具等，很少接触所学的实际内容。也有个别师傅，把准备工作交给佣人做，让徒弟专心学习专业技术，以便能让徒弟很好地传承自己的技艺。对一些关键性的技术，师傅传授得很慢，因为这些技术可能是一些"独门绝活"，需要很长时间才能掌握。经过一定时间的学习训练之后，徒弟开始成为师傅的助手或帮工。

学徒在学习期满以后，开始成为工匠。得到行会的批准以后，便可独立经营并招收自己的学徒。如果没有经过学徒这一环节，独立开业几乎不可能。17世纪前后，欧洲各地的许多行业和贸易几乎垄断在行会手中，许多技术很熟练的人，因为没有经过学徒阶段，失去了独立开业的资格。

学徒的生活条件艰苦。工作时间长，冬天从早上7点工作到晚上5点，夏天从早上6点工作到晚上6点。其境遇不比奴隶好多少。个人没有自由，一切要服从师傅的安排。

在当时的欧洲，学徒被认为是能从事好职业的一条捷径。有人将当学徒看作是一种职业训练，认为通过一定时间的训练，掌握一定的技能，就能为未来从事某种有一定技术要求的职业奠定基础。② 一个理智健全且拥有好手艺的人，在其生活的群落中往往会被高看一眼。康帕内拉在《太阳城》中曾指出："凡是精通技艺和手艺的人，凡是能很熟练地应用它们的人就会最受人重视和尊敬。"③ 正因为如此，在欧洲前工业社会的一些城市中，有大量来自农村的学徒充斥其中，目的是希望能通过以学徒的方

---

① Bert De Munck, Steven L. Kaplan and H. Soly, *Learning on the Shop Floor: Historical Perspectives on Apprenticeship*, New York: Berghahn Books, 2007, p. 183.

② Philippe Aries, *Centuries of Childhood: A Social History of Family Life*, New York: Alfred A. Knopf, 1962, pp. 356-371.

③ ［意］康帕内拉：《太阳城》，陈大维等译，商务印书馆1997年版，第12页。

式改变自己的处境，过上城里人的生活。一旦学徒成功，对儿童的父母来讲，他们所获得的就不仅仅是儿童通过学徒获得的手艺，还有儿童学成后带给他们的那种精神上的满足感和自豪感。从某种程度上讲，他们的这种收获还具有保值性。随着其子女手艺的日臻成熟，除却社会地位的提高外，他们在精神上获得的愉悦也有与日俱增的趋势。学艺充满变数，如果遇到好的师傅，能学到师傅的全部手艺。反之，则希望不大。行走在这条通道上的人，并不一定能够全部成功。虽然没有精确的数字可用，但通过一些记载可以看出，"一个出生在贫穷家庭的孩子，较少或没有选择未来（较好）职业的机会。""他们与其家庭成员面临的是有限的资源和不确定的未来。"① 成功的机会较为渺茫。

在北美殖民地，一个家庭就是一个生产单位，家庭中的每一位成员都要为生存而努力。一些清教徒家庭，常常把 10 多岁左右甚至更小的子女送出去做工②，目的是学习一技之长，在充满变数的未来生活中增强生存能力。接受儿童做工者的个人、家庭或作坊，在教授儿童一技之长的同时，可以无偿使用儿童的"劳动力"。

因劳动力缺乏，北美殖民当局常要求英国政府输送儿童作为契约佣工使用，留存下来的一些档案保留了这方面的信息。如 1619 年 11 月 17 日来自殖民地的一封信，表达了对伦敦前一年运送 100 名儿童到殖民地的谢意，并要求再送 100 名。1627 年的一封信中也提到，一些开往弗吉尼亚的船只中装有一千四五百名儿童。另有资料提到，伦敦应再送"100 名没有朋友的男孩女孩"到殖民地来。③ 17 世纪 80 年代到 18 世纪 70 年代之

① Bert De Munck, Steven L. Kaplan and H. Soly, *Learning on the Shop Floor: Historical Perspectives On Apprenticeship*, pp. 17, 60.

② Billy Gordon Smith, *Down and Out in Early America*, p. 141.

③ [美] 理查德·扎克斯：《西方文明的另类历史：被我们忽略的真实故事》，李斯译，海南出版社 1998 年版，第 39—40 页；Edith Abbott, "A Study of the Early History of Child Labor in America", *American Journal of Sociology*, 1908, 14 (1): 15-37。

间，登记离开英国前往美洲殖民地的契约奴有五批，"至少有 2/3 的移民年龄在 15—25 岁之间。小于 10 岁或大于 20 岁的契约奴数量极少，10—30 岁的契约奴占到 90% 以上。"① 这一记载说明，其中有 10 岁或 10 岁以下的儿童，只是数量无法确定。这种做法，虽然从 17 世纪中叶就开始遭到人们的非议，却一直没有间断。不过，关于此事的记载零散，难以确定究竟有多少儿童被运送到北美殖民地。②

契约合同中，最典型的条款是要求契约儿童对主人忠实、服从，无条件地完成规定期限中的劳动。合同中一般还包括，禁止学徒玩掷骰子的游戏，或者是淫乱（fornication）的条款。师傅一般要保证，向学徒提供食宿和教育，教授其应该学习的技艺，一直到合同规定的期限结束。父母或者监护人也要签署意见以表示学徒期结束。

在西班牙统治的阿根廷和墨西哥，学徒的情况深深打上了殖民统治的烙印。约翰逊（L. L. Johnson）对阿根廷布宜诺斯艾利斯 1775—1810 年间留存下来的 125 份学徒契约的研究显示，学徒的行业多种多样，行业不同，对学徒年龄和学习期限要求也不同。木工学徒的平均年龄是 20 岁，点灯人和马具制造学徒的平均年龄最低，分别是 9 岁和 10 岁。学徒期限最长的超过 6 年，最短的只有 3 年（见表 2-1）。学徒主要来自从西班牙移民美洲的下层人群家庭中，他们希望能以此改善未来的生活。19 世纪中叶以

---

① ［美］斯坦利·L. 恩格尔曼、罗伯特·E. 高尔曼：《剑桥美国经济史》第 1 卷，巫云仙、邱竞译，中国人民大学出版社 2008 年版，第 122 页；也有学者认为契约徒工的年龄在 17 世纪 80 年代的平均年龄，男性是 22.8 岁，女性是 21.4 岁；18 世纪 70 年代的平均年龄，男性是 24.3 岁，女性是 22.8 岁。见 ［美］杰里米·阿塔克、彼得·帕塞尔：《新美国经济史：从殖民地时期到 1940 年》上册，罗涛等译，中国社会科学出版社 2000 年版，第 52 页。

② Michele D'Avolio, "Child Labor and Cultural Relativism: From 19th Century America to 21st Century Nepal", Paper 220, *Pace International Law Review*, 2004, 16 (109): 109 - 145, http://digitalcommons.pace.edu/intlaw/220，2012 年 12 月 26 日。

表 2-1　1775—1810 年间学徒的职业、年龄和期限

职业	数量	平均年龄	平均期限
点灯人（farolero）	1	9	4
木匠	3	13	6
瓦工	4	13	4.5
银匠	7	13.7	5.6
铁匠	3	14	4.6
鞋匠	76	14	3.8
理发师/外科医生	4	14	6.4
裁缝	12	12.4	5
制帽	2	12	4
马具制造	1	10	5
木工	1	20	4
理发师	1	13	3
家具制造	5	13	3.6
纽扣制作	3	13	4
油漆工	1	—	4
——	1	12	4
总计	125	13.3	4.2

资料来源：Claudia Rivas, *Roots of An Artisan Community*, *Guadalajara*, *Mexico*, *1791-1842*, Tallahassee: Florida State University, 2005。

前，墨西哥学徒的情况也与此类似，但在学徒的年龄和期限方面有一些细微的差别。从学徒年龄来看，平均年龄从 9 岁到 18 岁不等。学徒期限从 2 年到 7 年不等。如银匠是 5 年，裁缝是 3 年，鞋匠 2 年（阿根廷是 3.8 年）。学徒的父母或监护人希望能找到一个好的师傅，学习一门好的手艺以便将来衣食无忧过上体面的生活。①

　　在中国，学徒拜师要举行一定的仪式。拜师前，先由介绍人（也称

---

　　① Claudia Rivas, *Roots of An Artisan Community*, *Guadalajara*, *Mexico*, *1791-1842*, Tallahassee: Florida State University, 2005, pp, 66, 77.

作荐人）提前和师傅接洽，同意后，择一吉日举行拜师仪式。仪式期间，介绍人、师傅以及学徒要签署一份名为"关书"的协议，其中写明学徒期限（一般为三四年，也有长达 5 年的），平时注意事项等。签署后由学徒、师傅及介绍人画押签字，各执一份。通常情况下，学徒第一年主要是充当师傅家的杂役，第二年如收有新学徒，才开始学艺。学徒期满后，大都留在师傅家做伙计，少数经师傅同意，可"跑码头"自行谋生。① 多数情况下，学徒期间除吃住之外基本上没有任何报酬，相当于无偿为师傅劳动。

　　在前工业社会中，学徒是进入技术熟练的制造业、服务业以及商业职业中的重要的途径。通过一定时间的学习，学徒接受了"一种价值很高的教育，劳动阶级在任何时期都没有受到过的一种为完成他们的职务所需要的技术训练"。② 对儿童来说，学徒既是为未来的生活做准备，也是实现其预期社会化的途径之一。在劳动中"边干边学"的方式比单纯在学校中学习要好。③

　　3. 类童工

　　在工场手工业中，除帮手、学徒之外，还有一类参加劳动的儿童，类似工业革命时期的童工，本书称其为类童工。

　　从欧洲的情况看，纺织业因为劳动工序的技术含量不高，成为使用儿童最集中的行业。荷兰的莱顿是当时欧洲最大的毛纺中心，16 世纪以来一直使用儿童劳动，这在当时被认为是一种美德。1640 年，莱顿城的布商布利斯金（Piere Blisijn）雇用罗拉姆（Franfoise Loeram）纺纱的时候，罗拉姆只有 12 岁，作为报酬，罗拉姆得到了食物、租住房以及一套衣服，

---

　　① ［匿名］《浙江嘉兴民间手工业习俗》，http://www.citure.net/info/20081222/2008122292459.shtml，2012 年 12 月 26 日。
　　② ［法］P. 布瓦松纳：《中世纪欧洲生活和劳动》，潘源来译，商务印书馆 1985 年版，第 216 页。
　　③ ［法］福西耶：《中世纪劳动史》，第 84—85 页。

合同期满后能获得总数约为 15 荷兰盾的工资。类似罗拉姆这样的例子，在 1639—1697 年间多达 8500 人。在代尔夫特（Delft）和兹沃勒（Zwoll）地区参加劳动的儿童比例分别达到了 70% 和 85%，他们从事的主要是一些技术含量较低的劳动，比如绕线等。①

在英国，约翰·洛克（John Locke）曾建议，在教区建立的贫民习艺所中使用儿童劳动。他认为，儿童从三四岁开始参加诸如纺织、花边制作以及草编类的劳动，有利于避免其养成懒惰的习惯。十六七世纪的英国纺织业中，几乎随处可见跟随父母一起劳动的儿童。纺纱机的发明者克伦普顿说，"我刚会走路，就让我从事棉织工作。"丹尼尔·笛福（Daniel Defoe）曾在《英国旅行见闻》中，把 18 世纪约克郡西部的丘陵地区，描绘成一个连成一片的纺织工村。许多不超过 5 岁的儿童参加纺织业劳动，很难见到 4 岁以上闲逛的儿童。② 从某种程度上说，英国出现机器之前，棉纺、丝织、织袜等行业都大量使用 5—7 岁的儿童劳动③，他们与成年男性工人在同一地方肩并肩地劳动，获取少量的报酬。

法国的纺织业中使用儿童劳动也较为普遍。18 世纪在波弗特的中心工场，有大量幼小儿童在那里劳动。1790 年，在图尔昆地区的纺纱业中，从事精梳羊毛的儿童达 3000 多人。同时期奥尔良地区的一些纺织厂中，5—16 岁的儿童、寡妇以及体弱多病的妇女占到十之八九。④ 1795 年，在色当的毛纺织业中，有大约一万名 4 岁以上的儿童在劳动。圣戈班（Saint-Gobain）的制造业中也有许多 7 岁的儿童在那里劳动。19 世纪 40

---

① Elise van Nederveen Meerkerk and Ariadne Schmidt,"Between Wage Labor and Vocation: Child Labor in Dutch Urban Industry, 1600-1800", *Journal of Social History*, 2008, 41（3）: 717-736.

② Daniel Defoe, *A Tour Through the Whole Island of Great Britain*, London: Printed for G. & J. Robinson, 1801.

③ ［英］约瑟夫·库利舍尔：《欧洲近代经济史》，第 196—197 页。

④ Hugh D. Hindman,（eds.）, *The World of Child Labor: An Historical and Regional Survey*, p. 610.

年代，在各类工业中参加劳动的儿童达到 14.3 万人，其中纺织部门 9.3 万人。① 一些企业家在申请生产特权时，常常把即使销路不好时也雇用 6 岁到 90 岁的工人作为"自己的功绩"提出来。② 在一些纺织企业中，38.9% 的纺织工人是 10—14 岁的女童，36.5% 的纺织工人是男童，10—14 岁的儿童占到工人总数的 75.4%。③

在俄国，从远古时代起儿童就参加农业生产劳动。到家庭手工业时期，参与庄园和州政府的工场及矿山劳动。十七八世纪，儿童劳动在纺织工场中起着重要的作用。1739 年，主要地区羊毛纺织工场"工人"中，11 岁或更小一点的儿童占到 2.8%，12—14 岁之间的儿童占到 9.7%。1797 年，个别的羊毛纺织工场中 40% 的"工人"是儿童和少年。在俄罗斯主要的亚麻纺织厂亚罗斯拉夫工厂中，1813 年在其中工作的"工人"有 37% 是儿童和少年，其中有不少是 7 岁或更小的儿童。棉纺工场中也有类似的情况。④

在瑞典，1640 年海军使用编织帆布的纱线，几乎都是由儿童纺出来的。1643 年，有许多儿童都在纺织工场劳动。瑞士也有类似情况。当时的棉纺织业和印染业中，有许多 5 岁的儿童参加劳动。巴塞尔的缎带业中还发现有 4 岁的儿童参加劳动。在苏黎世，儿童很小就被要求学会纺织以便尽可能多地赚钱贴补家用。⑤

---

① [s. n]"Histoire du Travail des Enfants en France", http://blog. crdp – versailles. fr/cm2aecolegrussedagneaux/public/Pedagogie/travail_ des_ enfants_ xix.pdf, 2011 年 12 月 10 日。

② ［英］约瑟夫·库利舍尔：《欧洲近代经济史》，第 197 页。

③ Louise Tilly, "Production and Reproduction: Economic Links of Work and Family in Early Industrialization", *Paper Presented at Conference on Social History and Social Theory*, Institute on Western Europe, Columbia University, Feb. 1977.

④ Dave Pretty, "Child Labor in the Russian Textile Industry", in Hugh D. Hindman, *The World of Child Labor*, *A Historical and Regional Survey*, pp. 667–671.

⑤ Marjatta Rahikainen, *Centuries of Child Labour: European Experiences from the Seventeenth to the Twentieth Century*, p. 74.

　　普鲁士的弗里德里希二世也很重视儿童劳动。为了发展纺织业，他在 1766 年曾提议，到西里西亚的希尔施贝格招募 1000 名 10—12 岁的儿童。这一提议遭到拒绝后，弗里德里希二世感到"极度不快"。① 一些德国的研究者指出，1800 年以前的普鲁士家庭手工业中有大量来自农村的妇女和儿童。奥地利的制造业中，还建有专供在此劳动儿童居住的"儿童房间"。②

　　在欧洲以外的地区，工场手工业发展虽然没有欧洲发展迅速，但在一些发展起来的手工业中也可见到儿童劳动的身影，尤其是在那些与欧洲有着千丝万缕的联系的地区。如北美，从 17 世纪初开始，棉纺、丝织、帽子和丝带制作等行业中都有儿童参加劳动。③ 在亚麻纺织的 20 多种不同工序中，大部分都是由儿童和技术不熟练的少年来完成的。18 世纪后半期，七八岁的儿童参加劳动是一种常见的现象。④

　　参加劳动儿童的年龄存在地区差异。荷兰一些地方的孤儿院中，儿童参加劳动的年龄从 6 岁到八九岁不等。阿姆斯特丹、杜斯堡（Doesburg）、豪达（Gouda）等地参加劳动儿童的年龄多在八九岁之间。一些贫穷家庭的儿童可能在两三岁时就（跟随父母）参加了劳动（当帮手），当然这只是个别情况。到 18 世纪时，不少地方儿童劳动的年龄有所提高，男童一般在 12—14 岁之间，女童在十二三岁之间。⑤

---

　　① ［英］约瑟夫·库利舍尔：《欧洲近代经济史》，第 196 页。

　　② ［英］约瑟夫·库利舍尔：《欧洲近代经济史》，第 197 页。

　　③ J. M. Clay & Stephens, E. C., "A Brief History of Child Labor", *Cornell Hotel and Restaurant Administra-tion Quarterly*, 1996, 37 (6): 22.

　　④ Committee on the Health and Safety Implications of Child Labor, National Research Council and Institute of Medicine, *Protecting Youth at Work: Health, Safety, and Development of Working Children and Adolescents in the United States*, Washington D. C.: National Academies Press, 1999, pp. 20-21.

　　⑤ Elise van Nederveen Meerkerk and Ariadne Schmidt, "Between Wage Labor and Vocation: Child Labor in Dutch Urban Industry, 1600-1800", *Journal of Social History*, 2008, 41 (3): 717-736.

　　各地劳动时间也有不同。在工场中劳动的儿童，工作时间比较长，一般的工作日在十三四小时以上。1747 年的一份英国文献表明，伦敦 100 家企业（这份文献收集了 118 家企业的全部报告）的劳动时间，常常是从早晨 6 点工作到晚上八九点。除吃饭时间外，一天至少要工作十二三小时。儿童常常因为睡眠不足而打瞌睡。[1] 1786 年前后，奥地利工场手工业中的儿童，要从早晨五六点工作到晚上 7 点，每天的劳动时间在十三四个小时左右。[2] 欧洲其他国家工场手工业中的儿童劳动时间大体也是这样。

　　参加劳动儿童的来源复杂。有流浪儿童、孤儿院孤儿、教区儿童，也有跟随在父母身边的儿童。除最后一类儿童外，其他几类儿童的劳动都是为生存和生活所迫导致的。工场中使用儿童劳动，除了手指灵活适合于某些劳动外，与劳动力缺乏有密切关系。1761 年，奥地利的玛利亚·特雷萨（Maria Theresa）女皇发布的命令中提到："我们的纺织厂中需要大量的纺纱工，他们很乐意通过使用（贫穷）儿童的办法来解决劳动力不足的问题。"1775 年，利奥波德二世（King Leopold Ⅱ）在写给时任勃兰登堡行政长官德邵（Christoph Friedrich von Derschau）的信中提到："当儿童在八九岁能干活的时候，首先应该学会纺纱。现在我们的一些羊毛商人总抱怨说缺少纺纱工，要是让儿童们去纺纱就可以解决纺纱工短缺的问题。"[3] 与从事农业劳动的儿童相比，在工场劳动的儿童待遇要好，这样能吸引大量妇女儿童参与其中。此外儿童劳动与当时较高的生育率以及儿童占人口总数比例较大也有一定的关系。

---

　　[1]　Ephraim Lipson, *The History of the Woollen and Worsted Industries*, London：A. And C. Black Ltd., 1921, p. 207.

　　[2]　[英] 约瑟夫·库利舍尔：《欧洲近代经济史》，第 198 页。

　　[3]　James Van Horn Melton, *Absolutism and the Eighteenth-century Origins of Compulsory Schooling in Prussia and Austria*, Cambridge University Press, 1988, p.132; Thom Hartmann, "Good German Schools Come to America", http://athenwood.com/german-school shtml# Top, 2011 年 12 月 10 日。

在前工业化社会中，工场手工业中使用儿童劳动是一种较为普遍的现象。其中有帮工、学徒，也有少量儿童雇工。儿童与成年人从事一样的工作，劳动时间也几乎相同，但收入却比成年工人低许多。在这样的情况下，儿童就成为受剥削的廉价劳动力，其境况与工业革命时期的童工极为类似，故称其为类童工。在类童工身上，儿童劳动所具有的职业学习训练的意思渐行渐远，代之而起的是无休止的劳动，遭受工场主的剥削也越来越严重。及至工业革命时期，除极个别工厂主外，大多数工厂主使用儿童劳动都纯粹是为了降低生产成本，追求高额利润，儿童在工业革命初期遭受到身心折磨是无疑的。

第二节　儿童劳动的主要特点

在前工业化社会中，儿童广泛参与各种力所能及的劳动。劳动不仅是生存的需要，而且也是学校教育没有普及之前，儿童接受教育和完成社会化的主要途径。儿童在劳动中逐渐养成与他人合作的精神，学会与他人融洽相处，学会承担责任，这有利于其成年后的发展，只不过在当时的条件下这是一种无奈的选择。

一、生活的需要与补充

儿童劳动是大多数家庭，尤其是乡村家庭，面对贫困，为生存而采取的一种积极应对方式。无论对儿童还是对家庭，劳动就是一种生存的需要。

在前工业社会中，家庭是最基本的生产单位。家庭中的每一位成员都既是消费者又是生产者。为生存，家庭中的每一位成员都要相互依靠，共同面对可能遇到的困难。家庭生产中的分工是根据性别和年龄进行的，比如"整个英国历史上，人们一直认为女孩子比男孩子更适合搞家务"①，其他地区也有类似看法。这种分工不一定意味着谁的工作对家庭生活更重要，只是自然形成的分工。在以农业为主的社会中，参加劳动是生活的一部分，也是生存的需要。

农业劳动对技能的要求较低，7 岁的儿童已具备了完成某些农业劳动的能力，除较重的体力劳动以外，儿童可以像成年人一样完成大部分的劳动。从英国的情况看，中世纪到工业革命前，儿童一直是农业劳动大军的重要组成部分。儿童学习播种，在收获季节捡拾遗落的麦穗、谷穗以及大豆等都是较常见的劳动。1388 年，皇室敕令（Royal Statute）要求，儿童应不分性别地在田间劳动。16 世纪后期的伦巴第也有类似规定。② 在其他国家，如俄罗斯③、尼德兰等地的儿童，从小参加农业劳动的情况很普遍。④ 主要从事拾柴火、帮忙犁地、捉拿庄稼上的害虫等形式的劳动。到十六七世纪时，欧洲乡村地区儿童，从事上述各类劳动更为常见。⑤ 儿童从事的虽然主要是一些辅助性的劳动，但可以使成年人不再为此分心而更专注于生产性的劳动。从这个角度讲，儿童劳动就是家庭经济的一部分。

在欧洲以外的地区（详情参见前文），儿童也经常参加农业劳动和放牧活动。

农业劳动之外，儿童还外出做家佣、学徒，甚至被雇做工。不管哪一种情况，除极个别情况外，大多都是为生活所迫。在欧洲，前工业社会中

---

① ［英］奥尔德里奇：《简明英国教育史》，诸惠芳、李洪绪、尹斌苗译，人民教育出版社 1987 年版，第 4 页。

② Carlo M. Cipolla, *Before the Industrial Rrevolution：European Society and Economy*, *1000-1700*, p. 59.

③ Boris B. Gorshkov, *Russia's Factory Children：State, Society, and Law*, *1800-1917*, pp. 12-13.

④ Elise Van Nederveen Meerkerk, *Counting Women in Female Labour Market Participation in the Dutch Textile Industry*, *c. 1600-1800*, 14th Berkshire Conference on the History of Women Minneapolis, 12-15 June 2008.

⑤ Allan Kulikoff, *From British Peasants to Colonial American Farmers*, Chapel Hill：The University of North Carolina Press, 2000, p. 29.

许多国家贫困问题突出。潜在的穷人数量巨大，穷人生活处境艰难。"体力劳动者从 14 世纪中叶以后与贫困联系得越发紧密，'贫民'和'劳工'这两个术语变得可以随意互换。"① 在德国法兰克尼亚的洛腾堡郊区，一贫如洗和有少量财产的人占人口总数的 80%，其中又有 1/3 的人经常当雇工。16 世纪对萨克森 80 个村庄 4125 户居民的调查显示，完全失去土地的居民占到被调查者的 65.2%，他们大多是流浪者或雇工。差不多同时期尼德兰弗兰德尔地区，1/3 的农民失去了土地，沦为流浪者。在十二三世纪的英国，从统计的 6 个郡 13504 户自由和不自由农民的生活情况看，"刚刚能生活下去和不足维生的农户"占到总数的 72%，无以为生的农户占到 46%②，接近 1/2。即使经过若干年的发展，十四五世纪英国农民的生活还是没有什么好转，生活照样艰难。16 世纪的圈地运动使得英国社会中 5% 的社会上层控制着 40%—50% 的财富，87% 的人口生活在贫困线上下。1560 年，拥有一间茅舍和园地的农村劳动者约有 11%，1640 年以后，这一数量增加到 40%。数以千计的饥肠辘辘的饥民只能绝望地舍弃家园与家人外出谋生，四处游走以期能遇到受雇机会。这些可怜的人们，每天的生活都是生存斗争，其结局难以预料。许多 16 世纪编年史家提到，在饥荒的年份，人们用以充饥的只有野草、树叶以及各种根类植物。③ 在这样的情况下，父母使他们的孩子尽可能早地参加劳动显得相当重要。有资料显示，1632 年英国托克家族的庄园中，做短工的全是儿童，虽然 133 个工作日的劳动报酬只有 2 磅 7 先令 10 便士，④ 但对缓解家庭生活困难还是有些帮助。

---

① 姜守明：《英国前工业社会的贫困问题与社会控制》，《史学月刊》1997 年第 2 期。

② 马克垚：《关于中世纪英国农民生活状况的估算》，《历史研究》1983 年第 4 期。

③ Catharina Lis, Hugo Soly, *Poverty and Capitalism in Pre-Industrial Europe*, Brighton：Harvester Press, 1979, p. 73.

④ ［苏］科斯明斯基、列维茨基：《17 世纪英国资产阶级革命》上册，何清等译，商务印书馆 1990 年版，第 36 页。

手工工场中工人的生活也不好过。1495 年，英国工人购买一年的面包需要劳动 10 个星期，1532 年需要 14 个或 15 个星期，1564 年需要 20 个星期，1593 年需要 40 个星期，1610 年或 1653 年需要 43 个星期，1684 年需要 48 个星期。毛纺织业中，工人们已经习惯了悲惨的命运和苦难。1628 年，法国里昂的丝织业机械中，698 台织布机中有 350 台停止了转动。1739 年停止转动的机器超过了 1/5。① 织布工人的收入和生活状况可想而知。

与城镇儿童相比，乡村儿童参加劳动的比例要高，这既是生活条件所致，又是其对未来生活预期强烈，试图借此改变自己命运的结果。沙缪（Fauve-Chamoux）的研究认为，在前工业社会中的欧洲乡村，青少年试图通过外出学徒或做家佣等方式融入城镇生活，事实却不尽如人意。② 罗吉斯在谈到 20 世纪六七十年代美国的乡村变迁时写道："进入农业领域的几乎全部是农民的儿子和女儿，经营农业的人只有极个别的不是在农村长大的。"农村青年与城市青年在竞争城市工作时，失败是惊人的。"农村青年在城市的劳动市场上与城市青年竞争好的职业时，他们的条件很不利。甚至在他们所受教育的水平相同的情况下，由于价值观和人格等方面的差异，农村青年很难得到升迁。"③ 前工业社会中乡村儿童的命运是如此，当下一些欠发达国家中乡村儿童的命运也基本如此。

总体说来，前工业社会中的儿童劳动是当时较为拮据的家庭经济生活的一部分。对外出劳动的儿童来说，一方面能够自食其力，尽管可能会付出沉重的代价，但至少家庭不必再为其生活担忧，从而缓解了家庭生活的压力；另一方面，儿童的劳动所得也能够补贴家用，虽然我们无法精确测

---

① ［英］约瑟夫·库利舍尔：《欧洲近代经济史》，第 193、202 页。

② Antoinette Fauve-Chamoux，"Servants in Preindustrial Europe：Gender Difference"，*Historial Research*，1998，23（1/2）：112-129.

③ ［美］埃弗里特·N. 罗吉斯、拉伯尔·J. 伯德格：《乡村社会变迁》，王晓毅、王地宁译，浙江人民出版社 1988 年版，第 40 页。

量儿童对家庭经济的贡献情况，但某些情况下其收入能占到家庭收入的
1/4甚至更多①，这对解决陷入困境的家庭生活不一定有太大的作用，但
至少比儿童待在家里单纯消费要好一些。

二、社会化的一种方式

在前工业社会中，儿童参与各种类型的劳动（当兵打仗除外），对其
社会化具有积极作用。

（一）劳动是儿童掌握成年生活所需技能的过程

与其他物种不同，人类的生活技能有一个较长的学习过程，幼年时期
的生活要完全依赖他人照顾。这一时期及其后的一段时间内，儿童要为成
年后的生活接受训练和进行准备。劳动可以被看作是，为儿童成年后的生
活进行技术储备的一种方式。

不同类型的劳动要求儿童掌握不同的技能。对女童来说，做家佣含有
学习如何使自己的行为举止更有涵养之意。或许是出于这种考虑，欧洲一
些精英家庭的女性，在婚前也会外出做一个时期的家佣。一些农场主、手
艺人甚至零售商等家境富裕之人也常常将子女送出去，或从事农业生产，
或做帮手、学徒，甚至从事类童工劳动。一些家境不太好的人们还相互交换
子女的劳动。劳伦·斯通（Lawrence Stone）曾指出，在1500—1800年间的英
国，富裕一点的家庭雇佣儿童做仆役或学徒，家境不太好的家庭就相互交换
儿童，以便使用其劳动。差不多有2/3的男童和3/4的女童都在外劳动。②

---

① Jonathan Dewald, *Europe 1450 to 1789*: *Encyclopedia of the Early Modern World*, New York: Charles Scribner's Sons, 2004, p. 485.

② Lawrence Stone, *The Family*, *Sex and Marriage in England 1500-1800*, p. 107；现代非洲的尼日利亚，仍然存在"易子而役"的现象，见 Dimeji Togunde & Arielle Carter, "In Their Own Words: Consequences of Child Labor in Urban Nigeria", *Journal of Social Sciences*, 2008, 16（2）: 173-181。

"几乎没有人能逃脱这样的命运"。① 也有一些市镇（urban）家庭的父母以学徒的形式来训练自己的子女。有的父亲与儿子还签有合法的学徒契约。②

以上各种情况下的儿童劳动，其"教育意义多于经济意义"。如有学者所说，儿童的劳动是其获取传统的生活技能的一种必要手段，通过"参与各种劳动活动，学习成年人的职业，成为自食其力的劳动者"。美国学者郝恩登（Ruth Wallis Herndon）等人，在谈到北美殖民地儿童劳动的情况时也指出，难以区分当时的儿童劳动究竟是在"劳动"还是在"学习"。③

劳动是儿童社会化的一部分。儿童在劳动生活中完善其需要掌握的社会知识。④ 1601 年，英国伊丽莎白执政时期颁布的有关法令规定，5—14岁的儿童须在农业或者家庭工业中劳动，以便掌握多方面的技能，为日后成年人的生活做准备。丹麦、瑞典等地也有与英国类似的法令，要求儿童参加劳动。俄国的农民认为，如果不让儿童参加劳动，那他就无法学到未来生活所依靠的技能。这种看法在十六七世纪的欧洲几乎成为一种主流认识。德国学者范迪尔门说，近代早期没有一个小家庭中不存在儿童劳动现象，他们就是以这种方式来"熟悉成年人的世界"，就这方面而言，"儿童的劳动恰恰就是生活的学校"⑤。

---

① ［法］菲力浦·阿利埃斯:《儿童的世纪，旧制度下的儿童和家庭生活》，第 273 页。

② Joan Lane, *Apprenticeship in England 1600-1914*, London: University College London Press, 1996, p. 139.

③ Ruth Wallis Herndon, John E. Murray, *Children Bound to Labor: The Pauper Apprentice System in Early America*, New York: Cornell University Press, 2009, p. 4.

④ Ann Kussmaul, *Servants in Husbandry in Early Modern England*, 1981, p. 76.

⑤ ［德］里夏德·范迪尔门:《欧洲近代生活》，王亚平译，东方出版社 2005 年版，第 84 页；狄美吉·托贡德与阿里尔·卡特在研究尼日利亚的儿童劳动时也提到，许多家长认为，儿童劳动是一个掌握未来职业技能的过程［Dimeji Togunde & Arielle Carter, "In Their Own Words: Consequences of Child Labor in Urban Nigeria", *Journal of Social Sciences*, 2008, 16 (2): 173-181］。

上述情况也可以在现代一些发展相对缓慢的地区得到实证。陆启光在其《壮族儿童的社会化研究——广西乐业县实地调查》(2003) 中指出，在乐业县发现有七八岁的儿童跟随年龄大一点的哥哥姐姐或跟随成年人外出劳动的情况，如上山挖竹笋，或种菜等。作为男孩"必须要掌握耕田耙地的种种技术，因为在故乡这是男人们的活儿"，在学习耕耙技术时，他先"观察父亲怎么做，看父亲如何把牛牵来，然后给牛套上牛扼"，然后他父亲就一面自己吆喝着牛前进，一面告诉他该"怎样把好犁和耙"的注意事项，如何犁地才能"让整块田的泥土比较平直"，以便保证以后水"浸得比较均匀，作物生长也整齐一些"。经过父亲的示范和解释，再"经过这样几次实地操作"，他就"基本上掌握了作为乡间一个男人应该具备的主要技术"①。这幅画面典型地佐证了劳动在乡村儿童成长过程中的积极作用，用来描述前工业社会中儿童的农业劳动也不为过。

（二）劳动是儿童实现预期社会化的过程

预期社会化，是指个体"指向未来角色的社会学习过程"，是个体在进入一个新的社会化过程之前，对向往的有关角色内容、角色规范、角色期望等不断明确的过程。② 儿童的预期社会化就是儿童"预演"未来社会角色的过程。

在家庭经济中，儿童的社会化过程是围绕参加以家庭为核心的劳动展开的。"在不同文化中，孩子的成长以不同的成人为模型。……在农村家庭中，成人模型大多还是父亲"。前工业化时期，"儿童劳动的目的主要

---

① 陆启光：《壮族儿童的社会化研究——广西乐业县实地调查》，博士学位论文，华东师范大学，2003 年，第 171、172 页；阿德瓦勒等人研究现代尼日利亚的童工劳动时，指出在农业中劳动的儿童，从事的主要是"做垄，除草，施肥甚至喷洒化学品等"方面的劳动，见 J. G. Adewale, J. A. Oladejo & L. T. Ogunniyi, "Economic Contribution of Farm Children to Agricultural Production in Nigeria: A Case Study of Ekiti State of Nigeria", *Journal of Social Sciences*, 2005, 10 (2): 149-152。

② ［美］戴维·波普诺：《社会学》，李强译，中国人民大学出版社 1999 年版，第142 页。

有两个：社会化和生产。没有人会对作为父亲有责任引导其儿子在很小的时候就应在马厩、田间或者商店里学习一些技能表示怀疑；同样，也没有人怀疑作为母亲应该承担教授其女儿学会各式各样家务的义务。"① 男孩子基本上是以微缩了的父辈的形象出现，而女孩子则基本上是以微缩了的母辈的形象出现。在儿童身上，尤其是男童身上背负着太多的父辈期望。他们对自己的未来并不确知，只知道需要学习和掌握的内容很多，至于学习什么、掌握什么，儿童往往并无自主权。不要说在对儿童握有生杀予夺之权的前工业社会中，就是在现代社会中也基本如此。当然也因为儿童在认知、情感等方面发育尚不成熟，不具备完全能按照自己的意愿去表达，或者从事自己想做某种事的能力。父母自然就成为其最初的决策者，特别是对幼小的儿童来说更是如此。从前工业社会时期的欧洲来看，无论是土地占有者，还是农民、手工业者或商人，都会根据自身的社会地位预期其子女未来能否拥有，优于或者起码等同于类似自己的社会地位。实现这种预期的主要途径在学校教育尚未普及的情况下只能通过不同类型的劳动活动——如学徒或参加某种性质的劳动——来实现。从这个角度说，儿童劳动的过程也就是学习的过程，是跟随父母或其他成年人学习未来生活技能的过程。当然，不同的社会阶层选择的劳动方式存在着差异。个别情况下也可能会出现如英国空想社会主义者莫尔所说，"一个儿童如果不愿意从事这个家庭所担任的那种手工业工作""可以按照自己选择的职业转到别的家庭中去。"② 参加不同性质的劳动，学习的是不同性质的技术，在未来从事的可能就是不同性质的职业，由此带来的就是不同的社会地位。如欧洲一些地区的女孩子，常常把当女仆看作"为未来甜蜜的婚姻积攒嫁

---

① Harry Haue, "History of Education in Europe: Schooling and Child Labor in Europe Since the Reformation Susan Levine Mapping Children's Work in South African History", in Hugh D. Hindman, *The World of Child Labor, A Historical and Regional Survey*, pp. 527–531.

② ［英］莫尔：《乌托邦》，戴镏龄译，商务印书馆 1996 年版，第 56 页。

妆的希望所在"。18 世纪初期的法国，大量的女孩子也都怀有这样的期望。① 在美洲的英属加拿大，儿童参加一定的生产劳动，被看作形成有教养的绅士风度和接受良好教育必不可少的手段。从某种程度上说，这是前工业社会中大多数儿童监护人的一种社会预期。期望通过学徒或者从事某种类型的劳动，改变其原来的社会地位。对此，笛福曾指出，经过一代或者两代，商人的儿子，至少其孙子就有可能成为绅士、政治家、议员，为社会问题提供咨询的顾问以及法官等等。② 从职业来看，像金匠、银行家以及市镇中其他较好的职业是学徒向往的，但很少有农村儿童。这些行业的学徒在学徒期满后，挤入上层社会的可能性较大。尽管一些农场主、商人或富裕家庭也将子女送出去参加劳动，但却很少有送子女学习农业劳动的，往往是选择未来前景好的职业进行训练。美国学者波兹曼曾说："当我们谈论我们希望孩子成为什么的时候，我们其实是在说我们自己是什么。"③ 以此来描述前工业社会中社会各阶层对儿童的预期也并不为过。

对儿童的预期，除了职业上的预期以外，还有对其品德的要求。在前工业化时期的欧洲，儿童闲散懒惰无所事事游手好闲是最令人担心的事情，因为这有可能诱使儿童犯罪，并最终成为社会的不安定因素。解决这一问题的最好办法就是让儿童参加劳动④，通过劳动来消除儿童身上潜在的邪恶因素。这样一来，劳动不仅是对儿童的一种要求，还是儿童的一种责任。英国有关法令强调，有劳动能力的儿童不能闲置在家中。1536 年

---

① Merry E. Wiesner-Hanks, *Women and Gender in Early Modern Europe*, New York: Cambridge University Press, 1993, p. 110.

② Henri Sée, *Modern Capitalism: Its Origin and Evolution*, Kitchener: Batoche Books, 2004, p. 108.

③ ［美］尼尔·波兹曼：《童年的消逝》，吴燕莛译，广西师范大学出版社 2004 年版，第 92 页。

④ Arthur W. Calhoun, *A Social History of the American Family: The Colonial Period*, Vol. 1, New York: Barnesand Noble, 1945, pp. 40-41.

的国王训令重申，父亲和母亲们、主人和地方长官们，应"确确实实地让自己的孩子和仆人从童年时代起就去学习或从事其他简单训练、职业或耕作。""无论如何不能游手好闲"，以免将来由于缺乏某种谋生的手艺或职业而被迫沦为乞丐、小偷。① 这些法令或训令体现的是，社会对儿童应承担的责任，也是对儿童的一种约束。人们相信，劳动对儿童是一件有益的事情，不仅能避免儿童懒惰，而且还能培养儿童的责任意识。

从某种程度上说，前工业社会（甚至现代社会）中的儿童成长是一个程式化的过程，很多情况下也就是实现成人社会预期的过程。在不同的预期下，儿童被塑造成长为不同类型的社会人，儿童除了去实现父母或者其他监护人的预期之外难以有自己的选择，尤其是农村的儿童更是如此。从历史上看，儿童最终由其所处的社会环境将其塑造为社会需要的成员，以此实现人口的繁衍和文化宗教信仰的传承，实现社会的延续发展。只不过儿童的这种社会化过程只是其"日常生活无意识的副产品"而已。②

三、文化传承发展需要

米德（M. Mead）和沃尔芬斯坦（M. Wolfenstein）曾指出，在有文字记载的每一个历史时期都有其独特的对待儿童的态度和看法，只是我们知道的很少罢了。③ 作为"社会动物"，儿童生活在一个由形形色色的历史和文化构成的世界之中，其存在和发展不可能不受到历史和文化的影响。

如何将儿童塑造成符合社会需要的人，是每一个社会都不可能不考虑的问题。在前工业社会中，儿童从五六岁时起，就被千方百计地劝诱参加劳动，做家佣、学徒甚至类童工，认为只有这样才能使其在未来的生活中

---

① ［英］奥尔德里奇：《简明英国教育史》，第 68 页。
② ［奥］迈克尔·米特罗尔、雷因哈德·西德尔：《欧洲家庭史》，第 82 页。
③ M. Mead, M. Wolfenstein, *Childhood in Contemporary Cultures*, Chicago：Chicago Universty Press, 1954, p. 3.

有保障。① 在莫尔的"乌托邦"中，乌托邦人"无不从小学农"，并且还
要学习"毛织、麻纺、圬工、冶炼或木作"等专门的手艺。② 康帕内拉
"太阳城"中的儿童也较早的开始劳动，学着当鞋匠、面包师、铁匠、木
匠等等。③ 为了使儿童尽早参加劳动，有些国家还从法律上加以规定，如
英国伊丽莎白执政时期，于 1601 年以法令形式要求，贫苦儿童及孤儿从
5 岁左右就学习纺纱、编织和其他谋生手段，并且规定每天的劳动时间应
在 10—12 小时之间。1626 年，索尔兹伯里（Salisbury）也规定，作为减
轻贫困的一种方式，流浪儿童应当从事缝纫、编结、梭结花边、纺毛、麻
纱、制作卡片、纽扣或者其他一些手工制作之类的劳动，不应进行沿街乞
讨。1625 年、1635 年的两次人口普查中都发现有 6 岁，甚至年龄更小的
儿童在劳动。④ 由此可以断定，前述要求儿童参加劳动的法律规定应该可
信。1723 年，在奥地利阿彭策尔州的个人家庭中，"一旦孩子能够自己活
动就必须劳动，他们学习父母的手艺，他们照着父母的样子不知不觉地就
学到了父母的行为习惯。"⑤ 对此，18 世纪的一些心地善良的经济理论
家，以极为满意的心情描绘着那些不使任何一个儿童闲散超过 4 年的地
区，并称赞这些最小的人以自己双手或双脚的劳动来赡养自己。⑥ 可见儿
童劳动在当时确实存在并受到社会的鼓励。

　　北美殖民地时期，儿童劳动普遍得到社会认可。当时评价儿童成熟与
否的标准，就是看其是否能掌握成年人生活的技能。1640—1656 年间，

　　① ［英］约瑟夫·库利舍尔：《欧洲近代经济史》，第 196 页。
　　② ［英］莫尔：《乌托邦》，第 55—56 页。
　　③ ［意］康帕内拉：《太阳城》，第 12 页。
　　④ Lindsey, Charles & Lorna Duffin, *Women and Work in Pre-industrial England*, New York：Routledge, 1985, p. 102.
　　⑤ ［奥］赖因哈德·西德尔：《家庭的社会演变》，王志乐等译，商务印书馆 1996 年版，第 77 页。
　　⑥ ［英］约瑟夫·库利舍尔：《欧洲近代经济史》，第 196 页。

马萨诸塞州明确要求妇女儿童，要根据其技术和能力参加劳动。波士顿也有类似的情况。当时的北美殖民地，济贫法（The poor-laws）反映了社会公众对待儿童劳动的态度，主要是希望儿童养成自食其力的习惯①，特别是对那些接受社会救济的孤儿院中的儿童来说更是如此。"不允许懒散不做事的人生活在我们当中"的观念，实际上是清教徒和贵格教徒信仰的自然延伸，根据其教义，勤勉劳动有很多好处，而懒惰却是一种堕落。②这些要求儿童劳动的主张，实际上是在让儿童学会生存的技能。"生存技能"在当时就是社会主流价值观的重要组成部分。

前工业化时期的欧洲，劳动还被当作是一种修行方式。在清教徒看来，人生下来就有罪，通过修行才能消除罪恶。劳动就是最好的修行方式，这种看法在相当长的时期内占据欧洲社会的主流思想。要求儿童勤劳，成为父母、亲戚、邻居、教会和社会的主要任务之一③，借此可以理解为什么家境较好的人家也会把子女送出去参加某种类型的劳动。

通过劳动还能够使儿童养成好的品质。德国经济学家尤斯蒂（Johann Heinrich Gottlob von Justi，1717—1771）认为，儿童从小劳动会慢慢变成不知懒惰的人，劳动也会逐渐成为其第二天性。为了证明儿童劳动有益，有人以英国和荷兰为例，指出在其他工业不太发达的国家中，儿童把时间都浪费在玩和无意义的活动中，而这两个国家的儿童在4—6岁时就已经在工业中劳动。在那里，一个从14岁才开始劳动的少年或少女，还抵不上两个从6岁开始劳动的，具有同等能力和体力的儿童的工作量的1/2。④

---

① ［美］理查德·扎克斯：《西方文明的另类历史：被我们忽略的真实故事》，第39页。

② Michele D'Avolio, *Child Labour and Cultural Relativism：From 19th Century America to 21st Century Nepal*, International Labour Review, 2004, 16（109）：109-145.

③ Arthur W. Calhoun, *A Social History of the American Family：The Colonial Period*, Vol. 1, pp. 106-127.

④ ［英］约瑟夫·库利舍尔：《欧洲近代经济史》，第196页。

　　当然，要求儿童勤奋劳动不只是欧洲社会才有的看法，欧洲以外的许多国家和地区都有类似的主张。如在英属北美殖民地，整个十七八世纪的法庭记录中都可以见到要求儿童勤奋劳动避免养成懒惰习惯的记录。在他们看来，闲散的罪恶似乎比参加劳动更为严重。即使到 20 世纪六七十年代，美国农民仍然认为，"闲暇和玩耍都是与魔鬼联系在一起的"。在他们看来，"游手好闲的人是魔鬼的门房"，勤奋才是一切。在俄亥俄州，农民相信"除非工作结束，我就没有休息的权利。"①

　　如果说北美地区属于清教文化圈的话，那么在儒家思想占主导地位的古代中国也有类似的看法，则可以说明主张儿童辛勤劳动不只是清教文化圈才有的现象。如在中国的一些家训或启蒙读物中都有对懒惰的鄙视：早起二朝当一工，一勤天下无难事；牛可耕，马可乘，好吃懒做，不如畜牲。（《训蒙增广改本》）这些训导强调的就是，人从儿童时代起就应该勤奋劳动。

四、儿童权益缺乏保障

　　前工业社会中还没有现代意义上的儿童保护。对待儿童的态度是以成人为中心的，"成人眼里没有儿童，只有小大人"。评判儿童的标准等同于成人的价值标准和行为规范。这种做法忽视了儿童本身的权利（其实，现代以成人为中心对儿童进行评判的做法仍大行其道），也没有意识到儿童是同成年人一样的"人"。儿童的体能尚未达到成年人的水平，劳动受到伤害的概率较大。尤其是外出做学徒、佣工和类童工的儿童更是如此。

　　在农业劳动中，儿童通常是与父母或者其他成年人一起劳动，相对安全。但有时劳动强度也会很大，比如夏收时节，劳动时间可能要超过 16 小时。当然这种情况并不是固定不变的。天气的变化与家庭发生的变故都

---

① ［美］埃弗里特·N. 罗吉斯、拉伯尔·J. 伯德格：《乡村社会变迁》，第 56 页。

有可能影响到儿童劳动量的大小和劳动时间的长短。儿童有时也要承担超过其承受能力的劳动，比如承担劳役。十五六世纪，地主对地租失去兴趣后，加重了农民的徭役负担，"甚至不惜通过强迫农民子女作为仆役来获取劳动力"。服役期在两三年左右，其间有少量的薪酬。① 1740—1801 年间，俄国需要负劳役的农奴子女达 130 万之多。普鲁士、瑞士、丹麦等地也有类似的情况。

儿童放牧时也有一些潜在威胁。放牧远离村庄，有时要到离家较远的水草丰盛的地方去，放牧者常常就是儿童自己，有时可能需要待在那里过夜。其间的孤独不说，还有可能会遇到骤变的天气和猛兽的袭击，这些都会给尚未成熟的儿童的身心造成伤害。

外出做学徒和家佣也常会受到伤害。对女童来说，境遇可能更糟。除遭受与男童一样的虐待（有时会被虐待致死）外，还有可能遭受男主人，或家庭其他成年男性的性侵犯。资料显示，英国一个 14 岁的女学徒遭到其主人的非礼，另有一个 10 岁的女仆，遭到一个学徒的性侵犯；② 1726—1736 年间，未婚怀孕的女仆，有半数以上说她们孩子的父亲是雇主。③ "教会法庭上有关女仆控告主人性侵犯的案例也很多，罗伯特·弗兰西斯就是其中的一例，他在 7 年间曾使 6 个女仆怀孕"。④ 女仆除受到主人的伤害外，可能还要面临外来的欺凌。这种情况发生时，主人很难保护她们，"相反却想方设法从中捞取好处。因为按照惯例，女仆的赔偿费是要

---

① ［民主德国］汉斯·豪斯赫尔：《近代经济史：从十四世纪末至十九世纪下半叶》，第 124、127 页。

② Patricia Crawford, *Parents of Poor Children in England, 1580-1800*, Oxford and New York：Oxford University Press, 2010, pp. 142-148.

③ ［美］蕾伊·唐娜希尔：《人类性爱史话》，李意马译，中国文联出版公司 1988 年版。

④ 杜浩：《中世纪后期英国乡村妇女的经济活动探析》，硕士学位论文，安徽师范大学，2012 年，第 37 页。

交给主人的"。① 个别的也有一些拟"进城""打工"女童，在进城时就可能被变相的送到了妓院，最终沦落为风尘女子。②

在各种劳动儿童中，类童工所受危害最大。首先是劳动时间长。在英国、法国的一些工场中，除去吃饭时间以外，儿童一天要劳动十二三小时。其次是劳动强度大。克伦普顿的一个儿子描述其幼年生活时说，我刚会走路，就要到浸满肥皂水的槽中踩棉线，反复做到"棉花把桶装满，再也站不住为止"。他的另一个儿子回忆说，"我7岁的时候就开始站在凳子上把棉花铺在梳棉机上，作纺纱准备。我哥哥摇着轮子，把机器转动起来"。③ 再次是劳动环境恶劣。尤其是在矿山劳动中更是如此。儿童有时要被用鞭子驱赶进矿坑。八九岁的儿童用重锤将矿石打碎，粉末弥漫在他们周围，吸进混杂着金属末的矿石粉末、硫黄和砷气。在煤矿中，儿童、少女们用头、脖子和背把100—150磅的煤从漆黑的矿井中背出来。在制造业中，父母有时不愿儿童前去劳动，地方当局就"强行把孩子带到企业家那里。孩子们频繁逃走，当局便命令要协助企业家逮捕和送还这些进行反抗的孩子"④。在家庭手工业中，儿童有时从三五岁起就帮助家里劳动，"他们往往在一个狭窄的、不通风的、而且光线不足的房间里干活"，长此以往，单调乏味，"造成健康受损和身体畸形发育"。⑤ 这样的劳动环境对儿童的成长具有极大的危害。最后是待遇很低。有资料显示，英国那些4—8岁做装饰的孩子是一天1便士，8—12岁的纺线儿童，一

---

① 杜浩：《中世纪后期英国乡村妇女的经济活动探析》，硕士学位论文，安徽师范大学，2012年，第41、37页。

② David Nichlos, "Child and Adolescent Labour in the Late Medieval City A Flemish Model in Regional Perspective", *The English Historical Review*, 1995, 110（439）：1103-1131.

③ ［英］E. P. 汤普森：《英国工人阶级的形成》上册，钱乘旦等译，译林出版社2001年版，第383页。另有人说是克伦普顿小时候劳动的情形。见［英］约瑟夫·库利舍尔：《欧洲近代经济史》，第197页。

④ ［英］约瑟夫·库利舍尔：《欧洲近代经济史》，第197—198页。

⑤ ［奥］赖因哈德·西德尔：《家庭的社会演变》，第79页。

天能挣 2—4 便士，十三四岁的要织呢绒，一天是 8 便士。还有史料记载也是这样的：十三四岁的女孩每周可挣 1 先令 8 便士，八九岁的男孩是一天 2.5 便士，6 岁的男孩是一天 1 便士。当然不同的地区工资水平存有差异。① 在 18 世纪的法国，"人们公认如果没有制线女工的廉价劳动，里昂大厂维持不下去。这项辛劳的工作需要雇佣 5000—6000 名女孩，她们来自农村，在 10—11 岁间被招进工厂。"②

在前工业化时期的欧洲社会，一些工矿企业往往喜欢把妇女儿童"使用到她们力所能及的边缘，甚至超出此边缘。""妇女和儿童的劳动性质发生了变化，从一直还能提供一定保护的家庭手工业集体中，产生了纯粹的劳动力"。③ 工业化初期的童工劳动在许多方面都继承了工场手工业后期使用儿童劳动的做法。用 E. P. 汤普逊的话来说，继承的还是家庭工业制度中最坏的部分。不过，家庭经济中的儿童劳动虽然有时强度很大，但某种程度上是"根据能力加以斟酌的，而在工厂里，机器支配着劳动的环境、纪律、速度、节奏以及劳动时间，而不管他们是否虚弱或健壮"④。儿童只要踏进机器工厂就基本失去了自由，在这种情况下劳动的儿童才属于现代意义上的童工。

需要指出的是，尽管儿童被当作"小大人"看待，但是其劳动还是受到了一定的保护。只不过这些保护主要是通过一些社会习惯或不成文的社会规范来实施。与现代法律的形成不同，这些社会规范主要是由过去的经验逐渐积累演化而来，没有专门的机构通过立法确立，在执行的过程中

---

① 兰桂莎：《英国都铎王朝时期雇工问题初探》，硕士学位论文，首都师范大学，2007 年，第 26 页。
② ［法］G. 勒纳尔、G. 乌勒西：《近代欧洲的生活与劳作（从 15—18 世纪）》，杨军译，上海三联书店 2012 年版，第 166 页。
③ ［民主德国］汉斯·豪斯赫尔：《近代经济史：从十四世纪末至十九世纪下半叶》，第 171 页。
④ ［英］E. P. 汤普森：《英国工人阶级的形成》上册，第 386 页。

也没有专门的机构监督。当然，并非所有的地区都是如此。十四五世纪的英国和威尔士，已经有法律规定，男童在 14 岁，女童在 12 岁以后才可以不受父母的监管。这个年龄之前，儿童们对他们的一些行为不负完全的法律责任，仍有父母或监护人负责等等。① 另外，早在 1396 年意大利就有禁用 13 岁以下儿童劳动的规定。1494 年的波希米亚规则和 1575 年的匈牙利规则也曾禁止矿山使用儿童劳动。学徒契约中也有禁止作坊主过度使用学徒的规定，除非与其学习的职业训练有关。② 只是较少遵守而已。此外，儿童也有适宜于自己的游戏和玩耍时间（有时是和劳动结合在一起的）。但直到工业革命以后，父母们对儿童的态度才发生明显的变化，有意识地赋予儿童"更大的价值"，认识到儿童需要"接受教育，得到保护"。

儿童是一个国家和民族的未来，只有了解他们的世界，才能更好地和他们进行交流并保护他们。保护好他们，才能保住"国家富强的根基"。③

① William A. Corsaro, *The Sociology of Childhood*, Thousand Oaks: Pine Forge Press, 2005, p. 68.

② David Nichlos, "Child and Adolescent Labour in the Late Medieval City a Flemish Model in Regional Perspective", *The English Historical Review*, 1995, 110 (439): 1103-1131.

③ 黄宇桢：《中国的童工问题》，《大众经济学讲话》，中国图书杂志公司 1939 年版，第 41—47 页。

第三章　儿童劳动与工业革命

第一节　工业革命及其对劳动用工的影响

斯塔夫理阿诺斯（Leften Stavros Stavrianos）在《全球通史》中指出，18 世纪时，人类的生活方式与古代埃及和美索不达米亚人的生活方式并没有本质的不同。人们的衣食住行沿用着同样的方式，使用着同样的材料。18 世纪六七十年代以后，由于一系列新技术的发明和应用，情况发生了翻天覆地的变化。①

一、英国工业革命

革命性的变革首先从棉纺织业开始。1733 年，机械师约翰·凯伊（John Kay，1704—1779）发明了织布用的飞梭，将织布的效率提高了一倍以上。传统的纺纱方法跟不上织布的速度，导致"纱荒"出现。为解决这一问题，英国于 1754 年成立了"技艺、制造业及商业奖励协会"，为那些能够给人们的生活带来便利的发明提供资助。受此刺激，1764—

---

① ［美］L. S. 斯塔夫里阿诺斯：《全球通史 1500 年以后的世界》，吴象婴、梁赤民译，上海社会科学院出版社 1999 年版，第 275 页。

1785 年间，珍妮纺纱机、水力纺纱机、骡机等不同类型的纺纱机和织布机被发明制造出来，生产效率大大提高。1771 年，英国建立了第一家棉纺厂，1784 年建立了第一个蒸汽纺纱厂。1791 年，建立了第一家织布厂。这些工厂开始雇佣工人集中生产。

伴随着棉纺织机器的发明、改进和使用，与此有关的生产部门中也开始采用机器生产。如，净棉机、梳棉机、漂白机、整染机等。渐渐地，"机器劳动在英国工业的各主要部门战胜了手工劳动"，从那时起，英国工业的全部历史所讲述的，只是手工业者如何被机器驱逐出一个个阵地。① 机器体积的增大，数量的增多，使得"在纺纱工个人的茅屋里安放机器"已经不大可能，而应"设在靠近河流、能够利用水力驱动机器的作坊或厂房里。"② 如此一来，棉纺织工业部门的生产方式就突破了原来的手工生产方式，开始采用机械化生产。纺织业完成了从手工劳动向机器生产的转变。

棉纺织工具机的发明和广泛使用后，原来使用的人力、畜力和自然力已经无法适应新的生产形势，要求有比人力、畜力和水力所能提供更充裕、更可靠的动力来促使这些工具机运转。于是蒸汽机被发明制造出来，从而解决了工业革命中的动力问题。

棉纺织机和蒸汽机的出现，在引起对煤、铁、钢等大量需求的同时，也对与之相关行业的技术改进提出了新的要求。1709 年，亚伯拉罕·达比（Abraham Darby，1678—1717）父子发现了焦炭冶铁法，并制造出由机械操纵的鼓风炉，大大降低了生产铁的成本。1784 年，亨利·科特（Henry Cort，1740—1800）发明了一种新的方法除去熔炼生铁时的杂质，

———————————

① ［德］恩格斯：《英国工人阶级状况》，《马克思恩格斯文集》第 1 卷，人民出版社 2009 年版，第 393 页。

② ［美］菲利普·李·拉尔夫：《世界文明史》下册，赵丰等译，商务印书馆 2001 年版，第 240 页。

这种方法被称为"搅炼法"。使用这种方法生产出的生铁或熟铁的韧性大大增加，铁的产量和质量有了进一步的提高。

冶铁业的发展导致对煤炭需求的增加，进一步要求开采越来越深的煤层。这又迫使与采煤相关的技术进一步改进。技术的改进大大提高了煤炭产量。1770年，英国的煤产量是600万吨，1800年时达到了1000万吨，1830年是1600万吨，1850年是4900万吨。①

纺织、采矿和冶金工业的发展要求改进交通和运输工具。道路的硬化、运河的开凿应运而生。汽船、火车相继投入使用，有力地促进了工业生产的发展。

工业革命的发展进一步扩大了人们的需求，其中包括对拥有技能和知识人才的需求。工业革命以前，需求的人才看重的是体力，对技能和知识没有特别的需要；工业革命及以后的一段时间内，对人力的需求以技能为主，体力和知识处于次要地位。这或许也可以解释为什么在工业革命之后使用童工劳动的现象逐渐衰落。

二、英国以外国家的工业革命

伴随英国工业革命的开展，其中的一些技术发明也逐渐向外扩散。虽然英国政府明令禁止出口机器和技术，但收效甚微。新的机器和技术以不同的方式逐渐传播到欧洲大陆甚至欧洲大陆以外的地区。

（一）英国以外欧美国家的工业革命

1. 美国工业革命

1790年，英国人塞缪尔·斯莱特（Samuel Slater，1768—1835）受美国悬赏鼓励发展纺织工业的吸引，以农场工人的身份来到美国，凭借记忆

---

① ［法］米歇尔·博德：《资本主义史，1500—1980》，吴艾美等译，东方出版社1986年版，第106页。

复制出阿克莱特纺纱机，随后在罗德岛的波特基特建立起第一家棉纺织厂。由此开启了美国工业革命的大门。到 1807 年，美国已有 15 家棉纺厂，拥有纱锭 8000 枚。1809 年，仅在新英格兰地区就有 50 家棉纺厂同时开工。1810—1815 年间，美国各类工厂数目达到了 127 家。[①]

美国早期工厂也以纺织业为主。1814 年，第一家具有美国特点的纺织厂在沃尔汉姆（Waltham）建立。该厂"从纺到织的整个流程集中于一厂，并为工人建立宿舍、商店、教堂等配套设施"，厂中有 1700 枚纱锭同时运转，"标志着大规模纺织业在美国的诞生"。1815 年底，罗德岛有纺纱厂 99 家，马萨诸塞有 57 家，康涅狄格有 14 家。[②] 到 1832 年，已有纺织工厂 625 家。[③] 丰富的国内资源，广阔的市场，大量外国移民的涌入（在提供廉价劳动力的同时，还带来先进的生产技术和经验），为美国工业革命的发展提供了得天独厚的条件。从纺织业来看，1800 年机器纱锭不到 2 万个，1830 年已有 125 万个。服装、制革、玻璃、毛纺等行业也很快发展起来。1860 年时，美国的工业革命基本完成。

南北战争（1861—1865）以后，美国的工业化获得快速发展，尤其表现在重工业的发展上面，冶金、采矿、石油提炼等行业的发展速度惊人，呈现出十倍甚至几十倍发展速度。加上对西部的开发和铁路建设的兴起，以及其他一系列技术的发明和使用，使得美国很快被称为世界上经济实力最强大的国家。

2. 法国工业革命

法国与英国是近邻。虽然"法国从来没有经历过一次工业革命"[④]，

① ［苏］谢沃斯季杨诺夫：《美国近代史纲》上册，易沧、祖述译，生活·读书·新知三联书店 1977 年版，第 224 页。

② 何顺果：《美国历史 15 讲》，北京大学出版社 2007 年版，第 87 页。

③ ［苏］谢沃斯季杨诺夫：《美国近代史纲》上册，第 272 页。

④ ［英］克拉潘：《1815—1914 年法国和德国的经济发展》，傅梦弼译，商务印书馆 1965 年版，第 69 页。

但从 1781 年开始，法国已将从英国引进的蒸汽机应用到工厂中，到 1815 年，大约有"15 个各种各样的法国企业有着蒸汽机"。① 法国的纺织工业，从 18 世纪末期开始采用新技术、建立模范工厂。1810 年，在里尔建成的纺纱厂有 22 家，每厂平均雇佣工人在六七十人之间。类似工厂，鲁贝有 13 个，图尔昆有 8 个。这些工厂内的机器"多是手摇的珍妮纺纱机"，在 1818 年以前，纺织行业还很少使用蒸汽机。②

法国大革命（1789—1994）和拿破仑战争（1803—1815），曾一度影响了法国工业革命的进程，但到波旁王朝时期（1815—1830）工业再度发展。1815 年到 1850 年间，阿尔萨斯地区的纺织行业中，"动力织布机的采用""也许比欧洲任何其他地方都要快，连兰开夏也不例外。"1830 年有 2000 架，1846 年达到 20000 架。③ 在纺织中心里昂，1859 年下塞纳省有 225 家工厂，每家平均拥有 6000 枚纱锭，到 1869 年，法国消耗原棉 1.24 亿公斤。④

除棉纺工业外，毛纺、丝纺、麻纺工业也开始采用机器生产并迅速发展起来。色当、鲁贝成为毛纺织业的中心，里昂成为丝织业的中心。法国靠"英国的机器，英国的技术人员和工人，部分靠英国的资本"实现了工业化。只是"法国的工业从来没有达到过英国那样的规模"。⑤ 1815—1845 年间，法国工业的年增长率平均为 3.32%，成为当时仅次于英国的工业化国家。⑥ 由于法国中小型企业、小农经济长期存在，工业劳动力和

---

① ［英］克拉潘：《1815—1914 年法国和德国的经济发展》，第 79 页。

② ［英］克拉潘：《1815—1914 年法国和德国的经济发展》，第 83 页。

③ ［意］卡洛·M. 奇波拉：《欧洲经济史》第 4 卷上册，王铁生等译，商务印书馆 1989 年版，第 55 页；［英］克拉潘：《1815—1914 年法国和德国的经济发展》，第 82—83 页。

④ ［英］克拉潘：《1815—1914 年法国和德国的经济发展》，第 280 页。

⑤ ［民主德国］汉斯·豪斯赫尔：《近代经济史：从十四世纪末至十九世纪下半叶》，第 350 页。

⑥ 沈炼之、楼均信：《法国通史简编》，人民出版社 1990 年版，第 320 页。

工业资本相对缺乏，在一定程度上阻碍了工业革命的发展。直到 1914 年，法国也未能像比利时、英国或德国那样彻底工业化。

3. 德国工业革命

从 19 世纪早期开始，德国的一些资产者开始引进英国的纺织机器，并以此建立起纺织厂，其中以麻纺工业和毛纺工业为主，棉纺工业和丝织业较少。1831 年，德国的麻纺织布机已经达到 25.2 万架，其中有 3.5 万架专靠织布为生。同年，德国拥有毛纺织机 2.2 万架，丝织机 9000 架，棉织机器 2.55 万架。但这些织机中使用动力的并不多。1846 年，普鲁士的棉织机器中，使用动力生产的不足 4%，多数是手织。萨克森没有动力织机。纺纱用机器主要是珍妮纺纱机。[1] 19 世纪四五十年代，德国"大部分的纺纱厂还很难称为工厂"，真正的发展是在统一之后。1882 年的工业普查显示，德国梳纺亚麻和大麻的企业超过 700 家，雇佣工人 2.5 万人。其中使用水力或汽力的有 108 家，雇佣工人 1.77 万人。其余 6300 家工厂，雇佣工人 7300 人。1895 年的数字显示，棉纺"大企业 304 家，雇工总人数是 6.9441 万人，占所有各种纺纱工总数的 92.8%。这是一种充分发展了的工厂工业。"[2]

德国工业革命开始之际，正是第一、二次工业革命交错之际，使得德国可以利用当时先进的科学技术发展工业生产。德国政府对教育和科学研究的投入，使得工业革命的发展有着坚实的理论基础。所有这些都为德国在短时间内发展成为第二大工业国家提供了保障。

此外，俄国、奥匈帝国和意大利的工业化也或快或慢地发展起来。

（二）欧美以外国家的工业革命

欧美以外的国家中，印度、日本、中国的经济发展相对快一些，机器

---

① ［英］克拉潘：《1815—1914 年法国和德国的经济发展》，第 113—114 页。
② ［英］克拉潘：《1815—1914 年法国和德国的经济发展》，第 327、330、334 页。

生产或快或慢地出现在各部门之中。

日本，其工业化始于 1868 年的明治维新。1870 年，日本成立工部省，在聘请使用国外专家和技术的同时，大力引进欧美国家的机器设备、科学技术和管理制度等，建立起大批以国营为主的企业，如造船、铁路、矿场以及兵工厂等。1881 年，日本政府通过《处理官营企业条例》，把军工企业之外的大部分官营企业处理给民间。在日本的新式企业中，纺织业发展较快。1883 年建立的大阪纺织厂，使用蒸汽机做动力，雇佣工人 300 多人。1889 年，已经发展到拥有 6 万枚纱锭的规模。受此影响，1886—1890 年间，先后出现了三重、钟渊、平野等大型纺织厂，纱锭拥有量都在 1 万枚以上，均采用先进机械生产。缫丝业发展也很迅速，1884 年，雇佣 10 人以上的缫丝厂已达到 1000 多家。[1] 不过，当时发展最快的还是棉纺织业。1887 年到 1893 年间，棉纺厂从 19 个增加到 40 个，工人数从 2330 人增加到 2.5448 万人。[2] 1900 年日本的纺织厂已占全国工厂数的 73%，纺织工人占全国职工数的 67%。[3]

印度、中国的工业革命在 19 世纪末 20 世纪初才有所发展。

印度自 19 世纪中叶开始被英国控制，逐渐沦为英国的原料供应地和商品销售市场。1874—1879 年间，英国工业品在印度进口总值中的比例达到 82%。[4] 印度的民族资本发展受到严重影响。从 1854 年第一家棉纺厂在孟买建立，到 1914 年第一次世界大战前夕，印度的棉纺厂仅有 264 家。[5] 纺织工业以外，钢铁、煤炭工业，虽也有发展，但发展速度很慢。

19 世纪中叶，清王朝国门洞开之后，原有的经济体系遭到毁灭性打

---

①　王新生：《日本简史》，北京大学出版社 2005 年版，第 124—125 页。

②　Kozo Yamamura, ed., *The Economic Emergence of Modern Japan*, Cambridge/New York：Cambridge University Press, 1997, p. 255.

③　张方华：《日本纺织工业结构调整及对我国的启示》，《江苏纺织》1999 年第 7 期。

④　马世力：《世界经济史》，高等教育出版社 2001 年版，第 322 页。

⑤　林承节：《殖民统治时期的印度史》，北京大学出版社 2004 年版，第 123、197 页。

击。以手工为主的棉纺工业，从 19 世纪 70 年代开始解体，其他手工业如榨油、制糖、磨粉、制铁等行业也逐渐趋于衰落。① 中日甲午战争以后，帝国主义在中国强占租界地，划分势力范围，夺取各种政治经济特权，国内市场更加牢牢掌握在帝国主义手中。

伴随各国工业发展而来的是一支雇佣工人大军，他们的生活状况和劳动条件同英国工业革命初期工人的情况一样悲惨。② 或许，社会发展的代价就总是要或多或少的牺牲一部分人的利益。

三、工业革命的影响③

工业革命对人类社会的影响，怎么论述都不为过。但这里不作全面论述，仅探讨一下其对环境和人类社会生活方式的影响。工业革命以后，一种全新的生活方式在欧洲出现。在非欧洲地区，这种全新的生活方式正成为竞相模仿的对象，并逐渐受制于这种生活方式。

（一）工人劳动环境的变化

机器工厂的特点之一就是集中生产。为生产某种产品，大量的人口短时期内集中于工厂及其周围，为尽可能节约成本，工厂主在建筑厂房，购置保养机器方面颇下功夫。久之，带来的问题也很明显。

劳动环境恶劣。出于尽可能少占空间的考虑，工厂厂房建的都比较低矮，窗户也不大。车间的地面，潮湿且布满灰尘和机器油，加之窗户经常关闭，导致房间通风效果极差。车间内时常散发着机器蒸发的臭气。④ 在纺织工厂的厂房内，满屋子飞舞着浓密的纤维屑，伴随着机器震耳欲聋

---

① 马世力：《世界经济史》，第 325 页。

② ［德］迪特尔·拉夫：《德意志史》，第 100 页。

③ 本部分内容是根据鲁运庚《英国工业革命和环境问题的产生》一文改写而成，原文见《当代生态农业》2006 年第 1 期。魏秀春博士执笔。

④ ［德］恩格斯：《英国工人阶级状况》，《马克思恩格斯全集》第 2 卷，人民出版社 1957 年版，第 442 页。下引此书，略写为［德］恩格斯：《英国工人阶级状况》。

的轰鸣，可以想见，在这种环境中劳作的工人，最终是一种什么样的结局，多数人都患上了各种肺部疾病。因此，这类工厂被人们称为"人间地狱"。

在早期的矿业部门尤其是煤矿中，矿坑狭窄且高低不平。在此劳作的矿工，要使用没有轮子的运矿桶，将矿石运至地面。其间，他们要涉过稀泥和水，爬上陡坡，有时需要爬行通过低矮的坑道。童工调查委员会的报告曾指出："矿井坑道内氧气不足，空气中充满着尘土、炸药烟、碳酸气和含硫的瓦斯。"① 显然，这不能算是一种安全的劳动环境。

劳动时间长。在早期工厂中，工人为保住工作，免受工厂主和监工的处罚，只能最大限度地出卖自己的体力。最显性的表现是，每天的劳动时间超过 12 个小时，有时达到十五六个小时。有的童工，天不亮就得起床，草草地吃点东西就赶往工厂，直到晚上才能回家。以至于"孩子们一回到家，就倒在灶旁的石板上睡着了；甚至什么东西都不吃，父母得把睡着的孩子洗干净，抱上床去。孩子们常常疲倦地倒在路上睡着了，于是父母必须在深更半夜去寻找他们，把他们在睡梦中带回家去"。② 从中可以窥见工厂制度对儿童的不利影响。

遭受各种惩罚。工厂制度兴起以后，每个工厂都制定有严苛的厂规，工人在不知不觉就会受到处罚。对天性好动的儿童来说，常因违反工厂厂规而受罚。资料记载，一位苏格兰厂主把一位不堪忍受侮辱而逃跑的孩子抓回来，强迫他和马跑得一样快，并且不时地用鞭子抽他。厂主和监工通常是一些无耻、刻薄、自私、毫不讲人情的人，工人们稍微不尽他们的意，他们就会施以惩罚性的措施。③

---

① ［德］恩格斯：《英国工人阶级状况》，第 531 页。

② ［德］恩格斯：《英国工人阶级状况》，第 534 页。

③ ［英］E. 罗伊斯顿·派克编：《被遗忘的苦难——英国工业革命的人文实录》，蔡师雄等译，福建人民出版社 1983 年版，第 118—139 页。

安全无保障。在工厂中，安全防护设施极少，尤其是在早期工厂中。对儿童来说，因操作机器不当更易发生事故。恩格斯在《英国工人阶级状况》(1845) 一书中，曾就机器导致的伤残写道：在曼彻斯特，以下现象见怪不怪："这个人缺一只或半只胳膊，另一个人缺一只脚，第三个人缺半条腿；简直就好像生活在一批从战争中归来的残废者里面一样"。① 矿井中缺乏通风设备，瓦斯和空气混合起来，就成为一种爆炸性的瓦斯，遇到明火就会爆炸。1844 年 9 月 28 日，在德穆勒的哈斯威尔矿井中发生了一次这样的爆炸，结果死了 96 个人。② 类似悲剧屡见不鲜。

（二）生活环境的恶化

在工业革命及以后的一段时间内，工人生活环境处于一种糟糕的境地。工厂的建立吸引了大量的人口从农村前往城市，城市人口快速增加。19 世纪早期，英国城市人口多数不到 10 万人。维多利亚女王即位时 10 万人口以上的城市发展到 5 个，世纪末增长到 23 个。城市人口的急剧增长，带来一些前所未有的问题，最典型的就是住房和公共基础设施短缺、卫生条件差。

工业革命期间，伴随工厂的扩建，许多城镇人口急剧增加，导致住房拥挤不堪。有人说过去监狱曾以"肮脏和空气不流通著名"，如今监狱比"它们周围的情况还略胜一筹""在爱丁堡，竟有这样的、出于人道的动机而把生病的穷人送到监狱里去，以便可以得到照顾和治疗。"③ 同一个城市往往是截然不同的两个世界：工业家的豪宅通常坐落在公园中间，空气清新，环境舒适，交通方便；穷人常常是住在紧靠着富人府邸的狭窄小胡同里，简陋的窝棚茅舍杂乱的拥挤在一起，或者单调地排列成行，交

---

① ［德］恩格斯：《英国工人阶级状况》，第 450 页。
② ［德］恩格斯：《英国工人阶级状况》，第 538 页。
③ ［英］克拉潘：《现代英国经济史》上册，第 658 页。

通、卫生条件极差。晚上，鸡宿在床柱上，狗，甚至马也和人挤在一间屋子里面，而且各种各样的虫子都在里面繁殖。不少城市中的旧市区，到处都有臭水洼和垃圾堆，肮脏而无人照管，发出一股霉臭。①

骤然增加的城市人口，使得城内原有公共设施难以满足需求。很多城市缺少卫生设施，在格拉斯哥的某些街区，平均每 21 个人共用一个厕所，有的厕所甚至没有排水沟，任由排泄物自然风干消失。在利兹，工人阶级住宅区普遍缺乏生活污水排放设施，厕所少且前后无遮无盖，空气污染严重。② 没有经过铺砌的街道，遇到下雨天或者街道的水比较多时，人们只好把家里的炭灰或者是煤灰，抑或是烂麦秸覆盖在路面上，以免脏水烂泥溅在身上。当然，类似情况伴随工业革命向纵深发展，逐步得到解决。

（三）家庭关系的变化

工业革命中工人阶级的生活水平是否得到提高这一问题，在学术界一直存在着不同的看法。③ 在国外，以克拉潘与哈蒙德夫妇之间的辩驳最具有代表性。④ 王觉非先生曾把参与争论的学者分为以哈特维尔为主要代表的"乐观派"和以霍布斯鲍姆为主要代表的"悲观派"。前者强调工人的生活水平有了大幅度的提高，后者则认为工人的生活状况并没有明显的改善，甚至还有恶化的趋势。⑤ 国内也有研究者从不同的角度对该问题进行

---

① ［德］恩格斯：《英国工人阶级状况》，第 317 页。

② 刘金源：《工业化时期英国城市环境问题及其成因》，《史学月刊》2006 年第 10 期。

③ 赵虹：《英国工业革命中工人的生活标准问题》，《北大史学》2001 年第 8 辑，北京大学出版社 2001 年版，第 238—267 页。

④ 1926 年，英国经济史学家克拉潘，在其《现代英国经济史》中认为，18 世纪末至 19 世纪中期英国工人阶级生活水平有所改善，而哈蒙德夫妇则认为工资问题不能说明工人的实际生活状况。徐滨：《工业革命时期英国工人的实际工资》，《世界历史》2011 年第 6 期。

⑤ 王觉非：《近代英国史》，南京大学出版社 1997 年版。

探讨，并提出了自己的观点，如梅雪芹、陆伟芳、徐滨、魏秀春等人。①
这里暂且不探讨工人阶级生活水平是否提高的问题，仅从工人阶级家庭关
系变化的角度，概述一下工业革命对工人阶级的影响。

工业革命对工人阶级家庭关系最大的影响就是，妇女儿童外出劳动，
父母子女之间的亲情出现淡化的趋势。

妇女离家进入工厂做工使她们摆脱了传统习惯的束缚，打破了传统的
"男主外，女主内"的家庭观念。原来完全由女性承担的劳动，现在使得
男性也开始参与其中。如在家庭中看孩子、扫地、洗衣服、做饭等，促成
了两性关系的反转。罗伯特·朋德是一位普通工人，他在信中说，"当我
走进我的朋友杰克家时，他正坐在火炉旁给他老婆补袜子。他说，自己已
经三年多没有工作了，妻子从早晨5点半进工厂，直到晚上9点才能回
来，到家已经累得不能动。为了不让她病倒，自己只好把以前需要妻子做
的事接过来做"。②

妇女儿童外出劳动，获得了经济上的独立，改变了以往是男人附庸的
形象，提高了家庭地位。她们的劳动所得作为家庭收入的一部分，即使少
得可怜，也能在男性失业时维持一段时间的家庭生活必需品开支。妇女和
儿童虽然在工厂里遭受压迫和剥削，但其劳动所得，除去必要的开支，大
部分用于自身需求。在多数情况下，年轻的女工们开始从市场上购买服装
和其他日用品。"在当时盛传女工们头戴华丽时髦的礼帽，耳环坠在耳

---

① 梅雪芹的《19世纪英国城市的环境问题初探》(《辽宁师范大学学报》2000年第3
期)，阐述了英国工业革命期间城市化发展与环境恶化的关系；魏秀春的《英国食品安全立
法与监管史研究 (1860—2000)》(中国社会科学出版社2016年版) 一书则展现了19世纪中
期前后英国工人饮食上所面临的恶劣的食品安全环境；陆伟芳的《19世纪英国城市工人之
住宅问题及成因》(《扬州大学学报 (人文社科版)》2009年第2期)、《19世纪英国城市对
工人住宅问题的干预》(《探索与争鸣》2009年第2期) 等文，分析了19世纪工业化过程中
英国工人恶劣的居住环境；徐滨的《工业革命时期英国工人的实际工资》一文则分析了
18—19世纪英国工人的名义工资水平。

② ［德］恩格斯：《英国工人阶级状况》，第431—432页。

上，脖子上挂着项链，手上还有手镯，模样着实惹人喜爱。"① 儿童外出劳动在获得工资以后也逐渐改变了其原先的生活方式，"孩子们一到他们挣的钱多于父母花在他们身上的钱的时候，他们就开始交给父母一部分钱作为食宿的费用，其余的就自己花掉"②。这不但使妇女儿童逐渐萌发出独立意识，而且对维持商品市场的流通性也有积极作用。

需要看到的是，妇女儿童外出劳动亦带来一些不尽如人意的结果。如割裂了亲情关系，使家庭关系出现裂痕等。有的育龄妇女，生完孩子在家里待上三四天便回工厂上班，新生儿则由家里没有工作的年龄稍大一点的孩子看管，或者托付给邻居看管。当休息的时候回来给孩子喂奶。由于在工厂的时间多于在家庭的时间，缺少对幼儿的爱和关怀，幼儿从小生活在缺乏母爱的环境中，必然导致对母亲的冷漠，对家庭没有丝毫的眷恋。家庭成员整天忙于自己的工作，绝大部分时间都是早出晚归，只有早上和晚上相处在一起，身体的疲惫加之生活的窘迫有时会导致夫妻间的纠纷和争吵，时间久了就会导致亲情淡漠。"一个人因为他的两个女儿上酒馆而责骂了她们，她们却说她们已经被训得烦死了：去你的吧，我们还得养活你！也应该享受一下自己的劳动果实了。她们丢开父母不管，从父母家里搬了出去。"③ 针对这种情况，拉尔夫在其《世界文明史》一书中写道："雇佣女工和童工是让人更加不安的发明。在前工业化社会中，妇女和孩子与男子一样劳动。"在工厂中，他们则通常"被雇佣来替代男子"，这样一来，"家庭生活的模式就遭到严重破坏，人们不得不忍受与传统进一步的分离。"④ 这是不争的事实。

（四）余论

工业革命以后，人们在享受工业文明带来的各种成果时，也在默默承

---

① 马嫚：《工业革命对英国工厂女工的影响》，《世界历史》1993 年第 2 期。
② ［德］恩格斯：《英国工人阶级状况》，第 430 页。
③ ［德］恩格斯：《英国工人阶级状况》，第 433 页。
④ ［美］菲利普·李·拉尔夫：《世界文明史》下册，第 287 页。

受着由此带来的不利后果。尤其是包括童工在内的工人阶级，用自己的力量筑起了通往工业化的道路，使英国迅速积累起巨大的物质财富，成为世界上第一个步入现代社会的工业化国家。但他们却没有享受到足够的工业发展带来的成果，人们不禁思考是什么原因导致了这种悲哀的结局。

首先是城市化和工业化水平相对较低。工业革命的开展，打破了原有的体制，但是新的体系并未完全建立。旧制度的遗存，一方面促进了改革的发展，另一方面限制了发展的速度。在新旧制度体系相互交接的时代，英国的工人阶级们忍受着发展所带来的阵痛。社会财富分配不均，贫困成为中下级阶层的代名词，社会冲突和社会矛盾充斥着现有的时局，促使人们的心理和生理产生消极的影响。生产技术的进程快于社会经济改革的进程，污染治理跟不上，城市规划缺少必要的意识和相对应的措施。工业化的负面影响在此表现得淋漓尽致。

其次是自由放任的政府管理模式。工业革命时期，英国进入了一个新的发展阶段，当权者们全盘接受了亚当·斯密的自由放任理论，相信政府按照市场的法则统治国家对整个社会是有益的。以此理论作为施政的方针，政府只负责政治职能，对于经济问题，只要能够有利于经济总量的增长，则尽量不去干预。国家不去干预财富的再分配，认为财富的流向是合理的，不过问财富积累的手段是否合理，结果是富人的财产越积愈多，穷人只能勉强度日。国家也不去参与经济活动，让经济任由在自然的状态下发展，加重了经济领域的投机取巧状态。当经济繁荣时可以掩盖一切问题；当经济危机时，缺乏调节方法，亦无回天的力量，以致造成更大的损失。

再次是工业革命对改善工人生活状况并没有多大的作用，反而加重了他们的负担。我们从工业革命时期工人的生产生活环境、住宅状况、工资所得、基本饮食等方面可以看出，资本家和工厂主的一切成就的取得，都是以摧残和剥削工人阶级利益、牺牲广大工人应当获得的公平回报为前提的。因此，工业革命的伟大成就，我们不能单单看作是资产阶级创造的，而应当像马克思所说的那样，人民群众才是历史的创造者。在英国正是以工人阶级为主体的广大人民群众创造了工业革命！

第二节 英国工业革命中的儿童劳动①

现代意义上的童工劳动始于工业革命时期。在工业革命中，"资本主义使用机器的第一个口号是妇女劳动和儿童劳动！"② 与前工业社会相比，儿童开始成为经济结构的重要因素，其劳动的范围和性质也发生了明显的变化。③ 在英国工业革命的许多行业中，都可见到儿童的身影。

一、儿童劳动的基本情况

英国工业革命中使用儿童劳动是一个普遍现象。恩格斯说，现代工业兴起之初，在工厂机器上"工作的几乎完全是小孩"，"厂主把他们当做'学徒'成群地长期雇用。"④

（一）儿童年龄

工业革命时期，童工的年龄变化较大。工业革命初期与后期有别，不同地区有差异，这都是正常现象。在考察工业革命时期童工的年龄问题时，需要用动态的眼光来观察，同时还要将其放入特定的历史环境中去理解。

---

① 本节内容根据尹明明、刘长飞《英国工业革命时期的童工劳动》一文改写而成，原文见《山东师大学报（社会科学版）》2000年第3期。
② ［德］马克思：《资本论》第1卷，《马克思恩格斯文集》第5卷，人民出版社2009年版，第453页。
③ ［英］E. 罗伊斯顿·派克编：《被遗忘的苦难——英国工业革命的人文实录》，第52页；Alec Fyfe, *Child Labour*, Oxford：Polity Press，1989，p. x。
④ ［德］恩格斯：《英国工人阶级状况》，第435—436页。

工业革命时期的童工年龄，以工厂法的颁布为界，前后变化较大。从理论上说，法律确定了儿童的最低受雇年龄后，一切雇佣低于法定受雇年龄儿童的行为均属违法，受雇儿童是童工无疑。如按照 1819 年的法令规定，雇佣 10 岁的儿童参加劳动是合法的，因为法律禁止的是雇佣 9 岁以下的儿童参加劳动。

受传统观念的影响，英国工业革命初期雇佣的童工年龄普遍较小。工厂中的儿童"从 5 岁起，有时是从 6 岁起，更经常地是从 7 岁起，而大部分是从八九岁起"就参加劳动，但也有地方竟"雇佣 2 岁到 2 岁半的儿童干活"。① 不同的行业情况有所不同。劳动相对较轻的行业雇佣的儿童年龄要小一些。从事草帽辫劳动儿童的年龄，在 4 岁，甚至 3 岁、3 岁半左右。② 花边业中的挑花边工，通常是"7 岁，甚至是 5 岁或 4 岁的孩子"。装卸筒管及穿线，用的是"8 岁或更大一些的孩子"。③ 在以棉、毛、麻、丝为主的纺织工厂中，童工在 6 岁，甚至 5 岁就参加劳动。④ 据此可以推断，轻工业中的童工年龄小一些。

别针制造业童工的年龄在 7—10 岁之间。铁链制造业也有七八岁的童工，铸造厂中磨剪刀、叉子等也使用年龄不大的儿童。⑤ 在开采方法大致相同的煤矿和铁矿中，出现了"招收年仅 4 岁，有时五六岁"的儿童到煤矿做工的情况，在"六七岁之间的童工也不少，经常是 7—8 岁，而最

---

① ［德］马克思：《资本论》第 1 卷，第 539 页。

② ［英］克拉潘：《现代英国经济史》中册，姚曾廙译，商务印书馆 1975 年版，第 525 页。

③ ［英］克拉潘：《现代英国经济史》上册，第 477、478、479 页；［英］E. 罗伊斯顿·派克编：《被遗忘的苦难——英国工业革命的人文实录》，第 173 页。

④ ［英］E. 罗伊斯顿·派克编：《被遗忘的苦难——英国工业革命的人文实录》，第 79 页。

⑤ ［英］E. 罗伊斯顿·派克编：《被遗忘的苦难——英国工业革命的人文实录》，第 165—166 页。

普遍的招工年龄是 8—9 岁。"① 1832 年，萨德勒工厂法案委员会的调查显示，在开始正规工作年龄的 45 项陈述中，有一位说 5 岁，一位说是"5岁以上"，9 位说是 6 岁，12 位说是 7 岁，5 位说是 8 岁，5 位说是 9 岁，7 位说是 10 岁，其余则说是更高的年龄。② 这些情况说明，不太需要体力的劳动使用 5—7 岁的儿童比较普遍。在法律没有明确儿童的最低雇佣年龄时，使用年龄小的儿童参加劳动，我们可以说雇主不人道，但难以说其违法。

　　儿童的劳动年龄存在地区差异。在伯明翰的各行各业中，儿童的受雇年龄从 7—10 岁不等，一般为 9—10 岁。纽卡斯耳的某些行业，如锡、铜、铅、锌等矿场，雇佣的儿童年龄一般要在 12 岁以上。③ 不过约克郡、兰开郡、柴郡、德尔比郡和南威尔士等地的矿场中，仍能见到 5 岁左右的儿童参加劳动。苏格兰东部地区，五六岁的儿童参加劳动"比在英格兰的任何地区"都更常见。在北斯塔福德郡、累斯特郡、诺森伯兰和达拉姆各地以及苏格兰西部等地的锡、铜、铅、锌等矿场中，很少有 12 岁以下的儿童下矿劳动。19 世纪 60 年代伯明翰的各行业中，儿童参加劳动的年龄多是 9 岁或 10 岁。兰开郡"不满十三岁的儿童"受雇却"寥寥无几"，"伦敦向来没有多少正规工作可给不满十岁或十二岁的儿童去作"。④

　　各行业童工雇佣年龄的变化与工厂法、童工法的实施密切相关。1802—1878 年间，英国议会先后颁布了 20 多个工厂法，其中多数都有对童工最低雇佣年龄的规定。如 1819 年的工厂法"禁止雇佣未满 9 岁的儿童"。虽然 1802—1833 年间的法令"只是一纸空文"⑤，但毕竟是成文法

---

① ［英］E. 罗伊斯顿·派克编：《被遗忘的苦难——英国工业革命的人文实录》，第141 页。

② ［英］克拉潘：《现代英国经济史》上册，第 692—693 页。

③ ［英］克拉潘：《现代英国经济史》上册，第 693 页。

④ ［英］克拉潘：《现代英国经济史》中册，第 590 页。

⑤ ［德］马克思：《资本论》第 1 卷，第 320 页。

律。恩格斯曾讲道，"议会在 1802 年通过了学徒法，制止了最惊人的虐待"，"在工厂里工作的儿童的相对数目就减少了一些，他们开始工作的年龄也稍微提高了一些。人们很少雇用八九岁以下的孩子了"。① 但也有研究提到，19 世纪中叶以后，对纺织业和矿场以外各行业的调查显示，"一般正规雇佣开始于七八岁"②，这说明还是有七八岁的儿童参加劳动。即使这样，法律存在的价值至少可以成为追究违法者的依据。

　　总体说来，儿童受雇年龄的趋势是，年龄太小的儿童逐步受到限制。"使用幼童和年岁很小儿童"的人都是"亲生父母"。③ 这一方面是工厂法或童工法在发挥作用，另一方面也是社会进步的结果。1833 年前后，10 岁以下的儿童在棉、毛、亚麻、丝等纺织部门中所占的比例约在13.12%，到 1890 年已下降到 7.8%④，从中可见受雇儿童年龄的变化情况，也说明社会在进步。

（二）儿童在各行业中的分布与数量

　　工业革命中，使用儿童劳动的行业较为广泛。如铸模、私家制钉、制砖，以及制链等行业，也有炼铁、木瓦工和锻造等行业。⑤ 当然使用儿童劳动最集中的还是纺织、矿业部门。

1. 纺织行业

　　纺织行业指的是包含有纺纱与织布等多个部门在内的一个行业，涉及棉、麻、丝等众多部门，使用的原料包括棉花、羊毛、蚕茧丝等，是工业革命初期较为庞大的工业部门。这里主要以棉毛麻纺织业为例进行介绍。

---

① ［德］恩格斯：《英国工人阶级状况》，第 436 页。
② ［英］克拉潘：《现代英国经济史》上册，第 692 页。
③ ［英］克拉潘：《现代英国经济史》上册，第 692 页。
④ Clark Nardinelli, *Child Labor and the Industrial Revolution*, Bloomington and Indianapolis：Indiana University Press，1990，pp. 105–106.
⑤ ［英］克拉潘：《现代英国经济史》中册，第 525 页。

　　英国毛纺织业发展较早。罗马时期，英国就有不少地方发展毛纺业，到十三四世纪时，英国的呢绒工业渐成体系，并先后形成西部诸郡、东盎格利亚、约克郡西区或称西莱丁区等重要的毛纺区。从 14 世纪开始，英国西部毛纺业出现了两种生产组织，即分散的手工工场和集中的手工工场。到十五六世纪，在这种组织形式中的生产关系逐步向雇佣关系转化。① 有的工场规模很大，如在描写 16 世纪初纽伯利的约翰·温奇库姆纺织业的歌谣词中写道，"一屋宽且长，织机 200 张。织工 200 人，排列成长行……旁有一巨室，女工共百人。户外又一屋，贫儿 150。……附近又一室，少女 200 人……自晨至深夜，各得一便士"。② 其中提到的"贫儿""少女"显然以儿童为主，可以想象出儿童参加劳动的情形。工业革命期间大量使用童工，很大程度上是沿袭了这种做法。

　　棉纺织业是英国工业革命中最先采用机器生产的部门。克拉潘在其所著《现代英国经济史》中写道，1830 年以前，棉纺织业外的"任何纺织工业都还没有受到动力织机的影响。"③ 1785 年，阿克莱特建立水力纺织厂，随后类似的工厂迅速发展起来。1787 年，英格兰、苏格兰已有 200 多家类似的工厂，爱尔兰至少也有 8 家。1795 年，各种类型的纺织厂达到 300 家，1812 年达到 600 多家。这些工厂主要分布在兰开夏、柴郡以及约克郡的哈利法克斯等地。④ 个别规模较大的工厂还有好几家分厂。罗伯特·皮尔（Sir Robert Peel，1788—1850）建立的纺织厂，鼎盛时期拥有 23 家分厂。新建工厂的工人大多数是未成年人，主要是儿童。恩格斯说，工厂雇用的儿童，"主要是从孤儿院里领来的，厂主把他们当做'学

---

　　① 刘景华、范英军：《工业化早期英国西部毛纺业的兴衰》，《世界历史》2011 年第 6 期。

　　② 朱寰：《世纪上古中古史参考资料》，高等教育出版社 1987 年版，第 258 页。

　　③ ［英］克拉潘：《现代英国经济史》上册，第 102 页。

　　④ Norma Landau, *Law, Crime and English Society, 1660-1830*, Cambridge：Cambridge University Press, 2002, pp. 232-233.

徒'成群地长期雇用。"① 1788 年，英国 142 家纱厂中有童工 2.5 万人，而男工却只有 2600 人。在兰开夏，罗伯特·皮尔和阿克莱特开办的纺纱工厂都使用童工劳动。1799 年，罗伯特·欧文（Robert Owen，1771—1858）建立的新拉纳克工厂，雇佣的工人以 13 岁以下儿童为主。1816 年，普林斯顿的一些工厂中，70% 的工人年龄未超过 18 岁。这一比例在曼彻斯特是 50%，苏格兰是 45%。1838 年，英国棉纺织业中 13 岁以下的童工有 2.8771 万人，占到该行业工人总数的 13% 左右，如果把 13 岁到 18 岁年龄段的工人也算在内的话，其比例将达到 22%。② 纺纱厂、织布厂中的工作主要是接断头，做这种工作并不需要什么力气，但手指却必须高度地灵活，其他的工作则基本上由机器去完成。妇女儿童较成年男性更适合从事这类工作。

受棉纺织业的影响，毛纺织、丝纺织等工业中的生产方式也发生了根本性的变革，采用机器生产使生产效率大大提高。一个使用机器的 8 岁儿童，比以前 20 个使用手工的成年男人生产得还要多。与纺织业相关的企业，也使用童工，如诺定昂、得比、莱斯特的针织工厂中，从事缠线和缝纫的全是儿童，年龄在六七岁或七八岁。③ 从事花边生产的 15 万工人当中，有 14 万人是妇女、男女少年和儿童。④ 其他如漂白、染色和印花业中也都使用数量不等的儿童。1838—1856 年间，使用蒸汽和水力作动力的纺纱企业，各年龄段工人所占比例情况见表 3-1。

---

① ［德］恩格斯：《英国工人阶级状况》，第 435—436 页。

② B. L. Hutchins, *A History of Factory Legislation*, London：P. S. King & Son, Ltd., 1926, p. 110.

③ ［德］恩格斯：《英国工人阶级状况》，第 475 页。

④ ［德］马克思：《资本论》第 1 卷，第 536 页。

表 3-1　1838—1856 年间使用蒸汽和水力纺纱企业各年龄段工人百分比

（单位:%）

年份	13 岁以下童工	13—18 岁男性未成年者	13 岁以上女性未成年者	18 岁以上男工
1838	5.9	16.1	55.2	22.8
1850	6.1	11.5	55.9	26.5
1856	6.6	10.6	57.0	25.8

资料来源：B. L. Hutchins, *A History of Factory Legislation*, p. 110。

从表 3-1 中可以看出，童工与未成年工是纺织工厂中的主要劳动力，18 岁以上的成年男工在其中所占的比例不到 1/4。[1]

2. 矿业部门

矿业指的是矿物的勘探，开采以及附属的选矿、制炼等一系列生产矿产品的行业。英国工业革命中，以煤炭开采为主的矿业部门是使用童工较多的一个行业。

工业发展对原料和燃料的需求，导致对生产工人需求的增加，而在增加的这些工人中有不少都是未成年工和童工。1829 年，诺森伯兰和达拉姆两地产煤占到英格兰和威尔士煤产量的 1/4，在两郡煤矿坑上和坑下操作的男子和儿童共有 20.0954 万人。[2] 1841 年除爱尔兰以外的英国矿业中，20 岁以下的青工与童工有 5.1485 万人，占矿工总数的 1/4 左右。13 岁以下儿童在西约克郡小煤矿中的比例高达 24.7%。[3] 1841 年，矿业部门的工人数量见表 3-2。

---

① ［英］克拉潘:《现代英国经济史》上册，第 237、243 页。

② ［英］克拉潘:《现代英国经济史》上册，第 104 页。

③ Peter Kirby, *Child Labor in Britain*, *1750 - 1870*, Palgrave Macmillan, New York, 2003, p. 78.

表 3-2　1841 年大不列颠（爱尔兰除外）在矿上工作工人数量

（单位：人）

行业	男性		女性		总数
	20 岁以上	20 岁以下	20 岁以上	20 岁以下	
煤矿	83408	32475	1185	1165	118233
铜矿	9866	3428	913	1200	15407
铅矿	9427	1932	40	20	11419
铁矿	7773	2679	424	73	10949
锡矿	4602	1349	68	82	6101
其他	24162	6591	472	491	31716
总计	139238	48454	3102	3031	193825

资料来源：［德］恩格斯：《英国工人阶级状况》，第 530 页。

　　总体来看，工业革命初期的煤矿规模不是很大，这也间接限制了在其中劳动的儿童数量。克拉潘曾经说过，迟至 1850 年，"没有一位令人钦佩的统计学家"敢说，英国煤矿和地上雇用的男女儿童平均是"在 80 人以上的"。[①] 1851 年的人口普查显示，在煤矿工作的青工和童工有 6.5 万人，15 岁以下的童工有 2.795 万人，占矿工总数的 13% 左右。[②] 在康瓦尔的铜矿、锡矿、锌矿和铅矿中，有 3 万名工人，其中妇女儿童有 1.1 万人，约占工人总数的 30%。从事的工作主要有地面上的碎矿和选矿。[③] 在铁矿和煤矿中，看门使用的是年龄较小的儿童，从矿坑里往外拉煤或矿石的是年龄稍大一点的儿童。不管看门或运煤，每天都要在黑暗、狭窄、多半是潮湿的巷道里劳作，其劳动环境可见一斑。

　　3. 制造行业

　　制造业，通常是指把某种原料经过物理或化学变化后产生出新产品的

---

　　①　［英］克拉潘：《现代英国经济史》上册，第 239 页。

　　②　Carolyn Tuttle, "Child Labor During the British Idustrial Revolution", http://www.eh.net/encyclope-dia/article/tuttle.labor.child.britain.

　　③　［德］恩格斯：《英国工人阶级状况》，第 530—531 页。

行业。不考虑其是手工还是机器制造。工业革命期间，制造业中的每一个部门几乎都"雇佣了很多男女儿童"。尤其在一些制造业的中心城市更为突出。如制造各种精细金属制品的伯明翰，由于精密的分工和蒸汽动力的应用，使厂主们可以雇用更多的妇女和儿童。根据克拉潘的论述，伯明翰及其近郊的金属手工工场雇用的工人有 1 万名妇女和 3 万名儿童和少年，充当炼铁工、木瓦工和锻工等。① 在伍耳佛汉普顿区，制造锡玩具、铁钉、铁链和螺旋钉，给垫板钻孔等也都使用童工。"自从织布厂和纺纱厂采用机器以来，做铁钉和铁链的女童已 10 倍于往日。"②

4. 其他行业

除上述行业外，服饰、木工、火柴、砖瓦、陶瓷、印刷、玻璃、造纸等行业，以及个别传统行业（如清扫烟囱）也使用数量不等的童工，只是没有前述行业那么突出。

根据 1851 年的人口普查，英国"服饰"业有草帽业、女帽业、便帽业、裁缝业、头饰业、女时装业、衬衫业、缝纫业、胸衣业、手套业、制鞋业以及其他许多较小的行业（如领带以及硬质衣领业）等组成。在这一行业中劳动的童工各地存在差异。如伦敦从事草帽辫的男女童工 4200 人，从事花边编结的有 2600 人等。1861 年，在英格兰和威尔士的这些工业部门中雇用的女工总计有 58.6298 万人，其中 20 岁以下的至少有 11.5242 万人，15 岁以下的有 1.656 万人③，约占行业工人总数的 3%。在木工行业中，1851 年伦敦有 2.3 万人，不满 15 岁的有 270 人，15—20 岁的有 2000 人。在 1.5 万名油漆匠、铅匠和上釉匠中，不满 15 岁的有 200 人，15—20 岁的有 1350 人。在 1 万名印刷工中，不满 15 岁的有 500

① ［英］克拉潘：《现代英国经济史》中册，第 526 页。
② ［英］克拉潘：《现代英国经济史》上册，第 694 页。
③ ［德］马克思：《资本论》第 1 卷，第 541 页。

人，15—20 岁的有 1800 人。① 在伦敦从事扫烟囱者的人数和年龄情况如下：5—10 岁的儿童有 188 人，10—15 岁的儿童有 983 人，15—20 岁的青年 1009 人，20—25 岁的成年人有 1064 人。②

另外，人口普查数据中还提到了一些非正式的就业者。如乞讨、沿街叫卖者以及报童等，其劳动开始的年龄可能都很早。

当然，并不是所有行业都不加区分的使用儿童劳动，如制砖业不使用 16 岁以下的女童，玻璃制造业不使用 12 岁以下的男童，绒布剪裁业、金属轮磨等行业不使用 11 岁以下的儿童等。③ 工厂法颁布以后，低龄儿童参加劳动逐渐受到限制。

（三）劳动条件

工业革命初期，工厂的劳动环境十分恶劣。厂房低矮、窗户狭小、通风不好、安全保障差，工人待遇低，基本是早期工厂的"通病"（详见第一节工业革命的影响）。

劳动环境不好。工厂车间厂房低矮且窗户狭小，有的甚至常年不见阳光；纺织类工厂车间，空气中常常弥漫着细碎的絮状物。工厂劳动时间都很长。1833 年之前，童工每天的劳动时间多在 14—18 小时之间。依靠水力的乡间纺纱厂，上"夜班或每天工作 14—16 小时是常见的事情，尤其是在'涨水的季节'"。④ 即使在号称"仁慈的工厂主"戴尔先生的工厂里，童工也必须"不分冬夏地每天从早晨 6 点工作到下午 7 点"，中间只有吃饭的时间。⑤ 而在其他的工厂中，"为了不使机器的运转停顿下来，工作往往夜以继日地、毫不间断地连续下去。"工人被分成一些轮班小组

---

① ［英］克拉潘：《现代英国经济史》上册，第 694—695 页。
② ［英］克拉潘：《现代英国经济史》上册，第 706 页注 4。
③ ［英］克拉潘：《现代英国经济史》中册，第 530 页。
④ ［英］罗伯特·欧文：《欧文选集》第 1 卷，第 389 页。
⑤ ［英］罗伯特·欧文：《欧文选集》第 1 卷，第 29 页。

轮流干活，"床铺从未冷过"。① 而在一些手工工场中（如砖瓦厂），劳动时间随季节的不同而有别。"从 5 月到 9 月，劳动是从早晨 4 点起到晚上 9 点止"，也在 17 小时左右。② 保罗·芒图曾说，童工的劳动时间"除去完全耗尽他们的体力以外，是没有别的限制的。"③ 马克思也曾指出，资本不仅"突破了工作日的道德极限"，而且突破了"工作日的纯粹身体极限"。④

童工的收入不高。一般工厂中，童工的收入通常只有成年工人的 1/3，各个行业虽然有差异，但都不高。1803 年，在花布印染厂，童工的工资大约是 3 先令 6 便士到 7 先令之间。在利兹地区的丝织工厂里，童工的最低工资每天只有 1 便士。1816—1842 年间，纺织工人每周的工资从 25 先令到 30 先令不等，童工的工资则只有 3—6 先令。当时面包的价格每磅要 1.5 便士，房租每天要 1.5 便士。除生活费、房租外，所剩无几。在煤矿业中，1833 年沃思利煤矿，把成年人的工资分成 8 份，8 岁的童工拿 1/8，11 岁的童工拿 2/8，13 岁的童工拿 3/8，15 岁的童工拿 4/8，20 岁以上的人才能拿到成年工人的工资。⑤

儿童从事的劳动超出了其身体的承受能力。1825 年，一个纺纱工人每天在每台走锭精纺机上牵伸 820 次，如果照看的机器多也就意味着牵伸的次数多。1832 年每个工人 12 小时内在每台走锭精纺机上牵伸达到了 2200 次，劳动强度之大可想而知。在矿业部门，一个叫埃莉森·杰克的

---

① ［法］保罗·芒图：《十八世纪产业革命——英国近代大工业初期的概况》，第 336 页。

② ［德］马克思：《资本论》第 1 卷，第 533 页。

③ ［法］保罗·芒图：《十八世纪产业革命——英国近代大工业初期的概况》，第 336 页。

④ ［德］马克思：《资本论》第 1 卷，第 295 页。

⑤ Felix H.Silverio, "Conditions of the Working Classes and Child Labor", http：//www.gober. net/victorian/reports/work.html，2005 年 1 月 11 日；Douglas A.Galbi, "Through Eyes in the Storm: Aspects of the Personal History of Women Workers in the Industrial Revolution", *Social History*, 1996, 21(2)：142-159.

11 岁女孩，在苏格兰洛安海德煤矿当运煤工的 3 年间，每天清晨 2 点就被父亲带着下矿，下午 1 点出矿，晚上 6 点才能到家睡觉。① 矿业中的大多数童工都是如此。

人身安全无保障。工业革命初期，多数工厂中的机器都没有防护设施。童工在操作过程中容易发生工伤事故。纺织厂中，常见的是肢体伤害。"曼彻斯特卫报"有这方面的大量报道，如 1843 年 6 月 12 日到 8 月 3 日这段时间报道的事故中，有的是"被机器轧碎而得破伤风死去"，有的是"被轮子卷住，轧得粉碎"，还有"被传动皮带卷住转了 50 转，死后没有一根骨头是完整的"。1843 年，在曼彻斯特医院登记医治 962 个病人中，大多数都是因机器操作不当而受伤或成为残废。医院登记的发生在工厂中的不幸事故多达 2426 起。②

矿业部门也是事故频发之处。常见的是坑道坍塌或攀缘用的绳索断开，一旦发生则在此劳作的工人（童工）非死即伤。1844 年 9 月 28 日，哈斯威尔矿发生爆炸，导致 96 人丧生，而根据"矿业杂志"的统计，每年大约有 1400 人因工伤事故而丧失生命。③

总体来看，早期工厂中的童工劳动较为普遍，劳动时间长，收入低，安全无保障也是事实。正因为如此，才有后来制定工厂法或童工法的动因，在一定程度上反映了社会具有某种自我修复的功能。

二、英国工业革命中使用儿童劳动的基本分析

（一）使用儿童劳动的原因

1. 采用机器生产为雇佣儿童提供了条件

工场手工业时期，劳动主要靠体力和熟练的技术来完成。以纺织业为

---

① ［英］E. 罗伊斯顿·派克编：《被遗忘的苦难——英国工业革命的人文实录》，第 152 页。

② ［德］恩格斯：《英国工人阶级状况》，第 450—451 页。

③ ［德］恩格斯：《英国工人阶级状况》，第 538 页。

例来看，纺纱和织布一般都是在工人家里进行。"妻子和女儿纺纱，作为一家之主的父亲把纱织成布"，如果自己不加工就把纱卖掉。"孩子们生长在农村的新鲜空气中"，即使有时"帮助父母做些事情"，每天也不至于劳动 8 小时或 12 小时。①

采用机器生产后，情况发生了变化。真正"费力的工作一天天地被机器所代替"②，发达的肌肉被灵巧的手指所取代。机器变成"一种使用没有肌肉力或身体发育不成熟而四肢比较灵活的工人的手段"③。在使用机器的纺织厂中，主要的工作是接断头，这种劳动不需要什么力气，但手指却必须高度地灵活。"与男人发达的手部肌肉和骨骼相比，妇女和儿童的灵巧"更"胜过男子"，他们"只须习惯于劳动纪律和跟得上机器决定的劳动节拍"即可。④ 如此，则成年男性几乎完全被排除在纺织行业以外。⑤ 在早期使用水力纺纱机、骡机的新式工厂中，工人主要是女工和童工，成年男工屈指可数。

机器生产使得许多生产工序，分解为众多简单的生产环节。这些生产环节上的劳动主要是重复性的操作活动，没有多少技术含量，也不需要太大的力气，妇女儿童都能胜任。对某些工序来说，儿童矮小的身材及其手指的纤细成为机器的最好助手。⑥ 例如过去用手工织机生产棉质天鹅绒时，需要能工巧匠把线头一行一行剪平，采用机器生产以后，"每一行线都排得很均匀，每根线都和上一根平行，所以剪平绒毛的工作就不需要多

---

① ［德］恩格斯：《英国工人阶级状况》，第 281、282 页。
② ［德］恩格斯：《英国工人阶级状况》，第 423 页。
③ ［德］马克思：《资本论》第 1 卷，第 453 页。
④ ［民德］汉斯·豪斯赫尔：《近代经济史，从 14 世纪末至 19 世纪下半叶》，第 300—301 页。
⑤ ［德］恩格斯：《英国工人阶级状况》，第 427—428 页。
⑥ ［法］保罗·芒图：《十八世纪产业革命——英国近代大工业初期的概况》，第 334 页。

大技巧"①。这类工作儿童完全可以做好。进一步发展的结果就是，一些工业部门中的熟练工人的劳动由不太熟练的工人的劳动取代。1839 年，英国工厂工人的数量是 41.956 万人，18 岁以下工人有 19.2887 万人。所有工人中，成年男性是 9.6569 万人，18 岁以下工人中的男性是 8.0695 万人；女性是 24.2296 万人，其中 18 岁以下者是 11.2192 万人。在棉纺织工厂中，女工占到 56.25%；在毛纺织工厂中占到 69.5%；在丝织工厂中占到 70.5%；在麻纺工厂中占到 70.5%。② 从中可见机器生产对成年男工的影响。

2. 使用儿童能够降低生产成本

一般说来，生产成本由原料、人工以及生产所需费用构成。降低人工成本也意味着降低生产成本。前工业化社会中，家庭的重担主要在男性劳动力身上，儿童虽然参与劳动，但在劳动力市场上的价值并不大。采用机器生产以后，妇女儿童开始进入生产环节，男劳动力的价值分摊到了全家人身上，妇女、儿童的价值得到提升。从这个角度讲，童工成为雇主在劳动市场上讨价还价的重要砝码，至少在某些情况下是如此。

工业革命初期，童工通常以学徒身份进入工厂，没有工资或者工资非常低，大约相当于成年工人工资的 1/3—1/6。有时工厂主只管吃住就可以了。③ 表 3-3 是曼彻斯特及其郊区棉纺织工业中各类工人的工资。

表 3-3 曼彻斯特及其郊区棉纺织业工人的工资（周工资）

时间	1839 年	1859 年
每周工时数	69 小时	60 小时

---

① ［德］恩格斯：《英国工人阶级状况》，第 482 页。
② ［德］恩格斯：《英国工人阶级状况》，第 428—429 页。
③ ［法］保罗·芒图：《十八世纪产业革命——英国近代大工业初期的概况》，第 334 页。

续表

时间	1839 年	1859 年
工种		
蒸汽机工	24 先令	30 先令
仓库童工	7 先令	8 先令
仓库工人	18 先令	22 先令
梳棉间		
清棉女工（青年妇女和少女）	7 先令	8 先令
搬运工（青年男工）	11 先令	14 先令
监工	25 先令	28 先令
粗梳机工（14—18 岁未成年工）	6 先令	7 先令
并条机女工（青年妇女）	6 先令 6 便士	8 先令
细纱间		
走锭精纺机细纱工	16—18 先令	20—22 先令
拈接工（女工和青年男工）	8 先令	10 先令
监工	20 先令	20 先令
拈线间		
拈线工（女工）	7 先令	9 先令
筒子工（少女）	4 先令	5 先令
监工	24 先令	28 先令
短工（青年男工）	10 先令	13 先令

资料来源：[德] 马克思：《不列颠工厂工业的状况》，《马克思恩格斯全集》第 15 卷，人民出版社 1963 年版，第 91 页。

从表 3-3 中可以看出，女工和童工的工资远远低于成年男工。在以逐利为主要目的的资本生产中，女工和童工因为工资低，逐渐被工厂主用他们"代替了男人"。[①] 恩格斯在《英国工人阶级状况》一书中用大量的事实揭露了这种现象。他指出，在纺织工厂采用机器生产以后，8 个女童中就会有 4 个失业，而"其余 4 个的工资也被厂主从 8 先令减到 7 先令"。[②]

---

① [德] 恩格斯：《英国工人阶级状况》，第 427 页。
② [德] 恩格斯：《英国工人阶级状况》，第 422 页。

雇用"3个每周工资为 6—8 先令的 13 岁女孩，排挤了一个每周工资为
18—48 先令的成年男子"。① 而这 3 个童工所创造的剩余价值却一点也不
比成年工人创造的剩余价值少。这样一来，分工的计划总是首先"使用
妇女劳动，各种年龄的儿童劳动"，也就是放在"使用英国人所谓的'廉
价劳动'上。"② 为了降低生产成本，获取更多的利润，作为工厂主，没
有理由不使用妇女儿童劳动。

3. 儿童没有抗衡工厂主的力量

性格温驯的妇女儿童，宜于工厂主发号施令，并且可以毫无困难地使
他们处在一种为成年人所不愿轻易屈就、被动服从的状态，对工厂主的反
抗自然也就减小。③ 人们可以经常发现，雇主更习惯于雇佣听话的（也比
较廉价的）妇女和儿童。工厂中妇女儿童的数量可以佐证这一点。
1833—1834 年间，45 万织布工人中，妇女和少女占多数。④ 1834—1837
年间，英国棉纺织工厂的全部工人中，妇女和女孩超过半数，成年男子仅
占 1/4，其余则为 18 岁以下的男童。大量使用妇女儿童劳动，易于管理
是很重要的因素。⑤

4. 劳动力相对缺乏也诱发儿童劳动

现代工业初期，许多工厂都建立在有河流的地方，以便利用水力推动
机器。这些地方远离城市，人烟稀少。工厂突然需要数以千计的人，很难
一下子找到。另外，对于那些已经习惯于家庭劳动或小作坊工作的人
（尤其是学徒期满的手工业者）来说，他们不愿意抛弃家庭到工厂做工。

---

① ［美］斯麦尔塞编：《马克思论社会与社会变迁》，江明译，中国展望出版社 1988
年版，第 59 页。

② ［德］马克思：《资本论》第 1 卷，第 531 页。

③ ［德］马克思：《资本论》第 1 卷，第 464 页。

④ ［英］克拉潘：《现代英国经济史》上册，第 104 页。

⑤ ［英］艾瑞克·霍布斯鲍姆：《革命的年代 1789—1848》，王章辉等译，江苏人民
出版社 1999 年版，第 65 页。

在他们看来，"工厂工作总是被人认为是降低社会身份的"①，而且他们也不愿意忍受工厂纪律的约束。在自己家里工作收入虽然不高，劳动时间有时也很长，但他是自由的，不受时间的约束，安排工作可以很"任性"，想什么时间干就什么时间干，"任性"起来的时候还可以好多天都不干。即使在手工工场时期给老板干活，虽然不像在自己家里那么随意，但"他并不受一种严格不变的规则的束缚，也不像一个机器轮那样被卷入无灵魂的机械装置的不停运转之中。"在他们看来，参加工厂工作，"那就正如进入兵营或监狱那样。"② 长期务农的农民根本不愿意每天从早到晚在工厂中工作。③ 这种情况使得最初的一批工厂主时常感到找不到足够的人手进行生产。

面对劳动力的缺乏，纺织厂主找到了解决的办法，那就是直接求助于教区的管理者。由教区管理者负责招收一定数量的幼童进入工厂当"学徒"，并有一定的期限限制。教区为了减轻负担，乐意把儿童当作"商品"卖给工厂主，双方一拍即合。④ 在诱骗儿童进入工厂前，许多教区精心编造出各种谎言，使教区中贫穷儿童的头脑里充满了各种荒唐可笑的错觉。贫民习艺所通常会向孩子们宣布说："他们进入棉纺厂辛勤劳动后会被改造成绅士淑女，吃的是烤牛肉和葡萄干布丁……"1799 年 8 月，圣潘克拉斯教区把 80 多名男女儿童出售给洛德哈姆棉纺厂主、诺丁汉圣玛丽教区伯特公司的棉纺商、袜商及花边商。当时的一些教区为了把交易做

---

① ［民主德国］汉斯·豪斯赫尔：《近代经济史：从十四世纪末至十九世纪下半叶》，第 300 页。

② ［法］保罗·芒图：《十八世纪产业革命——英国近代大工业初期的概况》，第 333 页。

③ ［英］罗伯特·欧文：《欧文选集》第 1 卷，第 26 页。

④ ［民主德国］汉斯·豪斯赫尔：《近代经济史：从十四世纪末至十九世纪下半叶》，第 301 页。

得更好，就规定买主每购买 20 个健全的儿童，必须购买一个白痴！① 从一些工厂工人的年龄来看，类似的记录有一定的可信度。如 1814—1815 年间，巴克巴罗工厂中的（儿）童工人就是从伦敦招来的教区徒工，年龄在 7—11 岁之间，个别的来自利物浦。同时期内，曼彻斯特教会执事在报纸上刊登了这样的广告："拟出让 20 名左右的男女童工给高贵的厂主、纺织师傅及其他人士当学徒"②。一旦教区儿童被收为学徒，主管济贫院的官员就会来教区祝贺，他们又摆脱了一些吃闲饭的人，从而为"这些无力自卫的劳动力打开了方便之门"。③ 马克思在《资本论》中谈到类似现象指出，"在个别的热病式的繁荣时期，劳动市场上曾严重缺乏劳动力。例如 1834 年就是这样。当时工厂主先生们向济贫法委员会建议，把农业区的'过剩人口'送往北方，并表示'工厂主们将吸收和消费这批人'"。1860 年，"棉纺织业空前繁荣……人手又不够了。工厂主们又向贩卖人肉的代办所求援"，但是从事人肉买卖的大小代办所在农业区"几乎没有搜罗到什么人"，于是代办所便到多赛特郡的沙丘地带、德文郡的高地、威尔特郡的平原去搜罗，但"过剩的人口已经被吸收光了"。于是"工厂主们派了代表去求见济贫法委员会主席维利尔斯先生，请求他再次准许贫民习艺所的穷孩子和孤儿进工厂去做工"。④ 以上情况说明，早期工厂使用孤儿院儿童与劳动力缺乏有很大关系。

5. 家境贫困是儿童外出劳动的催化剂

工业革命初期，一般的工人并不愿意把孩子送进工厂做工，但生活的

---

① ［法］保罗·芒图：《十八世纪产业革命——英国近代大工业初期的概况》，第 334—335 页；［英］E. 罗伊斯顿·派克编：《被遗忘的苦难——英国工业革命的人文实录》，第 55—56 页。

② M. Dorothy George, *London Life in the 18th Century*, London：Kegan Paul, Trench, Trubner, 1925, p. 377.

③ ［民主德国］汉斯·豪斯赫尔：《近代经济史：从十四世纪末至十九世纪下半叶》，第 166 页。

④ ［德］马克思：《资本论》第 1 卷，第 309 页。

艰难又使得他们不得不这样做。例如，当有人劝约克郡的勒特·夏普把儿子从工厂领回时，他说，我家很穷，人口又多，"6个子女全靠我一人养活……他非去不可"。① 在当时的英国，类似勒特·夏普这样的家庭不是少数。于是，我们在工业区时常看到父母，不分冬夏在清晨6点就把自己七八岁的孩子送进工厂做工。极端的贫困使得他们不得不勉强而又痛心地将孩子送进工厂劳动，除此别无他法。② 一个可怜的父亲曾对上院委员会说，当人们还在睡梦中的时候，我却不得不把自己的孩子从睡梦中叫醒，虽然我也不想这么做，但不这样做我又有什么办法来维持生活？晚上看到孩子们筋疲力尽地回到家，"满脸病容，萎靡不振"，我心里也非常难过，但又"不得不忍受这一切"，不然"全家大小就要受饥挨饿。"③ 儿童们一星期所挣的几个先令，再加上父母挣的15—20先令，也会凑成一笔可观的收入，虽过不上好日子，总还可以维持生活。④

6. 个别父母懒惰成性也是促成儿童劳动的因素

在童工队伍中，有一部分儿童是被懒惰成性的父母强迫进入工厂劳动的。资料显示，这些为人父者自己身体很好却懒于劳动，依靠子女养活自己。他们"以幼小儿女的幸福、健康及生存为代价得以进出堕落放荡之地。"⑤ 如一对有3个孩子的父母，一直过着游手好闲的日子，夫妻两人懒散，很少去做工，即使干，也多是象征性的，时间不长就回家，而"孩子们在工厂做工，每周按时把工钱带回家来。"夫妻两人分给孩子们

---

① ［英］E. 罗伊斯顿·派克编：《被遗忘的苦难——英国工业革命的人文实录》，第105页。

② ［英］E. 罗伊斯顿·派克编：《被遗忘的苦难——英国工业革命的人文实录》，第97—98页。

③ ［英］E. 罗伊斯顿·派克编：《被遗忘的苦难——英国工业革命的人文实录》，第98页。

④ ［英］克拉潘：《现代英国经济史》上册，第693—694页。

⑤ ［英］E. 罗伊斯顿·派克编：《被遗忘的苦难——英国工业革命的人文实录》，第98页。

一点后就"跑到小酒店去，拿好大一部分工钱买酒喝，约莫到了半夜才喝得烂醉回家；有时还要把那些辛苦挣钱供他们挥霍的孩子们臭骂一顿。"① 童工调查委员会的报告显示，有一些身为父母的工人，像十足的奴隶贩子那样贩卖儿童。"在声名狼藉的伦敦拜特纳——格林区，每逢星期一和星期二早晨，都有公开的集市，9 岁以上的男女儿童就在那里把自己出租给伦敦的丝织厂，'一般的条件是，每周 1 先令 8 便士（归父母），2 便士归我自己用作茶点费。'……直到现在英国还有这样的事发生：妇女'把子女从贫民习艺所中领出来，以每周 2 先令 6 便士的价格出租给任何一个主顾'。在大不列颠，不顾法律的规定，至少还有 2000 名儿童被自己的父母卖出去充当活的烟筒清扫机。"② 工厂主的一些言论也反映了这种现象的存在。有工厂主抱怨说，当工厂去把从前不受约束工业部门的儿童劳动时间"限制为 6 小时"的时候，"有些父母会把儿童从受限制的工业部门中领出来，把他们卖给'劳动自由'还盛行的部门，即卖给那些迫使不满 13 岁的儿童像成年人一样从事劳动，因而付给他们较高卖价的工业部门"③。贪婪、不负责任父母的这些行为，也在某种程度上助长了工厂中使用儿童劳动的行为。对此，马克思曾指出："不是亲权的滥用造成了资本对未成熟劳动力的直接或间接的剥削，相反，正是资本主义的剥削方式通过消灭与亲权相适应的经济基础，造成了亲权的滥用。"④

此外，当时社会上人口中的青少年人口较多也是使用儿童劳动的重要因素。资料显示，1671 年英国人口中 15 岁以下的未成年人占到人口总数的 28.5%，1826 年时达到 39.6%，1851 年回落至 35%，1881 年时又增加到 36%。显然，过多的未成年人如果不参加劳动，对贫穷的家庭来说无

① ［英］E. 罗伊斯顿·派克编：《被遗忘的苦难——英国工业革命的人文实录》，第 133 页。
② ［德］马克思：《资本论》第 1 卷，第 456—457 页。
③ ［德］马克思：《资本论》第 1 卷，第 457 页。
④ ［德］马克思：《资本论》第 1 卷，第 563 页。

疑是生活上的一个巨大压力。①

　　由于以上种种原因，英国工业革命期间，在以纺织行业为主的工业部门中大量使用童工成为一种普遍现象，并成为后来进行工业革命国家效仿的蓝本。

（二）使用儿童劳动的后果

　　童工调查委员会1843年的报告，在谈到各生产部门和工厂童工以及未成年工人的情况时指出，"青年工人在英国工业发展中所起的巨大作用第一次为人所充分认识"。关于童工对社会的贡献，就连资产阶级的一些开明人士也不得不承认，"和兰开夏的30万女童工的劳动的1/8相比"，"每天只要扣去她们2小时的劳动时间，那些财富、那些资本、那些资源、英国的权力以至英国的荣誉就会全部化为乌有！"② 要知道这才仅仅是童工的一部分。即使英国议会在纺织业、矿业等行业中调查到的那些事实，也并非这些行业童工的全部。③ 莫尔顿曾说，"产业革命得以完成，实有赖于儿童的劳动"④。据此可以说，工业革命初期，童工对英国工业发展的贡献是不容否认的。同样不容否认的是，使用童工劳动也给儿童带来诸多意想不到的后果。

　　1. 部分儿童的正常发育受到了影响

　　马克思、恩格斯认为，大工业生产使工人阶级受到前所未闻的、毫无限制的和肆无忌惮的剥削。童工劳动不仅摧残了儿童的身体健康，而且影

---

　　① Pamela Horn, *Children's Work and Welfare 1780-1890*, Basingstoke, New Hampshire: Palgrave Macmillan, 1994, pp. 4-5.

　　② ［英］E. 罗伊斯顿·派克编：《被遗忘的苦难——英国工业革命的人文实录》，第158、138页。

　　③ Leften Stavros Stavrianos, *The World Since 1500*, Englewood Cliffs, New Jersey: Prentice-Hall, Inc., 1982, p. 229.

　　④ ［英］莫尔顿：《人民的英国史》，谢连造等译，生活·读书·新知三联书店1976年版，第459页。

响其道德和智力的发展。对此，恩格斯在《英国工人阶级状况》一书中，以大量的事实进行了揭露。①

　　恩格斯认为，儿童在 9 岁时就被送入工厂做工，劳动时间是每天 6 小时半（以前是 8 小时，再以前是 12—14 小时，甚至 16 小时）一直工作到 13 岁，此后直到 18 岁，每天都要劳动 12 小时，长期的劳动对儿童的身体产生了不良的影响。即使假定这些不良影响"不致对他的身体有显而易见的损害，但是待在污浊潮湿而且经常是闷热的工厂空气里，对健康无论如何是不会有好处的。"② 不同的生产部门给童工带来的伤害是不一样的。

　　在纺纱工厂和麻纺工厂的车间里，常常飞舞着浓密的纤维屑。在此劳动的儿童不可避免地要吸入这些纤维屑。时间一长，就容易导致吐血、呼吸困难、发出哨音、胸部作痛、咳嗽、失眠。久而久之演变成肺结核。

　　服装加工行业看似轻松，实则不然。在每年生意比较繁忙的季节，童工每天的劳动时间长达 15 小时，如遇急迫定货，每天的劳动时间则要达到 18 小时。长时间劳动的结果，加上工作环境恶劣，女童的健康受到严重损害。出现肩痛、背痛，特别是头痛等症状；时间已久则会造成脊柱弯曲、鸡胸等，同时伴有眼肿、流泪、眼痛、近视以及各种妇科病等。③ 在花边行业中，四五岁或七八岁的儿童长时间盯着需要用针挑出来的那根线，时间久了眼睛就会受到损伤，甚至永远失明。在这个行业中，童工最常患的疾病是：头疼、容易昏倒、背痛、腰痛、食欲不振、脊柱弯曲、瘰疬和肺结核等。④

　　在矿业部门劳动，儿童从小就剥夺了在新鲜空气里活动的机会，"失

---

　　① 本部分内容主要根据《英国工人阶级状况》一书中的有关材料写成。

　　② ［德］恩格斯：《英国工人阶级状况》，第 436—437 页。

　　③ ［德］恩格斯：《英国工人阶级状况》，第 496—497 页。

　　④ ［德］恩格斯：《英国工人阶级状况》，第 479 页。

去儿童的新鲜的玫瑰色的脸色"，"发育受阻碍，肌肉松软和体格孱弱。"①
更重要的是，其"智力发展的水平是很低的"②。在煤矿当中，常年拉煤
推煤，用力的部位主要是胳膊、腿、背部、肩部和胸部，身体的其他部位
用力较少，结果使得这些部位因缺乏营养而发育不良。恩格斯说："虽然
我知道儿童是在什么样的条件下工作从而在思想上对这一点已经有了相当
的准备，但是我仍然很难相信那些比较苍老的工人所说的岁数，这些人老
的多么早呵。"③

2. 儿童受到的体罚成为其成长中的阴影

在早期的工厂中，儿童时常受到体罚。"厂主允许管理人殴打孩子，
而且常常自己也动手"④。监工常常拿着棍子在车间来回巡视，发现打瞌
睡的童工后就说，跟我来，将童工领到屋子的一个角落里，那里"有一
个铁槽，里面装满了水，他就抓起这孩子的两只脚，把他的头浸到水槽
里，再放他回去把一天的活干完。"⑤ 对上班迟到者也往往进行体罚。一
个不到 10 岁的童工，有一天早上迟到了，就被绳子捆着脖子，绳子上再
挂上 20 磅的重物，作为处罚，就像一个带着镣铐划船的奴隶一样，同时
还得在又闷又热的车间继续劳动。如果说这种行为可以被称为工厂纪律的
话，那么当你听到工厂童工因违反约束而遭受的痛苦时就会令人不寒而
栗。资料记载，罗伯特·布林克是一个工厂学徒，1799 年他同 80 个男女
儿童一道在洛达姆的工厂工作。为了纠正其"轻微的错误"，也为了"他
们劳动，在疲劳过度时保持醒觉"，管理人员就用鞭子抽打他们。在利顿
工厂，老板常常"用拳头、脚踢、马鞭来打儿童"，其恶行之一就是用指

---

① ［德］恩格斯：《英国工人阶级状况》，第 442—443 页。
② ［德］恩格斯：《英国工人阶级状况》，第 539 页。
③ ［德］恩格斯：《英国工人阶级状况》，第 447 页。
④ ［德］恩格斯：《英国工人阶级状况》，第 437 页。
⑤ ［英］E. 罗伊斯顿·派克编：《被遗忘的苦难——英国工业革命的人文实录》，第
106 页。

甲掐耳朵，"以致把耳朵掐穿了。"布林克有时被绑在转动的机器上，"机器的来回摆动使他不得不把脚弯下去"。有时在冬天还让其光着身子劳动并且肩上"背负着很重的负担"。对那些因受到工厂残酷行为迫害而企图逃跑的人，工厂管理者"就把他们脚上钉上脚镣"①。有工厂的老板将童工摁在地上抓住他的头发，"用脚踢她的脸，踢得鲜血直流。"② 以上种种行为不可避免地给儿童的成长带来阴影，要么懦弱胆怯，不敢维护自己的正当权利，要么形成暴躁的性格，以暴制暴，扭曲了正常的人格。

3. 个别儿童暂时地或永久性地失去劳动能力

在工厂中劳动的儿童，由于机器的高速运转，加之一部分机器没有保护性的护栏，长时间劳动带来的过度疲劳，常常导致工伤事故的发生，造成儿童残废或永久性的丧失劳动能力。

工业革命初期，由于各行各业缺乏安全设备，导致工伤事故频繁发生。特别是长时间的劳动快结束时，"儿童由于疲劳而半睡了，但还未离开工作，于是手指轧断了，四肢被齿轮碾碎了，事故层出不穷。"从事扫烟囱儿童，很多"在爬进烟囱时烧伤致死"，有人估计，到 19 世纪中叶时"扫烟囱儿童这支被煤烟污染受伤的队伍总共有 2000 人。"③

在煤矿中，矿井内几乎每天都有瓦斯爆炸，随时都有水平坑道整个或部分地崩塌下来的事故发生，把工人活埋或者把他们弄成残废。工人上下矿井主要依靠绳索攀缘，一旦出现绳索断裂，攀缘的工人就会坠入井底，轻者粉身碎骨，重者毙命。④ 在制造业中，1843 年，海明斯利铁钉铁环制

---

① ［法］保罗·芒图：《十八世纪产业革命——英国近代大工业初期的概况》，第336—337 页。

② ［英］E. 罗伊斯顿·派克编：《被遗忘的苦难——英国近代大工业初期的概况》，第 112 页。

③ ［法］保罗·芒图：《十八世纪产业革命——英国近代大工业初期的概况》，第336 页。

④ 参见［德］恩格斯：《英国工人阶级状况》，第 538 页。

造厂发生事故时，"一个小男童工因一堆铁环掉到头上当场死亡，另一个
男童工断了两条大腿和一只手臂。另外三个男童工也受了伤"，"在童工
和青年工人当中，事故频繁发生，九岁以上十八岁以下的工人中，发生事
故的多达六十至七十人"。① 1860 年，工厂视察员在半年度报告中提到的
工伤事故有 2047 起，其工伤情况见表 3-4。

表 3-4　1860 年工伤事故表

损伤性质	成年工		未成年工		童工		合计		总计
	男	女	男	女	男	女	男	女	
死亡	14	3	7	2	2	2	23	7	30
截断右手或右臂	5	6	3	1	1	—	9	7	16
截断左手或左臂	4	1	7	3	1	—	12	4	16
截断右手的一部分	23	24	29	22	15	7	67	53	120
截断左手的一部分	16	17	21	18	8	7	45	42	87
截断腿或脚骨的一部分	5	—	1	—	—	—	6	—	6
四肢和身体骨折	30	11	43	11	11	4	84	26	110
手或脚骨折	39	43	30	37	20	15	89	95	184
头部面部受伤擦伤碰伤	20	17	23	29	11	4	54	40	94
上列伤亡以外的创伤	268	255	315	352	128	66	711	673	1384
合计	424	377	479	465	197	105	1100	947	2047

资料来源：[德] 马克思：《不列颠工厂工业的状况》，《马克思恩格斯全集》第 13 卷，第
225 页。

　　针对上述种种灾难和不幸，恩格斯愤然写道，为了一个阶级的利益竟
然会有许多成为畸形者和残废者，"资产阶级的这种令人厌恶的贪婪造成

———————

　　①　[英] E. 罗伊斯顿·派克编：《被遗忘的苦难——英国工业革命的人文实录》，第
170 页。

了这样一大串疾病！妇女不能生育，孩子畸形发育，男人虚弱无力，四肢残缺不全，整代整代的人都毁灭了，他们疲惫而且衰弱"，所有这些仅仅是为了要"填满资产阶级的钱袋！"①

4. 童工劳动会导致家庭离散

前工业社会中，妇女儿童参与劳动，大多数情况下是全家人待在一起。父母与子女的关系较为亲密。使用机器生产以后，这种情况发生了变化。"大家都在不同的地方，只有早晨和晚上才能碰到"，如果妻子的劳动时间一天是十二三小时，丈夫的劳动时间也那么长，结果待在家里的孩子就会"像野草一样完全没有人照管"，孩子长大以后对父母也不会有什么感情。② 对大一点的儿童来说，当他们进入工厂挣得钱多于父母花在他们身上的钱时，他们便在上交父母一部分钱后，自己留一部分零钱用于开支。加之工厂的磨炼已经使其逐渐独立，他们把父母的家看作类似小旅馆一样的地方，高兴时就待在这里，不高兴时则走人。③ 个别贫困堕落的父母总想让孩子多向家里交钱，却不关心他们的教育和成长。这样一来，当孩子们长大后，自然也就对他们的双亲漠不关心，甚至弃之不管。克拉潘说："在任何阶层之中，完全工资劳动者的儿童通常不会在家中住多少年，这一事实是自这 10 年之末起进行的历次调查所证实的。"当然，也并非都这样。制火柴和小儿外衣"少女和制麻绳的少女""一般都住在家中"。④

5. 有些儿童在无意中被诱导成为犯罪者的后备军

工业革命初期，由于厂房紧张，男女老少挤在一起，时间久了会发生什么可想而知。童工从幼年起就听惯了各种下流话，在各种卑劣、猥亵、

---

① ［德］恩格斯：《英国工人阶级状况》，第 452—453 页。
② ［德］恩格斯：《英国工人阶级状况》，第 415—146、429—430 页。
③ ［德］恩格斯：《英国工人阶级状况》，第 430—431 页。
④ ［英］克拉潘：《现代英国经济史》中册，第 591 页。

无耻的习惯中野蛮无知地长大。如在花边行业，从事不同工种的男女童工常常会在夜间被叫进工厂做工，工作完成后就一起去游荡，从而助长了道德败坏现象。从事花边编结的女童，很少接受教育，更没有受过道德教育，又喜欢打扮赶时髦，久而久之，卖淫在她们当中几乎成了流行病。① 不少行业中，很小就参加劳动的男女儿童之间几乎都存在混乱的性关系。资料显示，当时的罪犯中接近 1/2 的人年龄在 15 岁以下，10 岁被判刑的有近百人，而其中的 44 人是刑事犯。② 制砖厂中的一些女童工常常"裸露大腿，蓬头垢面，根本不在乎什么端庄和羞耻"。往往"从幼年起就终生沦为放荡成性的败类"。③ 这一类的童工成年后怎么可能成为道德高尚的绅士和淑女！

　　统计资料显示，在不到 100 万人口的伦敦充斥着小偷和妓女，其中有许多是雏妓。④ "童工调查委员会报告"指出，较早参加劳动的女童几乎没有接受什么教育，城市生活对她们又充满了诱惑，不少女童因此而堕落，成了流氓、乞丐、小偷、妓女。⑤ 恩格斯也说，工人阶级的整个状况以及他们周围的整个环境都促使他们道德堕落，实际上这是对社会秩序的蔑视，而蔑视社会秩序最明显最极端的表现则是犯罪。1805—1842 年，因刑事犯罪被捕事件的数字增加了 6 倍，从 4605 起增加到 3.1309 万起。⑥ 上述现象的发生，不仅影响到社会的道德风气，而且危及社会秩序的稳定。如果说恶劣的劳动条件给人们带来的是不幸的话，那么，由于工厂劳动条件恶劣而导致的道德沦丧，则是整个社会的悲哀。

---

　　① ［德］马克思：《资本论》第 1 卷，第 479—480 页。
　　② ［德］恩格斯：《英国工人阶级状况》，第 488 页。
　　③ ［德］马克思：《资本论》第 1 卷，第 534 页。
　　④ ［英］E. P. 汤普森：《英国工人阶级的形成》，第 55 页。
　　⑤ ［英］罗伯特·赫森：《工业革命对儿童的影响》，http://bjzc.org/bjs/bc/81/89，2006 年 6 月 12 日。
　　⑥ ［德］恩格斯：《英国工人阶级状况》，第 416—417 页。

三、马克思恩格斯论童工劳动①

在工业革命前后的社会中，禁止所有形式的童工劳动并不一定能保证儿童利益的最大化。如果没有了工作，一个儿童的生存可能受到严重威胁，有了工作至少能勉强维持生存。因此，对儿童参加劳动应该有一个客观的认识。

（一）在特定的历史条件下普遍禁用童工与大工业的存在不相容

按照马克思恩格斯的看法，无产者对待儿童劳动的态度不应是全面反对，否则就只是"空洞的虔诚的愿望"。在资本主义制度下，一些人不是为童工的最低雇佣年龄和劳动时间限制而斗争，只是笼统地反对使用童工。结果只会把工人阶级的子女置于饥饿与流浪的边缘，这样就取消了他们参加大工业生产的机会，"这种做法是反动的"。马克思恩格斯认为，在正常的社会制度下，9岁以上的儿童都应该像有劳动能力的成年人那样参加劳动，不仅用脑劳动，而且用双手劳动②，只有这样他才能生存。

（二）限制儿童的最低雇佣年龄和劳动时间

马克思恩格斯认为："现代工业吸引男女儿童和少年来参加伟大的社会生产事业，是一种进步的、健康的和合乎规律的趋势。"③ 无产阶级应该把斗争矛头指向资本主义的残酷剥削制度，要"通过斗争对童工的年龄和工时加以限制"。应当根据生理状况把男女儿童和少年分为三类，分别对待："第一类包括9—12岁的儿童，第二类包括13—15岁，第三类包括16—17岁"。建议法律，"把他们在任何工场或家庭里的每日劳动时间

---

① 本部分内容根据鲁运庚《马克思恩格斯论童工劳动》一文改写而成，原文见《历史教学问题》2006年第5期。

② ［德］马克思：《临时中央委员会就若干问题给代表的指示》，《马克思恩格斯全集》第16卷，人民出版社1960年版，第216页。

③ ［德］马克思：《临时中央委员会就若干问题给代表的指示》，第216页。

限制如下：第一类 2 小时，第二类 4 小时，第三类 6 小时。第三类至少应当有 1 小时吃饭或休息的间歇时间"。① 否则，过度使用儿童劳动，特别是"迫使儿童在现在这种条件下从事劳动，那是太骇人听闻了。"② 把儿童应该专门用在身体和精神上的发育时间，牺牲在冷酷的资产阶级的贪婪上，把儿童从学校和新鲜空气里拖出来，让厂主老爷们从他们身上榨取利润，这无论如何是不可饶恕的。

（三）儿童参加生产劳动应该与接受教育相结合

资本主义大工业既提供了对人全面发展的需要，也从生产力发展水平上提供了人全面发展的物质前提。机器大工业生产的发展，一方面日益要求劳动者掌握现代科学技术知识；另一方面也日益要求教育和生产劳动相结合，使青少年在学习时期就能了解生产过程的基本原理和获得运用简单生产工具的技能。但资本主义剥削制度却把人变成了机器的附属品。很早就参加劳动的儿童，长年被束缚在劳动岗位上，除了受到剥削外，难以学习到任何有用的手艺。繁重的劳动使得他们成为粗野的、反常的人。因此，马克思恩格斯主张应该把教育和生产劳动结合起来，只有这样才能抵制资本主义剥削制度对工人阶级后代进行的身心摧残，才能保护工人阶级后代的劳动权利和教育权利。所以，他们特别强调要"按照不同的年龄阶段，严格调节劳动时间并采取其他保护儿童的预防措施"，只有"生产劳动和智育"的结合才是"改造现代社会的最强有力的手段之一。"③ 对工人阶级来说，应该认识到自己的未来，"也是人类的未来，完全取决于正在成长的工人一代的教育。""如果不把儿童、少年的劳动和教育结合

---

① ［德］马克思：《哥达纲领批判》，《马克思恩格斯选集》第 3 卷，人民出版社 1995 年版，第 318 页。

② ［德］马克思：《关于在资本主义制度下使用机器的后果的发言记录》，《马克思恩格斯全集》第 16 卷，人民出版社 1960 年版，第 641 页。

③ ［德］马克思：《哥达纲领批判》，《马克思恩格斯选集》第 3 卷，人民出版社 1995 年版，第 318 页。

起来，那无论如何也不能允许父母和企业主使用这种劳动。"儿童和少年的权利应当得到保护。当他们不能保护自己时，社会应该保护他们。即"通过国家政权施行的普遍法律"加以保护。①

英国工业革命初期，大规模的使用儿童劳动，从某种程度上说是一种习惯使然。保罗·芒图在《十八世纪产业革命——英国近代大工业初期的概况》一书中曾说，使用儿童劳动"这种可恶行为""唯一值得为之开脱的情节"，是它"不是一件新的罪恶"。家庭作坊里，"对儿童进行剥削不啻是十分自然的事情。"当时"人们对于这种情事不但不表示气愤"，反而认为是"值得赞美的。"② 在前工业社会中，家庭就是生产生活的基本单位，生产力水平的低下使得人们的经济联系和经济活动基本局限在很小的范围内。农民以种地为生，闲暇时从事一点手工业（主要是纺织业），全家老少一起参与。农民习惯了种地为生，不愿接受新生事物，不愿进入工厂做工。对专门从事手工生产的手工业者来说，他们看不到工厂未来的潜力，也不愿放弃自己的生意。因此，工厂找不到足够的成年劳动力。从儿童尤其是教区与孤儿院儿童角度看，他们本来就有做工（详见第二章中的有关内容）经历（济贫法与慈善的传统），可以很快适应工厂环境。从当时的社会来看，教育尚未普及，劳动成为一种学习的手段。儿童从会走路开始就通过某种形式的劳动来学习。加之，英国清教主张勤奋劳动不养闲人的思想深入人心，所以当工厂找不到足够的成年劳动力时，儿童尤其是孤儿院的儿童便成为首选。在当时，新兴的工厂主雇佣教区与孤儿院儿童，对工厂主、教区和孤儿院乃至社会是一种多赢行为，所以能够为社会认可。只是当工厂规模日趋扩大，教区孤儿院儿童不足以解决工厂劳动力问题时，其他儿童（贫困家庭的）也被卷入工厂劳动，而且是

---

① ［德］马克思：《临时中央委员会就若干问题给代表的指示》，第 217、218 页。
② ［法］保罗·芒图：《十八世纪产业革命——英国近代大工业初期的概况》，第 335 页。

在一种非常恶劣的环境中劳动。与前工业社会中儿童劳动是其生活的一部分，或是其生活于其中的群体文化的要求不同，工业化的开展和都市化的进程改变了传统的劳动方式，儿童劳动已不单纯是因为生活贫困必须进行的劳动，更多的是儿童追求独立的一种方式。① 道格拉斯·诺斯在阐释经济制度时发现，制度的变迁有类似于物理学中的惯性，即一旦进入某一路径（无论是"好"还是"坏"）就可能对这种路径产生依赖。借此来看早期工业革命中的儿童劳动，可以说有很大一部分因素是"习惯使然"，并且是多种"习惯"使然。②

马克思恩格斯曾说，当社会上还没有保护儿童氛围的时候，父母应该首先保障儿童的身心健康发展，不应为享有眼前的一点利益而牺牲儿童的未来。作为儿童少年要防止父母权力的滥用，必须取得立法支持，即社会制定保护儿童少年的法律，使其免于在不健康的环境中劳动，以便为未来储备必要的劳动力资源，获得可持续发展的能力。③ 对现代欠发达国家来说更是如此。保护儿童的身心健康，为其发展营造一个适宜的环境尤为重要。儿童个人的幸福、家庭的幸福与社会和国家的兴衰息息相关。

① Chen X., "Review of Clayton A. Hartjen and S. Priyadarsini, The Global Victimization of Children: Problems and Solutions", *Asian Journal of Criminology*, 2014, 9 (2): 165-166.

② ［美］道格拉斯·诺斯：《经济史中的结构与变迁》，陈郁、罗华平译，上海人民出版社 1994 年版；阙方平：《中国票据市场制度变迁》，中国金融出版社 2005 年版，第41 页。

③ ［德］马克思：《临时中央委员会就若干问题给代表的指示》，第 217—218 页。

第四章　童工劳动的蔓延

第一节　英国以外欧洲主要国家的童工劳动

　　英国之后，欧美许多国家也开始进行工业革命，"效法英国"成为当时人们的口头禅，英国成为"工业欧洲的老师"，"不断有人前去求教，英国也派遣企业家、工程师、工长和操作机器的工人到欧洲各地去建立和运营工厂"。在这样的大背景之下，法国、德国等国家的一些企业都是在建立之前派人到英国学习，有人形容法国的工业化是，"靠英国的机器、英国的技术人员和工人，部分地靠英国的资本实现的。"[①] 与英国的情形类似，这些欧洲国家在进行工业革命的过程中也不同程度地使用了儿童劳动，其中许多是童工，本章主要介绍的是童工劳动的情况。

一、法国的童工劳动

（一）基本情况

　　与英国相比，法国机器工业的发展较为缓慢。其发展的标志主要体现

---

　　① ［英］C. W. 克劳利编：《新编剑桥世界近代史》第 9 卷，中国社会科学院世界历史研究所组译，中国社会科学出版社 1992 年版，第 54 页。

在以蒸汽动力机器生产企业的增加，和由此带来的工业产量的增长方面。资料显示，1815 年法国拥有蒸汽机约 200 台，1832 年时已有 525 台，到 1848 年时达到了 4850 台。与英国一样，法国工业革命初期占绝对优势的企业也是以棉纺业为主的纺织业。19 世纪 40 年代末期，法国拥有 566 家棉纺厂，使用纺纱机 11.6 万台，拥有纱锭 350 万枚，年消耗棉花在 6000 万公斤以上。1815—1845 年间，法国工业的年增长率平均为 3.32%。[①]

　　1870 年以前，法国分散的小企业、小手工业占绝对优势。雇工 10 人以下的小企业占到工厂总数的 94%。这类企业中的工人占到法国工人总数的 60% 左右。传统的纺织、服装、食品、制革、木材、家具等行业不仅发展缓慢，而且大多处于分散的手工劳动状态。1866 年法国有不同类型的业主 133.4 万人，工人数是 289.8 万人，每个业主平均雇佣工人 2.17 名。纺织业稍好一点，但每个业主雇佣的工人数平均起来也只有 3 人，整个行业中的手工劳动占到 70%。[②] 现代化大企业和分散的传统的中小企业并存，但中小企业却始终占多数。法国工业的这种发展状况决定了其对工人的技术要求并不高，加之企业为了降低成本，妇女儿童成为许多企业招工时的首选。

　　在前工业化时期，法国乡村社会中七八岁的儿童外出学徒、做仆役或从事类童工劳动是常事。[③] 从保留下来的一些地方学徒契约（如奥尔良的学徒契约）中，可以窥见学徒的年龄在 7—20 岁之间。[④]

　　早在 1572 年，孚日山脉采煤的矿工中就有儿童的身影，其年龄在六

---

　　① 沈炼之、楼均信：《法国通史简编》，人民出版社 1990 年版，第 321、417 页。

　　② 沈炼之、楼均信：《法国通史简编》，第 417 页。

　　③ Natalie Zemon Davis, "Women in the Crafts in Sixteenth-Century Lyon", *Feminist Studies*, 1982, 8 (1)：46–80; Colin Heywood, *A History of Childhood：Children and Childhood in the West from Medieval to Modern Times*, Cambridge, U. K.：Polity Press, 2001, p. 127.

　　④ Colin Heywood, *A History of Childhood：Children and Childhood in the West from Medieval to Modern Times*, p. 127.

七岁之间。儿童因为身体瘦小，便于在狭窄的坑道中拖运煤块，几个儿童一起，有的在前面拉，有的在后面推，一起将煤块运出坑道。他们与成年人一样，每天的劳动时间从十一二小时到 14 小时不等，有时达到 15 小时。①

纺织业使用儿童劳动则更为普遍。18 世纪末期，在色当、圣戈班（Saint-Gobain）的纺织工场中都有大量的儿童。1790 年，图尔昆（Tourcoing）地区的缫丝行业雇佣了 8000 多名工人参加劳动，其中有 3000 多人是儿童。这些儿童在工场中主要是从事梳毛等技术含量较低的劳动或者做帮手。②

采用机器生产以后，企业中工人的劳动条件与传统工匠的劳动条件大不相同。在新式企业中，由于某些生产环节不太需要体力，比如照看机器等，妇女儿童便成为首选。③ 在一些新建的工厂中妇女儿童成为主要的劳动力。如 1823 年法国 16 岁以下的儿童占到工厂工人数的 30%—40%，1839—1843 年间，16 岁以下的儿童有 14 万多人，占到劳动力总数的 12.1%左右。④ 1840—1845 年间，法国 63 个行政区中 10 人以上企业中的工人总数是 105.4 万人，其中成年男工为 6.72 万人，女工为 25.4 万人，童工为 13.1 万人。⑤ 童工占到工人总数的 12.4%。从行业来看，棉纺、毛纺、混纺、皮革、制陶以及造纸等行业是使用妇女儿童最多的生产部门，见表 4-1。

---

① [s.n.] "Histoire du travail des enfants en France", http://www.droitsenfant.fr/travail_histoire.htm，2018 年 9 月 16 日。

② [s.n.] "Histoire du travail des enfants en France", http://www.droitsenfant.fr/travail_histoire.htm，2018 年 9 月 16 日。

③ [法] 瑟诺博斯：《法国史》，沈炼之译，商务印书馆 1972 年版，第 454 页。

④ Colin Heywood, *A History of Childhood*: *Children and Childhood in the West from Medieval to Modern Times*, p. 133.

⑤ [民主德国] 汉斯·豪斯赫尔：《近代经济史：从十四世纪末至十九世纪下半叶》，第 350 页。

表 4-1　1845 年法国各行业使用儿童劳动情况表

工业		工人数量				百分比（%）	
		男工	女工	16 岁以下儿童	工人总数	妇女儿童	儿童
纺织业	棉织	109344	90647	44828	244819	55.3	18.3
	毛织	72678	44668	26800	144146	49.6	18.6
	亚麻和大麻	33067	15868	7232	56167	41.1	12.9
	丝织	109662	46127	9326	165115	33.6	5.6
	混织纤维	47062	21471	15803	84336	44.2	18.7
矿业、采石		69243	5786	6256	81285	14.8	7.7
基础金属加工		63066	3287	6340	726963	13.2	8.7
金属加工		41864	4458	6315	52637	20.5	12.0
皮革制品		11751	9320	751	21822	46.2	3.4
木材加工		5150	425	262	5837	11.8	4.5
制陶业		25187	4222	4089	33498	24.8	12.2
化学制品		7547	930	606	9083	16.9	6.7
建筑业		26825	2449	2930	32204	16.7	9.1
照明设备		1239	262	71	1572	21.2	4.5
装饰		—	—	—	—	—	—
服装		4147	1945	410	6502	36.2	6.3
食品		115368	14163	6889	136420	15.4	5.0
运输		4838	13	223	5074	4.7	4.4
造纸、出版		13518	8370	2841	24729	45.3	11.5
奢侈品		1199	57	95	1351	11.3	7.0
其他		5153	4369	1598	11120	—	—
总计		767908	278837	143665	1190410	35.5	12.1

资料来源：Colin Heywood, *Childhood in Nineteenth-century France：Work, Health and Education Among the Classes Populaires*, Cambridge：Cambridge University Press, 1988, p. 104。

　　从表4-1中可以看出，纺织业是使用儿童劳动最多的行业之一。1840年，法国纺织业工人已有9.3万人，占到法国工人总数的65%。在纺织工人中，妇女儿童占到75%左右。1861年的数据显示，棉纺、制衣行业中的妇女儿童劳力最多。[1] 这种情况与美国内战后南部纺织厂的情况非常类似，那时美国南部棉纺厂中的工人有60%是儿童。[2] 从男女儿童在工人中的比例来看，女童比较多，占到40%，男童约为37%。当时人们认为进入工厂做工是一个比较好的挣钱机会。[3]

　　法国工业中使用童工存在地区差别。在纺织业较为发达的地区，童工的使用比较集中，如艮特（Ghent）。1790年，亚伯拉罕·沃特曼（Abraham Voortman）在艮特建立起第一家棉布印花厂，随后又建立起纺纱、织布等工厂。1794年，在此建立的各类工厂已有20家。工厂工人中多数是妇女儿童，从事接断头和清洁等劳动，或者做纺线、绕线的工作。1842年，沃特曼工厂中14岁以下的童工占到工厂工人的3.7%。1859年占到10%，1879年是8%，1902年是3.8%。1842—1902年间，沃特曼工厂工人中的性别与年龄构成情况见表4-2。

表4-2　沃特曼工厂工人性别与年龄及在工人总数中的百分比

年龄＼年份＼性别	1842		1859		1879		1902	
	男	女	男	女	男	女	男	女
5—9岁	0	0.6	0	0	0	0	0	0
10—14岁	0	3.1	2.6	7.4	1.0	7.0	0	3.8

　　[1] Marjatta Rahikainen, *Centuries of Child Labour: European Experiences from the Seventeenth to the Twentieth Century*, Hampshire, U. K.: Ashgate, 2004, p. 134.

　　[2] Lee Shai Weissbach, *Child labor Reform in Nineteenth-century France: Assuring the Future Harvest*, Baton Rouge: Louisiana State University Press, 1989, p. 165, table 4.

　　[3] Louise A. Tilly, "The Family Wage Economy of a French Textile City: Roubaix, 1872-1906", *Journal of Family History*, 1979, 4 (4): 381-394.

续表

年龄 \ 性别 \ 年份	1842		1859		1879		1902	
	男	女	男	女	男	女	男	女
15—19 岁	4.4	4.9	11.1	9.5	2.0	22	6.5	22.7

资料来源：Peter Scholliers，"Grown-Ups，Boys and Girls in the Ghent Cotton Industry：The Voortman Mills，1835-1914"，*Social History*，1995，20（2）：201-218。

1841 年，限制使用童工的法律颁布后，工厂使用儿童劳动开始受到限制。因 1841 年法律适用于 20 人以上的工厂，所以对雇工在 20 人以下的企业影响不大。资料显示，19 世纪中后期，巴黎 360 家大型工厂中，16 岁以下的儿童有 4500 人，而在同时期的 500 家小型企业中雇佣的儿童则有 2.55 万人。其中直接受雇儿童 1500 人，其余 2.4 万人为貌似学徒的儿童。1867 年，罗纳省（Rhône）的一些大型企业中雇佣儿童 2650 人，而一些小型企业中雇佣的儿童多达 5200 人。1875 年，塞纳地区的 2.5 万名儿童劳动者中几乎没有人在大型企业中工作。[1] 这些情况说明，1841 年童工法的颁布，对 20 人以上的企业使用起到了限制作用。

（二）劳动条件

首先，劳动时间长、待遇低。工厂乐于使用儿童劳动，一方面是因为他们身材矮小，可以从事一些不适合成年人做的工作，比如在织布厂的织布车间接断头等；另一方面则是可以付给他们很少的报酬，只有成年男工的 1/3 或 1/2[2]，但劳动时间却并不相应的减少。[3] 童工每天的劳动时间通常在 10—14 小时之间，有的地方长达 17 小时。长时间的劳动给童工的

---

[1]　Kristoffel Lieten，Elise van Nederveen Meerkerk，*Child Labour's Global Past，1650-2000*，New York：Peter Lang，2011，pp. 145-146.

[2]　Colin Heywood，*Childhood in Nineteenth-century France：Work，Health and Education Among the Classes Populaires*，p. 35.

[3]　Pierre Goubert，*The Course of French History*，New York：Routledge，1991，p. 261.

肢体和骨骼造成严重的损伤。①童工的报酬，是根据其年龄大小和从事的工作来确定的。如12岁以下的儿童每天可得45生丁（1生丁等于1%法郎），13—16岁的儿童可以获得75生丁而当时的面包价格为30—50生丁一公斤。②从童工来源看，他们多来自穷乡僻壤地区，贫穷使得他们乐于接受微薄的工资，尤其是妇女儿童更是这样。

其次，生活环境恶劣。工人居住的房屋，阴暗潮湿狭小且没有卫生设备。在北方城市中的许多纺织工人，一般三四人同住一间，多者达八九人合住。没有卫生设备，光线暗淡，空气混浊。③

空想社会主义者沙尔·傅立叶（1772—1837），描述19世纪30年代工人状况时写道，在亚眠、康布雷和圣康坦之间的皮卡迪等工业区，工人居住的房间中以铺在地上的枯树叶代替床铺。即使在冬天，这些树叶也能孵出无数小虫子，"父亲和孩子们在早上起身的时候，就得把挂在身上的一条条小虫子拣下来。"饮食就像画饼充饥，"美丽的法兰西的幸福现状就是这个样子"。④

童工的处境则更为艰难。一位作家在1833年描绘过童工的境遇，指出在雇佣劳动者阶级中，"只要孩子们有站着的力气，他们就得去做工"。如果儿童能像成年人一样很好地完成某些劳动的话，厂主则乐意使用儿童而不会使用成年人从事这类劳动。儿童是廉价劳动力的来源。因此，父母多生孩子"受到鼓励"，"并把这看成是上帝的恩赐，因为这些不幸的小家伙挣的钱要比他们吃掉的多一些"。这样一来，在许多工人家庭里，

---

① Colin Heywood, *A History of Childhood: Children and Childhood in the West from Medieval to Modern Times*, p. 135.

② ［法］让·马蒂耶：《法国史》，郑德弟译，上海译文出版社2002年版，第185页。

③ ［法］让·马蒂耶：《法国史》，第279页。

④ ［德］格奥尔格·克内普勒：《19世纪音乐史》，王昭仁译，人民音乐出版社2002年版，第321页。

"父子关系变成了一种经济上的投机买卖"①。虽然法国从 19 世纪 40 年代即已开始以法律限制童工劳动，但这些措施却像在英国工业革命初期的情况一样，既不充分又未被严格执行。

再次，缺乏安全保障。因车间内防护措施缺乏，童工惨死厂房、车间的现象时有发生。在号称"阿尔萨斯工业之都"的米卢兹（Mulhouse），一般普通人的寿命平均为 36 岁，而制造业工人的平均寿命则只有 26 岁。在工业中心诺曼底，每千人中就有 166 人因工致残。在工厂中劳动的童工"越过其力之所能，因过劳而致疾，而夭折，成为司空见惯之事"。②

童工的悲惨处境在一些作家作品中也有反映。法国 19 世纪的现代派诗人查理斯·皮埃尔·鲍德莱尔（Charles P. Baudelaire，1821—1867）写道，"这些瘦弱的人呼吸着工厂的灰尘，吞咽着棉花的飞絮，体内充满了为制造产品所必需的铅、水银和其他一切毒素，睡在与寄生虫为伍的棚子里——在这种地方，人类最崇高和最纯洁的道德，同坏透了的罪恶和监狱里出来的渣滓败类相互并存，看到了这一切的任何人，不论他隶属于哪一个党派，也不论他是带着怎样的偏见成长起来的，怎能会没有感触呢？"③

维克托·雨果也在其 1846 年的诗中写道④：

我们在这儿看到的这些 8 岁的儿童，

他们一个个没有笑颜，面带着病容，

他们瘦弱，令人担忧，他们在走向何处？

他们要在机轮旁边站上 15 个小时，

———————————

① David O. Evans, *Social Romanticism in France 1830–1840*, New York：Octagon Books 1969, pp. 539–541.

② Dr. Villerme, *Tableau De L'état Physique Et Moral Des Ouvriers Employés Dans Les Manufactures De Coton, De Laine Et De Soie*, 转引自陈振鹭：《劳动问题大纲》，第 105—106 页。

③ ［德］格奥尔格·克内普勒：《19 世纪音乐史》，第 321—322 页。

④ ［德］格奥尔格·克内普勒：《19 世纪音乐史》，第 321—322 页。

他们机械操作，从早到晚没有休息，

这是永恒的牢房，就是他们要去的地方。

　　欧仁·鲍狄埃在 1887 年写的《赤脚娃》一诗，反映了 19 世纪后期法国童工的苦难生活。

赤脚娃①

垫一堆刨花，披一条麻袋，

苦孩子也有他的"鸭绒铺盖"。

喂，工厂的烟囱已经冒烟，

快从你的"安乐窝"里爬出来。

起来，刚刚八岁的小奴隶！

你身患肺病，脊背也弯曲，

不管刮风下雨，天还没亮，

就得去工厂呼吸龌龊的空气。

走，受尽压榨的

赤脚娃，

跟上工人的大军，

跟上工人的大军。

钟声敲响啦！

揉一揉你熬得红肿的双眼，

这清晨好像呵气一样温暖。

―――――――――

　　①　文成英、李融编选：《外国儿童诗选》，四川少年儿童出版社 1987 年版，第 55—57 页。

要是在田野上，你该多舒适，

今天的天气定然是阳光灿烂。

嫩绿的麦穗即将变成金黄，

万物都欢乐，只有穷人悲伤。

长年把童工关在阴暗的厂房，

让他将来怎样能够茁壮的成长？

走，受尽压榨的

赤脚娃，

跟上工人的大军，

钟声敲响啦！

这孩子从未受过娇生惯养，

他父亲多年前惨死在矿上，

哀伤的母亲含泪把他哺育，

他在饥饿中挨过童年时光。

命运给他的是沉重的打击，

他挣扎着活命，毫无乐趣。

每当工头把他残酷地殴打，

他对这世道更是厌恨无比。

走，受尽压榨的

赤脚娃，

跟上工人的大军，

钟声敲响啦！

二、德国的童工劳动

与英法相比，德国工业革命开始的时间要晚一些。此前，无论是农村还是城镇，儿童大多参加劳动，儿童的劳动价值是显而易见的。离家外出劳动，一方面可减少其在家庭中的消费；另一方面也有利于补充家庭收入。当然对儿童的监护人来讲，鼓励儿童参加劳动也是其责任使然。在教育尚未普及的条件下，劳动是儿童社会化和掌握生存技巧的主要途径之一。①

（一）基本情况

1784 年，德国在欧洲大陆上首次使用纺织机。此后，以机器为动力的织布机逐渐取代了手工操作的织布机，纺织工业渐渐发展起来。但总体来看，这时的德国仍是一个以农业为主的国家，农业人口占到总人口的 70% 以上。在德国的人口结构中，15 岁以下的人口占很大的比例。如萨克森，1834 年，15 岁以下的人口占到该地人口总数的 32.9%，1890 年达到 33.7%。普鲁士，1852 年 14 岁以下的人口占该地人口总数的 32.7%。从整个德国的情况来看，1911 年，15 岁以下的人口在人口总数中的比例是 32.1%，1925 年是 23.7%，1939 年是 21.6%。② 儿童人口约占人口总数的近 1/4，这也容易理解各行业为什么会大量使用儿童劳动。

早期纺织厂因劳动力缺乏，使用了大量孤儿院孤儿。如柏林毛纺厂，1725 年从波茨坦军区孤儿院（Potsdam military orphanage）雇佣了 60 名孤儿当纺纱工。1763 年，维格诺（Du Vigneau）孤儿院雇佣了 360 名孤儿生产蕾丝。除孤儿外，社会上的其他儿童也以不同的方式参与了劳动。如在萨克森、西里西亚以及波西米亚等地，冬天的晚上，全家聚在一起纺纱，

---

① Thomas Max Safley, "History of Child Labor in Germany: An Overview", in Hindman, Hugh D. (eds.), *The World of Child Labor: An Historical and Regional Survey*, New York: M. E. Sharpe, 2009, pp. 615-618.

② Peter Mathias, M. M. Postan, *The Cambridge Economic History of Europe*, Vol. 7, Cambridge: Cambridge University Press, 1978, p. 443.

以获得微薄的工资收入贴补家用是常事。①

由于青少年人口众多，加之社会的鼓励，早期工厂中使用儿童的比例大大增加。1810—1846 年间，14 岁以下儿童占到工厂劳力的 10%—20%。② 具体到某些工厂，其比例则更高。1818 年，因建立工厂学校而受到普鲁士政府褒奖的一个工厂主，在其拥有的两个纱厂中使用了 160 名儿童，年龄最小的只有 6 岁。他将这些儿童分成数量不等的两组，一组 96 人在白天劳动，另一组 65 人在夜间劳动。白天劳动 13 小时，夜间劳动 11 小时。对这种情况，工厂主没有感到不妥，反而认为"做夜工的儿童外貌健康而活泼，不像柏林人那么面色苍白；他们做夜工并不十分疲劳，在 1/4 里长的回家的路上还百般淘气呢！白天睡觉对身体同样有益。"③再如，1840 年凯姆尼兹（Chemnitz）工厂工人中，儿童占到工厂工人数的 17%；莱茵河上游个别棉纺织厂儿童的比例达到 30.7%。在下游地区的普鲁士纺织工厂，使用的童工数量有 3.2 万人之多，其中 9—12 岁的儿童有 8000 人，12—14 岁的有 2.4 万人。④

烟草厂也是使用童工较多的部门。1836—1850 年间，科隆烟草厂童工的数量占到工人总数的 31%—39%；1850 年前后，普鲁士类似场所中，童工的比重占从业人数的 6%—7%。在家庭劳动和农业中（那里的状况决不是越来越好）没有这方面的数字材料。⑤ 不过，这从流传下来的一些

----

① James Van Horn Melton, *Absolutism and the Eighteenth-century Origins of Compulsory Schooling in Prussia and Austria*, p. 132; Hartmann, Thom, "Good German Schools Come to America", http://athenwood.com/german-school shtml# Top，2011 年 12 月 10 日。

② Peter Mathias, M. M. Postan, *The Cambridge Economic History of Europe*, Vol. 7, p. 466.

③ ［德］弗·梅林：《德国社会民主党史》第 1 卷，青载繁译，生活·读书·新知三联书店 1964 年版，第 58—59 页。

④ ［德］维纳·洛赫：《德国史》上册，第 255—56 页。

⑤ ［德］卡尔·艾利希·博恩等：《德意志史·从法国大革命到第一次世界大战》第 3 卷上册，张载杨等译，商务印书馆 1991 年版，第 635 页。

木版画当中也可窥见一般。1847 年制作的一幅木版画，描述的是一个家庭在其家中生产的情况。画中显示，有 6 位儿童或坐或站的在从事编织花边劳动。① 如果说工厂中的童工劳动是显性的话，那么，许多由儿童在家庭中完成的，与市场有关联的儿童劳动则属于隐形劳动。

别针制造是从英国引进来的技术。1806 年引进后即建立起 4 家制造厂，后来逐渐发展到 17 家，雇佣工人从最初的 180 人，逐渐发展到 1516 人，其中童工有 590 人②，占工人总数的 38.9%。

1871 年统一前，德国没有精确的童工统计数字，但通过以上所述零星资料来看，这一时期各类工厂中的童工数量并不少。③ 这说明，伴随着工业生产的发展，儿童的就业机会在增加。

1871 年，德国实现统一，经济得到快速发展，与此相伴随的是各行业使用童工的现象也有增加的趋势。童工劳动尽管会受到经济波动的影响，但始终没有间断过④，始终是工厂劳动力的重要组成部分。根据工厂检查员的报告，1881 年，德国有童工 9347 人，1882 年有 1.46 万人，1883 年有 1.84 万人，1884 年达到了 1.8865 万人。1885 年没有可用的数字。1887 年前后，童工的数量大约是 2.1653 万人。在 10 年的时间里，童工人数增加了一倍多。德国一些主要工业区，因工业快速发展导致对用工需求的增加，青少年劳动者从 1886 年的 1.9953 万人增加到 1889 年的

---

① ［s. n.］"Child Labor in Germany: In Rittersgrün in the Ore Mountains, Children Produce Pillow Lace in the Cottage Industry(1847)", http://germanhistorydocs.ghi-dc.org/sub_ image.cfm? image_ id=2239, 2015 年 6 月 20 日。

② T. C. Banfield, *Industry of the Rhine Series I. Agriculture*, London: Chariles Knight& CO., 1846, pp. 233, 247.

③ Martin Kitchen, *A History of Modern Germany*, *1800 - 2000*, Malden: Blackwell Publishing Ltd, 2006, p. 35.

④ Ning de Coninck-Smith, "Copenhagen Children's Lives and the Impact of Institutions, c. 1840-1920", *History Workshop*, 1992, 4 (33): 57-72.

2.411 万人。① 1889 年，萨克森各类工业中雇佣 12—14 岁的童工约为 1.0652 万人，较上一年增加了 1000 多人。1898 年，整个德意志帝国境内，受雇在工业中劳动的童工大约是 54.428 万人。通过这些数字可以看出童工劳动的使用情况。虽然，法律禁止雇佣 12 岁以下的儿童参加劳动，但在一些地方时常可见低于这一年龄的儿童。如在杜塞尔多夫，常常能见到 4—12 岁的儿童参加劳动。在萨克森的普劳恩（Plouen），年仅 7 岁左右的儿童每天劳动时间长达 10 小时也是常事。这些现象的发生，显然与限制使用童工劳动的有关规定没有落实到位有关，从而导致违反童工规定的事例频发。如，在萨克森，违反规定的事例，1883 年有 613 起，1884 年有 577 起，1885 年有 1085 起，1887 年有 1499 起。② 似有增加的趋势，也可从侧面理解成是，限制使用童工趋严的结果。

　　除工厂使用童工外，矿业部门和其他行业中也有童工劳动。1879 年矿业雇佣女工 7265 人，其中有许多是未成年人。1916 年雇佣的 37563 人中，也有许多是未成年人。1935 年，萨克森地区受雇在商业、工业以及家庭服务业和农业中的童工有 2.8802 万人，1936 年增加到 3.1183 万人。蒙斯德（Manster）地区的盐业与制造业中使用童工的数量也有增加。③

　　农业，是在工业之外使用儿童劳动最多的一个部门。19 世纪以前，农业中的儿童劳动几乎没有受到任何限制。进入 20 世纪以后，对儿童劳动的限制也不明显。列宁在《农民经济中的童工》一文中的研究表明，

---

① ［s. n.］ "The Employment of Children in German Factories", *Lend a Hand*, 1890, 5（4）: 285.

② "Child Labour in German Factories", *Clarence and Richmond Examiner and New England Advertiser* (Grafton, NSW: 1859 – 1889) 11 Feb. 1888: 2. Web. 1 Jul. 2015 <http://nla.gov.au/nla.news-article62091267>.

③ ［匿名］《德国之雇佣童工状况》，《国际劳工通讯》1939 年第 1 期；［s. n.］ "Employment and Wages of Women and Young Persons in the Mines of Germany", United States Bureau of Labor Statistics, *Monthly review of the U. S. Bureau of Labor Statistics*, 1917, p. 85.

在德国资产者大农户中，雇佣工人中的童工占到 3.7%—4%。在家庭劳动者中，农民使用儿童劳动约占 5%（4.9%—5.2%）。在农民家庭的临时工中间，童工高达 16.5%—24.4%。就整个德国的农业来说，儿童在家庭劳动者中的比重，比在雇佣工人中比重几乎高出 1/2。童工在家庭劳动者中的比例是 4.4%，而在雇佣工人中的比例是 3%。14 岁以下的儿童有 60.1637 万人参加劳动，占到儿童少年从业人数的 3.9%，具体到不同的农户，农业中每 100 人中参加劳动的儿童的比例见表 4-3。

表 4-3　平均参加儿童就业的规模

农户类别	经营规模	农业中每 100 人中有 16 岁以下儿童的比例（%）
无产者农户	不到 1/2 公顷	2.2
	1/2 公顷到 2 公顷	3.9
一般农户	2 公顷到 5 公顷	4.6
	5 公顷到 10 公顷	4.8
	10 公顷到 20 公顷	4.5
资产者农户	20 公顷到 100 公顷	3.4
	100 公顷以上	3.6
共计		3.9

资料来源：[俄]列宁：《农民经济中的童工》，《列宁全集》第 23 卷，人民出版社 1990 年版，第 296—299 页。

此外，德国还有一些在各类统计中都没有出现、工厂法也难以适用的企业。比如，青铜、扣子、铁甲、壁纸和陶器等类的小工厂，"使用不知凡几的 4 岁以上的儿童"。[①] 这类企业游走在大生产企业边缘，业主不必承担住房、照明以及供暖等负担，也不用为生产者购买保险，只支付工资

———————

①　[日]加田哲二：《德意志经济思想史》，周承福译，神州国光社出版 1932 年版，第 52 页。

就可以了，所以使用了大量的儿童劳动。以上企业在资本主义经济中属于灰色地带，用现在的术语说相当于非正规经济部门，最具代表性的是玩具制造和锡画制作。

1898 年前后，在纽伦堡的菲尔特（Fürth）及其周围地区有五六千人以锡画（tin figure painters）制作为生，其中的大部分是妇女儿童，儿童的年龄一般在 6—13 岁之间。①

玩具制造业，主要生产一些价格低廉的玩具，如小喇叭、玩具剑、发出嘎嘎声的儿童玩具、线陀螺（spinning tops），以及各种类型的小铃铛和竹制玩具等。1905 年，玩具制造业的从业者有 8000 多人，其中许多是妇女儿童。1914 年，纽伦堡注册的玩具制造企业有 234 家，既有手工生产也有机器制作。使用的工人以廉价的妇女儿童为主。②

（二）童工的劳动条件

德国统一前，劳动时间在各地长短不一，但多数都比较长。一般在 12—14 小时之间。在所有纺织工业部门，以及在针厂、钢器厂、带扣厂、甲胄厂、壁纸厂、纸厂、陶瓷厂和其他工厂中，使用的儿童"每天必须从事 10—14 小时"的劳动。③ 还有几种职业的劳动时间更长，例如装罐头、锯木厂、鞋厂等厂内的童工，常常从天不亮开始劳动，一直到半夜才收工。制作锡画者劳动时间也较长，一位制作者口述说，她有时 2 点多起床，起来后还处于一种半睡状态，每天工作 14—17 小时是很正常的现象。生产旺季时劳动时间要延长，甚至整个晚上劳动，通宵不能睡觉，或者最多睡两三小时。这种情况每周会有两三次。④

---

① Helmut Schwartz, "History of the Nuremberg toy trade and industry", (2003), http://www.medievalists.net/2010/12/12/history-of-the-nuremberg-toy-trade-and-industry/，2015 年 6 月 20 日。

② ［匿名］《德国之雇佣童工状况》，《国际劳工通讯》1939 年第 1 期。

③ ［日］加田哲二：《德意志经济思想史》，第 52 页。

④ Helmut Schwartz, "History of the Nuremberg toy trade and industry", (2003), http://www.medievalists.net/2010/12/12/history-of-the-nuremberg-toy-trade-and-industry/，2015 年 6 月 20 日。

　　童工待遇低。在纺织、金属和矿山等行业中，仅有少数人能得到每周7.2—12马克之间的高工资。年幼儿童每天的工资不到20芬尼，年龄稍大一点的每天30芬尼。多数人只能领到两三个格罗申的工资（一种银币。1格罗申等于12芬尼，1马克等于100芬尼）。即使工资有增长，其增长的幅度也跟不上物价上涨的速度。[1]

　　使用童工劳动带来的后果，与英国工业革命初期的情况差不多。工厂中的童工"脸色苍白，眼睛带血丝而无神，身体浮肿，嘴巴肿胀，嘴唇和鼻翘张着，脖子上还有恶性皮肤发疹和哮喘病，一眼就可以看出，这些不幸的儿童与同一阶级的不在工厂里做工的健康儿童迥然不同"。[2] 在一些行业中，如预制石板和玻璃、染料、铸铅、铸锡等工作中，童工不仅健康受损，其"道德和精神上的幸福"也令人担忧。1891年的犯罪统计显示，在一些大量使用未成年人劳动的地方，他们的道德教育和精神教育无人过问，致使其犯罪的事件比成人犯罪还多。[3] 甚至在工业还不是很发达的地区，如勃兰登堡和萨克森省，也已出现了这种最悲惨的状况。"留肯威尔德的市史，常说被织布工业使用的儿童，多数皆陷在道德的堕落之中。"他们常常在工厂"短短的休息时间内喝酒、抽烟、猥亵和赌博"。[4] 童工劳动对儿童的影响可见一斑。

　　上述情况的发生是与工业革命的后果联系在一起的。面对新出现的问题，"德国的反应比英国迅速而广泛，比美国就更迅速、更广泛得多"。当德国的工业主义开始出现时，社会改革者、社会活动家、社会主义者、

　　① [s. n.] "Employment and Wages of Women and Young Persons in the Mines of Germany", United States. Bureau of Labor Statistics, *Monthly Review of the U. S. Bureau of Labor Statistics*, 1917, p. 85.

　　② [德] 弗·梅林：《德国社会民主党史》第1卷，第60页。

　　③ [德] 拉伊：《实验教育学》，任钟印主编：《世界教育名著通览》，湖北教育出版社1994年版，第1170页。

　　④ [日] 加田哲二：《德意志经济思想史》，第52页。

自由主义者以及一些宗教领袖等指出，"要警惕工业新发展引起的坏影响，并要求由私人或政府采取行动，矫正工业主义的弊病。"[1] 然而，尽管德国的法律在一定程度上限制了使用童工劳动，但法律的"效用缓慢且有限"。一位地方官在 1908 年指出，正是一些工厂主甚至父母雇佣学童（school children）的行为破坏了法律的威严。如果从经济角度给予解释的话就是，如果没有儿童的辅助劳动，工人家庭就难以生存。[2]

三、俄国的童工劳动

（一）基本情况

1. 废除农奴制以前的儿童劳动

俄国的工业化与欧洲其他国家的工业化相比要落后一些。不过，在农奴制改革以前，俄国的工业发展并不比欧洲逊色。彼得一世改革期间，俄国建立了许多按照当时标准属于比较先进的工业部门。[3] 新建企业需要大量的劳动力，单纯从习惯于农业生产的农民中已经难以招募到足够的工人。早期工厂对劳动技术要求低，学龄儿童受条件所限又不可能都接受义务教育，加之一般家庭也难以供养太多的孩子，这就使得父母与企业主之间有了某种默契。厂方需要劳动力，父母需要生活费。结果就形成了一个潜在的"买卖"儿童劳动力的市场。

1840 年以前，俄国使用儿童劳动的情况大致有以下几种：

（1）学徒。主要是招募孤儿院的儿童和流浪儿童。从某种程度上说，当时的这种做法具有一定的福利性质，目的是减轻社会的负担和防止犯罪。

---

① ［德］科佩尔·S. 平森：《德国近现代史——它的历史和文化》上册，第 338 页。

② Helmut Schwartz, "History of the Nuremberg toy trade and industry", (2003), http://www.medievalists.net/2010/12/12/history-of-the-nuremberg-toy-trade-and-industry/, 2015 年 6 月 20 日。

③ ［意］卡洛·M. 奇波拉主编：《欧洲经济史》第 4 卷下册，吴继淦、芮苑如译，商务印书馆 1991 年版，第 92 页。

比如莫斯科和里赞，1722 年的有关法令要求，在街头乞讨和游荡闲逛的流浪儿应被送进工厂当学徒，直到他们能自食其力。1798—1822 年间，不断有企业主声称愿意接受部分孤儿进入其工厂当学徒。[1] 不排除这些企业主所具有的慈善行为，但他们也确实以很小的代价得到了需要的劳动力。

（2）债务儿童。用于冲抵债务和其他封建义务的儿童。因为贫困或者体弱等原因，农奴交不起地租或者难以完成其他封建义务，只得以子女的劳动来冲抵。条件优越且拥有工场的地主便利用这些儿童从事某种产品的生产。资料显示，每个债务儿童每年可以为工场主带来 10—42 卢布的利润。[2]

（3）工场儿童。由于劳动力缺乏，工场主常常要到偏远的乡村去招募人手。资料记载，阿尔泰地区的铁矿石开采和金属冶炼部门，为了有足够的人手保证生产，常常在早春时节外出招募劳动力，许多 7—12 岁的儿童被招募进入矿山或工场做工。根据 18 世纪末期阿尔泰（Altai）地区金属冶炼厂的记载，雇佣的 1.9522 万名工人中，有 1118 人是 13 岁以下的儿童，占到工人总数的 5.7%。13—15 岁的儿童有 603 人，约占 3%。他们主要从事拣选矿石和其他相对容易的工作。[3]

矿业以外，使用儿童劳动最多的是纺织部门。一些纺织企业主要求政府帮助其招募 10—15 岁的儿童到工厂劳动。他们坚持说，如果不招募到足够的儿童参加劳动，他们工厂的产量就无法保证，整个生产可能就会停滞不前。[4]

---

[1]　Boris B. Gorshkov, *Factory Children*: *Child Industrial Labor in Imperial Russia*, *1780-1914*, Auburn: Auburn University, 2006, p. 36.

[2]　Boris B. Gorshkov, *Factory Children*: *Child Industrial Labor in Imperial Russia*, *1780-1914*, p. 38.

[3]　Boris B. Gorshkov, *Factory Children*: *Child Industrial Labor in Imperial Russia*, *1780-1914*, p. 37.

[4]　Boris B. Gorshkov, *Factory Children*: *Child Industrial Labor in Imperial Russia*, *1780-1914*, p. 37.

　　由于统计数字的匮乏，难以精确估计工场儿童的数量。但通过一些零星的记载，也可窥见当时一些工场中使用儿童劳动的情况。如 1737 年的有关资料显示，俄国中部地区冈察洛夫的小雅罗斯拉维茨（Goncharov's Maloiaroslavets）纺织厂有工人 1719 人，其中 432 人是 8 岁以下的儿童，占工人总数的 25%；211 人介于 9—15 岁之间，占工人总数的 12.3%。1797 年，伏尔加地区喀山（Kazan）的奥斯肯（Osokin）毛纺厂雇佣工人有 1119 人，其中 430 人是 18 岁以下的儿童，占到工人总数的 38.4%。[1]佩列亚斯拉夫的泽拉斯基（The Pereiaslavl's Zelesskii）纺织厂雇佣工人792 名，其中 183 人是儿童，占工人总数的 23.1%。圣彼得堡国有塞斯托雷斯克兵工厂（Sestoretsk Armory），1812 年时雇佣工人 1244 人，其中有学徒 195 人。在伯尔姆州铜制品厂（the Perm' State Copper Works）中，其 1858 年的雇佣工人数是 7562 人，年龄介于 10—12 岁之间的有 3377人，占到工人总数的 44.6%，15—18 岁的未成年人有 508 人，占到6.7%。由这些零星资料可以推测，当时不少国营和私营企业中都大量使用了儿童劳动，行业涉及纺织、冶金、军工等。[2]

　　这一时期使用儿童劳动的工场，不是现代意义上的机器工业，有一些属于手工工场。因而在这些工场中劳动的儿童还不完全是现代意义上的童工，我们称之为类童工。由于家庭生活困难，儿童从很小的年龄就开始为生存奔波，与父母一起分担家庭的重负，他们的劳动所得成为维持家庭生存重要的来源之一。

　　2. 废除农奴制以后的童工劳动

　　1861 年，俄国废除农奴制度，资本主义生产方式得到快速发展，由

---

　　① Boris B. Gorshkov, *Factory Children*：*Child Industrial Labor in Imperial Russia*, *1780-1914*, p. 41.

　　② Boris B. Gorshkov, *Factory Children*：*Child Industrial Labor in Imperial Russia*, *1780-1914*, pp. 41-42.

此引起了雇佣方式的变化。过去工场中零星使用儿童作为辅助劳动力的情况，正在转变成一种正常的雇佣方式，机器工厂中使用儿童劳动的现象逐渐增多。许多工厂像招募成年工人一样招募儿童当童工，童工成为工厂劳动力的重要组成部分。1879—1885年间，12—14岁的童工占到工人数的31%，个别工厂12岁以下的童工占到工人数的33%。[1] 1897年的人口数据显示，工业和农业工资劳动者大约是914.4万人，其中15岁以下的儿童有110万人，占到工资劳动者的12%左右。[2]

从俄国各地的资料看，许多工厂都延续了以前使用儿童劳动的做法。从人口数据看，19世纪50年代后期，莫斯科有童工10184人，占整个莫斯科工人总数的15.2%。1869年，圣彼得堡的139290工人中，15岁以下的童工有13587人，占9.7%。从其年龄构成来看，10岁及以下的儿童有451人，约占0.3%；11岁的儿童有747人，占0.5%；12—13岁的儿童有4636人，占3.3%；14—15岁的儿童有7752人，占5.6%。[3] 1883年，俄罗斯工业调查结果显示，大多数工厂都不同程度地使用了童工。童工在工厂中的数量及所占比例见表4-4。

表4-4　1883年各类工厂工人及童工数量与百分比

工业	数量		儿童年龄与数量百分比（%）			总数及儿童百分比（%）
	工厂	工人	10岁以下	10—12岁	12—15岁	
棉纺	27	14933	56（0.4）	406（2.7）	2666（17.9）	3128（21.0）
棉织	40	22929	99（0.4）	534（2.3）	2087（9.1）	2720（11.8）

---

① Kristoffel Lieten, Elise van Nederveen Meerkerk, *Child Labour's Global Past*, *1650-2000*, p. 347.

② Claudio Morrison, *A Russian Factory Enters the Market Economy*, London, New York: Routledge, 2008, p. 75.

③ Boris B. Gorshkov, *Factory Children: Child Industrial Labor in Imperial Russia*, *1780-1914*, p. 72.

续表

工业	数量		儿童年龄与数量百分比（%）			总数及儿童百分比（%）
	工厂	工人	10 岁以下	10—12 岁	12—15 岁	
棉花加工	76	36279	25（0.1）	446（1.2）	3423（9.4）	3894（10.7）
其他棉处理厂	31	80779	68（0.1）	1371（1.7）	7645（9.5）	9084（11.2）
亚麻纺织	18	22251	46（0.2）	738（3.3）	2948（13.6）	3732（16.8）
其他亚麻处理	20	1987	0（0.0）	2（0.1）	76（3.8）	28（3.9）
羊毛清洗	16	4872	128（2.6）	207（4.3）	570（11.7）	908（18.5）
纺毛	22	3568	3（0.1）	115（3.2）	995（27.9）	1113（31.2）
毛织	32	10092	14（0.1）	142（1.4）	659（6.6）	815（8.1）
羊毛布料制作	103	25135	44（0.2）	537（2.1）	2417（9.6）	2998（11.9）
羊毛处理厂	10	899	0（0.0）	0（0.0）	22（2.4）	22（2.4）
丝纺	18	4288	7（0.2）	53（1.2）	288（6.7）	348（8.1）
纤维处理厂	89	9719	24（0.2）	167（1.7）	1143（11.8）	1334（13.7）
纤维类企业	507	237733	514（0.2）	4718（2.0）	24939（10.5）	30171（12.7）
煤矿和冶金	709	145053	55（0.6）	404（0.3）	7208（5.0）	7667（5.3）
食品加工	811	105726	154（0.2）	848（0.8）	5456（5.16）	6458（6.1）
矿物加工	209	15003	142（1.0）	688（4.6）	1767（11.8）	2597（17.3）
木材加工	240	17649	46（0.3）	114（0.6）	933（5.3）	1093（7.9）
印刷、装订	79	3536	0（0.0）	17（0.5）	609（17.2）	626（17.7）
化学制品	142	8172	0（0.0）	86（1.1）	505（6.7）	591（7.8）
其他工业	203	7922	50（0.6）	66（0.8）	262（3.3）	378（4.8）
总数	2900	540794	961（0.2）	6941（1.3）	41679（7.7）	49581（9.2）

资料来源：B. Borisovich Gorshkov, *Factory Children*：*Child Industrial Labor in Imperial Russia*, *1780-1914*, pp. 72, 76。

　　从行业分布来看，童工主要集中在纺织、采矿、制革以及造纸、印刷等行业中。但在不同的时期和不同的地区，各行业使用童工的情况存在着较大的差异。试以1878年圣彼得堡和1879年莫斯科部分工业使用童工的情况加以说明，如表4-5、表4-6所示。

表4-5　1878年圣彼得堡主要工业雇工表

工业部门	工人数	儿童数	儿童百分比（%）
冶金	9018	502	5.5
纺织	8507	1405	16.5
制陶	2484	96	4.0
食品加工	1067	26	2.6
木材	1062	56	5.0
化学制品	552	27	5.0
造纸	342	77	22.0
总数	23033	2187	9.5

资料来源：B. Borisovich Gorshkov, *Factory Children*：*Child Industrial Labor in Imperial Russia*，*1780-1914*，p. 74。

表4-6　1879年莫斯科主要工业雇工表

工业部门	工厂数	工人数	儿童数	儿童百分比（%）
纺织	306	35347	4557	12.9
冶金制造等	111	5777	586	10.0
食品	69	5569	671	12.0
造纸和制革	38	2373	291	12.3
其他	124	4342	600	13.8
总数	648	53408	6705	12.5

资料来源：B. Borisovich Gorshkov, *Factory Children*：*Child Industrial Labor in Imperial Russia*，*1780-1914*，p. 73。

　　表4-5、表4-6显示，圣彼得堡造纸行业使用童工所占比重较大，达到22%，其次是纺织业，达到16.5%。而在莫斯科，使用童工比重最大的是"其他行业"，占13.8%，其次是纺织业，占12.9%。从使用童工的数量看，两地纺织业都是使用童工较多的部门，莫斯科纺织业中儿童的数量多于圣彼得堡。

在俄罗斯其他地方，纺织业也是使用童工最多的行业，尤其是棉纺织业。纺织业中童工数量能占到童工总数的 75%，而棉纺织业使用的童工数量又能占到纺织类企业童工总数的 48%，接近 1/2。当然，在不同地区的不同年份可能会有一些不同。如 1874 年纺织厂 6—18 岁的童工占到工厂劳动力的 22.4%，1883 年个别纺织厂中童工的比例占到工厂劳动力的 61%。[①] 1898—1900 年间，莫斯科纺织工厂中 13 岁以下的童工占到工厂劳动力的 30%。从事绕线和收线劳动的主要是儿童。[②] 纺织业大量使用童工，与该行业劳动对体力、技术要求不高有很大的关系。纺织厂的童工，除充当成年工人的助手外，更多的是从事打扫卫生、擦洗机器之类的零活。显然，这类工作没有必要使用成年工人，儿童就能做得很好。

俄罗斯的制革业使用童工也较多。1882 年，9 家皮革磨光工厂雇佣了 2000 人，其中 660 人是 14 岁及以下的儿童，占到工人数的 33%。有人特别指出，该类企业中雇佣的儿童有的年龄很小，只有五六岁甚至 3 岁的都有。[③]

从各行业的情况来看，童工从事的主要是一些对技术要求不是很高的劳动。如上文谈到的在纺织业中的童工，主要是打扫卫生、清洗机器等。矿业中的童工，则以拿灯照明或者收拾工具（当然也有做挖矿、托运矿石等工作的）等。需要指出的是，儿童从事的这些劳动看似轻松，但对其伤害却不轻。长年从事这类劳动，单调、乏味和枯燥，也会对儿童的身心健康造成伤害。

---

① Kristoffel Lieten, Elise van Nederveen Meerkerk, *Child Labour's Global Past*, *1650-2000*, p. 354.

② Rahikainen, Marjatta, *Centuries of Child Labour*: *European Experiences Fom the Seventeenth to the Twentieth Century*, Aldershot, Hampshire, Ashgate, 2004, p. 134.

③ B. Borisovich Gorshkov, *Factory Children*: *Child Industrial Labor in Imperial Russia*, *1780-1914*, p. 92.

（二）劳动条件

俄国现代工业起步较晚，工厂劳动条件与其他欧洲国家相比要差一些。劳动时间长、工资待遇低、缺乏生产安全保障等情况，较其他欧洲国家也更严重一些。

工厂中的劳动时间普遍很长。一般工厂的劳动时间都在 12 小时以上，有的长达十五六个小时，个别可达 18 小时。大多数工厂中，童工的劳动时间，平均每天在十五六个小时左右。有的工厂实行三班倒，每班 8 小时。不少工厂有夜间劳动。①

废除农奴制以后，伴随工厂法的实行，工厂劳动时间也有了一定的限制。当然这只是宣传的说辞，实际情况并不完全是这样。比如，1897 年，仍有工厂劳动时间从早上 4 点一直到 8 点才吃早餐，这期间有一些工作是不能停顿的。8 点以后开始新的工作，直到晚上 8 点劳动结束，劳动时间仍然要在 15 小时以上。② 劳动时间长，这在工业革命的早期阶段是一种普遍现象。

童工收入微薄。与其他使用童工劳动国家的情况一样，童工的工资只有成年工人的 1/3 到 1/2。个别地方为了吸引更多儿童参加劳动，也会把工资定得稍高一些。如"在亚罗斯拉夫尔省，小于 14 岁的孩子挣到 3—5 卢布，大于 14 岁的孩子挣得更多，达 10 卢布，比萨马拉省的成年工人的最高工资还要多。甚至 14 岁的小女孩都能挣得很多。"而在彼尔姆省，童工中的"某些幸运者每月得 2 卢布 50 戈比"③。只是这种情况并不多，大多数情况下童工的工资很低。

---

① B. Borisovich Gorshkov, *Factory Children*: *Child Industrial Labor in Imperial Russia*, *1780-1914*, pp. 44, 99.

② ［美］沃尔特·G. 莫斯：《俄国史，1855—1996》，张冰译，海南出版社 2008 年版，第 126 页。

③ ［俄］恩·弗列罗夫斯基（瓦·瓦·别尔维）：《俄国工人阶级状况》，陈瑞铭译，商务印书馆 1984 年版，第 488、416 页。

劳动环境恶劣。不只是童工，工人的劳动环境也是这样。机器工厂中，未加防护设施的高速运转机器的皮带暴露在外，随时有可能伤及工人肢体。个别厂房中机器的噪声，空气中飘浮的灰尘以及化学污染物都严重影响着儿童的健康。部分小型工厂中的童工，会经常接触一些危险的化学品，极易导致各种疾病。如有人描述 1845 年的亚乌扎河地区施威德斯基（Shvederskii）火柴厂的情形时指出，工厂工人中有一半的童工因安全设施缺乏，工伤事故不断。1859 年，圣彼得堡工厂委员会提供的数据显示，14 岁及其以下儿童的事故发生率是 48%，十五六岁儿童的事故发生率是 28%，二者合计达 76%。而同时期内成年人的事故发生率是 72%，低于儿童事故发生率。1881—1882 年间，弗拉基米尔省棉纺厂的数据显示，53% 的事故发生在儿童中间，同时期成年人发生事故的只有 2.7%。占到工厂工人总数 10.8% 的儿童中，有 16% 的人都曾遭遇过工伤事故。这些事故包括轧伤、断臂、骨折，手指、腿部被机器轧断，导致截肢等。大多数情况下是在儿童接断头时发生的。纺纱厂中的事故有 37% 是在安装线轴时发生的。①

无疑，恶劣的劳动环境和长时间的劳动对儿童身心健康发展的影响是巨大的。长年在这种环境中劳动的儿童，脸色苍白，肌肉松弛，腿部浮肿，心律不齐，干咳，气短，儿童不成熟的器官受到严重伤害。② 正如弗列罗夫斯基在《俄国工人阶级状况》一书中所言，在臭气熏天的环境中劳动的儿童埋怨父母，父母则要他们忍耐。儿童的正常发育受损，"成了死亡的牺牲品。父母却说他们弄不清孩子究竟是怎么回事"。在俄罗斯的许多地方，随便你走进哪一家，都可以遇到包括小孩在内的一些人辛勤劳

---

① Kristoffel Lieten, Elise van Nederveen Meerkerk, *Child Labour's Global Past*, *1650-2000*, p. 356; B. Borisov-ich Gorshkov, *Factory Children*: *Child Industrial Labor in Imperial Russia*, *1780-1914*, p. 114.

② B. Borisovich Gorshkov, *Factory Children*: *Child Industrial Labor in Imperial Russia*, *1780-1914*, pp. 104-105, 112.

动。"女儿们的疲惫的眼神、苍白发育的脸和发育不全的身材向您表明，她们为了获得这些不起眼的宝物付出了多少代价。"①

四、其他欧洲国家的童工劳动

除法国、德国、俄国以外，欧洲国家中的葡萄牙、奥地利、意大利、比利时、瑞典、瑞士等国家，在其工业化之初也都有使用童工劳动的记载。

（一）葡萄牙

葡萄牙使用儿童劳动的历史可以追溯到16世纪，当时的航海日志中有使用儿童做船员的记录。②

机器大工业兴起以后，葡萄牙的工业生产开始缓慢发展。20世纪初，葡萄牙基本上还是一个以农业为主的国家，60%的居民以农业为生，只有18%—20%的居民从事工业生产。1914年，葡萄牙工业生产中的人均马力数，仅相当于法国的1/3，比利时和德国的1/6，英国的1/18。其机械化程度的低下可见一斑。③ 在这种程度的工业生产中也存在着童工劳动。但主要还是集中在农业生产中。根据1852年的普查数据，葡萄牙工人大约有1万人，其中16岁以下的童工有3147人，约占工人总数的25%。④ 1881年，童工的数量达到5998人，绝对数字虽然有所增加，但童工在整个工人队伍中的比例并不高，约占7%。从地区来看，童工主要集中在以波尔图（Porto）为主的工业发展较快的地区，使用童工的行业主要是棉

① ［俄］恩·弗列罗夫斯基（瓦·瓦·别尔维）：《俄国工人阶级状况》，第486页。

② Goulart P. & A. S. Bedi, "A History of Child Labor in Portugal", in K. Lieten & E. N. Meerkerk (eds.), *Child Labour's Global Past (1650-2000)*, Bern: Peter Lang, 2011, pp. 257-278.

③ Pedro Veiga Vaz da Silva Goulart, *Essays on Schooling and Child Labour in Portugal*, St. Maartenslaan: Shaker Publishing BV, 2011, pp. 15-16.

④ Kristoffel Lieten, Elise van Nederveen Meerkerk, *Child Labour's Global Past, 1650-2000*, p. 260.

纺、毛纺、丝纺、冶金以及烟火制造等行业。与欧洲其他国家童工主要集中在纺织部门不同的是，葡萄牙的童工主要集中在烟火制造业，其在工厂劳动力中的比例达到63%。[①] 当然，这也可能只是个别年份的统计结果。1881年，葡萄牙部分地区工业中使用童工的情况见表4-7。

表4-7 1881年部分地区工业中16岁及以下儿童劳动情况

工业部门	劳动力中的未成年人		主要地区		
	数量	占工人总数的百分比（%）	地区	数量	占当地劳动儿童人数的百分比（%）
木工制作	512	10	波尔图	473	92.4
陶瓷制品	180	8.8	波尔图	82	45.6
石雕工艺	207	3.1	波尔图	207	100.0
木制品	168	10.4	波塔莱格雷	120	71.4
冶金	680	13	波尔图	559	82.2
造纸	105	7.7	圣塔伦	36	34.3
烟火制造	129	62.6	波尔图	128	99.2
烟草	354	8.8	波尔图	275	77.7
棉纺	1991	5	波尔图	667	33.5
毛纺	905	10.1	瓜尔达	479	52.9
丝纺	91	10.7	波尔图	91	100
印刷	106	17.9	波尔图	104	98.4
服装	264	5	波尔图	236	89.4
玻璃制品	83	9.2	莱利亚	38	45.8
其他	223	2.6	波尔图	144	64.6
总计	5998	7	—	—	—

资料来源：Goulart, Pedro & Bedi, A. S., *A History of Child Labour in Portugal*, Working Paper; No. 448, 2007, pp. 1-28。

---

① Pedro, Goulart & Arjun S. Bedi, *A History of Child Labour in Portugal*, Working Paper; No. 448, 2007, pp. 1-28.

另据工厂检查员的报告，个别工厂中的童工年龄较小，只有七八岁左右。每天的劳动时间长达 9—10 小时，甚至更长。若童工居住地比较远，那么加上来回的路程就意味着他每天可供休息的时间进一步减少。从事农业劳动的儿童也不轻松。早上 5 点钟起床，简单吃点东西，然后徒步较长的路到田野开始劳动。一直到太阳落山才开始收工，返回住处时已是晚上 9 点甚至 10 点多。[1] 长时间的劳动，使其身心疲惫，极易导致在劳动中受到伤害。童工的苦状与英法等国的情况无异。

（二）奥地利

奥地利有使用儿童劳动的传统。在工场手工业时期，妇女儿童参加劳动是一种很普遍的现象。劳动的形式有农业生产、学徒、仆役或当童工。从 17 世纪到 20 世纪早期，农村 15—19 岁的人群中有 1/5—1/2 的人都外出做仆役。[2] 18 世纪六七十年代，奥地利国王曾特别强调要利用好儿童劳动。在国王看来，人们要"发扬手工业者的勤勉精神"，而"不是改善他们的工作条件"。在这种思想指导下，18 世纪 70 年代以后的奥地利纺织工业中，时常可见到，包括 10 岁以下儿童在内的纺织工全家，每天都在辛勤劳动的情形。劳动时间有的长达 14—16 小时。[3]

19 世纪 70 年代以后，奥地利逐渐完成了工业革命。机器生产建立之初，由于某些生产部门对工人技术要求不高，工厂主大量使用妇女儿童劳动。1845 年，在奥地利本土，每 1000 个产业工人中，男工是 378 人，女工是 356 人，童工是 266 人。在本土以外的捷克、摩拉维亚、伦巴底和吉利西亚等地，1000 名产业工人中平均有男工 433 人，女工 420 人，童工

---

① Goulart, Pedro & Bedi, A. S., *A History of Child Labour in Portugal*, Working Paper, No. 448, 2007, pp. 1-28.

② Colin Heywood, *A History of Childhood*: *Children and Childhood in the West from Medieval to Modern Times*, Cambridge, UK: Polity Press, 2001, p. 126.

③ ［奥］埃·普里斯特尔：《奥地利简史》下册，陶梁、张傅译，生活·读书·新知三联书店 1972 年版，第 481 页。

147 人。"在煤矿和纺织厂里做工的往往有 6 岁到 8 岁的儿童，在某些纺织企业里，有成批的分车间是仅有儿童看管的。"[①] 童工的使用情况于此可见一斑。

工厂中的劳动时间，一般为每天 12—14 小时。有不少工厂中的童工，每天从早晨 6 点一直干到晚上 8 点，通常都超过规定的劳动时间。按照规定，工厂不能招收 12 岁以下的儿童，但实际的情况是，有的儿童从 6 岁时就被招收进入工厂了。童工的工资非常低，"维也纳是工资最高的地方"，男工每周大约可得 5 盾，女工每周 2.5 盾，童工每周仅得二三十克莱茨。但每一加聂茨（相当于 3.28 公升）马铃薯的价格是 2.08 盾，1 公斤肉的价格值 25 克莱茨（1 盾等于 60 克莱茨）。"[②] 工厂中的童工，由于长时间在不卫生的环境中劳动，有的在十四五岁时就因患结核病离开人世。

在农村，从 17 世纪到 19 世纪末期，年轻人一般都外出打工。在巴伐利亚随处可见十三四岁的女童当仆役，她们通常帮助农场的女主人干零活，照看幼儿等。[③] 根据列宁的研究，20 世纪初期，奥地利农业部门的男女工人是 900 万人，其中不满 16 周岁的有 120 万人，占到 13%。不同农户中使用儿童劳动的情况见表 4-8。

表 4-8　不同农户中使用儿童劳动的情况

农户类别	经营规模	农业中每 100 人中有 16 岁以下儿童的比例（%）
无产者农户	不到 1/2 公顷	8.8
	1/2 公顷到 2 公顷	12.2

① ［奥］埃·普里斯特尔：《奥地利简史》下册，第 631—632、544 页。
② ［奥］埃·普里斯特尔：《奥地利简史》下册，第 631—632 页。
③ Colin Heywood, *A History of Childhood: Children and Childhood in the West from Medieval to Modern Times*, p. 126.

续表

农户类别	经营规模	农业中每 100 人中有 16 岁以下儿童的比例（%）
一般农户	2 公顷到 5 公顷	15.3
	5 公顷到 10 公顷	15.6
	10 公顷到 20 公顷	12.8
资产者农户	20 公顷到 100 公顷	11.1
	100 公顷以上	4.2
共计		13.0

资料来源：［俄］列宁：《农民经济中的童工》，《列宁全集》第 23 卷，人民出版社 1990 年版，第 296—299 页。

以上情况说明，在资本主义制度下，农民所受剥削最为深重，"濒于死亡的境地"。农忙时节因为劳动力不足，只得通过雇工的方式来解决，又因经济条件所限，大多数农民尽量使用儿童劳动，包括自己的子女。在列宁看来，农民要改善自己的处境，需"加入雇佣工人的阶级斗争"，否则"别无得救之路"。①

（三）瑞典

与其他国家相比，瑞典使用童工劳动的情况要弱一些。这与其经济发展程度相对较低有一定的关系。瑞典的工业发展，在很大程度上是一个适应外国事态发展的过程，而不是一个独立的经济过程。18 世纪中期，瑞典有 80% 的人口是农民，20% 的人拥有少量的土地。直到 1870 年，瑞典工业的发展都没有能动摇其农业的根基。1870 年以后的瑞典，工业人口平均每 10 年增加 30%。1880 年以后，农业人口在总人口中的比重按照每年约 0.5% 的速度递减。这从侧面反映了瑞典工业化的进展情况。②

---

① ［俄］列宁：《农民经济中的童工》，《列宁全集》第 23 卷，第 296—299 页。
② ［瑞典］安德生：《瑞典史》，苏公隽译，商务印书馆 1963 年版，第 57、65 页。

伴随着瑞典工业的发展，童工也出现在玻璃、烟草、棉花加工以及火柴制造业等部门，见表4-9。

表 4-9 1830—1860 年间玻璃、烟草、棉花加工和火柴行业中的儿童数量和童工所占比例

年份 \ 行业	玻璃		烟草		棉花加工		火柴	
	人数	比例（%）	人数	比例（%）	人数	比例（%）	人数	比例（%）
1830	151	25.6	164	23.6	—	—	—	—
1835	172	33.5	249	35.8	231	41.4	—	—
1840	137	28.1	260	31.1	569	63.3	—	—
1845	169	30.9	387	39.1	507	46.1	99	84.6
1850	273	34.3	404	35.8	733	33.0	133	46.3
1855	317	31.2	570	32.6	608	28.6	177	37.0
1860	304	28.1	478	25.4	1026	26.6	461	43.9

资料来源：Kristoffel Lieten，Elise van Nederveen Meerkerk，*Child Labour's Gglobal Past*，*1650-2000*，p. 310。

从表4-9可以看出，玻璃、烟草和棉花加工以及火柴等行业中的童工较多。其中火柴厂使用童工的比例最高。加工火柴或者卖火柴的工作流程中都有童工。通过安徒生童话《卖火柴的小女孩》，可以想象童工在火柴制造业中的情形。

1875—1891年间是瑞典各行业使用童工的高峰期。1875年的工业普查显示，各类工厂14岁以下的童工有4406人，占到工人总数的5.5%。从童工的性别来看，男童占大多数，女童约占1/3。从部门来看，纺织业使用童工最多，这与英法等国家的情况类似。其他使用童工较多的部门分别是玻璃、火柴、烟草、锯木厂、铁器制作等部门。童工在各类工业部门中的分布情况见表4-10。

表4-10　1875年瑞典部分工业部门中使用的劳动力和童工一览表

部门	所有工人		14 岁以下的儿童		童工占工人总数比例（%）
	男性	女性	男童	女童	
玻璃	1675	67	335	22	20.5
火柴	2160	1885	374	280	16.2
烟草	1695	1561	248	142	12.0
棉麻纺织	2736	6013	382	417	9.1
造纸	2628	989	118	86	5.6
制砖、瓷	2785	488	155	22	5.4
锯木厂	9000	665	375	110	5.0
制衣	2054	1942	145	54	5.0
切石	1465	13	70	1	4.8
铁器制作	14533	298	374	44	2.8
木工	1708	8	46	2	2.8
铁矿	3218	147	49	13	1.8
机械加工	10491	15	132	—	1.3
酿造厂	878	28	4	—	0.4
所有部门	64566	15726	3113	1293	5.5

资料来源：Kristoffel Lieten, Elise van Nederveen Meerkerk, *Child Labor's Global Past*, *1650-2000*, p. 304。

　　19 世纪 90 年代，工业经济虽然有了一定程度的发展，但工厂内部的情况却很难令人满意。厂房的卫生条件常常被忽略，没有防护机器危险的设施。劳动时间通常是每天 10.5 小时，个别工厂是 9 小时，但也有工厂是 11 小时。直到 1889 年，"工人安全和工厂检查都经法律予以明白规定：这样，瑞典社会立法已具有粗略的雏形。渐渐地，几乎是勉强地，人们认识到这种措施既适当，又合理。"①

————————

① ［瑞典］安德生：《瑞典史》，第 569 页。

（四）其他国家

除以上国家外，欧洲其他国家如意大利、比利时、瑞士等国家，也都有使用童工劳动的记载。

意大利，随着大工业的兴起，童工也出现在各类工厂中，尤其是纺织类工厂。1838 年，萨伏依王国（Savoy Kindom）6—12 岁的儿童有 5.4 万人受雇从事手工劳动，约占本年龄段儿童的 30%。在工厂劳动的儿童有 2 万多人，每天劳动时间长达 12 小时。尤其是在丝织工厂中，年龄较小的儿童很多。莱科（Lecco）居民有 9133 人，丝织厂雇佣的儿童有 2296 人，占到居民总数近 1/4。1841—1842 年间，皮特蒙等地的丝织、棉纺、毛纺等行业中使用儿童劳动较为普遍。资料显示，该地 3.7 万名工人中，15 岁以下的儿童有 7000 人，占到 1/5 还多。① 童工的大量使用是 19 世纪 70 年代以后的事。1871 年、1881 年以及 1927 年是纺织、造纸和金属加工行业中使用童工的高峰年份。食品加工行业中使用童工的高峰出现在 1901 年和 1927 年。从行业分布来看，丝织业是使用童工较多的部门，大约是棉纺织业童工人数的 6 倍。从性别来看，纺织业中使用女童较多，制造业中使用男童较多，而在制衣业中男女的比例差不多。②

从童工数量和年龄看，1876 年，丝织业工人中有 20%—30% 的人年龄在 12 岁以下。③ 1881 年，被雇在各类工厂中劳动的儿童有 2.93517 万人，年龄集中在 9—14 岁之间。纺织业中，男童的数量为 1 万人，女童则达到 9.8 万人。具体说来，丝织业中有 3 万人，亚麻、黄麻等行业中有

① Clark Ipsen, *Italy in the Age of Pinocchio：Children and Danger in the Liberal Era*, New York：Palgrave Macmillan, 2006, p. 89.

② Marjatta Rahikainen, *Centuries of Child Labour：European Experiences from the Seventeenth to the Twentieth Century*, pp. 132, 137.

③ Clark Ipsen, *Italy in the Age of Pinocchio：Children and Danger in the Liberal Era*, p. 91.

4.1 万人，棉织业有 2.3 万人。① 矿业部门也有儿童劳动。1880 年前后，萨丁（Sardinia）、托斯坎尼的矿业部门中有 20% 的矿工年龄小于 14 岁，10 岁以下的儿童也不在少数。他们主要从事拣选、冲洗矿石等较为轻便的劳动。② 1891 年，意大利 16 个省份的 220 家企业，雇佣了 5830 名儿童。其中 105 人的年龄在 9—10 岁之间，占 1.8%。10—12 岁的儿童占 10%，剩余的 88% 的儿童年龄在 12—15 岁之间。1892 年，在矿山和采石场中有 11159 名儿童被雇佣，其中 10 岁以下的男童 353 人，占 3.2%，到 1893 年时，8121 名儿童中，10 岁以下的只有 101 人，占 1.24%。③

工厂童工年龄，随行业不同而有别。一般说来，从 9—14 岁不等。其劳动时间也随行业和季节的变化而有不同。如在西西里的硫化工业中，每天的劳动时间一般不超过六七小时。但在贝尔加马斯科（Bergamasco）的纺纱工厂中，夏天的劳动时间往往超过 15 小时。

比利时，有"小英国"之称。因儿童工资低，易于管理，多数工厂乐于雇佣。资料显示，1843 年，比利时有 15 岁以下的童工 1.0514 万人，占到儿童总数的 19.5%。④ 1896 年各行业雇佣工人 67.1596 万人，其中 16 岁以下的童工有 7.6147 万人，占工人数的 11.3%。使用童工比较多的行业是纺织工业 1.1863 万人，矿业 1.0167 万人，服装制造业 9674 人，玻璃制造业 4429 人。从年龄和性别情况来看，在 16 岁以下的 7.6147 万名童工中，有男童 5.0493 万人，女童 2.5654 万人，分别占到童工总数的

---

① Clark Ipsen, *Italy in the Age of Pinocchio: Children and Danger in the Liberal Era*, p. 103.

② Clark Ipsen, *Italy in the Age of Pinocchio: Children and Danger in the Liberal Era*, p. 99.

③ Romolo Broglio d'Ajano, "Factory Legislation For the Protection of Women and Children in Italy", *Journal of Political Economy*, 1896, 4 (3): 309-331.

④ Colin Heywood, *A History of Childhood: Children and Childhood in the West from Medieval to Modern Times*, p. 133.

66.3%和33.7%。从年龄结构来看，14—16岁的童工有5.4946万人，12—14岁的童工有2.0762万人，12岁以下的童工有439人。12岁以下的童工主要在服装业中劳动。不同的部门，劳动时间有别。一般在11小时以上，纺织和服装行业中的劳动时间从10—12小时不等。个别行业（玻璃制造业和矿业）中还有夜间劳动。[①]

瑞士，儿童劳动在前工业社会中，是家庭经济的一部分。1780年，瑞士纺织工业中雇佣了15万工人，其中相当一部分是妇女儿童。1801年，瑞士在圣加伦（St. Gallen）建立起以水力为动力的机械化纱厂，使用从英国进口的第三代机器。到1814年时，纺织工业中的机器产品完全取代了手工产品。与英国的情况类似，瑞士的纺织工业中也大量使用了儿童劳动，许多6—10岁左右的儿童，在恶劣的环境中每天劳动16小时，有时还有夜班。劳动所得只有成年工人的1/3，甚至更少。[②]

农业领域也是使用儿童劳动较多的部门。根据1904年的调查显示，该年度在农业和家政服务领域劳动的儿童有30万人之多。1930年时，在农业领域劳动的儿童，有20%左右的人在15岁以下。

第二节　美国童工劳动概述

一、1870年前的童工劳动[③]

（一）英属北美殖民地的建立与发展

殖民者到达美洲以前，这里的居民主要是印第安人。1492年哥伦布

---

① E. Dubois, "Child Labor in Belgium", *Annals of the American Academy of Political and Social Science*, 1902, 20 (1): 203–220.

② Alan W. Ertl, *Capitalism*, *The Swiss Model*, Bloomington, USA: Author House, 2014, pp. 136–137.

③ 本部分内容根据鲁运庚《北美殖民地时期童工劳动与清教观念》一文改写而成，原文见《中国社会科学院研究生院学报》2009年第4期。

发现美洲大陆后，欧洲各国相继向美洲大陆移民。

1607 年，英国人以北美的詹姆士城为中心建立起弗吉尼亚殖民地。这是英国人在北美建立的第一块殖民地。随着殖民地的建立，英国的一些清教徒陆续移民定居于此。从 17 世纪 30 年代开始，2 万多名清教徒以用他们选择的方式获取信奉上帝的自由，移民北美洲后在新英格兰及其周围定居下来。1607 年以后的一百多年间，英国在北美沿大西洋岸边建立起 13 个殖民地（1776 年，这 13 个殖民地联合组成美利坚合众国，简称美国）。移民北美的清教徒，不仅把欧洲的资本主义生产方式移植到北美洲，而且把欧洲的议会制度也带到北美，从而使殖民地社会具有较明显的资本主义色彩。

（二）清教伦理视域中的儿童劳动

在北美 13 个殖民地的 260 多万居民中，有 75% 的人是在清教徒家庭中长大的，有 13% 左右的人与欧洲的加尔文教（传入英国后称为清教）有密切联系。在北美殖民地，清教思想几乎左右着接近 90% 的居民的行动。有人指出，清教传统像一条红线规范了从殖民地时代到如今美国的政治文化与社会文化。从殖民地时期起，清教观念构成社会的主要精神气质，成为人们思维和生活方式的共同价值观，对美国文化和社会形成过程产生了极为重要的影响。"没有对美国清教思想的了解，就不可能理解美国社会。"[1] 殖民地时期的儿童劳动，亦可在清教思想中找到其理论依据。

1. 清教为职业劳动观提供了最系统的宗教阐释

清教认为，上帝对人的获救有绝对的自由权，但人可以通过在尘世职业上的成就，获得受到上帝恩宠的确证，因此他们倡导"勤俭清洁"，将劳动视为禁欲、获得救赎的一种方式。

---

① 陈华：《清教思想与美国精神》，《四川师范大学学报（社会科学版）》2004 年第 7 期。

（1）劳动是上帝应许的唯一生存方式。在清教思想中，劳动与职业紧密相连。"在德语的 Beruf（职业、天职）一词中，以及或许更明确地在英语的 calling（职业、神召）一词中，至少有一个宗教的概念：上帝安排的任务"①。在《圣经·创世纪》中，神创造了天地万物和人，创造本身就是一种劳动，所以劳动是从神开始的。"耶和华将那人（亚当）安置在伊甸园，使他修理、看守"。在这里，"修理、看守"就是上帝安排的劳动。

在清教徒看来，职业就是上帝安排的任务。完成这个任务，既是每个人的职责和义务，也是感谢神的恩召的举动，是一种天职。世俗劳动能使人生具有价值，能使人在造物主面前具有意义。"劳动非为生存，生存却为劳动。"② 人人都要劳动，不劳动者不得食，这无条件地适用于每个人，包括儿童。这样一来，劳动就被上升到宗教的层面，劳动成为感谢神的赐予的一种行为。

（2）劳动是荣耀上帝获得救赎的手段。加尔文教最显著的特点是预定论（Predestination），亦即在上帝创世之初，人们就被分成了"选民"和"弃民"两部分，前者能够获得上帝恩宠，获得救赎；后者则被上帝抛弃而永受惩罚。但谁是"选民"，谁是"弃民"，除上帝外无人知道。那么，如何才能成为上帝的"选民"而获得救赎呢？加尔文认为，人们通过在尘世职业上的努力，取得一定成就即有可能被上帝恩宠。当一个人对自己成为上帝的选民非常有信心，多做对社会有益的事并获得成功，上帝就会因其劳动的成功而降福于他，从而获得再生。因为"整个尘世的存在只是为了上帝的荣耀而服务。被选召的基督徒在尘世中唯一的任务就是尽最大可能地服从上帝的圣诫，从而增加上帝的荣耀。……为社会的尘

① ［德］马克斯·韦伯：《新教伦理与资本主义精神》，于晓、陈维纲等译，陕西师范大学出版社 2005 年版，第 58 页。

② ［德］马克斯·韦伯：《新教伦理与资本主义精神》，第 230 页。

世生活而服务的职业中的劳动，也含有这一特性。"① 这样，劳动成了一种天职。

清教徒普遍接受了这种以职业劳动为唯一内容的天职观。在他们看来，只要辛勤劳动，不断积累财富，就能取悦上帝并获得其恩宠，从而能够再生。与此大致对应的是，清教徒难以容忍有能力劳动却靠乞讨为生的行为。这种做法不但犯了懒惰罪，而且也无法荣耀上帝，且还有可能招致上帝的不满，即使他原来是上帝的选民，也存在被上帝剥夺已赐予其恩宠的可能，除非他悔罪自新。因此，不愿意劳动者很难获得上帝的救赎。

（3）劳动是最好的禁欲方式。清教徒追求的终极目的是为了来世的获救。获救的途径是蒙受"上帝的恩宠"。获取上帝恩宠的方式，首先是要摆脱一切诉诸感官和情感的成分，不然会被怀疑为肉体崇拜，肉体的堕落会导致从事世俗活动进取心的死亡。换句话说，就是要禁欲。而劳动，则是历来所推崇的禁欲的最高手段。因此，唯有劳作而非悠闲享乐，才能增加上帝的荣耀并获得上帝的恩宠。"对于清教徒归结到不洁生活名下的一切诱惑来说，劳动是一种特别有效的抵御手段，它的功效决非是无足轻重的。"② 劳动和劳动本身能培养人的禁欲和克制品质，使人变得严谨勤俭、一丝不苟、庄重认真。如此一来，劳动的重要性就非同一般了。

（4）所有的人都必须参加劳动。清教徒相信，一个人能在地球上劳动是上帝的赐予。神召集每一个男女做某种具体的工作用来侍奉他。"信仰不是给懒惰的保证……神让他所有的儿女都要工作……神要祝福我们的勤奋，而不是我们的懒惰。""把劳动本身作为人生的目的，这是上帝的

① ［德］马克斯·韦伯：《新教伦理与资本主义精神》，第82页。
② ［德］马克斯·韦伯：《新教伦理与资本主义精神》，第124页。

圣训"①。上帝的神意已毫无例外地替每个人安排了一个职业，人必须各事其业，辛勤劳作。不管是富人还是穷人，所有的人都必须服从上帝的安排。不劳动者不得食，无条件地适用于每一个人，厌恶劳动属于堕落的表现。显然，在这种认识下，儿童不参加劳动是不可能的。更何况，儿童还代表着未来。

2. 清教徒对儿童劳动的态度

清教徒对儿童劳动的基本态度是，儿童必须劳动，懒惰就是犯罪。②

在基督教那里，儿童身上有一种与生俱来的原罪，天性有邪恶的一面。要让儿童成为荣耀上帝的选民，必须从幼年时就要对儿童的欲望加以节制。"上帝把你带到这个世界上，不是进游戏室，而是进工作室"。③ 清教徒也认为，儿童在劳动中能慢慢学会认识，什么是节俭，何谓责任，能够避免懒惰，减少犯罪的可能性。因此，在信奉清教的地区，如果看到年龄已经大到足以去做任何一种工作的儿童在大街上嬉戏玩耍时，就被认为是一种耻辱。这种对待儿童和儿童劳动的态度，自然会导致社会要求儿童早日参加劳动，而不管其是否愿意。正是这种理念，使得儿童劳动的身影经常出现在农业、矿业、制造业以及家庭佣工等行业中。当然，这与当时生产力水平低下、劳动力短缺也有密切关系。

（三）殖民地时期至内战前的童工劳动④

殖民地时期，儿童以不同的方式参与劳动，或为其父母所雇，或外出受雇⑤，

---

① ［德］马克斯·韦伯：《新教伦理与资本主义精神》，第 124 页。

② S. Howard Patterson, etc., *American Economic Problems*, New York：The Macmillan Company, 1941, p. 460.

③ Marvin J. Levine, *Children for Hire：The Perils of Child Labor in the United States*, New York：Praeger Publishers, 2003, p. ⅶ.

④ 本部分内容根据尹明明《美国内战前的童工问题》一文改写而成。原文见《北京师范大学学报（社会科学版）》2007 年第 6 期。

⑤ William G.Whittaker, *Child Labor in America History, Policy and Legislative Issues*, New York：Novinka Books, 2004, Summary.

对这一问题有的著作已有涉及和探讨。① 殖民地时期到内战前，童工一直是劳动力的重要组成部分，尤其是在早期的新兴工业部门，童工成为主要的劳动力，并为这些工业部门的生产发展作出了巨大的贡献。

1. 殖民地时期童工的来源

殖民地时期的童工，主要来自大西洋彼岸的英国和当地贫困家庭中的子女。

（1）孤儿或街头流浪儿。除殖民地的孤儿、流浪儿外，还有一部分是，来自大洋彼岸英国的孤儿、贫儿，或是被父母抛弃的私生子。他们被装上船后，经过长途跋涉，到达殖民地。从最初定居在弗吉尼亚州殖民者的档案中，能够找到接收儿童并责其劳动的记载。1627 年的一封信谈到，在一些开往弗吉尼亚的船上，"装有 1400 名或 1500 名儿童"，其中不少人在运送过程中因疾病和食物缺乏而死亡，也有的在运至北美后不久死掉。② 这类记载虽然不多，但从中能了解到殖民地童工中有一部分来自英国。

在当时的英国，由于贩卖儿童有利可图，便有一些商人借机在乡间拐骗儿童，卖为契约学徒以牟暴利。③ 针对这种现象，英国议会在 1645 年

---

① 涉及童工劳动的论著有，Charles A. Beard, etc., *The Beard's New Basic History of United States*, Doubleday & Company, Inc. 1960; S. Howard Patterson, etc., *American Economic Problems*；［苏］叶菲莫夫：《美国史纲》，苏更声译，生活·读书·新知三联书店 1972 年版；［美］方纳：《美国工人运动史》第 1 卷，黄雨石等译，生活·读书·新知三联书店 1956 年版；李剑鸣：《美国通史》第 1 卷，人民出版社 2002 年版等。探讨童工劳动的论著有，William G. Whittaker, *Child Labor in America: History, Policy and Legislatives Issues*, New York: Novinka Books, 2004; Marvin J. Levine, *Children for Hire: the Perils of Child Labor in the United States*; Hugh D. Hindman, *Child Labor An American History*, New York: M. E. Sharpe, 2002。

② Marvin J. Levine, *Children for Hire: The Perils of Child Labor in the United States*, p. 18.

③ Abbot Emerson Smith, "Indentured Servants: New Light on Some of America's 'First' Families", *Journal of Economic History*, 1942, 2（1）: 40-53.

颁布了严打绑架行为的法令。1682 年，枢密院又发布命令强调，学徒契约需要有地方官员的监督才有法律效力。为防止发生意外，地方官员还要把参与签约的人记录在案备查，没有父母在场和同意，与 14 岁以下儿童订立的契约无效。^① 成年契约劳工的期限一般为 56 个月，未成年人的期限则要长一些。年满 15 岁的期限是 82 个月，15 岁以下的则长达 89 个月。

（2）学徒劳工。殖民地接受了与欧洲人相似的"济贫法"及其价值观念，鼓励儿童当学徒。学徒是训练熟练劳动力的一种方式，也是使孤儿和贫困儿童生活有所依托的一种济贫措施。借助学徒制，有些父母能够使孩子学到一些自己所不能授予的技艺。^② 康涅狄格州早期的一项济贫法规定，"任何无事可做的贫穷儿童，或者无法供养和处于压抑中的儿童，都必须有责任（当学徒），男性到 21 岁，女性到 18 岁或到结婚为止。" 1710 年，纽约州也有将 30 名 3—15 岁儿童送出去当学徒的记录。乔治·华盛顿日记中还记载，在波士顿的帆布工场中就有小女孩操作纺机的记录。南部种植园中儿童奴隶从 9 岁或 10 岁就开始劳动。^③

在学徒教育中，儿童主要是在劳动过程中通过观察、模仿匠师的操作进行学习，辅之以匠师的口头讲解，边做边学。至于学徒读写知识的学习，文献中记载甚少。儿童的习艺期为 7 年，通常从 10 岁开始。据 1642 年马萨诸塞州海湾地区的法律规定，"不但要求匠师授艺，而且要求他们使艺徒学习阅读、理解教义以及遵守法律"。匠师还需和儿童监护人签订

---

① David W. Galenso, *White Servitude in Colonial America An Economic Analysis*, Cambridge: Cambridge University Press, 1982；李剑鸣：《美国通史》第 1 卷，第 192 页。

② Sharon Salinger, "Labor, Markets, and Opportunity: Indentured Servitude in Early America", *Labor History*, 1997, 38（2-3）: 311-338.

③ Harold Goldstein, "Child labor in America's history", *Journal of Clinical Child Psychology*, 1976, 5（3）: 47-50.

契约，契约一方面规定了匠师对学徒实施教育和传授技艺，不能仅役使而不授艺；另一方面也规定了学徒要为匠师服务，不能有不良行为。双方皆有义务、责任与权利。①

2. 殖民地时期的童工劳动状况

北美殖民地自建立时起就面临劳动力短缺的问题。为解决这一问题，殖民者在使用黑人奴隶和白人契约奴的同时，也大量使用妇女儿童劳动。

为了能在殖民地艰苦的环境下生存，孩子们从小就在父母的指示下参加劳动，通过模仿、观察和长辈的口头指导，学习料理家务、耕种农田、畜养和制造等技艺。有些谚语或书籍也许会对儿童这方面的学习有所帮助。如托马斯·塔塞的《搞好农业500条》，以歌谣的方式叙述了农业劳动的规律。殖民地的家庭教育培养了孩子们吃苦耐劳、勇于与艰苦环境作斗争的品格。②

在家庭农场或家庭手工业中，儿童作为帮手或学徒在各行业中劳动。人们相信，儿童早日劳动可以慢慢脱离父母，逐渐实现经济上的独立。不少人对新英格兰种植园中的儿童劳动者大加赞赏，认为他们能够挣到足够维持自己生存的费用。当时的人们普遍认为，雇佣贫穷家庭的儿童有利于改善他们的经济状况，这被认为是一种善行。③

在整个十七八世纪，防止儿童闲散懒惰成为一件很重要的事情。如1640年，马萨诸塞湾殖民地大法庭的记录中有如下记载，要求地方治安官看看为了使儿童有事可做需要做些什么工作。1641年的一份记录显示，各家主人应该监督自己的孩子和仆人，不管什么季节，都应从早晨到晚上勤奋的工作，不应再像以前那样荒废时光。与欧洲国家不同，北美殖民地

---

① 李剑鸣：《美国通史》第 1 卷，第 462 页。

② 李剑鸣：《美国通史》第 1 卷，第 462 页。

③ Ross W. Beales Jr., "Boys' Work on an Eighteenth-Century New England Farm", in *The American Family*: *Historical Perspectives*, ed. Jean E. Hunter and Paul T., Pittsburgh: Duquesne University Press, 1991, pp. 75-89.

时期，如果儿童单纯从事放牧牲畜之类的劳动不属于勤奋之列。放牧的儿童还应该从事一些其他的劳动，如纺织等。①

1790 年以后，伴随工厂的建立，纺织、蒸汽动力以及城市化等工业的发展，需要大量儿童作为廉价的劳动力。② 乔治·华盛顿的日记中描绘了在波士顿的一个粗布工厂中，每一个纺纱工人旁边有一个小孩转动纺锤工作的情形。③ 当时，只要有新开的工厂，就会看到招聘 8—18 岁心灵手巧的儿童劳动的招聘广告。在服装制造业中，妇女儿童是主要的劳动力。

受当时各种工场规模限制的影响，工场雇佣人手不是很多。当时的造船厂用人较多，但很少有超过 25 人的，多数在 5—10 人之间；在铝木场和磨坊中，通常是一二名成年工人和一二名儿童助手就是其全部的工人。④ 所以从总体说来，儿童劳动的规模并不是很大。

当时北美殖民地正处于社会转型时期，多种经济成分并存，而人们的思想观念仍停留在农业经营方式上。成年男性天经地义的被认为是农业经营者，而妇女与儿童则成为闲人的同义语。机器工厂兴起之后，因为成年男性不愿到工厂做工，妇女儿童就成为早期工厂主能雇佣到的工人。雇佣儿童劳动，显然带有剥削的性质。但在当时却被认为是一种慈善行为。雇佣贫穷家庭的儿童做工有利于改善他们的经济状况，特别是在虔诚信教的新英格兰地区更是如此。此外，人们还相信，儿童参与生产劳动有利于培养其独立精神。在这种思想指导下，使用儿童劳动反而成了一种善意的举动。

---

① Edith Abbott, "A Study of the Early History of Child Labor in America", *American Journal of Sociology*, 1908, 14（1）: 15-37.

② 李剑鸣：《美国通史》第 1 卷，第 202 页。

③ J. Challs & D. Ellcman, *Child Workers Today*, London: Quartermaine, House, 1979, p. 64.

④ 李剑鸣：《美国通史》第 1 卷，第 202 页。

3. 独立后到内战前童工的滥用

美国在建立现代工厂制度时，也像英国一样使用了大量的童工劳动。[1] 从独立后到内战前，美国使用童工有两个显著的特点。

（1）童工是许多新建工厂的重要劳动力。美国的第一家新式纺纱厂，是由被安德鲁·杰克逊总统称为"制造业之父"的斯莱特（Slater）于1790年在波特克特创办的。斯莱特原是英国德比郡人，早年曾跟随阿克莱特当学徒，对当时的许多纺织机器都比较熟悉。[2] 当他看到美国报纸上奖励研制新式纺织机械的消息时，便于1789年9月13日秘密离开英国前往美国。到达美国后，凭着自己的记忆，复制出机器和厂房，也努力复制出自己所熟悉的童工劳动形式。[3] 在他1790年建立的工厂中，斯莱特雇佣了9个童工，其中有5个男孩，4个女孩，"他们全都未满12岁"。[4] 到1793年时，斯莱特工厂的100名工人，年龄都在7—12岁之间。在斯莱特工厂中劳动的儿童已经不是学徒，而是工资挣得者。年长儿童的工资高于低龄儿童。[5]

新建纺织企业中的工人，主要由儿童充当。他们多出身于贫穷家庭。1820年，费城39家纺织工厂的1100名工人中，童工占到了40%左右。按照《制造商文摘》的说法，儿童在不少地区都是劳动大军的主力。其在劳动大军中的比例，马萨诸塞州是43%，康涅狄格州是47%，罗德岛

---

① 　*Encyclopedia Amercia*，Vol. 16，Ameicana Corporation，1980，p. 461.

② 　Catherie Reef，*An Eyewitness History Working in American*，New York：Facts On File，Inc. 2000，p. 49.

③ 　张友伦、李剑鸣：《美国历史上的社会运动和政府改革》，天津教育出版社1992年版，第71页。

④ 　[美] 方纳：《美国工人运动史》第1卷，第109页。

⑤ 　Gary Kulik，*The Beginnings of the Industrial Revolution in America*，*Pawtucket*，*Rhode Island 1672-1829*，Ph. D.，diss.，Brown University，1981，pp. 189-225.

州是 55%。在新英格兰也有 40% 左右的工厂工人是 7—16 岁的儿童。① 该年度全国近半数纺织工厂中的工人是 10 岁以下的孩子。尽管在这以后的几年中童工的比例有所下降，但直到 1832 年，马萨诸塞州、罗德岛州使用 12 岁以下童工的比例仍分别保持在 21% 和 41% 的水平上。在整个制造业工人中，童工的比例占到 2/5 左右。② 19 世纪 50 年代，在北部类似纽约的一些大城市中，父母将 6 岁的孩子送出去捡拾破烂为生，女孩做清洁工，男孩送报纸、擦皮鞋，在煤矿中进入狭长的坑道中运送或拖曳煤块。1870 年的人口普查数据显示，有 76.5 万名 15 岁或 15 岁以下的儿童参加劳动（不包括在家庭农场劳动的儿童），占有酬劳动者的 1/17。③ 童工成为工厂劳动力的重要组成部分。

（2）雇佣形式采取整体雇佣多子女家庭。机器工厂兴起之初，雇佣到足够的劳动力并不是一件容易的事。为解决这一问题，斯莱特采取了英国人常用的做法，以提供住房的待遇，吸引整个家庭进入工厂做工。在这种"家庭"体系下，家庭中每个年满 7 岁的成员都受雇于工厂。④

当时的一些报纸上，时常可见"招请大批有着五六个儿童的家庭，到工厂中去工作"这样的广告。如，1820 年 5 月 4 日，《罗德岛制造业者和农民纪实报》上，刊登了这样一条广告：征求——养有 5 个至 8 个能在棉花纺织厂工作的孩子的家庭一个。⑤ 典型的例子是，1815 年，丹尼斯·里尔全家受雇于马萨诸塞州一家棉织工厂，签订了如下工资合同：

---

① World Book, Inc.: *The World Book Encyclopedia*, Vol. 3, London/Chicago: World Book, 1992, p. 411.

② 顾学稼：《美国史纲要》，四川大学出版社 1992 年版，第 143 页。

③ Chaim M. Rosenberg, *Child Labor in America: A History*, *Jefferson*, p. 5.

④ H. C. Kazanas & F. M. Miller, "Child Labor Laws and Career Education Incentive Act of 1977-Conflict or Compatibility?" *Journal of Career Education*, 1978, 4 (4): 35-41.

⑤ ［美］方纳：《美国工人运动史》第 1 卷，第 110 页。

```
里尔本人……………………5. 00 美元
他的 10 岁儿子 ……………0. 83 美元
他的 12 岁女儿……………  1. 25 美元
他的 13 岁儿子 ……………  1. 50 美元
他的 16 岁儿子 ……………  2. 00 美元
                计 10. 58 美元
他的妹妹……………………2. 33 美元
她的 8 岁女儿……………… 0. 75 美元
她的 13 岁儿子……………   1. 50 美元
                计  4. 58 美元
```

资料来源：Edith Abbott, "A Study of the Early History of Child Labor in America", *American Journal of Sociology*, 1908, 14（1）：15-37。

　　1816 年时，斯莱特的工厂已经聚集了不少于 20 个多子女的大家庭。其中，8 人的大家庭 1 个，7 人的家庭 1 个，有 3—5 个孩子的家庭 11 个，另有 8 个单身男性，4 个单身女性。① 1830 年前后，整个家庭被雇佣的现象在罗德岛州、康涅狄格州和马萨诸塞州的南部等地已经成为一种普遍现象。②

　　内战前的美国究竟使用了多少童工，尚没有确切的统计数字。可以肯定的是，由于劳动力缺乏，美国各地工厂中使用童工的数量，较欧洲任何国家可能都要多。

　　4. 童工的工作环境、待遇及其反抗

　　（1）劳动条件恶劣、工资待遇低。工厂制度形成以前，劳动条件取决于不同的行业特点。农田劳作无法限定时间，学徒和工匠们的工作时间也难以统一。在工厂制度下，这种情况发生了变化。关闭和起动机器是一件相当复杂的工作，一架昂贵的机器闲置一小时也是对资金的浪费。在一座厂房里进行生产的各道工序是有联结性的，哪一道工序出现问题都会影

---

　　①　Edith Abbott, "A Study of the Early History of Child Labor in America", *American Journal of Sociology*, 1908, 14（1）：15-37.

　　②　Hugh D. Hindman, *Child Labor An American History*, p. 28.

响生产。所以，为了保持生产的连续性，厂主通常都会延长劳动时间。

在工厂制度下，劳动时间一般要在 13—16 小时以上。夏季的工作时间相对长一些，14—16 小时不等，中间只有 2 小时或 1 小时的吃饭时间；冬天相对短一些，一般 9—12 小时不等，吃饭时间只有 1 小时或 1/2 小时。因为实行日工资制，一些工厂主设法把工作放在暮春、夏季和初秋的时候去做，这样他们就可以付出同样的工资而得到更长的工作时间。[①] 具体到不同的地区，工作时间也有不同。如马萨诸塞州使用童工劳动报告书（曾在该地调查过 928 个儿童和少年）中提到：童工除星期六之外（星期六是休息日，以代替星期日），通常每天工作 11—13 小时。康涅狄格州的工作日通常是 15 小时又 10 分钟。1831 年，在波士顿、纽约和费城等地的工作时间则为十七八小时。上述情况也可以从在工厂中做工的人的谈话记录中得到佐证。如一位叫 H. 鲍滕的女工早上 5 时就开始上织机，7 时30 分进早餐，8 时 30 分工作一直到中午，花半小时午餐。然后一直工作到晚上 7 时 30 分，一天要工作 13 小时。工厂童工也说，每天的工作时间通常是早上 4 时 15 分到工厂，9 时 15 分下班，有 30 分钟吃饭的时间。在厂里吃饭，回家的时间就短。有时厂主还要以各种名目延长工人的工作时间，这样一来，实际的工作时间就超过 16 小时。[②]

早期工厂的劳动报酬不高。在斯莱特的工厂中，成年工人每周的工资是二三美元，童工的工资是 0.33—0.67 美元。整个家庭被雇佣的，通常只有家庭中的成年男性有报酬，其余人的报酬很低甚至没有。

工厂卫生状况很糟糕。1801 年，新英格兰政治家约西亚·昆西在波塔克特参观一个纺织厂时说，儿童们在飞轮和齿盘的空隙中，在密不通风的屋子里，整日不停地忙碌着。而在他们这种年岁，自然要求他们生活在

---

① ［美］方纳：《美国工人运动史》，第 112 页。

② Alec Fyfe, *Child Labour*, p. 58；［美］方纳：《美国工人运动史》，第 111 页。

空气中，旷地里，无拘无束地嬉游。现在他们每一个人的脸上，你只能看到一副呆滞惨沮的神情。对于这种现象，我们不能不感到悲哀。①

（2）经常性的体罚。工厂里对童工的惩罚是很常见的。工厂中惩罚儿童的方式花样迭出。有皮带抽打、揪耳朵、扣工资等。从叫醒一个沉睡的孩子使用的棍棒，到棉纺厂的"皮鞭室"，各种"刑具"都有。有个工头回忆说，他在罗德岛看到的皮鞭，是用"14英寸长，4英寸宽的皮条做成的，里面还时常夹有大头针"。许多工厂中用皮带鞭打童工成为家常便饭。

在窝尔坦、洛维尔等地的工厂中，女工和童工的行为都受到严格限制。女工们要签字保证，愿意完全接受"公司方面为最合适的"工资而工作，并且"及时缴纳公司方面所克扣的税金"。一点小错误也会受到罚金处分。有一条规则是：上工的钟先急敲5分钟，再缓敲5分钟；敲最后一响时，厂门将关闭。此后进厂必须交纳罚款1角2分半。如果迟到5分钟，就要扣去日工资的1/4。由于这种罚金制度的实施，在帕特迈逊的街头，人们经常"看到小孩子们，有些年龄还非常幼小，在冬季严寒的清晨，手里拿着干面包片在风雪中奔跑，他们害怕，如果晚到几分钟，就会惹怒了他们的老板，因而被解雇。"②

（3）童工的罢工斗争。恶劣的工厂环境，长时间的劳动，低得可怜的工资，使童工们时常为了自己的利益进行斗争。

1828年，当新泽西州帕特迈逊的厂主们想要把午餐时间从中午12点改到下午1点的时候，工人们，其中多数是儿童，举行了美国第一次有记录的工厂工人罢工。③

1835年7月3日，帕特迈逊城纺织工厂的童工们为缩短工时进行了

---

① ［美］方纳：《美国工人运动史》，第110页。
② ［美］方纳：《美国工人运动史》，第162页。
③ ［美］方纳：《美国工人运动史》，第169页。

罢工，他们要求星期一至星期五每天工作 11 小时，星期六工作 9 小时。斗争的结果迫使工厂主不得不同意减少工作时间——每天减少 1.5—2 小时。一个星期的工作时间定为 69 小时，前 5 天每日 12 小时，星期六则为 9 小时。[①]

1835 年，新泽西州丝织业童工为争取每天 11 小时、每周 6 天工作时间进行罢工。

1836 年，1500 名工厂女孩罢工抗议降低工资。[②]

上述童工的罢工斗争大都没有达到预期目的，这一方面是童工的力量还没有壮大到足以同工厂主抗衡的程度；另一方面是因为大量欧洲移民的出现充实了劳动力市场，他们为了生存愿意接受较低的工资和恶劣的工作环境，从而使要求提高工资、缩短工时的各种形式的斗争都难以达到目的。

5. 几点思考

在现代全球范围内的大多数国家中，强迫儿童参加劳动是不人道的行为，那么为什么在号称"平等""博爱"的资本主义体制下，滥用童工现象存在且在一定程度上还能为当时社会所接受呢？

较为直观和直接的缘由，是当时劳动力的短缺。美国建国前后多战事，许多成年男子成为士兵，无法参与生产劳动。加上当时农业生产劳动强度大，不适合妇女儿童全职参与，而一些成年男性劳动力又不愿离开农村进入工厂做工。加之工业革命和工业化的发展，一方面突然扩大了对劳动力的需求；另一方面则因为机器的应用简化了劳动程序，使工厂中的劳动变得重复、简单。因而，儿童完全有能力胜任其中的工作，甚至比成年人更能胜任工厂中的工作。

资本原始积累时期对利润的贪婪追逐，使工厂主更愿用廉价童工。雇

---

① ［美］方纳：《美国工人运动史》，第 178 页。

② Myron Weiner, *The Child and the State in India：Child Labor and Education Policy in Comparative Perspective*, p. 142；［苏］叶菲莫夫：《美国史纲》，第 352 页。

佣者高兴地意识到，儿童拿到的工资更少但可以像成年人一样有效地进行生产。使用儿童劳动使产品成本降低，使产品在市场上更具有竞争力。

作为移民国家，内战前的美国延续了英国的传统。在英国，伊丽莎白时代的济贫法曾允许贫穷的儿童进行"无约束"的劳动，目的是消灭闲置人员和减少国家负担。洛克在 1697 年时也提出，家庭应该让孩子早一点工作。在内战前的美国也有不少人信奉这种思想，认为使用妇女儿童劳动是增加国民财富的一种方法。汉密尔顿说得更明白：自从妻子和女儿在制造业中工作后，农夫眼看着因为她们的勤劳工作，家里又多了一个新的收入来源，是制造业使妇女儿童成为更有用的人，是制造业使儿童更早变成有用的人。① 在这种思想观念的影响下，儿童不可能不被送出去做工。

尽管使用儿童劳动带有不可避免性，但还是有一些有识之士认识到使用儿童劳动的危害。在他们看来，由于大量的儿童进入工厂做工，繁重的劳动使儿童无暇接受教育，儿童不接受教育就无法阅读圣经，也就不能接近上帝，这是作为一个清教徒所不能接受的。于是，他们开始呼吁限制使用儿童劳动，让儿童接受教育，这种做法最终发展成从立法层面保护儿童。美国内战前，各地通过了大约 1600 个法律法规，来规范工厂的劳动环境并限制使用童工，这反映了社会的进步。② 不过从总体来说，这些法律法规的效果并不理想。

二、1870 年后的童工劳动③

（一）童工劳动的基本情况

根据 1870 年的人口普查，15 岁或 15 岁以下的童工有 76.5 万人。一

---

① ［美］阿塔克·帕塞尔：《新美国经济史》，罗涛等译，中国社会科学出版社 2000 年版，第 182 页。

② [s.n.] The History of Child Labor Laws in the United States, https://www.brighthubeducation.com/history-homework-help/109994-child-labor-laws-in-america/，2019 年 9 月 22 日。

③ 本部分内容根据尹明明《第一次世界大战与美国童工劳动述评》一文改写而成，原文见《历史教学》2001 年第 4 期。

些在家庭农场、商店中劳动的童工没有包括在内。1870 年以后，伴随工业化进程的加速，童工劳动的数量也出现了明显的增长。① 1880 年，美国童工人数是 111.9 万人，1900 年达到了 175 万人。② 以纺织业为主的南方几个州的童工数量增加最明显。③ 纺织业是使用童工最多的部门。1900 年，美国纺织工业中 16 岁以下的儿童约 4 万人。新英格兰工厂雇佣的 16 岁以下的儿童有 1.1 万人；同年，南部主要纺织州雇佣 10—15 岁的儿童约 2.5 万人，甚至还有 6 岁的儿童。④ 到 1910 年，10—15 岁的童工占到全部劳动力的 5%，在 200 万人左右⑤，占该年龄段儿童总数的 18.4%。⑥ 从行业分布看，工厂矿业部门使用童工仍较多，但在农业或其他非工业部门中劳动的童工也不少。⑦

　　1914 年第一次世界大战前夕，美国雇佣的 16 岁以下的童工人数曾有所下降，但从 1915 年开始，美国使用童工劳动出现了增加的趋势，不过在当年的上半年并不明显。从下半年开始，情况发生了变化。制造业部门开始大量雇佣童工，并一直持续到 1918 年底。可通过以下几组数据加以说明。1916 年与 1915 年相比，童工人数增加的幅度，多伦多（Toledo）是 167%，斯普林菲尔德（Springfield）是 145%，波士顿（Boston）是 92%，劳威尔（Lowell）是 400%，即使是最少的巴尔的摩（Baltimore）也增加了 14%。在新汉普什州（New Hampshires），1917 年在主要工厂中工作的童工，比 1916

　　① *Encyclopaedia American*, Vol. 6, Americana Corporation, 1980, p. 461.

　　② Frank Tracy Carlton, *The History and Problems of Organized Labor*, New York：D. C., Heath & Company, 1920, p. 455.

　　③ Myron Weiner, *The Child and the State in India：Child Labor and Education Policy in Comparative Perspective*, pp. 142-143.

　　④ 刘丽华：《美国进步运动时期棉纺织业中的童工问题透析》，《辽宁大学学报（哲学社会科学版）》2000 年第 2 期。

　　⑤ Harry N. Scheiber, etc. ed., *American Economic History*, New York：Harper & Row, 1976, p. 146.

　　⑥ S. Howard Patterson, etc., *American Economic Problems*, p. 463.

　　⑦ Harry N. Scheiber, etc. ed., *American Economic History*, p. 146.

年增加了119%；1918年又比1917年增加了58.7%。华盛顿特区（Washington, D. C.），1917—1918年度，童工人数与1916—1917年度的童工人数相比，增加了163%；路易丝威尔（Louisville），1917年较前增加了174%，1918年与1917年相比又增加了52%，该城1918年的童工人数与1916年相比增加了4倍。[1] 童工劳动持续增加的态势，在1919年以后逐渐停止。部分城市中的童工人数开始下降。如康涅狄格州，减少了大约1/2，旧金山、新泽西等地的童工人数减少了1/4左右。当然，个别地区也还有不同程度的增加，如纽约、明尼苏达州、芝加哥等地。

1920年以后，从有关统计数据来看，童工劳动进一步减少。1920年的童工人数不足100万人，与1910年相比，减少了一半。当然，也有人指出，"人口调查中的数字不太可信，1910年到1920年间的童工数量并不像调查中说得那样有那么大的下降"[2]。暂且不论这一认识是否正确，有一点可以肯定的是，从1910—1920年间，童工劳动曾发生过剧烈波动，那么是什么原因造成了这一波动？

（二）对这一时期童工劳动的分析

从19世纪七八十年代到20世纪20年代，造成美国使用童工劳动剧烈波动的原因，笼统地说就是受1914—1918年间第一次世界大战的影响。

1. 战争促进了欧美贸易的增长

因为美国远离欧洲，所以战争爆发后，美国没有立即被卷入战争，而是开始与欧洲交战双方进行贸易。在战争爆发前的一段时间内，美国对欧洲的出口贸易一直处于顺差状态。战争期间，美国与交战双方进行贸易，顺差进一步扩大。1913年美国的出口额是25亿美元，1917年达到62亿美元。工厂产品出口，1913年是7.76亿美元，1917年增加到27.06亿美

---

① Nettie P. McGill, "Trend of Child Labor in the United States, 1913 to 1920", *Monthly Labour Review*, 1921, 12 (4): 717-73.

② Dorothy W. Douglas, Katharine DuPre Lumpkin, *Child Workers in America*, p. 16.

元。1914—1918 年，美国的贸易顺差是 114.25 亿美元。[1]

对外贸易的增长，进一步刺激了工农业生产的发展。为应对大量的军事订单，美国把全国划分为 21 个军事工业区，采取措施充分利用现有生产能力加速军工产品的生产，并很快取得明显效果。许多工业产品产量增长幅度惊人。以 1915—1918 年达到的最高产量，与 1913 年的产量相比，一些工厂产品的增长情况如下，"石油增加 43%，铁矿石增加 21%，煤炭增加 19%，铅增加 246%，铜增加 57%，钢增加 44%，机器制造业增加 70%，造船业增加 276%，棉纺产量增加 200%，毛纺工业产量增加 175%，发电量增加 125%"。[2] 而无烟火药生产能力在 1914—1917 年间增加了 24 倍。[3] 1914—1918 年间，"炼铁炉的生产能力 1914 年为 4140 万吨，1920 年达到 4830 万吨；铸钢工厂生产能力，1914 年为 4120 万吨，1919 年增加到 5540 万吨"。棉纺工业中，纱锭数"1914 年为 3270 万枚，1920 年增加到 3580 万枚"。[4] 1915 年开始到 1918 年达到顶峰的童工劳动，显然与这种不断扩大的生产规模有关。

2. 因兵役导致生产岗位空缺

1917 年 4 月，美国开始参战。其初衷是，只动用财力、物力支援即可。但战争的进程完全出乎美国的意料，使其不得不派军队前往欧洲，以援助已筋疲力尽的盟国军队。

1917 年以前，美国的陆军人数并不多，截止到 1916 年 6 月 30 日，其陆军兵力只有 24.4 万人，海军仅有官兵 6.7 万人。为支援盟军，1916 年七八月间，美国国会通过了扩军法和军队拨款法。根据扩军法，美国军队

---

① ［苏］列·阿·门德尔班：《经济危机和周期的理论与历史》第 3 卷，三联书店翻译组译，生活·读书·新知三联书店 1977 年版，第 335、320 页。

② ［苏］列·阿·门德尔班：《经济危机和周期的理论与历史》第 3 卷，第 320 页。

③ ［苏］罗斯图诺夫主编：《第一次世界大战史》，钟石译，上海译文出版社 1982 年版，第 809 页。

④ ［苏］列·阿·门德尔班：《经济危机和周期的理论与历史》第 3 卷，第 321 页。

将原有的 31 个团增至 65 个团。为训练新兵，美国在本土建造了 32 座军营（16 座供正规军用，16 座供国民警卫队用），每座军营可容纳 4.1 万名士兵。从 1917 年秋季开始，由英、法军官进行训练。① 1917 年 3 月 21 日，美国总统威尔逊要求 100 万人服兵役，包括历史上首次在海军中招募女兵。同年 5 月 18 日，经过数周辩论，美国国会通过了"选征兵役法"。根据该法令及其以后的一些修正案，约有 2420 万名 21—30 岁的男子进行了兵役登记，近 300 万人应征入伍。② 到 1918 年 11 月时，美国武装部队的总人数达到 480 万人。

大量青壮年应征入伍，许多生产岗位一时难以找到足够的劳动力填充。正常进入美国的移民，从 1912—1914 年的年平均 66 万人，减少到 1915—1918 年的年平均 25.8 万人。这样一来，使原本就不多的工业劳动力，就更加短缺。在当时，能够充当劳动力的，就只剩下了妇女儿童和老人。从有关统计来看，1915—1918 年间，美国的许多城市中都有大量的童工加入到生产队伍中来。显然，这与美国参战有着密切的关系。

3. 高工资诱惑与弹性执法影响

战争期间，由于劳动力的缺乏，按美元计算的工资迅速提高；物价上涨，生活必需品缺乏成为一个严重的问题时，为了生活，父母与儿童很难抵制高工资的诱惑。在特殊时期，法律难免不默许合理的不合法行为，以便允许儿童进入工厂做工，挣到维持生活所必需的工资。对此，有人指出"战争对执行童工法的影响是，把童工法落实到行动上变得比以前更加困难"。成年劳动力的减少，使雇主随时准备雇佣儿童来充当劳动力。高工资的诱惑，也使儿童们把自己当作成年人来工作。如此一来，大量儿童被

---

① ［苏］罗斯图诺夫主编：《第一次世界大战史》，第 812 页。
② ［美］林顿编著：《美国两百年大事记》，谢延光等译，上海译文出版社 1984 年版，第 304 页。但据《第一次世界大战史》第 812 页记载，义务兵役法的登记年龄为 18 岁至 30 岁，后来到 40 岁。

雇佣也就容易理解。当时的法律，如 1917 年的修订法案，允许雇佣十六七岁的儿童工作。为了赢得战争胜利，举国上下都要为战争服务。在这种背景下，一些低于十六七岁年龄的儿童，也声称自己超过了 17 岁①，积极参与生产以显示自己的爱国行为。

4. 战争结束使童工劳动逐渐减少

1918 年第一次世界大战结束，士兵复员，战时工业停工。由于大批工厂的停工停产，大量的童工因不需要被从工厂中开除。战争结束后，一些州重新制定或修订童工法，限制童工劳动，使童工劳动在战争结束后进一步减少。

战争期间，一些儿童为生活所迫，不可避免地要参加劳动维持生存。因为战争，各种童工立法与劳动保护措施难以发挥其原有的效用，因而战时的童工劳动，对童工造成的身心危害比平时更大。

第三节　欧美以外国家的童工劳动

法国、德国、美国、俄国等国家，得天时地利之便，或先或后地在工业中采用机器生产，并逐渐完成工业化。东方国家中的中国、印度等国家，其工业化的进程则要慢得多。

一、旧中国的童工劳动②

（一）民国初年资本主义经济的发展

鸦片战争之后，外国资本最先在广州、上海等地，建立起近代中国的

---

① Nettie P. McGill, "Trend of Child Labor in the United States, 1913 to 1920", *Monthly Labour Review*, 1921, 12（4）：717-730.

② 本部分内容根据以下文章改写而成：鲁运庚、尹明明：《民国初年的童工研究》，《民国档案》2002 年第 2 期；尹明明：《20 世纪初中国的童工问题研究》，《山东师范大学学报（人文社会科学版）》2003 年第 3 期；鲁运庚、刘长飞：《民国初年的童工现象》，《劳动保护》2003 年第 6 期。

机器大工业。

19世纪六七十年代，民族资本开始经营近代工业。1865年设立江南制造局，内有铸铜铁厂、熟铁厂、炮弹厂等。1878年创办开平煤矿。较多的则是以缫丝、纺织为主的轻工业。1881—1894年间，仅广东顺德县就开办了35家缫丝厂。1893年前后，不少地区机织布及机纺纱线"洁白匀细""华民皆乐购用"。① 上海、武昌、天津等地也都出现了设厂的苗头。

进入20世纪，资本主义生产有了快速的发展，其中棉纺、缫丝、针织、袜织、绣花、发网、火柴、造纸、卷烟等轻工业发展较快。1901年，上海有丝厂28家，经过一二十年的发展，到1923—1924年间，上海的纺织类（棉纺、针织等）企业达到117家。矿业也有发展。1900—1910年间，雇工超过500人的矿厂有156家，其中民族资本开办116家，外资开办40家，分布在江苏、浙江、山东等10多个省份。

随着资本主义经济的发展，中国工人阶级的队伍也逐渐发展壮大起来。与西方国家不同的是，中国工人阶级队伍中的女工和童工占有极大的比例。从19世纪90年代到20世纪初期，以缫丝、纺纱、针织等为主的轻工业部门中，主要的劳动力是女工和童工。在以采煤业为主的矿业部门中，也有数量可观的童工劳动。② 资本家是否采用机器，往往取决于使用机器是否能为其带来丰厚的利润。由于当时中国存在无数的廉价劳动力，所以许多厂主"宁愿大量雇用工人"进行手工生产，也"不愿使用机器进行现代化生产"。③

---

① 孙毓堂编：《中国近代工业史资料》第1辑上册，科学出版社1957年版，第984页。

② 孙毓堂编：《中国近代工业史资料》第1辑上册，第61—62页。

③ 南开大学经济研究所经济史教研室编：《旧中国的开滦煤矿的工资制度和包工制度》，天津人民出版社1983年版，第157页。

（二）童工劳动的基本情况

1. 童工的年龄、行业分布与数量

使用儿童劳动最为集中的部门是纺织业。1882—1883 年间，英国领事商务报告中提到，上海的英国公平丝厂、怡和丝厂以及美国的旗昌丝厂，主要使用女工和童工劳动。1888 年，宁波通久源轧花厂，踏板轧花机器"竟由一些年方 8 岁的童工操管"。1896 年设立的通久源纱厂，雇用的 750 人中"主要是女工与童工"。① 但总的来看，清末近代工业的发展规模不是很大，与此相应，近代产业工人的人数也不是很多。

进入 20 世纪，特别是二三十年代，随着资本主义的发展和对劳动力需求的增加，雇佣工人的人数开始增加。相应地，女工和童工的人数也有明显增加。1901 年，上海共有丝厂 28 家，最大的丝厂雇佣男工 90 人，女工 630 人，童工 385 人，童工占到工人总数的 34.8%。1902 年，镇江两家缫丝厂"有妇女 200 人，孩子 200 人"，童工占工厂劳动力的 50%。到 1907 年前后，27 家上海丝厂雇佣的女工和童工达到 23000 多人。②

20 世纪 20 年代前后，童工在工厂中劳动已相当普遍，特别是在工业相对发达的地区更是如此。

1920 年，在江苏有代表性的行业中，15 岁以下占工人总数的 20%。杭州 262 名纺织工人中 15 岁以下的童工占到 8.8%。147 名男工中不足 15 岁的占 1.4%，115 名女工中不足 15 岁的占 7.4%。天津的一家纺织厂，3891 名工人中不足 15 岁的占到 11.5%。在日本人创办的纺织企业中，童工的数量更多。上海一日本人创办的纺织厂，1916 名工人当中不足 15 岁的占到 23%。③ 在青岛设立的纺纱厂中，1263 名工人当中不足 15 岁的占

---

① 孙毓棠编：《中国近代工业史资料》第 1 辑下册，第 1232—1234 页。
② 孙毓棠编：《中国近代工业史资料》第 1 辑下册，第 1181 页。
③ 刘明逵编：《中国工人阶级历史状况》第 1 卷第 1 册，第 190 页。

6.6%。还有的工厂中，11—15 岁的儿童占到工厂劳力的 60%。[①] 有的工厂"招收的童工占工人总数的 70% 以上"，且主要以男童为主。[②] 法国人谢诺在《中国工人运动（1919—1927）》一书中，曾对 1923—1924 年间上海各纺织工厂使用工人的情况作了一个统计，从中可以看到童工在工厂工人中的比例，见表 4-11。

表 4-11　上海各类企业中工人的比例　　　（单位：人,%）

工业	男工及百分比		女工及百分比		12 岁以下男童及百分比		12 岁以下女童及百分比	
39 家中国纱厂	2274	9.6	17895	74.5	105	0.4	3461	15.5
27 家外国纱厂	797	3.5	12458	55.5	1364	6.1	8500	34.9
6 家意大利纱厂	203	3.4	3160	48.2	440	7.0	2020	41.4
5 家法国纱厂	219	3.9	2650	48.4	372	6.8	2227	40.9
9 家英国纱厂	235	3.4	3618	52.6	552	8.0	2469	35.9
7 家美国纱厂	140	3.1	3050	68.6	—	—	1280	28.1
18 家中国棉纺厂	8682	26.9	9822	62.8	1005	2.9	2610	6.4
24 家英国和日本棉纺厂	15048	26.1	38157	65.9	1615	2.8	2690	5.2
9 家其他各类工厂（针织、补袜等）	1259	48.2	1211	46.5	56	2.1	84	13.2

资料来源：Jean Chesneaux, *The Chinese Labor Movement*, *1919 - 1927*, trans. by H. M. Wright, Stanford：Stanford Univ. Press, 1968, p. 74；刘明逵编：《中国工人阶级历史状况》第 1 卷第 1 册，第 216 页。

表 4-11 中显示，无论是外资企业还是中资企业都有童工，只是使用数量不同而已。总体来看，外资企业使用童工的数量远远高于民族资本企业中童工的数量。12 岁以下的童工，39 家中国纱厂中有 3566 人，而 27 家外资纱厂中则有 9864 人，相差接近 2.5 倍。棉纺厂中的童工，18 家中

---

① 邓中夏：《中国职工运动简史》，东北书店 1948 年版，第 125 页。
② 山东省总工会工运史研究室等编：《青岛惨案史料》，第 36 页。

国棉纺厂中有童工 3615 人，而 24 家英国和日本棉纺厂中的童工有 4305 人。

除上海外，华北之童工，以天津纺纱厂最多。其中，在北洋纱厂的 1800 名工人中，有童工 600 人，占 33.2%；宝成纱厂 1500 名工人中，有童工 200 人，占 13.3%；恒源纱厂 3000 名工人中，有童工达 1000 人，占 33.3%。其他如广东的丝厂、布厂，无锡的丝厂、棉纺厂，武汉棉纺厂等也都大量使用童工。① 这些情况说明，全国各地纺织行业，或与之有关的行业使用童工劳动较为普遍，只是各地程度有别。

在纺织业以外，烟草厂和火柴厂，以及出口商品的加工处理行业中使用童工也较多。1923 年，上海 4 家中国烟草厂中，童工占到工人数的 7.3%。1926 年，天津英美烟草公司有童工 2000 人，丹华烟厂女工童工 1500 人。② 在火柴厂或受雇为火柴厂工作的人可能更多。天津丹华火柴厂，厂内的工作，除个别部门需要年龄大一点的人外，其余工作都用童工。童工共有 300 余人，有的年龄只有六七岁的模样。③ 受雇为火柴厂工作的人可能更多，如在家糊火柴盒和贴标签等。

出口商品的加工处理行业，也是使用童工较多的一个工业部门。1925 年，5 个外资商号中，包括清理原棉、羊毛、皮革的工人，女工占到总数的 68.7%。汉口 3 个英国纸张包装厂的 9000 名工人中，有 6000 人是妇女。天津也是这样，清理原棉、毛和脱壳、去皮或准备果仁（特别是花生）、油料种子的活，几乎全部被女工承包。④ 女工中有很大一部分人的年龄在 12 岁左右。

除上述行业外，矿业、冶铁、机械制造、化学品厂、饮食厂、兵器加

---

① 刘明逵编：《中国工人阶级历史状况》第 1 卷第 1 册，第 566—571 页。

② 刘明逵编：《中国工人阶级历史状况》第 1 卷第 1 册，第 225 页。

③ ［作者不详］《天津火柴厂内的童工》，上海《民国时报》，《觉悟》副刊 1922 年 7 月 30 日。

④ 刘明逵编：《中国工人阶级历史状况》第 1 卷第 1 册，第 218 页。

工厂，也都使用童工劳动。以上海为例，1929 年和 1946 年，上海工厂工人的结构是：1929 年工人总数为 28.57 万人，其中男工为 8.4786 万人，占当时工人总数的 29.68%，女工为 17.3432 万人，占 60.70%，童工为 2.7482 万人，占 9.62%。1946 年工人总数是 8.2869 万人，其中男工 2.6859 万人，占当时工人总数的 32%；女工 5.4508 万人，占到工人总数的 66%；童工 1502 人，占到工人总数的 2%，见表 4-12。

表 4-12　1929 年和 1946 年上海各行业男工、女工、童工分布表

（单位：人,%）

行业	工厂数	工人						总数
		男工		女工		童工		
		人数	百分比	人数	百分比	人数	百分比	
1929 年								
棉纱	61	23064	21	84270	76	3548	3	110882
缫丝	107	1712	3	37211	73	12453	24	51376
棉织	405	6547	22	22394	77	303	1	29244
烟草	90	7335	30	15703	65	1259	5	24297
印刷	419	9455	71	630	5	3252	54	13337
针织	177	2686	27	7236	71	203	2	10125
机器制造	518	6455	66	0	0	3300	34	9755
造船	13	5994	96	0	0	254	4	6248
绢丝	68	2563	68	1229	32	0	0	3792
鸡蛋	7	1366	39	2186	61	0	0	3585
玻璃制造	30	1588	52	0	0	1455	48	3043
漂染	48	2914	100	0	0	0	0	2914
火柴	7	911	34	1232	46	553	20	2696
搪瓷	16	1857	81	353	15	90	4	2300
面粉	13	2112	100	0	0	0	0	2112
榨油	11	1951	100	0	0	0	0	1951
木工	23	1886	100	0	0	0	0	1886
制革	150	1552	83.9	2	0.1	296	16.0	1850

续表

行业	工厂数	工人						总数
		男工		女工		童工		
		人数	百分比	人数	百分比	人数	百分比	
五金制造	120	1133	69	0	0	516	31	1649
造纸	7	872	56	681	44	0	0	1553
制皂	36	800	72	305	28	0	0	1105
总计	2326	84786	30	173432	61	27482	9	285700
1946 年								
棉纺	38	10365	22	35306	77	418	1	46089
棉织	42	4284	40.71	6236	59.27	2	0.02	10522
橡胶	8	1579	44	1875	53	95	3	3549
卷烟	10	463	14	2842	83	120	3	3425
毛纺织	9	1095	32	2771	66	58	2	3424
丝纺织	6	578	30.7	1294	69.0	6	0.3	1878
机器制造	14	1506	85	17	1	242	14	1765
针织	12	365	22	1243	75	45	3	1653
酸碱	2	529	35	974	65	0	0	1503
面粉	5	999	99.8	0	0	2	0.2	1001
玻璃制造	9	557	69	16	2	235	29	808
毛巾被毯	5	261	37	424	61	13	2	698
火柴	4	249	40	348	56	22	4	619
搪瓷	4	569	95	13	2	19	3	601
造纸	5	409	68	189	32	0	0	598
造船	2	544	93	0	0	38	7	582
制药	4	128	23	426	77	0	0	554
内衣	3	174	33	338	64	15	3	527
印刷	4	359	84	36	8	34	8	429
榨油	3	360	100	0	0	0	0	360
制针	5	170	55	122	39	17	6	309
制帽	3	175	59	109	36	16	5	298
水热瓶	3	207	76	44	17	20	7	271
电工器材	4	155	70	41	19	25	11	221

续表

行业	工厂数	工人						总数
		男工		女工		童工		
		人数	百分比	人数	百分比	人数	百分比	
制皂	4	181	83	32	15	6	2	219
罐头食品	2	126	63	69	34	6	3	201
软管制造	3	48	28	107	64	13	8	168
五金制造	3	78	62	16	13	32	25	126
调味品	2	101	82	20	16	2	2	123
酸碱	2	95	100	0	0	0	0	95
印铁制罐	2	38	44	48	22	1	1	87
织带	1	26	32	54	68	0	0	80
赛璐璐	1	48	100	0	0	0	0	48
制革	1	38	100	0	0	0	0	38
总计	225	26859	32	54508	66	1502	2	82869

资料来源：上海社会局：《劳工工资和时间，大上海，1929》，1929 年。转引自［美］艾米莉·
洪尼格：《姐妹们与陌生人：上海棉纱厂女工，1919—1949》，第 14—17 页。

　　童工的行业分布不均。如表 4-12 所示，童工的行业分布不均衡，有
的行业几乎没有童工，有的行业童工的比例却很高，如 20 世纪二三十年
代天津的电镀业。在天津，从 20 年代后期起到 30 年代，电镀业就已经成
为独立的行业，从性质上来看属于民营性质的手工业式的"小工厂"。
1927 年，全国各地的电镀工厂情况是，上海 90—100 家，北京 16—18
家，广州 45—50 家，南京 3—5 家，杭州七八家，天津是一二百家。据此
可以看出，天津的电镀业较为发达，其工厂和工人数"在当时国内都居
于首位"。[1] 根据国民政府天津社会局的调查显示，1929 年天津被调查的
14 家电镀工厂中，雇工总数是 97 人，其中童工 52 人，占工人总数的
54%。1933 年的调查显示，11 家电镀厂雇用工人 105 人，其中童工 69

――――――――――――

　　[1]　周保全：《1927 年的天津电镀业》，《电镀与精饰》1993 年第 2 期。

人，占工人总数的 65.7%。在这些工厂中，"劳动时间都超过 8 小时，有半数以上工厂劳动时间超过 14 小时"。为"节约工厂开支"，这些工厂仅供给童工食宿，"并不发给工资"。① 电镀行业使用大量的儿童劳动，或与学徒制有关。

各行业使用的童工在年龄上有一些差别，但不是很大。

纺织类工厂，因技术要求低，重活少，使用的童工年龄相对小一些。"常见多数婴儿随母工作，大者执役杂多，小者匍匐洒扫，甚至熟人始能举一畚器，呱呱惨状，至难入目"。② 武昌纱厂，有七八岁的学徒，至于十二三岁的童工则多得很。③ 上海纺织厂"童工多 9 岁以上者，9 岁以下者极少"。织部女工"年龄约在十二三岁之间，卷丝间女工以十三四岁为多，经纱间女工以十四五岁为多"。1915 年前后的申新纱厂，"整个工厂滥用 12—14 岁的小女孩儿，7 岁大小的少年遍及全厂。""细纱间的大多数工人是 10 岁的小男孩儿和少量的小女孩儿。"④ 也有材料提到，儿童开始工作之"最低年龄，颇难确定"，但有"许多童工之年龄，绝对不过六七岁"。⑤

前引资料显示，不少行业使用的童工年龄很小，但有必要指出，"工场募集劳动者，必募集堪于劳动之人"。这在客观上也限制了童工的年龄，一些工厂"不再雇用极年幼的童工"，显然不是因为"关心儿童的利益"，而是因为"这些小家伙的累赘多于帮助"。⑥

20 世纪上半叶的中国究竟有多少童工，没有官方的统计数据。加之

---

① 周保全：《民国时期天津电镀业的统计资料》，《电镀与精饰》1994 年第 1 期。
② 刘明逵编：《中国工人阶级历史状况》第 1 卷第 1 册，第 10 页。
③ 汪敬虞编：《中国近代工业史资料》第 2 辑下册，科学出版社 1957 年版，第 1194 页。
④ ［美］艾米莉·洪尼格：《姐妹们与陌生人：上海棉纱厂女工，1919—1949》，韩慈译，江苏人民出版社 2011 年版，第 38、41 页。
⑤ 上海社会科学院历史研究所：《五卅运动史料》第 1 卷，上海人民出版社 1981 年版，第 258 页；《中国工人阶级历史状况》第 1 卷第 1 册，第 285 页。
⑥ 汪敬虞编：《中国近代工业史资料》第 2 辑下册，第 1194 页。

"中国女工、童工的人数调查比成年工人的调查困难",出现不同的数字也就容易理解。根据一些零星记载,结合当时中国资本主义发展的规模,以及整个工人阶级队伍不是很壮大(与西方发达资本主义国家相比)等因素,以使用童工较为集中的地区和行业作如下推测。

上海、武汉、天津、青岛、大连、唐山、香港等重要工业区域以及无锡、苏州、南通、常州、宁波、济南、郑州、彰德、卫辉、长沙、太原、九江等有工厂的地方,"童工数量都很可观",据此估计,"全国有 80 万左右的工厂童工"决非过分,若把学徒也考虑在内的话,则在 300 万人以上。① 这一数字,没有考虑当时一些工厂中盛行的包身工制和养成工制②,如果把他们包括在内的话,那么童工的数量还要大一些。

20 世纪上半叶,各类工厂大量使用童工可以从以下几方面来理解。首先,机器的使用,使得"手工的技术和腕力渐归无用",男性劳力逐渐被"女子和童工"取代。"资本家为榨取更多量的利润都喜欢雇用童工以替代成年工人的劳力"。③ 其次,儿童廉价且易于管理。④ 工厂招募劳动力困难,要把从农村和手工业中招募来的成年人,"训练成熟练有用的工人"非常困难。加之,各类纺织工厂的劳动"主要是接断头","并不需要什么力气,但手指却必须高度灵活。"⑤ 妇女儿童在这方面显然具有优势,自然就成为厂主的首选。妇女儿童不仅工资低,而且因其体力纤弱,

---

① 少苯:《为解放童工而战斗》,《列宁青年》1929 年第 12 期。

② 在这两种制度下的儿童,可看作是变相的童工。"包身工"通常由工头与幼童父母议定价格并按期支付,加价送入工厂后从中获取差价;或者包工头从幼童父母那里买断一定年限后送入工厂获利。养成工则是在乡村"招收年龄七八岁至十五六岁"不等的男女幼童入工厂,用来替代工厂中"不安分"的工人。两种制度下的儿童数量,未见有确切统计数字。详见刘明逵:《中国工人阶级历史状况》第 1 卷第 1 册,第 377—378、580—584 页。

③ 中国新民主主义青年团中央委员会办公厅编:《中国青年运动历史资料》第 1 册,第 308 页。

④ Hayes & Moon, *Modern History*, New York: *Macmillan* Publishing Company, 1924, p. 390.

⑤ 〔德〕恩格斯:《英国工人阶级状况》,《马克思恩格斯全集》第 2 卷,第 427 页。

性格温顺，也宜于工厂主发号施令，可以毫无困难地使其处在一种为成年人所不愿轻易屈从、被动服从的状态。这样一来，对工厂主的反抗也就减少了。厂主乐意雇佣他们。再次，儿童进入工厂做工，与当时社会上大多数家庭生活困难有着密切的关系。"一般家庭已饱受经济压迫，感到生活痛苦，只靠一个人劳动已无法支撑家计，不得已而把妻子、儿女送进工厂，以维持生活。"最后，"因为没有法律的限制和保障，所以资本家能够随意雇佣童工、女工，肆意压迫剥削她们。"[1]

2. 童工的劳动环境

与欧洲国家不同，中国工人面临的劳动环境更差，尤其是童工在常人难以想象的环境中从事超出其负荷的劳动。他们的生活情形几乎与奴隶无异，工厂成为童工的"活地狱"。

劳动时间长。总体说来，1912 年以前，各厂的工作时间多数是 12—14 小时，个别有 18 小时，一般没有夜工。1912 年以后，工厂工作时间多为 12 小时到十四五小时不等，最长可达十七八小时，夜工日渐普及，城市中较大的工厂，几乎无一例外地都有夜工，具体到各厂存在一些差别。

1880—1896 年间，劳动时间一般为 11 小时左右，中间或有休息日。1888 年，宁波通久源轧花厂工人"每天操纵机器 18 小时"。1893 年，湖北织布厂工人的劳动时间是"从早晨 5 点半钟直到下午 6 点钟。"上海纺织局，"以早 7 点钟起，晚至黄昏止"[2]，有的工厂"常常让他们的学徒全力工作到 18 小时至 20 小时"。[3] 这类工厂不是很多。

1912 年以后，一般工厂的劳动时间均在 12 小时以上，很少例外。纺织工厂有延长劳动时间至 14 小时、16 小时甚至 18 小时者。1915 年，江

---

① 山东省总工会工运史研究室等编：《青岛惨案史料》，第 276 页。

② 孙毓棠编：《中国近代工业史资料》第 1 辑下册，科学出版社 1957 年版，第 1064 页。

③ 汪敬虞编：《中国近代工业史资料》第 2 辑下册，第 1202 页。

苏纺织厂之劳动时间各部门有别。纺纱部分，每日寻常为 24 小时，分作日夜两班"各 12 小时，不论男女老幼皆然"。苏州丝厂的劳动时间则是"自 12 小时至 14 小时"。① 至于手工业经营者中学徒的劳动时间，则有每日"工作 18 小时至 20 小时"者。②

卫生条件差。中国工厂的厂房，通常都低矮狭小，没有通风设备，空气污浊且不流畅。工人的健康及生命时常处于危险之中。

在纺纱厂中，童工从始至终站立工作。厂房内"热气熏蒸，纤维障目，于儿童目光身体"实属非宜。③ "童工们卷缩着身体，蚁蝼般在地上蠕动，拣选棉花。在这种令人窒息的厂房里，花絮飞扬，尘埃扑面，东西都看不清楚，工人们一天要在此劳动 12 小时。"④ 1926 年，爱司菊兰奇·马隆上校参观了上海几个丝厂后，这样描写他在丝厂见到的情况，"许多童工年龄不超过 7 岁，有些可能更小"，他们必须"在滚烫的开水盆中搅动蚕茧，因而经常烫伤了自己"。工作车间因为没有通风设备，使得屋里空气窒息。"地上堆积的死茧发出的恶臭使空气更令人难于忍受。"⑤ 许多纱厂"空气温度略高于寻常。空气中夹有一定成分的灰尘和原棉纤维。有些工厂温度特别高些，灰尘情形坏到超过合理的程度。卫生设备情况不能令人满意。许多厂对厕所清洁状况很少关心，厕所邻近地方的臭气十分显著。"⑥ 火柴厂内，"无防火避物，隔离其间，童工包装座位间，亦不留

　　① 汪敬虞编：《中国近代工业史资料》第 2 辑下册，第 1201、1207 页；〔作者不详〕《中国之劳动时间制》，《晨报》1919 年 12 月 7 日。
　　② 孔经纬：《简明中国经济史》，吉林大学出版社 1986 年版，第 213 页。
　　③ 北京农商部劳工科：《保工会刊》，第 202 页。转引自刘明逵：《中国工人阶级历史状况》第 1 卷第 1 册，第 235 页。
　　④ 刘明逵编：《中国工人阶级历史状况》第 1 卷第 1 册，第 286 页。
　　⑤ 刘明逵编：《中国工人阶级历史状况》第 1 卷第 1 册，第 217 页。
　　⑥ 上海社会科学院历史研究所：《五卅运动史料》第 1 卷，第 258 页。

有充裕之空隙。"① 在厂内工作的童工，冬季"手足皲裂，夏季则气闷欲绝。"②

安全无保障。中国工厂一般没有防止危险设备，在劳动期间工人生命常常受到威胁。

在早期的纺织工厂中，童工年龄幼小，好奇心强，加之没有安全防护设备，常有童工受伤或惨死。丝织厂的情况也与此类似，伤残事故不断。③ 上海童工委员会1924年的报告中写道，缫丝厂中的工人多为女工和女孩儿，其工作是清除蚕茧上的废物。这一操作，要在盛着几乎沸腾的热水上进行，"孩子们的手指必须不断地伸进热水中"。从事这一工作的孩子，向人们呈现了一幅可怜的景象，"委员会确信这些孩子们的工作状况非常糟糕"。④

生活无保障。中国工业中的女工和童工，他们所得的工资低于一般工资的水平，"当时女工工资一般比男工低12%—25%，甚至低于一半以上。至于童工，一天的工资有的只有七八分，有的完全没有工资。女工和童工的使用，扩大了劳动后备军的数量，又回过头来起着降低一般工资水平的作用"。⑤ 如果与国外工人工资相比可以看出中国工人工资低得可怜。以纺织工人为例，美国的男工日工资是中国的15—25倍，法国及瑞士为7.5—12.5倍，意大利为5—6.6倍，日本虽低，一般也是中国工人的1.5—1.6倍多。女工和童工的工资相差更为悬殊。⑥

在当时，各地各行业童工的工资存在差别。1905年，杭州通益公纱

---

① 刘明逵编：《中国工人阶级历史状况》第1卷第1册，第294页。
② 彭泽益编：《中国近代工业史资料》第3卷，第278页。
③ 贺岳僧：《中国罢工史》，世界书局1927年版，第12页。
④ ［美］艾米莉·洪尼格：《姐妹们与陌生人：上海棉纱厂女工，1919—1949》，第161页。
⑤ 汪敬虞编：《中国近代工业史资料》第2辑下册，第44页。
⑥ 孔经纬：《简明中国经济史》，第213页。

厂"15 岁左右的童工每天只有七八分钱"。1918—1928 年间，青岛纺织行业中童工的日工资平均为 0.096 元。1921 年厦门各行业童工的日工资（以大洋计）是：拣茶叶 0.10—0.17 元；建筑业木工 0.09—0.26 元；油漆业 0.26—0.44 元；石匠 0.26—0.35 元；印刷业 0.20—0.35 元；烟火业 0.10—0.26 元，一般行业中的童工每日 0.10—0.17 元。[①]

童工的工资通常只有成年工人的 1/3—1/2。这从 1928 年 9 月的一份调查材料中可以更清楚地看出，如表 4-13 所示。

表 4-13　上海各业童工与成年工人工资比较

产业	成年男工	女 工	童 工
缫丝业	—	15.44	8.70
棉纺业	14.95	12.99	8.27
丝织业	24.2	16.27	10.95
针织业	17.80	14.75	—
毛织业	14.89	9.40	—
造纸业	21.47	8.70	10.81
皂烛业	17.54	10.22	15.03
火柴业	19.14	5.15	8.81
油漆业	16.89	—	9.00
制革业	16.80	13.31	9.68
玻璃业	15.92	—	9.24
搪瓷业	16.28	4.83	—
化妆品业	18.02	12.02	9.41
电机业	22.92	18.25	11.53
制蛋业	21.85	14.70	—
烟草业	20.75	13.51	6.30
印刷业	39.47	27.80	—

资料来源：《中国青年运动历史资料》第 7 册，第 407 页。

---

① 陈达：《中国劳工问题》，商务印书馆 1929 年版，第 327、329、321 页。

结合当时物价和币制混乱情况，可以发现童工的收入，难以维持最低的生活水平。

1923年5月—1924年9月间，物价平均计算增加了35%以上，同时铜元价由每元换1800文降至换2330文，在这一年零五个月中，工资增幅不超过10%，有的恐怕连10%的涨幅都没有。在当时，一个五口之家平常生活和最低生活所需如表4-14所示。

表4-14 五口之家平常生活和最低生活情况表 （单位：元,%）

开支项	平常生活		最低生活	
	月支	百分数	月支	百分数
房租	15	22.7	6	20.0
米	7	10.7	6	20.0
煤炭	3	4.5	6.7	—
菜肴	13	21.2	6	20.0
衣服	12	18.2	4	13.3
其他	10	22.7	6	20.0
总计	60	—	30	—

资料来源：《中国青年运动历史资料》第2册，第592页。

从表4-14中可以看出，五口之家每月最低生活费是30元，平均每人每月6元。"每月6元之工资决不足以维持最低之生活，而各地青年工人之收入仅6元左右，可知其十分艰苦"。① 更何况童工的工资有时还要受到工头或监工的克扣，甚至莫名其妙的罚款！

遭非人折磨。洋人，尤其是日本帝国主义者在华设立的企业中之童工，常常受到各种人身侮辱。"试就纱厂来讲，现在各厂里压迫工人、剥

---

① 中国新民主主义青年团中央委员会办公厅编：《中国青年运动历史资料》第2册，第592页。

削工人种种的巧妙方法，没有一样不是由日本工厂开始。"如纱厂中一人管三部车、养成工、取消车间的凳子、撒尿无牌照罚钱（七八百人仅两个牌子轮流）、克扣工人工资①，都是日本人的发明。在日本人开办的工厂中，殴打工人至"皮破血流者几于无日无之。而尤以 10 龄幼童、缠足妇女"，受重殴居多。冬天处罚工人的办法是，将其"置之冷水管之下淋之"，致使其浑身结冰，鼻破血流。这是日本人开办的工厂中的"特刑"。② 凡此种种，数不胜数。

青年女工和女童工除遭受以上折磨外，有时还要受到各种人身侮辱。中国内地风气比较闭塞，青年女工甚至女童工仍缠足，一天站立劳动十几个小时已够辛苦，收工时还要"将脚带解下搜身，有的还得脱得净光搜查"。更有甚者，如英美烟草公司对工人搜身时，"常常任意将伊们中 10 余岁的姑娘们的裤子脱下，当众搜索取笑"。③ 此外，对于青年女工和女童工的"调戏与强奸也成了他们的家常便饭"，如果不服从他们，"他们可以借故打骂、侮辱、罚扣工钱或竟致开除。"总之，资本家对待童工的态度是"待遇得更坏一点的就更坏一点。一定要把这弱小的东西折磨到死而后已"④。

上述情况的发生，一方面是缺乏有关法律的约束；另一方面（更主要的）则是，由于当时的国民政府在政治上对帝国主义国家没有强有力的制裁措施，有时甚至还要依赖他们，从而使帝国主义国家在华企业能够为所欲为。

---

① 仁至：《日本帝国主义经济侵略下的中国工人》，中国现代史资料丛刊《第一次国内革命战争时期的工人运动》，人民出版社 1954 年版，第 237—238 页。

② 中国新民主主义青年团中央委员会办公厅编：《中国青年运动历史资料》第 2 册，第 595 页。

③ 上海《民国日报》，1921 年 12 月 27 日。

④ 中国新民主主义青年团中央委员会办公厅编：《中国青年运动历史资料》第 3 册，第 333 页。

3. 使用童工的后果

毫无节制地使用童工带来许多恶果。这可从以下 3 个方面来理解。

首先，工伤事故及各类疾病频繁发生，严重危害着童工的身体健康和生命安全。1895 年前后，一个到中国织布厂做监工的英国人在信中写道："我可怜这些瘦小的东西，因为他们只有一点皮和骨头，而 50 个人里面找不到一个健康的人。"①

1893 年《捷报》提到，自武昌织布局开工以来，"雇用的多系幼童，因为注意力不够，已发生好几次灾伤"。湖北人王某，12 岁的儿子在某丝厂工作，"偶一不慎，被铁轴滚断右手一只，痛极狂呼"；湖北省平湖门外机器织布局"有接换纱头之小孩，不知因何忽为机器所伤，旋即毙命"。② 1922 年 5 月，上海裕华纱厂两名童工的左臂和右臂被轧断。③ 矿业部门，"青工童工都在洞子里，被轧伤轧死及淹死者甚多"。④ 这些情况说明，各行业童工均有工伤事故发生，只是程度不同而已。上海工业医院1924 年的报告，清楚记录了当时一些童工的伤残情况。

上海工业医院成立于 1919 年，到 1923 年时，共救治纺织工人 880名，其中童工 150 人。曾发生工伤事故儿童共 100 人，其平均年龄为 12岁，最幼者 5 岁。童工因多工作于机器旁，所受伤害最多，从受伤部位来看，上肢受伤 5%，下肢 30%，头部 15%，躯干 3%。从受伤害性质来看，裂伤占 57%，复杂折骨 21%，普通折骨 9%，烫伤 2%，其中因受伤导致永久残废者占 29%，因受伤而死亡者占 3%。童工的死亡率最高。在疾病中，最多的是肺部，占各类工人总数的 9%，呼吸病占总数的 9%，脚气病占总数的 5%，寄生虫病占总数的 19%，腿上一直长疮者占总数的 5%，

① 汪敬虞编：《中国近代工业史资料》第 2 辑下册，第 1233—1234 页。
② 汪敬虞编：《中国近代工业史资料》第 2 辑下册，第 1232、1234 页。
③ 刘明逵编：《中国工人阶级劳动状况》第 1 卷第 1 册，第 333 页。
④ 中国新民主主义青年团中央委员会办公厅编：《中国青年运动历史资料》第 2 册，第 597 页。

这些都是纺纱行业当中最普通的职业病。① 其中应引起注意的是，童工的肺结核病占 22%，非结核性的呼吸病占 8%，寄生虫病则占到 32%。如果一一详细检查，很可能会发觉肺部结核病的蔓延范围已达到十分惊人的地步。② 由此可知当时童工的健康状况堪忧。

其次，滥用童工直接导致社会丧失自身赖以生存、发展、繁荣的大批合格人力资源。

男女童工们在恶劣的条件下，自始至终站立工作，"执役纱厂，热气熏蒸，纤维障目，于儿童目光身体已属非宜，况于火柴厂、制烟厂以及种种制革厂制药厂等厂，更为臭味浸染，脑子全昏，虽幸长大，殆成废人"。③ 1923 年，上海工部局设立的童工委员会中，有一位名叫麦克吉立佛莱的夫人，这样描述她所见到的在工厂中劳动的童工：他们好像都发育不良，并且几乎所有孩子的健康状况都极坏，有些腿上有流脓的疮伤，或满头覆盖着疮痂。很难在他们任何一个脸上看到微笑。"如果在日落黄昏的时候，青春的感觉已经呆钝，精力已经衰竭，这是毫不稀奇的。大部分童工都是这么小的女孩，有些简直还是女婴，小脸被长期的热雾熏得发白，细弱的躯体，甚至在冬天都经常为汗水浸湿。她们被剥夺了与生俱来的上学校和游戏的权利"。④

儿童身心发育健全且接受一定的教育，成年后才能成为社会的有用之材。童工因为家庭贫困，丧失了接受教育的机会，"于是一生就断送了"。⑤ 难怪一位欧洲女士参观天津丹华火柴厂回家后，抚摸着她的爱犬说，那些从"早晨 5 点半起至晚上 9 点"过着牛马般生活的童工，"哪里

---

① 中国人民解放军政治学院党史教研室：《中共党史参考资料》第 1 册，1979 年内部资料版，第 111 页。

② 刘明逵编：《中国工人阶级劳动状况》第 1 卷第 1 册，第 309 页。

③ 北京农商部劳工科：《保工汇刊》1926 年版，第 202 页。

④ 汪敬虞编：《中国近代工业史资料》第 2 辑下册，第 1206 页。

⑤ 中国新民主主义青年团中央委员会办公厅编：《中国青年运动历史资料》第 2 册，第 415 页。

及得来我爱犬这样的逍遥自在?"①

童工的滥用使童工未老先衰,身体发育不健全。儿童将带着由此酿成的体弱、智贫、情损之缺憾步入成年,构成新一代脆弱群体,使其难以提高自身的社会地位。使用童工损害了其身体和精神,工人的后代渐趋愚弱,而且也威胁着社会中多数的新生命!

再次,童工被动的成为资本家打压工人的砝码。旧中国资本主义经济并不发达,企业不多且规模有限,这就使得成年人在寻找工作时相互竞争,工厂主正好加以利用。以童工代替成年工人,导致成年工人与童工之间产生矛盾,也使工人阶级的斗争难以达到预期的目的。1929 年,上海日本纱厂"大批开除成年男工而代以童工、女工。单就浦东日华一个厂说,住厂工人约有 1000 人,现在其中男工仅剩下 18 个人,其余的都被开除了,完全使用小孩子。英国厂、中国厂等也都采取此法"②。这样一来,童工与成年工人之间就容易产生冲突。如有的成年工人把怨气撒到童工身上,就会导致成年工与童工之间的冲突升级。

童工的滥用,引起社会上的一些有识之士的谴责,他们呼吁社会立法保护童工。20 世纪二三十年代的中国,虽未颁布过像样的童工法,但在当时制定并通过的一些劳工立法中却有保护童工的条款,多少也能给人以安慰。

二、日本的童工劳动

(一) 基本情况

16 世纪以前的日本社会被喻为"儿童的天堂"③,这种情况在进入 17

---

① [作者不详]《天津火柴厂内的童工》,上海《民国时报》,《觉悟》副刊 1922 年 7 月 30 日。

② 中国新民主主义青年团中央委员会办公厅编:《中国青年运动历史资料》第 5 册,第 258 页。

③ Osamu Saito, *Children's Work, Industrialization, and the Family Economy in Japan, 1872-1926*, in H. Cunningham and P. P. Viazzo (eds.), *Child Labour in Historical Perspective 1800-1985: Case Studies From Europe, Japan and Colombia*, Florence, UNICEF, 1996, pp. 73-90.

世纪以后发生了明显的变化。一些家庭开始以溺婴和出卖儿童的方式减轻生活的重负，也有家庭的儿童在五六岁时就外出讨生活（当学徒、做佣人或打工等）①，女童还面临着被卖为娼的威胁。② 当然也有个别学徒因与师傅吃住在一起，最终以联姻或被收养的方式改变了自己的命运。③ 但这种情况毕竟是少数。

1868 年明治维新以后，资本主义经济逐渐发展起来。在一些按照西方模式建立起来的工厂中，尤其是在以棉纺、缫丝、纺纱、造纸、火柴等为代表的轻工业中，开始大量使用童工劳动。

纺织业是最先发展起来的工业。1878 年，日本的第一家棉纺厂在爱知县建立。1883 年大阪建立了以蒸汽为动力的纺织厂，使用英国的纺织机械进行生产，借用西方的模式进行管理。在其示范下，从 1886—1890 年间，又有三重、钟渊、平野、摄津、尼崎等纺织厂相继建立。到 1899 年，使用机械化生产的纺织企业达到了 39 万家，使用织机 74.4 万台。

纺织业的发展增加了对劳动力的需求。早期纺织厂中的工人，以招募的乡村女性为主，年龄一般在 13—25 岁之间，13 岁以下的儿童也有。④ 女工大约占到工人总数的 85.2%。1879 年以前，11 岁以下的童工大约占工人总数的 10%。1879 年以后，伴随机器工业的发展，儿童进入工厂做工的人数逐渐增多。1897 年，对 70 家棉纺厂工人的统计结果显示，11 岁以下的童工有 1067 人，其中男童 254 人，女童 813 人；11—14 岁的有

---

① Gary P. Leupp, *Servants, Shophands, and Labourers in the Cities of Tokugawa Japan*, Princeton, New Jersey: Princeton University Press, 1992, pp. 58, 59, 61.

② Atsuko Fujino Kakinami, *History of Child Labor in Japan*, in Hugh D. Hindman (eds.), *The World of Child Labor, A Historical and Regional Survey*, New York: M. E. Sharpe, 2009, pp. 881–887.

③ M. L. Nagata, "One of the family: Domestic Service in Early Modern Japan", *History of the Family*, 2005, 10 (4): 355–365.

④ Elyssa Faison, *Managing Women Disciplining Labor in Modern Japan*, California: University of California Press, Ltd., 2007, p. 8.

1.0644万人，其中男童1085人，女童9559人。14岁以下的男女儿童占到工人总数的16.4%，见表4-15。

表4-15 1897年70家棉纺厂工人年龄与性别表

年龄	工人数量		
	男性	女性	总数
11岁以下	254	912	1166
11—12岁	228	1875	2103
13—14岁	857	7684	8541
14—15岁	738	6071	6809
16—20岁	3354	19734	23088
21—30岁	6166	14414	20580
31—40岁	2481	3656	6137
41—50岁	911	1420	2331
51—60岁	302	327	629
60岁以上	10	9	19

资料来源：E. Patricia Tsurumi, *Factory Girls: Women in the Thread Mills in MeijiJapan*, Princeton: Princeton Univ. Press, 1990, p. 130; Janet Hunter, *Women and the Labor Market in Japan's Industrialising Economy: The Textile Industry Before the Pacific War*, London: Routledge Curzon, 2003, p. 60。

1900年，整个棉纺和缫丝工业中，15岁以下的童工多达15万人。[1]因为地区经济发展不平衡，各地各部门使用童工劳动存在较大差异。

进入20世纪，义务教育的实施，使得年龄较小的儿童逐渐被排除在工厂以外，特别是在一些大型的工厂中。最明显的是在棉纺织业中，个别地区14岁以下的童工在20世纪的第一个10年中大幅减少，见表4-16。

———————

[1] Sandy Hobbs, etc., *Child Labor A World History Companion*, ABC-CLIO, Inc., 1999, p. 135.

表 4-16　1903 年部分地区纺织工人性别年龄数量表

地区	工人数量			
	年龄	男性	女性	总数
八王子市 （Hachioji）	10 岁以下	0	0	0
	10—14 岁	0	0	0
	14—20 岁	972	4740	5712
大阪市 （Osaka Damask）	10 岁以下	279	653	932
	10—14 岁	1095	2544	3639
	14—20 岁	984	3077	40661
足利市 （Ashikaga）	10 岁以下	0	69	69
	10—14 岁	0	403	403
	14—20 岁	47	2012	2059

资料来源：Janet Hunter, *Women and the Labour Market in Japan's Industrialising Economy：The Textile Industry Before the Pacific War*, p. 62。

　　缫丝业也是日本发展较快的企业。1884 年时，雇佣 10 人以上的缫丝厂有 1000 多家，主要分布在长野、山梨、岐阜等地的农村，经营者以当地的商人和富裕农民为主，到 1894 年，机器缫丝的产量开始超过手工缫丝产量。1898 年调查的缫丝企业有 205 家，拥有工人 13620 人。年龄在 10—14 岁之间的有 2189 人，占工人总数的 15.7%。小于 11 岁的有 153 人，占工人总数的 1%。从性别来看，女童有 2135 人，男童有 54 人，女童明显多于男童。[1] 女童一般与厂方签署 1—3 年的合同，获取少量的工资贴补家用，或者为将来出嫁积攒一点"嫁妆"。

　　地毯编织行业也吸纳了大量童工，尤其是女童。1900 年，大阪地毯

———

　　[1]　E. Patricia Tsurumi, *Factory Girls：Women in the Thread Mills in Meiji Japan*, p. 87; E. Patricia Tsurumi, "Female Textile Workers and the Failure of Early Trade Unionism in Japan", *History Workshop Journal*, 1984, 18（1）：3-27.

编制（rug-weaving）行业雇佣的 9014 人中，有 4570 人的年龄在 14 岁以下，占到工人数的 50. 7%。①

除以上行业外，火柴、煤矿、玻璃加工等行业中使用童工也比较多。

火柴制作的技术含量较低，七八岁的儿童很容易学会。1900—1902 年间，分布在关西（Kansai）的 14 家火柴厂雇佣了 5330 名工人，其中 14 岁以下的童工 3132 人，约占工人总数的 59%。

玻璃制造业中的童工也不少。1899 年，东京一家玻璃厂中雇佣了 180 名工人，14 岁以下的童工有 83 人，占工人总数的 46%。同时期大阪的玻璃制造业中雇佣了 3423 名工人，其中 14 岁以下的童工有 1390 人，占工人总数的 40. 6%。②

矿业中的煤炭部门使用童工较多。煤炭是日本的稀缺资源之一。最大的煤矿坐落在北部的九州岛和北海道（Kyūshū and Hokkaidō）附近。这里开采煤炭的历史可追溯到 17 世纪。当时采煤的人员中有当地的农民、无业游民、无事可做的手工业者、过路的游客，甚至还有罪犯参加煤矿劳动。明治维新以后，煤炭工业获得迅速发展。对采矿工人的需求增加使得许多妇女儿童也参与其中。从当时的情况看，机械化程度较高的煤矿使用童工较少，而一些小型煤矿则使用童工较多，他们以廉价的劳动力与大煤矿竞争。1913—1933 年间，在煤矿工人中发现有 3 岁左右的儿童参加劳动，更多的是一些七八岁的儿童，与其母亲、兄弟一起在煤矿劳动，每天获得 10 钱（约等于现在的 0. 10 日元）的报酬。③

煤炭行业之外的金属冶炼、石油加工等部门也使用童工劳动，详见

---

① Atsuko Fujino Kakinami, *History of Child Labor in Japan*, in Hugh D. Hindman (eds.), *The World of Child Labor*, *A Historical and Regional Survey*, New York：M. E. Sharpe, 2009, pp. 881-887.

② Atsuko Fujino Kakinami, *History of Child Labor in Japan*, pp. 881-887.

③ Sackiko Sone, "Exploitation or Expectation? Child Labor in Japan's Coal Mines before World War II", *Critical Asian Studies*, 2003, 35（1）：33-58.

表4-17。

表4-17　1925年矿工年龄性别分布表

工人类别		男性工人					女性工人					男女工人总数
		14岁以下	14—15岁	15—20岁	20岁以上	总数	14岁以下	14—15岁	15—20岁	20岁以上	总数	
矿下	金属	57	108	2007	17365	19537	3	9	123	769	904	20441
	煤炭	118	640	16474	122395	139627	86	416	8112	37458	46072	185699
	其他	0	5	187	1868	2060	0	0	13	82	95	2155
	合计	175	753	18668	141628	1616224	89	425	8248	38309	47071	208295
矿上	金属	41	124	2401	16863	19429	11	61	858	4061	4991	24420
	煤炭	88	527	7476	39778	47869	64	389	5379	13498	19330	67190
	石油	0	10	680	6000	6699	0	0	59	562	621	7320
	其他	0	5	181	2698	2884	0	3	33	272	308	3192
	合计	129	666	10747	65339	76881	75	453	6329	18393	25250	102131
总计		304	1419	29415	206967	238105	164	878	14577	56702	72321	310426

资料来源：Iwao F. Ayuzawa，"The Employment of Women in Japanese I"，*Industry International Labour Review*，1929，19（2）：193-204。

从表4-17中可以看出，在23.8105万名男性矿工中，15岁以下的童工有1723人，占到矿工总数的0.72%；女性矿工有7.2321万人，15岁以下的童工有1042人，占矿工总数的14.4%。从表4-17中可以看出，童工主要集中在煤炭行业中，其他矿业部门较少。

（二）童工劳动的特点

1. 童工劳动总体呈下降趋势

19世纪70年代到20世纪二三十年代之间，日本的童工劳动总体呈现下降趋势。

在19世纪70年代以前，日本基本上还是一个以农业为主的国家，

80%的居民以农业收入为生，靠制造业收入为生的人口只有5%。[1] 1884年，对非"官营"企业的调查显示，在1981家企业中，有1237家建在农村地区。超过1/3的工厂拥有不超过5名工人，雇工超过50人的企业只有176家。从使用的动力看，有3.6%的企业使用的是蒸汽动力，有47%的企业以水力做动力，其余的则以手工业劳动为主。也就是说，多半数的企业还是属于手工业性质的企业。[2] 1893年，平均每天雇佣10个工人以上的工厂，总数是3019家，其中使用原动力的工厂是675家。1903年，工厂总数增加到8274家，使用原动力的工厂有3741家。在纺织工业中，机器纺纱开始超过了手工纺纱。[3] 到20世纪30年代时，工业部门吸纳了劳动力的50%。这里所说的工业部门，包括许多人数只有5人，或5人以上的企业。通过表4-18可以看出1922—1925年间日本工厂工人构成情况。

表4-18　1922—1925年间日本工厂工人情况

年份	男性工人				女性工人				总数
	14岁以下	14—15岁	15—16岁	16岁以上	14岁以下	14—15岁	15—16岁	16岁以上	
1922	4643	10965	24098	576194	49323	77544	104974	628743	1476484
1923	3426	8840	20291	558054	40880	73648	101987	607754	1414880
1924	3096	9609	19878	602862	40365	75521	104737	635235	1491303
1925	2657	8092	18427	606929	42702	77994	112816	660582	1530244

资料来源：Iwao F. Ayuzawa, "The Employment of Women in Japanese I", *Industry International Labour Review*, Vol. XIX, No. 2, Feb. 1929, pp. 193-204。

———————

[1]　Koji Taira, "Factory Legislation and Management Modernization During Japan's Industrialization, 1886-1916", *Business History Review*, 1970, 44 (1)：84-109.

[2]　Marius B. Jansen, *The Cambridge History of Japan*, Vol. 5, Cambridge/New York：Cambridge University Press, 1989, p. 613.

[3]　[日] 井上清：《日本军国主义》第2册，尚永清译，商务印书馆1985年版，第145页。

表 4-18 显示，1922—1925 年间，工厂工人中有相当多的一部分工人年龄在 16 岁以下，14 岁以下的童工人数也不少，尤其是女童。值得注意的是，15 岁以下的童工人数，在工人总数中的比例总体呈下降趋势，男童数量更为明显，这与中国、印度等国的情况有所不同。

2. 劳动时间长、强度大

早期工厂劳动时间都很长，每天一般都在 12—14 小时以上。纺织部门时间更长一些，个别的可达十七八小时。

20 世纪初期，纺织厂的童工与成年人一样，劳动时间多在 12 小时左右，有时下班后还要留下来继续劳动二三小时。雇佣幼年学徒的工厂，在劳动繁忙的时候，学徒工要从早晨 5 点劳动到晚上 10 点，甚至劳动到次日凌晨 3 点的时候也有。[1] 棉纺工厂的平均劳动时间是 11 小时，有 1 小时的休息吃饭时间。[2] "除了短暂的就餐时间以外，没有一分钟的休息时间，甚至上厕所的时间都受到限制。"[3] 1902 年，诹访（Suwa）丝织业每天的劳动时间不少于 15 小时，有时为了增加产量就延长劳动时间，这也意味着工人每天的劳动时间可能要达到 18 小时。生产繁忙季节，每天劳动十七八小时是很正常的事情。因受法律约束，个别工厂主常常以拨慢时钟的方法延长劳动时间，不同厂主之间还约定不使用提醒下班的汽笛，以免露馅。许多在丝厂劳动的童工睡眠时间只有三四个小时，每天劳动结束后累得饭都吃不下。[4]

20 世纪 20 年代，一些工业部门中的劳动时间平均在 10.5 小时左右。

---

[1] ［作者不详］《日本劳动安全卫生立法及监察体制的研究》，http://news.cnisn.com. cn: 8080/table.asp?type=5&id=2999，2018 年 5 月 28 日。

[2] E. Foxwell, "The Protection of Labor in Japan", *The Ecnomic Journal*, 1901, 11 (41): 106-124.

[3] 张萍:《日本的婚姻与家庭》，中国妇女出版社 1984 年版，第 106 页。

[4] E. Foxwell, "The Protection of Labor in Japan", *The Ecnomic Journal*, 1901, 11 (41): 106-124.

如东京造纸厂的劳动时间是 12 小时，机械制造业的劳动时间是 8 小时。1923—1927 年间，日本部分工业部门的平均劳动时间见表 4-19。

表 4-19　1923—1927 年间日本部分工业部门平均劳动时间

年份 时长 工业部门	1923		1924		1925		1926		1927	
	小时	分钟	小时	分钟	小时	分钟	小时	分钟	小时	分钟
纺织业	11	27	11	19	11	26	11	19	11	11
机器加工	9	50	9	53	9	49	9	48	9	49
化学制造	10	23	10	31	10	30	10	16	10	14
食品饮料	10	43	10	39	10	35	10	36	10	27
金属冶炼等	9	37	10	14	10	27	10	23	9	46
其他	10	20	10	11	10	12	—	—	—	—
平均	10	29	10	26	10	32	10	32	10	26

资料来源：Iwao F. Ayuzawa, "The Employment of Women in Japanese II", *Industry International Labour Review*, 1929, 19 (2)：193-204。

　　根据工厂检查员的报告，日本许多工矿企业中都有夜间劳动。1926 年的数据显示，15 岁以下的童工在本年度从事夜间劳动的有 19.6187 万人，分布在 379 家工矿企业中。上夜班的童工们极度疲倦，特别是在 1—3 点期间。童工犹如煮熟的章鱼，有的已经进入梦乡，有的与机器相伴而眠，还有的蜷缩在车间的一角呼呼大睡。即使是尖刻的监工也难敌睡意的侵袭而难以行使监督职责，只有无情的机器还尚无睡意。[①] 表 4-20 是部分上夜班的工厂及其工人构成情况。

————————————

　　① Janet Hunter, "Japanese Women at Work, 1880-1920", *History Today*, 1993, 43 (5)：49-55.

表 4-20　1926 年日本工厂夜工情况表

工厂类别		有夜间劳动工厂及工人				工业中的妇女及 15 岁以下妇女女童及男童	
		工厂	妇女及女童	15 岁以下男童	妇女及 15 岁以下女性工人总数	妇女及女童	男童
纺织类各部门	缫丝	3	5776	—	5776	339376	1782
	纺线	172	145884	568	146452	220627	819
	卷线	15	2301	48	2349	8809	135
	丝棉	—	—	—	—	192	5
	棉絮	1	124	—	124	4314	33
	纺织	135	37137	180	37317	207686	1474
	染整	2	79	2	81	8464	590
	编织	12	1324	30	1354	13570	203
	修饰	—	—	—	—	7	—
	其他	2	121	—	121	6899	18
	总计	342	192746	828	193574	809704	5059
纺织外行业	机械	—	—	—	—	16781	2458
	化学	28	2111	99	2210	49825	2283
	食品	2	12	3	15	15939	242
	金属	2	2	—	2	347	9
	其他	5	385	1	386	39271	2390
总计		379	195256	931	196187	931927	12441

资料来源：Iwao F. Ayuzawa, "The Employment of Women in Japanese II", *Industry International Labour Review*, 1929, 19（2）：193-204。

　　表 4-20 中数字显示，许多工厂都有童工从事夜间劳动，纺织、缫丝类的工厂最为严重，使用的童工也多。当然，也有部门没有或很少进行夜间劳动。夜间劳动，对儿童的身体发育非常不利。

3. 工资待遇整体不高

1895 年，和歌山织布公司，八九岁的男童每天的劳动报酬是 5 钱 5 厘到六七钱左右，十六七岁男童每天的报酬是 8—12 钱。七八岁到 11 岁的女童，每天的报酬，在 3 钱或 3 钱 5 厘到 8 钱 5 厘之间波动。① 1914 年时，男工平均工资为 60 钱左右，女工约为 26 钱。学徒和在私营工厂内做工的工人，工资收入更低。② 20 世纪 20 年代，12 岁左右的童工每月 18.2 元；16 岁左右的 26.22 元。与成年工人相比，工资低了很多。与中国童工相比，其工资则要高出许多。在中国，七八岁的童工每日工作十六七小时，所得仅为吃两顿饭的工钱，更不要说还要受工厂主的打骂。③ 当然，不同行业部门的不同工厂中，存在一些差异。

4. 工厂条件恶劣

早期工厂的劳动条件总体不好，尤其纺织业，或与之有关的工厂。如，缫丝厂内，空气中时常弥漫着煮蚕的蒸汽，工人们常常将双手浸入热水中以便剥蚕茧。厂房当中没有通风设备，夏天的温度在 35 度以上。女童们常常穿着湿透的衣服在劳动。④ 在玻璃厂中，工伤事故频发，每天约有 5% 的职工烫伤或负伤。1914 年以前，许多工厂中的厕所，以及其他卫生设备也很少。常有工人因为上厕所而受到责罚。为了不使机器停止运转，工人需要在机器旁边用餐。

早期工厂工人的住宿条件特别差，工人宿舍住宿拥挤不堪，光线黑暗，空气也不流畅。为了防止工人逃跑，门窗都从外面上了锁。"这样做的结果就是，一旦宿舍发生火灾，工人难以逃生，对童工的威胁则更大。

---

① ［日］片山潜：《日本的工人运动》，王雨译，生活·读书·新知三联书店 1964 年版，第 212 页。
② 宋成有：《新编日本近代史》，北京大学出版社 2006 年版，第 276—277 页。
③ ［作者不详］《短评：日本童工的待遇》，《新生》1926 年第 1 卷第 3 期。
④ Janet Hunter, (ed.), *Japanese Women Working*, London：Routledge, 1993, pp. 85-86.

"最终可能会被烧死"。工厂中的女童常常遭受工头凌辱，甚至被性侵。有的工厂中，女童在干活时"稍微有些疏忽大意"，就会"被扒光衣服推到宿舍的院子里"，冬天则会"在雪地里冻好几小时"。①

5. 工厂女性多于男性

与其他欧洲国家相比，日本工人队伍中的女性比例较大，尤其是在纺织工业中。1900 年，女性在劳动力中的比例，英国是 10%，法国是 30%，而日本则达到 62%。② 日本制丝业、纺织品业和纺织业女工在工人中的比例分别达到了 94%、86% 和 78%③，这些女工中有很大一部分年龄在 14 岁以下，实际上就是童工。1899 年、1909 年和 1914 年对 5 人以上企业的调查显示，以上 3 个年度，男性工人总数分别为 13.8119 万人、30.7139 万人和 38.3957 万人。其中 14 岁以下的男童，在工人中的比例分别占到 6%、3.4% 和 3.3%。与男性相比，女性的数量要大得多。以上 3 个年度，女工总数分别为 25.479 万人、49.3498 万人和 56.4308 万人。14 岁以下女童所占比例分别为 13%、8% 和 6.4%。④

纺织类以外的行业中，使用妇女儿童的比例要小。如化学工业是 33.5%，机器加工和金属制造业中仅有 2.0%，除以上行业之外的其他行业是 32.9%。1922 年，各行业中使用妇女儿童的情况见表 4-21。

---

① 张萍:《日本的婚姻与家庭》，第 106 页。

② Lee T. Wyatt, *The Industrial Revolution*, Westport, Conn: Greenwood Press, 2009, p. 153.

③ 宋成有:《新编日本近代史》，第 278 页。

④ Osamu Saito, *Children's Work*, *Industrialization*, *and the Family Economy in Japan*, *1872-1926*, p. 77.

表 4-21　1922 年工厂中的女工与童工

工厂		正式工人		其他	总数
		16 岁以下	16 岁以上		
纺织	男工	16771	152298	20010	189079
	女工	203221	485474	15492	704187
	总数	219992	637772	35502	893266
机器	男工	11953	274829	13136	299917
	女工	1295	17163	168	2014
	总数	13248	291992	14817	301931
化学	男工	8589	113172	8274	130485
	女工	7478	43400	1461	52340
	总数	16067	156572	9635	182825
食品饮料	男工	3210	10355	6518	118278
	女工	12378	37796	1461	51635
	总数	15588	48151	7979	169913
其他	男工	10913	98907	703	116910
	女工	8875	37152	1149	47203
	总数	19848	136019	1852	164113
特别业	男工	403	34654	122	36484
	女工	4	1939	251	2194
	总数	412	36593	373	38678
总数	男工	51839	782410	48763	891153
	女工	238251	623454	21497	878203
	总数	295155	1405864	77886	1768405

资料来源：于化龙：《日本工业发达之研究》，世界书局 1929 年版，第 65 页。

从表 4-21 中可以看出，16 岁以下女童，占到 16 岁以下工人总数的 80.7%。分行业来看的话，纺织类企业比例最高，达到 92.4%，食品饮料行业是 57%，化学是 47%，其他是 45%；机器工业是 9.8%，特别业是 0.1%。

日本工厂大量使用妇女儿童劳动，最重要的原因是廉价且易于管理，对女童来说，也有自己想攒"嫁妆"的愿望，期望在未来的生活中能成为一个"贤妻良母"。[①]

三、印度独立前后的童工劳动

印度是四大文明古国之一，曾创造了灿烂的印度河文明。16 世纪初建立的莫卧儿帝国是当时世界上的强国之一。17 世纪初开始受到英国殖民势力的侵略，到 19 世纪中期已完全沦为英国的殖民地。1947 年印度实现独立，但仍是英联邦成员国。

（一）印度独立前资本主义经济的发展

独立以前，印度的工业主要是以棉织、丝织、毛织工业为主的轻工业。孟加拉、勒克瑙、艾哈迈达巴德等地是重要的棉织业中心，旁遮普与克什米尔织造的围巾精致而美好。英国《工业委员会报告》中说："即使在一个较近的时期，即当西方冒险商人初来印度的时候，该国工业的发展无论如何也不比更先进的欧洲国家逊色。"[②] 这说明在英国殖民入侵前，印度的手工业发展还较为先进。

1849 年，英国占领印度全境。受英国殖民统治影响，印度资本家只能选择那些英国资本相对薄弱，或者英国殖民者不愿意发展，而所需资金

① Shunzo Yoshisaka, "Labour Recruiting in Japan and its Control", *International Labour Review*, 1925, 4: 484-99.
② ［印］R. C. 马宗达等：《高级印度史》（上、下册），张澍霖等译，商务印书馆 1986 年版，第 873 页。

又相对较少的工业，目的是避开宗主国的强大竞争力。在当时的印度，棉纺织业几乎是空白，于是印度的民族工业便首先在棉纺织业中出现，后又发展到麻纺业等几个有限的行业。

1851 年，孟买建立了第一家棉纺织厂，厂内所需要的技术装备全部是由英国的普拉特兄弟公司提供。1861 年类似的纺织工厂已发展到 12 家。1877 年以后，其他地区也陆续建立起以机器作动力的棉纺织厂，到 80 年代各类棉纺厂已经达到 156 家。1879—1880 年间，印度纺纱工厂中拥有纺织机 1.3307 万台，纱锭 147.0830 万枚。每天雇佣工人数达到了 3.9537 万人。同一时期，印度的黄麻纺织工业也发展起来，22 家麻织厂拥有织机 4946 台，纱锭 7.0840 万枚。[①] 1881 年日均雇佣工人 4.0551 万人，1901 年日均雇佣工人 11.3493 万人，1921 年日均雇佣人数达到了 28.0321 万人。[②] 从纺织工业发展的情况来看，孟买在全国无疑是印度的中心。从工厂数目到生产纱锭、拥有织机和雇佣工人等项目来看，孟买所占比例均超过 60% 以上。"1916 年孟买纺织厂共 86 家，占全印棉纺织总数的 1/3；有纱锭 299.44 万枚，约占全印纱锭总数的一半，有织机 5.1 万台，占全印织机总数的一半以上；雇佣工人 11.2 万名，占全印纺织工人总数的 2/3。"[③]

伴随着民族资本主义工业的发展，孟买和加尔各答等地民族工业相对发达的地方，产生了第一批产业工人。1894 年，印度的产业工人是 5 万人。到 20 世纪初，工人总数超过了 100 万人，1911—1941 年间，印度工人在人口总数中的比例平均占到 4.45%，见表 4-22。

---

①　J. C. Kydd, *A History of Factory Legislation in India*, Bengali：University of Calcutta, 1920, p. 2.

②　Ranajit Das Gupta，" Factory Labour in Eastern India—Sources of Supply，1885-1946"，*The Indian Economic and Social History Review*，1976，13（3）：277-329.

③　培伦主编：《印度通史》，黑龙江人民出版社 1990 年版，第 438—439 页。

表 4-22　1911—1941 年间印度工人在人口总数中的比重（估计数）

年份	人口总数（百万）	各种职业人口总数（百万）	工业工人总数（百万）	工业工人与各种职业人数的比例（%）	工业工人与人口总数的比例（%）
1911	315	149	17.5	11.0	5.5
1921	319	146	15.7	11.0	4.9
1931	353	156	15.3	10.0	4.3
1941	400	170	16.0	9.4	4.0

资料来源：［印］穆克吉：《印度工人阶级》，王家骧、杨先泰译，世界知识出版社 1955 年版，第 25 页。

　　印度工人阶级主要是由无地和少地的农民，以及破产的手工业者组成。

　　英国占领印度全境以后，土地兼并盛行，导致失地的农民日渐增多，一些本来有小块土地可种的农民，由于旱灾或饥荒的发生，导致土地收成难以养家糊口。为了生存，他们只得外出另谋生路。机器工业出现前，他们主要是在农村当临时雇工，机器工业兴起以后便进入工厂做工。工厂主为了找到足够的劳动力，通常会付出较（经营农业收入）高的报酬，这又反过来进一步吸引农村失地或少地的农民"进城打工"。城镇手工业在机器工业的排挤下逐渐走向破产，破产的手工业者也只好进入工厂打工。无论是失地的农民还是破产的手工业者，由于"打工"收入低，很难维持全家人的生活，他们的妻子儿女也只好一起到工厂做工，于是形成了工厂中的女工和童工队伍。19 世纪 90 年代，女工和童工在加尔各答工人队伍中占到了 25%，在马德拉斯占到 5%。[1] 这种情况决定了印度工人队伍中拥有技术的熟练工人只占很小的一部分。

　　（二）印度资本主义工业中的童工

　　从 19 世纪后期到 20 世纪上半叶，印度的棉纺、麻纺、煤矿、虫胶、

----

　　① 林承节：《殖民统治时期的印度史》，北京大学出版社 2004 年版，第 152 页。

烟草、玩具、净毛等各类工厂中使用了大量的女工和童工。数据显示，1892—1923 年间，各类工厂雇佣的童工人数从 1.8888 万人增加到了 7.492 万人，30 年间增加了 295%。1930—1931 年间，工厂童工数为 1.104 万人。1940—1943 年间，由于战争对工业劳动力需求的增加，童工的数量有所增加，从 1940 年的 9399 人增加到 1943 年的 1.3484 万人，4 年间增加了 43.5%。[①] 童工在不同地区的不同行业中存在明显差异，以下几个行业尤为突出。[②]

1. 纺织业

纺织工厂是使用女工和童工最多的部门，这与其他国家工业化初期的情况是一样的。不少地区工厂中，除几个管理人员以外，几乎没有成年工人。1895 年，印度北部恒河工厂雇佣了 100 多名童工。1905 年，在古里波尔（Gouripore）黄麻厂，2 万多名女工中有 1.6 万人的年龄在 9 岁或 10 岁之间[③]，年龄幼小的童工占到工人数的 80%。

19 世纪后期，工厂法实施以后，雇佣童工开始受到限制，虽然个别工厂仍存在大量使用童工现象，但工厂童工数量逐渐减少，总体呈下降趋势。棉纺和麻纺业下降最为明显。1920 年，工厂童工总数为 6.7436 万人，棉纺厂和麻纺厂合计有童工 5.359 万人，约占工厂童工总数的 79%。到 1943 年时，工厂童工总数下降为 1.3481 万人，棉纺厂童工 1196 人，麻纺厂童工 43 人，二者合计 1239 人，占童工总数的比例为 9%[④]，下降

---

① Rajnarayan Chandavarkar, *The Origins of Industrial Capitalism in India*, *Business Strategies and the Working Classes in Bombay*, *1900-1940*, Cambridge: Cambridge University Press, 1994, p. 95; A. N. Agarwala, *Indian Labour Problems*, London: Arthur Probsthain, 1947, pp. 143-144.

② A. N. Agarwala, *Indian Labour Problems*, p. 141.

③ Parimal Ghosh, "Colonial State and Colonial Working Conditions: Aspects of the Experience of Bengal Jute Mill Hands, 1881-1930", *Economic and Political Weekly*, 1994, 29 (31): 2019-2027.

④ A. N. Agarwala, *Indian Labour Problems*, p. 144.

幅度特别大。以孟买工厂使用童工情况为例来看，童工减少的趋势也比较明显，见表 4-23。

表 4-23　1892—1939 年孟买工厂雇佣童工情况表

年度	工厂数目	被雇童工数目	成年工人的数目	
			男	女
1892	253	5946	—	—
1897	343	6669	—	—
1902	400	6779	—	—
1907	519	10106	—	—
1912	687	14344	—	—
1917	835	13092	—	—
1922	1062	13392	—	—
1927	1596	6222	—	—
1932	1852	2792	—	—
1935	1999	1941	4691	655
1936	1879	922	3481	685
1937	2108	466	3673	412
1938	2810	943	3777	343
1939	3460	920	3224	482

资料来源：黄庭柱编译：《印度之童工》，《社会建设》1948 年第 8 期。

从表 4-23 中可以看出，1892 年，孟买 253 家工厂雇佣了 5946 名童工，绝对数字不是很大，平均每家工厂雇佣 23.5 名童工。1902 年，400 家工厂雇佣了 6779 名童工，平均每家工厂雇佣 16.95 名童工。此后的 1907 年和 1912 年，平均每家工厂雇佣分别是 19.47 人和 20.87 人。1912 年以后，每家工厂雇佣童工的人数再也没有超过 1902 年的平均数。这种情况说明，一方面是"工厂法"的叠加作用日益明显；另一方面机器工厂日益增多，单纯依靠"廉价人资源"竞争已经没有优势。

再从孟加拉黄麻纤维厂使用童工的情况来看，使用童工劳动的下降趋
势更为明显，以下是孟加拉黄麻纤维厂，1897—1950 年间每天雇用工人
情况表，雇工包括成年男工和女工以及童工。

表 4-24 1897—1950 年间孟加拉黄麻纤维厂日均雇用人数

年份	工厂数	男工	女工	童工	总数	童工占工人总数百分比（%）
1897	—	72440	17905	12104	102449	11.8
1901	—	64420	13489	—	—	—
1911	—	161239	35263	—	—	—
1912	61	1453891	31329	23007	199725	11.5
1913	64	158261	34010	24106	216377	11.1
1914	69	167858	36800	25969	230627	11.2
1915	70	181445	40674	26606	248725	10.7
1916	70	191035	42145	27606	260787	10.6
1917	71	192667	41395	27320	261382	10.4
1918	72	199977	43278	27709	270964	10.2
1919	72	201009	43112	28628	272749	10.5
1920	73	207255	44545	28521	280321	10.2
1921	77	207908	44705	29235	281848	10.4
1922	80	239660	49257	28265	317184	8.9
1923	83	242652	51495	28400	322547	8.8
1924	85	252107	54801	27823	336731	8.3
1925	83	256312	55511	26474	338297	7.8
1926	86	253935	52827	20785	327547	6.3
1927	85	253691	52935	19249	325865	5.9
1928	86	260342	53678	17879	331899	5.4

续表

年份	工厂数	男工	女工	童工	总数	童工占工人总数百分比（%）
1929	90	267717	54670	17278	339665	5.1
1930	91	264417	52114	11646	328177	3.5
1931	93	222573	42254	3462	268289	1.3
1932	94	212505	40294	1515	254314	0.6
1933	92	208246	37337	1134	246717	0.5
1934	93	213894	36932	915	251741	0.4
1935	95	225372	37749	278	263399	0.1
1936	94	233481	38261	4	271746	0.001
1937	96	249737	37997	9	287743	0.003
1938	97	242342	36683	9	279034	0.003
1939	101	243496	37669	34	281229	0.012
1940	101	248046	36640	34	284720	0.012
1941	101	251388	35255	38	286681	0.013
1942	101	252799	35083	32	287920	0.011
1943	101	245125	34750	35	279919	0.012
1944	101	231121	36005	67	267193	0.025
1945	—	—	40963	—	303319	—
1946	—	—	43165	—	313133	—
1947	—	—	41872	—	319302	—
1948	—	—	41966	—	329429	—
1949	—	—	41576	—	322159	—
1950	—	—	37531	—	303364	—

资料来源：Samita Sen, *Women and Labour in Late Colonial India: the Bengal Jute Industry*, Cambridge: Cambridge University Press, 1999, p. 5, 本表有改动。

表 4-24 中数据显示，1897—1950 年间，孟加拉黄麻纤维厂童工数量逐渐减少。虽然童工的数量在较长时间内保持在一个相对高位，但其在整个工人队伍中的比例却逐年下降。从单个年度童工的数量来看，存在着个别年度较上一年度轻微增加的情况。如 1914 年较 1913 年、1919 年较 1918 年、1921 年较 1920 年等，但这并不影响童工下降的总体趋势。当然，个别工厂违法使用童工的现象仍然存在。个别黄麻厂中仍可见到五六岁的儿童参加劳动，有的黄麻厂 9 岁以下的儿童能占到厂内童工总数的 30%—40%。[1]

2. 矿业

矿场主要是指开采各类矿产品的地方。开矿本应是成年人的工作，但为生活所迫，许多儿童被迫进入矿山劳动。印度使用童工的矿业部门，主要是煤矿和云母加工厂。

在煤矿中，童工或自己采煤运煤，或帮助父母运煤或装煤。劳动时间很长，劳动强度也大。云母加工厂主要是手工劳动，1930 年，比哈尔 127 家云母工厂中，只有一家使用机械动力，其余的工厂都是手工生产。印度当时的工厂法不适用于手工劳动场所，从而使云母加工厂不用担心因使用童工劳动而受罚。

1901 年，印度曾颁布矿场法，禁止矿场雇佣 12 岁以下的儿童参加劳动，但收效不大。据统计，该年度在矿场劳动的 12 岁以下的童工有 5147 人，占矿场雇佣工人总数的 4.9%；1921 年，矿场雇佣童工 8548 人，占矿工总数的 3.4%；1924 年矿场雇佣童工 6381 人，占矿工总数的 2.5%。1925 年矿业部门雇佣童工 4135 人，其中云母加工厂占 49.1%，煤矿占 29.3%，采石场占 11.2%，其他占 10.4%。[2] 1925 年以后，1923 年矿场

---

[1]　Samita Sen, *Women and Labour in Late Colonial India：the Bengal Jute Industry*, p. 95.

[2]　A. N. Agarwala, *Indian Labour Problems*, p. 148.

法的叠加作用日益明显，矿业部门使用童工受到了严格的限制，矿场女工、童工的人数逐渐下降，见表 4-25。

表 4-25　1901 年至 1936 年矿场中雇佣女工童工的情况

年份	男工		女工		童工		工人总数
	人数	占工人总数的百分比（%）	人数	占工人总数的百分比（%）	人数	占工人总数的百分比（%）	
1901	69025	65.9	30488	29.2	5147	4.9	104660
1924	164402	68.7	87484	33.8	6381	2.5	258217
1926	181616	69.8	78497	30.2	—	—	260118
1933	171038	82.8	85469	17.2	—	—	206507
1936	226958	84.2	42635	15.8	—	—	269593

资料来源：［印］穆克吉：《印度工人阶级》，第 102 页。

3. 种植园

印度的种植园在 19 世纪时就非常发达，尤其以茶叶、咖啡、橡胶等种植园较为盛行，这类种植园多位于潮湿的气候环境中。青壮年一般不愿到这种环境中参加劳动。于是，妇女儿童便成了种植园劳动力的主力军。种植园的收获季节，是使用人手最多的时候，也是使用童工最多的时候。

没有具体的统计数字说明，在所有种植园中劳动的童工人数有多少。但通过某类种植园的数字可以窥见一斑。以阿萨姆地区的茶园为例[①]，16 岁以下的童工在 1927—1928 年间是 9.6313 万人，1935—1936 年间是 7.8418 万人，每天进入茶园的童工平均是 5.4928 万人。[②] 1941—1942 年间，阿萨姆各茶园雇佣童工 10.4085 万人，每天进入茶园做工的童工平均为 6.8965 万人。1946—1947 年，阿萨姆各茶园常年雇佣的工人每天平均

---

　　① 阿萨姆位于印度东北部，面积 7.84 万平方公里。盛产"阿萨姆红茶"，境内有 800 多个茶园，这里的茶叶种植面积和产量约占全印度的 55%左右。

　　② A. N. Agarwala, *Indian Labour Problems*, p. 141.

有男工 16.4698 万人，女工 12.4393 万人，童工 5.4606 万人。季节性工人有男工 1.5976 万人，女工 1.8642 万人，童工 6290 人。①

　　种植园中的童工，有的是"刚学会走路"的儿童，有的是三四岁的儿童，他们通常是与母亲一起采茶，主要工作是把采的茶叶放在篮子中。也有童工要做搬运肥料，或者用手松土的工作。茶园劳动季节性比较强，采茶旺季，童工的收入每天能有四五卢比，相当于其母亲收入的 1/2 左右，对贫困家庭来说，儿童劳动确实是家庭收入的一种有益的补充。②

　　除以上行业外，烟草行业也是使用童工较多的地方。烟草工业主要分布在孟加拉邦、比哈尔邦和各省城市以及某些农村地区。这一行业虽然没有可用的童工统计数字，但"在烟草工厂"，能"遇到 5 岁的童工"。他们每天与成年工人一样劳动"10 小时到 12 小时"。收入只有"1 安纳或 2 安纳"（印度货币单位，1 安纳相当于 0.25 卢比）。烟草工业中还有一种恶习，就是用烟顶替部分工资，使得童工"从小吸烟"，损害了童工的"健康和身心"。③

（三）童工的工作条件

　　与世界大多数工业化国家相比，印度妇女儿童的工作条件要更差一些，这在不同的工厂中表现虽然不同，但都很糟糕。在毛纺厂中，尘埃混杂着毛絮飘浮在空中，童工在这样的环境中劳动危害极大。在船坞中劳动的童工，日夜被聒噪的轰鸣声侵袭，对其身心发育影响不利。在云母加工厂，房屋陈旧，光线昏暗，通风不畅。④ 多数工厂中劳动保护设备极为简陋甚至没有，因工致残的事情时有发生。20 世纪初期，孟加拉麻纺厂 77 起事故中，有 5 起是童工，占到总事故的 6.5%。1911 年发生的 40 起事

---

① ［印］穆克吉：《印度工人阶级》，第 100 页。
② ［印］穆克吉：《印度工人阶级》，第 101 页。
③ ［印］穆克吉：《印度工人阶级》，第 110 页。
④ ［印］穆克吉：《印度工人阶级》，第 107—108 页。

故中，有两起是童工事故。①

各种类型的工厂中，劳动时间都很长。孟买早期的麻纺厂中，童工的劳动时间是 8.5 小时。② 季节性的工厂中，劳动时间是 10 小时，每周劳动 50 小时。为了榨取更多的利润，工厂主常常延长工人的劳动时间，通常情况下要在日出前 15 分钟上班，日落后 15 分钟下班，每天劳动时间为十二三小时。有的工作时间甚至更长，工人从早上三四点钟起床，一直劳动到晚上八九点才结束。③ 再加上"由遥远的村庄来上工往返步行所花的时间，那么，工作日时间对他们来说是太长了"④。

不管是英资企业还是印度资本企业，工人的收入都不高，女工与童工的工资更低。19 世纪 90 年代初，在工资水平最高的孟买，一个熟练的细纱工，月工资仅为 10—20 卢比，女工的月工资是 7—10 卢比，童工六七卢比。一个三口之家的工人家庭全家做工，月工资也不过 25 卢比左右，只够勉强维持生活。到 19 世纪末 20 世纪初，这种状况并没有多少改变。全市 20 余万产业工人中，约有 13 万人每月工资仅有 8—12 卢比，7.5 万人是 12—20 卢比，只有 5000 人每月能拿到 20—30 卢比。⑤ 童工、女工工资更低。1907—1908 年度工厂调查委员会报告显示，女工工资一般为每月 5—12 卢比，而童工只有 2.5—4.5 卢比。大多数行业中，童工的工资一般只有成年工人的 30%—50%。⑥ 一个目睹印度工厂实况的英国人

---

① Samita Sen, *Women and Labour in Late Colonial India*：*The Bengal Jute Industry*, p. 107.

② Parimal Ghosh, "Colonial State and Colonial Working Conditions：Aspects of the Experience of Bengal Jute Mill Hands, 1881-1930", *Economic and Political Weekly*, 1994, 29 (31)：2019-2027.

③ Ranajit Das Gupta, " Factory Labour in Eastern India—Sources of Supply, 1885-1946", *The Indian Economic and Social History Review*, 1976, 13 (3)：277-329.

④ ［印］穆克吉：《印度工人阶级》，第 108 页。

⑤ 林承节：《殖民统治时期的印度史》，第 202 页。

⑥ A. N. Agarwala, *Indian Labour Problems*, p. 152.

说，印度的每座工厂就是一座监狱，享有全权的监工用棍棒来维持纪律。这种摧残使许多人进厂不久就损害了体力。①

在印度的工业中，英国资本占据着主导地位，这种情况决定了印度工人阶级中的大多数都是在英资企业中工作，在本土企业中工作的人数不足17%。在英资企业中，工人除遭受沉重剥削外，还要遭受种族歧视和压迫。英国资本家和工头经常借故侮辱工人，骂他们天生愚蠢低能，体罚也是常有的事。

印度工厂中的这种状况，就连英国兰开夏的工厂主也感到了不满，这倒不是说他们替印度工人着想，而是因为这种无限制榨取工人的做法，有可能使印度工厂的产品成本远远低于英国的产品，不利于英国产品在印度市场上的竞争。因此，为了削弱印度工业产品的竞争力，兰开夏的工厂主们便竭力促使英国议会，以立法手段对印度工厂进行干预，强令印度工厂主们改善工人待遇，从而导致英国议会强烈要求印度政府制定劳工立法这一现象的出现。

第四节　工业化期间东西方国家使用童工劳动的比较②

从 18 世纪 60 年代到 20 世纪初期，英、美、德、法等西方国家，陆续完成了工业化。亚洲的日本，虽然起步晚了一些，但在 19 世纪末期，也基本完成了工业化。中国和印度则更晚一些。值得注意的是，后来开始工业化的国家，与早期欧美国家工业化初期的情况类似，一些生产部门中也大量使用了童工劳动。比较研究后可以发现，东西方国家工业化之初，在使用童工劳动方面，既存在着相同相似的地方，也存在着明显的不同。

①　林承节：《殖民统治时期的印度史》，第 312 页。
②　本节内容根据鲁运庚、尹明明《工业化时期东西方童工问题比较研究》一文改写而成，原文见《甘肃社会科学》2003 年第 3 期。

一、使用童工劳动存在的共性

（一）使用童工劳动的行业较多且主要集中在纺织部门

工业化期间，东西方各国不同的行业中都有使用童工劳动的现象，但在以纺织为主的轻工业中最为典型。这些行业对工人的要求是，不需要太大的体力，但手指必须灵巧，这对妇女和儿童来说非常合适。在英国，1784 年的纺织工厂中，1/3 以上的工人都是儿童，个别工厂中儿童的数量高达80%—90%。① 1850—1862 年间，纺织工业中 14 岁以下的童工，从9956 人增加到 1.3178 万人。15 岁以下的儿童在纺织工人中的比例，1851年是 15%，1861 年达到19%。② 从 19 世纪中期到 20 世纪初期，英格兰和威尔士的许多工业中仍在使用着童工，只是其年龄有所提高。

表 4-26　1851—1911 年英格兰和威尔士使用童工的百分比

年龄段	1851	1861	1871	1881	1891	1901	1911
5—9 岁男童	2.0	2.0	0.8	—	—	—	—
5—9 岁女童	1.4	1.1	0.7	—	—	—	—
10—14 岁男童	36.6	36.9	32.1	22.9	26.0	21.9	18.3
10—14 岁女童	19.9	20.2	20.5	15.1	16.3	12.0	10.4

资料来源：Hugh Cunningham Pier Paolo Viazzo, *Child Labour in Historical Perspective 1800-1985*：*Case Studies from Europe*, *Japan and Colombia*, UNICEF, 1996, p. 44。

尽管英国从 1802 年就开始限制工厂使用儿童劳动，但从表 4-26 中可以看出，到 1911 年时，虽然 10 岁以下的儿童劳动已经绝迹，但是 10—14

---

① Carolyn Tuttle, "Child Labor during the British Industrial Revolution", EH.Net Encyclopedia, edited by Robert Whaples, August 14, 2001, URL, http://eh.net/encyclopedia/article/tuttle.labor.child.britain, 2001 年 11 月 25 日。

② Bernard O'Reilly, *The Mirror of True Womanhood*：*A Book of Instruction for Women in the World*, New York：PJ Kenedy, 1905, p. 417.

岁的儿童仍然占到劳动力的 28.7%。

1. 法国

1790 年的图尔昆地区，纺织行业 8000 多名工人中，有 3000 多人是儿童。1840—1845 年间，10 人以上企业中的工人有 92.6 万人，其中童工为 13.1 万人，童工占工人总数的 14%。① 可见童工在劳动力中占有不小的比例。

2. 德国

1871 年前，德国在"所有纺织工业部门，以及在针厂、铜器厂、带扣厂、甲胄厂、壁纸厂、纸厂、陶器厂和其他工厂中，成千上万的 4 岁以上的幼龄儿童"从事着 10 小时、12 小时甚至 14 小时的过度劳动。② 1875 年，德国有 25.1 万名妇女儿童被雇佣在包括烟草厂在内的各类工厂中工作，其中的大部分是儿童。③

3. 美国

在 19 世纪早期的美国工厂中，1/3 以上的劳动力是 7—12 岁的儿童。④ 1880 年的人口普查显示，美国有童工 111.8536 万人，到 1900 年时，这一数字已增加到 175.0178 万人。甚至有人估计，仅南方各州 12 岁以下的童工就有 200 多万人。⑤ 使用童工最多的行业分别是棉纺织业、丝织业与编织业。

① ［德］汉斯·豪斯赫尔：《近代经济史》，第 350 页。

② ［德］弗·梅林：《德国社会民主党史》第 1 卷，第 59 页。

③ Ute Frevet, *Women in German History: From Bourgeois Emancipation to Sexual Liberation*, London: Berg Publishers, 1989, p. 83.

④ Robert Whaples, "Child Labor in the United States", *EH. Net Encyclopedia*, edited by Robert Whaples, October 7, 2005, URL, http://eh. net/encyclopedia/article/whaples. childlabor, 2003 年 11 月 25 日。

⑤ Frank Tracy Carlton, *The History and Problems of Organized Labor*, New York: D. C., Heath & Company, 1920, p. 455.

4. 旧中国

与欧美国家的情况类似，东方的中国、印度以及日本，其童工也主要集中在以纺织业为主的轻工业中。在中国，设立较早的通久源纱厂（1869 年）中的劳动力，"主要是女工与童工"。外商企业使用童工和女工则更为普遍，1899 年，上海租界内外缫丝厂、织布局、轧油厂，自来火公司，共有 43 家，所用工人共约 3.45 万名，其中"小孩约 7000 人"，占到工人总数的 20%。① 纺织工业之外的火柴、造纸等轻工业也是使用童工较多的行业。如北京丹华火柴厂，1932 年时有工人 780 人，其中童工就有 546 人。此外，童工还广泛分布于金属机器工业、水电、建筑材料、化学、食品、矿山等行业中②，只是数量不如纺织、烟草、火柴加工等轻工业部门多而已。

5. 印度

由于各工业部门发展不平衡，工厂工人主要集中在孟买、孟加拉、马德拉斯和加尔各答等地。童工的使用也主要集中在这些地区的纺织工业中，"女工和童工人数共占工人的 5%（在马德拉斯）至 25%（在加尔各答）"。③

6. 日本

日本明治维新以后，"大量采用妇女幼年劳动"是日本纺织业方面的一种特征。在纺织厂的精纺车间里可见到年龄只有七八岁的童工。至于其他行业，"一般说来，不论哪个火柴工厂都有童工，同其他工厂比较起来……火柴工厂的工人多半是 10 岁到十四五岁的儿童，其中也有 8 岁的，甚至还有很多六七岁的，特别是火柴杆整理工人，70%—80% 是不满 10

---

① 孙毓棠编：《中国近代工业史资料》第 1 辑下册，第 984、1181 页。
② 王造时：《中国的人力》，《东方杂志》1936 年第 33 卷第 6 号。
③ ［苏］东诺娃等主编：《印度近代史》上册，北京编译社译，生活·读书·新知三联书店 1978 年版，第 582 页。

岁的儿童"。总之，日本各种工业之中，"使用童工最多的可能就是火柴厂和地毯工厂"①。到 1909 年时，15 岁以下的男女工人合计已有 14 万多人。② 只是男女儿童在不同时期的不同行业和工厂中的比例有所不同，见表 4-27、表 4-28。

表 4-27　男女儿童在工厂中的比例（1899 年、1909 年、1914 年）

工厂规模（人数）	14 岁以下儿童的百分比（%）					
	男童			女童		
	1899 年	1909 年	1914 年	1899 年	1909 年	1914 年
5—9	—	4	4	—	6	6
10—29	6	3	3	13	5	8
30—49	7	3	3	12	7	8
50—99	6	3	2	12	7	7
100—499	8	3	2	12	6	5
500—999	4	4	2	14	8	5
1000 人以上	4	2	1	17	10	5

表 4-28　男女儿童在不同行业中的比例（1900 年）

工业	14 岁以下儿童的百分比（%）			
	男	女	总数	工人总数
棉纺业	9	12	11	55511
缫丝业	4	10	10	124241
地毯编织	42	13	20	1031
草绳编结	22	30	28	1107

---

① ［日］楫西光速等：《日本资本主义研究》，阎静先译，商务印书馆 1963 年版，第 91 页。

② ［作者不详］《日本劳动安全卫生立法及监察体制的研究》，http://www.cnisn.com.cn/news/2001042701.htm，2002 年 7 月 31 日。

工业	14 岁以下儿童的百分比（%）			
	男	女	总数	工人总数
火柴业	38	35	36	12804
玻璃制造	26	0	24	2573
造纸业	15	24	20	1085

资料来源：Hugh Cunningham, Pier Paolo Viazzo, *Child Labour in Historical Perspective1800 - 1985*, pp. 77-78。

根据以上所引材料，可以大致作出如下判断，即各国工业化期间使用童工劳动，几乎是一种普遍的现象，尤其在以棉纺织业为主的轻工业部门中更是如此。

（二）劳动时间长强度大待遇低

童工劳动时间长。工业化初期，由于生产技术不是很发达，工厂主只能利用延长劳动时间的办法来获取高额利润。因此，许多国家早期工厂中，劳动时间都比较长，每天可达 14—16 小时（吃饭时间除外），有些工厂"甚至最小的孩子也要从清早 3 点钟干到晚上 9 点钟或 10 点钟，而只有四五小时的睡眠时间和很短的吃饭时间"。[①] 在一些颁布工厂法或童工法的国家，对童工的劳动时间都作了专门规定。如 1873 年西班牙有关法令规定，10—13 岁的童工每日工作 5 小时。德国在 1874 年的法令中规定，14—16 岁的童工每日劳动 16 小时，10—12 岁者劳动 6 小时。瑞典 1900 年的法令规定，未满 13 岁之童工，每日工作 6 小时。在美国，1832 年前后劳动时间从 12—15 小时不等，一般在 12 小时左右，1890 年平均每日工作 10 小时，但各州存在一些差异。[②] 中国、印度和日本的各类工

[①] Carton J. Hayes, P. Thomas Moon & John W. Wayland, *World History*, New York：McMillan Company, 1936, p. 600.

[②] John R. Commons, *A Documentary History of American Industrial Society*, Vol. 5, Cleveland, Ohio：AH Clark Company, 1911, p. 60.

厂中，工作时间一般在 12—14 小时不等。1912 年以后，工厂劳动时间，有的最长可达十七八小时。保尔·芒图在论及英国工业革命初期工人的劳动时间时说，工人的工作日，"除去完全耗尽他们的力量以外，是没有别的限制的，工作日持续到 14 小时、16 小时乃至 18 小时之多"，"为了不使机器的运转停顿下来，工作往往夜以继日地、毫不间断地连续下去"。①

童工劳动强度大。机器生产速度快，客观上迫使童工跟着机器跑。在英国，有人计算，1815 年一个工人看管两台纺 40 支纱锭的走锭精纺机，在 12 小时内，"必须步行 8 英里"，到 1832 年，相当于走 20 英里的路程②。不只是英国的童工这样劳累，其他国家的童工也是如此。在工业发展相对落后的国家中，尤其像近代中国、印度这样的国家，其童工的劳动强度更大。北京门头沟煤矿的童工干的主要是拉斗、背筐等重活。唐山启新洋灰公司中的童工，年龄虽然只有十二三岁，但干的活却是搬石头、装车等重体力活。③ 在印度，童工从事搬运煤炭和岩石的工作也是常事，其辛苦情况可想而知。

工资待遇低。工厂主大量使用童工，原因之一即童工廉价，因此童工的工资都很低，一般只有成年工人的 1/3—1/2。这在各个国家的工业化初期基本上是相同的。英国利兹地区的丝织业工厂里，一般工人每天的工资约 1 先令，童工的最低工资却只有 1 便士。当时面包的价格每磅 1.5 便士，房租每天 1.5 便士。童工的工资难以维持最低的生活水平。④ 19 世纪末 20 世纪初，美国阿拉巴马州的童工，一天只挣 30 美分，还有一些童工

① ［法］保尔·芒图：《十八世纪产业革命——英国近代大工业初期的概况》，第336 页。

② 马克思：《机器、自然力和科学的应用》，人民出版社 1978 年版，第 21 页。

③ 南开大学经济研究所：《启新洋灰公司史料》，生活·读书·新知三联书店 1963 年版，第 278—279 页。

④ 尹明明、刘长飞：《英国工业革命时期的童工劳动》，《世界史》（人大复印资料）2000 年第 10 期。

的工资在 1.25—15 美分之间变化。这只相当于成年工人的 1/3 左右。①
法国、德国等国的童工情况莫不如此。

至于中国童工的劳动所得则更为可怜。数据显示，1930 年全国 29 个
城市中的童工每月平均工资多数都在 10 元以下，超过 10 元的只有无锡、
镇江、嘉兴三地。中国工人（童工）的劳动所得与英、法、美等国工人
劳动所得相比非常低下。表 4-29 试以纺织行业为例说明如下。

表 4-29　各国纺织行业男女工劳动所得比较　（单位：美元）

国别	男工	女工
美国	1.50—3.00	1.00—2.50
法国及瑞士	0.75—1.50	0.50—0.90
意大利	0.50—0.80	0.30—0.60
日本	0.15—0.20	0.10—0.12
中国	0.10—0.12	0.06—0.09

资料来源：刘明逵编：《中国工人阶级历史状况》第 1 卷第 1 册，第 463 页。

以上所列为一天的劳动报酬，虽未直接涉及童工，但按童工所得只及
成年工人的 1/3—1/2 来计算，大致能推测出中国童工所受到的剥削与其
他国家的童工相比更为严重。印度、日本与中国的情况类似。

（三）工作环境恶劣且无必要的安全防护

机器工业建立初期的工厂中，劳动环境恶劣。纱厂里"细碎的飞花
像云彩似地飘荡着并钻到肺里去"，纺麻厂的"水汽渗透了空气并浸湿了
衣服"。② 恩格斯在《英国工人阶级状况》中论述的英国工厂童工的那种
状况，在许多国家工业化初期的工厂中都可见到。厂房低矮，通风设备不

____

① Richard Owen Boyer, Herbert Montfort Morais, *Labor's Untold Story*, New York：Cameron Associates, 1955, p. 184.
② ［法］保尔·芒图：《十八世纪产业革命——英国近代大工业初期的概况》，第 337 页。

好，机器防护设施不全等。①

以上情况说明，机器工厂建立之初，因为面临着许多前所未有的问题，一切都处于摸索前行的状态。工厂主们能做的往往是要到"历史"中找寻解决的办法。在解决工厂劳力不足等方面，工场手工业时期使用学徒和儿童帮工的做法显然启发了他们。英国之后开始采用机器生产的国家，显然是把英国工厂的运营模式（包括使用童工）奉作圭臬。由此也可理解许多国家在工业化初期，工人（包括童工）劳动时间长、强度大、工作环境恶劣这种现象出现的原因。

二、使用童工劳动的差异

（一）儿童的最低雇佣年龄

各国童工的最低雇佣年龄存在较大差异，尤其是在工厂法（或类似法令，如果有的话）颁布之前，童工年龄小的五六岁，大的约十多岁。工厂法颁布之后，童工最低雇佣年龄逐步提高。

从欧美国家的情况看，在机器生产初期，雇佣的童工有的3岁，"有的五六岁"②。矿业中也有"招收年仅4岁的儿童到煤矿做工"的记载。当然，普遍的年龄是八九岁。③ 1802年的工厂法颁布以后，9岁以下儿童进入工厂做工的现象逐渐消失。普鲁士在1839年确定的儿童最低受雇年龄是13岁，法国在1841年也把儿童的最低受雇年龄确定为13岁。比利时1892年确定的儿童最低受雇年龄是12岁，1924年时提高到14岁。④

---

① 恩格斯：《英国工人阶级状况》，第446页。

② ［意］卡洛·M. 奇波拉：《欧洲经济史》第3卷，吴良健等译，商务印书馆1989年版，第347页。

③ ［英］E. 罗伊斯顿·派克编：《被遗忘的苦难——英国工业革命的人文实录》，第141页。

④ Emm Brook, *A Tabulation of Factory Laws of European Countries*, London: Grant Richards, 1898, p. 11.

在美国，1917 年以前没有全国性的限制使用童工的法令，儿童的最低雇佣年龄从 10—14 岁不等；1924 年，将童工的最低雇佣年龄确定为 14 岁以下的有 3 个州，14 岁的有 39 个州，14 岁以上的有 6 个州。在加拿大基本上是以 14 岁为限。①

东方的印度，1881 年时禁止 7 岁以下的儿童做工，1891 年提高到 9 岁，1922 年提高到 12 岁。日本在 1916 年开始"禁止不满 12 周岁的儿童参加劳动"。中国各行业中使用童工的年龄有一些出入，但差别不是很大。上海纺织厂"童工多 9 岁以上者，9 岁以下者极少"，唐山新华纱厂童工"年龄大者 12 岁，小者七八岁"。大冶铁矿"工人中多童子，年仅 10 龄"，开滦矿内工人"最幼的 9 岁"。②

童工最低雇佣年龄的差别，除反映出不同国家间经济发展水平的不同外，还有历史文化因素的影响。比如前工业社会中，清教和儒家文化对儿童要辛勤劳动的要求，势必会默许儿童尽早参加劳动，这种思想也不可避免地延续并影响了工业化初期的童工劳动。比较发现，童工的最低受雇年龄，在工厂法或童工法颁布以后逐渐提高，虽然不同国家间存在差别，但总的趋势是在提高。童工最低受雇年龄的提高，是对儿童最基本的保护，有利于其身心健康发展。

（二）工厂补习教育

1819 年，英国颁布补习教育法令规定，14 岁以下儿童应接受规定时间的教育，儿童父母有帮助儿童完成学业的责任，如违反该规定则处以 3 英镑的罚款。③ 英国之后，许多国家纷纷仿效。但是，除英国全部实行之外，其他国家只是实行了其中的一部分内容。在对待童工接受教育的态度方面，除印度采取任其自由、捷克实行义务教育外，英国、美国、德国、

---

① 沈丹泥：《童工》，第 42、56 页。
② 刘明逵编：《中国工人阶级历史状况》第 1 卷第 1 册，第 288、194 页。
③ 刘福同：《各国童工律与教育》，《妇女新运》1942 年第 5 期。

中国、比利时、意大利、西班牙等国实行的都是强迫教育。

（三）对童工劳动的规范

工业化之初大规模使用儿童劳动，并未引起人们的特别关注，甚至有人倡导儿童劳动以期防止儿童养成懒惰的习性。如曾担任英国首相的威廉·皮特就曾对工厂主说，雇孩子去工作吧，他们会给你带来利润。也有人说："禁止童工劳动，无异于取消供养儿童的手段；将童工大量限制在极狭窄的界限内，等于减去得不到救济的倒霉人的一顿午餐或晚餐……"① 法国更有人说，工厂主雇佣儿童劳动是一种善举，"对于家庭来说，是一种收入的来源"，倘若禁止童工劳动会使那些最贫穷的家庭"重新陷入困境"。② 直到今天，在使用童工劳动问题上，仍然存在不同的声音。其实，人们反对的是最恶劣形式的童工劳动，并不反对儿童在力所能及的前提下参加有利于其成长的劳动。

1802 年 6 月 22 日，英国通过了《学徒健康与道德法》(*Health and Morals of Apprentices Act to Regulate the Labor of Bound Children in Cotton Factories*)，这被认为是世界上的第一个工厂法。其中对儿童的最低雇佣年龄、夜间劳动等都有规定。③ 法国在 1841 年前后也制定了有关法令，对工厂中使用儿童劳动作出限制。如确定儿童的最低雇佣年龄、规定其劳动时间、劳动场所（禁止 13 岁以下的儿童在剧院、咖啡屋场所进行表演）等。④ 尽管这类法令适用于 20 人以上的用机器作为动力的企业，但是它们却始终是决定儿童劳动的准则。应当指出，英国和法国的工厂法令，尽

---

① ［英］E. 罗伊斯顿·派克编：《被遗忘的苦难——英国工业革命的人文实录》，第 187、189 页。

② ［法］雷吉娜·佩尔努：《法国资产阶级史（近代）》，康新文等译，上海译文出版社 1991 年版，第 472、473 页。

③ Frank T. Carlton, *The History and Problems of Organized Labor*, Boston：D. C. Heath & Company, 1920, p. 458.

④ Emm Brook, *A Tabulation of Factory Laws of European Countries*，其中有相关国家涉及童工法令规定。

管存在着这样那样的问题，但是，欧洲甚至世界上大多数国家的童工立法或类似的有关立法却几乎无一例外地都是以英国和法国的工厂法为蓝本的。[①] 其他欧洲国家，如德国、比利时、意大利、西班牙等国也通过相关法令对童工劳动进行规范。

在美国，内战前只有几个北方州在相关法令中禁止一定年龄以下的儿童在工厂、矿山中劳动，并对劳动时间作出了规定。内战后，特别是在进入 20 世纪以后，联邦议会陆续通过了一系列限制童工劳动的法令，禁止 14 岁以下儿童进入工厂做工，禁止 16 岁以下儿童从事夜间劳动，禁止十六七岁儿童参加危险劳动。[②]

中国、印度以及锡兰（斯里兰卡）等东方国家，在技术方面借鉴西方发达国家的同时，却并没有同时把相关的法律法规引进来。在劳工立法方面较西方国家明显滞后。在中国，20 世纪以前没有现代意义上的童工立法。进入 20 世纪，特别是在二三十年代，一些法令或法规对童工劳动已多有涉及，从内容上来看，西方国家早期工厂法中的内容大部分被包括在内。不管实效如何，这些立法当中的某些条款毕竟对童工劳动有所限制，至少从理论上来说是这样。

1923 年，日本在有关法令中禁止 14 岁以下的儿童受雇在工厂劳动，也不能从事海上劳动，但接受初等教育后可放宽至 12 岁。印度和锡兰（斯里兰卡）曾受英国殖民统治，其政治经济受英国影响较大。工厂法中的一些主要条款（印度 1922 年工厂法，锡兰 1923 年内工厂法），如禁用 14 岁以下的儿童参加劳动等，不可避免地受到英国工厂法的影响。[③]

东西方国家在工业化初期使用童工劳动是一种普遍的现象，且劳动时

①　International Labour Office, *Child Labor in Relation to Compulsory Education*, *an ILO report*, Geneva：UNESCO, 1951, p. 13.

②　John R. Commons, *Principles of Labor Legislation*, New York & London：Happer & Brothers Publishing, 1916, p. 227.

③　沈丹泥：《童工》第 7 章 "各国关于童工的法令"，第 54—62 页。

间长、劳动强度大、工资低、工作环境恶劣基本是相同的，只是不同的国家和地区在程度上略有差别而已。这种现象反映了资本不择手段追逐利润的本性，不管在何处，资本都是逐利的。尽管各国都通过工厂法、童工法或类似法令限制童工劳动，但企业不是慈善机构，厂主不是慈善家。如何禁止乃至杜绝童工劳动，对今天仍存在大规模使用童工劳动的一些欠发达国家来说，显然还有许多工作要做。

第五章　童工劳动立法与规范

第一节　英国工厂法与限制儿童劳动[①]

在英国，最先关注工厂儿童劳动的是一些慈善家、社会活动家，以及早期工厂主中富有慈善心的人，他们目睹了工厂中儿童的惨况，不时对厂主过度使用儿童劳动的行为加以批评和指责，要求政府进行立法干预。

一、早期工厂主、慈善家与儿童劳动

（一）慈善家与儿童劳动

慈善家（Philanthropist），指的是那些热心公益事业、经常参与慈善活动的人。通常情况下，他们会把自己拥有的一些资源，包括金钱、财物等分享给社会上有需要的人。工业革命前后的英国，罗伯特·欧文（Robert Owen，1771—1858）、马修·博尔顿（Matthew Boulton，1728—1809）、乔赛亚·韦奇伍德（Josiah Wedgwood，1730—1795）、戴维·戴

---

① 本节内容根据以下文章改写而成，鲁运庚：《英国早期工厂立法背景初探》，《山东师范大学学报（哲学社会科学版）》2006 年第 4 期；鲁运庚：《欧文对英国早期工厂立法的贡献》，《历史教学》2006 年第 9 期；尹明明：《罗伯特·欧文与童工问题》，《山东师范大学学报（哲学社会科学版）》2006 年第 5 期。

尔（David Dale，1739—1806）等工厂主都属于热心慈善活动者的代表。

　　工业革命前，英国的某些行业已使用儿童劳动。棉纺、丝织、织袜、帆布制造以及金属加工等行业都有 5—7 岁的儿童参与劳动。① 工业革命兴起之初，工厂中使用妇女儿童劳动较为普遍。儿童开始劳动的年龄从 4—7 岁不等，个别的只有 3 岁左右。② 童工的年龄虽小，劳动时间却不短，每天长达 14—16 小时，与成年人的劳动时间没有什么区别。马克思曾指出，资本"像狼一般贪求剩余劳动"，侵占了"人体的成长、发展和维持健康所需要的时间。"③

　　针对以上情况，以罗伯特·欧文为代表的一些工厂主中的优秀者，出于道德感情和博爱胸怀，呼吁社会关注工厂儿童，同时在自己的工厂中身体力行改善劳动条件。

　　戴维·戴尔（David Dale，1739—1806），出生于苏格兰西南部的斯图尔特（Stewart），早年曾当过学徒，做过绸布商店的店员。与阿克莱特有过短期的合作。1768 年开始创建自己的工厂。1784 年，戴尔开始在苏格兰格的克莱德瀑布附近建立纱厂，模仿其他人从爱丁堡和格拉斯哥济贫院中，雇佣了年龄在 5—8 岁之间的 500 多名儿童进入工厂做工。为保护儿童的身体健康和道德风尚，戴尔要求工厂车间必须保持清洁，除定期清洗地板和机器以外，还要用生石灰粉刷天花板和墙壁。对童工的衣食住行也作了规定，要求男女衣着整洁，男女儿童不能混住。每天劳动时间控制在 13 小时左右。劳动结束后有专人辅导读书写字，有时还教他们音乐，当然教授宗教信仰居于首要位置。因其管理有方，1785—1797 年间，在其工厂劳动的近 3000 多名儿童中只有 14 人死亡。戴尔被誉为当时"最

---

　　① ［英］约瑟夫·库里舍尔：《近代经济史》，第 198、196 页。
　　② A. R. Colon, *A History of Children A Socio-Cultural Survey across the Millennia*, Westport, CT: Greenwood Press, 2001, p. 36.
　　③ 《马克思恩格斯文集》第 5 卷，人民出版社 2009 年版，第 306 页。

具魄力和极富仁爱之心的人"，其工厂被誉为是英国"最富人情味的工厂之一"。①

托马斯·帕西瓦尔（Thomas Percival，1740—1804），出生于英国兰开夏郡瓦灵顿镇的一个医学世家。他先后在瓦灵顿学院、爱丁堡大学，以及荷兰莱顿大学学习医学。毕业以后，在瓦灵顿执业行医，1767 年移居曼彻斯特，1794 年出版《医事法学》(*Medical Jurisprudence*)，补充修订后以《医学伦理学》(*Medical Ethics*) 之名于 1803 年出版。1804 年 10 月 30 日去世。

1784 年，帕西瓦尔奉命前往老罗伯特·皮尔在拉德克利夫的工厂调查传染病来源。此前，这一工厂中出现传染病疫情并引起人们的恐慌。经过大量的实证调查，他发现棉织工厂雇用童工不但违反宪法，而且剥夺了他们受教育的机会，更糟的是还要求童工在夜间劳动。针对这些问题，帕西瓦尔要求议会立法保护。在对曼彻斯特的棉纺织业童工问题进行调查的报告中，帕西瓦尔指出：①在工厂做工的童工容易感染热病，且因工厂车间卫生条件差而易传染他人；②工厂缺少能"增益人体精力"的积极活动，致使"不干净的或闷热的空气"危害工人健康；③不适当的夜间劳动和长时间的白天劳动，"有损于体力，破坏了新生一代的持久活力"；④"工厂童工一般都被剥夺了受教育的机会，得不到道德及宗教的教诲"；⑤请求议会帮助制定一套全面的法律，以便对所有工厂进行人道和平等的管理。② 传染病的发生，与工厂不卫生、空气污浊以及学徒住宿拥挤等有关。③ 帕西瓦尔认为，工厂中现有门窗窄小不利于空气畅通，建议

---

① ［法］保尔·芒图：《十八世纪产业革命——英国近代大工业初期的概况》，第 379 页。

② ［英］E. 伊斯顿·派克编：《被遗忘的苦难——英国工业革命的人文实录》，第 72 页。

③ J. K. Howard, "Dr Thomas Percival and the Beginnings of Industrial Legislation", *The Journal of the Society of Occupational Medicine*, 1975, 25 (2): 58-65.

每天应当将门窗打开以便空气流通。工厂车间应当经常打扫并需要用石灰水粉刷墙壁。厕所也应当经常清洗并保证通风良好，避免出现难闻的气味。为防止传染病的蔓延和保证工人健康，不仅应当保持工厂清洁，而且要求工人经常洗澡，特别是对童工来说更应如此。工厂中 14 岁以下的儿童应该有更多的休息时间，否则"破坏新一代的生命力"，缩短其寿命，损及未来的劳动力。① 基于上述认识，帕西瓦尔主张建立一套全面的法律体系来消除工厂的弊端②，建立一个合理的人道的用工制度。

（二）欧文与早期的工厂立法

欧文是英国著名的空想社会主义者，也是早期有名的纺织厂主、慈善家。他不仅在自己的工厂内改善工人劳动条件，而且积极呼吁政府进行工厂立法，以便从整体上改善工厂劳动条件。

罗伯特·欧文（Robert Owen，1771—1858），1771 年生于英国的一个手工业者之家。10 岁到一家布厂当学徒工。13 岁又到曼彻斯特一个百货商店当店员。1789 年与人合伙创办生产走锭精纺机的工厂。1795 年后与人合作创建"查尔顿公司"。

1798 年，欧文出任"拉纳克"大棉纱厂经理。该厂包括四个棉纺工厂和一个村落，在 2500 名工人中，有 5—10 岁的童工 500 人。③ 欧文接管该厂后，将其命名为新拉纳克（New Lanark），随后进行了一系列改革。这些改革不但没有减少企业的利润，相反还给企业带来了更多的好处。欧洲各国的达官显贵、王公大臣，各种社会活动家、改良家，纷纷到新拉纳克参观、访问。欧文成为欧洲最有名望的"慈善家"和富有的工厂主。

① Andrew Meiklejohn,"Outbreak of Fever in Cotton Mills at Radcliffe, 1784", *British Journal of Industrial Medicin*, 1959, 16: 68-69.
② Andrew Meiklejohn, "Industrial Health: Meeting the Challenge", *British Journal of Industrial Medicine*, 1959, 16 (1): 1-10.
③ Sandy Hobbs and Jim Mckechnie, *Child Employment in Britanin*, London: The Stationery Office Limited, 1997, p. 17.

　　为了推广自己的经验，欧文开始著书立说。1812 年写成《关于新拉
纳克工厂的报告》，努力宣传自己的思想和改造拉纳克的成就。1814 年写
成《新社会观，或论人类性格的形成》等著作，引起了社会的广泛注意。
1815 年提出"调整工厂工时法案"，同年发表《论工业体系的影响》一
文。1816 年发表《工厂童工状况调查委员会》报告，1818 年写成《上利
物浦伯爵书——论工厂童工问题》。在这些文章和著作中，欧文呼吁禁止
使用童工，改良工人的劳动条件，改变现存的社会制度等，引起了社会的
广泛关注。

　　1820 年，欧文发表《致拉纳克郡报告》(即《关于消除社会贫困和不
满的计划给拉纳克郡的报告》)，第一次明确而系统地阐述了自己的社会
主义主张。1823 年欧文提出了建立共产主义公社的计划。次年，举家前
往北美印地安那州，用 30 万镑购买了 3 万英亩土地和土地上的建筑物，
创建名为"新和谐"村的公社①，成为当时许多人心目中向往的"伊甸
园"。1858 年 11 月 17 日欧文去世，享年 87 岁。2001 年，联合国将"新
拉纳克"遗址确认为世界文化遗产，以纪念罗伯特·欧文在这里精心构
建和谐社区的实验。

　　1. 欧文对工厂使用儿童劳动的认识

　　(1) 童工劳动贻害后世。欧文在 1815 年发表的《论工业体系的影
响》一文中指出，生活在社会底层的人民群众，其处境与工厂建立前相
比，是悲惨和恶化得不能以道理计了，他们常常不分冬夏，在早晨六点时
就把自己七八岁的孩子送进工厂，"不得不每天劳动 14 小时、16 小时甚
至 18 小时"，以便维持最低的生活。② 许多儿童"被禁锢在室内，日复一

---

　　① Ron E. Roberts, Robert M. Kloss, *Social Movements Between the Balcony and the Barricade*, Saint Louis: The C. V. Mosby Company, 1974, p. 126.
　　② ［英］罗伯特·欧文：《欧文选集》第 1 卷，柯象峰等译，商务印书馆 1984 年版，第 150、160、138、154、159 页。

日地进行漫长而单调"的劳动。从年龄上说，他们本该待在学校读书，但自己"必须不停地劳动才能挣得最起码的生活"。① 在工厂中，他们的天性"受到了极大的摧残"，智力和体力也不能正常发展，周围又都是使其道德品质堕落并危害他人的人。儿童父母从其子女身上得到的每一个便士，"不但会牺牲未来的许多英镑，而且也会牺牲孩子未来的健康、安乐和善良品行"。目前这种有害的制度如果不"用一种较好的制度来代替，流毒就会蔓延，并且会一代一代地愈来愈严重"②。使用童工劳动，表面上看来每年给王国增加几百万镑收入，而实际上却在耗损国家的元气。

（2）限制儿童的最低雇佣年龄和劳动时间。1800 年，欧文接办新拉纳克纺织厂，并率先在工厂工人中禁止雇佣 10 岁以下的儿童。欧文认为儿童最低雇佣年龄应为 10 岁，10 岁以后再让他每天工作，要比在任何更小的年龄工作有利。无论是从对国家的角度还是从对我们个人的角度来看，都不能让"10 岁以下的儿童进任何工厂做工，不能让未满 12 岁的儿童每天工作超过 6 小时"③。只有如此，才能使儿童健康成长。

（3）儿童的教育应当和生产劳动相结合。欧文认为，不同年龄段的儿童，在心理和生理上存在明显差异，应根据儿童的不同特点安排他们从事力所能及的劳动。在 6 岁之前，他们可以观察成年人的劳动，慢慢习惯做家务。6 岁以后开始进入学校，除学习阅读、书写和计算外，还要参加适当的、力所能及的劳动，从中学习有关的劳动知识和技能，以此学习能够承担社会交给其义务的技能。离开学校之前，"他们将受到很好的教育，获得一切必要而有用的知识"④。儿童在 10 岁以后，就需白天在工厂劳动，晚上到夜校学习。把在机器上的操作和在夜校的学习结合起来。这

① 《欧文选集》第 1 卷，第 149 页。
② 《欧文选集》第 1 卷，第 140—141 页。
③ 《欧文选集》第 1 卷，第 155 页。
④ 《欧文选集》第 1 卷，第 186 页。

样一来，儿童从小就养成了各种良好习惯，这对社会是有益的。

欧文关于教育和生产劳动，在工厂工业基础上相结合的思想得到了马克思的肯定。他指出："正如我们在罗伯特·欧文那里可以详细看到的那样，从工厂制度中萌发出了未来教育的幼芽，未来教育对所有已满一定年龄的儿童来说，就是生产劳动同智育和体育相结合，它不仅是提高社会生产的一种方法，而且是造就全面发展的人的唯一方法。"①

2. 为工厂限制童工劳动努力

（1）呼吁政府对所有工厂进行立法。早在 18 世纪末期，曼彻斯特的医生帕西瓦尔博士就曾拟出一份措辞十分有力的报告，义正词严地揭露了工厂中流行的传染病、过度延长的工作日、恶劣的环境对儿童造成的影响。如，使儿童丧失了接受学校教育、道德教育以及宗教教育的机会等。指出应向议会交涉，以便获得一些合理的人道的制度。罗伯特·欧文也呼吁各工厂主，应考虑把一部分时间和资本，用在改良他们的"活机器"（儿童）上，并且认为在"活机器"（儿童）上投资所得的报酬不只是5%、10%或15%，而往往是50%，在许多情况下还是100%。②

1813 年，欧文在《新社会观，或人类性格的形成》一书中指出，在工厂中工作的儿童身上，"凡是社会上的恶习，在他们身上几乎无所不有，而社会上的美德却具备得极少。又说，工厂不再雇佣六七岁的儿童，做父母的应让儿童在 10 岁以前接受到教育，养成健康的身体。"③ 这些言论在社会上引起一定的反响。

1816—1817 年间，欧文在《工厂童工状况调查委员会报告》《致工业和劳动贫民救济协会委员会报告书》等文章中，进一步就改善工人的劳动条件、解决日益严重的失业问题提出了自己的看法，并向决策当局提出

---

① 《马克思恩格斯文集》第 5 卷，第 556—557 页。
② 《欧文选集》第 1 卷，第 7 页。
③ 《欧文选集》第 1 卷，第 30、33 页。

了相关的立法建议。

1818 年欧文发表了《上利物浦伯爵书——论工厂雇用童工问题》和《致不列颠工厂主书——论工厂雇用童工问题》两篇文章。在前文中，欧文提出："古往今来从没见过任何一个国家，让千千万万名 7 岁至 12 岁的儿童，每天在热不可耐和有害健康的环境下连续不断地工作 15 小时"。在后文中，欧文提到"年龄不到 12 岁的儿童不应在任何厂房内受雇"。① 否则就是确确实实把天天生金蛋的鹅杀掉了。

1833 年，欧文还和具有同情心的工厂主菲尔登（John Fielden）、科迪（George Cordy）以及多尔特（John Dohert）等人发动了一场争取 8 小时工作制的运动。② 虽然没有达到目的，但却产生了深远的影响。

（2）制定工厂法草案。1815 年，欧文提出了"人道的工厂立法"思想，并领导了争取工厂立法和限制每日工作时间的斗争。为了改善童工的处境，欧文草拟了一项法律草案，主要内容包括以下几点："第一，机器厂房的正规劳动时间每天限于 12 小时，其中包括一小时半的进餐时间。第二，10 岁以下的儿童不得受雇在机器厂房内工作，或者 10 岁至 12 岁的儿童每天工作时间不得超过 6 小时。第三，男女儿童在阅读和写作能力还不能实际应用、算术四则还不能理解、女孩还不能缝制自己衣服以前，不得受雇在任何工厂工作。"③

这项法律草案虽然未被通过，但却使人们认识到，应该关注工厂童工的劳动环境和生活状况。为了争取议会制定工厂法和限制工作日立法，欧文走访了许多工业区，了解到童工、女工及成年人所处的劳动环境，也了解到他们的贫困生活状况。随后，欧文以掌握的这些第一手资料去游说两

---

① 《欧文选集》第 1 卷，第 153、164 页。

② B. L. Hutchins, *A History of Factory Legislation*, London, 1926, pp. 56—57.

③ 《欧文选集》第 1 卷，第 139 页。

院议员，请求他们支持其提案。① 经过欧文等慈善家不断的努力，英国议会于 1819 年 7 月通过了新的工厂法。其中规定"准许 9 岁儿童在棉纺织厂受雇，准许 9 岁至 16 岁儿童每天工作 12 小时半，其中只有 1 小时半让他们吃饭和在户外活动"②。将该法案与欧文所提工厂法草案对比会发现，1819 年的工厂法要保守的多。欧文原拟儿童进工厂做工的年龄是 10 岁，新工厂法中同意的年龄是 9 岁；欧文原是把一切纺织厂都包括在内，而法律仅仅涉及棉纺织厂——最大、最显眼和最恶名卓著的工厂；欧文提出的指派专职工厂视察员的建议，是一切建议中最重要的一项，却被删掉。对此，欧文认为，通过的议案已经"大量阉割了一切有用的条款，以致对我原定的目标来说变得毫无价值可言了"③。因此，欧文加以拒绝并表示不为它承担任何责任。

欧文为改善童工生活和工厂劳动状况所作的努力源于其性格形成理论。欧文坚信"人的性格是环境的产物"，环境的改变可以使人的性格改变。欧文所要改变的是，要用具有讲规矩、守秩序、克己稳重、勤俭耐劳精神的环境，来取代易产生罪恶的环境。欧文生活在资本主义不发达，无产阶级力量不够壮大的英国工业革命初期，他希冀通过改造社会环境而建立新制度，然而却看不到无产阶级的伟大力量，找不到实现新社会的正确途径。虽然其学说和活动同圣西门、傅立叶相比更具有"实践性质"，但正如列宁所说，"空想社会主义不能指出真正的出路。它既不会阐明资本主义制度下雇佣奴隶制的本质，又不会发现资本主义发展的规律，也不会找到能够成为新社会的创造者的社会力量。"④ 欧文在其实践活动中形成的一些理论，成为马克思、恩格斯创立科学社会主义的理论来源。欧文培

---

① 《欧文选集》第 3 卷，商务印书馆 1984 年版，第 200 页。
② 《欧文选集》第 1 卷，第 152 页。
③ 《欧文选集》第 3 卷，第 201 页。
④ 《列宁选集》第 2 卷，人民出版社 1973 年版，第 445 页。

养全面发展的人的学说，被马克思继承和发展，其对待儿童劳动的态度，对我们今天正确认识和对待儿童劳动也不无借鉴作用。

二、英国工厂法及其主要内容

1802—1901 年间，英国政府陆续制定了一系列法令政策（本书统称为工厂法），有的是针对工厂童工制定的，有的是涉及童工利益的。工厂法确定了童工的最低雇佣年龄、限定了童工的劳动时间、作出了童工接受教育的规定，设定了工厂检查员、明确了工厂法的适用范围等。在一定程度上保证了童工能在一个相对安全的环境中劳动生活，或多或少的避免了厂主对童工的滥用。

（一）确定儿童最低雇佣年龄①

如前所述，早期工厂中有四五岁的儿童参加劳动，七八岁的儿童参加劳动属于正常。儿童在较小的年龄从事长时间的劳动，对其发育成长的损害是显而易见的。为改变这种状况，英国在制定的有关法令中，都对儿童的最低雇佣年龄作出了明确的规定，只是在不同时间和不同的行业中存在一些差异。

1. 纺织行业

1802 年 6 月 2 日英国议会通过了《学徒健康与道德法》，该法令被认为是世界上的第一部工厂法。② 不过这部法令并没有对进入工厂做工的学徒作出年龄上的规定。1819—1901 年间的法令都对儿童的最低雇佣年龄作出了明确规定。

1819 年，英国议会通过《棉纺厂和工厂法》，其中规定，从 1820 年 1

---

① Frederic Keeling, *Child Labour in the United Kingdom*, London：P. S. King and Son, 1914, pp. xiv-xvii.

② 也有研究者称其，是"济贫法的延伸，不是严格意义上的工厂法"，见 Mark Blaug, "The Classical Economists and the Factory Acts-a Re-examination", *The Quarterly Journal of Economics*, 1958, 72（2）：211-226。

月起禁止棉纱、毛纺或与此有关的工厂，雇佣 9 岁以下的儿童做工。1831 年和 1833 年的工厂法延续了 1819 年工厂法的规定，明确全职劳动者的年龄要达到 13 岁，规定儿童进入工厂做工需要年龄证明。1844 年工厂法规定，所有纺织厂不得雇佣 8 岁以下的劳动者，全职劳动需在 13 岁以上。这一规定在 1861 年时扩展到了蕾丝厂。与以前的法令相比，儿童的最低雇佣年龄下调至 8 岁，这种情况到 1874 年法令时又发生改变，规定包括蕾丝厂在内的所有纺织工厂，不得雇佣 10 岁以下的儿童做工，如有接受教育的证明，年龄可放宽到 13 岁等。

　　与纺织业有关的各行业，雇佣儿童的最低年龄随部门不同而有别。1845 年的法令规定，印染厂不得雇佣 8 岁以下的儿童劳动。1878 年到 1901 年间，英国政府先后 3 次通过法令，统一了纺织业各部门儿童最低雇佣年龄和从事全职劳动的标准。

　　2. 矿业部门（主要包括煤矿和金属矿）

　　1842 年的矿业法规定，从事矿下劳动的男童不得低于 10 岁，禁止使用女童和妇女从事矿下劳动。1860 年的法令规定，儿童的最低雇佣年龄为 12 岁，如果儿童完成规定的受教育任务，年龄可放宽到 11 岁，甚至 10 岁。① 1872 年的法令规定，"禁止使用 12 岁以下的妇女儿童从事采煤劳动"，但在薄煤层矿中可以雇佣 10 岁的男童劳动，全职劳动者需要年满 12 岁。从事地上劳动，男女儿童年满 10 岁即可。1887 年的法令对从事矿下劳动者的年龄规定没有变化，但要求从事矿上劳动者的年龄不能低于 12 岁。1900 年的法令将从事矿下劳动者的年龄提高至 13 岁，没有说明性别。对地上劳动者没有规定。到 1911 年，从事矿下劳动者的年龄不分性别统一提高到 14 岁，从事地上劳动者满 13 岁即可。

――――――――――――――――

　　① Pamela Horn, *Children's Work and Welfare*, *1780-1890*, Cambridge University Press, 1996, p. 29.

3. 农业部门

1867 年的法令规定，禁止在农业中使用 10 岁以下的儿童从事劳动。1873 年法令规定，禁止农业领域使用 8 岁以下的儿童劳动，限制 8 岁以上儿童在农业领域的劳动范围。①

4. 其他行业

烟囱清扫行业，1788 年的法令规定，从事清扫烟囱者的年龄不得低于 8 岁。1834 年的法令规定，不能雇佣 14 岁以下的儿童。1840 年的法令规定，不允许该行业招收 16 岁以下的儿童为学徒。1875 年法令要求，所有烟囱清扫工作者需要到警局备案，工作时要由官方派人监督。

其他如 1889 年禁止 7 岁以下儿童在公共场合从事以营利为目的的各类表演活动，1903 年将年龄提高到 10 岁。② 1903 年的法令禁止 11 岁以下的儿童做街头小贩（street trading）。③

1802—1903 年间，童工的最低雇佣年龄从 9 岁提高 14 岁，先是在纺织行业，然后扩展到其他行业。儿童最低雇佣年龄的提高意味着受保护的儿童范围扩大，有利于为社会发展储备所需要的合格人力资源。

（二）儿童的劳动时间

在早期的工厂中，劳动时间一般都在 12 小时以上。如果说成年工人尚能接受的话，那么，童工从事这么长时间的劳动，则无论如何都会影响其发育成长。因此，早期的工厂法无不把限制童工的劳动时间作为主要内容之一。

1802 年的法令规定，学徒每天的劳动时间不得超过 12 小时，且用餐

---

① George F. Chambers, *The Agricultural Children Act*, *1873*, *and the Agricultural Gangs Act*, *1867*, London: Knight and Co., 90, Fleet Street, 1873, pp. 9, 10, 18.

② Frederic Keeling, *Child Labour in the United Kingdom*, London: P. S. King and Son, 1914, pp. xiv-xvii.

③ [s. n.] The Employment of Children Act, 1903, http://www.irishstatutebook.ie/1903/en/act/pub/0045/print.html, 2014 年 12 月 18 日。

时间不包括在内；工作时间不能延长到晚上 9 点以后，也不允许早上 6 点之前开始工作①，逐渐取消学徒的夜间劳动。此后直到 1901 年，在通过的各种工厂法以及 1847 年的《十小时法》等法令规定中，对不同年龄段儿童的劳动时间都作出了明确规定和限制。

一是工作日规定。1819 年的法令规定，9—16 岁的儿童每天劳动时间不得超过 12 小时。1833 年的工厂法规定，9—13 岁的儿童每天劳动时间，除丝厂 10 小时以外，其他工厂一律不得超过 9 小时。1844 年的法令规定，8—13 岁的儿童每天劳动时间不超过 6.5 小时。1867 年的工厂法规定，8—13 岁的儿童每天只干半天的活，13—18 岁的女工青工每天劳动不超过 12 小时。从以上规定可以看出，童工的劳动时间在逐渐缩短。

二是用餐时间规定。1819 年的法令规定，童工每天至少有半小时的早餐时间和 1 小时的午餐时间，午餐应该在上午 11 点至下午 2 点之间进行。② 其后的一些法令与此差别不是很大，多数规定"早餐半小时和午餐 1 小时"。

三是夜间劳动规定。多数法令明确"禁止童工夜间劳动"，或规定童工"晚 8：30 至次日早 5：30 之间不得工作"。为避免工厂主不按规定执行，对童工劳动时间的区间也作出规定，如"必须在早上 5 点到晚上 9 点之间的时间内参加劳动"，或者"劳动时间在上午 5 点和下午 8 点之间"，也有"夏天从早上 6 点到晚上 6 点，冬天从早上 7 点到晚上 7 点"等规定。③

---

① ［法］保尔·芒图：《十八世纪产业革命——英国近代大工业初期的概况》，第 383 页。

② ［法］保尔·芒图：《十八世纪产业革命——英国近代大工业初期的概况》，第 383 页。

③ Emma Brooke, *A Tabulation of the Factory Laws of European Countries in so far as They Relate to the Hours of Labour, and to Special Legislation for Women, Young Persons, and Children*, p. 28.

总体来看，纺织类工厂中的劳动时间，从 1802 年的每天 12 小时逐渐缩短到 1901 年的 10 小时。在非纺织类工厂中，每天的劳动时间变化不大，一直维持在每天 10.5 小时，每周 60 小时左右。在矿业部门，从事全职劳动的矿下童工从每天的 10 小时缩短到 8 小时，每周劳动时间从 54 小时缩短到 48 小时。半职劳动者每天的劳动时间，从 10 小时缩短到 6 小时。在矿上劳动的时间，不论全职劳动者还是半职劳动者，其变化都不大。①

（三）儿童接受教育的规定

1802 年的工厂法规定，学徒应当接受读书、写字及算术训练，或者至少学习其中的一种，用于学习的时间应包括在劳动时间之内，每月至少去教堂一次。② 1833 年的法令规定，13 岁以下儿童，每天在劳动时间之外，还应有 2 小时的读书时间。1873 年的法令规定，儿童参加农业劳动前需要父母证明其已经就读 250 天，或者在其满 10 岁前一年已经就读 150 天。1878 年的工厂法，将儿童接受义务教育的年龄提高到 10 岁。这些规定，有利于提高儿童的识字率，也能避免工厂主接受不识字儿童当童工现象的发生。

（四）明确工厂法适用范围

英国政府制定的工厂法，有的是针对纺织企业，有的是针对矿业，这在法令中都有说明。如 1802 年的工厂法，主要针对雇用学徒 3 人以上，或工人 20 人以上的棉纺织和毛纺织工厂。1819 年、1833 年和 1844 年的工厂法，适用于纺织业，不包括花边制造厂；1847 年的工厂法，适用于丝织和编织以外的纺织工厂。1850 年和 1853 年的工厂法，适用于纺织工厂。1864 年的工厂法，适用于一切大工业。1867 年的工厂法，适用于所

---

① Frederic Keeling, *Child Labour in the United Kingdom*, pp. xxv-xxvi.

② ［法］保尔·芒图：《十八世纪产业革命——英国近代大工业初期的概况》，第 383 页。

有雇佣 50 人以上的工厂。法令适用范围明确便于操作。

（五）工厂安全卫生规定

1802 年工厂法规定，各类工厂应以生石灰水，粉刷车间墙壁和天花板，同时保证车间空气流畅，以保持工厂环境清洁。1819 年工厂法要求，厂房和车间天花板，每年至少应用石灰水粉刷 2 次。以后的工厂法几乎都有这方面的规定。1872 年、1878 年、1895 年的法令规定，机器要用栅栏围起来，禁止 18 岁以下男女儿童在机器运转时擦洗机器，也禁止其从事熔化玻璃，或者在火柴厂中从事沾（易燃）药制造火柴头工作①。1891年、1900 年的工厂法、矿业法，在强调保持工作场所清洁时，还要求危险机器要安装防护网。工厂法还规定，工厂内发生的工伤事故要及时上报处理，意外伤害和死亡要报告给医生，要调查事故或死亡原因，然后上报工厂检察员。②

（六）设立工厂检察员

工厂检察员有"工业警察"之称③，不同的法令称呼有所不同，但职责是一样的。1802 年的法令规定，所有工厂都必须设立两名工厂视察员。其中一人为当地治安法官，从当地官吏中选出，另一人为牧师。他们可以随时检查"工厂及其徒工的状况和条件"，若发现有"任何传染性传染病"或其他问题，应责成厂主立即救治解决，"以防止传染病蔓延"，所需费用由厂主负担。④工厂检查员初设时，无论厂主还是工人都对其持怀

① Emma Brooke, *A Tabulation of the Factory Laws of European Countries in so far as They Relate to the Hours of Labour, and to Special Legislation for Women, Young Persons, and Children*, p. 47.

② P. W. J. Bartrip & P. T. Fenn, "The Administration of Safety: The Enforcement Policy of the Early Factory Inspectorate, 1844-1864", *Public Administration*, 1980, 58 (1): 87-102.

③ P. W. J. Bartrip & P. T. Fenn, "The Evolution of Regulatory Style in the Nineteenth Century British Factory Inspectorate", *Journal of Law and Society*, 1983, 10 (2): 201-222.

④ ［法］保尔·芒图：《十八世纪产业革命——英国近代大工业初期的概况》，第383—384 页。

疑态度，但是他们实实在在的"纠正已在工业中扎根并泛滥的重大道德弊病的做法"，终于令人们对其刮目相看。① 至 1844 年，工厂检查员权力移交至法庭，检查员成为国家公务员，英国的劳工监察制度逐步形成。

（七）对违反工厂法行为的处理

1802 年的法令规定，对故意违反本法令规定的行为，须"由司法官宣判此类人员有罪，按其情节判处 5 英镑以下 40 先令以上的罚款"。② 同时对拒绝接受视察员或者对视察员的任务加以任何阻挠，均科以 5—10 英镑的罚金。③ 1819 年的工厂法规定，对工厂主的违法行为，视违法情况并结合治安法官意见，处以 10—20 英镑的罚款，并将其违法行为公示 3 个月。1831 年的法令规定，对违反该法的厂主、管理者或工头，处以 10—20 英镑的罚款，其中罚款的一半奖励给检举者，另一半充公。1864 年的法令规定，对违反本法的行为最高可判刑。1878 年的工厂法进一步明确各种违法行为及其处理方法，规定任何企业或个人，违反本法规定将受到严惩。违规使用童工的，每使用一名童工罚款 3 英镑，违规使用童工进行夜间劳动者罚款 3 英镑。父母违规让子女进入工厂做工罚款 20 先令，违规不让子女入学者罚款 30 先令。为尽早进入工厂做工，伪造年龄证明者，处以 20 英镑以下罚款，或 3 个月以下拘留。④

（八）其他规定

1802 年的法令规定，男女学徒的住房应该"完全隔开"，每张床上在任何情况下都不得睡两名以上的学徒；法令原文应张贴在该法令条款涉及

---

① ［英］阿萨·勃里格斯：《英国社会史》，陈叔平等译，中国人民大学出版社 1991 年版，第 244 页。

② B. L. Hutchins, etc., *A History of Factory Legislation*, p. 16；［英］E. 伊斯顿·派克编：《被遗忘的苦难——英国工业革命的人文实录》，第 73—74 页。

③ ［法］保尔·芒图：《十八世纪产业革命——英国近代大工业初期的概况》，第 384 页。

④ 丁建定：《从济贫法到社会保险——英国现代社会保障制度的建立（1870—1914）》，中国社会科学出版社 2000 年版，第 242 页。

的所有工厂里，以期一切关系人都能看到它，并能于必要时请求将其付诸实施。①

1819 年的法令规定，各厂应将本法规定的主要事项悬挂于工厂醒目位置。

1831 年的法令要求设立书记员，记录工厂每天的具体的工作情况。

1844 年的工厂法规定，登记入厂儿童和青年的姓名。

1901 年的《工厂和作坊法》对工资给付日期，地点以及建立以生产额多少为比例的工资制等也做了详细规定。

三、英国工厂法的影响

英国工厂法的实施，不仅在一定程度上改善了工人尤其是童工劳动条件和生活状况，而且对促进英国经济发展也有积极作用。

（一）促成管理制度的改革和创新

工业革命的兴起使生产关系发生了巨大的变化，原有规章制度已不适应新的生产关系，需要有新的规章制度来规范、调整新的生产关系。前工业化时期，英国的《劳动者法规》(1349)、《毛纺厂条例》(1726) 等法规条例，针对不同行业的劳动状况、雇主与雇工的关系等，进行规范、管理，在当时的条件下取得了预期的效果。

工业革命开始以后，纺织业尤其是棉纺业的迅速发展，使工厂中的各类问题频繁发生，也出现了一些以前不曾遇到过的问题。处理这些新的问题，已不能再使用原先的规章制度。从 1802 年开始，经过 1819 年、1833 年和 1844 年 3 年对规章制度的修订完善，英国政府首先在纺织行业建立起一套完整的管理规范，即工厂法。其中有关童工劳动时间、工厂卫生以

---

① ［法］保尔·芒图：《十八世纪产业革命——英国近代大工业初期的概况》，第 384 页。

及工厂内传染病的预防和治疗等方面的规定，是前工业社会中不曾有过的。这些都是工业社会的特征在工厂法中的体现。尤其是 1833 年的工厂法可以看成是"向社会政策迈出的一步"。① 据此，英国政府解决了童工的最低雇佣年龄、工厂安全卫生等问题。

纺织业以外，矿业、制造业以及农业部门，也都在 1842—1901 年间制定了不同类型的法规、条例，对这些行业中存在的种种问题进行规范。在这一过程中，英国政府的许多做法都产生里程碑式的影响，特别是在创新管理模式方面。② 如确立工厂检查员制度及其职责权限，监督工厂，要求厂主每年需要报告其工厂雇员状况等，从中可见国家干预的因素。③

工厂法的制定，是社会从传统转向现代的一种标志，是建立新的伦理与规范的尝试。正是这些管理创新，保证了生产的正常进行，也表明以科学技术为生产力的市场经济需要以法律的形式来调节各种经济利益关系，以维护社会的稳定发展。正如保尔·芒图所说："产业革命通过自己的经济后果来加速旧规章的覆灭，同时又通过自己的社会后果来制定新的必要规章。"④ 回顾历史，应该说这些尝试经过不断完善取得了成功。虽然早期的工厂法是规制而不是废除童工劳动⑤，但却开创了政府代表儿童利益进行干预经济活动的先例。

（二）为世界各国制定工厂立法提供了蓝本

1802—1901 年间，英国政府陆续颁布实施的多部工厂法，从不同角

---

① ［美］小罗伯特·B. 埃克伦德等：《经济理论和方法史》，杨玉生等译，中国人民大学出版社 2001 年版，第 168 页。

② Howard P Marvel,"Factory Regulation：A Reinterpretation of Early English Experience"，*Journal of Law and Economics*，1977，20（2）：379-402.

③ William A. Robson,"The Factory Acts，1833-1933：A Centenary of Pride and Shame"，*The Political Quarterly*，1934，5：55-73.

④ ［法］保尔·芒图：《十八世纪产业革命——英国近代大工业初期的概况》，第 385 页。

⑤ Barry Goldson，*Children，Welfare and the State*，New York：SAGE Publishing，2002，pp. 88-89.

度为后工业化国家制定工厂法提供了蓝本。1802 年的《学徒健康与道德法》，与其说是工厂法，毋宁说是伊丽莎白时期济贫法的延续①，其实际效果也如马克思所说几乎为零，但它体现出的理念对后世影响却很大。它几乎确定了整个近代劳动法所必须从其产生的原则②，也开创了后来几乎各个文明国家都采用的制度，即工厂监察制度。③

（三）调节社会分配以提高社会整体福利水平

政府的职能之一就是促进并保证社会公平，运用各种手段对社会分配进行调节，目的是提高社会的整体福利水平。童工最低雇佣年龄每提高一岁，对工厂主来讲意味着工厂劳动力的减少和利润的可能降低，尤其是在早期的纺织工厂中更是如此。在社会层面则意味着儿童受保护范围的扩大，和社会发展所需优质人力资源的潜在增加。工厂法的平稳实施，体现了工厂主利益和社会利益的平衡。在保持两者利益平衡方面，政府显然起到了很重要的作用。

从对儿童的影响角度看，包括童工法、工厂法在内的一系列法令法规说明，儿童并不完全具备自由签署劳动契约的能力，他需要国家的保护。从而改变了人们过去一直以为儿童就是劳动者的看法，儿童除了劳动以外还应该入学接受教育，也因此才使得人们开始想方设法采取措施让儿童远离工资劳动。④ 此后，低于法定雇佣年龄的儿童参加劳动受到了限制，而

---

① B. L. Hutchins, etc., *A History of Factory Legislation*, p. 16.

② Joanna Innes, "Origins of the Factory Acts: the Health and Morals of Apprentices Act 1802", in *Law*, *Crime and English Society*, *1660 - 1830*, Cambridge: Cambridge University Press, 2002, pp. 230-255.

③ William A. Robson, "The Factory Acts, 1833-1933, A Centenary of Pride and Shame", *The Political Quarterly*, 1934, 5 (1): 55-73.

④ Harry Hendrick, *Child Welfare England 1872 - 1989*, London: Routledge, 1994, pp. 21-22.

企业如果违法雇佣"准予就业最低年龄"以下儿童则要付出高昂的代价。①

第二节　美国童工立法

一、早期限制使用童工措施概述

现代工业兴起之初，美国各个工业部门使用童工劳动较为普遍。受清教思想影响，人们认为，儿童参加劳动是一种正常现象。随着工业化进程的加速和工厂雇佣童工人数的增多，由童工劳动引发的一些社会问题也越来越多，从而引起社会上一些人的关注和同情。许多人担心，儿童长时间在工厂劳动，没有时间读书写字势必会影响其信仰的养成。② 为解决这一问题，在美国早期限制童工劳动的立法中，限定童工的劳动时间，要求受雇儿童接受一定的教育成为重要的内容。

在美国，直到 20 世纪初期，并无通行于全国的工厂法或童工法。限制使用童工劳动的努力，主要在州一级层面进行。早在 1802 年，一些社会改革者就试图借助立法限制童工劳动，但收效甚微。1813 年，康涅狄格州在有关法律条文中，要求工厂主为儿童提供学会读书、写字、计算的机会。③ 1836 年，马萨诸塞州以立法形式，禁止使用 12 岁以下儿童参加劳动。雇佣 15 岁以下的儿童时，需要有接受过三个月教育的证书才行。

---

① M. Erdem Özgür, "Senior vs. Polanyi on the Motivations Behind the 1833 Factory Act: Evidence from Contemporary Observvers", *International Journal of Emerging and Transition Economies*, 2012, 5 (1-2): 1-15.

② 李剑鸣:《美国通史》第 1 卷，第 465 页; Alec Fyfe, *Child Labor*, Cambridge, UK: Polity Press, 1989, p. 58。

③ *Encyclopedia America*, Vol. 1, p. 230.

1842 年，马萨诸塞州进一步把童工的劳动时间限定为每天 10 小时。[①] 1847 年，缅因州强调，要加强儿童教育，禁止儿童从事不利于其身心健康发展的劳动。1848 年，宾夕法尼亚州在对丝、棉、毛等工厂的规范中，确定了童工的最低雇佣年龄是 12 岁。1849 年又提高到 13 岁。新泽西州复制了宾夕法尼亚州的做法，但在 1851 年的法律中，确定的儿童最低雇佣年龄是 10 岁。[②] 19 世纪五六十年代，罗德岛等新英格兰地区的 6 个州，通过法令相继确定了儿童的最低雇佣年龄为 12 岁，12 岁或 14 岁以下童工的劳动时间是每天 10 小时。但也有的州（康涅狄格州）将 9 岁当作儿童的最低雇佣年龄。到内战前夕，明令限制 15 岁以下儿童进入工厂做工的州已有 5 个，这些州还同时要求被雇儿童每年必须完成 3 个月以上的学习任务。另外，有 8 个州的法令明确限定了童工的劳动时间。[③] 不过，总体说来，许多州都没有有效禁用童工劳动的法律，且由于南北部经济发展存在巨大差异，各地禁用童工劳动的规定也不平衡。比较而言，北部各州禁用童工劳动的效果好于南部各州。这或许与北部各州清教盛行以及工会组织较多有一定关系。

在以上各州制定的童工法令中，明确了儿童的最低雇佣年龄，客观上有利于保护劳动儿童免受伤害。存在的问题是，对如何验证儿童的年龄未作明确规定，加之也没有确保法令执行的规定，难免不使人怀疑些法令的实际效用究竟如何。

---

① Myron Weiner, *The Child and the State in India：Child Labor and Education Policy in Comparative Perspective*, pp. 142-143; S. Howard Patterson, etc., *American Economic Problems*, p. 464.

② Dorothy W. Douglas, Katharine DuPre Lumpkin, *Child Workers in America*, p. 197.

③ Robert H. Mnookin, D. Kelly Weisberg, *Child Family and State：Problems and Material on Children and the Law*, Boston and Toronto：Little, Brown & Co., 1995, p. 99.

二、20 世纪初期美国的童工劳动立法①

尽管早在 19 世纪中叶，童工劳动已引起有关方面的注意，也通过了某些限制童工劳动并改善工厂儿童处境的立法，但从实行的效果看并不理想，以至于使向来不太关心民间疾苦的政府也感到惭愧而不得不采取行动来保护儿童。② 这一时期，童工劳动立法的内容主要集中在以下几个方面。

（一）规定童工的最低雇佣年龄

规定童工的最低雇佣年龄，是当时立法的主要内容之一。从各州的规定来看，对童工最低雇佣年龄的限定从 14 岁到 16 岁不等，对一些危险性比较大的行业，禁止雇佣 18 岁以下的未成年人。因尚无全国性童工立法，加之各州情况有别，使得儿童的最低雇佣年龄在各个州有不同规定。

马萨诸塞州、康涅狄格州在 1900 年规定，雇佣儿童的最低年龄要求是 14 岁，禁止雇佣 14 岁以下的儿童参加劳动。缅因州、罗德岛也在同一时期规定，儿童的最低雇佣年龄是 12 岁。这一时期作出儿童最低雇佣年龄规定的还有，宾夕法尼亚州是 13 岁，新罕布什尔州是 10 岁。到 1907 年前后，弗吉尼亚州、肯塔基州、田纳西州、路易斯安那州、阿肯色州、俄克拉荷马州等，都将 14 岁确定为儿童的最低雇佣年龄。

儿童的最低雇佣年龄，随着人们对童工劳动危害认识的加深在不断提高。1901 年，新罕布什尔州将儿童的最低雇佣年龄由原来的 10 岁提高到 12 岁，同时规定禁用 12 岁以下的儿童参加劳动。此后的几年间，罗德岛、缅因州等地把儿童的最低雇佣年龄由 12 岁提高到 14 岁。1910 年，新泽西州把从事夜间劳动童工的最低雇佣年龄提高到 16 岁。随后，印第

---

① 本部分内容根据尹明明、刘长飞《20 世纪初期美国的童工立法》一文改写而成，原文见《山东师范大学学报（人文社会科学版）》2001 年第 3 期。

② H. N. Scheiber, etc. ed., *American Economic History*, p. 141.

安那州、宾夕法尼亚州以及西弗吉尼亚州等地也作出了类似的规定。①

以上主要是北方各州的情况。1900 年以前，南方各州几乎都没有限制使用童工劳动。② 1900 年以后，迫于社会舆论的压力，南方一些州着手立法限制童工劳动。1910 年，乔治亚州、南卡罗来纳州以及阿拉巴马州，把儿童的最低受雇年龄确定为 12 岁。弗吉尼亚州、北卡罗来纳州，也将儿童的最低雇佣年龄分别确定为 13 岁和 14 岁。③

到 1929 年，美国各州儿童的最低雇佣年龄集中在 14—16 岁之间，其中以 14 岁为主。具体说来，儿童最低雇佣年龄为 14 岁的有 39 个州，15 岁的有 5 个州，16 岁的有两个州，另有两个州低于 14 岁。④

（二）限制童工的劳动时间

儿童因为发育不成熟，长时间高强度的劳动势必对儿童的身体造成严重的危害。因此，限制童工劳动时间，禁止儿童从事夜间劳动，一直是人们努力的目标。⑤

1900 年，缅因州、康涅狄格州、罗德岛规定，16 岁以下童工的劳动时间为每天 10 小时，每周不超过 60 小时。⑥ 新罕布什尔州规定，18 岁以下工人的劳动时间每天 10 小时，每周不超过 60 小时。马萨诸塞州，禁止 18 岁以下工人每天劳动时间超过 10 小时，每周最高劳动时限为 58 小时。与这几个州的规定有所不同，纽约州还对不同生产部门的劳动时间作出了规定。1903 年法令规定，16 岁以下童工的劳动时间每天不得超过 9 小时，

---

① Alec Fyfe, *Child labour*, p. 61.

② Hugh D. Hindman, *Child Labor an American History*, p. 60.

③ Herbert J. Lahne, *The Cotton Mill Worker*, New York: Farrer & Rinehart, Inc., 1944, p. 109.

④ James J. Davis, Grace Abbott, *Child Labor: Facts and Figures*, Washington: US G. P. O., 1930, pp. 41-43.

⑤ Florence Kelley, *Some Ethical Gains Through Legislation*, New York: The Macmillan Co., 1905, pp. 143-144.

⑥ Hugh D. Hindman, *Child Labor an American History*, p. 59.

每周最高时限为 54 小时。在制造业中工作的童工每天必须在晚上 9 点之前下班；在商业部门中的童工，劳动时间不得超过晚上 10 点。① 同年，伊利诺伊州规定，16 岁以下儿童不得在下午 7 点以后参加劳动，每天劳动时间不超过 8 小时，每周劳动最高时限为 48 小时。

随着社会公众要求保护儿童呼声的提高，以及个别州立法规定的落实，又有一些州修改，或通过限制童工劳动时间的法令措施。如，纽约州在 1906 年规定，童工的劳动时间由原来的 9 小时缩短为 8 小时。马萨诸塞州在 1907 年规定，童工的劳动时间由原来的每周 66 小时缩短为每周 60 小时。

1910 年以前，南部各州对童工劳动时间的限制并不严格，每天的劳动时间通常都在 10 小时以上。1910 年以后，每天的劳动时间较前有了缩短，并基本上杜绝了童工的夜间劳动。对劳动时间的有关规定，可以避免厂主在有活时延长童工的劳动时间，有利于减轻童工的劳动强度，客观上对儿童的身体健康有利。

（三）禁止童工从事危险劳动

为保护儿童在劳动中不受伤害，各州有关法令都对此作了一些规定。如，伊利诺伊州在 1903 年规定，禁止 14 岁以下的童工受雇在矿物开采等不利于儿童身体发育的部门中劳动。俄亥俄州、明尼苏达州也有类似规定。马萨诸塞州先是于 1906 年依法禁止精神不健全，或患有某些疾病（如气管炎、心脏病）的儿童受雇参加劳动，后又于 1908 年通过相关法令重申这一规定，适用对象是 14—16 岁的儿童。1907 年，马萨诸塞州还规定，禁止童工在危险行业做工。为落实这一规定，还专门设立了工厂视察员，在监督工厂卫生状况的同时也监督厂主是否违令使用童工。

---

① Mary Stevenson Callcott, *Child Labour Legislation in New York*, New York：The Macmillan Company, 1931, p. 141.

（四）强迫入学教育（义务教育）

19 世纪后期已有人指出，单纯依靠童工立法并不能解决童工劳动问题，还必须与强迫入学教育结合起来，以儿童是否完成规定的教育任务作为受雇进厂做工的前提条件。因此，20 世纪初期各州有关法令都特别强调了儿童接受教育的重要性。如，纽约州在 1900 年规定，12—14 岁的儿童每年必须完成 80 天的入学教育才有资格受雇参加工厂劳动，没有完成规定的教育任务者，不得受雇进入工厂劳动。为保证这一规定落到实处，特别强调违规进入工厂做工者，一经发现便被强制送回学校，继续接受学习完成规定的教育任务。[①] 1905 年，纽约州规定，进入工厂做工的儿童要有入学所学主要课程成绩单。新罕布什尔州在 1901 年规定，不得雇佣 14 岁以下未完成规定学习任务的儿童进入工厂做工。1904 年，德克萨斯州规定，禁止 14 岁以下未受过学校教育、属于文盲的儿童进入工厂工作。接受过教育，但不满 12 岁的儿童也不得受雇做工。

由于强迫入学教育的实施，一些州非法雇佣学龄儿童的情况发生了变化。如纽约州 1907 年学龄儿童受雇参加劳动的比例是 15.8%，到 1909 年时下降到了 7.2%。但并不是所有的州都有这种变化。正如有人所说，有哪一个工厂主会说在他的工厂中做工的童工没有接受教育？或者会通知有关部门到他的工厂中，去把童工带走以便让童工接受教育？[②] 这种情况在北卡罗来纳、弗吉尼亚、乔治亚等南部各州，表现得更为明显。[③]

另外，童工立法中还有一项附带措施，即违反或破坏童工立法的人都将受到严惩。不过在实际执行的过程中并没有这样做。如 1901 年纽约州违法使用童工的记录有 3.3766 万起，依法处理的只有 70 起；1902 年发

① National Child Labor Committee （U. S.），*Child Employing Industries*，*Proceedings of the Sixth Annual Conference*，*Boston*，*Massachusetts*，*January 13 – 16*，*1910*，New York：The Committee，1910，pp. 146–147.

② Katharine Dupbre，Lumpkin etc.，*Child Workers in America*，p. 110.

③ Alec Fyfe，*Child Labour*，p. 164.

生 4.9538 万起，处理的只有 7 起；1903 年发生 5.0572 万起，只处理了
39 起。① 其他州也有类似情况发生。这种现象的出现，愈加证明了立法限
制童工劳动的必要性。

　　上述童工法的各项规定，在实施过程中相互影响。各州在实际执行的
过程中通常会综合考虑实行“持证上岗”，即综合考虑各项规定后，对符
合受雇条件者颁发允许其工作的证书。20 世纪初，大多数州的童工都属
于“持证上岗”。从新罕布什尔州情况看，1905 年拥有证书的童工仅占童
工总数的 75%，1906 年上升到 92%，1908 年时达到 96%。② 这说明童工
立法还是起到了一定的作用。美国各州立法限制童工劳动的行动，客观上
有利于儿童的身心健康发展。围绕限制童工劳动制定的各种规章制度，尽
管在实际执行过程中存在这样那样的问题，但对童工具有一定的保护作用
还是值得肯定的。

第三节　旧中国的儿童劳动保护③

　　谢振民曾说：“我国自昔以农立国，产业幼稚，经济落后，无所谓劳
工运动，更无所谓劳工立法。自海禁大开，工业渐兴，外人、国人亦多设
立工厂于通商巨埠，遂以发生劳工问题，更演进而发生劳工立法运动。”④
　　20 世纪以前，采用机器生产的大工业处在起步阶段，劳工问题并不

① Mary Stevenson Calcott, *Child Labor Legislation in New York* , New York：Macmillan, 1931, p. 245.

② Henry C. Morrison, "Enforcement of Child Labor Laws in New Hampshire", *Annals of the American Academy of Political and Social Science*, 1910, 35：103—110.

③ 本节内容根据以下文章改写而成，鲁运庚：《民国前期童工立法初探》，《贵州师范大学学报》2004 年第 2 期；尹明明：《清末民初劳工立法中的童工保护》，《山东师范大学学报（人文社会科学版）》2005 年第 4 期。

④ 谢振民：《中华民国立法史》，中国政法大学出版社 2000 年版，第 1061 页。

突出，因而很少有人注意，童工劳动也是如此，因而也谈不上立法保护童工。进入 20 世纪特别是在五四运动以后，伴随资本主义经济的发展，劳工问题日益突出，于是有人呼吁希望通过立法保护工人利益①，童工也逐渐成为被保护的对象。

一、劳工立法的背景②

（一）社会各界对劳动立法问题的关注

1. 基督教及青年会等团体

由在国外的一些留学生与基督教及青年会等团体组织，因对国外劳工立法情况比较熟悉，所以积极倡导国内立法保护劳工的利益。最先采取行动者是上海基督教会，1919 年 1 月他们提出以人道主义"改良工业情况"的主张。1922 年 5 月，中华全国基督教协进会在上海召开会议，会上拟定了三条劳动规则，分别是"幼童不满 12 周年者，不准被雇作工""每星期休息一日""保全工人之健康设备，预筹避险方法"。③ 这之后，许多地方的基督教组织以不同方式鼓吹劳工立法，或讨论制定劳工法规的草案，或者成立劳动经济委员会调查和研究工人的劳动状况，或举行劳动演讲，印发传单宣传基督教会关于对待工人的"三条劳动规则"；也有的直接上书租界当局，表达改良上海各工厂童工状况的要求。基督教会对劳工立法问题的倡导，虽然有宗教背景，但客观上确实起到了唤醒社会各界关注劳工立法问题的作用。

---

① ［作者不详］《劳动立法之进运动行》，《晨报》1922 年 8 月 7 日。
② 文章发表时已作说明，"这一部分内容主要根据以下资料写成，谢振民：《中华民国立法史》；《民国丛书》编辑委员会编：《中国劳工问题》以及饶东辉：《民国北京政府的劳动立法初探》，《近代史研究》1998 年第 1 期，特此致谢。"再次致谢。
③ ［作者不详］《保护劳工之教会提议案》，《民国日报》1922 年 6 月 29 日；岳宗福：《近代中国社会保障立法研究（1912—1949）》，齐鲁书社 2006 年版，第 193 页。

2. 舆论界和知识界

1919 年以后，劳动立法逐渐成为热门的话题，占据了一些报纸杂志的显著位置，有的报纸杂志刊文分析中国产业落后的原因，有的撰文介绍近代欧美各国劳动法规的内容，甚至有人还拟订了劳动法规草案大纲，针对工人的待遇、权利、劳动仲裁、童工女工限制、工人抚恤，以及"中国之劳动时间制"① 等提出详尽意见，供"在握立法权者斟酌而审定之"。

3. 各种党派团体对劳工立法问题的关注

1922 年 8 月，李大钊、李石曾、邓中夏等人在北京发起成立"民权运动大同盟"，并创办《民权周刊》。在成立大会的宣言中，他们提出要争取民权，争取劳动立法，同时将该组织的宗旨确定为"伸张民权，铲除民权的障碍"。"民权运动大同盟"成立以后与中国劳动组合书记部联合发起了劳动立法运动，并拟定了"劳动立法大纲"19 条。1923 年 3 月，上海总商会也在租界工部局接受基督教会的建议，酝酿制定保护童工条例等。

上述社会各界对劳动立法问题的关注，促进了劳动法规的制定。

（二）工人阶级争取劳工立法运动的展开

1921 年中国共产党成立以前，工人阶级的队伍伴随中国资本主义的发展不断壮大，工人阶级开始以罢工的形式表达其缩短劳动时间、改善劳动条件、增加工资等各种诉求。中国共产党成立以后，立即把争取劳动立法作为工人运动的重要内容。1921 年 8 月，中国共产党成立了全国职工运动的领导机关——中国劳动组合书记部。1922 年 5 月 1 日，第一次全国劳动大会在广州举行，大会通过了《八小时工作制案》。同年 6 月 15 日，中国共产党在发表的对于时局的主张中，提出了斗争目标 11 条。其

---

① ［作者不详］《中国之劳动时间制》，《晨报》1919 年 12 月 7 日。

中第 5 条即"制定保护童工女工的法律及一般工厂卫生、工人保险法"。①
8 月，中国劳动组合书记部根据中共"二大"关于保护工人权益的宗旨，
拟定了《劳动立法原则》《劳动法案大纲》，并发出《关于开展劳动立法
运动的通告》，要求军阀政府应立即颁布劳动法，加强对女工和童工的保
护，承认工人应享有的一些权利等。尽管《劳动法案大纲》最终未被通
过，但它却逐渐成为工人阶级斗争的纲领，中国劳动立法也因此成为一种
社会运动。1923 年 3 月 29 日，农商部以部令颁布暂行工厂通则 28 条，成
为我国的第一个暂行工厂条例，对"劳工者最低年龄""工作时间""童
工夜间工作""义务教育""工厂检查"等都有规定②，这些条款可以说
是西方发达国家"工厂法"中的主要条款，尽管其不具有国家法律的性
质，但其影响却巨大。

（三）国际劳工组织的推动

1919 年 10 月，第一次国际劳工大会在华盛顿召开，中国作为该组织
的创始会员国之一，北京政府电令驻美使馆代办容揆（1861—1943）就
近出席。大会专门设立一个特别国委员会，讨论远东各国劳动问题。该委
员会对于中国的劳动时间问题，曾作出如下决议：①劳动时间以每日 10
小时，每星期 48 小时为原则；其未满 15 岁之劳动时间以每日 8 小时、每
星期 48 小时为原则。②每星期得休息 1 日。③凡工厂之使用工人在百人
以上者即得使用工厂法。④外国租界里所有工场亦适用此项同样之时间
制。⑤速行制定工厂法。③ 该委员会还要求中国政府从速调查劳动状况，
并向国际劳工大会提出关于如何实施劳工保护原则的报告书，这就意味着
北京政府不得不注意劳工问题，着手拟定劳动法规以应付国际舆论。

在国际劳工大会上，北京政府仅派出政府代表两人，雇主代表及劳工

---

① 关怀主编：《劳动法学》，法律出版社 1996 年版，第 55 页。
② 刘明逵编：《中国工人阶级历史状况》第 1 卷第 1 册，第 695 页。
③ ［作者不详］《中国之劳动时间制》，《晨报》1919 年 12 月 7 日。

代表则从未派出过，"大会质问之时，中国只以国内产业团体未甚发达为辞"① 北京政府的这种敷衍态度招致一片责难之声，劳工团体、进步报刊和知识阶层纷纷批评北京政府不派劳工代表之失策："第一，对外把国体辱没，自降于属地的地位；第二，对内不承认劳动界的资格，而以强力抑之；第三，将来国际劳动会议议决案件，将不能实行于吾国。"② 国际劳工大会的决议及由此引发的国内进步团体对政府的批评也促进了中国对劳工立法的制定。

（四）地方政府的努力

20 世纪初的中国缺乏一个强有力的、其政令在全国行之有效的政府。地方割据、军阀混战，加上外国侵略势力，使当时的中国难以制定出通行于全国的劳动法令。但这并不妨碍地方政府制定在辖区内行之有效的法令政策。如"陕甘宁区域内之临时劳动法"等，地方政府的法令政策反过来促进了全国性法令的制定。

在上述背景之下，各地政府不得不考虑劳工立法问题。劳工立法虽然不是针对童工劳动进行，但在当时，童工作为劳工的重要组成部分，且有关立法也有专门针对童工的条款，所以劳工立法的兴起对保护童工具有积极意义。

二、涉及童工保护的劳工立法

在劳工立法运动的促进下，北京政府、广州国民政府、武汉国民政府以及后来的南京国民政府都制定了劳动政策和法令，对工人（包括童工）的权利作出了规定。这些劳动政策和法令有的在全国实行，有的则属地方性质。不管哪一种类型，其有关童工保护的规定则基本一致，明确涉及童

---

① 陈宗城：《国际劳工组织与中国》，《东方杂志》第 25 卷第 19 号，1928 年 10 月。
② 无射：《不派劳动代表》，《晨报》1919 年 11 月 18 日。

工、幼年工保护的劳动政策和法令主要有以下若干种。

　　1. 香港地区

　　1922 年香港地区颁布"工业儿童雇佣条例"。该条例并没有取缔童工，但确定了童工的最低雇佣年龄为 10 岁，搬运重物童工的最低年龄为 12 岁，从事危险工作的童工最低年龄为 15 岁。到 20 世纪 30 年代，香港通过的"劳工法"将童工的雇佣年龄提升至 16 岁。① 该条例虽然由英国殖民当局公布，但受保护的是中国公民。另外，此条例基本上沿用了英国的劳工立法，对内地制定类似法律有一定的启示或借鉴意义。②

　　2. 内陆地区

　　出台劳工政策和法令的主要是工业相对发达的广东、上海、南京、武汉、北京等地区，涉及童工的法令和条例主要有：

　　1914 年 3 月 11 日，北京政府颁布《矿业条例》。同年 3 月 31 日颁布《矿业条例实施细则》。其中都有针对幼童及其工作种类的规定。

　　1923 年 3 月 29 日，北京政府颁布《暂行工厂通则》（1927 年 10 月将《暂行工厂通则》修改为《工厂条例》）。全文共 28 条，涉及童工幼年工的有 7 条。

　　1923 年 5 月 12 日，北京农商部部令公布《矿工待遇规则》22 条，涉及童工幼年工者 3 条。

　　1925 年，北京交通部颁布《国有铁路职工通则草案》。该草案共 7 章 32 条，涉及童工与幼年工的有 4 条。

　　1926 年，湖北政务委员会制定《湖北临时工厂条例》23 条，涉及童工幼年工者 4 条。

---

　　①　1922 年《儿童工业雇佣条例》，Hong Kong Government Gazette 1922, Notification No. 400, pp.373–376; " Hong Kong Government Reports Online(1842–1941) ", http://www.hkmemory. hk/collections/prewar_ industry/topics/topics/index_ cht.html, 2014 年 3 月 30 日。

　　②　杨冬梅：《香港的劳工立法》，《中国劳动科学》1997 年第 7 期。

1927 年，蒋介石以国民革命军名义发布《上海劳资调节条例》15 条，涉及童工 1 条。

1927 年 4 月，广东农工厅拟定《工厂法草案》41 条，涉及童工有 11 条。

1927 年，冯玉祥在西安公布实施《陕甘区域内之临时劳动法》。该法共 5 章 41 条，涉及童工 2 条。

1929 年 12 月 30 日，国民政府公布《工厂法》，计有 13 章 77 条。①

1930 年 12 月 16 日，国民政府颁布《工厂法施行条例》，涉及童工 2 条。

1932 年 12 月 30 日，国民政府公布《修正工厂法》《修正工厂法施行条例》，其有关童工的条款与前相比并无多大变化。同时公布的还有《工厂检查法》等。

此外，1923 年上海工部局成立童工调查委员会，调查上海公共租界童工问题。1924 年 7 月写成调查报告，提出关于上海童工的 8 点建议，其内容主要包括：工部局应规定工厂禁止雇佣 12 岁以下的童工；14 岁以下的童工每日工作不得超过 12 小时，工作时间内应休息 1 小时，每两周必须休息 1 天；凡 14 岁以下童工，禁止从事危险、有毒等劳动；凡雇佣 10 人以上而非农业劳动的，均适用以上规定；工部局应派员监督有关童工规定的实施，对故意屡犯者予以惩罚。② 由于种种原因未最终形成法令。

在以上法令条例中，《暂行工厂通则》是当时的中国政府"为了表示执行'国际劳工组织'的协议草案"而颁布的，从内容上来看更接近国

---

① 《国民政府公布的〈工厂法〉及〈工厂法施行条例〉》（1929 年 12 月—1931 年 1 月），中国第二历史档案馆编：《中华民国史档案资料汇编》第 5 辑第 1 编：财政经济（6）下册，江苏古籍出版社 1994 年版，第 39—111 页。如无特别注明，涉及国民政府《工厂法》以及修正《工厂法》的引文，均引自该书。

② 刘明逵编：《中国工人阶级历史状况》第 1 卷第 1 册，第 784—786 页。

际上的通常做法。①

三、劳工立法中保护童工的条款概述

民国时期虽然没有针对童工制定的专门的法令条例，但在制定的一些劳动政策和法令中，都有专门针对童工的条款。这说明，人们已经意识到，在劳动中不能像对待成年人那样对待儿童。

如前所述，20 世纪以前由于机器工业不发达，劳工保护尚未提上日程，但这不等于说对劳工一点保护也没有，尤其是对参加劳动的儿童。如1878 年开平煤矿的《煤窑规条 33 则》，其第 28 条规定："窑里作工，所有 13 岁以下之男童及大小妇女，一概不准雇用；其 13—18 岁之幼童，虽准其雇用，仍须分别管束。"开平煤矿的《煤窑要略 15 则》中规定："窑内作工幼童，自有工人带作。一经作工时刻完竣，该工人须着幼童出窑。"② 这些规定即是对"幼童"的保护，也体现了劳动立法的原则。在以后的若干年间，很少再有材料涉及这一问题。当时的一些工矿企业，使用的多是清政府制定的封建性刑罚规定，不存在漏洞保护的意义，自然也谈不上对童工的保护。

1914—1932 年间，各地陆续颁布的劳动政策和法令中，涉及童工的内容主要有以下几个方面。

（一）确定童工最低雇佣年龄

明确童工的最低雇佣年龄，是各类法令规定的重要内容。1926 年，《湖北临时工厂条例》规定，工厂主"不得使用未满 12 岁之童工"。1927年《陕甘区域内之临时劳动法》规定，"禁止雇用 14 岁以下之童工"。1929 年国民政府公布的《工厂法》规定，"凡未满 14 岁之男女，工厂不

①　饶东辉：《试论大革命时期国民党南方政权的劳动立法》，《华中师范大学学报（哲学社会科学版）》1997 年第 4 期。

②　孙毓棠编：《中国近代工业史资料》第 1 辑下册，第 1233 页。

得雇佣为工人"。1932 年，国民政府在修正《工厂法》中重申了以上规定。有些法令条例虽然没有明确童工的雇佣年龄，但区分了成年工和幼年工，规定低于某一年龄的儿童不能参加劳动，或者规定了他们能够从事的工作种类。如，1923 年北京农商部制定的《矿工待遇规则》规定，"12 岁以下之男子，不得用为矿工"，而"妇女及 12 岁以上 17 岁以下之幼年工"可从事坑外轻便工作。[①] 同年的《暂行工厂通则》规定，"男子未满 10 岁，女子未满 12 岁厂主不得雇用之。"1925 年，北京交通部制定的《国有铁路职工通则草案》规定，"凡年龄未满 14 岁者不得雇用"。1927 年，广东省农工厅拟订的《工厂法草案》规定，"男子未满 12 岁、女子未满 14 岁，厂主不得雇用之"。

以上种种规定，虽然与国际劳工组织的《最低雇佣年龄公约》有一些出入，但与早期工业化国家涉及童工最低雇佣年龄之规定相比，已经相差无几，甚至中国确定的儿童最低雇佣年龄并不"低"。考虑到当时中国社会的发展水平与生活的实际情况，在一个经济较为拮据的家庭中，不让十几岁的子女外出做工待在家里，恐怕其监护人都未必能同意。

（二）明确童工的劳动时间

童工或幼年工，身体发育尚不健全，从事长时间的劳动或夜间劳动，影响其成长发育，甚至危害其健康。因此，在各类法规条例中，对童工的劳动时间、能否从事夜间劳动等，都作了明确规定。

1923 年《暂行工厂通则》规定，"幼年工每日工作时间，除休息时间外，至多不得超过 8 小时"，"厂主不得令幼年工从事于午后 8 时，至翌日午前 4 时时间内之工作"。同年的《矿工待遇规则》规定，童工劳动时间"每日不得过 8 小时"。1926 年《湖北临时工厂条例》规定，厂主不

---

① 刘明逵编：《中国工人阶级历史状况》第 1 卷第 1 册，中共中央党校出版社 1985 年版。如无特别注明，以下各劳动法规条例涉及童工保护的条款全部转引自该书第 5 章第 2 节"工厂法"，第 3 节"矿业交通劳动法"，见该书第 695—717 页。

得令童工"从事午后 9 时至午前 5 时之工作。"1927 年《陕甘区域内之临时劳动法》规定，幼年工人"每日工作时间暂定为 7 小时"，不得从事"夜工"，同时明确夜工是指下午 11 时至上午 6 时之间进行的工作。同年广东农工厅的《工厂法草案》规定，"幼年工每日工作时间不得超过 6 小时，每星期 36 小时"，禁止幼年工"从事于下午 6 时至翌日上午 6 时内之工作"。国民政府之《工厂法》规定，童工"每日工作时间不得超过 8 小时"，且"不得在午后 8 时至翌日晨 6 时之时间内工作"。可以看出，童工劳动时间大多在每天 8 小时左右，个别有规定 6 小时者，对夜间劳动基本都采取拒绝的态度。这些规定对保护生逢乱世的中国儿童有积极意义。

（三）划分了童工不能从事的危险工作

早期工厂中劳动条件十分恶劣（详见前述），因此当时的劳工立法都把安全放在重要的地位。1923 年《暂行工厂通则》规定，幼年工不准在机器运转过程中"从事扫除、注油、检查、修理，及带索之调整上卸，并其他危险事务"；也不能从事"处理毒药、剧药、爆发性火药，或其他有害物品"，"凡有害卫生或危险处所，以及尘埃粉末或他种有害气体散布最烈处所，均不得令幼年工从事"并"随时派员检查之"。1925 年《国有铁路职工通则草案》规定，"幼年工只准从事于轻便工作"，不能从事危险工作。1926 年《湖北临时工厂条例》规定，厂主不得使用童工从事开关电机、装放炸药等危险工作，也不能从事火柴制造、以铅粉、强酸为原料的制造工作。1927 年《上海劳资调节条例》规定，"童工不得做过重的工作"。1927 年《陕甘区域内之临时劳动法》规定，童工"不能做夜工"或地下开矿等"种种有危害身体的工作"。1927 年《工厂法草案》规定，幼年工不得从事"有危险性质及有害卫生"之各种工作，也不能在机器运转过程中进行清洗、检修，更不能从事"处理毒药爆发性药"以及"尘埃粉末或他种有害气体散布最烈处所"的工作。国民政府之1932 年《修正工厂法》更明确规定，童工不能从事"处理有爆发性引火性或有毒质之物品"，"有尘埃粉末或有毒气体散布场所之工作"，也不能在机器运转过程中从事"上油、检查、修理"等工作，同时也禁止童工从事"高压电线之衔接"，"已溶矿物或矿渣之处理"以及"其他有害风纪或有危险性之工作"。这些规定说明，人们已经认识到工厂安全的重要性，采取的这类措施也有利于对工人特别是对儿童的保护。

（四）明确了童工接受教育的要求

民国时期的劳动政策和法令中，虽然有针对童工接受教育的规定，但与西方国家早期工厂立法中的规定相比，其约束力要弱一些。

明确规定童工应接受教育的法令条例并不多。1923 年《暂行工厂通则》规定，"厂主对幼年工之失学职工，应于本厂内予以补习相当教育，并担负其费用。前项补习教育时间，幼年工每星期至少应在 10 小时以上，失学职工每星期至少应在 6 小时以上"。1927 年《工厂法草案》规定，幼年工没有完成义务教育（或小学毕业者）"厂主不得雇佣之"。对于失学的幼年工及职工，厂主应当"予以补习相当教育，并担负其费用"。补习教育的时间，幼年工每天不少于 2 小时，职工不少于 1 小时。1929 年《工厂法》中也有类似规定，只是对职工补习教育的时间说得模糊一点。[1]1923 年《矿工待遇规则》还规定了厂矿设立学校的标准，即根据职工人数的多少设立规模不等的学校。规定"使用矿工 1000 人以上时，应设国民学校""使用矿工 5000 人以上时，应增设高等小学校"，"使用矿工万人以上时，应增设中学校。"1926 年《湖北临时工厂条例》、1927 年《上海劳资调节条例》，以及 1927 年《陕甘区域内之临时劳动法》中均无此规定。有关工人接受教育的规定，说明当时社会上已经有一些有识之士认识到职工（童工）接受教育的重要性。尽管这些规定不可能完全落到实处，但毕竟认识到童工、幼年工，甚至成年工人接受教育的重要性，其积

---

[1]　吴经熊：《中华民国六法判解理由汇编》，会文堂新记书局 1947 年版，第 473 页。

极意义不言而喻。

（五）规定了最低工资、伤害抚恤等

对童工的工资有明确规定的"法令"很少。1926 年《湖北临时工厂条例》规定，"无论男女童工，其工作同一者，须与同一工资"。《国民政府颁发最低工资法训令》规定，"童工工资不得低于成年工最低工资制半数"。在当时的劳动法令中，只有这两个规定"明确了童工的工资"，其他劳动政策和法令，多作"男女作同等之工作，而其效力相同者，应给同等之工资"这样的规定，此外再无其他规定。类似规定在实际的执行过程中容易出现歧义，对童工极为不利。

针对童工伤害保险及抚恤，多数法令条例都无专文规定，但有对一般职工的伤害保险规定。童工作为工厂职工的一部分也应享受这些待遇，工厂法中的有关规定也适用于童工。1923 年《暂行工厂通则》提到，"拟定抚恤规则、奖励金及养老金办法，呈请行政官署批准"。1926 年《湖北临时工厂条例》规定，"凡工人在工作时间受伤者，工场主须照顾给工资，并给与医药费，受伤成残废者，工场主须给终身工资"。个别法律条例对工人的生老病死抚恤情况也作了相应的规定，但强调了"染花柳病者，不在此限"。这相当于变相地提出了对职工的道德要求。相比较而言，国民政府之 1929 年《工厂法》与 1930 年《修正工厂法》的规定要更完善一些。在其专章"工人津贴及抚恤"中，详细规定了工人病、伤、亡等所需津贴及抚恤的办法。不过这些规定在实际的执行过程中常常大打折扣。正如有人指出的那样，规定与执行之间存在着距离。工人津贴及抚恤"只是一个表面上的规定，其支给与否，乃是雇主的自由"。雇主与劳工的关系就是我出工资你来干活，除此以外"没有劳工保护法，没有疾病治疗设备"①。

---

① 汪敬虞：《中国近代工业史资料》第 2 辑下册，中华书局 1957 年版，第 1215 页。

尽管如此,"劳动政策法令"中的这些零星规定还是让我们看到了一线希望,尽管其不一定能全部落实,但对童工保护还是具有一定的积极意义。

(六)设立工厂监督、检查人员

民国时期的有关劳动政策法令,少有设立工厂监督、检查人员的规定,即使有也较为模糊。1923 年《暂行工厂通则》有,"行政官署,得随时派员检查之"规定。1927 年《工厂法草案》也有"随时派员检查之"要求。但这些规定主要是针对工厂安全卫生而言的,对于劳动政策法令中规定的其他条款的执行情况如何,是否有必要监督检查,却并未明确规定,易导致各类劳工法令草案流于形式而难有实效。当然,也有单独通过"工厂检查法"的。如民国政府 1931 年 2 月颁布的《工厂检查法》,主要是监督检查工厂法执行情况,包括工厂安全卫生,禁止童工从事危险职业等。这或可对工厂主有一定的威慑作用。

(七)规定了对违法行为的处罚

在各类工厂中,厂主不按照规定运营工厂即属于违法行为。违法即应受到社会的谴责和处罚,民国时期有关劳动政策法令中对此也有一些规定,虽然数量不多。1926 年《湖北临时工厂条例》规定,工厂主若违反第 3 条至第 13 条(有关童工条款)之规定者,"处以 500 元以上 1000 元以下之罚金"。类似这样明确规定的"法令条例"并不多见,大多数都没有。结果,工厂主违犯了某些规定后没有相应的制裁措施。与西方国家有关童工的同类要求相比,童工的年龄证明、教育经历证明以及体检证明等也属于必须作出规定的内容,但民国时期的有关法令政策中几乎没有这方面的内容。

1914—1932 年间的这些劳动政策和法令,虽然不尽完善,但工厂法的核心内容却基本都包括在内。考虑到当时的实际,这些政策和法令的制定,在保护劳动者权益方面确实向前迈进了一大步,至少从理念上来说是如此。问题的关键是，其实际执行的情况如何。曾有人指出，"各地工厂资本家及工人都完全不知有此'暂行工厂通则'一事"。从各地工厂调查情况来看，"对于部定之暂行条例违背者甚多"，主要有，"不实行 10 时制"，"幼年工与成年工之工作不分""令幼年工从事于夜间之工作""不研究卫生""不设备防止危险"等。凡此种种，"均为调查时所目睹，外国工厂亦复如是"。可见，"条例不过是一纸空文罢了"。① 可以说，因无"监察的机关，无处罚的办法"②，使各类所谓法令的效力几近于无。

四、早期中国共产党人对童工劳动的认识和主张③

早期中国共产党人在这里是一个比较宽泛的术语，泛指中国共产党党员、中国共产主义青年团团员以及个别信仰共产主义赞同中共主张的先进知识分子等。他们在对童工处境进行认真分析的基础上，提出童工是工人阶级的一部分，倡导通过多种形式的斗争以立法来保护童工不受伤害等主张。

（一）分析了童工的社会处境

旧中国工业发展比较落后，且工业发展始终以日用品和轻工业品为主。这类工业技术含量低，加之采用机械化生产，对体力和技术没有特别要求，使得"身体未壮年龄甚小之儿童和青年"也被卷入到生产之中。④上海、天津、广州等地，以及其他内地工业较为发达的地区，成千上万的男女童工因为家庭困难，不得不在年幼且未受教育的时候进入工厂做工，在资本家的高压和剥削下，伴着工头和师傅的虐待每天劳动 12 小时以上，

---

①　钟恭：《青年工人问题》（中国青年丛书第 5 种），上海书店 1925 年版，第 22 页。

②　李大钊：《上海的童工问题》，《李大钊选集》，第 521 页。

③　本部分内容根据鲁运庚《中国共产党对童工问题的早期认识和主张》一文改写而成，原文见《山东师范大学学报（人文社会科学版）》2004 年第 3 期。

④　《中国青年运动历史资料》第 5 册，第 20 页。

甚至还要从事夜间劳动。①

　　1925 年 1 月，中国共产主义青年团召开第三次全国代表大会，其报告指出，上海 "16 岁以下之童工总数有 173272 人"，其他如武汉、天津、青岛、大连、唐山、香港等重要工业区域，以及无锡、苏州、南通、常州、宁波、济南、郑州、彰德、卫辉、长沙、太原、九江等有纺织工厂的地方，童工数量都很可观。② 这一部分人，尤其是七八岁以及 10 来岁儿童的生活惨不忍睹，他们得不到任何真正的法律保护，不但要受工厂主的剥削，而且还要遭受工头、监工的任意凌辱和打骂，其物质生活和精神生活都难以保障。③ 萧楚女在《显微镜下之醒狮派》一文中，曾对纺织工厂童工劳动情况作过详细描述。他写道，"在棉纺厂中的童工，大多数工作时间是 13—15 小时"。从事夜间劳动的童工，因极度疲倦常常打瞌睡，一旦被监工发现便会遭到毒打。在丝厂中劳动的女童，因常在沸水盆中捞丝头而导致 "十指见骨"。加之中国工厂多数没有关于卫生和防止危险的设备，致使工人（包括童工）的健康和生命总在遭受损伤和危险的威胁。"年幼儿童的身体，非至得病死亡不可。加之夜工完全无限制，身体更常损伤。故中国一般青年工人——尤其是童工，多半身体瘦弱，形容憔悴，害有结核性的病症，死亡率极大。"④ 一些有识之士指出，上述情况的发生，非童工和女工个人问题，而是与民族前途和国民经济有关的问题。过度使用儿童劳动，不但会 "置千千万万的儿童于死地"，而且有 "种族灭亡的隐忧"。⑤

　　（二）揭露已有工厂法的虚伪性

　　在中国共产党人看来，保护工人的法令固然是资本家骗人的东西，但

---

　　① 《中国青年运动历史资料》第 1 册，第 307、31 页。
　　② 《中国青年运动历史资料》第 5 册，第 372—373。
　　③ 《中国青年运动历史资料》第 2 册，第 39—40、401 页。
　　④ 《中国青年运动历史资料》第 5 册，第 372—373。
　　⑤ 《中国青年运动历史资料》第 2 册，第 415、589 页。

当时的中国却连这些骗人的东西也不多。

1923 年，上海租界工部局提出了一个"保护童工建议案"，要求禁止在租界内使用 10 岁以下的儿童做工，4 年以内将童工最低雇佣年龄提高到 12 岁；14 岁以下的童工每天劳动时间不得超过 12 小时，工作 12 小时应有 1 小时的休息时间。在租界内暂不禁止童工的夜工。该建议案颁布后，中国共产主义青年团首先起来揭露其虚伪性。指出，这个建议案名义上是保护童工实则是骗人的东西，"帝国主义这个所谓保护童工的建议，完全是一种欺骗人的行为"①。中外资本家是不会有丝毫保护童工的诚意的，他们这样做只不过是要使这种惨无人道的剥削成为一种合法的制度。他们自己也觉得，"剥削到儿童身上实在是人类最可耻的行为，所以不得不这样做作来掩饰一下"②。倘若号称"国中之国"的上海租界内真的要禁止使用童工的话，完全可以对租界内非法使用童工的资本家进行严厉制裁。否则，"不过为掩饰之词，借隐其凶残之面目尔"。③

中国共产党人对北京政府、国民政府工厂法虚伪性的揭露批判，虽不免有过激之处，但至少提醒人们工厂法的规定，与实际执行之间存在差距，不宜放弃斗争，幻想以此改善工人阶级的劳动条件。

（三）批评了涉及童工问题的错误言论

早期的中国共产党人并不都支持童工的斗争。针对社会上存在的不关心儿童利益、不支持童工争取权益斗争的现象，中国共产党人指出，这种现象的出现与当时无产阶级处于绝对的劣势有关。工人阶级在罢工时，不敢将童工的要求一并提出，主要是担心会影响罢工的结果，担心罢工失败。每当工人将童工的特殊利益提出时就会"被党的同志所拒绝"，这种做法实际是错误的，以后的工作不加注意会带来不利影响，有可能使一些

---

① 《中国青年运动历史资料》第 2 册，第 602 页。
② 一峰：《中国的童工问题》，《红旗》1923 年第 11 期。
③ 毛达：《国民党的工厂法与青年工人》，《红旗》1929 年第 21 期。

童工的不满情绪被反动派利用。

1927 年 5 月，中国共产党第五次全国代表大会通过《中国共产党第五次全国代表大会职工运动决议案》，其中指出，"现在各地区还未能正确的执行"党的决议，很少"注意童工与女工的利益"，也不能引导他们参加工会，"以致童工、女工不了解工会的意义，不积极的拥护工会，或另外成立组织，形成如另一工会的形势这是很危险的现象"。① 从"决议案"的文字来看，当时确实有一些中国共产党人未能把童工看作是工人阶级的一部分，特别是当童工与成年工人的利益发生冲突时。对此，中国共产党在 1928 年 12 月指出，"党与团在过去对于青工运动始终没有明确的一致的认识，而陷于不正确的狭义的错误观念"。在这种错误观念指导下，又常常把青工运动与整个职工运动对立起来，认为职工运动中不应包含青工运动，在工会中也没有必要发展青工运动及青工的特殊斗争。显然，这种认识不利于团结童工与青工。② 在特定的环境中，这些认识是正确的。

针对有人指责童工运动"过火"，中国共产党人指出，童工受到的压迫剥削严重，社会上很少有人为他们叫屈，但当童工行动起来求解放时，竟然有人称其行动"过火"，如若是反动派这样说也就罢了，不足为奇。这"在革命者口中说出，真是令人莫名其妙！"我们不应对童工运动抱丝毫抑制或摧残的态度，而只应当在行动中"纠正他们的错误"，引导他们走上正确的道路。过去我们没有注意到培养童工的"领袖人才"是一个缺点。今后要注意"培养女工及童工在工会中的干部人才"③。

（四）在不同的场合表达了童工的利益诉求

1921 年 8 月，中共成立中国劳动组合书记部，作为全国职工运动的

---

① 中华全国总工会编：《中共中央关于工人运动文件选编》上册，档案出版社 1985 年版，第 179、323—324 页。

② 《中国青年运动历史资料》第 4 册，第 324—325 页。

③ 中华全国总工会编：《中共中央关于工人运动文件选编》上册，第 115、122 页。

领导机关。1922 年 5 月，第一次全国劳动大会召开，会上提出了减少工作时间、反对苛刻待遇等要求，并通过了"8 小时工作制法案"等。1922 年 5 月 5 日，中国社会主义青年团第一次全国代表大会在广州召开，会上通过了"团纲"和"青年工人农人生活状况的改良的决议案"。其中提到，"限定童工作工的最低年龄"，"无论成年或未成年的男女工人农人，凡做同量的工作者，须得同量的工钱"，"禁止一切监工人、工头或师傅对于男女童工及学徒加以体罚"，"限定童工及学徒作工最多的时间"，"改良工厂店铺有害童工或学徒卫生之事"。① 1922 年 6 月 15 日，中国共产党在其《中国共产党第一次对于时局的主张》中提出，中国共产党目前的奋斗目标之一，就是要"保护女工及童工的利益"。② 要做到这一点，除改良七八岁及 10 来岁儿童的生活之外，还要制定"改良保护童工、女工的法律及一般工厂卫生工人保险法"，"实行强迫义务教育"等，除此之外没有别的办法。7 月，在通过的《中国共产党第二次全国代表大会宣言》中，又重申了以上奋斗目标。同时强调，废除包工制、实行 8 小时工作制，在工厂设立医院以及"改良教育制度，实行教育普及"等。③ 1923 年 6 月，中国共产党在第三次全国代表大会上，通过了《中国共产党第三次全国代表大会决议案及宣言》，其中除重申以前的主张外，又明确提出了"禁止雇佣 14 岁以下的童工"，14—18 岁的劳动者每天劳动不得超过 6 小时，"工厂卫生及劳动条件以法律规定，由国家设立监察机关监督执行，但工人有权参与之。④ 在通过的《劳动决议案》中更明确提

---

① 《中共党史参考资料》第 1 册，第 136 页。
② 《中共党史参考资料》第 2 册，第 506 页。
③ 中国现代革命史资料丛刊：《"二大"和"三大"——中国共产党第二、三次代表大会资料选编》，中国社会科学出版社 1985 年版，第 106 页；《中共中央关于工人运动文件选编》上，第 17 页。
④ 中国现代革命史资料丛刊：《"二大"和"三大"——中国共产党第二、三次代表大会资料选编》，第 106 页。

出，"废除未满 14 岁之童工"。《中国共产党党纲草案》也明确提出了以上要求。同时期的中国共产主义青年团，也在不同场合以多种方式表达了童工的利益诉求。由此可以看出，当时的中国共产党人就是童工利益的捍卫者。

（五）支持并引导童工的罢工斗争

中国共产党成立以后，在不同的场合和有关会议决议中多次强调，中国共产党和中国共产主义青年团应当站在童工一边，引导童工做"种种经济的奋斗"，支持其罢工斗争。

1922 年，中国共产党第二次全国代表大会通过的《关于少年运动问题的决议案》明确提出，凡是少年受掠夺的地方，都应"引导他们做种种经济的奋斗"。在斗争中要注意方式方法，要根据资本家的不同性质，确定采取何种斗争方法。如反抗洋资本家，应该利用青年工人的民族精神，"反抗中国资本家，宜站在无产阶级立脚点，以提高阶级斗争的意识"；"反抗官僚资本家，宜明揭统治阶级的罪恶，以引起青年工人群众对于政治革命的同情"。1925 年 1 月，《中国共产党第四次全国代表大会对于职工运动之决议案》提到，青年工人在职工运动中占有重要的地位，他们最勇敢也最具有革命性，中国共产党在以后领导职工运动时，也要特别注意"帮助青年团进行青年工人运动"[1]。

针对童工单独进行罢工的现象，中国共产党人指出，童工应当明白，他们的"日常经济斗争"，不过"是整个工人阶级斗争的一部分"，应该与"整个职工运动和最终目的紧密联系起来"[2]。作为童工，应该认识到他们的斗争不可能从根本上改变自己的命运，因为"他们的命运是和工人阶级全体的命运密切关联的"，他们的斗争只有"与成年工人的斗争联

---

① 《中国青年运动历史资料》第 4 册，第 503—504 页。

② 《中共党史参考资料》第 2 册，第 504 页；《中国青年运动历史资料》第 2 册，第 42 页。

系起来，或是得着他们的帮助，才会成功，才会胜利。"① 此外，单纯依靠经济斗争也是不行的，"因为政权在帝国主义军阀及资本家手里"，不"打倒资本家和他们的政府""我们工人是永久不得伸头，不能得到幸福的"，"故欲求青年工人问题之解决，当然应从根本上消灭资本帝国主义"②。

（六）提出了解决当时童工问题的一些主张

中国共产党人在童工问题上的早期主张可以概括为，表达童工的利益诉求，改善其工作生活条件，以立法保护童工。

1. 改善童工的劳动条件

中国共产党和中国共产主义青年团，在召开的不同类型会议上都有专门的决议，或者在通过的相关决议中有专门的内容论及童工问题，从中可以看出早期中国共产党人的一些主张。概括起来主要有以下几点。③

①禁止使用 13 岁以下的童工（有时是 14 岁、16 岁、18 岁）。

②16 岁以下的童工，每天至多工作 8 小时（有时是 6 小时），绝对禁止使用童工做夜工。

③改良工厂卫生条件，不得使用童工（或 18 岁、20 岁以下青年）做一切笨重和危险工作。

④16 岁以下的童工，每星期至少须有连续 36 小时以上的休息，不得克扣工资。

⑤青年工人与成年工人做同量工作者，须得同量报酬。

⑥厂主出钱开办学校，准童工入学校免费读书。

⑦由工厂和工会代表或童工代表，合建"监察委员会"，督促各

---

① 《中国青年运动历史资料》第 7 册，第 566 页。
② 《中国青年运动历史资料》第 2 册，第 604—605 页。
③ 《中国青年运动历史资料》第 2 册，第 602 页。

工厂施行上列各项保护童工条件。

⑧政府应颁布童工保护法，切实保护童工利益。

2. 立法保护童工

1922 年 8 月，中国劳动组合书记部在制定的《劳动法大纲》中提到，工人"每日昼间劳动不得超过 8 小时。夜工不得超过 6 小时，每星期予以连续 24 小时的休息"，"禁止 18 岁以下的男女工人，及剧烈劳动之劳动时间不得超过 6 小时"。"剧烈有害卫生，及法定之工资时间外之劳动，不得使 18 岁以下之男女工人为之"，"16 岁以下男女工人不得雇佣"，"国家以法律保障男女劳动者享受补习教育之机会"等等。① 1930 年 5 月，全国苏维埃区域代表大会，提出对青年劳动群众的法令的草案，内容有 18 岁以下的青年工人，"每日工作 6 小时"，16 岁以下的青年工人"每日工作 4 小时""禁止雇佣 14 岁以下的童工""禁止雇佣 18 岁以下的青年工人做夜工及做有害健康之工作等"。② 1931 年，中华苏维埃工农兵第一次全国代表大会通过了《劳动法》，其中就童工保护提出了如下条款。③

第 2 条　"16 岁至 18 岁之青工每日工作时间不得超过 6 小时，14 岁至 16 岁之童工每日工作时间不得超过 4 小时。"

第 12 条　"青工、童工与成年男工作同样工作得同样工资"，"14 岁以下儿童严格禁止雇佣"，"严格禁止特别繁重或有害的工业或工作过程（矿、锯厂、运输、制纸、炼糖、蒸酒，以及其他有害工作）雇佣 18 岁以下青工"。

"严禁旧有的学徒制和养成工制，各种形式的学徒制，凡与本法

---

① 邓中夏：《中国职工运动简史》，人民出版社 1976 年版，第 76—78 页。
② 《中国青年运动历史资料》第 8 册，第 466 页。
③ 《中国青年运动历史资料》第 10 册，第 143 页。

条文不符者（工作时间、工资、待遇等）都宣布无效。"

早期中国共产党人在童工劳动问题上的一些要求和主张，代表了当时最广大群众的利益。这些要求和主张，包括了早期工业化国家童工法的主要条款，与国际劳工组织的一些规定和要求相比也不低，有些标准还要高，对保护儿童显然具有积极意义。需要指出的是，过高的标准（比如有时将童工的年龄限定为 18 岁，每天要求劳动 4 小时等）显然有违当时中国工业不发达、经济落后的实际，使其一些看法和主张得不到全社会的积极响应。拟定的保护童工立法条款，若实行也有一定难度。因此，最先起来反对这些要求和主张的，是一部分童工及其家庭而不是其他人。可见，社会改革或法令政策的制定，应和社会发展水平以及社会可接受的程度结合起来，尤其是在处理一些涉及面广的问题时更应如此。

第四节　其他国家的儿童劳动保护

工业化初期，过度使用儿童劳动引起了一些社会有识之士的关注，在英国之外的欧洲国家中，一些医疗机构和学术团体也开始调查童工的劳动条件，并编发有关童工健康状况的报告，呼吁社会采取措施限制使用儿童劳动。

一、英国以外欧洲国家的童工劳动立法

（一）法国的童工立法

与英国工业化初期的情况类似，法国早期工厂的劳动条件也十分恶劣。一般工厂的劳动时间都在 12 小时以上，个别的长达 18 小时。长期单调的同一种劳动，容易使儿童的肢体变形。一些从工厂中被征招入伍的青年，因身体羸弱难以继续服役。这些情况的出现，使人们认识到了使用童

工劳动的严重后果。

19 世纪三四十年代，维尔纳夫·巴热蒙、盖潘、路易斯·里纳·菲勒米、夏佩尔等医生及其附属医疗机构，开始调查工厂工人状况，并将调查报告公之于世。盖潘博士在其调查报告中指出了工人阶级的状况，"'贫困化'几乎要从肉体上消灭工人阶级。这一可怕的结论有下列数字作为依据：一个男人一天至少劳动 13 小时才能挣得 2 个法郎。在同样的时间里，女工只能挣 20 个苏，童工则挣 10 个苏。而时价一公斤面包卖 30—50 生丁，一套男人的衣服卖 80 法郎。""尤其让工人愤懑的是，他们就连如此菲薄的工资也得不到保障。"① 夏佩尔医生也在其有关工人阶级状况的报告中指出，过度使用儿童劳动，影响了法国的人口质量，使军队难以招募到合格的士兵。② 因此，他们呼吁采取措施限制儿童参加劳动。

最早建议以法律形式限制童工劳动的是乔伯特（Ambroise Joubert，1829—1890），作为曼恩-卢瓦尔省（Maine-et-Loire）保守派的代表，乔伯特建议，工厂应禁止使用 10 岁以下的儿童做工，满 13 岁的儿童进入工厂，每天劳动时间不超过 6 小时。设立工厂监察员，监督工厂使用童工情况。③ 1841 年，法国颁布了第一部童工法。根据该法，完全禁止 8 岁以下的儿童参加劳动，8—12 岁的儿童每天劳动 8 小时，12—16 岁的儿童每天劳动 12 小时。禁止 13 岁以下的童工从事夜间劳动。同时规定，所有拟进入工厂做工的儿童，需完成规定的教育任务，否则就得由工厂主来帮助童

---

① 吕一民：《法国通史》，上海社会科学院出版社 2003 年版，第 185 页。

② Jérôme Bourdieu1 and Bénédicte Reynaud，"Factory Discipline，Health and Externalities in the Reduction of Working time in Nineteenth Century France"，*Socio-Economic Review*，2006，4 (1)：93–118.

③ Joshua Cole，"'A Sudden and Terrible Revelation'：Motherhood and Infant Mortality in France，1858–1874"，*Journal of family History*，1996，21 (4)：419–445.

工完成教育任务。① 12 岁以下的儿童如果想进入工厂做工，其父母或监护人必须拿出儿童接受过教育的证明。该法只适用有 20 人以上的工厂，对少于 20 人的工厂不起作用。② 显然，一些小型企业，以及个体经营者使用童工就没有受到限制。即使如此，那些要求国家维护自由和秩序的人仍然强烈反对。③ 梅林在论及 1841 年法国里昂工人起义，谈到工厂法问题时指出，七月王朝对工人阶级没有丝毫好处，其在 1841 年颁布的、极有限地保护童工的唯一的工厂法，除对资产阶级有好处外没有多大的价值。④

　　1841 年以后，法国政府又陆续通过了一些法律条例，在这些法律条令中重申了对妇女儿童的保护。1848 年 9 月的有关法令规定，一般成年男工，每天劳动不得超过 12 小时。虽然不是针对妇女儿童，但这种规定也适用于妇女儿童。1874 年的法令，在限制受雇儿童年龄的同时，还要求设置工厂监察机构。1877 年，工厂法进一步限定了劳动时间，夜间劳动，周末休息，防止危险以及慎用罚款等。⑤ 1882 年开始实行义务教育。1892 年法令规定，禁用学龄儿童做工，将儿童每天的劳动时间限定为 10 小时。⑥ 需要注意的是，这个法令对不同行业劳动时间的规定有所不同。有行业中男工的劳动时间是 12 小时，女工 11 小时，儿童劳动时间是 10

① Robert Louis Koepke, "Educating Child Laborers in France The Enquete of 1837", *French Historical Studies*, 1988, 15 (4): 646-672; Lee T. Wyatt, *The Industrial Revolution*, pp. 140-141.

② Arthur L. Dunham, "Industrial Life and Labor in France 1815-1848", *The Journal of Economic History*, 1943, 3 (2): 117-151.

③ Hugh Cunningham, *Children and Childhood in Western Society since 1500*, London: Longman, 1995, p. 146.

④ ［德］梅林:《德国社会民主党史》第 1 卷，第 31 页。

⑤ T. Nelson, *An Encyclopedia of Industrialism*, London, New York: T. Nelson and Sons, 1912, p. 204.

⑥ E. Levasseur, "Labor and Wages in France", *The Annals of the American Academy of Political and Social Science*, 1909, 33 (2): 183-195.

小时。1900 年，男工、女工与儿童的劳动时间统一确定为 11 小时。① 从 1841 年开始到 1900 年，涉及童工劳动的法令政策，在一定程度上减少了低龄儿童进入工厂做工的机会，对保护儿童有积极意义。

（二）德国的童工立法

在德国，伴随工业化而来的通常是与工业革命的后果联系在一起的一些社会问题，诸如女工、童工等问题。当这些问题以其全部力量出现在德国舆论面前时，一些社会改革者、自由主义者指出，"要警惕工业新发展引起的坏影响"，并要求设法"矫正工业主义的弊病"②。童工立法即矫正"工业主义弊病"的措施之一。德国的童工立法大体上可以分为两个阶段，第一阶段是在 1871 年以前，主要是州级层面立法，时间先后不一；第二阶段是在 1871 年以后，以全国性立法为主。

1802 年，英国通过工厂法制定保护童工的措施，在德国引起很大争论，焦点是童工的教育、身体伤害和经济利益等。争论过程中形成了两种不同的观点。内政大臣舒克曼等人认为，工厂雇佣童工无可厚非，与青少年在劳动中能得到精神修养相比，其参加工厂劳动的"害处还是较少的"③。德国工业家协会（主要由莱茵兰的铁厂厂主）认为，如果不让儿童参加劳动，而是由着他们到处闲逛，其最终可能"变成野孩子"④。这些看法与德国早期经济学家尤斯蒂（Johann Heinrich Gotelob Von Justi，1720—1771）的观点非常类似。尤斯蒂认为，儿童只有尽早参加劳动才

---

① Marilyn J. Boxer, "Protective Legislation and Home Industry: The Marginalization of Women Workers in Late Nineteenth Early Twentieth-Century France", *Journal of Social History*, 1986, 20（1）: 45-65.

② ［德］科佩尔·S. 平森：《德国近现代史——它的历史和文化》上册，第 338 页。

③ ［德］梅林：《德国社会民主党史》第 1 卷，第 59 页。

④ ［德］科佩尔·S. 平森：《德国近现代史——它的历史和文化》上册，第 338 页。

能做到自食其力。① 这类看法，更多的是侧重了劳动的教育意义。

与舒克曼等人的看法不同的是，以威廉·亨利希·里尔（William Heinrich Riehl，1823—1897）等人为代表的资产阶级改革者们认为，儿童很小外出劳动，其身心会受到严重伤害。在工厂劳动中，他们除得到打骂以外几乎没有什么收获。尽管他们工作的环境，已不像英国那样骇人听闻，但危害不比英国逊色。② 一些具有人道主义精神的工厂主，也在报纸上发表评论，描述儿童的苦难，力陈使用儿童劳动带来的危害。③ 更有人将使用儿童劳动的危害与国家的兵源相联系。哈登堡（von Hardenberg，1750—1822）在1817年时曾指出，儿童很小参加工厂劳动，往往会被束缚在那里。这致使从事农业、家政的人员相应减少，最终可能会影响到其他工业的发展。儿童长期在工厂中从事艰苦的劳动，当国家遇到危难需要他们保家卫国时，他们却没有强壮的体力来做到这一点。④ 1828年，冯·霍恩将军在给国王的报告中也说，由于儿童在工厂做夜工，工厂区已经很难按照分配的名额征募到合格的新兵。⑤ 争论的结果是，大多数人同意限制而不是禁止使用童工。

1839年3月9日，普鲁士政府颁布"保护劳工条例"，将儿童与未成年人的劳动条件、劳动时间以及报酬（厂主发放实物工资）等，置入州政府监管之下。其中规定，禁止14岁以下儿童进行采矿活动，绝对禁止9岁以下儿童从事工场和矿山劳动，14岁以下童工的劳动时间每天限定为

---

① Jürgen Georg Backhaus, Frank H. Stephen, *The European Heritage in Economics and the Social Sciences*, Vol. 1 Joseph Alois Schumpeter, New York：Springer, 2003, p. 86.

② Martin Kitchen, *A History of Modern Germany*, 1800-2000, p. 35.

③ ［德］梅林：《德国社会民主党史》第1卷，第60页。

④ Myron Weiner, *The Child and the State in India：Child Labor and Education Policy in Comparative Perspective*, p. 129.

⑤ ［德］卡尔·艾利希·博恩等：《德意志史·从法国大革命到第一次世界大战》第3卷上册，张载扬等译，商务印书馆1991年版，第633页。

6 小时①，十五六岁未成年人的劳动时间每天限定为 10 小时。需要注意的是，该条例没有关于工厂检查的条款，这样在执行的过程中就缺少了监督，效果并不理想。1853 年普鲁士参考英国经验制定了一项新的法令，其中规定，禁止雇佣 12 岁以下的儿童参加劳动，将 12—14 岁儿童的劳动时间限制在 6 小时以内，每天至少有 3 小时的在校学习时间，禁止夜间劳动；参加劳动的儿童必须完成规定的教育任务，实行工厂监察。② 与 1839 年的法令相比，儿童的最低雇佣年龄提高了 3 岁，即从 9 岁提高到了 12 岁，这遭到了工厂主们的"强烈反对"，以致"政府不得不"作出让步，仅在纺纱、印制花布等工厂较为集中的工业城市爱北斐特和巴门两座城市试行。1856 年，两个城市在给普鲁士政府的报告书中指出，"这个法律非常有害"，大量的童工离开工厂，丧失了被培养成熟练工人的机会。另外，不少工厂因为缺少幼年工人，不得不停止开动机器，因为使用成年工人管理机器"不合算"。③ 除以上法令外，萨克森地区于 1865 年通过法令，禁用 10 岁以下儿童参加劳动。同年又把儿童参加劳动的年龄提高到 12 岁。1870 年，巴登地区在 1862 年通过的工厂法中，增设了工厂视察员。当时，德意志境内各地经济发展水平不一样，各地使用童工劳动的范围和严重程度也有区别。④

　　1871 年之前，德意志境内个别邦或多或少制定了一些包括童工在内

---

　　① 　Rainer Beck, *The Development of Child Labor Legislation in Imperial Germany*, California: The University of California, Los Angeles, 1971, "ⅲ. child labor and legislation"; Emma Brooke, *A Tabulation of the Factory Laws of European Countries in so far as They Relate to the Hours of Labour, and to Special Legislation for Women, Young Persons, and Children*, pp. 14, 15.

　　② 　Hugh Cunningham, *Children and Childhood in Western Society since 1500*, p. 146；马克思:《不列颠工厂工业的状况》,《马克思恩格斯全集》第 13 卷, 人民出版社 1962 年版, 第 242 页。汉斯·豪斯赫尔的《近代经济史》在谈到 1853 年法令时, 认为 12—14 岁儿童的劳动时间是"限制在 12 小时以内", 见该书第 383 页。

　　③ 　[德] 马克思:《不列颠工厂工业的状况》,《马克思恩格斯全集》, 第 242—243 页。

　　④ 　[德] 卡尔·艾利希·博恩等:《德意志史·从法国大革命到第一次世界大战》第 3 卷上册, 第 554 页。

的政策法令，但总体说来，还没有可以与英国相提并论的工厂法，从而给工厂主以可乘之机。他们常常在自己利润收入受到影响时，与缺乏责任心的儿童父母沆瀣一气，"逃避法令的约束"。这也从一个侧面说明雇佣儿童劳动受到了一定限制。[①] 从普鲁士的情况来看，1846—1853 年间普鲁士工厂童工的数量下降了约 30%。[②]

1871 年德意志实现了统一，包括童工法在内的一些全国性法令开始陆续制定实施，童工保护进入了一个新的阶段。除童工法外，一些工商业法令中也有涉及童工劳动的规定。

1878 年，德国商法规定，严禁 12 岁以下的儿童参加工厂劳动，对参加劳动的 12—14 岁儿童，限定其每天的劳动时间。工厂主必须保存好有关使用儿童劳动的记录以便日后查询，设立工厂检查员监督法令的执行情况。[③] 1890 年的《关于工商业管理条例修正案的立法草案》，将儿童参加劳动的年龄从 12 岁提高到 13 岁。1891 年"工商管理补充条例"进一步规定，禁止雇佣 13 岁以下的儿童参加劳动。禁止女工、青工及童工从事夜间劳动，禁止周日劳动。1903 年的童工法规定，儿童雇佣年龄由 13 岁提高到 14 岁。禁止 14 岁以下儿童参加劳动，童工劳动时间在 6 小时以内；14—16 岁青工每天劳动时间不得超过 10 小时；禁止童工在有碍健康的环境中劳动[④]，女童工的穿着应符合有关规定。[⑤]

---

① ［民主德国］汉斯·豪斯赫尔：《近代经济史：从十四世纪末至十九世纪下半叶》，第 383 页。

② Peter Mathiass, M. M. Postan, *The Cambridge Economic History of Europe*, Vol. 7, Cambridge：Cambridge University Press 1978, p. 467.

③ Myron Weiner, *The Child and the State in India：Child Labor and Education Policy in Comparative Perspective*, p. 130.

④ 刘福同：《各国童工律与教育》，《妇女新运》1942 年第 5 期。

⑤ Jean H. Quataert, "A Source Analysis in German Women's History：Factory Inspectors' Reports and the Shapingof Working-Class Lives, 1878-1914", *Central European History*, 1983, 16（2）：99-121.

20 世纪 30 年代前，德国有关儿童与青工劳动的规定，散见于工业法典、童工法以及工作时间等有关规定中，执行过程中存在一些问题。为改变这种状况，德国于 1938 年通过了《青年保障法》，对青年工人的最低就业年龄、工作时间、休息时间以及带薪休假等都作出明确规定。根据规定，儿童是指 14 岁以下的未成年人，青年工人是指 14 岁以上 18 岁以下的未成年人。12 岁以上 14 岁以下的儿童，允许其从事商业中的轻便工作，但不得在晚 7 点以后从事工作。青年工人每天劳动时间 8 小时，每周不得超过 48 小时。禁止在晚 8 时至次日 6 时之间劳动。该法除适用于家庭服务业、农业（包括园林）、航海运输、内河航运与航空运输之外，还适用于所有使用儿童、青年劳动的企业。① 这一规定几乎适用于所有行业，引起了企业主的极为不满。在日常经营中，他们常常利用规定中的漏洞来谋取私利。

为杜绝执法过程中存在的漏洞，德国建立起工厂检查员制度。1853 年，普鲁士第一次设立工厂检查员，监督法令执行情况。1878 年以后，新制定的有关工厂法令都有设立工厂检查员的要求，尤其是在冶金工厂、船坞、建筑行业，以及所有使用蒸汽动力的工厂中。1891 年修订的工业法典，进一步将工厂检查员的监管范围扩展到商业企业，同时赋予工厂检查员更多的法律权利以确保能行使其职责。从检查员的数量看，1880 年德国有 46 个工厂检查员，1890 年有 53 个，到 1898 年时，工厂检查员的数量达到了 179 个。在普鲁士，工厂检查员的数量从 1890 年的 29 个增加到 1897 年的 189 个，到 1912 年时达到了 328 个。②

设立工厂检查员，本意是监督工厂法规执行情况，发现存在的问题并及时纠正。事实却不是这样，有一些工厂检查员并未能严格履行其职责。

---

① 《国际劳工通讯》1939 年第 1 期。

② George Steinmetz, *Regulating the Social The Welfare State and Local Politics in Imperial Germany*, Princeton：Princeton University Press, 1993, pp. 135-137.

如 1905 年巴伐利亚工厂检查员发现有 2396 例违规情况，受到处分的雇主只有 117 名，且处罚很轻，只交了很少一点罚金。以至于有工人认为雇主与工厂检查员沆瀣一气、狼狈为奸。工厂检查员不能尽职的结果就是，违犯童工法的案件越来越多。以中部城市黑森（Hessen）为例，364 名工作儿童中，有 179 人（即 50%）的受雇是违反童工条款的。违规情况包括缺乏工作证、雇佣不满最低雇佣年龄儿童、工作时间过长以及雇佣儿童从事法令禁止的工作等。① 法律的制定与实施存在一定的距离，这是许多国家都存在的问题。

（三）其他欧洲国家的童工立法

1. 俄国

18 世纪初期，俄国的劳动立法主要针对农奴劳工，到 19 世纪初开始扩展到一些私营矿业部门。1843 年，俄国颁布了第一个工厂劳动法令，禁止 12 岁以下的童工上夜班。② 到农奴制改革前夕，一些人道主义者利用期刊报纸撰文，报道工厂童工劳动条件和生活状况，揭露工厂使用童工的罪恶行为。以工厂童工为题材的一些文学作品，也揭露工厂使用童工带来的恶果。这些宣传报道使人们开始了解工厂童工状况。受此影响，俄国政府从 19 世纪六七十年代开始组织人力调查工厂童工劳动状况。

调查显示，俄国许多工厂中都有大量的妇女儿童劳动，有些儿童的年龄不满 10 岁，工厂劳动时间通常都在 12 小时以上。工厂厂房内没有安全设施，工资待遇很低且不能按时发放，有时还有莫名其妙的罚款。工厂工人住房拥挤，生活环境卫生脏乱不堪。针对这种情况，俄国于 1882 年制定并通过了"加工厂、工厂和制造业中的青少年劳动法"，其中规定，禁

---

① Kristoffel Lieten, Elise van Nederveen Meerkerk, *Child Labour's Global Past*, 1650-2000, p. 347.

② ［俄］杜冈—巴拉诺夫斯基：《政治经济学原理》，赵维良等译，商务印书馆 1997 版，第 563 页。

止工厂雇佣 12 岁以下儿童参加劳动，12—15 岁儿童每天的劳动时间不得超过 8 小时，禁止童工从事夜间劳动，也不允许童工从事危险性很强的劳动。设立工厂检查员，监督该法的执行。该法适用于雇工 16 人以上的所有工矿企业。① 对此，有些工厂主提出了自己的主张，比如圣彼得堡工厂主就提出将童工每天的劳动时间缩短为 6 小时，这比法律规定还少 2 小时。其实他们这样做是为了增加与莫斯科厂主的竞争力，因为他们的技术比莫斯科好。莫斯科工厂主则强调要自己管理工厂，不受这一规定束缚。1884 年的《加工厂、工厂和制造业中青少年的教育、劳动时间以及工厂监督法》，进一步限定了童工的劳动时间，并要求儿童参加劳动需要接受至少一年以上的教育，且要获得证书。在 1885 年和 1886 年的补充条款中，禁止 17 岁以下的未成年人从事夜间劳动，也不允许妇女儿童从事危险性劳动。1890 年又通过新的法令，取代了 1882 年和 1885 年法令。1890 年法令规定，允许 10—11 岁的儿童参加工厂劳动，允许 12—15 岁的童工从事夜间劳动。可见，这与此前的有关规定相比落后了一大步。② 1897 年，俄国在新通过的法令中规定，童工每天的劳动时间不得超过 11.5 小时，在矿山劳动的童工不得连续劳动 10 小时。星期六休息，全年休假 14 天。通过这些规定可以看出，儿童开始成为国家经济政策关注的主体之一，其相关规定对保护儿童有着重要作用。③

2. 奥地利

在奥地利，使用儿童劳动最多的地方是纺织工厂。有纺织厂主宣称，在工厂中做工的儿童是快乐的，劳动使其免于玩耍且获得了一定的报酬。

---

① Kristoffel, Lieten, Elise van Nederveen, Meerkerk, *Child Labour's Global Past, 1650-2000*, p. 358.

② Marjatta, Rahikainen, *Centuries of Child Labour: European Experiences from the Seventeenth to the Twentieth Century*, pp. 150-151.

③ N. I. Enalieva, "Child Labor and Industrial Apprenticeship in Prerevolutionary Russia", *Russian Education and Society*, 1995, 37 (11): 11-18.

"一些下流的报刊记者"也以抒情的笔调，将纺织厂中的童工劳动"随意描写"成仿佛在"做游戏"，没有痛苦和劳累。"他们在轻松愉快的环境中完成使纤维变得光滑或配备纱锭的工作"。然而，实际情况却是，童工劳动车间闷热难耐，厂房空气不流通，气味难闻。每天劳动时间，从早晨6点持续到晚上8点。长年累月在这样的地方劳作，一些十四五岁的孩子"变得像小老头一样"，其中的不少人"患结核病死去"①。

虽然早在1787年就有法令禁用9岁以下儿童参加劳动，但专门针对儿童劳动的法令到1843年才颁布。该法令适用于雇工20人以上的工厂。根据规定，工厂禁用14岁以下的儿童参加劳动，其他行业禁用12岁以下的儿童参加劳动。12—14岁之间的儿童参加劳动，每天劳动时间12小时，每周必须有12小时的学习时间。② 禁止16岁以下儿童的夜间劳动，16岁以上参加夜间劳动者，不能连续劳动11小时。1852年的法令又对童工的夜间劳动实行了某些限制。1884—1885年间，在新通过的法令中规定，禁止雇佣13岁以下的儿童进入工厂做工，禁止矿业部门雇佣14岁以下的儿童参加劳动；禁止童工从事夜间劳动。十三四岁儿童在接受完规定的教育后，可以受雇从事轻便劳动。③ 到19世纪90年代，这些规定逐渐变得严格，但真正实行则是在1900年以后。④ 1918年12月通过的法令规定，14岁以下的儿童参加劳动，应以不危害其健康且不影响其接受教育为前提，⑤ 但每人需要佩戴一个工作卡片，上面填写姓名、职业、住所、监护人等。法令要求雇主必须保留童工最新的工作卡，以便地方官员、学

_____

① ［奥］埃·普里斯特尔：《奥地利简史》下册，第544页。

② Clark Ipsen, *Italy in the Age of Pinocchio: Children and Danger in the Liberal Era*, New York: Palgrave, 2006, pp. 89-90.

③ Myron Weiner, *The Child and the State in India: Child Labor and Education Policy in Comparative Perspective*, p. 134.

④ ［英］波斯坦等：《剑桥欧洲经济史》第8卷，王春法等译，经济科学出版社2004年版，第942页。

⑤ 沈丹泥：《童工》，第56页。

校董事，以及其他官方人员能够准确查到该童工的信息。① 这一做法能有效避免工厂主作弊。

3. 意大利

意大利是较早关注儿童劳动的国家之一。中世纪时期的有关法典，就已确立了儿童的最低雇佣年龄和雇主对待儿童的态度。1396 年，威尼斯共和国有关法令规定，所有工场中的男女儿童都受国家保护，并且禁止工场主蛮横对待儿童。1402 年，有关法令重申了上述规定。其他共和国也有类似法令。②

工业化兴起以后，作为对英国限制使用童工劳动的回应，意大利北部城市中的一些慈善家，也提出要善待工厂儿童。建议将工厂中 6—9 岁儿童每天的劳动时间限定在 4 小时，9—12 岁儿童每天的劳动时间限定在 8 小时。1844 年和 1852 年的有关法令，明确禁止儿童在街头卖艺。③ 1859 年，皮特蒙（Piedmont）的有关法令强调，10 岁以下的儿童不能从事矿业劳动。该法令主要在北部几个地区实行，因缺乏处罚和监管措施，该法令成为一纸空文。④ 1863 年的《工厂儿童劳动条例》规定，禁止工厂雇佣 9 岁以下的儿童劳动；禁止 14 岁以下的儿童从事危险劳动；12 岁以下的儿童每天劳动时间不得超过 10 小时；12—14 岁的儿童每天劳动时间不超过 12 小时；禁止 9—12 岁的儿童从事夜间劳动。该条例适用于 20 人以上的企业，但并未实际执行。⑤ 1886 年的条例规制了工厂、矿山和采石场

① Myron Weiner, *The Child and the State in India*: *Child Labor and Education Policy in Comparative Perspective*, p. 135.

② Romolo Broglio d'Ajano, "Factory Legislation For the Protection of Women and Children in Italy", *Journal of Political Economy*, 1896, 4 (3): 309-331.

③ Marjatta Rahikainen, *Centuries of Child Labour*: *European Experiences from the Seventeenth to the Twentieth Century*, p. 168.

④ ［英］波斯坦等:《剑桥欧洲经济史》第 8 卷，第 94 页。

⑤ Romolo Broglio d'Ajano, "Factory Legislation For the Protection of Women and Children in Italy", *Journal of Political Economy*, 1896, 4 (3): 309-331.

的儿童劳动。根据该条例，禁止 9 岁以下的儿童在这类工场中劳动，禁止 10 岁以下的儿童参加采矿劳动。11—15 岁的儿童如果参加采矿劳动，需有医院的体检证明，以证明其身体健康。9—12 岁的儿童每天劳动时间不得超过 8 小时。禁止 15 岁以下的儿童从事对其健康不利的劳动，比如清洗机器等。① 该条例只适用于机器动力，或者雇佣工人不少于 10 人的企业。非机器动力，或者少于 10 人的小型作坊则不受此限制。

　　工厂监察是保证法令执行的举措之一。1889—1892 年间，意大利工厂检查员的数量很少，1890 年只有 2 个，1891 年有 4 个，1892 年有 3 个。这期间的工厂企业有 544 个，显然工厂检查员的数量是不够用的②，从而也就无法保证有关立法能顺利执行。

　　进入 20 世纪以后，意大利于 1902 年实行新童工法。根据该法，儿童的最低雇佣年龄提高到 12 岁，禁止雇佣 12 岁以下的儿童参加劳动，禁止雇佣 13 岁以下的儿童从事采矿等活动。12—15 岁的儿童参加劳动需接受 3 年的初等教育，15 岁以下的男童与 21 岁以下的女性参加劳动，需有健康证明。③ 禁止 15 岁以下的童工从事夜间劳动，禁止儿童从事有害身心健康的劳动，12—15 岁的童工每天劳动时间不得超过 11 小时等。④ 1934 年重新修订的童工法，将儿童定义为 15 岁以下的人，最低雇佣年龄从 12 岁提高到 14 岁。⑤ 这更有利于对儿童的保护。

---

　　① Clark Ipsen, *Italy in the Age of Pinocchio：Children and Danger in the Liberal Era*, p. 85.

　　② Romolo Broglio d' Ajano, "Factory Legislation For the Protection of Women and Children in Italy", *Journal of Political Economy*, 1896, 4 (3)：309-331.

　　③ Clark Ipsen, *Italy in the Age of Pinocchio：Children and Danger in the Liberal Era*, p. 85.

　　④ 刘福同：《各国童工律与教育》，《妇女新运》1942 年第 5 期。

　　⑤ ［作者不详］《意大利拟改定童工立法》，《劳工月刊》1934 年第 3 期；Gianni Toniolo and Giovanni Vecchi, "Italian Children at Work，1881-1961", *Giornale degli Economisti e Annali di Economia*, 2007, 66 (3)：401-427。

二、日本的童工立法

明治末年，劳工立法渐渐开始，但真正实施则较晚。

1882 年，明治政府组织人员开始对工厂状况进行调查。调查结果显示，许多工厂使用年龄很小的儿童劳动。工厂中男女混杂引起的道德堕落，使作为未来母亲的女性所受危害最大。另外，工厂恶劣的环境使童工健康受到损害，最终影响了兵源和国家的安全。因此，亟须通过立法改变工厂状况。①

1887 年，明治政府制定了工厂法草案。其中规定，限定工厂雇佣儿童的最低年龄和劳动时间，保护工厂妇女儿童的权益，尤其是学徒的权益。但不少人认为，现阶段日本的工业发展并不充分，如果实行立法会影响日本的工业发展进度，也会损害企业的"自由"经营。②

但社会舆论的压力，使得一些工厂主对雇佣儿童劳动还是有所顾忌。19 世纪 90 年代，一些规模较大的棉织工厂开始对雇员的年龄进行限制。女工的最低年龄，从岸和田（Kishiwada）、兵库（Noda）、岛田（Shimada）等地工厂中的 10 岁，到桑名（Kuwana）等地工厂中的 14 岁或 15 岁不等。1897 年，摄津（Settsu）工厂差不多有 1/3 的女工年龄在 14 岁以下。但是大多数工厂尤其是一些小型工厂，仍然使用年龄很小的儿童参加劳动。③

1898 年，明治政府通过新的工厂法草案。该法适用于 50 人以上的企业。主要内容有，禁止雇佣 10 岁以下的儿童参加劳动，14 岁以下的儿童

---

① Bureau for Social Work, *Present Conditions of Child Welfare Work in Japan*, Japanese Government, 1920, p. 31.

② Lee T. Wyatt, *The Industrial Revolution*, p. 154; Foxwell, E., "The Protection of Labor in Japan", *The Ecnomic Journal*, 1901, 11 (41): 106-124.

③ Janet Hunter, *Women and the Labour Market in Japan's Industrialising Economy*, London: Routledge Curzon, 2003, p. 60.

劳动时间每天限定在 10 小时以内，最多不得超过 12 小时；14 岁以下未完成义务教育者须接受完教育方可参加劳动；每月有 2 天的假期。发生工伤事故应给予一定的赔偿。1902 年制定的工厂法适用于雇佣 30 人以上的企业，儿童的最低雇佣年龄提高到 11 岁，特殊情况下允许雇佣 10 岁的儿童参加劳动。16 岁以下的妇女儿童每天的劳动时间是 12 小时，禁止雇佣 16 岁以下的妇女儿童从事夜间劳动。1911 年制定的法案适用于 15 人以上的企业。儿童的最低雇佣年龄确定为 12 岁，15 岁以下的妇女儿童每天的劳动时间不得超过 12 小时，禁止夜间劳动。[①] 该法直到 1916 年才得以实施。1916 年，明治政府通过了"矿业规程"，其中明确规定，禁止使用 12 岁以下的儿童从事采矿劳动，10 岁以上的儿童可以从事矿上的轻便劳动。该规定适用于雇工 15 人以上的企业。1923 年，日本政府在对 1911 年工厂法进行修订后，以"工厂法修正案"的形式通过。该法适用于 10 人以上的企业，将童工的最低雇佣年龄统一提高到 14 岁，12—14 岁之间的儿童参加劳动需要有特殊规定加以说明。童工及女工的劳动时间由每天 12 小时缩减到 11 小时，将原先童工每天早晨 4 点以前改为 5 点以前不准参加劳动。[②] 1929 年，纺织企业禁止女工和 12 岁以下的童工从事晚上 10 点到早上 5 点之间的夜间劳动，棉织厂用延长 1 小时的办法代替夜间劳动。[③]

[①] R. P. Dore, "The Modernizer as a Special Case: Japanese Factory Legislation, 1882-1911", *Comparative Studies in Society and History*, 1969, 11（4）: 433-450；田中勝文: "児童労働と教育—とくに一九一一年工場法の施行をめぐって"，教育社会学研究，1967，22: 148-161。

[②] Iwao F. Ayuzawa, "The Employment of Women in Japanese I", *Industry International Labour Review*, 1929, 19（2）: 193-204；陈达:《中国的劳工问题》，上海书店 1990 年版，第 538—539 页。

[③] Elyssa Faison, *Managing Women Disciplining Labor in Modern Japan*, Berkeley and Los Angeles, California: University of California Press, 2007, pp. 8-27.

三、印度独立前后的童工劳动立法概述

印度的工厂法（童工立法）是一个不断修正完善的过程。从 1872 年开始动议，到 1948 年间，印度先后制定并通过了 6 个工厂法或工厂法修正案，其中都有关于童工方面的规定。

1872 年，印度殖民政府开始讨论工厂法和限定劳动时间问题。1875 年孟买工厂委员会讨论工厂法时，有人提议工厂法的内容应包括：禁止雇佣 8 岁以下的儿童进入工厂做工；8—10 岁的童工每天劳动时间不得超过 8 小时；在机器周围设置栅栏，以防危险事故的发生；各类工厂中应准备清洁卫生的饮用水等。[①]

经多方努力，印度于 1881 年通过了第一个工厂法。该法的适用范围是，使用发动机器开工 4 个月或超过全年，且雇佣工人 100 人以上的工厂。制茶、生产咖啡以及靛青制造厂等类不包括在本法所说的工厂之内。该法规定"儿童是指 12 岁以下的人"，明确指出"7—12 岁者为童工"。禁止雇佣 7 岁以下的儿童进入工厂做工，童工每天的劳动时间不得超过 9 小时，中间应有 1 小时的休息时间。每月休息 4 天。禁止童工在机器转动时作清洗机器的工作。禁止童工在机器固定部分与活动部分空隙之间工作，以防发生危险，绝对禁止童工同一天内在两个工厂内劳动。但是，1881 年工厂法在实行过程中存在不好处理的问题：一是童工年龄难以确定，因为印度没有实行出生登记，缺乏官方的出生证明，童工年龄的硬性规定弹性较大；二是该法将工厂分成了两类，一类是受本法管制的工厂，另一类是不受本法管制的工厂。[②] 该法在实际执行过程中效果并不理想。

[①] J. C. Kydd, *A History of Factory Legislation in India*, Calcutta: University of Calcutta, 1920, pp. 9, 151；黄庭柱编译：《印度之童工》，《社会建设》1948 年第 8 期。

[②] J. C. Kydd, *A History of Factory Legislation in India*, p. 149；陈达：《中国的劳工问题》，第 536 页。

1891 年通过的新工厂法，较 1881 年工厂法向前迈进了一大步。修订后的工厂法，适用范围由原来的雇工 100 人的工厂，降低到了雇工 50 人的工厂。根据工厂法的规定，童工的最低雇佣年龄由原来的 7 岁提高到 9 岁，最高年龄由原来的 12 岁提高到 14 岁。9—14 岁幼年工的劳动时间，由原来的每天劳动 9 小时缩减为每天劳动 7 小时，且中间应有休息时间。禁止女工和童工做夜工。每天和每月都有规定的休息时间。该法还规定，禁止童工用假证件作交易，规定了违规用伪证者的处罚办法。[①] 1891 年工厂法扩大了适用范围，意味着有大量工厂纳入监管范围。这样一来，在这些工厂劳动的工人，包括童工在内，也就相应地得到了保护，至少从理论上说是如此。

1881 年和 1891 年的工厂法，主要适用于采用机器生产的工厂。手工生产部门、矿业部门以及农业部门均不受此限制。换句话说就是，在这些部门劳动的童工也就无法得到保护，而在农业劳动中，常常有五六岁的儿童每天从事 12 小时甚至更长时间的劳动。

1911 年新的工厂法规定，"儿童是指 14 岁以下的人"。禁止工厂雇佣 9 岁以下的儿童，9—14 岁的儿童为童工。纺织工厂中童工的劳动时间每天不得超过 6 小时，其他工厂可延长至 7 小时。成年工人每天的劳动时间不得超过 12 小时。不得使用童工从事晨 5 时前至晚 7 时后的劳动，同时禁止童工从事其他确具危险性的劳动。拟进入工厂做工的儿童必须持有年龄证件与合格证书才能受雇在工厂劳动。[②] 关于工人的健康和安全也已有了若干新的规定。但从实行的情况来看，因年龄证件滥发导致对年龄限制的效力非常微弱。工厂卫生及安全虽有改进，工厂检查也已实行，但擅用

---

① J. C. Kydd, *A History of Factory Legislation in India*, pp. 50 - 51；Bimal Kumar, *Problems of Working Children*, p. 8；林承节：《殖民统治时期的印度史》，北京大学出版社 2004 年版，第 132 页。

② J. C. Kydd, *A History of Factory Legislation in India*, pp. 110-111；［印］R. C. 马宗达等：《高级印度史》，第 1016 页。

两个不同的名字及不同的证件，于同一天内在两个不同的工厂中劳动的现象仍层出不穷。①

为适应形势的需要，印度政府于 1922 年 7 月通过印度工厂条例修正案。该法取消了原纺织工厂与非纺织工厂的划分，将适用范围扩大到拥有雇工 20 人以上的工厂，并要求地方政府将该法推行于不用机器的工艺场。从内容上看，童工的最低雇佣年龄从 9 岁提高到 12 岁，最高年龄从 14 岁提高到 15 岁，童工年龄从 12 岁提升至 15 岁；童工的劳动时间每天不得超过 6 小时，且中间必须有强制休息的时间；禁止童工夜间劳动；15 岁以上未成年人的夜间劳动不得超过 6 小时；所有成年工人劳动时间每天不得超过 11 小时，每周不得超过 60 小时，工作 6 小时后休息一小时；每周规定一天假日；同时还规定了超时工作的报酬。修正工厂法还增加和修改了健康和安全的条文，以及违反本法的罚款规定等处罚办法。② 与以前的工厂法相比，其适用范围有了扩大，童工的年龄明显提高，意味着被保护儿童的范围进一步扩大。该法受国际劳工组织影响较大。

1923 年，印度政府通过矿工法，对矿业部门使用童工作出限制。此前，印度政府曾在 1901 年制定矿工法，明确禁止 12 岁以下的儿童进入矿业部门劳动。与 1901 年的法令相比，1923 年的法令将儿童的最低雇佣年龄由原来的 12 岁提高到 13 岁，禁止童工同一天在两个矿业部门劳动。③ 1924 年 6 月，印度又通过矿工法修正条例，禁止 13 岁以下的童工从事矿下劳动。1925 年再次对矿工法进行修正，将矿业部门雇佣儿童的年龄提高到 15 岁，即禁止雇佣 15 岁以下的儿童在矿场劳动，17 岁以下的儿童，

① ［印］R. C. 马宗达等：《高级印度史》，第 1016 页。

② C. P. Rai, etc., *Child Labour: A Reality*, New Delhi: Anmol Publications Pvt. Ltd., 2002, p. 332；陈达：《中国的劳工问题》，第 537 页；［印］R. C. 马宗达等：《高级印度史》，第 1017 页。

③ Myron Weiner, *The Child and the State in India: Child Labor and Education Policy in Comparative Perspective*, p. 79.

除非经过体格检查合格，否则也不准在矿场中劳动。合格证明由矿场经理签发，矿工在劳动期间应随身携带合格证件以备检查。① 尽管如此，矿工法还存在一些漏洞，比如，不少儿童在矿坑中帮助自己的父母运煤或装煤，当苦力或捡煤。在开采云母的矿坑中也可见到年龄很小的儿童，显然这些做法都是违法行为。

　　1934 年，印度在新通过的工厂法中规定，儿童指的是 12—15 岁的人，青少年指的是 15—17 岁的人。明令禁止雇佣 12 岁以下的儿童参加劳动，15—17 岁青少年每天的劳动时间为 5 小时。另外还对工人的劳动时间、卫生等内容，补充了前几个工厂法规定的不足。② 不论儿童或少年，参加劳动时都要佩戴证章以证明其身份，换句话说就是，他们有工作证明。这里的问题是"发给这种证明书，是没有经过特别检查的"。③ 显然，在实际执行的过程中，还难以确定佩戴证章的人究竟是儿童还是青少年。1934 年的工厂法，在 1935 年和 1936 年曾进行了两次修订。1935 年的修订中，增加了禁止女性监工在晚间工作的条款；1936 年的修订条例，增加了准许地方政府将露天工厂也纳入监管之中的条款。④

　　1938 年，印度政府通过儿童雇佣法，这是一部专门针对儿童的法律，其中列出了不能使用童工的职业和工序。该法规定，禁用 15 岁以下的儿童从事危险劳动，也不得雇佣 14 岁以下的儿童在烟草、地毯、印花布、火柴厂等行业中当学徒。⑤ 禁止雇佣儿童在港口、交通运输部门等当脚夫及挑夫，限定儿童的劳动时间等。⑥ 此法先后于 1939 年、1948 年、1949

————————

　　① 黄庭柱编译：《印度之童工》，《社会建设》1948 年第 8 期。

　　② A. N. Agarwala, *Indian Labour Problems*, New Delhi：Arthur Probsthain, 1947, pp. 162-163；[印] 穆克吉：《印度工人阶级》，第 106 页。

　　③ [印] 穆克吉：《印度工人阶级》，第 106 页。

　　④ 黄庭柱编译：《印度之童工》，《社会建设》1948 年第 8 期。

　　⑤ V. Venkat Kanna, *Law and Child Labour in India*, New Delhi：Anmol Publications Pvt. Ltd., 2002, p. 61.

　　⑥ T. M. Dak, *Child Labour in India*, New Delhi：Serials Publications, 2002, p. 89.

年、1950 年、1951 年进行修订完善，对 15—17 岁未成年人的劳动时间也进行了限制，规定每天的劳动时间不得超过 12 小时，从事晚 10 点至次日 7 点之间的劳动时，休息时间至少要有 7 小时。[1] 修订后的儿童雇佣法，开始在"所有使用发动机、雇佣 10 个或 10 个以上工人，或在其他各种情况下雇佣 20 个，或 20 个以上工人的工厂中"实行。"允许儿童做工的最低年龄从 12 岁提高到 14 岁""儿童或少年工作日的时间从 5 小时减到 4.5 小时"。[2] 工厂法的实施对限制使用童工劳动起了积极的作用，1923—1926 年间，印度工厂雇佣童工的数量有了明显的下降，见表 5-1。

表 5-1　印度工厂雇佣童工数目递减表（1923—1936）

年度	雇佣童工的数目	每年递减的数目
1923	74520	—
1924	75531	2089
1925	68725	3506
1926	60094	8631
1927	57562	2532
1928	50911	6651
1929	46843	4068
1930	37972	8871
1931	26932	11040
1932	21983	5149
1933	19091	2962
1934	18362	729

---

[1]　Badiawala, *Child Labour and India*: *Encyclopedia of Child and Family Welfare Series*, New Delhi: Anmol Publications Pvt. Ltd., 1998, p. 61.

[2]　Lakshmidhar Mishra, *Child Labour in India*, Oxford: Oxford University Press, 2000, p. 29.

续表

年度	雇佣童工的数目	每年递减的数目
1935	15457	2905
1936	12062	3395

资料来源：［印］穆克吉：《印度工人阶级》，第106页。

需要说明的是，1881年以来的工厂法并没有将全部的行业包括进去。每一次制定的法律都确定了其适用范围，也意味着有一些行业部门不受工厂法约束。这些不受约束的行业部门，大多相当于今天说的"非正规部门"，这些恰恰是使用14岁以下童工最多的地方。①

从19世纪中后期开始到20世纪前半叶，世界各地不少国家都先后通过有关立法，限制使用儿童劳动。除上文介绍的国家以外，在欧洲还有比利时（1889—1921）、瑞典（1916）、波兰（1916）、捷克（1918—1919）、匈牙利（1922）、希腊（1922）、丹麦（1922）、荷兰（1922）；在美洲有秘鲁（1918）、巴西（1923）、智利（1924）、阿根廷（1924）、加拿大（1924）；在大洋洲有澳大利亚（1911—1917）等国家都先后制定限制使用童工的法律。从内容上来看，基本上都是禁止雇佣14岁以下的儿童参加劳动，但在接受完规定的教育内容后，雇佣年龄可以放宽到12岁。②

工厂法或童工法制定和修订过程，是人们逐渐认识到童工危害的过程。随着工厂法童工法的实施，童工的最低雇佣年龄日趋提高，其劳动时间被限定在一定的区间之内，这都有利于儿童的身心健康发展。工厂法童

---

① Mark Holmstrom, *South Indian Factory Workers*, Cambridge：Cambridge University Press，1976，p. 13.

② 详见沈丹泥：《童工》第7章"各国关于童工的法令"，第54—61页；Emma Brooke, *A Tabulation of the Factory Laws of European Countries in So far as They Relate to the Hours of Labour，and to Special Legislation for Women，Young Persons，and Children*。

工法在实行过程中，固然有工厂主的自私、不愿放弃使用廉价劳动力等因素的影响，但童工父母生活困难、甘愿送子女做童工，也是不得不考虑的因素。这对当今欠发达国家使用童工的情况来说更是如此。

第六章　现代世界范围内的童工劳动

第二次世界大战以来，欧美发达国家因经济发展和工厂法、义务教育法的实施，工厂中大规模使用儿童劳动的现象销声匿迹。欠发达国家，由于经济发展相对落后，一些生产部门尤其是非正规经济部门仍有儿童劳动现象存在。其中相当一部分属于童工劳动，国际劳工组织 2021 年提供的数据显示，2020 年全球范围内 5—17 岁的童工有 1.6 亿人，其中属于最恶劣形式的童工约有 7900 万人。① 从地区分布看，无论发达国家还是欠发达国家，都存在数量不等的童工劳动，只是程度不同而已。

第一节　全球童工劳动概述

从前工业社会到工业化社会初期，儿童劳动一直存在。在历史上的不同阶段，儿童的劳动收入一直是家庭收入的重要组成部分。从欧洲历史上的一些国家来看，儿童的劳动收入在家庭收入中占有不小的比例。如

---

① International Labor Office, United Nations Children's Fund, Child Labour: Global Estimates 2020, trends and the road forward, ILO and Unicef New York, 2021, pp. 8, 13.

1787—1796 年间，英国儿童的收入占到家庭收入的 13%。① 1853 年，比利时的儿童收入占到家庭收入的 22%，1891 年达到 31%。差不多同时期的美国，儿童的收入也占到家庭收入的 1/3 左右。② 在现代的一些欠发达国家和地区，儿童的劳动收入远远超过家庭收入的 1/3。③ 由此可见，儿童劳动收入一直是家庭收入的重要补充。在儿童劳动中，相当一部分是童工劳动，这里探讨的主要是以全球范围内的童工劳动为主。

一、童工劳动的规模与分布

（一）童工劳动的规模

20 世纪 90 年代以前，童工劳动问题在很大程度上属于区域性的议题。有关童工劳动的信息也多是区域性报告，没有全球性统计数字。90 年代以后，"童工在国际上的形象发生巨变"④，童工劳动开始成为一个国际性议题，对童工劳动信息的关注开始发生变化。

过去测算童工数量时，主要考虑"10 岁及其以上的人"，10 岁以下的人很少统计，从而忽略了"有些国家和地区农村中 10 岁以下儿童参加劳动的比例很高"的事实。2008 年，第十八届国际劳工统计委员大会通过的《关于童工劳动统计的决议》制定出测量童工劳动的统计标准。该

---

① 资料显示，从不同年龄对家庭收入的贡献来看，10—12 岁的贡献是 9%，13—15 岁的贡献是 17.4%，16—18 岁的贡献则达到 22.8%。见 Siddiqui Faraaz, Patrinos Harry A., "Child Labor Issues, Causes and Interventions", World Bank Human Capital and Operations Policy Working Paper 56. Washington, D. C.: The World Bank, 1995。

② Hugh Cunningham, *Children and Childhood in Western Society since 1500*, p. 89.

③ Drusilla K. Brown, etc., *US Trade and Other Policy Options and Programs to Deter Foreign Exploitation of Child Labor*, Discussion Papers Series, Department of Economics, Tufts University, 1999; Ravinder Rena, "The Child Labor in Developing Countries: A Challenge to Millennium Development Goals", *Indus Journal of Manage-ment & Social Sciences*, 2009, 3 (1): 1-8.

④ 秘书长报告:《我们儿童:世界儿童问题首脑会议后续行动十年期终审查》，日内瓦 2001 年版，第 81 页。

决议要求在统计中使用统一的定义、方法，按照年龄、地区和性别等进行统计。① 此后，便开始有全球童工数量的估测数。本书中有关全球童工劳动的数字主要来源于国际劳工组织一些资料中的数据，也有一部分是研究者研究成果中的调查数据。

19 世纪末 20 世纪初，欧美国家经济快速发展，加上各种法律规章制度的逐步实施，工业化初期那种大规模使用童工劳动的现象得到遏制，童工数量急剧下降。童工劳动现象在欧美国家基本消失。② 欧美以外的大多数国家，尤其是欠发达国家，童工劳动却一直存在。

第二次世界大战期间，各参战国由于青壮年劳动力走上战场，国内各类生产岗位便由老人、妇女及儿童占据，尤其是童工成为许多国家生产部门中的重要劳动力。③ 第二次世界大战结束后，全球社会进入一个相对稳定发展的时期，战争期间大量使用童工劳动的现象逐渐消失。数据显示，20 世纪 50 年代，全球劳动者总数约为 12 亿人，其中 10—14 岁的儿童总数约为 2.58 亿人，参加劳动的人数是 7 亿多人，占儿童总数的比例是

---

① Yoshie Noguchi, "20 Years of the Convention on the Rights of the Child and International Action against Child Labour", *International Journal of Children's Rights*, 2010, 18 (4): 515-534.

② S. Howard Patterson, etc., *American Economic Problems*, p. 459.

③ 涉及战争期间使用童工劳动情况的部分论著有：Beatrice McConnell, "Child Labor and Youth Employment in This Nation's Third Year of War", *The Social Service Review*, 1944, 18 (4): 444-460; Gertrude Folks Zimand, *Child Workers in Wartime*, National Child Labor Committee, 1942; Beulah Amidon, "Child Labor in Wartime", *The Survey*, 1943, 7: 163-166; Natsuki Aruga, "'An' Finish School': Child Labor during World War II", *Labor History*, 1988, 29: 498-530; R. J. Moore-Colyer, "Kids in the Corn: School Harvest Camps and Farm Labour Supply in England, 1940-1950", *The Agricultural History Review*, 2004, 52 (2): 183-206; Ella Arvilla Merritt and Floyd Hendricks, "Trend of Child Labor, 1940-1944", *Monthly Labor Review*, 1945, 60 (4): 756-775; Elizabeth S. Magee, "Impact of the War on Child Labor", *Annals of the American Academy of Political and Social Science*, 1944, 236: 103-105; Sanford Cohen, "Teen-Age Student Workers in an Ohio County, 1940-1949", *Monthly Labor Review*, 1954, 77: 776-778; Anni Rochester, Child Labor in Warring Countries: A Brief Review of Foreign Reports, Washington, DC: US Government Printing Office, 1917; 等等。

27.6%。60、70、80 年代，这一比例分别为 24.8%、22.3% 和 19.9%。①
到 90 年代，全球 10—14 岁的儿童人数增加到 5.18 亿人，参加劳动人数
为 7563 万人，占儿童总数的比例约为 14.6%。这些情况说明，在社会经
济发展步入正轨，特别是在各国初等教育普及的情况下，童工数量开始下
降，见表 6-1。

表 6-1　1950—1990 年间全球 10—14 岁儿童劳动者变化及其比例

（单位：万人，%）

年份	劳动者总数	10—14 岁儿童人口	10—14 岁劳动者	占劳动者总数的比例	占儿童人口的比例
1950	120652.7	25783.8	7102.2	5.9	27.6
1960	137725.4	31060.7	7696.8	5.6	24.8
1970	165612.5	40442.3	9010.4	5.4	22.3
1980	205424.5	49984.6	9953.0	4.9	19.9
1990	250579.3	51828.9	7563.0	3.0	14.6

资料来源：ILO, *Economically Active Population 1950-2010*, Vol. 5, Table 4. Geneva：Bureau of Statistics, 1997。

从表 6-1 中可以看出，儿童劳动者的数量在儿童人口中的比例，以
及在劳动者总数中的比例都呈现出下降的态势。

进入 21 世纪以后，全球范围内的童工劳动人数虽然逐年减少，但在
某些地区仍很活跃。2000 年，全球 5—17 岁的儿童被迫参加劳动的有 2.5
亿人，占儿童总数的 16%。其中有 1.7 亿多人从事的是危险性劳动。2016
年，同年龄段被迫参加劳动的有近 1.5 亿人，占儿童总数的 9.6%，从事
危险性劳动的有 7252.5 万人，占儿童总数的 4.6%。2000—2016 年间，
全球 5—17 岁儿童当童工与从事危险性劳动情况见表 6-2。

① ILO, *Economically Active Population 1950-2010*, Vol. 5, Table 4. Geneva：Bureau of Statistics, 1997.

表 6-2　2000—2016 年间 5—17 岁儿童中童工的比例

（单位：万人，%）

年份	童工		从事危险性劳动儿童	
2000	24550.0	16.0	17050.0	11.1
2004	22229.4	14.2	12838.1	8.2
2008	21520.9	13.6	11531.4	7.3
2012	16759.6	10.6	85344.0	5.4
2016	15162.2	9.6	7252.5	4.6

资料来源：ILO-PEC，*Marking Progress Against Child Labour Global Estimates and Trends 2000-2012*，pp. 3，27；*Global Estimates of Child Labour：Results and Trends，2012-2016*，p. 38。

2016 年，全球 5—17 岁（以前主要统计 10—14 岁）儿童按性别、年龄划分的儿童就业、当童工与从事危险性劳动，占同年龄段儿童总数的比例见表 6-3。

表 6-3　5—17 岁儿童占比情况表

	就业儿童		童工		从事危险性劳动儿童	
	千人	百分比	千人	百分比	千人	百分比
全球	218019	13.8	151622	9.6	72525	4.6
男童	123190	15.0	87521	10.7	44774	5.5
女童	94829	12.4	64100	8.4	27751	3.6
5—14 岁	130364	10.6	114472	9.3	35376	2.9
15—17 岁	87655	24.9	37149	10.5	37149	10.5

资料来源：*Global Estimates of Child Labour Results and the Trends，2012-2016*，p. 9。

通过以上材料可以看到，20 世纪 50 年代以来，全球范围内的童工劳动数量明显减少，但并未消失。尤其是自 2016 年以来，全球范围内打击童工劳动的工作进展停滞不前，2000 年以来，童工数量首次出现增长的趋势，2020 年，童工在儿童中的比例未变，但童工的绝对人数却增加了

800 万。同样，从事危险性劳动的儿童比例变化不明显，但绝对值却增加了 650 多万，2019 年暴发的新型冠状病毒疾病可能会使数百万儿童沦为童工，预计到 2022 年底，儿童沦为童工①的人数将达到 890 万。对国际社会来说，取缔童工劳动仍是一项艰巨的任务。

（二）童工劳动的分布

1. 地区分布

与发达国家相比，欠发达国家的童工劳动要多一些。资料显示，20世纪 50 年代，全球 10—14 岁儿童中，童工的发生率是 27.6%，其中非洲是 38.4%，亚洲是 36.1%，拉丁美洲和加勒比地区是 19.4%，北美洲、西欧及澳大利亚是 6.1%。90 年代，上述各地区童工的发生率分别是14.7%、27.9%、15.2%、11.2% 和 0.1%。详细情况见表 6-4。

表 6-4　1950—1990 年间不同地区 10—14 童工劳动发生率（单位:%）

地区 ＼ 年份	1950	1960	1970	1980	1990
全球	27.6	24.8	22.3	19.9	14.7
非洲	38.4	35.9	33.1	31.0	27.9
亚洲	36.1	32.3	28.4	23.4	15.2
拉丁美洲和加勒比	19.4	16.5	14.6	12.6	11.2
北美洲、西欧及澳大利亚	6.1	3.8	2.1	0.5	0.1

资料来源：Gunnarsson V., Orazem P. F., Sedlacek G., "Changing Patterns of Child Labour around the World since 1950: The Roles of Income Growth, Parental Literacy, and Agriculture", In: Orazem P. F., Sedlacek G., Tzannatos Z. (eds.), *Child Labor and Education in Latin America*, Palgrave Macmillan, New York. 2009。

1975 年，发达国家 15 岁以下的儿童有 2.83 亿人，受雇参加劳动者有 154.9 万人，占 15 岁以下儿童数的 0.5%；在欠发达国家，15 岁以下

① International Labor Office, United Nations Children's Fund, Child Labour: Global Estimates 2020, trends and the road forward, ILO and Unicef New York, 2021, p. 8.

的儿童总数是 11.45 亿人，受雇参加劳动者有 5316.8 万人，占 15 岁以下儿童数的 4.6%。① 儿童参加劳动的比例，欠发达国家比发达国家高出 4.1%。20 世纪 90 年代，全球 2.5 亿的 5—14 岁的童工中，亚洲有 1.52 亿人，占 61%；非洲有 8000 万人，占 32%；拉美地区有 1800 万人，占 7%。表面看来，亚洲的童工数量最多。若剔除人口基数大的因素，非洲才是使用童工最多的地区。以 5—14 岁儿童的受雇比例来看，非洲为 40%，亚洲是 21%，拉美地区是 17%。② 从 20 世纪 90 年代全球各主要地区 10—14 岁儿童的劳动参与率来看，经济发展相对落后的地区同时是使用童工最多的地方，见表 6-5。

表 6-5　1990 年全球主要地区 10—14 岁儿童劳动参与率

地区	经济行为（千人）	参与率（%）
全球	70929	13.7
非洲	16681	22.0
东非	7965	32.9
中非	1848	21.6
北非	982	5.8
东南非	100	4.6
西非	5785	24.2
美洲	4723	7.9
加勒比	216	6.8
中美	1022	10.3
北美	0	0

---

① Elias Mendelevich, "Child Labour", *International Labour Review*, 1979, 118（5）: 557-568.

② Kebebew Ashagrie, *Statistics on Working Children and Hazardous Child Labour in Brief*, Geneva: ILO, 1997, p. 3.

续表

地区	经济行为（千人）	参与率（%）
南美	3485	12.8
亚洲	49287	15.3
东亚	22448	20.0
东南亚	5587	11.1
南亚	20143	14.0
西亚	1109	6.7
欧洲	90	0.3
东欧	4	0.1
北欧	1	0
南欧	8	0.8
西欧	0	0
太平洋	148	6.9
澳大利亚和新西兰	0	0
美拉尼西亚	147	23.9
密克罗尼西亚	0	0
波利尼西亚	1	4.8

资料来源：Christian Grootaert and Kanbur, Ravi, "Child Labor: A Review", World Bank Policy Research Working Paper No.1454, 1995, Available at SSRN: http://ssrn.com/abstract=620526。

从表 6-5 中可以看出，西欧、北欧、北美、澳大利亚和新西兰等经济较发达的地区，儿童劳动的参与率很低，有的为 0。在东非、中非、西非、东亚等经济发展相对落后的地区，儿童劳动的参与率都比较高。具体说来，非洲是 22%，美洲是 7.9%，亚洲是 15.3%，欧洲是 0.3%。在各大州内部，不同地区之间的儿童劳动参与率也有明显不同。如在非洲，不同地区儿童劳动参与率的情况是，东非是 32.9%，西非是 24.2%，东南非是 4.6%，北非是 5.8%，中非是 21.6%。①

　　具体到不同国家，童工劳动的发生率也存在更为明显的差异。以非洲和亚洲部分国家的情况来看，童工在 10—14 岁儿童人数中的比例，贝宁（Benin）是 27%，布基纳法索（Burkina Faso）是 51%，布隆迪（Burundi）是 49%，埃塞俄比亚（Ethiopia）是 42%，肯尼亚（Kenya）、尼日尔（Niger）、乌干达（Uganda）以及坦桑尼亚（Tanzania）等国家，其比例多数在 40%—46% 之间，马里（Mali）则达到了 54%。② 在亚洲，尼泊尔是 57%，孟加拉国是 52%③。这些国家的经济发展水平相对要低一些。

　　进入 21 世纪以后，全球不同地区的童工劳动发生率的差别依然存在。2000 年以来，亚太地区、拉美地区以及撒哈拉南部非洲地区，仍然是 5—17 岁儿童参与经济活动最多的地方。2017 年，国际劳工组织发布的《全球童工报告，结果与趋势：2012—2016》提到，2016 年低收入国家童工的数量占到其儿童总数的 19%，这一比例在中低收入国家中是 9%，在中高收入国家中是 7%，高收入国家是 1%。从绝对数字看，低收入国家中的童工约有 8400 万人，占全球童工总数的 56% 左右。高收入国家中的童工有 200 万人左右，约占 1.32%。④ 2000—2016 年间，世界各主要地区儿童从事经济活动及其比例见表 6-6。

---

① Christian Grootaert and Kanbur, Ravi, "Child Labor: A Review", World Bank Policy Research Working Paper No.1454, 1995, Available at SSRN: http://ssrn.com/abstract=620526.

② Assefa Admassie, "Child Labour and Schooling in the Context of a Subsistence Rural Economy: Can They be Compatible?", *International Journal of Educational Development*, 2003, 23 (2): 167-185.

③ Graitcer P. and L. Lerer, *Child Labor and Health: Quantifying the Global Health Impacts of Child Labor*, World Bank Early Child Development Paper No. 32, 1999.

④ ILO, *Global Estimates of Child Labour: Results and trends, 2012-2016*, pp. 9, 12-13.

表 6-6　2000—2016 年 5—17 岁儿童从事经济活动及其比例

（单位：百万）

地区 / 年份	2000			2004			2008			2012			2016		
	儿童总数	从事经济活动儿童数	比例	儿童总数	从事经济活动儿童数	比例	儿童总数	从事经济活动儿童数	比例	儿童总数	从事经济活动儿童数	比例	儿童总数	从事经济活动儿童数	比例
全球	1199.3	351.9	23.0	1206.5	322.7	20.6	1216.9	305.7	19.3	1585.6	264.4	16.7	—	218	13.8
亚太地区	655.1	127.3	19.4	650.1	122.3	18.8	853.9	174.5	20.4	835.3	129.4	15.5	—	90.2	10.7
拉美地区	108.1	17.4	16.1	111.0	5.7	5.1	141.0	18.9	13.4	142.7	17.8	12.5	—	17.7	8.8
撒哈拉以南非洲	66.8	48.0	28.8	186.8	49.3	26.4	257.1	84.0	32.8	275.4	83.6	30.3	—	99.4	27.1
其他地区	269.3	18.3	6.8	258.8	13.4	5.2	249.3	—	—	—	13.3	12.1	—	8.77 1.87	6.5 4.6

资料来源：Frank Hagemann，etc.，*Global Child Labour Trends 2000-2004*，Geneva：International Labour Office，2006，p. 3；ILO-IPEC，*Marking Progress Against Child Labour-Global Estimates and Trends 2000 – 2012*，Geneva：ILO-IPEC，2013，pp. 3 – 5，15，27；ILO-IPEC，*Global Estimates and Trends 2000-2012*，Geneva：ILO-IPEC，2017，p. 9。其他地区一栏中，2012 年数据，是中东和北非地区的数据；2016 年数据，上边是欧洲和中亚地区的数据，下边是阿拉伯国家的数据。

表 6-6 反映的情况与前文"1990 年全球主要地区 10—14 岁儿童劳动参与率"一表反映的情况差不多，即经济发展相对落后地区的儿童劳动参与率明显高于经济发达地区。这种情况会持续存在，且在短时间内难以改变。

2. 行业分布

英国工业革命时期，纺织业是使用童工劳动最多的部门。矿业、制造业和农业中也使用童工劳动，只是不像纺织业那样明显。在这些行业之外的"非正规经济部门"中，使用童工劳动的现象肯定存在，但没有可用于分析的数据使用，难以详述。在现代世界上正规经济部门中的童工劳动已难见到，大量使用童工劳动的主要是农业部门，以及以个体私营经济为主的"非正规经济部门"。

　　艾力思·孟德尔维西（Elias Mendelevich）在《童工劳动》（1979）一
文中的研究显示，20 世纪 70 年代末，童工从事的劳动主要有以下几类：
农业劳动有放牧牲畜、捡拾柴火、担水；流浪儿童主要从事擦皮鞋、卖
报、卖花等；受雇在轻工业部门劳动，如纺织厂、卷烟厂、火柴厂、制衣
厂、玩具制造厂等；在家庭手工业或制造业中劳动，如编织地毯（主要
是在北非、南亚地区）、玻璃加工（南亚、东南亚地区）等；家政服务，
如当保姆、宾馆或餐馆服务员等。个别国家中的童工与成年工人一样在各
生产部门中劳动。[①]

　　格鲁特阿特和坎布尔（Christiaan Grootaert and Ravi Kanbur）在《童
工劳动：经济学视角》（1995）中，列举了一部分研究者提到的 20 世纪八
九十年代亚非拉国家儿童从事的劳动类型。主要有尼日利亚农村儿童，参
加农场劳动的比例在 42%—50% 之间，从事家务劳动的比例为 52%—
61%，经商（trading）的比例是 24%—27%，从事手工劳动（craftwork）
的比例是 16%—21%，从事食品加工的比例在 26%—30% 之间。古依等人
（Gueye, et al.）的研究显示，20 世纪 80 年代，塞内加尔河流域 100 个村
庄的儿童劳动情况是，15% 的男童和 4% 的女童当学徒；做家务的女童是
53%，男童是 22%；参加农场劳动的男童是 32%，女童是 20%。杰吉巴
豪（Jejeebhoy）对印度马哈拉施特拉邦（Maharashtra）儿童劳动的研究显
示，儿童的劳动类型有：家务劳动、家庭农场、经商或者打工。在不同类
型的劳动中，男童与女童的数量明显不同。家务劳动中的男童比例是
34%，女童是 65%；家庭农场和经商儿童中，男童的比例是 24%，女童是

　　① Elias Mendelevich, "Child Labour", *International Labour Review*, 1979, 118（5）:
557–568; International Confederation of Free Trade Unions, *Breaking Down the Wall of Silence:
How to Combat Child Labor*, Brussels: International Confederation of Free Trade Unions,
[1985?], p. 4.

16%；外出打工儿童中，男童的比例是9%，女童是6%。^① 由此可见，儿童参加农业劳动的比例高于其他行业。

　　通过国际劳工组织提供的数据，对全球童工从事的劳动类型会有一个更为清晰地认识。

　　20世纪末期，奥唐纳等人（O. O'Donnel，etc.）对印度、菲律宾、加纳、喀麦隆、巴西、玻利维亚等26个国家使用5—14岁儿童劳动的危害进行研究时指出，农业是使用童工劳动最多的部门，集中了70%以上的童工；而在制造业和批发零售业等行业中，童工的数量占总数的16.6%（见表6-7）。另外，还有一些女童属于"性工作者"（童妓），部分国家童妓的数量相当大，如印度有40万人，泰国有30万人，巴西有20万人。^②

表6-7　26个国家5—14岁童工行业分布情况　　　　（单位:%）

行业	两性	男性	女性
农业、林业等	70.4	68.9	75.3
制造业	8.3	9.4	7.9
批发零售、餐饮等	8.3	10.4	5.0
社会服务	6.5	4.7	8.9
运输、仓储等	3.8	3.8	0.0
建筑业	1.9	2.0	1.9
矿业和采石场	0.9	1.0	0.9

资料来源：O. O'Donnel & F. Rosati & E. van Doorslaer, *Child Labour and Health*：*Evidence and Research Issues*, UCW Working Paper 1, Understanding Children's Work （UCW Programme）, 2002。

　　具体到不同的国家，可以发现童工从事的劳动多种多样。在印度的

---

　　① Christiaan Grootaert and Ravi Kanbur, "Child labour：An Economic Perspective", *International Labour Review*, 1995, 134（2）：187-203.

　　② Philip L. Graitcer and Leonard B. Lerer, *Child Labor and Health*：*Quantifying the Global Health Impacts of Child Labor*, Atlanta：World Bank, 1998, p. 4.

2.3 亿儿童中，有 1.65 亿人从事不同性质的劳动，其中很大一部分属于童工。童工的年龄在 5—14 岁之间，从事的劳动有加工比迪烟（Bidis）、篮筐、手镯；叫卖报纸、花卉、蔬菜；在纺织业或家庭手工业中当帮手；到城市富裕家庭中当佣人等。① 在哥伦比亚，童工从事的劳动有家庭服务、矿业、街头小贩、捡垃圾等。在意大利的 11.4 万名童工中，从事的劳动主要有，加工皮革、纺织、制衣、制包等。在农业部门，从事的劳动有捡拾土豆、放牧等。②

　　根据国际劳工组织 2008 年、2012 年和 2016 年 3 个年度的全球童工劳动变动趋势报告看，现代世界上的童工劳动，主要集中在农业与服务行业中。工业部门也使用童工，只是数量少一些，且主要集中在轻工业以及手工业中。2008 年从事农业劳动的童工是 12916.1 万人，占童工总数的60%；工业部门有 1506.8 万人，占比 7%；服务业（含家庭服务）是5510.9 万人，占比是 25.6%。4 年以后，即 2012 年，从事农业劳动的童工是 9842.2 万人，占比是 58.6%；工业部门是 1209.2 万人，占比是7.2%；服务业（含家庭服务）是 5425 万人，占比 32.3%。③ 2016 年的统计显示，从事农业劳动的童工是 10754.3 万人，占比 70.9%；在工业部门中劳动的童工是 1800.7 万人，占比是 11.9%；服务业（含家庭服务）是2607.2 万人，占比是 17.2%。④ 见表 6-8。

　　① Sumanta Banerjee, *Child labour in India*: *A General Review*, London: Anti-Slavery Society, 1979, pp. 5, 17.

　　② International Confederation of Free Trade Unions, *Breaking Down the Wall of Silence*: *How to Combat Child Labor*, Brussels: International Confederation of Free Trade Unions, [1985?], p. 17.

　　③ ILO, *Marking Progress Against Child Labour*, *Global Estimates and Trends*, *2000-2012*, p. 8.

　　④ ILO, *Global Estimates of Child Labour*: *Results and Trends*, *2012-2016*, p. 35.

表 6-8　2016 年不同地区 5—17 岁童工在各行业中的比例

地区 ＼ 行业	农业	工业	服务业
非洲地区	70.9	11.9	17.2
阿拉伯国家	85.1	3.7	11.2
美洲地区	51.5	13.2	35.3
亚太地区	57.5	21.4	21.1
欧洲中亚地区	76.7	9.7	13.6

资料来源：ILO，*Global Estimates of Child Labor*：*Results and Trends*，*2012-2016*，p. 34。

　　总的来看，现代世界上的童工劳动，主要以从事农业或与农业有关的劳动为主，其次是服务业，其中做保姆或佣人的比较多。再次是以轻工业和手工制造业为主的工业部门。

　　需要说明的是，国际劳工组织虽然在第十八届国际劳工统计委员大会上通过了《关于童工劳动统计的决议》，并在决议中制定了测量童工劳动的统计标准，即在统计中使用统一的定义、方法，按照年龄、地区和性别等统计。但通过引用的一些资料可以发现，这些"统计标准"似乎并未严格执行。有研究者认为，童工劳动从中世纪时就已经存在。[1] 这就不能不使人产生疑问，究竟什么样的儿童劳动才能算作童工劳动？儿童在家庭中从事的、简单的日常劳动，能算作是童工劳动吗？同样，在不妨碍其接受教育的前提下，学龄儿童在农忙时节帮助家里从事力所能及的劳动，能称为童工劳动吗？答案显然是否定的。事实上，国际劳工组织的某些研究报告或统计资料，并没有将儿童劳动和童工劳动作出明确的区分。导致有学者"联署公开信主张解除童工禁令称有害且没必要"。[2] 其问题就出在

---

　　[1]　Carolyn Tuttle，"History Repeats Itself：Child Labor in Latin America"，*Employee Responsibilities and Rights Journal*，2006，18（2）：143-154.

　　[2]　陈欣：《国际学者联署公开信主张解除童工禁令称有害且没必要》，《环球时报》（2016—12—19），https：//world.huanqiu.com/article/9CaKrnJZekO，2019 年 10 月 12 日。

"童工劳动"这一术语的"含糊与多义"上面。

（三）最有害形式的童工劳动

根据《关于禁止和立即行动消除最有害的童工形式公约》（第 182 号公约）的界定，"最有害的童工形式"是指以下 4 种形式，一是所有形式的奴隶制或是类似奴隶制的做法，包括"贩卖儿童、债务劳役和奴役，以及强迫或强制劳动，包括强迫或强制招募儿童，用于武装冲突"；二是使用、招收或提供"儿童卖淫、生产色情制品或进行色情表演"；三是使用、招收或提供"儿童从事非法活动，特别是生产和非法买卖有关国际条约中确定的麻醉品"；四是其性质或是"在其中从事工作的环境，很可能损害儿童的健康、安全或道德的工作。"①　一般说来，前 3 种形式的非法劳动易见，可由警察以执行公务的方式将其取缔，第 4 种形式较为隐蔽，需通过工厂检查员来监督。在所有"最有害的童工形式"中，以童兵和童妓最为恶劣。

1. 童兵（儿童兵）

童兵也称为儿童兵（Child Soldier），是指参加军队或与军队、军事团体有关系的团体或组织的 18 岁以下的未成年人，包括但不限于烹饪、勤杂工、送信等工作，也包括招募女童充当性奴和强迫结婚等，因此不单纯是指儿童入伍打仗。②

儿童当兵打仗的事例历史上就存在过。较为典型的如中世纪的儿童十字军③，美国内战中的儿童兵④，西班牙内战（1936—1939）中的儿童

---

　　①　国际劳工组织：《国际劳工公约和建议书，1994—2007》第 3 卷，国际劳工组织北京局 2010 年版，第 48 页。

　　②　*Cape Town Principles and Best Practices*，New York：UNICEF，1997.

　　③　详见本书第二章"前工业社会中的儿童劳动"中有关内容。

　　④　David M. Rosen，*Armies of the Young：Child Soldiers in War and Terrorism*，East Brunswick，NJ：Rutgers University Press，2005，pp. 4-5.

兵，以及第二次世界大战期间德国的希特勒少年师（Hitler Youth）等。①

联合国有关机构统计显示，2007 年底全球有 86 个国家和地区存在不同形式的童兵，至少有 30 多个国家在近年来爆发的内战中使用过童兵。②在这些童兵中，有的是政府雇佣，有的是反政府武装雇佣，亦有两者兼而有之的情况。③

在欧洲，1992—1995 年的波黑战争、1999 年的科索沃战争，其间都有许多儿童参与其中，充当信使或运送武器弹药。在车臣反政府军和泰米尔猛虎组织中，一些女童常常利用其特殊的身份承担一些特别任务，如暗杀或充当"人肉炸弹"等。

非洲大陆的童兵现象尤为严重。在安哥拉、中非共和国、乍得、刚果、科特迪瓦、利比亚、苏丹、乌干达、布隆迪、莫桑比克、塞拉利昂以及索马里等国家中，10 岁左右的男女儿童常常被训练到前线打仗或完成某些任务。训练期间，为了给儿童壮胆常让他们服用毒品，有时让他们参与对平民女性的强奸、抢劫和枪杀，以克服其对战斗的畏惧和不情愿的心理。对在战斗中俘获的儿童，定期为其注射毒品类药物，待其产生依赖后再安排从事扫雷、刺探情报、运送弹药等活动。④ 塞拉利昂内战期间（1991—2001），政府军雇佣了约 8000 名儿童充当童兵，叛军则招募了约

---

① 1943 年，德国为了补充兵源，招募了 35000 多名 16—17 岁的少年，组成"希特勒少年师"，1944 年 4 月投入战斗。尽管其作战勇猛，拼死冲锋，但到同年 8 月，"希特勒少年师"几乎全军覆没。对于此事，德国人认为是"民族的耻辱"，并不过多提及。David M. Rosen, *Child Soldiers in the Western Imagination*: *From Patriots to Victims*, New Brunswick, NJ: Rutgers University Press, 2015, pp. 76-101。

② The Coalition to Stop the Use of Child Ssoldiers, *Child Ssoldiers*: *Global Report 2008*, London: Bell and Bain, 2008, pp. 16-18.

③ Robert Tynes, *Tools of War*, *Tools of State*: *When Children Become Soldiers*, Albany, NY: State University of New York Press, 2018, p. 118.

④ 刘昕：《武装冲突中招募儿童兵的国际法问题研究》，硕士学位论文，西南政法大学，2016 年。

1 万名儿童充军。约 50% 的儿童年龄在 14 岁左右，另有 25% 的儿童年龄
为 11 岁或更小。[①] 1996—2007 年间，民主刚果内战期间，参与战事的 16
岁以下的儿童兵有 3 万—5 万人，接近 40% 的儿童兵是女童，被当作参战
士兵的妻子或财产，甚至被当作性奴。[②]

　　亚洲和太平洋地区的阿富汗、缅甸、印度、尼泊尔、菲律宾、印度尼
西亚、巴布亚新几内亚、所罗门，以及斯里兰卡和柬埔寨、黎巴嫩等国家
的童兵也较多。在缅甸政府军与多支反政府军发生的冲突中，有数以万计
的儿童参与其中。2000 年 1 月，两位年仅 12 岁的双胞胎兄弟领导的一支
以克伦族为主体的反政府游击队“上帝军”（God's Army），袭击了泰国的
一家医院后将 800 多人扣为人质。虽然事件最终和平收场，但“上帝军”
仍在缅甸境内胡作非为。直到 2006 年，“上帝军”才在政府军的围剿下
投降。斯里兰卡“泰米尔猛虎组织”中 60% 的成员年龄不满 18 岁，小的
只有 9 岁。2002 年以后，“泰米尔猛虎组织”新招募的成员中约有 1/3 的
女童，该组织实施的一些暗杀活动多由女童完成。[③]

　　拉美的哥伦比亚、秘鲁、巴拉圭、墨西哥、圣萨尔瓦多、危地马拉、尼
加拉瓜等国家也有数以万计的儿童兵。许多国家内战中都有使用童兵的记录。

　　战争带给儿童的精神创伤比生理上的摧残更难愈合。联合国的统计显
示，1990—2000 年间，全球超过 100 万名儿童因战乱而丧失双亲或被迫
与家人分离；30 多万名儿童被迫从军；200 多万名儿童死于内战；超过
600 万名儿童或受伤或成肢体残缺终身残疾。战争结束后重返社会的儿
童，因为习惯了暴力和犯罪，难以回归到正常生活中，从而给社会稳定留

---

　　① Robert Tynes, *Tools of War*, *Tools of State*：*When Children Become Soldiers*, Albany, NY：State University of New York Press, 2018, p. 147.

　　② Clayton A. Hartjen, S. Priyadarsini, *Global Victimization of Children*：*Problems and Solutions*, New York：Springer, 2012, p. 105.

　　③ 余洋：《远非儿童乐园的现实世界》，《人民日报》2001 年 6 月 1 日；吴强：《南亚冲突下悲惨的儿童状况》，《世界报》2007 年 1 月 17 日。

下了极大的隐患。① 使用儿童兵是一种极不人道的行为，它利用了人性的善良作恶。2014 年以来，联合国等机构多次以不同形式谴责在武装冲突中招募或利用儿童的行为，以及对受武装冲突影响儿童实施的其他侵犯行为；多次重申，只要有武装使用 15 岁以下儿童直接支持其军事行动，不论是内战还是国际战争，不论是儿童自愿还是被强征，也不管让儿童从事什么活动，其行为都触犯国际法，不论其是否签署日内瓦公约都应受到惩罚。②

2. 童妓

童妓或雏妓，是指被迫依靠与其他人发生性关系以赚取金钱为生，或为家庭赚取金钱的儿童，与一般的性工作者不同。从历史上看，不论是东方还是西方社会，童妓都是真实存在的。古希腊曾有庙宇提供童妓给到庙宇的人享用，中国古代文学作品中也有不少"登娈童之床""如季女之室"的描写。③《阅微草堂笔记》中也有相关的记载。④

现代世界上，由于艾滋病泛滥，一些嫖娼者开始盯上未成年女童。1996 年"制止雏妓国际会议"召开，与会代表来自 130 多个国家。大会发表的公报指出，"全世界每年至少有 100 万儿童被迫从事性交易"。⑤ "从曼谷的妓院到马尼拉的大街上，从莫斯科的火车站到坦桑尼亚的公路两旁，从纽约的郊区到墨西哥的海滩，令人发指的（儿童性交易）事件随处可见。"⑥ 联合国儿童基金会 2014 年的数据显示，全球约有 1.2 亿名儿

---

① 彭睿：《非洲儿童兵屡禁不绝 儿童成为贫穷和战争亚文化牺牲品》，http://gb.cri.cn/42071/2014/07/07/6071s4604723.htm，2014 年 12 月 18 日。

② 石头：《禁止招募儿童兵的国际法律概述》，http://opinion.huanqiu.com/1152/2014-11/5216331.html，2014 年 12 月 18 日。

③ 乐云：《令人"汗颜"的雏妓问题》（2010 年 12 月 7 日），http://blog.ifeng.com/article/9210581.html，2014 年 12 月 16 日。

④ 薛雅文：《〈阅微草堂笔记〉爱欲故事研究》，文津出版社 2014 年版，第 41—55 页。

⑤ 陈中原：《多国联手围剿网络色情》，《新华月报》1998 年第 11 期。

⑥ 舟野：《救救孩子——日益严重的世界儿童问题》，《当代世界》2000 年第 10 期。

童曾遭受过性虐待，雏妓在 300 万人以上。2017 年，世界卫生组织估计，全球 2—17 岁之间的儿童有大量的人曾遭受过身体、情感或性暴力。①

　　欧美等发达国家都有雏妓存在。联合国儿童基金会 2017 年的数据显示，在 28 个欧洲国家中，约有 250 万女性在 15 岁之前遭受过性虐待。在德国和捷克的边境上，有一条"廉价的性爱公路"，这里聚集了许多从事性交易的未成年人。2006 年世界杯期间，捷克的切布镇成为欧洲最大的红灯区，其中有许多未成年少女。② 在巴黎，每年流入烟花巷的女童有数千名。西班牙的色情服务业中，大量的女童每年为该行业创造数十亿美元的产值。在俄罗斯、罗马尼亚、波兰等地，"许多儿童不但成为外国旅游者的猎物，而且被拐卖到西欧妓院"③。

　　社会学家在美国所作的抽样调查显示，1998 年 15 岁以下的性交易者人数有 20 万人。样本分布在美国 50 个州的 595 个警局中。在这些性交易者中，有不少是从国外偷运进来的妇女和儿童，遭到性虐待的儿童人数在 10 万人以上。有研究称，每年受到性虐待的儿童人数超过 30 万人。④ 2008 年宾夕法尼亚大学所做的调查显示，美国每年"至少有 30 万儿童和青少年沦为卖淫者"，或被卷入性交易之中。⑤ 有些儿童的年龄只有十一二岁。⑥

---

　　① ［s. n.］A Look at Child Abuse on the Global Level, https://www. pbc2019. org/protection-of-minors/child-abuse-on-the-global-level，2019 年 8 月 30 日。

　　② ［作者不详］《捷克边境线成人口市场　少女像牛羊一样任游客挑选》，http://mini.eastday.com/mobile/161207074229071. html#，2019 年 8 月 31 日。

　　③ 陈中原：《多国联手围剿网络色情》，《新华月报》1998 年第 11 期。

　　④ Richard J. Estes, Neil Alan Weiner, The Commercial Sexual Exploitation of Children In the U. S., Canada and Mexico, University of Pennsylvania（Full Report），2001，pp. 45-46.

　　⑤ Clayton A. Hartjen, S. Priyadarsini, Global Victimization of Children: Problems and Solutions, New York: Springer, 2012, p.146；［作者不详］《儿童性剥削在美国：不仅仅是发展中国家的问题》，https://www. unicef. org/chinese/infobycountry/usa_ 46464. html，2019 年 8 月 31 日。

　　⑥ Liberty, D. & Justice, P., Prostitution of Children and Child-Sex Tourism, Rockville, MD：National Center for Missing & Exploited Children, 1999, p. 8.

　　在欠发达国家和地区中，亚太地区雏妓较为集中。有资料显示，2002年前后，亚洲童妓的人数达到 65 万之多。① 世界卫生组织公布的数据显示，菲律宾，1986 年有 2 万多名儿童从事性交易工作，其中的大多数是人口贩卖的牺牲品。1997 年前后，"10 万菲律宾雏妓"服务于棉兰老岛上的酒吧、妓院、旅游饭店和海滩。在这里的 10 万多名越南雏妓也是观光的主要内容。在泰国，1993—1995 年间，从事色情业的妇女有 1/3 是未成年人。多数人的年龄在 18 岁以下，有的甚至在 10 岁以下。国际终止童妓组织（ECPAT）提供的数据显示，1996 年泰国童妓人数有数十万，年龄在 9—12 岁之间。其中不少人或是为家庭债务所迫，或是被皮条客诱惑。② 不同研究者从不同角度给出的童妓人数，从数十万到上百万不等。③ 泰国著名学府朱拉隆功大学的一名女学者撰文指出，泰国已经成为世界上最大的童妓中心。一些贫困地区的女童外出做工时，百分之六七十的人从事了皮肉生意。在柬埔寨，能提供十二三岁童妓的妓院有数千间，妓女村有 1100 个之多，在金边的 8 万名妓女中，12—17 岁的女童有 2.48 万人。④ 在印度的加尔各答和其他城市的红灯区中，有 30 万孟加拉未成年人工作在其中，男女儿童都有，其年龄低得令人无法想象。⑤

　　美洲地区也是雏妓较多的地区。虽然没有可靠的官方数据，但是据估

---

　　①　Clayton A. Hartjen, S. Priyadarsini, *Global Victimization of Children: Problems and Solutions*, New York: Springer, 2012, p. 146.

　　②　Mei-po Au, *Child Prostitution: Case Studies of the Philippines, Thailand and Japan*, The University of Hong Kong, 1999, p. 39.

　　③　Jean Baffie, "From Ying Nakhon Sopheni to Sao Borikan: Banality and Originality in the Development of Prostitution in Thailand", *Moussons. Recherche en Sciences Humaines sur l'Asie du Sud-Est*, 2017, 29: 143–186.

　　④　［作者不详］《童妓浪潮肆虐亚洲》，http://www.ccc.org.cn/6.1/Jianxun/Jianxun2.htm，2019 年 8 月 31 日。

　　⑤　Clayton A. Hartjen, S. Priyadarsini, *Global Victimization of Children: Problems and Solutions*, New York: Springer, 2012, p. 147.

计 11—17 岁的儿童中有 200 万人左右参与性交易活动，其中有一些是属于被强迫的。各个国家的情况有所不同。巴西大约有 20 万青少年卖淫者，哥斯达黎加首都圣何塞有 2000 多人。秘鲁的 100 万名妓女中，约有 1/2 是使用假身份证的未成年人。卖淫青少年的年龄平均在 13—17 岁之间，巴西甚至有六七岁儿童的病例记录。① 哥伦比亚，一些参与性交易的青少年使用伪造的身份证以示其年龄在 18 岁以上。加勒比、中美洲和南美洲各国也有类似现象。②

在非洲，由于时局动乱、自然灾害等原因，"雏妓越来越多"，不但许许多多的欧洲"绅士"去"消费"，而且"成千上万的欧洲妇女也到那里寻找别具风味的性刺激"。③ 在西部非洲，约有 20 万名儿童从事性交易活动，其中的 90% 是因为被贩卖至西非和中非各地做家佣时而误入此途者。④

童妓，实为现代的奴隶。一些女童的命运十分悲惨，与身体所受伤害相比，其心灵创伤更为严重。在泰国的金边康复中心，有的女孩说她们每天被迫接客 5—10 人，即使生病也不能休息。不少童妓携带 HIV 病毒，一旦发病就只能返回家乡等死。⑤ 杜绝童妓现象，需要全球社会的共同努力。今天的女童可能是未来的母亲，今天的儿童将是 20 年后世界的主人，人类没有理由不给自己一个光明的未来。⑥

---

① Dorianne Beyer, "Child Prostitution in Latin America", *Trends in Organized Crime*, 1998, 3 (4): 62-64.

② ECPAT International, *The Commercial Sexual Exploitation of Children in Latin America*, Bangkok: ECPAT International, 2014, pp. 9-11.

③ 陈中原:《多国联手围剿网络色情》,《新华月报》1998 年第 11 期。

④ Clayton A. Hartjen, S. Priyadarsini, *Global Victimization of Children: Problems and Solutions*, New York: Springer, 2012, p. 146.

⑤ ［作者不详］《童妓浪潮肆虐亚洲》, http://www.ccc.org.cn/6.1/Jianxun/Jianxun2.htm, 2019 年 8 月 31 日。

⑥ IPEC, *Combating Child Labour a Handbook for Labour Inspectors*, Geneva: International Labor Organization, 2002, p. 4.

二、童工劳动的特点

现代全球范围内的童工劳动，与早期工业化国家中的童工劳动相比有相似的地方，也有很多不同，呈现出一些新的特点。

（一）全球各地都存在童工劳动但主要集中在欠发达国家

在全球各地的童工劳动中，亚洲、非洲和拉丁美洲等欠发达国家和地区童工的数量明显高于欧洲、北美洲和大洋洲等发达国家和地区。自 20世纪中期以来，这种情况几乎没有什么变化。

2000 年，世界银行的一项研究，以地区收入水平来衡量 10—14 岁儿童的劳动参与率情况。结果发现，收入较高地区，10—14 岁儿童几乎没有人参加劳动；中等收入地区，1980 年 10—14 岁儿童的劳动参与率是21%，1999 年是 7%；低收入地区，1980 年 10—14 岁儿童的劳动参与率是 35%，1999 年是 30%。[1] 1980—1999 年的 20 年间，中低收入地区的儿童劳动参与率虽然有明显下降，但比例却依然大于高收入地区。另有调查显示，在 43 个人均年收入低于 500 美元的国家中，30%—60% 的儿童沦为各种形式的童工。在人均年收入 500—1000 美元的国家中，童工的比例平均在 20% 左右。[2] 这说明，儿童参加劳动与经济发展水平有一定关系。世界银行和国际劳工组织提供的 1950—2016 年间的有关数据，也可以进一步说明这一点。见表 6-9。

---

① Jmes G. Scoville, "Segmentation in the Market for Child Labor: The Economics of Child Labor Revisited", *American Journal of Economics and Sociology*, 20002, 61（3）: 713-723.

② Ravinder Rena, "The Child Labor in Developing Countries: A Challenge to Millennium Development Goals", *Indus Journal of Management & Social Sciences*, 2009, 3（1）: 1-8.

表 6-9　1950—2016 年间全球部分国家和地区 10—14 岁儿童劳动参与率

（单位:%）

年份 国家（地区）	1950	1960	1970	1980	1990	2000	2008	2016
全球	27.57	24.81	22.30	19.91	14.65	23.00	19.30	13.80
非洲	38.42	35.88	33.05	30.97	27.87	24.92	32.8	27.1
拉美	—	—	—	—	—	—	—	—
加勒比	19.30	16.53	14.60	12.64	11.23	8.21	13.40	8.80
亚洲	36.06	32.26	28.35	23.42	15.19	10.18	20.40	10.70
欧洲	6.49	3.52	1.62	0.42	0.10	0.04	0.02	6.50
埃塞俄比亚	52.95	50.75	48.51	46.32	43.47	41.10	38.79	
巴西	23.53	22.19	20.33	19.02	17.78	14.39	10.94	
印度	35.43	30.07	25.46	21.44	16.68	12.07	7.46	—
意大利	29.11	10.91	4.12	1.55	0.43	0.33	0.27	
欧洲和中亚	—	—	—	—	—	—	—	6.50
阿拉伯国家	—	—	—	—	—	—	—	4.60

资料来源：根据以下材料制表，Kaushik Basu, "Child Labor: Cause, Consequence, and Cure, with Remarks on International Labor Standards", *Journal of Economic Literature*, 1999, 37 (3): 1083-1119; ILO, *Marking Progress Against Child Labou*, *Global Estimates and Trends*, 2000-2012, p. 27; ILO, *Global Estimates of Child Labour: Results and Trends*, 2012-2016, p. 9. 其中 2000 年、2008 年和 2016 年是 5—17 岁的儿童；亚洲在这三个年度的数据，包含太平洋地区的数据；2016 年的欧洲数据包括中亚地区的数据。

　　通过表 6-9 可以看出，儿童劳动参与率与经济发展水平呈负相关关系。经济欠发达国家和地区的儿童劳动参与率，明显高于发达国家和地区。如非洲、亚洲地区的儿童劳动参与率明显高于欧洲地区；印度、埃塞俄比亚等发展相对落后国家的儿童劳动参与率明显高于意大利等发达国家。这种情况在 2000 年以后表现得更为明显。由此推断，大力发展经济，改善人民的生活，或许是消除童工劳动的有效手段之一。

（二）童工劳动主要集中在农业及非正规经济部门

受早期工业化国家及国际社会采取一系列禁用童工劳动措施的影响，现代工业生产由于技术含量的增加，大规模使用童工劳动的情况基本绝迹。农业和以个体私营为主的非正规经济部门，成为使用童工劳动最多的地方。

国际劳工组织 2016 年的数据显示，全球 5—17 岁的儿童中，有 1.52 亿儿童从事劳动（其中 7300 万儿童从事的是危险劳动）。从性别看，男童有 8800 万人，占到 58%；女童有 6400 万人，占到 42%。从童工的行业分布看，农业部门吸纳童工占比达到 70.9%，工业部门占比为 11.9%，服务行业占比 17.2%。① 可以看到现代童工劳动主要集中在农业部门，这和 20 世纪中后期的情况差别不大。如 1996 年，巴基斯坦童工的 67%，越南童工的 92% 都从事农业生产。1998 年也门童工的 92%、2000 年摩洛哥童工的 84% 都从事农业生产。2001 年的有关数据显示，埃塞俄比亚童工从事农业生产的占比为 89%，危地马拉是 63%，而肯尼亚是 77%，其中多数都是在自家农场劳动。② 这似乎可以说明，童工并不完全是被丧心者和资本家雇佣，"市场雇佣童工的情形，可以看作是一个次要情况"，"却承载了几乎所有的义愤"。③

（三）童工劳动场所缺乏必要的安全保障

凡是使用童工劳动的地方，其劳动时间都很长，尤其是在欠发达国家中。如在孟加拉国橡胶园劳动的童工，四五岁的儿童每天都要劳动 17 个小时以上；泰国 11—15 岁童工的劳动时间，每周均在 50 小时以上。个别服务行业的女童，其每周劳动时间超过了 65 小时。有关研究

---

① ILO, *Global Estimates of Child Labour: Results and Trends*, 2012-2016, p. 5.
② Eric V. Edmonds and Nina Pavcnik, "*Child Labor in the Global Economy, Journal of Economic Perspectives*", 2005, 19 (1): 199-220.
③ 唐学鹏：《童工因爱之名》，《21 世纪经济报道》2005 年 8 月 15 日。

指出，以每周劳动 20 小时为临界线，20 小时以内的劳动对儿童接受教育没有太大的影响，超过 20 小时则会对儿童接受教育产生极为不利的影响。事实上，全球各地使用童工的地方，其每周的劳动时间很少不超过 20 小时的。在一些欠发达国家中，数以万计的儿童为生活所迫不得不去当童工，丧失了接受高质量教育的机会，也影响了其后来的发展。①

　　童工的劳动环境非常恶劣，这在欠发达国家尤为明显。在一些使用童工劳动的欠发达国家制造业中，工厂厂房低矮，空间狭小且阴暗潮湿。由于通风设备不好，车间空气中弥漫着浮尘和受污染的气体。阿富汗从事编织地毯的童工长年在织机前劳动，不可避免的引起肌肉疼痛和变形。工作车间空气中飘浮着羊毛纤维和其他化学物质，长此以往导致童工肺部感染。② 在泰国，在血汗工厂中的许多童工常常受到工头的肆意虐待，工头强迫他们在非人的条件下劳动。从事往电池中装炭精棒劳动的童工，没有任何防护设备使其免于锰中毒和全身瘫痪的危险。为了避免打瞌睡，有的工厂还给童工喂食兴奋剂。干活稍慢一点，就有人"打我脑袋"。③ 在巴西、哥伦比亚和埃及，许多在砖瓦厂劳动的童工，经常患有不可医治的脊椎骨损伤。④ 在南美洲、加勒比和非洲，受雇做佣人的童工，即使超额劳动、遭人殴打或被性侵，通常也无处求援。甚至有官员说，童工受到虐待，除非闹到警局，否则我们也爱莫能助。⑤

―――――――――

　　① Ravinder Rena, "The Child Labor in Developing Countries: A Challenge to Millennium Development Goals", *Indus Journal of Management & Social Sciences*, 2009, 3 (1): 1-8.
　　② [美] 埃利亚斯·门德烈维奇：《被世界忘却的童工大军》，《信使》1981 年第 1 期。
　　③ [英] 约翰·皮杰尔：《泰国奴役儿童的真相欲盖弥彰》，任姝摘译，《编译参考》1983 年第 4 期。
　　④ 杨智宽节译：《世界童工的悲惨生活》，《世界博览》1984 年第 3 期。
　　⑤ [美] 吉尔·斯摩洛维奇等：《世界童工的悲惨命运》，陈文炳摘译，《编译参考》1983 年第 4 期。

在种植园中劳动的童工难免吸入有毒农药气体，且时常受到昆虫叮咬。现代化的农具也往往会对童工造成致命伤害，虽然在欠发达国家中没有确切的统计数字，但通过对英国农场童工伤害情况的研究来推测数量应该也不少。根据研究，1969—1972 年间，英国农场中 15 岁以下的童工有 517 人死亡。[①] 在采石场劳动的童工，则最易罹患呼吸道和肠胃疾病，甚至经常头痛、疲劳和视力模糊。总之，欠发达国家因经济发展水平低下，童工劳动条件异常恶劣，长此以往势必影响儿童的健康成长，也难以使这些国家拥有高素质的人力资源队伍。

（四）全球范围内的童工劳动总体呈下降趋势

1950 年以来，全球经济有了显著发展。虽然各地发展不平衡，但人们的生活水平总体有了提高。伴随这一发展过程，全球各地的童工数量也呈现出一种下降态势。

有关研究显示，全球 10—14 岁的劳动儿童占同龄儿童的比例，1950 年是 27.6%，1990 年下降到 14.7%，2000 年曾反弹至 16.0%，但到 2004 年又下降到 14.2%，2008 年为 13.6%，2012 年是 10.6%，2016 年则降为 9.6%。[②] 5—17 岁儿童劳动参与率，2000 年是 23%，2008 年是 19.3%，2016 年下降为 13.8%（见前文"1950—2016 年间全球部分国家和地区 10—14 岁儿童劳动参与率"表格）。下降幅度显而易见。

具体到不同的国家和地区，这种下降趋势也比较明显。如亚太地区，

---

① International Confederation of Free Trade Unions, *Breaking Down the Wall of Silence: How to Combat Child Labor*, Brussels: International Confederation of Free Trade Unions, [1985?], p. 12.

② Gunnarsson V., Orazem P. F., Sedlacek G., "Changing Patterns of Child Labour around the World since 1950: The Roles of Income Growth, Parental Literacy, and Agriculture", In: Orazem P. F., Sedlacek G., Tzannatos Z. (eds.), *Child Labor and Education in Latin America*, Palgrave Macmillan, New York, 2009; *Marking Progress Against Child Labour-Global Estimates and Trends 2000 - 2012*, p. 27; *Global Estimates of Child Labour Results and the Trends*, *2012-2016*, p. 9.

其 10—14 岁儿童的劳动参与率，1950 年是 36%，1990 年下降为 15.2%，2012 年仅为 9.3%。在非洲，10—14 岁儿童的劳动参与率，1950 年是 38.4%，1990 年下降为 27.9%。[1] 具体到不同的国家，1950—1990 年间童工发生率的下降趋势也很明显，如，印度从 35.4% 下降到 14.4%；巴西从 23.5% 下降到 16.1%。[2] 有研究者对 1980—2000 年间全球童工劳动进行抽样调查，调查结果也反映出使用童工劳动的下降趋势。罗伯·克拉克（Rob Clark）在全球范围内选择了 142 个国家做样本研究其童工劳动情况。其中欧洲和西方国家 29 个，拉美和加勒比地区 26 个，中非和撒哈拉以南非洲地区 43 个，北非和中东地区 20 个，亚洲和太平洋地区 24 个。罗伯·克拉克的研究显示，无论从整体上还是在某一个国家，纵向看童工的发生率都呈逐步走低趋势。从下降幅度看，变动最大的是西方国家。1980—1985 年间，其童工的发生率是 0.86%；1995—2000 年间，童工的发生率只有 0.09%，降幅达到 89.53%；其次是北非和中东地区，同一区间内从 9.47% 下降到 3.69%，下降幅度在 61% 左右。即使下降幅度最小的中非和撒哈拉以南非洲地区，也有 19.03% 的降幅。童工发生率的下降趋势是显而易见的，见表 6-10。

表 6-10　1980—2000 年间 142 个国家童工变动情况　　（单位:%）

地区（国家数量）	1980—1985	1985—1990	1990—1995	1995—2000	变动情况
所有国家（142）	17.22	14.45	13.8	12.37	-28.16
欧洲和西方（29）	0.86	0.19	0.16	0.09	-89.53

① Gunnarsson V., Orazem P. F., Sedlacek G.,"Changing Patterns of Child Labour around the World since 1950: The Roles of Income Growth, Parental Literacy, and Agriculture", In: Orazem P. F., Sedlacek G., Tzannatos Z.(eds.), *Child Labor and Education in Latin America*, Palgrave Macmillan, New York, 2009.

② Drusilla K. Brown, *U. S. Trade and Othes Policy Options and Programs to Deter Foreign Explotation of Child Labor*, pp. 4-5.

续表

地区（国家数量）	1980—1985	1985—1990	1990—1995	1995—2000	变动情况
拉美和加勒比（26）	9.63	7.76	7.19	5.93	-38.42
中非和撒哈拉以南非洲（43）	34.89	31.47	30.46	28.25	-19.03
北非和中东（20）	9.47	5.6	5	3.69	-61.03
东亚和太平洋（24）	20.3	15.82	14.93	12.98	-35.2

资料来源：Rob Clark，"Child Labor in the World Polity：Decline and Persistence，1980-2000"，*Social Forces*，2011，89（3）：1033-1055。

　　1999 年，国际劳工组织通过"消除最恶劣形式童工劳动公约"，在全球范围内形成与"最恶劣形式童工劳动"做斗争的态势。受此影响，2000—2016 年间，全球各地的童工数量进一步减少，最为明显的是拉美和加勒比以及亚洲和太平洋地区，童工劳动的数量大幅下降①，见表6-11。

　　表6-11　2000—2016 年间全球部分地区 5—17 岁童工数量及其所占同龄儿童比例

（单位：千人）

年份 / 地区	2000		2004		2008		2012		2016	
全球	245500	16.0	222294	14.2	215269	13.6	167956	10.6	15200	9.6
亚洲和太平洋地区	127300	19.4	122300	18.8	113607	13.3	77723	9.3	6207.7	7.4
拉美和加勒比地区	17400	16.1	5700	5.1	14125	10.0	12505	8.8	10735（美洲）	5.3
撒哈拉以南非洲	48000	28.8	49300	26.4	65064	25.3	59031	21.4	72113（非洲）	19.6

---

　　① Heather C. Fors，"Child Labor：A Review of Recent Theory and Evidence with Policy Implications"，*Journal of Economic Surveys*，2012，26（4）：570-593.

续表

地区 ＼ 年份	2000		2004		2008		2012		2016	
其他地区	18300	6.8	13400	5.2	—	—	9244（中东和北非）	8.4	5534（欧洲和中亚）	4.1

资料来源：表格根据以下材料制作，Frank Hagemann, etc., *Global Child Labour Trends 2000 to 2004*, Geneva：ILO., 2006, p. 3；ILO, *Marking Progress Against Child Labour-Global Estimates and Trends*, 2000–2012, pp. 5, 15；ILO, *Global Estimates of Child Labour：Results and Trends*, 2012–2016, p. 9. 其中2000年与2004年的各地区的数据是，5—14岁有经济活动的儿童。

第二节　发达国家的童工劳动

有学者指出，一些童工问题研究者在把目光聚焦欠发达国家时，却忽视了发达国家[1]童工劳动存在的事实。[2] 的确如此，有关欠发达国家童工劳动的研究论文、著作很多，而讨论发达国家和地区童工劳动的却较少。事实上，正如有学者指出的那样，发达国家的童工劳动远没有消失，尤其当经济形势不好时，童工的数量还有增加的趋势。[3]

---

[1]　发达国家（Developed Country），亦称工业化国家或已开发国家，通常情况指的是社会经济发展水平高、技术先进、生活水平高的国家。根据国际社会公认的指标，《世界经济概论》(2015) 确定的发达国家有31个，即英国、美国、法国、德国、西班牙、葡萄牙、瑞士、加拿大、澳大利亚和新西兰等。这些国家多数都是较早完成工业革命的国家。工业化初期，这些国家都有大量使用童工劳动的历史。如今，经过多年的发展，在工厂法、义务教育法等多重因素的作用下，正规经济部门已难见童工劳动的身影，但在非正规经济部门却并不鲜见，只是不像欠发达国家那样突出罢了。

[2]　Peter Dorman, *Child Labour in Developed Economies*, ILO-IPEC Working Paper, Geneva：ILO, 2001, p. 1.

[3]　International Confederation of Free Trade Unions, *Breaking Down the Wall of Silence：How to Combat Child Labor*, Brussels：International Confederation of Free Trade Unions, [1985?], p. 3.

一、发达国家童工劳动概况

（一）发达国家童工劳动基本情况

彼特·道尔曼（Peter Dorman）代表国际劳工组织消除童工劳动项目（ILO-IPEC）所做的研究报告《发达国家的童工劳动》（2001）显示，20世纪五六十年代，欧洲不少发达国家都存在程度不同的童工劳动，其中10—14岁儿童的受雇情况见表6-12。

表 6-12　部分发达国家 10—14 岁儿童劳动情况

国家＼年份	1950	1960	1970
西欧	4.1	3.4	1.7
奥地利	7.8	7.0	3.6
比利时	4.2	—	—
法国	5.4	4.2	2.6
德国	3.4	2.8	1.1
尼德兰	4.9	2.6	1.7
瑞士	0.9	0.4	0.2
澳大利亚	2.7	1.6	1.2
新西兰	0.3	0.1	0.1

资料来源：Peter Dorman, *Child Labour in Developed Economies*, p. 14。

进入 20 世纪 90 年代以后，欧洲学界于 1991 年在德国的泰克伦堡（Tecklenberg）围绕童工劳动问题召开学术研讨会，探讨童工劳动问题。根据部分与会学者的研究，欧洲一些国家的儿童雇佣率还相当高。如尼德兰的儿童雇佣率是 39.5%，德国个别地区是 40%，丹麦有的地方高达73.6%。[1] 需要说明的是，儿童受雇并不完全是童工劳动，但不能否认的

---

[1]　Glenn Rikowski and Mike Neary, "Working School Children in Britain Today", *Capital & Class*, 1997, 21: 25-35.

是其中必定存在童工劳动。从葡萄牙的情况来看，2001 年葡萄牙有 3.5 万名 6—14 岁的儿童从事经济活动，其中有 40% 的人每周劳动六七天。在西班牙，非法受雇儿童达 1500 多万人，其中有 20 万人的年龄在 14 岁以下，受雇儿童主要在非正规部门劳动。尽管大多数儿童参加劳动的年龄在 10—14 岁之间，但 10 岁以下儿童的数量也不少，在农村五六岁的儿童参加劳动也不稀奇。①

在英国，虽然童工劳动早已被宣布为非法，但在 21 世纪到来前后的一段时间内，非法使用童工劳动的现象仍常见诸报端。20 世纪 80 年代的有关调查显示，13—15 岁的儿童中有 50% 的人做过兼职劳动，其中大多数人是在服务和食品加工等非正规行业中劳动。因缺乏具体的统计数字，无法确定受雇者的数量。② 90 年代，英国反对党工党公布的一项调查报告显示，15 岁以下的儿童在饭馆、酒吧做服务员的人数有 150 万之多。有的还从事搬运牛奶这样的体力活。③ 英国《星期日独立报》也指出，英国打工的中小学生有 110 万—170 万人，年龄集中在 11—15 岁之间，其中 90% 为非法童工。④ 1996 年，英国健康安全局查获了位于北安普顿郡的一个非法雇佣童工食品加工厂，其中雇佣的童工有的年龄只有 10 岁。他们在机器旁封装食品塑料袋，然后把打包成箱的食品搬走，每天劳动 6 小时，而报酬有时只是一盒巧克力。⑤

1973 年英国政府曾颁布"儿童就业法"，规范儿童就业问题。其中规定，禁止 13 岁以下的儿童受雇参加劳动，除非从事文化、体育、艺术和

---

① ILO, *Child Labour: Targeting the Intolerable*, Geneva: International Labour Office, 1996, p. 35.

② Jim McKechnie, etc., "Working Children: the Health and Safety Issue", *Children and Society*, 1998, 12 (1): 38—47.

③ 李文诰：《英 150 万童工干重活》，《人民日报》1994 年 8 月 31 日。

④ [作者不详]《英国雇佣童工现象普遍》，《人民日报》1996 年 5 月 14 日。

⑤ 李文诰：《英查获一非法雇佣童工工厂》，《人民日报》1995 年 9 月 26 日。

广告之类的工作。受雇儿童每天的劳动时间不得超过 2 小时，或每周不超过 12 小时。限制使用童工的法律是严格的，但执行不到位则难以发挥其效力。尤其是在利欲熏心的雇主、未能尽职的父母面前，若无强力监管，则"法律"往往会流于形式。①

　　意大利是西欧使用童工劳动最多的国家之一。20 世纪八九十年代，意大利农业部门吸纳的童工有 50 万人之多，建筑业和纺织行业中也有 10 多万人。② 意大利各地经济发展不平衡，童工劳动在各地的情况也不一样，尤其在经济发展相对落后的南部地区，童工的数量较多。如南部城市那不勒斯，从事皮鞋、手套和手提包等的生产制作的童工有 10 多万人，每天劳动时间超过 10 小时。"除圣诞节和元旦外，他们没有节假日"。许多儿童因长期在恶劣的环境中劳动染上疾病。虽然也有许多社会人士对此给予关注，但他们改变不了童工的命运。对童工及其家庭来说，不从事这类劳动，就会陷入饥饿的威胁之中。③ 针对各地的童工现象，意大利的一位官员克劳迪奥·贝蒂说："那种令人神往的对孩童的宠爱早已过时。随着城市日益贫困凋敝，传统的家庭关系看来已不复存在，剩下的只是剥削而已。"④

　　其他欧洲国家也存童工劳动现象。如法国，在葡萄成熟的季节，有成千上万的儿童参与劳动，其中许多属于非法雇佣；原西德仅巴伐利亚一地就有 34.3 万起违反童工法的案例等。童工劳动有时是一种无奈的选择，当生存受到威胁时，法律、道德都会显得苍白无力。因此，有研究者指出，"只有在最富裕的国家里，童工问题才作为社会问题看待"。当经济萧条时，人们对"禁止童工的种种道德规范也就不以为然"。父母对子女

---

①　[作者不详]《英国雇佣童工现象普遍》，《人民日报》1996 年 5 月 14 日。

②　ILO, *Child Labour: A Textbook for University Students*, p. 32.

③　郭敏功：《那不勒斯的童工》，《人民日报》1980 年 5 月 30 日。

④　[美] 吉尔·斯摩洛维等：《世界童工的悲惨命运》，陈文炳摘译，《编译参考》1983 年第 4 期。

受雇当童工的现象往往会"视而不见"。①

（二）美国的童工劳动

1. 儿童劳动的有关规定

1938 年，美国颁布《公平劳工标准法》，对童工的年龄、工作时限和工种等作出了明确规定。各州也有自己的规定。根据《公平劳工标准法》，允许 14—16 岁的儿童参加一定的劳动。从事危险劳动者必须年满18 岁；从事一般工作的年龄不能低于 16 岁；从事某些课余工作的最低年龄是 14 岁；从事文化、体育、艺术和广告等类工作的儿童，其年龄不能低于 13 岁。儿童的劳动时间也有明确规定，如 14—16 岁的儿童每天的劳动时间不得超过 2 小时，每周不超过 12 小时，且工作时段不得在上午 7点前或晚上 7 点以后；禁止 16 岁以下男女儿童做夜工；所有 18 岁以下的青少年参加劳动必须持有劳动许可证。② 但这些规定在实际执行过程中常常出现执行不到位的情况，从而导致违法雇佣童工现象的发生。

2. 童工劳动的基本情况

从历史上看，美国一直是在生产部门中使用童工劳动较多的国家之一。内战结束至第二次世界大战前夕，美国 10—14 岁儿童的受雇情况，可以从表 6-13 中窥见一斑。

表 6-13   1870—1930 年间美国 10—14 有报酬劳动者

（单位：千人，%）

年份	工人总数	10—14 岁人口	10—14 岁劳动者	儿童占劳动力的百分数	儿童就业率百分数
1870	12925	4786	765	5.92	15.98

① ［美］吉尔·斯摩洛维等：《世界童工的悲惨命运》，陈文炳摘译，《编译参考》1983 年第 4 期。

② 美国劳工研究会：《美国劳工实况 1955—1956》，许国倍译，世界知识出版社 1958年版，第 51 页。

续表

年份	工人总数	10—14 岁人口	10—14 岁劳动者	儿童占劳动力的百分数	儿童就业率百分数
1880	17392	5715	1118	6.43	19.56
1890	23318	7034	1504	6.50	21.38
1900	29073	8080	1750	6.02	21.66
1910	37371	9107	1622	4.34	17.81
1920	42434	10641	1417	3.34	13.32
1930	48830	12005	667	1.37	5.56

资料来源：U. S. Census Bureau, *Historical Statistics of the United States*, *Colonial Times to 1970*, New York：U. S. Census Bureau, 1997。

表6-13 中，美国自内战结束后的半个多世纪里，10—14 岁的儿童劳动者一直是工人队伍中的重要组成部分。第二次世界大战前，儿童参加劳动总体呈下降态势，但这种下降态势很快就被打破。

第二次世界大战期间，对劳动力的需求、高工资的诱惑以及爱国的压力等，使得美国童工劳动的数量骤然增加。1940 年的数据显示，14—17 岁的童工是 100 万人，到 1944 年增加到 300 万人。[1] 1940—1944 年间，从使用童工的数量上看，男童多于女童。但从增幅上看，男童是 169%，女童达到 243%。十四五岁女童工的增幅达到惊人的 361%。其中尚未包括 14 岁以下可能受雇的儿童。若把这部分儿童包括在内，其数量会更大。童工数量的急剧增加，使人们对预测美国童工有长达百年的下降趋势开始表示怀疑。[2]

第二次世界大战结束后到 20 世纪 70 年代之间，美国社会分化严重。国民财富中的 41.1% 掌握在仅占人口总数 20% 的高收入人群手中，另外

[1]　Ella Arvilla Merritt and Edith S. Gray, "Trends of Child Labor, 1940-1944", *Monthly Labor Review*, 1944, 60（4）：756-75.

[2]　Rachel Devlin, *Relative Intimacy*：*Fathers*, *Adolescent Daughters*, *and Postwar American Culture*, Chapel Hill：University of North Carolina Press, 2005, p. 92.

80%的人群占有的国民财富不到60%。全国有接近25%的贫困家庭没有什么资产。① 这种情况使得一些贫困家庭的子女不得不外出打工补贴家用。1950年的人口普查显示，14—17岁的青少年人口中有16%的人受雇参加劳动。14岁以下的儿童参加季节性劳动的情况没有统计。1952年受雇参加劳动的10多岁的儿童有64.2万人，14—15岁的有141.4万人，从事农业和打零工的14岁以下的儿童没有统计在内。②

　　从童工劳动的行业分布来看，农业是使用童工最多的一个部门。童工在农场中从事种植豆类、浆果、洋葱和樱桃等劳动。1954年8月，全国童工委员会提供的数据显示，受雇在各行业中工作的儿童有29.65万人，其中受雇在农场劳动者有94.6万人，有些儿童的年龄不满10岁，甚至5岁的儿童也同成年人一样一周六天在田地里劳动。③

　　1966年以前，农业雇佣儿童劳动没有明确的年龄限制。1966年以后，农业童工的最低雇佣年龄确定为16岁。为了牟取高额利润，农业资本家往往铤而走险，常常雇佣16岁以下的儿童参加劳动，有许多甚至是年仅七八岁的幼童。这给儿童的身心健康带来严重危害。④ 以至于美国一家工会的报纸曾说，美国农场滥用童工的程度，实际上已经超过了19世纪最恶劣的时期。⑤

　　农业以外，服装、餐饮、零售等行业也是使用童工较多的部门。在糖果类零售店中，童工通常是被安排沿街叫卖巧克力、水果糖等零售食品。纽约的服装行业、加利福尼亚的快餐馆、艾奥瓦的农场，以及意大利馅饼店、超级市场、电影院等都雇佣了大量的童工。美国劳工部的年度抽查数

---

① 欧阳新：《西方资本对童工的剥削》，《兰州学刊》1982年第4期。
② "Child Labour in 1951-1952", *The Social Sservice Review*, 1952, 26 (4)：480-482.
③ 美国劳工研究会：《美国劳工实况 1953—1954》，辛化译，世界知识出版社1956年版，第68—69页。
④ ［作者不详］《美国广大童工处境悲惨》，《新华月报》1972年第6期。
⑤ ［作者不详］《美国农场滥用童工》，《新华社新闻稿》1957年第2400期。

据显示，20 世纪 70 年代违法雇佣童工事件有 1.3 万例，1983 年有 9243
例，1989 年有 2.25 万例，1991 年有 2.75 万例。违法行为多种多样，有
的是违反了最低雇佣年龄，有的是让儿童从事危险劳动，有的是工作时间
太长，也有的是雇主没有按"法定的最低工资"支付童工工资等。[1]

童工们从事危险劳动的现象也非常普遍，如雇佣他们操纵切肉机、打
包机、收玉米机等。他们中有的人因操作机器不当而受伤或送命。例如一
个名叫加维的 13 岁儿童，在操纵烘干机时被轧断了一条腿。另一个名叫
鲍特罗斯的 15 岁男孩被雇去驾驶汽车，结果出了车祸，白白丢掉了一条
命。[2] 对童工的种种遭遇，一个群众团体的调查报告说，很难不使人联想
起 20 世纪 30 年代的"血汗工厂"。这些工厂中童工的遭遇，不过是美国
普通百姓家庭儿童遭遇的一个缩影罢了。[3]

在农业劳动中，对童工威胁最大的是现代化的机器和高效农药。因为
这个缘故，美国国家安全委员会曾认定农业是最危险的职业。1998—2002
年间，17 岁以下的儿童中有 41% 的致命伤害发生在农业领域。在家庭农
场死亡的人数中，有 60% 的死亡事故发生在 17 岁以下的童工群体。农业
领域 15—24 岁的青年工人中，每 10 万人中死亡人数约 21.3 人，而其他
行业是 3.6 人。[4] 1998—2002 年间，在农业领域劳动的童工，常常面临感
染热病、使用机器不当造成伤害或永久残疾的威胁。[5]

非法雇佣童工现象在美国之所以屡禁不止，原因有四点，一是越来越

---

① 张亮：《美国违法雇佣童工何其多》，《人民日报》1992 年 6 月 25 日。

② 罗杰：《美国童工苦难多》，《人民日报》1990 年 11 月 11 日。

③ 新华社：《遭受垄断资本残酷剥削 美国广大童工处境悲惨》，《人民日报》1972 年
6 月 1 日。

④ Mary E. Miller, "Historical Background of the Child Labour Regulations: Strengths and
Limitations of the Agricultural Hazardous Occupations Orders", *Journal of Agromedicine*, 2012,
17: 163-185.

⑤ Celeste Corlett, "Impact of the 2000 Child Labor Treaty on U. S. Child Laborers", *Arizona Journal of International and Comparative Law*, 2002, 19 (2): 713-719.

多的家庭陷入贫困。全国童工委员会认为在非法受雇的 18 岁以下的儿童中，"差不多有 900 万人"的家庭是属于那些一周的平均收入"不到 40 美元的家庭"。约有 350 万受雇儿童的家庭是属于"一周收入甚至不到 20 美元的家庭"。① 许多儿童"离开学校去参加工作"，只是希望用赚到的一点小钱"帮助家庭买到一些食品杂货"。② 从事农业劳动的童工，多数要随着其家庭，"按照庄稼收获的季节""跟着庄稼（从南）向北移动"。成千上万的儿童跟随父母一起，"住在旧的公共汽车、破烂的汽车和卡车里"，这样做只是为了"维持活命"。在他们漂泊不定的生活里，不得不经常进行"累断脊梁骨的劳动"。他们"几乎没有受教育的机会"，也没有"可以称为家的地方"。③ 二是外国移民增加，为一些企业提供了可以剥削的童工。三是政府执法不力。根据警方的调查发现，控制童工的是一些所谓的"地下工头"，他们通常以欺骗的手段把年幼无知的儿童控制起来，逼迫他们从事某种劳动，只给很少的报酬。因为"地下工头"不公开，很难将其绳之以法。四是童工廉价。有关童工劳动的原因虽然有多种，如劳动力短缺、家庭贫穷等，但对雇主来讲，童工廉价最具诱惑力，这让他能够获得高额利润。美国劳工部长多尔曾指出："不管是出于贪婪还是无知，违法是不能容忍的。"但问题是，"当局能否根除非法童工劳动"，需要积极采取行动才有可能打消人们的疑问。④

---

① 美国劳工研究会：《美国劳工实况 1953—1954》，辛化译，世界知识出版社 1956 年版，第 68 页。

② 美国劳工研究会：《美国劳工实况 1957—1958》，许国倍译，世界知识出版社 1964 年版，第 63 页。

③ 美国劳工研究会：《美国劳工实况 1955—1956》，许国倍译，世界知识出版社 1958 年版，第 68—69 页；张亮：《美国违法雇佣童工何其多》，《人民日报》1992 年 6 月 25 日。

④ 张亮：《美国违法雇佣童工知多少》，《人民日报》1990 年 3 月 19 日。

二、发达国家童工劳动特点

（一）发达国家的童工以社会底层家庭的儿童为主

在发达国家，童工主要是来自移民家庭或处于社会底层的家庭。从美国的情况来看，从事农业劳动的童工中，有接近 1/2 是少数民族墨西哥族的儿童，也有一部分是被贩卖人口集团从其他国家贩卖至美国的。被贩卖来的儿童常常会在接受一定的特别训练后安排到大城市中从事非法活动。① 在英国一些血汗工厂的童工中，也有不少是人口贩卖集团从其他国家以走私，或办假护照方式偷运来的儿童。在伦敦、利物浦、曼彻斯特和纽卡斯尔等地的血汗工厂、毒品加工厂以及部分私人居所里都可以看到这些童工的身影。在英美以外的其他发达国家中也存在非法使用童工的情况。这些童工的劳动条件异常恶劣，并随时有可能受到人身伤害甚至性虐待。

（二）儿童参加劳动并非全是因为贫困

发达国家的儿童劳动与欠发达国家的儿童劳动相比，他们不是为生存、为弥补家庭收入的不足而劳动，更多的情况下是为了赚取可供自己使用的零花钱。如在法国，每年有成千上万的儿童在葡萄成熟时采摘葡萄，他们喜欢收获时节的那种狂欢气氛，参加劳动是为了享受劳动的乐趣，当然也有的儿童是为了逃避家长的束缚。在意大利，有的儿童宁愿到血汗工厂劳动，也不愿在家受"家长统治式的管束"。美国 12—19 岁的青少年中约有 60% 的人外出打零工，目的也是赚取零花钱。总体来看，发达国家的儿童劳动多是为了自己挣零花钱，然后购买自己喜欢的物品，不像欠发达国家的部分儿童，参加劳动是为了糊口。不过，这并不否认发达国家

---

① ILO, *Child Labour: Targeting the intolerable*, Geneva: International Labour Office, 1996, p. 35.

童工劳动的存在。①

第三节　欠发达国家的童工劳动

欠发达国家或称发展中国家（Developing Country），主要是与发达国家相对而言，指的是经济发展水平、技术发展程度以及人民生活水平相对较低的一些国家。另外，还有一些经济社会发展水平低于联合国颁布的人类发展指数的一些国家，被称为最不发达国家（Least Developed Country，缩写为 LDC 或 LDCS）。目前，世界上大约有 130 个国家被列入最不发达国家。从历史上看，欠发达国家和最不发达国家多是帝国主义国家的殖民地或半殖民地。本书中使用的欠发达国家和地区包括最不发达国家和地区。

一、欠发达国家童工劳动的基本情况

大多数研究者认为，童工劳动与教育问题紧密相连。一个国家适龄儿童入学率的高低，可以从一个侧面反映该国童工劳动发生率的情况。② 文盲率高的国家，儿童的入学率肯定要低一些，也最容易出现童工劳动。③一些研究者对部分国家 10—14 岁儿童参加劳动情形的研究，以及 20 世纪70 年代以来北美以外国家儿童劳动参与率的走低与儿童入学率的提高之间的变动情况，能大体支持这一看法④，见表 6-14。

① ［美］吉尔·斯摩洛维等：《世界童工的悲惨命运》，陈文炳摘译，《编译参考》1983 年第 4 期。

② Myron Weiner, *The Child and the State in India*：*Child Labor and Education Policy in Comparative Perspective*, p. 134.

③ International Confederation of Free Trade Unions, *Breaking Down the Wall of Silence*：*How to Combat Child Labour*, Brussels：International Confederation of Free Trade Unions,［1985?］, p. 4.

④ Constance Sorrentino, *Youth Unemployment, an International Perspective*, U. S. Department of Labor, Bureau of Labor Statistics, 1981, pp. 15-17.

表 6-14　1971 年部分国家 10—14 岁儿童在劳动力中的比例

（单位：千人,%）

国别	男童		女童		总数	
	人数	在劳动力中的比例	人数	在劳动力中的比例	人数	在劳动力中的比例
美国	221	2.1	106	1.1	327	1.6
瑞典	2	0.6	1	0.3	3	0.4
意大利	70	3.1	44	2.0	114	2.6
匈牙利	2	0.6	4	1.3	6	1.0
埃及	426	18.2	101	4.50	597	11.5
莫桑比克	220	41.8	77	14.5	297	28.1
坦桑尼亚	334	35.9	223	23.9	557	29.9
巴西	1054	15.8	382	5.8	1436	10.8
秘鲁	44	4.6	40	4.3	84	4.5
墨西哥	390	10.0	91	2.4	481	6.3
印度	7620	19.4	7537	20.7	15157	20.0
印度尼西亚	1425	16.5	1048	12.5	2473	14.5
泰国	623	23.0	730	27.7	1353	25.4

资料来源：International Confederation of Free Trade Unions，*Breaking Down the Wall of Silence*：*How to Combat Child Labour*，p. 35。

从表 6-14 中可以看出，10—14 岁儿童在劳动力中的比例，在美国、瑞典等国家都很低，而在莫桑比克、坦桑尼亚、泰国、印度等国家则要高一些。从国民的识字率来看，印度在 1951 年是 16.7%，1981 年是 40.8%；印度尼西亚在 1961 年是 40%，1980 年前后差不多是 75%。美国 14—17 岁儿童的入学率，早在 1920 年是 62%，1930 年是 73%，1940 年达到 79%。[1] 从普及教育程度看，1975 年，发达国家 6—11 岁儿童接受初

————————

[1]　Myron Weiner，*The Child and the State in India*：*Child Labor and Education Policy in Comparative Perspective*，pp. 158，4，148。

等教育的比例是 94%，12—17 岁儿童完成中学教育的比例是 84%；而欠发达国家的比例却分别只有 62% 和 35%。① 那么，欠发达国家中 38% 的 6—11 岁的儿童和 65% 的 12—17 岁的儿童会到何处，又能做什么呢？

　　国际劳工组织的数据表明，20 世纪 60 年代，全球童工数量是 4100 万人，到 1975 年时增加到 5470 万人，其中的大多数集中在欠发达国家。② 1975 年，全球 15 岁以下的童工，南亚有 3050 万人，东亚有 990 万人，非洲有 960 万人，拉丁美洲有 330 万人，北美洲、欧洲、大洋洲和苏联是 130 万人③，其他地区 10 万人。1979 年，全球 15 岁以下的童工有 5200 万人，其中东南亚有 2900 万人，东亚有 910 万人，非洲有 970 万人，拉美国家有 310 万人，欧洲有 70 万人，北美洲有 30 万人，大洋洲有 10 万人。④ 到 2000 年，全球童工的分布情况是，南亚有 2070 万人，东亚有 340 万人，非洲有 1010 万人，拉丁美洲有 230 万人，北美洲、欧洲、大洋洲和苏联有 71 万人。⑤ 通过这些数字可以看出，发展相对落后的亚洲、非洲和拉丁美洲是使用童工最多的地方，其童工的数量远远高于欧洲、北美洲和大洋洲。

　　进入 21 世纪以后，国际劳工组织每间隔四年发布一次全球童工劳动变动趋势报告。虽然每一次发布的报告在地区划分上有差异，但并不影响对全球童工劳动趋势的判断。与 2000 年以前的统计相比，之后年份的统

---

　　① International Confederation of Free Trade Unions, *Breaking Down the Wall of Silence*: *How to Combat Child Labour*, p. 35.

　　② ［苏联］ IO·伊万诺夫：《发展中国家的童工劳动》，逸野编译，《国外社会科学快报》1990 年第 6 期。

　　③ International Confederation of Free Trade Unions, *Breaking Down the Wall of Silence*: *How to Combat Child Labour*, p. 37.

　　④ Elias Mendelievich, "Child Labour", *International Labour Review*, 1979, 118（3）: 557-568.

　　⑤ International Confederation of Free Trade Unions, *Breaking Down the Wall of Silence*: *How to Combat Child Labour*, p. 37.

计确定了统一的口径，即 5—17 岁的儿童。报告提供并进一步分析了不同年龄段儿童劳动——5—11 岁、12—14 岁、5—14 岁和 15—17 岁——的数据和各地区分布情况。从 2004 年、2008 年、2012 年和 2016 年以及 2020 年的数据来看，欠发达地区 5—17 岁童工劳动的数量，仍然高于其他地区，尤其是 5—11 岁童工的数量。①

2004 年发布的全球童工趋势报告，没有可用作比较的分地区童工数据。2008 年报告中分地区的童工报告数据是，亚洲太平洋地区约 1.1 亿人，拉丁美洲和加勒比地区是 1412.5 万人，撒哈拉以南非洲地区是 6506.4 万人；2012 年报告，分地区统计，增加了中东和北非地区。具体的数据是，亚洲和太平洋地区是 7772.3 万人，拉丁美洲和加勒比地区是 1250.5 万人，撒哈拉以南非洲地区是 5903.1 万人，中东和北非地区是 924.4 万人；2016 年的报告中，地区划分有了新的变化。拉丁美洲和加勒比地区被用美洲地区取代，撒哈拉以南非洲被用非洲取代，增加了欧洲和中亚地区以及阿拉伯地区。具体数据如下，亚洲和太平洋地区是 6207.7 万人，美洲地区是 1073.5 万人，非洲是 7211.3 万人，欧洲和中亚地区是 553.4 万人，阿拉伯地区是 116.2 万人。对照国际劳工组织在 2004—2016 年间发布的报告，可以看出，欠发达国家 5—17 岁童工的数量虽然纵向比较有很大的下降，但横向比较看仍然高于发达地区。

在欠发达国家和地区中，具体到不同的国家，其使用童工的情形又有不同，个别国家的童工数量还相当惊人。

在亚太地区，印度、巴基斯坦、孟加拉国、泰国等国家，都属于使用童工比较多的地方。从童工在 5—14 岁儿童中的比例来看，尼泊尔是

---

① International Labor Office, United Nations Children's Fund, Child Labour: Global Estimates 2020, trends and the road forward, ILO and Unicef New York, 2021, p. 6.

42%，孟加拉国是 19%，巴基斯坦是 8%，印度是 5%。① 以印度为例来看，1970 年的人口普查数据显示其参加劳动儿童的数量是 1.07 亿人，占到劳动力总数的 4.6%。1981 年的人口数据显示儿童劳动力是 1.36 亿人，占 5—14 岁儿童总数的 7.6%。1983 年的官方调查显示全国有童工 1.74 亿人，与 20 世纪 70 年代相比，童工的数量呈明显的增长态势。② 从童工从事的劳动看，1991 年，童工的数量约为 2.3 亿人，其中 85% 的童工主要从事农业劳动。③ 2000 年，5—14 岁的童工有 2.025 亿人④，其中的大多数也主要从事农业劳动。在农业劳动之外，砖窑、采石场和建筑工地上，也有少量的童工在小工厂中劳动。这些童工中，有的人是"父债子还"，以劳动冲抵债务，有的是因为家庭赤贫，不外出劳动生活就难以为继。⑤ 虽然印度也有禁用童工劳动的法律（1986 年童工法），但其作用并不明显。2016 年 7 月，印度下议院通过新童工法案，将原先禁用 14 岁以下儿童从事的工作种类进一步扩大，同时允许儿童从事部分工作。但这些规定遭到了联合国儿童基金会的反对⑥，认为这样做有可能加剧童工劳动。

　　巴基斯坦也是亚太地区使用童工较多的国家，1990—1991 年间，10—14 岁的童工有 182 万人，1992—1993 年间达到 204 万人。⑦ 其中的大

---

　　① Sayan Chakrabarty, Ulrike Grote, "Child Labor in Carpet Weaving: Impact of Social Labeling in India and Nepal", *World Development*, 2009, 37 (10): 1683–1693.

　　② Myron Weiner, *The Child and the State in India: Child Labor and Education Policy in Comparative Perspective*, pp. 20–21.

　　③ Sharmistha Self and Richard Grabowski, "Agricultural Technology and Child Labor: Evidence from India", *Agricultural Economics*, 2009, 40 (1): 67–78.

　　④ Shruti Tripathi, "Child Labor as an Institution in India(February 4, 2008)", Available at SSRN: https://ssrn.com/abstract = 1090116 or http://dx.doi.org/10. 2139/ssrn.1090116.

　　⑤ ［作者不详］《印度有大量奴隶童工》，《人民日报》1990 年 6 月 7 日。

　　⑥ ［作者不详］《印度童工法允许儿童从事部分工作 联合国不干了》，《廉政瞭望》2016 年第 15 期。

　　⑦ S. M. Younus Jafri and S. M. Younus Raishad, "Some Dimensions of Child Labour in Pakistan", *The Pakistan Development Review*, 1997, 36 (1): pp. 69–86.

多数集中在农业和制造业部门。

巴基斯坦的制造业，以集中在东北部锡亚尔科特的缝制足球和抛光医疗器械两个行业最为典型。两个行业中使用的童工占到巴基斯坦童工总数的48%，其中缝制足球行业的童工占17%，抛光医疗器械行业的童工占31%。童工每天劳动八九个小时，在抛光医疗器械行业中每月的收入是1300卢比，在缝制足球行业中是1650卢比。1997—1998年间，巴基斯坦出口足球数量达3540万个，出口总额是50亿卢比。锡亚尔科特与周围的1450个邻近村庄，缝制出全球75%的足球。[①] 在其背后则是数以万计的童工以牺牲自己的健康为代价。巴基斯坦缝制足球行业中的童工引起国际劳工组织的高度关注，并要求其禁用童工缝制足球。1998年世界杯足球赛期间，国际劳工组织和国际足球联合会携手宣布，在"世界杯"足球赛中禁用童工缝制的足球。

1995—1996年间，抛光医疗器械行业为巴基斯坦带来15亿卢比的收入。该行业收入明显高于其他行业吸引了众多的参与者，其中全职童工有7700人，另有属于放学后从事这类工作的"非全职儿童劳动者"。

印度、巴基斯坦之外的其他亚太地区国家中也有程度不同的童工劳动。如泰国，其童工劳动多属于最恶劣形式童工劳动类型（童妓、强迫劳动等）。2005年统计的2.25万—4万名从事性交易人员，年龄多在18岁以下。[②] 在斯里兰卡，1983—1984年的劳动力人口调查显示，10—14岁的儿童占到劳动力总数的25%，1989年是34%。[③] 1999年435万名5—

① Imran Naseem, "Globalization and Its Impacts on Child Labor in Soccer Ball Industry in Pakistan", *The Dialogue*, 2010, 4 (1): 109-139.

② Maki Okusa, *Child Labor in Asia: Challenges and Responses of the International Labour Organization in Thailand and India*, University of Oregon theses, Interdisciplinary Studies Program: International Studies Program, M. A., 2008, p. 49.

③ Hadi A., "Child Abuse among Working Children in Rural Bangladesh: Prevalence and Determinants", *Public Health*, 2000, 114 (5): 380-384.

17 岁的儿童中，有 95 万人从事的劳动属于童工劳动，比例达到 21.1%。① 2000 年，5—14 岁的童工占到同年龄段儿童总数的 9%—11%，大约在 540 万至 790 万人之间。菲律宾 2001 年的统计数字显示，全国有童工 221 万人，占到儿童总数的 12%。② 20 世纪 90 年代，土耳其 6—14 岁儿童中，从事经济活动者有 97.4 万人。童工在 6—14 岁儿童中的比例，1994 年是 8.5%，1999 年是 4.2%。③ 以 6—17 岁儿童为统计对象，则有经济行为儿童的人数，1994 年是 219 万人，1999 年是 163.5 万人，2006 年是 95.8 万人。④ 以上情况说明，亚太地区许多国家都存在着数量庞大的童工群体，限制直至禁止使用童工劳动需要这些地区的国家采取强有力的措施才可能做到。

非洲是另一个使用童工较多的地区。由于贫困化加剧和艾滋病肆虐造成大量孤儿存在，一些儿童为了生存不得不去当童工。国际劳工组织 2000 年的数据显示，在撒哈拉以南非洲，15 岁以下的儿童中，有近 1/3 的人从事经济活动。5—14 岁的儿童中有 4800 万人从事某种劳动⑤，当然有的不一定是童工劳动。2016 年的数据显示，非洲 5—17 岁童工的数量是 7213.3 万人，从事危险性劳动者达 3153.8 万人，使用童工劳动的数量

① G. K. Lieten, "Child Labour: What Happened to the Worst Forms?", *Economic and Political Weekly*, 2006, 41 (2): 103-108; ILO, *Child Labor Statistics Manual on Methodologies for Data Collection Through Surveys*, Geneva: International Labor Organization, 2004, p. 17.

② Claire Salmon, "Child Labor in Bangladesh: Are Children the Last Economic Resource of the Household?", *The Journal of Developing Societies*, 2005, 21 (1-2): 33-54.

③ Levent Akin, "Working Conditions of the Child Worker in Turkish Labour Law", *Employee Responsibilities and Rights Journal*, 2009, 21 (1): 53-67; State Institute of Statistics Prime Ministry Republic of Turkey, *Child Labour in Turkey*, International Labour Organization, 1999.

④ Bade Darbaz, "European Union Impact Assessment on Elimination of Child Labour in Turkey Qualitative Comparative Analysis", 49th Annual ISA Convention-San Francisco, CA: USA, 2008.

⑤ ILO, *Every Child Counts New Global Estimates on Child Labour*, Geneva: ILO, 2002.

占到全球童工劳动总数的 19.6%[1]，是全球使用童工比例最高的地区。

在非洲内部，从不同的地区看，各地区使用童工劳动的情况存在较大差异。世界银行 1998 年的数据显示，非洲 10—14 岁儿童的数量及其在劳动力中的比例，东非有 796.5 万人，比例是 32.9%；西非有 578.5 万人，比例是 24.2%；中非有 184.8 万人，比例是 21.6%；北非有 9.82 万人，比例是 5.8%；南非有 10 万人，比例是 4.6%。[2] 从不同的国家看，使用童工的情形也大不一样。

南非是非洲最富裕的国家之一。2001 年，南非的人口是 4440 万人（2018 年是 5778 万人），其中 18 岁以下的未成年人有 1600 万人，占人口总数的 40%。[3] 童工人数在 2010 年是 77.9 万人，2015 年是 57.7 万人。童工以十六七岁的儿童为主。[4]

尼日利亚是非洲最穷的国家之一。2000 年进行的调查显示，5—14 岁的儿童中，3/5 以上的儿童属于某种形式的童工。[5] 2003 年的数据显示，受雇儿童有 1500 万人，其中有 600 万人从未上过学，有 100 万人是被迫辍学的。[6] 在尼日利亚童工中，从事农业劳动的占大部分。其他劳动有街头小贩、家政服务、奴役劳动、乞讨等。童工劳动一旦产生代际循环，国家持续发展所依靠的人力资源就会受到严重影响。

①　ILO, *Global Estimates of Child Labour: Results and Trends, 2012-2016*, p. 9.

②　Peter Fallon, Zafiris Tzannatos, *Child Labor: Issues and Directions for the World Bank*, Washington, D. C.: The World Bank, 1998, Annex.

③　Lois Pierce, Vivienne Bozalek, "Child Abuse in South Africa: An Examination of How Child Abuse and Neglect are Defined", *Child Abuse Neglect*, 2004, 28 (8): 817-32.

④　Stats SA Library Cataloguing-in-Publication (CIP) Data, *Survey of Activities of Young People*, 2015, Pretoria: Statistics South Africa, 2016, p. 6.

⑤　Hug D. Hindman, *The World of Child Labor An Historical and Regional Survey*, New York: Myron E. Sharpe, 2009, p. 223.

⑥　Bala Audu, etc., "Child Labor and Sexual Assault Among Girls in Maiduguri, Nigeria", *International Journal of Gynecology & Obstetrics*, 2009, 104 (1): 64-67.

拉丁美洲和加勒比地区的童工劳动问题也较为严重。20 世纪六七十年代，拉美地区 10—14 岁的儿童中，有 15%左右的儿童从事经济活动。国际劳工组织提供 2000 年的数据显示，拉美地区 5—17 岁的儿童中，从事经济活动者有 2770 万人，占同年龄段儿童的 20%。[1] 2008 年、2012 年和 2016 年，拉美和加勒比地区 5—17 岁的儿童中，童工和从事危险性劳动童工数量，2008 年分别是 1412.5 万人和 943.6 万人；2012 年分别是 1426.93 万人和 1250.5 万人；2016 年分别是 1046.1 万人和 627.8 万人。[2]

从个别国家来看，危地马拉是拉美和加勒比地区国家中使用童工较多的国家之一。2003 年前后，在 14 个拉丁美洲和加勒比地区的国家中使用童工数量排名第三位。[3] 1964—2002 年间，危地马拉童工在儿童人口中的比例变动情况是，1964 年是 18.8%，低于 10%的年份是 1981 年的 8.8%和 1994 年的 7.9%，其余年份都在 10%以上。2002 年达到 23.5%[4]，到 2011 年下降为 12%。[5] 童工从事各种类型的劳动，尤以参加农村地区家庭农场和小型企业中的劳动为主。[6] 2014 年的数据显示，农业中吸纳了 65%的童工。[7]

---

[1]　Hug D. Hindman, *The World of Child Labor An Historical and Regional Survey*, pp. 312–313.

[2]　ILO-ECLAC, *Child Labour Risk Identifcation Model*：*Methodology to Design Preventive Strategies at Local Level*, Lima：ILO/ECLAC, 2018, p. 15.

[3]　Ana C. Dammert,"Siblings, Child Labor, and Schooling in Nicaragua and Guatemala", *Journal of Population Economics*, 2010, 23（1）：199–224.

[4]　何祺婷：《瓜地马拉内战后非法童工问题研究（1996—2005）》，硕士学位论文，淡江大学拉丁美洲研究所，2005 年，第 42 页。

[5]　Livia Edegger, *The State of Child Labour in Guatemala Its Causes and Development*, Texas State University-San Marcos, 2012, p. 44.

[6]　Lorenzo Guarcello, etc., " Household Vulnerability and Child Labor：The Effect of Shocks, Credit Rationing, and Insurance", *Journal of Population Economics*, 2010, 23（1）：169–198.

[7]　ILO-ECLAC, *Child Labour Risk Identifcation Model*：*Methodology to Design Preventive Strategies at Local Level*, p. 17.

　　在大多数情况下，童工都出身于贫困阶层或贫穷家庭。在欠发达国家中，经济落后导致的生活困难使人们习惯了童工劳动的存在。当贫穷家庭面临生存威胁时，让儿童参加劳动能或多或少减轻这种威胁，人们也就不会对儿童参加劳动的后果作进一步的思考，对其行为进行阻止。从这个角度讲，消除童工劳动首先要做的还是发展经济。当生存不是问题的时候，人们才有闲暇思考其他问题。

二、欠发达国家童工劳动的行业分布

　　在欠发达国家，各个生产部门中几乎都有童工劳动存在[①]，尤以农业部门使用童工劳动最多。另外两个使用童工较多的部门，分别是非正规经济部门以及以家庭手工业为主的轻工制造业部门。

（一）行业分布

1. 农业部门

　　国际劳工组织的数据显示，2008 年，全球 5—17 岁儿童中，有 60% 的人在农业部门劳动，2012 年的比例是 58.6%，2016 年的比例为 70.9%。[②] 在欠发达国家和地区中，由于各地经济发展方向不同，其使用童工劳动的情形也有区别。20 世纪八九十年代，哥伦比亚农业部门中集中了 82% 的童工（2017 年是 44.4%[③]），巴西是 78%，危地马拉是 65%，厄瓜多尔是 48%，秘鲁是 40%。参与农业劳动的童工，多数得到了家长

　　① ［苏联］IO·伊万诺夫：《发展中国家的童工劳动》，逸野编译，《国外社会科学快报》1990 年第 6 期。

　　② ILO, *Marking Progress against Child Labour-Global Estimates and Trends 2000-2012*, p. 8；ILO, *Global Estimates of Child Labour：Results and Trends*, 2012-2016, p. 35。在农业中劳动的儿童数量，2008 年和 2012 年使用的是"童工"，2016 年使用的是"从事经济活动儿童"。两个术语涵盖的儿童数量不同。

　　③ ILO-ECLAC, *Child Labour Risk Identifcation Model：Methodology to Design Preventive Strategies at Local Level*, p. 17.

的同意，不然他们待在家里会"惹事"。① 在南美洲南部的一些地方，参加农业劳动的童工数量在 40% 左右。与传统的农业劳动不同，现代农业劳动很少再使用传统的农具，一些新型的金属农具和电动机器被广泛采用。儿童在使用这些新型农具时容易受到伤害，农业生产要对农作物施肥和喷洒农药，这也不利于处在发育期儿童的成长。

2. 制造业部门

以轻工业和手工制造业为主的制造业部门中也集中了大量童工。轻工业主要是纺织、制衣、食品加工、罐头加工等；小作坊，如制作皮鞋、编制地毯、加工玩具、纽扣等。在这些行业中劳动的童工，多数是跟随父母或者与家庭一起劳动。② 试以亚洲的地毯编织业为例作一分析。

印度的克什米尔、北方邦等处的地毯编织业较为发达，数百年来因其手艺精湛而闻名。20 世纪 70 年代，地毯出口额是 1.06 亿卢比。1992 年达到了 138.2 亿卢比。地毯编织属于劳动密集型产业，人手多也就意味着利润可能多。一些小型业主坦言，他们愿意雇佣儿童，因为他们的手指灵活，干活的速度更快。1981 年人口普查显示，查谟（Jumm）和克什米尔 5—14 岁的人口约 168 万人，其中有 25.8 万人属于童工，约占 5—14 岁儿童人口数的 15%。1991 年，这一年龄段的儿童数量是 86.4 万人，童工约为 13.2 万人，占 15.27%。③ 1996 年，国际劳工组织估测，印度手工编织地毯行业中，童工数量约为 13 万人，占童工总数的 22% 左右。④ 2001 年，

---

① Maria Cristiana Salazar,"Child Work and Education in Latin America", *The International Journal of Children's Rights*, 1998, 6（2）：155-177.

② International Confederation of Free Trade Unions, *Breaking Down the Wall of Silence*: *How to Combat Child Labour*, p. 8.

③ A. Gani and M. A. Shah,"Child Labour in Carpet Industry of Kashmir", *Indian Journal of Industrial Relations*, 1998, 33（3）：349-366.

④ Deborah Levison, etc., "*Is Child Labour Really Necessary in India's Carpet Industry?*", *Labour Market Papers*, No. 15, Employment Department, Geneva：ILO, 1996, p. 13.

印度人口普查数据显示，15 岁以下的儿童有 3.7 亿人，占印度人口数的 36%。童工的数量一直存在争议，不同的研究有不同的估测方法。有的估计在 1.15 亿人左右，这种估测方法是把一般参加劳动的儿童也当作是童工。有的估计在 1270 万人左右，这个数字明显偏少，因为只统计了 5—13 岁儿童中的童工。联合国儿童基金会估计，5—14 岁的儿童中，大约有 12% 的人是童工，没有具体数字，只是估计从几万到几十万不等。[①] 在地毯编织业尤其是手工编织地毯业中，童工从事的劳动有缠线、打结、编织等。一般说来，童工入厂后半年内没有工资，被当作学徒，经过专门训练以后才有工资。20 世纪 80 年代的调查显示，13% 的童工无报酬，13% 的人低于 1 卢比，17% 的人每天 1—2 卢比，37% 的人每天 2—2.5 卢比，20% 的人每天的工资在 2.5—5 卢比之间。[②] 这些童工的劳动时间，每天都在 8 小时以上。

1993 年，尼泊尔被调查的地毯厂中有 30 万工人，其中 50% 是童工。2002 年，国际劳工组织新的调查数据显示，尼泊尔的许多地毯厂中，童工人数占到工厂工人数的 12%。[③] 在阿富汗，2013 年进行的一项调查显示，喀布尔有 1000 多家手工地毯作坊，许多作坊都雇佣了价格低廉的童工。每天劳动 9 小时，月收入 3 美元左右。另有调查显示，从事地毯编织的家庭中，有 1/4 的家庭雇佣 11—14 岁的女童，10% 的家庭雇佣 7—10 岁的女童，有 6% 的家庭雇佣男童。被雇儿童每周的劳动时间在 36 小时左右。调查中发现，有 93% 的被雇儿童年龄在 5—11 岁之间。地毯编织行业的劳动环境

---

① Pablo Diego Rosell, Art Hansen, *Children Working in the Carpet Industry of India*：*Prevalence and Conditions*, Washington, D. C.：U. S. Department of Labor, 2012, pp. 16, 21.

② A. Gani and M. A. Shah,"Child Labour in Carpet Industry of Kashmir", *Indian Journal of Industrial Relations*, 1998, 33（3）：349–366.

③ Sayan Chakrabarty, Ulrike Grote, "Child Labor in Carpet Weaving：Impact of Social Labeling in India and Nepal", *World Development*, 2009, 37（10）：1683–1693.

恶劣，长期从事地毯编织的童工，通常都有咳嗽和呼吸困难的病症。①

　　除以上行业外，童工还参与多种类型的劳动，如 2003 年对危地马拉 7—14 岁儿童参与劳动的调查显示，儿童参加的各种劳动及其所占比例是，农业 62.8%，商业 16.1%，加工业 10.7%，服务业 6.1%，建筑业 3.1%，其他行业 1.2%。② 2015 年，墨西哥有 25% 的童工从事服务业，有 23% 的童工从事经商活动。2016 年，巴西有 21.4 万人从事无报酬的家务劳动，其中 94.2% 的儿童是女童。2017 年，哥伦比亚 30.1% 的童工在贸易、旅馆服务和餐饮行业中劳动。③ 其他如家佣、宾馆服务生、小商贩、推销商品、擦皮鞋、有组织的乞讨等等，也经常有儿童参与，只是其中的童工很难监测，也难以有准确的数据。④

　　个别欠发达国家和地区，尤其是东南亚地区的部分女童参与了色情旅游。全球化带来的低廉旅游成本和便捷的信息网络使得个别地区的色情旅游业较为发达，多数与恋童癖有关（详见本章第一节"童妓"）。从事这类活动的儿童可能仅占童工的很小部分，但其对儿童身心健康的发展所产生的影响却相当严重。为此，国际劳工组织强调，要采取各种可能的手段，毫不留情的将其铲除。

　　总的来看，欠发达国家各个行业中都有数量不等的童工劳动，只是不同国家由于各自的经济发展方向有别，使用童工劳动的部门会存在差异。还应注意的是，一些欠发达国家使用的儿童劳动，未必是童工劳动，需作甄别分析。见表 6-15。

———————————

①　Samuel Hall Consulting, *Ties that Bind*: *Child Labor in the Afghan Carpet Sector*, Kabul: Reporcommis-sioned by Good Weave International, 2014, pp. 29, 36.

②　何祺婷：《瓜地马拉内战后非法童工问题研究（1996—2005）》，第 60 页。

③　ILO-ECLAC, *Child Labour Risk Identifcation Model*: *Methodology to Design Preventive Strategies at Local Level*, pp. 16-17.

④　International Confederation of Free Trade Unions, *Breaking Down the Wall of Silence*: *How to Combat Child Labour*, p. 8.

表 6-15　2003 年部分拉美国家儿童在劳动力中的比例及劳动类型

国别	劳动力百分比（%）	劳动类型
阿根廷	7.1（5—14 岁）	茶叶　烟草　番茄加工　草莓　鲜花　街头零售　拾荒　擦鞋　家政　砖工　童妓　色情表演　贩毒
玻利维亚	26.4（5—14 岁）	建筑　牧畜　甘蔗　擦鞋　帮工　童妓　运输　小商贩　矿工　家政
巴西	12.7（5—17 岁）	柑橘　甘蔗和剑麻　制鞋　色情画　矿业　童妓　家政　木炭　拾荒　贩毒
智利	<1（10—14 岁）	放牧　渔业　家政　小商贩　童妓　贩毒　杂货店　肉类和贝类加工
哥伦比亚	14.5（5—17 岁）	家庭农场　矿业　可可采摘　切花　小商贩　卖淫　童兵
哥斯达黎加	11.4（5—17 岁）	家庭农场　养牛　采摘咖啡豆　家政　建筑　木工　家具制造　卖淫　缝纫
多米尼加	17.7（5—17 岁）	农业工人　小商贩　擦鞋　贩卖儿童　家政　卖淫
厄瓜多尔	24.9（5—17 岁）	家庭农场　制造业　家政　捡拾破烂　擦鞋　小商贩　卖淫　贩卖儿童
圣萨尔瓦多	11.5（5—17 岁）	采摘咖啡豆　小商贩　一般劳动　渔业　家政　卖淫　贩毒　拾荒
危地马拉	23（5—17 岁）	采摘咖啡豆　种植蔬菜　制造烟花　矿山采石　擦鞋　建筑　家政　拾荒　卖淫　贩毒　街头表演　放牧牲畜
洪都拉斯	15.4（5—17 岁）	咖啡甘蔗加工业　色情表演　林业　放牧　建筑　家政　云母　卖淫
尼加拉瓜	17.7（5—17 岁）	咖啡　香蕉　烟草　矿业　乞讨　卖淫　建筑　畜牧　小商贩
委内瑞拉	9.9（5—17 岁）	农业　小商贩　咖啡馆　家政　卖淫　贩毒　童兵

资料来源：Carolyn Tuttle，"History Repeats Itself：Child Labor in Latin America"，*Employee Responsibilities and Rights Journal*，2006，18（2）：143-154。

表 6-15 所列出的劳动类型，在许多欠发达国家的乡村中可以说是较为普遍（贩毒、童兵和童妓除外），不应以发达国家的标准一概贴上"童工劳动"的标签。若有发达国家夸大欠发达国家的"童工劳动"，或以此当作某种筹码使用，则显然是别有用心。

（二）童工劳动的特点

1. 童工的年龄较小

欠发达国家，由于低年龄人口比例大，很多国家的儿童在很小的年龄就受雇参加劳动。20 世纪 80 年代，在被调查的印度孟买童工中，10—12 岁开始做工的儿童占比 48.4%，13—15 岁开始做工的有 26.9%，剩余的 24.7%的人开始劳动的年龄在 6—9 岁之间。但 6 岁却不一定是童工的最低年龄，卷烟厂中就有 5 岁的儿童，火柴厂中甚至有三四岁的儿童当帮工。[1] 20 世纪 80 年代，在危地马拉，7—12 岁的童工占到 27%；厄瓜多尔参与经济活动的儿童中，有 12%的人年龄在 10—11 岁之间；哥伦比亚乡村地区的童工，有 1/3 的人年龄在 10—11 岁之间，有的年龄在 6—9 岁之间。[2] 在阿根廷西北部的烟草工业中，6—9 岁儿童中有 66%的是童工，10—11 岁的儿童有 82%，12 岁以上的儿童则 100%是童工。[3] 当然，不是所有的低龄儿童都会被雇用。雇主不可能不考虑，雇佣来的人是否能为其创造利润。

2. 劳动时间长，待遇低

在许多欠发达国家中，童工每天的劳动时间都很长，且劳动强度大，甚至成年人都难以承受。20 世纪 80 年代，对埃及某些企业使用童工劳动情况的调查显示，在所有的童工中，每天劳动时间不超过 8 小时的比例仅占 4%，劳动 8 小时的比例是 26%，劳动时间在 8—11 小时之间的占 42%，劳动时间达 12 小时的占 16%，超过 12 小时的占 12%。[4] 印度劳工

---

　　[1]　Elias Mendelievich, "Child Labour", *International Labour Review*, 1979, 118 (3): 557-568；［苏联］ Ю·伊万诺夫：《发展中国家的童工劳动》，逸野编译，《国外社会科学快报》1990 年第 6 期。

　　[2]　Maria Cristiana Salazar, "Child Work and Education in Latin America", *The International Journal of Children's Rights*, 1998, 6 (2): 155-177.

　　[3]　Elias Mendelievich, "Child Labour", *International Labour Review*, 1979, 118 (3): 557-568.

　　[4]　［苏联］ Ю·伊万诺夫：《发展中国家的童工劳动》，逸野编译，《国外社会科学快报》1990 年第 6 期。

部的统计数字显示，从事缝制足球的童工，每天劳动时间一般在 10—12 小时之间，缝制一个足球获得的报酬约为 20 美分。在美洲的巴西，10—14 岁的童工每周劳动时间在 40 小时以上的约有 50.2%，其中大多数每周的收入都不到 20 美元。① 在墨西哥，美国人开办的玩具工厂中的童工每天都要从早晨 9 点开始工作，一天工作 12 个小时。"有时候甚至要工作18 个小时，却没有一分钱的加班费。"② 法定的工资是 4 美元，但童工能拿到的只有 50 美分。③

参加劳动的儿童中，有许多是在家庭农场劳动，如厄瓜多尔 57%的儿童劳动者没有任何报酬，秘鲁是 44%。在哥伦比亚，12—13 岁的儿童中有 44.2%的从事的是无酬劳动，14—17 岁的儿童中有 26.8%也无任何报酬。④

3. 经常遭受打骂

因贫困所致，大多数父母是在毫无其他选择的情况下，被迫让自己的孩子牺牲受教育的机会而去当童工。他们中大多工作繁重，生活苦不堪言，既没有休假，工资又很少，经常吃残羹剩饭，营养不良，体质很差。2005 年，墨西哥 13 岁的童工德赫苏斯说，我在美国人开办的玩具工厂劳动，工资不高，许多生活用品要自己购买。"中午吃的玉米饼一比索两个，上厕所还要花钱买卫生纸。"⑤ 在泰国，许多儿童早晨 6 点起床，在光线不足的车间里，盘着腿包装糖果，一直干到半夜，也不得站起来。一个孩子说："我困得打瞌睡时，就有一个女人给我药吃，使我精神振作起

---

① 徐英：《拉丁美洲地区的儿童状况》，《拉丁美洲研究》1996 年第 5 期。

② ［作者不详］《墨西哥童工生活悲惨》，http://news.sina.com.cn/w/2005 – 07 – 05/10536354077s.shtml，2019 年 10 月 24 日。

③ ［美］吉尔·斯摩洛维等：《世界童工的悲惨命运》，陈文炳摘译，《编译参考》1983 年第 4 期。

④ Maria Cristiana Salazar, "Child Work and Education in Latin America", *The International Journal of Children's Rights*, 1998, 6（2）：155–177.

⑤ ［作者不详］《墨西哥童工生活悲惨》，http://news.sina.com.cn/w/2005 – 07 – 05/10536354077s.shtml，2019 年 10 月 24 日。

来。干得稍慢一点，那女人就打我的脑袋。"许多儿童由于长期盘腿干活
儿，一个个都变成瘸子。直到有两个女孩因心力衰竭和肺炎而夭折才有警
方出来干预。[①] 在巴基斯坦，缝制足球的童工因长时间在光线灰暗的厂房
内劳动，视力受到严重损伤，很多人因此失明。

三、欠发达国家童工劳动的影响

童工劳动是建立在对儿童的剥削基础之上的，儿童无法保护自己[②]，
在劳动中受到的伤害可想而知。在欠发达国家，使用童工劳动至少有以下
几个方面的影响。

（一）影响儿童身心健康发展

儿童过早地进入劳动力市场，对其成长发育危害极大。由于儿童发育
尚未成熟，长时间在不友好的环境中劳动，势必影响其身心健康。

有学者对日本青少年劳动者的研究发现，14 岁以前参加劳动儿童的
身高相较于 18 岁以后参加劳动儿童的身高要矮 4 厘米。[③] 某些劳动可能
会导致儿童终身残疾。在印度、巴基斯坦、土耳其、尼泊尔等国家的地毯
编织业中，编织地毯的车间空间狭小，照明不好，空气中飘浮着纤维屑，
长时间在这种环境中劳动，不可能不对童工的身体造成危害。很多童工视
力模糊、手指关节疼痛；有些童工身上带有哮喘和肺结核病症。[④] 在印
尼、缅甸、菲律宾和泰国等国家，10—15 岁的儿童从事深海捕鱼工作，

---

① ［英］约翰·皮尔杰：《泰国奴役儿童的真相欲盖弥彰》，任姝摘译，《编译参考》
1983 年第 4 期。

② International Confederation of Free Trade Unions, *Breaking Down the Wall of Silence:
How to Combat Child Labour*, Brussels: International Confederation of Free Trade Unions,
［1985?］, p. 4.

③ Elias Mendelievich, "Child Labour", *International Labour Review*, 1979, 118 (3):
557-568.

④ A. Gani and M. A. Shah, "Child Labour in Carpet Industry of Kashmir", *Indian Journal
of Industrial Relations*, 1998, 33 (3): 349-366.

常常是在没有任何保护设备的情况下潜入水下捕鱼，结果每年都会有很多儿童溺水身亡。1989 年国际劳工组织在菲律宾进行的调查显示，从事经济活动的儿童中有 60% 的人暴露在危险的环境中，19% 的人受到生物伤害，26% 的人受到化学制品危害，51% 的人受到环境危害。在所有劳动儿童中，24% 的人忍受工作的伤害，比成年工人严重得多。[①] 最常见的伤害是割伤、刺杀或扎伤，约占 69%。除此之外，身体疼痛约占 59%，皮肤病约占 22%。在尼泊尔的地毯厂中，被调查者中有 60% 的人有头疼的症状，80% 的人后背疼，74% 的人感到眼睛疼，82% 的人感到脖子僵硬，有48% 的人手疼。[②]

在美洲，中美洲一些国家中，儿童在洒过杀虫剂的地里收割庄稼。危地马拉，男女儿童在建筑工地上劳动，搬运重物或者使用危险的金属器械切割石块等。哥伦比亚儿童要挤进无法再窄的坑道里采煤。巴西吹玻璃的童工要吸进有毒的硅、氧化铁和砷的气体，结果就造成种种呼吸道疾病。在砖瓦厂劳动的巴西、哥伦比亚和埃及的儿童，脊髓骨时常受到损害又无法医治。[③] 在南美从事采矿劳动的童工，经常遇到的危险是跌入深谷，或因矿坑空气稀薄而窒息，最常见的则是面临硅肺病的威胁。在秘鲁、哥伦比亚、玻利维亚等地从事黄金、煤炭等矿物，开采、冶炼加工等劳动的童工，没有任何保护就参加劳动，很容易发生危险。[④]

---

① O' Donnell, O., E. Doorslaer and F. Rosati, *Child labour and Health: Evidence and Research Issues*, Working Paper No. 1 (Understanding Child's Work), 2002, p. 3; Agarwal Shalini, "Physical and Psychological Hazards Faced by Child Labour: A Review Article", *Journal of Humanities and Social Sciences*, 2013, 13 (4): 55-61.

② Muhammad Abdullah Avais1, etc., "Socio-Economic Causes of Child labor in Carpet Weaving Industry: A Case Study of Union Council Ali Wahan", *Journal of Social Welfare and Human Rights*, 2014, 2 (1): 251-264.

③ [美] 吉尔·斯摩洛维等:《世界童工的悲惨命运》, 陈文炳摘译,《编译参考》1983 年第 4 期。

④ Maria Cristiana Salazar, "Child Work and Education in Latin America", *The International Journal of Children's Rights*, 1998, 6 (2): 155-177.

（二）导致人力资源整体素质降低

一个国家或民族的发展，离不开大量优秀的人力资源。童工意味着其接受教育的时间很少或没有，整个民族的教育水平就会降低，从而使社会难以获得充足的高质量人力资源储备。

在欠发达国家中，经济发展落后使得人们生活难以为继，特别是贫困家庭，从而使这些家庭中的学龄儿童失去了接受教育的机会。资料显示，在一些最不发达国家中，17 岁以下的少年儿童从事有酬劳动者接近 2.5 亿人，其中有很多人从事的是危险劳动。伴随全球化进程的加速，在一些欠发达国家中出现了人口从农村向城市流动的现象，原先一些以耕种土地为生的农村人口开始进入城市寻找新的机会。20 世纪 50 年代，欠发达国家中有 17%的人口居住在城市，1988 年这一比例增加到 32%，2000 年达到 40%，有人预计到 2025 年时将达到 57%。进入城市的部分人口，由于其技术储备不适应城市需要，在进入城市后，一些农村家庭面临着更加严峻的生活。这类家庭中的学龄儿童难以正常接受应有的教育，为生存不得不外出打工沦为童工。① 一些有关童工劳动的调查也佐证了这一结论。在对童工劳动的原因调查中，有 23.4%的人回答是"太穷"，32.9%的人说是"帮助父母"，有 26.3%的人说是"父母的吩咐"，7.9%的人回答是"必须挣钱养活自己"，另有 6.9%的人说是"干点活比待着强"。还有 2.6%的儿童回答是其他原因。在欠发达国家中，父母失业或未能充分就业的家庭约有 1/3，这样的家庭中的儿童外出做工的比例特别高。② 在拉美部分国家进行的调查显示，巴西的儿童因为贫困而外出当童工者占 54%，因为童工劳动可以有较高收入的占 35%。在厄瓜多尔，不少儿童因

---

① Gary Barker, Fellcia Knaul, *Exploited Entrepreneurs: Street and Working Children in Developing Countries*, New York: Childhope/USA. Working Paper No. 1, 1991.

② ［苏联］IO·伊万诺夫:《发展中国家的童工劳动》，逸野编译，《国外社会科学快报》1990 年第 6 期。

为教育质量太差而辍学，这部分儿童的年龄在 10—11 岁之间，约占儿童总数的 22.3%。12—14 岁的占 95.7%，14—17 岁的占 49.8%。农村儿童比城里儿童从事童工劳动的比例要高。在秘鲁，因贫困外出劳动者，6—11 岁的儿童占了 16%，12—17 岁的儿童占了 84%。劳动儿童中有 50% 是从事农业劳动，28% 的女童从事家政劳动。① 当童工意味着放弃学业，在 12—17 岁的城市童工中，只有 25% 的人还能坚持上学；在农村，这一比例占到 15%。在未来的收入方面，未能完成中学教育的劳动者只能获得具有同等学历的劳动者工资的 10%—40%。②

在非洲，据泛非教育发展研究院的调查报告显示，非洲目前至少有 4200 万学龄儿童失学，其中女孩占 52%。在埃塞俄比亚，艾滋病和其他传染病广为传播并高速增长，而普遍存在的卖淫将使这种高速增长继续下去。③

（三）造成代际恶性循环

女童很早就进入了劳动力市场，男童则要晚一些。尼泊尔的数据显示，5—9 岁左右的女童参加劳动的比例是 29%，男童是 20%。在 10—14 岁的儿童中，女童参加劳动的比例是 65%，男童只有 51%。④ 这些情况说明，女童受到的伤害可能更大一些。国际劳工组织有关专家指出，女童是未来的母亲，其能否健康发展会直接影响到下一代。为了改变女童的地位，国际劳工组织曾在 2009 年的"世界无童工日"活动中倡议，消除童工，"给女童一个机会"。

实际上，童工并不能使家庭摆脱贫困。据国际劳工组织统计，90% 的

① Drusilla K. Brown, "Child Labor in Latin America: Policy and Evidence", *The World Economy*, 2009, 24: 761-778.
② 林华：《拉美儿童和青少年的贫困问题》，《拉丁美洲研究》2004 年第 4 期。
③ 蒋新苗等：《弱势群体权利保护国际立法初探》，《时代法学》2004 年第 4 期。
④ Joseph A. Lim, *Strengthening the Role of Labour Standards in Selected Developing Member Countries*, *Regional Review: Child Labor*, ADB/ILO RETA Project No. 5887, 2002, p. 16.

10—14 岁童工的收入低于法定的最低工资，至少有 50% 的儿童劳动力根本没有任何劳动报酬。不仅如此，步入童工行列意味着放弃受教育的机会，这使他们在成年后也将同父辈一样不可避免地陷入贫困，形成贫困的代际相传。①

（四）导致社会不安定因素的增加

童工长时间脱离其同龄的社会团体，对文化凝聚、价值观等都会产生不利影响。② 换一个说法就是，原生活群体中的价值观难以坚持，又无法融入新的生活环境，或者其接受新生活环境的价值观却不被认同，这就容易使其性格扭曲。处于贫困和饥饿中的儿童，衣食得不到保障，在这种情况下，他很容易走向犯罪，或受到不道德人物的影响。儿童过早受雇参加劳动，往往是非法和在暗地里进行，很容易使儿童在不知不觉中成为贩毒、偷盗、卖淫或其他严重犯罪的成员，从而毁灭自己，破坏社会安定。儿童犯罪在世界各国都是一个棘手的难题。③

国际性的反童工劳动活动随着童工劳动成为一个国际性的问题而在欧美国家逐步展开，但真正开展活动则是 20 世纪 80 年代以后的事。20 世纪 90 年代以来，劳工组织（ILO）、儿童基金会（UNICEF）、教科文组织（UNESCO）、世界卫生组织（WHO）、开发计划署（UNDP）、世界银行（the World Bank）和各区域开发银行（the Regional Development Banks）等机构和组织先后参与到反童工劳动活动中来。这里主要介绍国际劳工组织和世界银行等组织的反童工劳动活动。④

---

① 林华：《拉美儿童和青少年的贫困问题》，《拉丁美洲研究》2004 年第 4 期。

② Togunde D. R., Weber E. "Parents' Views, Children's Voices: Intergenerational Analysis of Child Labor Persistence in Urben Nigeria", *International Journal of Sociology of the Family*, 2007, 33 (2): 285-301.

③ 蒋新苗等：《弱势群体权利保护国际立法初探》，《时代法学》2004 年第 4 期。

④ Alec Fyfe, The Worldwide Movements Against Child Labour; Progress and Future Directions, Geneva: ILO., 2007, pp. 5-72.

第四节　国际社会的反童工劳动活动

一、国际性组织的反童工劳动活动

（一）国际劳工组织的反童工劳动活动

1. 国际劳工组织及其宗旨

国际劳工组织（International Labour Organization，简称 ILO）是联合国的一个专门机构，总部设在瑞士的日内瓦，其秘书处被称为国际劳工局，由局长（或称总干事）负责。截止到 2019 年 2 月，国际劳工组织的成员国有 187 个。

国际劳工组织的主要机构有国际劳工大会、理事会、劳工局等，职责各不相同。国际劳工大会是最高权力机构，一般每年召开一次会议，闭会期间由理事会负责其日常工作。理事会是国际劳工组织的常设秘书处。国际劳工组织的成员，虽然以国家为单位，但是在组织机构上实行独特的"三方性"原则，即各个成员国的代表团有三部分代表组成，分别是政府、雇主组织和工人组织，三方代表各自具有平等独立的发言权和表决权。

国际劳工组织的宗旨是，通过采取社会行动，改善全球劳动条件，促进充分就业，提高生活水平，保持经济和社会的稳定，在实现社会正义的基础上建立世界的持久和平。国际劳工组织在成立后开展的一些活动和其通过的一系列公约和建议书①，在改善不同国家劳动条件方面确实发挥了

---

① 国际劳工组织出版有不同类型的刊物近 20 种，主要刊登围绕各国劳工问题、劳工统计、劳工就业以及各国劳动关系、劳动法等方面的资料和研究文章，或汇编国际劳工公约、各国劳动和社会保障方面的资料等。其中《国际劳工评论》（International Labour Review）、《正式公报》（双月刊）（Official Bulletin）、《劳工统计公报》（季刊）（Bulletin of Labor Statistics）、《劳工统计年鉴》（Year Book of Labor Statistics）、《劳工世界》（双月刊）（World of Work）属于最重要的几种，通常用英语、法语和西班牙语出版，《劳工世界》有中文版。本书有许多资料取自国际劳工组织不同时期的各类出版物。

积极的作用。1969 年，国际劳工组织在其成立 50 周年之际被授予诺贝尔和平奖。

2. 国际劳工组织的反童工劳动活动

国际劳工组织章程明确规定保护儿童。从 1890—1973 年间，其通过确立儿童的最低就业年龄、限定童工的劳动时间、制定国际劳工标准等方式，敦促各国政府关注劳工利益，其中包括儿童利益。1979 年，第 65 届国际劳工大会通过了关于童工问题国际年和逐步消除童工的决议，呼吁成员国采取有效措施保护参加劳动的儿童。1984 年，第 70 届国际劳工大会要求立即行动，禁止童工从事危险和影响其健康、安全的劳动，对劳动儿童提供充分的必要保护，及教育、培训和福利设施等。国际劳工组织成立以来从事的反童工劳动活动，主要表现在以下若干方面。

（1）确定儿童的最低就业年龄。儿童在多大年龄参加劳动才合法，取决于"最低就业年龄"标准。这个标准的确定，显然要考虑到儿童的义务教育问题，即儿童"最低就业年龄"不能低于各国规定的完成义务教育的年龄，通常确定为 15 岁。

1919 年，国际劳工组织成立后，于当年制定并通过了 6 个国际劳工公约和 6 个国际劳工建议书。在第 5 号公约《工业最低就业年龄公约》中规定，不管是国营还是私营企业都不得雇佣 14 岁以下的儿童参加劳动，准予未成年人就业的年龄应与其身心发展水平相适应。此后直到 1973 年前，涉及儿童在不同行业最低就业年龄的公约还有：《海上最低年龄公约》（1920 年）、《搬运工最低年龄公约》（1921 年）、《非工业部门最低年龄公约》（1932 年）、《渔业最低年龄公约》（1959 年）。这些公约对约束相关行业使用"最低就业年龄"以下儿童具有积极作用。

1973 年，国际劳工大会上通过《最低就业年龄公约》（第 138 号）和《1973 年准予就业最低年龄建议书》（第 146 号），将所有行业最低就业年龄标准统一确定为 15 岁，是基于大多数国家儿童完成义务教育的年龄在

15 岁。鉴于各国发展情况不同，公约特别规定，在经济发展相对落后的国家中，允许儿童最低就业年龄在特定时间内可放宽到 14 岁，但不能危害儿童的健康、安全和道德发展。①

（2）发布全球童工报告。1998 年，第 86 届国际劳工大会提议，从 2000 年开始，国际劳工组织每 4 年发布一次全球童工劳动变动趋势报告，用以检测和评估全球范围内的童工劳动在这 4 年之间的变动情况②，以便有针对性地制定政策或采取行动。

1998 年之前，国际社会没有统一的全球童工劳动状况报告。有的是区域性组织机构或专门机构针对部分国家和地区进行的调研统计数据，其局部意义不言而喻。存在的问题是，不同组织机构之间缺乏一致的统计口径，易导致童工劳动数据存在差异。1997 年联合国儿童基金会发表"世界儿童状况报告"，提出积极支持国际劳工组织加强对童工数据的收集工作。③ 1998 年 6 月，国际劳工组织召开第 86 届国际劳工大会决定，从 2000 年开始每 4 年发布一次局长报告，在对国际劳工组织各成员国禁用童工劳动情况进行评估的同时，亦对这 4 年间全球童工劳动的变化趋势作出说明。为做好这项工作，国际劳工组织实施"关于童工劳动的统计信息和监控计划"（SIMPOC），对 300 多项童工劳动调查给予技术和财政支持。在国际社会的共同努力下，国际劳工组织先后发布了 2000 年、2004 年、2008 年、2012 年、2016 年和 2020 年全球范围童工劳动变动趋势报告。这些报告成为有关国家和机构，制订禁用童工劳动计划并开展有效行

①　ILO，IPEC，*IPEC Cction Against Child Labour 2002 - 2003 Progress and Future Priorities*，Geneva：International Labour Organization，2004，p. 16.

②　焦兴铠：《美国与国际童工问题之禁绝》，《中华国际法与超国界法评论》2006 年第 2 卷，第 393—416 页。

③　Carol Bellamy，*The State of the World's Children 1997*，New York：Oxford University Press，Chapter II，pp. 15-76.

动的依据①，也便于人们对全球范围内的童工劳动有一个大致的了解。

（3）制订国际消除童工劳动计划（IPEC 计划）。国际消除童工劳动计划（International Programme on the Elimination of Child Labour，缩写为IPEC），是帮助各成员国制定并落实解决童工劳动问题的政策和项目。1991 年 IPEC 计划最先在德国的财政资助下展开工作。1992 年以来，IPEC 成员囊括了政府机构、雇主、工人组织、私营企业、社区组织、非政府组织、媒体、议员、司法部门、宗教团体以及儿童和他们的家庭等。截止到 2012 年，先后有欧洲、亚洲、美洲、非洲等不同地区的近 100 个国家（见表 6-16）与国际劳工组织签署谅解协议（MOU）并组织实施这一计划。中国也是实施这一计划的成员国之一。② IPEC 在全球实施的1000 多个项目计划，使 86 个国家的 500 万儿童免于被迫参加劳动的命运。IPEC 计划的实施有助于消除童工劳动，促进全球经济的可持续发展和社会进步。

表 6-16 IPEC 主要参与国家

地区国家数量	国家名称
阿拉伯国家（5）	埃及，约旦，黎巴嫩，巴勒斯坦占领区（Occupied Palestinian Territory），也门

---

① ILO-IPEC, *Global Child Labour Trends 2000 to 2004*, Geneva：International Labour Organization（ILO）2006；ILO-IPEC, *Global Child Labour Developments*：*Measuring Trends from 2004 to 2008*, Geneva：International Labour Organization（ILO）2010；ILO-IPEC, *Global Child Labour Trends 2008 to 2012*, Geneva：International Labour Organization（ILO）2013；ILO, *Global Estimates of Child Labour*：*Results and Trends*, *2012-2016*, Geneva：International Labour Organization（ILO）2017；ILO, Child Labour：Global Estimates 2020, Trends and the Road Forward, New York, 2021.

② IPEC, IPEC Worldwide, http://www.ilo.org/ipec/programme/IPECinthefield/lang--en/index.htm, 2015 年 6 月 12 日。

续表

地区国家数量	国家名称
非洲 (40)	阿尔及利亚，安哥拉，贝宁，博茨瓦纳，布基纳法索，布隆迪，喀麦隆，佛得角，科摩罗，科特迪瓦，刚果民主共和国，埃及，加蓬，冈比亚，加纳，几内亚，几内亚比绍，肯尼亚，莱索托，利比里亚，马达加斯加，马拉维，摩洛哥，莫桑比克，纳米比亚，尼日尔，尼日利亚，卢旺达，圣多美和普林西比，塞内加尔，塞拉利昂，索马里，南非，苏丹，南苏丹，斯威士兰，坦赞尼亚，多哥，乌干达，赞比亚
亚洲和太平洋地区 (20)	阿富汗，孟加拉，柬埔寨，中国，斐济，印度，印度尼西亚，老挝，马来西亚，蒙古国，缅甸，尼泊尔，巴基斯坦，巴布亚新几内亚，菲律宾，日本，斯里兰卡，泰国，东帝汶，越南
欧洲和中美洲 (9)	阿尔巴尼亚，阿塞拜疆，哈萨克斯坦，科索沃，吉尔吉斯坦，塔吉克斯斯坦，土耳其，乌克兰，乌兹别克斯坦
拉美和加勒比地区 (22)	阿根廷，伯利兹，玻利维亚，巴西，智利，哥伦比亚，哥斯达黎加，多米尼加共和国，厄瓜多尔，圣萨尔瓦多，危地马拉，圭亚那，海地，洪都拉斯，牙买加，墨西哥，尼加拉瓜，巴拿马，巴拉圭，秘鲁，乌拉圭，委内瑞拉

资料来源：ILO-IPEC，*IPEC Action Against Child Labour 2006–2007*，*Progress and Future Priorities*，Geneva：International Labour Organization，2008。

需要注意的是，国际劳工组织于 1999 年制定通过了《禁止和立即行动消除最有害的童工形式公约》(第 182 号)，明确了几种最有害形式的童工劳动，如童奴、童兵、童妓以及强迫劳动、走私毒品等。国际劳工组织建议，在尚不能彻底根除一切童工劳动的情况下，应把消除最恶劣形式的童工劳动放在首位。要求各成员国，应在与有关政府机构、雇主和个人组织，以及相关群体协商的前提下，制订并实施消除最恶劣形式童工劳动的行动计划。① 到 2012 年 12 月底，国际劳工组织会员国中批准 138 号公约的国家已经达到 163 个，批准 182 号公约的国家有 175 个。国际童工公约

———————————

① 程多生：《国际劳工组织核心国际劳工标准概述》，《上海企业》2005 年第 1 期。

获得了广泛的国际认同。① 中国政府于 2002 年批准第 182 号公约适用于中华人民共和国境内。②

（4）成立不同组织机构协调全球反童工劳动活动。消除童工劳动，需要各种正义力量的协作。为做到这一点，国际劳工组织发起或联合其他已有组织，成立新的组织或机构以多种形式开展反童工劳动活动。如 1996 年与联合国儿童基金会签署加强现有合作协议，强调双方在消除童工劳动和保护儿童权利方面，要实现互补并相互支持。1998 年，成立亚洲地区童工问题工作小组，旨在加强并协调这一地区"关注童工劳动的组织"之间的工作，最大限度地保护该地区儿童权益。③

2000 年，国际劳工组织、联合国儿童基金会与世界银行联合启动"理解儿童工作"（UCW）项目，目的是收集有关童工劳动的数据并对此进行分析，促进各类机构、人员加强消除童工劳动研究，密切各机构间的协调合作，共同开展消除童工劳动活动。④ 同年 11 月，国际劳工组织各成员国之间达成旨在消除全球最危险和受剥削最深重童工的协定。该协定具有国际法性质，它要求 175 个成员国的国内法应与"协定"相配合，并对任何违例事件负责。⑤

2002 年 6 月，国际劳工组织启动"以教育、文艺和媒体支持儿童权利和终止童工劳动"项目，要求各个发达国家的学校、文艺团体等，应以多种形式进行宣传并倡导社会成员积极参与，正确对待已发生的童工劳

① 刘超捷：《WTO 劳工标准之争与中国劳动法制改革》，硕士学位论文，苏州大学，2002 年，第 37 页。

② 《全国人民代表大会常务委员会关于批准〈禁止和立即行动消除最有害的童工形式公约〉的决定》，《中华人民共和国国务院公报》2002 年第 21 期。

③ ［日］石井知章：《国际劳工组织在亚洲实施的消除童工国际计划》，"中国青少年研究会年会暨青少年事务与政策研讨会"，2002 年。

④ 童工和教育跨机构工作组成员：《消除童工劳动和实现全民教育有效实践行动》，http://www.docin.com/p-7717720.html，2019 年 9 月 14 日。

⑤ 郑德金：《世界儿童问题面面观》，《记者观察》2003 年第 6 期。

动，帮助教育者正确认识童工劳动，尽最大努力保护儿童的权利。①

2005 年，国际劳工组织联合世界银行等 5 个国际组织成立全球童工问题工作组，负责各国童工劳动数据的搜集，同时交流各国消除童工劳动的成功做法。②

国际劳工组织发起成立的这些组织、机构，促进了国际上不同组织机构和国际劳工组织各成员国在反对童工劳动方面的合作，对实现国际劳工组织在全球范围内消除童工劳动的预定目标有积极意义。

（5）在国际性体育赛事中"向童工劳动亮红牌"。国际足球联合会"世界杯足球赛"，自 1904 年开始动议到 2018 年已举办了 21 届。每届"世界杯足球赛"期间，全球有数十亿人观看、谈论，影响甚广。但很少有人知道，足球赛中使用的足球很多是由童工用手工缝制的。为了让更多的人重视童工劳动问题，国际劳工组织从 1996 年开始，与国际足球联合会合作，发起清除生产足球产业链中的童工劳动活动。

专业足球比赛中的足球一般都用手工缝制。早在 1918 年，巴基斯坦锡亚尔科特市缝制的足球就闻名世界。目前，世界各地手工缝制足球中的70%来自巴基斯坦，其中的大部分都是童工用手工缝制的。从事缝制足球劳动的童工，每天工作时间长达 10—12 小时，有的手指上布满了针眼、伤疤和老茧。③ 2003 年，国际劳工组织和国际足球联合会，就在体育界反对使用童工劳动达成协议，一起在"世界杯足球赛"期间发起"向童工劳动亮红牌"活动，包括球王贝利、齐达内、罗纳尔多等球星，以及一

---

① ［作者不详］《国际劳工组织》，https：//www.un.org/chinese/children/issue/ilo.shtml，2019 年 9 月 14 日。

② 国际劳工组织：《终结童工：千百万的呼声，同一个愿望》，《劳工世界》2008 年第 75 期。

③ 李剑敏：《10 岁孩子工作 10—12 小时——"足球童工"再引关注》，《羊城晚报》2002 年 1 月 19 日；赫聘摘译：《德媒曝"世界足球之都"巴基斯坦童工悲惨命运》，《明镜周刊》2010 年 3 月 19 日。

些国家元首政要等都是这一活动的成员。他们手持反童工"红牌"面对公众，寓意为向全球使用童工的那些人"出示红牌"。

（6）设立"世界无童工日"推动全球消除童工劳动工作。2002 年 6 月，第 90 届国际劳工大会在日内瓦举行，参加大会的 175 个成员国的政府、雇主和工人代表决定，将每年的 6 月 12 日确定为"世界无童工日"（the World Day Against Child Labor），以此提醒各国为在全球范围消除童工劳动，应积极响应并推动各国批准《禁止和立即行动消除最恶劣形式的童工劳动公约》（第 182 号公约）和《最低就业年龄公约》（第 138 号公约），以有效禁止童工劳动的蔓延。

根据国际劳工组织的要求，每年"世界无童工日"都确定一个主题并举办相应的活动，用以提醒人们为消除童工劳动应加强合作共同努力。自 2002 年设立第一个"世界无童工日"，到 2021 年 6 月 12 日，已有 20 个"世界无童工日"。其主题分别是：

2002 年，一个没有童工的未来（A future without child labour）；

2003 年，日益严重的贩卖儿童问题（Trafficking in children）；

2004 年，关注儿童从事家佣（Behind Closed Doors：Child domestic labour）；

2005 年，关注在矿区和采石场工作的儿童（A Load too Heavy：Child labour in mining and quarrying）；

2006 年，消除童工，让我们一起来实现（The End of Child Labour：Together we can do it!）；

2007 年，关注农业童工问题（Child labour and agriculture）；

2008 年，教育是儿童应享受的权利（Education：The right response to child labour）；

2009 年，给女童一个机会，终结童工劳动（Give girls a chance：End child labour）；

2010 年，消除童工劳动，我们争做先锋（Go for the goal... end child labour）；

2011 年，关注从事危险工作儿童，消灭童工（Warning! Children in hazardous work-End child labour）；

2012 年，人权和社会正义，让我们结束童工现象（Human rights and social justice... let's end child labour）；

2013 年，向从事家政工作童工说"不"（No to child labour in domestic work）；

2014 年，扩大社会保障，与童工现象作斗争（Extend social protection：combat child labour!）；

2015 年，对童工说"No"，对高质量教育说"Yes"（NO to child labour-YES to quality education）；

2016 年，终结供应链中的童工劳动，事关每一个人（End child labour in supply chains：It's everyone's business）；

2017 年，在冲突和灾难中，保护儿童免受童工伤害（In conflicts and disasters，protect children from child labour）；

2018 年，安全与健康的一代（Generation Safe & Healthy）；

2019 年，儿童应为梦想努力而非在田间劳作（Children shouldn't work in fields，but on dreams!）；①

2020 年世界无童工日，2019Ian 冠状病毒，现在比以往任何时候都更需要保护儿童免于沦为童工！（2020：COVID-19：Protect Children from Child Labour，Now More Tthan Ever!）；

2021 年世界无童工日，立即行动，终止童工！（Act Now：End Child

---

① 历届"世界无童工日"主题，详见 https://www.ilo.org/global/lang--en/index.htm，2022 年 5 月 28 日。

Labour！）。

（7）其他活动。除以上活动外，国际劳工组织还不定期地开展一些其他活动。如 2004 年，与"世界童子军运动组织"联手，动员该组织遍布全球的 2800 多万名会员参与反童工劳动活动，尤其是要在每年的，"世界无童工日"活动期间举办一些活动，强化人们反童工劳动的意识；[1] 支持和配合一些涉及禁止使用童工劳动的国际性或地区性会议的召开；通过一系列咨询服务，向国际劳工组织的成员国提供有利于消除童工劳动的帮助；协调不同国家共同打击具有跨国性质的涉及童工劳动的有组织犯罪活动等。[2] 将 2021 年定为"国际消除童工年"（International Year forthe Elimination of Child Labour）[3]。

国际劳工组织通过以上活动，协调并引领了全球范围内的反童工劳动活动，对实现预定 2025 年在全球范围内消除童工劳动的目标有重要作用。

（二）其他国际组织反童工劳动的行动[4]

在国际劳工组织以外，世界银行、国际货币基金组织、世界卫生组织、非政府组织等国际性组织，以及欧洲、亚洲、非洲、美洲等地一些"地区组织"，通过资助学者研究，组织支持主题活动、发表出版有关童工劳动研究的报告、书籍等不同方式，也参与到反对童工劳动的活动之中，成为国际社会反童工劳动战线中的重要力量。

---

[1]　［作者不详］《国际劳工组织》，https://www.un.org/chinese/children/issue/ilo.shtml，2019 年 9 月 14 日。

[2]　刘凌林：《世界需要一个没有童工的未来》，《中国企业报》2002 年 10 月 25 日。

[3]　2021 国际消除童工年，https://www.ilo.org/global/topics/child-labor/int-year/lang-en/index.htm，2021 年 5 月 28 日。

[4]　本部分内容在撰写过程中，参考了焦兴铠先生撰写的《美国与国际童工问题之禁绝》一文，原文见《中华国际法与超国界法评论》2006 年第 2 卷，第 393—416 页，特此致谢。

1. 联合国附属金融机构反童工劳动的努力

（1）世界银行"童工计划"。世界银行的"童工计划"（Child Labor Program），即督促人们采取积极行动消除童工劳动的计划。根据该计划，世界银行各成员国工作人员，要对童工劳动问题有清醒的认识和了解，在此基础上为反对童工劳动做一些有益的工作。该计划要求接受世界银行贷款的国家，要针对本国可能存在的童工劳动现象制定专门的政策，借助政策的威力限制或消除童工劳动。应针对易发生剥削童工情形的国家，敦促其严格遵守国际劳工组织有关禁用童工的法令。彼得·法伦（Peter Fallon）和扎菲里斯·赞纳托斯（Zafiris Tzannatos）的《童工劳动：世界银行如何应对》（1998）、伊克巴尔·考尔（Iqbal Kaur）和扎菲里斯·赞纳托斯（Zafiris Tzannatos）的《世界银行和儿童：活动回顾》（2002）等，都是其资助出版的研究报告。[①] 世界银行的这一计划，对拟使用世界银行贷款国家在对待童工劳动问题上的态度有一种无形的约束。

（2）国际货币基金组织对童工的态度。国际货币基金组织成立于1945年，其主要职责是对各国货币汇率和贸易进行监测，以确保全球金融制度运行平稳，同时它还肩负着为陷入经济困境国家提供协助的使命。在反对童工劳动方面，该组织并无专门的政策或行动。不过，其贷款协议中却有涉及童工劳动的条款，即接受贷款国家的政府、工会组织和民间团体，应携手面对本国可能存在的童工劳动问题，同时要为消除童工劳动问题共同努力。[②]

2. 非政府组织的反童工劳动行动

非政府组织（Non-Governmental Organizations，缩写为 NGO），即"不

---

① Peter Fallon and Zafiris Tzannatos, *Child Labour：Issues and Directions for the World Bank*, Washington, D. C.：World Bank, 1998; Iqbal Kaur & Zafiris Tzannatos, *The World Bank and Children：A Review of Activities*, Washington, D. C.：World Bank, 2002.

② 焦兴铠：《美国与国际童工问题之禁绝》，《中华国际法与超国界法评论》2006 年第 2 卷，第 393—416 页。

是政府的组织"，大致相当于中文词语中的"民间组织"。2010 年时，具有合法地位的国际性非政府组织有 4000 个左右。非政府性、非营利性、公益性和志愿性是其较为明显的特点。在全球范围内反童工劳动的斗争中，非政府组织也发挥着重要作用。其采取的行动中影响最大的是组织或参与组织召开"世界童工问题大会"。

2004 年 5 月 10 日，第一届世界童工问题大会在意大利的佛罗伦萨召开，参会人员主要是来自世界各地的非政府组织和工会组织的代表，另有一些曾经当过童工的儿童"现身说法"。会议的主题是敦促各国政府采取措施关注本国可能存在的童工劳动并消除它们。

2010 年 5 月 10 日，第二届世界童工问题大会在荷兰的海牙召开，国际劳工组织提交了"加快消除童工劳动现象"的报告，其中对 2004—2008 年间全球童工劳动的发展趋势做了总结，呼吁积极行动以便在预定的时间内消除最恶劣形式的童工劳动。

2013 年 10 月 8 日，第三届全球童工问题会议在巴西的首都巴西利亚举行。国际劳工组织总干事莱德与巴西总统迪尔玛·罗塞夫共同出席并致辞。莱德指出，国际社会的努力使童工劳动总体呈现下降趋势，但这种下降难以在 2016 年实现消除最恶劣形式童工劳动的目标。如果实现不了这一目标，则意味着国际社会共同努力的失败。会上通过《巴西利亚童工问题宣言》，重申全球社会应共同努力打击童工现象。

2017 年 11 月 14—16 日，第四届全球童工问题会议在阿根廷的布宜诺斯艾利斯召开，会议对 2013 年以来全球消除童工劳动现象取得的成绩进行了回顾，同时评估了存在的障碍和消除这些障碍的方法。强调国际社会继续共同采取行动，取缔一切形式的童工劳动。①

---

①　2022 年 5 月 15 日至 20 日，第五届全球消除童工会议将在南非德班国际会议中心举行，详情参见国际劳工组织网站，http://end childlabor2021.org/。

除以上活动外，非政府组织还积极与国际劳工组织合作，以不同形式为消除童工劳动而努力。资料显示，在 20 世纪的前十年间，全球有 150 多个非政府组织参与了国际劳工组织实施的 IPEC 计划，成为反童工劳动大军中的重要力量。

二、区域社会及地区组织的反童工劳动行动

在国际劳工组织协调全球反童工劳动行动之外，区域社会及"地区性组织"也结合本地和自身的实际情况开展了形式多样的反童工劳动活动。

（一）区域社会的努力

这里的区域社会，采用的是国际劳工组织在《全球童工劳动估测：结果与趋势，2012—2016》一书中划分的地区[①]，主要有非洲地区、阿拉伯地区、亚太地区、美洲地区、欧洲和中亚地区等。[②]

1. 亚太地区

亚太地区采取措施消除童工劳动比较典型的是印度、巴基斯坦和中国等国家。在印度，早在 1972 年，班克·罗伊就建立起社会工作与研究中心（SWRC），设立赤脚学院，帮助不识字的女性和贫穷儿童学习技术和技能，创办夜校培训没有机会上学的儿童。截止到 2008 年，有 3000 多名儿童参加了培训。2012 年，联合国教科文组织全球女童和妇女伙伴将赤脚学院吸纳为第一个非政府组织伙伴。

亚太地区的其他国家也都程度不同地采取措施减少童工劳动以保护儿童的合法权益。

[①]　ILO，*Global Estimates of Child Labour：Results and Trends，2012 - 2016*，Geneva：ILO，2017.

[②]　ILO，*Global Estimates of Child Labour：Results and Trends，2012-2016*，p. 28.

2. 非洲地区

非洲是使用童工较多的地区。资料显示，非洲的每 4 名儿童中就有 1 名是童工。在有童工劳动的部门中，因安全保障设施欠缺，童工发生事故的比例在全球最高。在非洲各国内部，由于条件不同，禁用童工的措施也有差异。如赞比亚政府，2000—2002 年间在全国范围内推行为期两年的消除童工劳动计划。其主要内容是，安排专项资金帮助童工重返学校，组织童工参加培训班以掌握必要的生存技能，安排贫困家庭儿童父母参加一定的工作等，以此来减少童工劳动的发生率。

肯尼亚政府在 2001 年成立了"烟草种植童工基金会"（ECLT），其主要职责是借助开展宣传活动使从事烟草种植者认识到使用童工的危害，同时宣传儿童接受教育的重要性，以此帮助更多的儿童离开烟草农场进入学校接受教育。项目取得成功后，曾在马拉维、菲律宾、坦桑尼亚等地试点推行，并取得了较好的效果。

3. 美洲地区

美洲地区国家在消除童工劳动方面取得的成绩较为突出，主要从两个方面采取措施。

一是各个国家针对本国存在的童工劳动采取的措施。比较典型的是古巴和智利。在古巴，1959 年取得革命胜利后，政府采取一系列措施普及小学教育，到 20 世纪 60 年代末基本普及了初等教育。90 年代，古巴在面临经济特别困难的情况下，提出"不关闭一所学校，不让一个孩子失学"的口号。在政府的努力下，古巴 6—11 岁儿童的入学率达到 99.1%，12—14 岁儿童的入学率达到 96.3%，初等教育的普及有效抑制了童工劳动的蔓延。在智利，政府采取有效措施普及义务教育。2006 年，时任智利劳工和社会保障部长的奥斯瓦尔多·安德拉在当年度"世界无童工日"活动期间宣布，智利政府采取措施实施消除童工劳动计划，力争在 2010 年前实现消除雇佣 15 岁以下儿童从事劳动的现象。尽管智利政府作出积极努力，但根据国际劳工组织的数据，2012 年时，智利 5—17 岁的儿童中仍有 6.6% 的人从事童工劳动，其中 90% 的童工劳动属于最恶劣形式的童工劳动。[①]

二是不同国家联手合作。比较典型的，如中美洲的巴拿马与哥斯达黎加两个国家，针对两国农业中使用土著儿童劳动制订了共同的计划，携手解决农业中的童工劳动问题。再就是南美洲的秘鲁、玻利维亚、哥伦比亚、厄瓜多尔等国家的劳动部长，也联合承诺在消除童工劳动问题上相互支持共同努力。通过各国政府的不断努力，拉美地区的童工数量较前已大为减少。但国际劳工组织提供的数据显示，截止到 2016 年，该地区 5—17 岁儿童中童工的数量仍高达 1000 多万人，占该年龄段儿童总数的 5.3%。从事危险性劳动的儿童有 600 多万人，占到儿童总数的 3.2%。[②] 这说明拉美地区要彻底消除童工劳动还有许多工作要做。

（二）地区性组织

全球性组织从事的反童工劳动活动，更多的是一些涉及全球不同地区共同关心的问题，便于相互之间协调。在一些地区性问题上的作用，可能不如"地区性组织"的作用更有针对性。在童工劳动问题上也是如此。面向全球童工劳动所采取的政策、措施落实到某一地区时，远不如该地区自己就童工劳动问题采取的对策、措施更有针对性。目前，"地区性组织"在消除童工劳动的斗争中作用比较明显的有，经济合作暨发展组织（OECD）、欧洲联盟（EU）和北美自由贸易协定（NAFTA）。

1. 经济合作暨发展组织（OECD）

经济合作暨发展组织（OECD）成立于 1961 年，目前全球成员有包

[①] Bonomelli Carrasco, F., *Deteminants of Child and Adolescent Labor in Chile*, Turin School od Development Working Paper No. 9, International Training Centre of the ILO, Turin, Italy, 2017, p. 7.

[②] ILO, *Global Estimates of Child Labour：Results and Trends, 2012-2016*, p. 28；陈润霞：《拉美国家纷纷行动立志根除童工现象》，《新华每日电讯》2007 年 6 月 15 日。

括英、美、法、德等国家在内的 30 多个市场经济国家。OECD 针对童工劳动问题采取的行动可以归纳为两部分。

一是把人权问题与童工劳动联系起来，借此对受援助国家施压。OECD 成立的发展协助基金会（Development Assistance Committee，缩写为 DAC）在联合国人权委员会中提出，受援国应先解决本国存在的童工劳动问题才能得到援助。1996 年和 2000 年 DAC 先后两次通过报告，以较多篇幅列举国际上童工劳动问题的严重性，特别强调了国际社会在解决童工劳动问题时相互协作的重要性。[①] 有必要强调的是，OECD 将童工劳动问题与人权问题捆绑在一起的做法，并不是解决童工劳动问题行之有效的做法。其施压欠发达国家解决童工劳动问题是把自己的意志强加于受援国，不顾欠发达国家发展的实际，强制推行他们提出的方案并不利于这些国家童工劳动问题的解决。

二是对有关童工劳动问题的调查研究进行资助。受其资助出版的成果有《与童工劳动做斗争，政策评论》（2003）、埃里克·V. 埃德蒙《南亚的童工劳动》（2003）、巴塞尔特拉《非洲的童工劳动》（2003）等。这些著作、调查报告或面向全球或针对地区、国家存在的童工劳动，分析童工劳动产生的原因，对已实施的政策进行评估，还提出一些改进政策的建议。这些做法对国际社会消除童工劳动的行动都有积极作用。[②]

2. 欧洲联盟（EU）

欧洲联盟（European Union，缩写为 EU）成立于 1992 年，是发达国家建立的一个组织，目前有 28 个会员国，属于欧洲政治、经济共同体。

① 焦兴铠：《美国与国际童工问题之禁绝》，《中华国际法与超国界法评论》2006 年第 2 卷，第 393—416 页。

② OCED, *Combationg Child Labor: A Review of Policies*, Paris: OCED Publishing, 2003; Eric V. Edmonds, *Child Labor in South Asia*, OECD Social, Employment and Migration Working Papers No. 5, Paris: OCED Publishing, 2003; S. Bthlotra, *Child Labor in Africa*, OECD Social, Employment and Migration Working Papers No. 4, Paris: OCED Publishing, 2003.

从 1995 年开始，欧洲联盟将劳工标准纳入其与第三国的贸易关系中，这些标准包括禁用童工劳动、消除强迫劳动等。根据其规定，接受其优惠的欠发达国家必须遵守国际劳工组织第 138 号公约之"最低就业年龄规定"。如果接受优惠国家不能遵守核心劳工标准，或者使用了童工、强迫劳动等则会被取消优惠待遇。这些规定对促进全球消除童工劳动有一定的积极作用，但未能尊重受优惠国家的实际[①]，可能并不利于童工劳动问题的最终解决。

3. 北美自由贸易协定（NAFTA）

北美自由贸易协定（North American Free Trade Agreement，缩写为 NAFTA）是美国、加拿大及墨西哥三国之间签署的北美自由贸易协议，属于区域经济一体化组织。1992 年 8 月 12 日，三国之间签署全面贸易协议，1994 年 1 月 1 日正式生效。其经济实力和市场规模都超过欧洲联盟。焦兴铠先生在《美国与国际童工问题之禁绝》(2006) 一文中写到，在北美自由贸易协议签订之际，因国际劳工组织的原因，又签署了一个名为北美劳动事务合作的协议（North American Agreement on Labor Cooperation，缩写为 NAALC），亦被称为"劳动副约"（labor side-agreement）。根据有关规定，签约的三个国家同意借助改善本国劳动法的手段，拓展基本的劳动人权，禁止童工劳动只是其中之一。"至于为解决会员国间因劳动者保护问题所引起之争端，此一劳动事务合作协议还特别设置一套相当完整之处理机制。事实上，截至目前，在根据此一劳动事务合作协议所解决之相关争端中仅有一件涉及童工，足见童工问题并非这一经济体所要亟须处理之劳工权益"。[②]

---

① 李西霞：《欧洲自由贸易协定中的劳工标准及其启示》，《法学》2017 年第 1 期。

② 焦兴铠：《美国与国际童工问题之禁绝》，《中华国际法与超国界法评论》2006 年第 2 卷，第 393—416 页。

4. 其他组织

国际雇主组织于 1996 年 6 月召开会议，要求其成员提高对使用童工劳动所造成的人力、经济和社会资源浪费的认识，并在各类经营活动中禁用童工。此后，部分雇主着手将决议付诸实施。

南亚雇主组织于 1997 年 3 月在孟加拉国召开会议，重点讨论了雇主组织在消除童工劳动方面应做哪些工作。目前有欧洲、美洲、太平洋地区发达国家的一些著名大公司通过了"经营规则"，以表达他们不雇用童工的承诺。

涉及国家层面，雇主组织参与了影响国家童工政策的制定；确认具体产业或工作中的童工劳动；实施基础教育和职业培训计划；人力资源开发和技能提高；支持童工父母以其他方式创造收入；作为过渡措施，除最恶劣形式童工劳动外，寻找办法改善儿童的工作条件。

三、取缔童工劳动任重道远

在任何国家和民族中，儿童都是国家的未来和民族的希望，我们没有理由不为其成长提供适宜的环境。童工劳动的存在使许多儿童的身心健康受到极大摧残，在童年时期应享有的一些权利也被剥夺。面对这种情况，任何一个负责任的国家和政府都不会坐视不管。在全球范围内，国际社会为消除童工劳动采取了许多积极有效的做法并取得了一些可喜的成绩，但要在 2025 年消除全球范围内的童工劳动则还面临许多问题。

（一）全球反童工劳动成效明显

反童工劳动并不是现在才有的理念。从某种程度上说，当今人们反童工劳动的言行，可以看作是 19 世纪末 20 世纪初反童工劳动的延续。工业革命初期，欧洲许多国家大量使用教区、孤儿院儿童参加工厂劳动，以及由此导致的种种恶果引起社会公众的愤怒，并最终导致立法限制童工劳动和制定国际劳工标准的动议。

1. 国际社会就消除童工劳动现象达成共识

在前工业社会中，儿童很小就被千方百计的劝诱进行劳动，"认为只有这样才能使儿童在未来的生活中有保障"。国家甚至将儿童劳动法律化，如中世纪英国的有关法律规定。在当时的社会条件下，儿童参加劳动被认为是其掌握生存技术实现社会化的主要途径（参见本书第二章有关内容）。受这种观念的影响，工业革命初期以纺织业为主的一些工业部门中大量使用儿童劳动也就不足为奇。只是许多人没有意识到，工厂中的机器支配着劳动的速度、节奏和劳动时间，儿童只要踏进工厂就基本上失去了自由，这对处于成长期的儿童来说危害极大。因此才有后来要求限制童工，甚至废除童工劳动的一系列立法。进入 20 世纪，特别是在八九十年代以后，国际社会围绕童工劳动问题展开了多维度合作。虽然在某些问题（比如童工标准）上还存在分歧，但在加强国际合作、消除童工劳动的大方向上意见却一致。世界各国逐渐认识到，使用童工劳动的效益是负面的，其不仅浪费珍贵的人力资源，还阻碍社会发展目标的实现。要在全球范围内消除童工劳动，需要国际社会的友好合作。将基于发达国家制定的劳动标准强加于欠发达国家，无助于问题的解决。因此，面对全球存在的童工劳动问题，需要分步骤解决，如首先废除最恶劣形式的童工劳动，包括童妓、童兵等，解救易受伤害的童工、采取措施消除童工产生的根源（贫穷是其中之一）等。在此基础上，达到 2025 年最终消除各种童工劳动的目的。

2. 国际社会反童工劳动取得显著成效

从全球范围来看，国际社会反童工劳动的成效较为显著，尤其是 1999 年以来，取得的成绩更为明显，主要表现在以下三个方面。

一是对儿童最低雇佣年龄公约的认可和批准。1999 年国际劳工组织通过《禁止和立即行动消除最恶劣形式的童工劳动公约》（第 138 号公约）。到目前为止，187 个成员国中有 160 多个成员国批准了这一公约。

据此，低于规定工作年龄的儿童被排除在有害劳动之外。2002 年，中华人民共和国第九届全国人民代表大会常务委员会第 28 次会议也通过决定批准了这一公约。

二是普及初等教育情况有了明显改进。自 1999 年以来，接受初等教育儿童的数量明显增多。2007 年未报名接受初级教育的儿童数量已下降了 3300 万人。辍学率较高的是女童，其辍学率从 58% 下降到 54%。从小学教育看，2000 年时小学教育的整体入学率是 83%，到 2007 年时达到 88%。从某种程度上说，中小学教育的普及程度可以看作是与童工劳动进行斗争的一个替代性指标。普及教育取得的成就也就是反童工劳动取得的成绩。普及初等教育会给欠发达国家和经济转型国家带来巨大收益。①

三是童工劳动的发生率明显下降。20 世纪 60 年代，全球儿童劳动的发生率接近 28%，20 世纪 90 年代下降到 15% 以下。在低收入国家中，儿童劳动的发生率下降了接近一倍。进入 21 世纪以后，童工劳动的下降幅度更为明显。2000—2016 年，全球 5—17 岁童工发生率下降情况如下：2000—2004 年下降幅度是 9.5%，2004—2008 年是 3.2%②，2008—2012 年是 22%，2012—2016 年是 9.7%。③ 这些数字虽然是估测数，但从中能窥见童工劳动的下降态势。童工从事危险劳动的数量下降幅度更为明显。2000—2004 年下降幅度是 24.7%，2004—2008 年是 10.2%。5—14 岁年龄组儿童劳动下降幅度更大，2000—2004 年是 31.3%，2004—2008 年是 30.8%。④

以上情况说明，通过国际社会的共同努力，反对童工劳动的斗争取得

---

① 蒋昕捷、原春琳：《国际劳工组织的一项调查显示：消除童工现象的收益为成本支出近 7 倍》，《中国青年报》2005 年 11 月 29 日。

② ILO, *Global Estimates of Child Labour：Results and Trends，2012-2016*，p. 26.

③ ILO, *Marking Progress against Child Labour-Global Estimates and Trends 2000-2012*，p. 3；ILO, *Global Estimates of Child Labour：Results and Trends，2012-2016*，p. 3.

④ 国际劳工局：《加速反童工劳动的行动》，国际劳工局 2010 年版，第 8 页。

了阶段性的成效，尤其是在限制低龄儿童参加劳动方面成绩更为突出。

（二）全球反童工劳动面临的挑战

尽管国际社会在消除童工劳动问题上达成共识，反对童工劳动的行动也确实取得可喜的成绩，但要在 2025 年前彻底根除全球范围内的童工劳动却还面临着许多挑战。

1. 经济发展的不平衡性仍将存在

全球化的发展加速了世界经济一体化的进程，但世界各地区之间经济发展的不平衡性，却没有在这一进程中得到解决，反而有加剧的趋势。

依照世界银行以人均国民收入的分类标准，全球各地区的国家可以分为低收入经济体、中低收入经济体、中高收入经济体和高收入经济体四类。① 前两类可以被笼统地称为欠发达国家，后两类称为发达国家。无论是经济还是文化教育，发达国家与欠发达国家都存在着巨大的差距。从 2018 年的人均 GDP 来看，美国是 62606 美元，英国是 42558 美元，法国是 42878 美元，德国是 48264 美元，日本是 39306 美元。而中非共和国是 430 美元，马拉维是 351 美元，布隆迪是 307 美元，南苏丹是 303 美元。② 从文化教育方面来看，发达国家国民教育程度高，教育设施完善；欠发达国家因为国家教育投入少，很多儿童没有机会接受教育。这些差距决定了国际社会在禁用童工劳动时难以采用统一的国际劳工标准。

从一些欠发达国家内部的情况看，不少国家都制定了童工法和义务教育法，也有禁用童工劳动的氛围，但在现实社会中童工劳动依然存在。在这些国家中，即使雇主本人也常常把自己的孩子看成是廉价的劳动力。如此一来，社会上有大量的童工也就不足为奇。在国际社会消除童工劳动的

---

① 邹静娴、张斌：《后中等收入经济体的对外开放——国际经验对中国的启示》，《国际经济评论》2018 年第 2 期。

② ［作者不详］《IMF2018 年世界人均 GDP 排名》，http://bbs. tianya. cn/post - worldlook-1893859-1. shtml，2019 年 11 月 30 日。

斗争中，以制裁童工供应方的方式来达到消除童工劳动的目的，更多的是发达国家的一种主观认识。这种认识存在的问题是，忽略了童工劳动产生的文化和经济因素。正确的做法应该是，帮助欠发达国家发展经济，为成年人提供更多的就业机会以增加其收入，同时借助法律限制童工劳动，利用复合手段治理童工劳动问题才有可能最终获得成功。[1]

2. 非正规经济的角色难以替代

非正规经济，有时也称为非正规部门，通常是指小型和微型的工厂和企业，或者家庭、个体经营者（包括小商小贩）、小资本投入的劳工密集型"小企业"或个体，一般不在政府监管范围之内。[2] 在非正规经济中劳动的雇工（尤其是童工）多数是社会的弱势群体，在大多数情况下他们都没有合法的劳动契约保障。

国际劳工组织的数据显示，现代世界上大多数地区的童工劳动主要集中在农业和非正规经济当中。非正规经济资本规模小，企业生产效率低下，难以支付企业发展所需全部成年工人工资，通过雇佣童工替代成年工人，付给童工很少报酬，借此增加利润。舒库拉特（Shukurat）在其针对尼日利亚非正规经济使用童工劳动撰写的研究报告《非正规部门对儿童的剥削》（2012）中指出，许多6—15岁的儿童参与经济活动，与家庭贫困、户主文盲等有密切关系。认为儿童应该接受更多的教育以有益于国家和本人，但立即消除童工劳动，"既不可行，也不可取"。消除童工劳动还需"改善成人劳动市场，增加家庭收入"才行。[3] 的确，当家庭生活陷入危机时，生存肯定成为首要问题。

---

① 国际劳工局局长报告：《努力摆脱贫困》，国际劳工局 2004 年版，第 29 页。

② Sarbajit Chaudhuri & Ujjaini Mukhopadhyay, *Revisiting the Informal Sector: A General Equilibrium Approach*, New York: Springer, 2010, p. 149.

③ Salisu I. Shukurat, *Exploitation of Children in the Informal Sector: Case Study of Street Hawking Children in Ifo Local Government*, Ogun State, Erasmus University, 2012, pp. 30-32.

3. 各地儿童受教育的机会难以平衡

在国际劳工组织看来，对未达最低就业年龄儿童实行免费义务教育是消除童工劳动的重要手段。尤其是高质量的免费义务教育在消除童工劳动斗争中的作用极为重要。各国政府应积极创造条件，给未达最低就业年龄儿童"提供更多接受教育的机会同时建立社会保护体系帮助穷人家的孩子上学，创造体面劳动的机会"，使其家庭脱离贫困，儿童也就不用再通过劳动来"补贴"家用。① 对大多数欠发达国家来说，目前还难以做到这一点。

此外，不同国家义务教育的年龄以及最低雇佣年龄都存在较大差异（见表6-17），因而很难确定统一的童工标准。

表6-17　部分国家法定最低雇佣年龄和义务教育年龄

地区（国家）	义务教育年龄	最低雇佣年龄	
		非危险劳动	轻便劳动
非洲地区	—	—	—
安哥拉	14	14	—
布隆迪	13	16	12
喀麦隆	15	14	—
中非共和国	16	14	12
乍得	12	14	12
科摩罗	14	15	—
科特迪瓦	—	-14	—
刚果民主共和国	14	16	14
吉布提	15	16	—
赤道几内亚	14	14	12
冈比亚	13	18	16

---

① 国际劳工局局长报告：《为了一个没有童工的未来》，国际劳工局2002年版；国际劳工组织：《加速反童工劳动的行动，国际劳工大会第99届会议2010年报告1（B）》，国际劳工局2010年版。

续表

地区（国家）	义务教育年龄	最低雇佣年龄	
		非危险劳动	轻便劳动
加纳	15	15	13
几内亚比绍	13	14	—
肯尼亚	14	16	13
莱索托	—	15	13
马达加斯加	15	15	
马拉维	—	14	—
毛里塔尼亚	15	14	12
尼日尔	13	14	—
尼日利亚	15	15	—
卢旺达	13	18	—
圣多美普林西比	13	14	—
塞内加尔	17	16	—
塞拉利昂	12	15	12
索马里	14	—	—
苏丹（北）	14	18	—
苏丹（南）	14	18	—
斯威士兰	—	15	
多哥	16	14	
欧洲和中亚地区	—	—	—
阿尔巴尼亚	14	16	14
阿塞拜疆	17	14	—
白俄罗斯	15	14	
波斯尼亚和黑塞哥维那	15	15	
格鲁吉亚	15	14	
哈萨克斯坦	18	15	14
马其顿	15	15	—
摩尔多瓦	16	16	14

续表

地区（国家）	义务教育年龄	最低雇佣年龄	
		非危险劳动	轻便劳动
黑山共和国	15	15	—
塞尔维亚	15	15	—
塔吉克斯坦	16	16	7
乌克兰	18	15	14
乌兹别克斯坦	18	16	14
东亚太平洋地区	—	—	—
老挝	11	15	14
蒙古国	16	14	—
菲律宾	12	15	—
泰国	15	15	—
越南	15	15	—
中东和北非地区	—	—	—
伊拉克	12	15	—
叙利亚	15	15	—
也门	15	15	—
南亚地区	—	—	—
孟加拉国	11	12	—
拉美加勒比地区	—	—	—
玻利维亚	14	14	—
多米尼加共和国	14	14	—
圭亚那	15	15	—
牙买加	12	12	—
苏里南	12	14	12
多巴哥和特立尼达	12	14	12
委内瑞拉	17	14	—

资料来源：Eric V. Edmonds and Maheshwor Shrestha，"The Impact of Minimum Age of Employment Regulation on Child Labor and Schooling"，*IZA Journal of Labor Policy*，2012，1（1）：14。

4. 全球反童工劳动的共同行动有待加强

在全球反童工劳动行动中，国际劳工组织的作用是无可替代的。但是，单凭国际劳工组织的力量，要在 2025 年实现消除童工劳动的目标几乎不可能。这就需要全球各种旨在为儿童谋福利的力量共同行动才行。从过去的经验看，1979 年的国际儿童年推动了全球对童工劳动问题的思考。1989 年的《儿童权利公约》使人们进一步认识到保护儿童权利的重要性。从国际劳工组织的情况看，20 世纪 80 年代末，仅有一位专员和一个专业项目从事反童工劳动活动。20 世纪 90 年代以后，这种局面正在改变。1997 年 10 月，在奥斯陆召开的"国际童工问题会议"上，一些地方的政府、工人、雇主以及社会团体的领袖们都纷纷呼吁终结雇用童工。因此，国际社会有必要加强与已经存在的组织和慈善机构间的联系，支持和扩展已经成功的计划，尤其是要在涉及童工问题的社会经济政策、项目和财政预算等方面加强联系①，强化与童工现象作斗争的宣传网络和机构间的合作。做好上述工作，需要制定相互协调的政策和措施，采取一致行动才有可能达到最终消除所有童工现象的目的。

儿童是世界的未来。禁止让儿童从事危险和有损身心健康的劳动，彻底根除童工现象，给儿童以生活和受教育的权利，这是国际社会面临的紧迫任务。国际劳工局局长胡安·索马维亚说，我们不能放弃我们对世界儿童负有的责任，童工劳动对他们来说是一个生存问题。我们现在必须重申我们的信念，即一个没有童工劳动的世界是可能的，而且目标可及。②

---

① ILO, *Child Labour*: *Targeting the Intolerable*, Geneva: International Labour Office, 1996.

② 局长报告：《童工劳动的终结：可望可及》，国际劳工局 2006 年版。

结语：一个没有童工劳动的未来

一、儿童劳动与人类社会的发生发展相伴随

劳动是人类生存的基础，也是人类文明代际相传的纽带之一。从历史上看，世界各地不同社会中都有儿童劳动的身影，不论是田间地头还是手工作坊，儿童始终是劳动力的重要组成部分①，这在前工业社会中尤为明显。

与其他物种不同，人类生活技能有一个较长的学习过程，儿童期的生活要完全依赖他人照顾，在这期间及其后的一段时间内，儿童要为成年后的生活接受训练和进行准备。这是"人"这一物种不同于其他物种之处。前工业社会中由于生产力水平低下，家庭内的所有成员都不得不为生存努力。每一位成员都既是生产者又是消费者，从而使得儿童作为"小大人"与成年人没有太大的区别。他们从事一些力所能及的劳动，不仅是生存的需要，而且也是学校教育未普及之前接受教育和社会化的主要手段和途径。这与现代社会学生在学校中学习没有本质上的区别。在学校学习的是

① Carolyn Tuttle，"History Repeats Itself：Child Labor in Latin America"，*Employee Responsibilities and Rights Journal*，2006，18（2）：143 - 145；Clive Gifford：*Child Labour*，London：Evans Brothers，2009，p. 8.

知识，在劳动中学习的是技能。对此，德国学者范迪尔门曾指出，近代早
期没有一个小家庭不存在儿童劳动现象，儿童就是"以这样的方式不断
地熟悉成年人的世界"。从这个角度讲，"儿童的劳动恰恰就是生活的学
校。"① 露丝·沃利斯·赫尔顿等人也说，难以区分当时的儿童劳动究竟
是在"学习"还是在"劳动"。② 通过劳动，儿童习得生产和生活经验，
养成与他人合作的精神，学会承担责任，从而利于其日后成为合格的组织
成员。

二、童工劳动是人类社会发展到一定阶段的产物

现代意义上的童工劳动是工业革命的产物，是工业社会中的一种经济
行为，获取一定的经济利益是第一位的，在从事的劳动中学习是第二位
的。工业化初期，童工劳动在许多方面继承了工场手工业后期使用儿童劳
动的做法。在工厂中，儿童通过消耗自己的体力、智力换取自己生活或所
在家庭生活所需要的资源，虽然这与前工业社会中的儿童劳动有相似之
处，但本质却不同。前工业社会中的儿童劳动，既是为了学习又是为了生
存；工业社会中的童工劳动获取工资是第一位的，其所具有的学习功能甚
至可以忽略不计。家庭经济中的儿童劳动有时强度很大，但在某种程度上
是"根据能力加以斟酌的"；在工厂当中，机器支配着劳动的环境、纪
律、速度、节奏以及劳动时间，不必考虑儿童的体格是否虚弱或健壮，儿
童只要踏进工厂就基本失去了自由。从这个意义上讲，工业革命在为儿童
创造就业机会的同时也使儿童为此付出了沉重的代价。③

---

① ［德］里夏德·范迪尔门：《欧洲近代生活》，王亚平译，东方出版社 2013 年版，
第 117 页。

② Ruth Wallis Herndon, John E. Murray, *Children Bound to Labor：The Pauper Apprentice
System in Early America*, New York：Cornell University Press, 2009, p. 4.

③ 鲁运庚：《前工业化时期欧洲乡村社会的儿童劳动》，《历史研究》2015 年第 6 期。

三、规制童工劳动反映了社会自我调节的能力

规制童工劳动反映了社会的自我调节能力，体现的是社会的一种进步。规制童工劳动的历史显示，有些国家的规制童工劳动行为是内生的，而有些国家则是借助外力。具有内生性的国家如英国，其社会救济、慈善传统对规制童工劳动的影响是一个漫长的过程，而其他国家都是仿效英国。

英国工业革命初期过度使用儿童劳动引起人道主义者、个别开明的资本家以及工人阶级的反对。在多重因素的影响下，英国议会从 1802 年开始陆续制定了一系列法令政策（本书统称为工厂法），通过确定儿童最低雇佣年龄、限定童工劳动时间、规定童工接受教育时间、设定工厂检查员、明确政策和法令适用范围等方式，对各个行业童工劳动加以规范，使童工劳动在没有被废除之前，儿童能在一个相对安全的环境中劳动生活。正如有学者所言，从 1802 年开始制定的法律已经定下了整个近代劳动法所必须从其产生的原则，其对后世最大的影响就是工厂法所体现出的理念。①

政府的职能之一是保证社会的公平公正，动用各种手段调节社会分配以提高社会整体福利水平。就规制童工劳动来说，儿童最低雇佣年龄的提高，意味着工厂劳动力的相对减少和利润的可能降低，尤其是在早期纺织工厂中。但在社会层面，则意味着受保护儿童范围的扩大和社会发展所需优质人力资源的潜在增加。实施工厂法在某种程度上体现了工厂主利益和社会利益的平衡，而在保持两者利益平衡方面，政府显然起了很重要的

---

① Joanna Innes, "Origins of the Factory Acts: the Health and Morals of Apprentices Act 1802", in *Law*, *Crime and English Society*, *1660 - 1830*, Cambridge: Cambridge University Press, 2002, pp. 230-255.

作用。[①]

四、不同国家应有自己的童工政策

面对全球范围内存在的童工劳动，期望采用同一政策解决显然不现实。政治经济发展的差异，加上历史文化传统的影响，统一的劳工标准难以适应不同国家的情况，尤其是在当下。不考虑不同国家的实际，使用统一的劳工标准只会使一些欠发达国家生活在贫困线以下家庭的生活雪上加霜。对此，巴苏曾指出，武断的取消贫穷国家的童工，结果会使这些国家的许多家庭面临饥饿乃至死亡的威胁。[②] 不同国家可以在采用国际劳工组织确定的标准前提下制定适合本国实际的标准，灵活处理童工问题。倘若发达国家反对欠发达国家这种做法，那么就应在免费义务教育方面为欠发达国家多付出一些。

面对童工劳动问题，正确的态度应该是如何通过合作来调节各自的政策，促进有关童工劳动国际标准共识的形成，一起为消除童工劳动努力。

五、取缔童工劳动为儿童创造平等的机会

梁启超在其撰写于 1900 年的《少年中国说》中写道："少年智则国智""少年强则国强""少年独立则国独立""少年进步则国进步"。将儿童少年的命运与国家的命运联系在一起。从全球范围来看，没有哪一个国家或民族不对儿童的发展寄予厚望。苏霍姆林斯基在《给教师的建议》中曾就劳动对儿童的影响说过如下一段话，体力劳动"对于小孩子来说"，可以是"获得一定的技能和技巧"，也可以是"道德教育"，更重要的是劳动还能"激发着儿童的道德的智力的审美的情感"，若没有这些情

---

① 见本书第五章有关内容。
② ［印］考什克·巴苏：《国际劳工标准和童工问题》，王传辉译，《江苏社会科学》2001 年第 1 期。

感，儿童"认识世界（包括学习）就是不可能的。"① 正常的劳动教育和实践在儿童的成长过程中起着重要的作用，应当予以重视。国际社会反对的是童工劳动，尤其是最恶劣形式的童工劳动，因为它们剥夺了一些儿童受教育的权利，使其丧失了平等发展的机会。儿童的生存、保护和发展直接关系到一个国家和民族的前途和命运，人们没有理由不关心爱护他们②，并为他们创造适宜的成长环境。

---

① ［苏］B. A. 苏霍姆林斯基：《给教师的建议》，杜殿坤译，教育科学出版社 1984 年版，第 182 页。
② 尹明明、鲁运庚：《对中国童工现象的认识》，《青年研究》2002 年第 12 期。

附录　有关童工劳动的部分公约规定

附录 1　准予就业最低年龄公约^①

（本公约于 1976 年 6 月 19 日生效）

国际劳工组织全体大会，经国际劳工局理事会召集，于 1973 年 6 月 6 日在日内瓦举行其第 58 届大会，并经议决采纳本届会议议程第四项关于准许受雇最低年龄的某些提议，并注意到 1919 年（工业）最低年龄公约、1920 年（海上）最低年龄公约、1921 年（农业）最低年龄公约、1921 年（扒炭工和司炉工）最低年龄公约、1932 年（非工业就业）最低年龄公约、1936 年（海上）最低年龄公约（修订）、1937 年（工业）最低年龄公约（修订）、1937 年（非工业就业）最低年龄公约（修订）、1959 年（渔民）最低年龄公约和 1965 年（井下工作）最低年龄公约的条款，并考虑到就此主题制订一个总文件的时机已到，这一文件将逐步替代现有的适用于有限经济部门的文件，以达到全部废除童工的目的，并经确定这些提议应采取国际公约形式，于 1973 年 6 月 26 日通过以下公约，引用时得称之为《1973 年最低年龄公约》。

---

① 原文见国际劳工组织：《国际劳工公约和建议书，1919—1993》第 2 卷，国际劳工组织北京局 1994 年版，第 71—76 页；法律出版社法规中心编：《中华人民共和国法典》，法律出版社 2002 年版，第 1—8 页。

第 1 条

凡本公约对其生效的会员国，承诺执行一项国家政策，以保证有效地废除童工并将准予就业或工作的最低年龄逐步提高到符合年轻人身心最充分发展的水平。

第 2 条

1. 凡批准本公约的会员国应在附于其批准书的声明中，详细说明准予在其领土内及其领土注册的运输工具上就业或工作的最低年龄；除了符合本公约第 4 条至第 8 条规定外，未满该年龄者不得允许其受雇于或从事任何职业。

2. 凡批准本公约的会员国得随后再以声明书通知国际劳工局长，告知其规定了高于以前规定的最低年龄。

3. 根据本条第 1 款规定的最低年龄应不低于完成义务教育的年龄，并在任何情况下不得低于 15 岁。

4. 尽管有本条第 3 款的规定，如会员国的经济和教育设施不够发达，得在与有关的雇主组织和工人组织（如存在此种组织）协商后，初步规定最低年龄为 14 岁。

5. 根据上款规定已定最低年龄为 14 岁的各会员国，应在其按照国际劳工组织章程第 22 条的规定提交的实施本公约的报告中说明：

（a）如此做的理由；或

（b）自某日起放弃其援用有关规定的权利。

第 3 条

1. 准予从事按其性质或其工作环境很可能有害年轻人健康、或安全或道德的任何职业或工作类别，其最低年龄不得少于 18 岁。

2. 本条第 1 款适用的职业类别应由国家法律或条例，或由主管当局在与关的雇主组织和工人组织（如存在此种组织）协商后确定。

3. 尽管有本条第 1 款规定，国家法律或条例，或主管当局在与有关的雇主组织和工人组织（如存在此种组织）协商后可准予从 16 岁起就业或工作，条件是必须充分保护有关年轻人的健康、安全和道德，这些年轻人并须在有关的活动部门受过适当的专门指导或职业训练。

第 4 条

1. 如属必要，主管当局在与有关的雇主组织和工人组织（如存在此种组织）协商后，对运用本公约将产生特殊和重大问题的有限几种职业或工作得豁免其应用本公约。

2. 凡批准本公约的会员国应在其按照国际劳工组织章程第 22 条的规定提交的关于实施本公约的第一次报告中，列举按照本第 1 款的规定豁免于应用本公约的任何职业或工作类别，陈述豁免的理由，并应在以后的报告中说明该国法律和实践对豁免此类职业或工作所作规定的状况，并说明在何种程度上已经或建议对此类职业或工作实施本公约。

3. 本公约第 3 条所规定的职业或工作，不得按照本条规定而免于应用本公约。

第 5 条

1. 经济和行政设施不够发达的会员国在与有关的雇主组织和工人组织（如存在此种组织）协商后，得在开始时限制本公约的应用范围。

2. 凡援用本条第 1 款规定的会员国，应在附于其批准书的声明中，详细说明个哪些经济活动部门或企业类别将应用本公约的规定。

3. 本公约的规定至少应适用于下列行业：采矿和采石；建筑；制造；电、煤气和水；卫生服务；运输，仓库和交通；以及种植园和其他主要为商业目的而生产的农业企业，但不包括为当地消费而生产又不正式雇工的家庭企业和小型企业。

4. 任何会员国按照本规定已限制应用本公约的范围者：

（a）应在其按照国际劳工组织章程第 22 条的规定提交的报告中，说明不包括在应用本公约范围内的经济活动部门中年轻人和儿童就业或工作的一般状况，以及为扩大应用本公约的规定所可能取得的任何进展；

（b）得在任何时候通过向国际劳工局局长提交声明书，正式扩大应用范围。

第 6 条

本公约不适用于在普通学校、职业或技术学校或其他培训机构中的儿童和年轻人所做的工作，或企业中年龄至少为 14 岁的人所做的工作，只要该工作符合主管当局在与有关的雇主组织和工人组织（如存在此种组织）协商后规定的条件，并是系列课程或计划不可分割的一部分：

（a）一所学校或一个培训机构主要负责的教育或培训课程；

（b）经主管当局批准，主要或全部在一个企业内实施的培训计

划；或

（c）为便于选择一种职业或行业的培训指导或引导计划。

第 7 条

1. 国家法律或条例得允许年龄为 13 岁至 15 岁的人在从事轻工作的情况下就业或工作，这种工作时是：

（a）大致不会危害他们的健康或发育；

（b）不会妨碍他们上学、参加经主管当局批准的职业指导或培训计划或从所受教育中获益的能力。

2. 国家法律或条例还得允许年龄至少 15 岁但还未完成其义务教育的人从事符合本条第 1 款（a）项和（b）项所要求的工作。

3. 主管当局应确定按照本条第 1 款和第 2 款的规定得允许就业或工作的活动，并应规定从事此种就业或工作的工作小时数和工作条件。

4. 尽管有本条第 1 款和第 2 款的规定，已援用第 2 条第 4 款的会员国，只要其继续这样做，得以 12 岁和 14 岁取代本条第 1 款的 13 岁和 15 岁，并以 14 岁取代本条第 2 款的 15 岁。

第 8 条

1. 主管当局在与有关的雇主组织和工人组织（如存在此种组织）协商后，得在个别情况下，例如参加艺术表演，准许除外于本公约第 2 条关于禁止就业或工作的规定。

2. 如此作出的准许就业对准予就业或工作的小时数加以限制，并规定其条件。

第 9 条

1. 主管当局应采取一切必要措施，包括规定适当惩罚，以保障本公约诸条款的有效实施。

2. 国家法律或条例或主管当局规定何种人员有责任遵守实施公约的条款。

3. 国家法律或条例或主管当局应规定雇主应保存登记册或其他文件并使其可资随时取用；这种登记册或文件应包括他所雇用或为他工作的不足 18 岁的人的姓名、年龄或出生日期，尽可能有正式证明。

第 10 条

1. 本公约按照本条条款修正 1919 年（工业）最低年龄公约，1920 年（海上）最低年龄公约，1921 年（农业）最低年龄公约，1921 年（扒炭工和司炉工）最低年龄公约，1932 年（非工业就业）最低年龄公约，1936 年（海上）最低年龄公约（修订），1937 年（工业）最低年龄公约（修订），1937 年（非工业就业）最低年龄公约（修订），1959 年（渔民）最低年龄公约，以及 1965 年（井下工作）最低年龄。

2. 本公约生效不应停止接受下列公约批准：1936 年（海上）最低年龄公约（修订）1937 年（工业）最低年龄公约（修订），1937 年（非工业就业）最低年龄公约（修订），1959 年（渔民）最低年龄公约，或 1965 年（井下工作）最低年龄。

3. 如有关各方都以批准本公约或向国际劳工局长送达声明书表示同意停止对 1919 年（工业）最低年龄公约，1920 年（海上）最低年龄公约，1921 年（农业）最低年龄公约和 1921 年（扒炭工和司炉工）最低年龄公约的继续批准，则应停止其继续批准。

4. 如本公约生效或当其生效之时：

（a）一个批准了1937年（工业）最低年龄公约（修订）的会员国承担本公约的义务且已遵照本公约第二条规定了最低年龄不低于15岁，则依法应为对该公约的立即解约；

（b）关于1932年（非工业就业）最低年龄公约所规定的非工业就业，如一个批准了该公约的会员国承担本公约的义务，则依法应为对该公约的立即解约；

（c）关于1937年（非工业就业）最低年龄公约（修订）所规定的非工业就业，如一个批准了该公约的会员国承担本公约的义务，并遵照本公约第2条规定了最低年龄不低于15岁，则依法应为对该公约的立即解约；

（d）关于海事就业，如一个批准了1936年（海上）最低年龄公约的会员国承担本公约的义务，并遵照本公约第2条规定了最低年龄不低于15岁或该会员国规定本公约第3条适用于海事就业，则依法应为对该公约的立即解约；

（e）关于海上捕鱼就业，如一个批准了1959年（渔民）最低年龄公约的会员国承担本公约的义务，并遵照本公约第2条规定了最低年龄不低于15岁或该会员国规定本公约第3条适用于海上捕鱼就业，则依法应为对该公约的立即解约；

（f）一个批准了1965年（井下工作）最低年龄公约的会员国承担本公约的义务，并遵照本公约第2条规定了不低于该公约规定的最低年龄或该会员国因本公约第3条而规定此年龄适用于井下就业时，则依法应为对该公约的立即解约。

5. 如本公约生效或当其生效之时：

（a）关于1919年（工业）最低年龄公约，承担本公约义务应涉及根据该公约第 12 条对该公约解约；

（b）关于农业，承担本公约的义务应涉及根据 1921 年（农业）最低年龄第 9 条对该公约解约；

（c）关于海事就业，承担本公约的义务应涉及根据 1920 年（海上）最低年龄公约第 10 条和 1921 年（扒炭工和司炉工）最低年龄公约第 12 条对该公约解约。

第 11 条

本公约的正式批准书应送请国际劳工局长登记。

第 12 条

1. 本公约应仅对其批准书已经国际劳工局长登记的会员国有约束力。

2. 本公约应自两个会员国的批准书已经登记之日起 12 个月后生效。

3. 此后对于任何会员国，本公约应自其批准书已经登记之日起 12 个月后生效。

第 13 条

1. 凡批准本公约的会员国，自本公约初次生效之日起满 10 年后，得向国际劳工局长通知解约，并请其登记。此项解约通知书，自登记之日起满一年后，始得生效。

2. 凡批准本公约的会员国，在前款所述 10 年期满后的一年内未行使本条所规定的解约权利者，即须再遵守 10 年，此后每当 10 年期满，得依本条的规定通知解约。

第 14 条

1. 国际劳工局长应将国际劳工组织各会员国所送达的一切批准书和解约通知书的登记情况，通知本组织的全体会员国。

2. 局长在将所送达的第 2 份批准书的登记通知本组织的各会员国时，应提请本组织各会员国注意本公约开始生效的日期。

第 15 条

国际劳工局长应将他按照以上各条规定所登记的一切批准书和解约通知书的详细情况，按照《联合国宪章》第 102 条的规定，送请联合国秘书长进行登记。

第 16 条

国际劳工局理事会在必要时，应将本公约的实施情况向大会提出报告，并审查应否将本公约的全部或部分修订问题列入大会议程。

第 17 条

1. 如大会通过新公约对本公约做全部或部分修订时，除新公约另有规定外，应：

（a）如新修订公约生效和当其生效之时，会员国对于新修订公约的批准，不需按照上述第 13 条的规定，依法应为对本公约的立即解约；

（b）自新修订公约生效之日起，本公约应即停止接受会员国的批准。

2. 对于已批准本公约而未批准修订公约的会员国，本公约以其现有的形式和内容，在任何情况下仍应有效。

第 18 条

本公约的英文本和法文本同等为准。

附录2　关于禁止和立即行动消除最有害的童工形式公约①

国际劳工组织大会 1999 年 6 月 17 日通过

生效：按照第 10（3）条的规定，于 2000 年 11 月 19 日生效

国际劳工组织大会，经国际劳工局理事会召集，于 1999 年 6 月 1 日在日内瓦举行其第 87 届会议，并

考虑到需要为禁止和消除最有害的童工形式——国家和国际行动包括国际合作和支援在内的主要优先重点——通过新的文书，以便补充依然是童工问题之基本文书的 1973 年准予就业最低年龄公约和建议书，并

考虑到免费基础教育的重要性和需要使有关儿童脱离所有此类工作以及为其提供康复和与社会结合，同时解决其家庭需求问题，有效消除最有害的童工形式要求有立即和综合的行动，并

忆及国际劳工大会于 1996 年在其第 83 届会议上通过的关于消除童工问题的决议，并

认识到，童工问题在很大程度上是由于贫困造成的，长远的解决此问

---

① 原文见国际劳工组织：《国际劳工公约和建议书，1994—2007》第 3 卷，国际劳工组织北京局 2010 年版，第 27—29 页。

题需要可持续的经济增长促进社会进步，特别是消除贫困和普及教育，并

忆及联合国大会于 1989 年 11 月 20 日通过的儿童权利公约，并

忆及国际劳工大会于 1998 年在其第 86 届会议上通过的《国际劳工组织关于工作中基本原则和权利宣言及其后续措施》，并

忆及最有害的童工形式中的某些形式已被包括在其他国际文书之中，特别是 1930 年强迫劳动公约和联合国的 1956 年废止奴隶制、奴隶贩卖及类似奴隶制的制度与习俗补充公约，并

决定就有关童工问题——本届会议议程的第四个项目——通过若干建议，并

确定这些建议须采取国际公约的形式，

于 1999 年 6 月 17 日通过以下公约，引用时可称之为 1999 年最有害的童工形式公约。

第 1 条

凡批准本公约的成员国须采取立即和有效的措施，以保证将禁止和消除最有害的童工形式作为一项紧迫事务。

第 2 条

就本公约而言，"儿童"一词适用于 18 岁以下的所有人员。

第 3 条

就本公约而言，"最有害的童工形式"这一表达方式包括：

（a）所有形式的奴隶制或是类似奴隶制的做法，如出售和贩卖儿童、

债务劳役和奴役，以及强迫或强制劳动，包括强迫或强制招募儿童，用于武装冲突；

（b）使用、招收或提供儿童卖淫、生产色情制品或进行色情表演；

（c）使用、招收或提供儿童从事非法活动，特别是生产和非法买卖有关国际条约中确定的麻醉品；

（d）其性质或是在其中从事工作的环境，可能损害儿童的健康、安全或道德的工作。

第 4 条

1. 在同有关雇主组织和工人组织磋商之后，国家法律或条例或是主管当局在考虑有关国际标准特别是 1999 年最有害的童工形式建议书中第 3、4 款的情况下，须确定第 3 条（d）提到的工作类型。

2. 主管当局在同有关雇主组织和工人组织磋商之后，须查明所确定的工作类型之存在。

3. 根据本条第 1 款确定的工作类型一览表，须同有关雇主组织和工人组织磋商，进行定期审查并视需要进行修订。

第 5 条

各成员国在同雇主组织和工人组织磋商之后，须建立或指定适宜机制，监督落实本公约规定的实施。

第 6 条

1. 各成员国须制定和实施将消除最有害的童工形式作为优先重点的

行动计划。

2. 制定和实施此类行动计划，须同有关政府机构以及雇主组织和工人组织磋商，凡适宜时，考虑其他有关群体的意见。

第 7 条

1. 各成员国须采取所有必要措施，包括规定和执行刑事制裁，或是凡适宜时，其他制裁，以保证有效实施和执行落实本公约的规定。

2. 考虑到教育在消除童工现象中的重要性，各成员国须采取有效的和有时限的措施，以便：

（a）防止雇用儿童从事最有害的童工形式的工作；

（b）为儿童脱离最有害的童工形式工作，以及为其康复和与社会结合，提供必要和适宜的直接支援；

（c）保证脱离了最有害的童工形式工作的所有儿童，能享受免费基础教育，以及凡可能和适宜时，接受职业培训；

（d）查明和接触处于特殊危险境地的儿童；以及

（e）考虑女孩的特殊情况。

3. 各成员国指定主管当局，负责实施落实本公约的规定。

第 8 条

各成员国须采取适宜步骤，通过加强合作和/或支援，包括支持社会与经济发展，消除贫困计划与普及教育，在落实本公约条款方面相互支援。

第 9 条

本公约的正式批准书须送请国际劳工局总干事登记。

第 10 条

1. 本公约仅对其批准书已经总干事登记的国际劳工组织成员国有约束力。

2. 本公约自两个成员国的批准书已经总干事登记之日起 12 个月后生效。

3. 此后，对于任何成员国，本公约应自其批准书已经登记之日起 12 个月生效。

第 11 条

1. 凡批准本公约的成员国，自本公约初次生效之日起满 10 年后可向国际劳工局总干事通知解约，并请其登记。此项解约通知书自登记之日起满 1 年后始得生效。

2. 凡批准本公约的成员国，在前款所述 10 年期满后的 1 年内未行使本条所规定的解约权利者，即须再遵守 10 年，此后每当 10 年期满，得依本条的规定通知解约。

第 12 条

1. 国际劳工局总干事须将国际劳工组织各成员国所送达的一切批准

书和解约通知书的登记情况，通知本组织的全体成员国。

2. 总干事在将所送达的第 2 份批准书的登记通知本组织全体成员国时，须提请本组织各成员国注意本公约开始生效的日期。

第 13 条

国际劳工局总干事须将他按照以上各条规定所登记的一切批准书和解约通知书的详细情况，按照《联合国宪章》第 102 条的规定，送请联合国秘书长进行登记。

第 14 条

国际劳工局理事会在必要时，须将本公约的实施情况向大会提出报告，并审查应否将本公约的全部或部分修订问题列入大会议程。

第 15 条

1. 如大会通过新公约对本公约作全部或部分修订时，除新公约另有规定外，应：

（a）如新修订公约生效和当其生效之时，成员国对于修订公约的批准，不需按照上述第 11 条的规定，依法即为对本公约的立即解约；

（b）自新修订公约生效之日起，本公约即停止接受成员国的批准。

2. 对于已批准本公约而未批准修订公约的成员国，本公约以其现有的形式和内容，在任何情况下仍然有效。

第 16 条

本公约的英文本和法文本同等为准。

附录 3　全国人民代表大会常务委员会关于批准
《准予就业最低年龄公约》的决定[①]

（1998 年 12 月 29 日通过）

第九届全国人民代表大会常务委员会第六次会议决定，批准《准予就业最低年龄公约》；同时，声明如下：

一、在中华人民共和国领土内及中华人民共和国注册的运输工具上就业或者工作的最低年龄为 16 周岁；

二、在中华人民共和国政府另行通知前，《准予就业最低年龄公约》暂不适用于中华人民共和国香港特别行政区。

---

① 法律出版社法规中心编：《中华人民共和国法典》，法律出版社 2002 年版。

附录 4　禁止使用童工规定[①]

（2002 年 9 月 18 日国务院第 63 次常务会议通过
2002 年 10 月 1 日中华人民共和国国务院令第 364 号公布
自 2002 年 12 月 1 日起施行）

第一条　为保护未成年人的身心健康，促进义务教育制度的实施，维护未成年人的合法权益，根据宪法和劳动法、未成年人保护法，制定本规定。

第二条　国家机关、社会团体、企业事业单位、民办非企业单位或者个体工商户（以下统称用人单位）均不得招用不满 16 周岁的未成年人（招用不满 16 周岁的未成年人，以下统称使用童工）。

禁止任何单位或者个人为不满 16 周岁的未成年人介绍就业。

禁止不满 16 周岁的未成年人开业从事个体经营活动。

第三条　不满 16 周岁的未成年人的父母或者其他监护人应当保护其身心健康，保障其接受义务教育的权利，不得允许其被用人单位非法招用。

———————————

[①]　中华人民共和国中央人民政府网站，http://www.gov.cn/gongbao/content/2002/content_ 61798. htm。

　　不满 16 周岁的未成年人的父母或者其他监护人允许其被用人单位非法招用的，所在地的乡（镇）人民政府、城市街道办事处以及村民委员会、居民委员会应当给予批评教育。

　　第四条　用人单位招用人员时，必须核查被招用人员的身份证；对不满 16 周岁的未成年人，一律不得录用。用人单位录用人员的录用登记、核查材料应当妥善保管。

　　第五条　县级以上各级人民政府劳动保障行政部门负责本规定执行情况的监督检查。

　　县级以上各级人民政府公安、工商行政管理、教育、卫生等行政部门在各自职责范围内对本规定的执行情况进行监督检查，并对劳动保障行政部门的监督检查给予配合。

　　工会、共青团、妇联等群众组织应当依法维护未成年人的合法权益。

　　任何单位或者个人发现使用童工的，均有权向县级以上人民政府劳动保障行政部门举报。

　　第六条　用人单位使用童工的，由劳动保障行政部门按照每使用一名童工每月处 5000 元罚款的标准给予处罚；在使用有毒物品的作业场所使用童工的，按照《使用有毒物品作业场所劳动保护条例》规定的罚款幅度，或者按照每使用一名童工每月处 5000 元罚款的标准，从重处罚。劳动保障行政部门并应当责令用人单位限期将童工送回原居住地交其父母或者其他监护人，所需交通和食宿费用全部由用人单位承担。

　　用人单位经劳动保障行政部门依照前款规定责令限期改正，逾期仍不将童工送交其父母或者其他监护人的，从责令限期改正之日起，由劳动保障行政部门按照每使用一名童工每月处 1 万元罚款的标准处罚，并由工商行政管理部门吊销其营业执照或者由民政部门撤销民办非企业单位登记；用人单位是国家机关、事业单位的，由有关单位依法对直接负责的主管人员和其他直接责任人员给予降级或者撤职的行政处分或者纪律处分。

第七条　单位或者个人为不满 16 周岁的未成年人介绍就业的，由劳动保障行政部门按照每介绍一人处 5000 元罚款的标准给予处罚；职业中介机构为不满 16 周岁的未成年人介绍就业的，并由劳动保障行政部门吊销其职业介绍许可证。

第八条　用人单位未按照本规定第四条的规定保存录用登记材料，或者伪造录用登记材料的，由劳动保障行政部门处 1 万元的罚款。

第九条　无营业执照、被依法吊销营业执照的单位以及未依法登记、备案的单位使用童工或者介绍童工就业的，依照本规定第六条、第七条、第八条规定的标准加一倍罚款，该非法单位由有关的行政主管部门予以取缔。

第十条　童工患病或者受伤的，用人单位应当负责送到医疗机构治疗，并负担治疗期间的全部医疗和生活费用。

童工伤残或者死亡的，用人单位由工商行政管理部门吊销营业执照或者由民政部门撤销民办非企业单位登记；用人单位是国家机关、事业单位的，由有关单位依法对直接负责的主管人员和其他直接责任人员给予降级或者撤职的行政处分或者纪律处分；用人单位还应当一次性地对伤残的童工、死亡童工的直系亲属给予赔偿，赔偿金额按照国家工伤保险的有关规定计算。

第十一条　拐骗童工，强迫童工劳动，使用童工从事高空、井下、放射性、高毒、易燃易爆以及国家规定的第四级体力劳动强度的劳动，使用不满 14 周岁的童工，或者造成童工死亡或者严重伤残的，依照刑法关于拐卖儿童罪、强迫劳动罪或者其他罪的规定，依法追究刑事责任。

第十二条　国家行政机关工作人员有下列行为之一的，依法给予记大过或者降级的行政处分；情节严重的，依法给予撤职或者开除的行政处分；构成犯罪的，依照刑法关于滥用职权罪、玩忽职守罪或者其他罪的规定，依法追究刑事责任：

（一）劳动保障等有关部门工作人员在禁止使用童工的监督检查工作中发现使用童工的情况，不予制止、纠正、查处的；

（二）公安机关的人民警察违反规定发放身份证或者在身份证上登录虚假出生年月的；

（三）工商行政管理部门工作人员发现申请人是不满 16 周岁的未成年人，仍然为其从事个体经营发放营业执照的。

第十三条　文艺、体育单位经未成年人的父母或者其他监护人同意，可以招用不满 16 周岁的专业文艺工作者、运动员。用人单位应当保障被招用的不满 16 周岁的未成年人的身心健康，保障其接受义务教育的权利。文艺、体育单位招用不满 16 周岁的专业文艺工作者、运动员的办法，由国务院劳动保障行政部门会同国务院文化、体育行政部门制定。

学校、其他教育机构以及职业培训机构按照国家有关规定组织不满 16 周岁的未成年人进行不影响其人身安全和身心健康的教育实践劳动、职业技能培训劳动，不属于使用童工。

第十四条　本规定自 2002 年 12 月 1 日起施行。1991 年 4 月 15 日国务院发布的《禁止使用童工规定》同时废止。

参考文献

一、原始资料及资料选编

Abbott, Grace, *The Child and the State: Select Documents*, *with Introductory Notes*, Chicago: University of Chicago Press, 1938.

Alcock, Mary, *The Chimney Sweeper's Complaint*, London: John Harris, 1806.

Arnold, Arthur, *The History of the Cotton Famine*, London: Otley and Co., 1864.

Ashworth, Henry, *Letter to the Right Hon. Lord Ashley*, *on the Cotton Factory Question*, *and the Ten Hours' Factory Bill: With an Appendix*, *Containing an Abstract of the Bill*, Manchester: H. Smith, 1833.

Booth, Charles, *Occupations of the People of the United Kingdom*, *1801-1881*, Journal of the Statistical Society of London, 1886, 49 (2): 314-444.

Bouquet, Louis, *Le Travail des Enfants et des Filles Mineures Dans l'Industrie*, Paris: Librairie au…. Même Maison A Nancy, 1885.

Bremner, R. H. ed., *Children and Youth in America*, *Vol. I: 1600 - 1865*, Cambridge/Massachusetts: Harvard University Press, 1970.

Brooke, Emma, *A Tabulation of the Factory Laws of European Countries in So Far As They Relate to the Hours of Labour*, *and to Special Legislation for Women*, *Young Persons*, *and Children* London: G. Richards, 1898.

Chadwick, Edwin, *Report on the Sanitary Conditions of the Labouring Population of Great Britain*, London: W. Clowes and sons for H. M. Stationery off., 1843.

Chadwick, Edwin, *Sanitary Condition of the Labouring Population of Great Britain and on the Means of its Improvement*, London: W. Clowes and Sons, 1842.

Chambers, George F., *The Agricultural Children Act*, *1873*, *and the Agricultural Gangs Act*, *1867*: *with Introduction and Notes*, London: King & Co., 1873.

Chapman, Sydney J., *The Lancashire Cotton Industry*: *A Study in Economic Development*, Manchester: University Press, 1904.

Charley, William T., *Conservative Legislation for the Working Classes*: *No. 1 – Mines and Factories* (*3rd edition*), London: Printed for the Council, 1882.

Children's Employment Commission, *First Report of the Commissioners* (*Mines*), London: William Clowes and Sons, 1842.

Children's Employment Commission, *First Report of the Commissioners with Appendix*, London: George E. Eyre and William Spottiswoode, 1863.

Children's Employment Commission, *Second Report of the Commissioners on Trades and Manufactures Together with an Index to the Second Report and the Appendices*, London: William Clowes and Sons, 1843.

Children's Employment Commission, *Second Report of the Commissioners with Appendix*, London: George E. Eyre and William Spottiswoode, 1864.

Cooke-Taylor, Richard W., *Factories and the Factory System*: *From Parliamentary Documents and Personal*, London: Jeremiah How, 1844.

Cooke-Taylor, Richard W., *The Modern Factory System*, London: Kegan Paul, Trench, Triibner and Co., 1891.

Cooke-Taylor, Richard W., *The Factory System and the Factory Acts*, London: Methuen & Co., 1894.

Cooper, Anthony Ashley, *Speeches on the Condition of the Working Classes*, London, 1839.

Ernst, Edler von Plener, *The English Factory Legislation*, *from 1802 Till the Present Time*, London: Chapman and Hall, 1873.

Evans, Conway, *Reports Relating to the Sanitary Condition of the Strand District*, *London*, London: John Churchill, 1858.

Fogg, William, *Workers in Cotton Factories and the Eight Hours' Day*: *An Address Delivered on November 16*[th], *1892*, London: John Heywood, 1892.

Gaskell, Peter, *The Manufacturing Population of England*, London: Baldwin & Cradock, 1833.

Gaskell, Peter, *Artisans and Machinery*: *The Moral and Physical Condition of the Manufacturing Population Human Labour*, London: J. W. Parker, 1836.

Gould, Nathaniel, *Information Concerning the State of Children Employed in Cotton Fac-*

tories: *Printed for the Use of the Members of Both Houses of Parliament*, Manchester: J. Gleave, 1818.

Grant, Philip, *The Ten Hours Bill*: *The History of Factory Legislation*, Manchester: John Heywood, 1866.

Green, John Orne, *The Factory System*, *in its Hygienic Relations*: *An Address*, Boston: W. S. Damrell, 1846.

Homer, L., *On the Employment of Children*, *in Factories and Other Works in the United Kingdom and in Some Foreign Countries*, London: Longman, 1840.

Kydd, Samuel, *The History of the Factory Movement*: *From the Year 1802*, *to the Enactment of the Ten Hours' Bill in 1847*, 2Vols, London: Simpkin, Marshall, and Co., 1857.

Mayhew, Henry, *London labor and the London Poor*, Vol. 1, London: upper Willingdon, 1851; Vol. 2, London: Charles Griffin, 1851; Vol. 3, London: Griffin, Bohn, and Company, 1861.

Nicholls, George, *On the Condition of the Agricultural Laboure*, London: Charles Knight, 1847.

Owen, Robert, *Observations on the Effect of the Manufacturing System with Hints for the Improvement of Those Parts of it Which Are Most Injurious to Health and Morals*, 2nd edition, London: Edinburgh & Glasgow, 1817.

Peel, Robert, *Answers to Certain Objections Made to Sir Robert Peel's Bill*, *for Ameliorating the Condition of Children Employed in Cotton Factories*, Manchester: R. & W., 1819.

Phillips, James, *The Moral and Physical Condition of the Working Classes Employed in the Cotton Manufacture in Manchester*, London: James Ridgeway, 1832.

Roberts, Samuel, *Tales of the Poor or*, *Infant Sufferings*: *Containing the Chimney Sweeper's Boy*, Sheffield: James Montgomery, 1813.

Rogers, James E. Thorold, *Six Centuries of Work and Wages*: *The History of English Labour*, London: W. S. Sonnenschein, 1884.

Smith, George, *The Cry of the Children from the Brickyards of England*, London: Haughton & Co., 1879.

Sherard, R. H., *The Child-slaves of Britain*, London: Hurst and Blackett, 1905.

Sumer, Helen L., *Child Labor Legislation in the United States.*, Washington: U. S. Department of Labor, Children's Bureau: Government Printing Office, 1915.

Ure, Andrew, *The Philosophy of Manufactures or*, *an Exposition of the Scientific*, *Moral*, *and Commercial Economy of the Factory System of Great Britain*, London, C.

Knight，1835.

U. S. Congress，*Senate*，*Report on the Condition of Women and Child Wage-earners in the Uniled States*，19Vols，Washington，D. C.：Government Printing Office，1910.

Van Vorst，Mrs. John，*The Cry of the Children*，*a Study of Child Labor*，New York：Moffat and Yard，1908.

Victoria Dept. of Mines，*Report of the Chief Inspector of Mines to the Honorable the Minister of Mines for the Year 1877*，*1882*，*1883*，Melbourne：John Ferres，Government Printer，1878−1884.

Webb，Beatrice，*The Case for the Factory Acts*，London：G. Richards，1902.

Webb，Sidney，*Problems of Modern Industry*，London：Longmans Green. Co.，1898.

W. C.，*The Condition and Treatment of the Children Employed in the Mines and Collieries of the United Kingdom*，London：William Strange，1842.

Woods，Robert Archey，*Report on the Effect of the Child Labor Law of 1913 to the State Board of Labor and Industries*，Boston：Wright & Potter Printing Co.，State Printers，1914.

北京大学法律系国外法学研究室编：《国外保护青少年法规与资料选编》，群众出版社 1981 年版。

［英］E. 罗伊斯顿·派克编：《被遗忘的苦难——英国工业革命的人文实录》，蔡师雄等译，福建人民出版社 1983 年版。

国际劳工组织北京局编：《国际劳工公约和建议书 1919—1993》第 1 卷，国际劳工组织北京局 1994 年版。

国际劳工组织北京局编：《国际劳工公约和建议书 1919—1993》第 2 卷，国际劳工组织北京局 1994 年版。

国际劳工组织北京局编：《国际劳工公约和建议书 1994—2007》第 3 卷，国际劳工组织北京局 2010 年版。

刘明逵：《中国工人阶级历史状况 1840—1949》第 1 卷第 1 册，中共中央党校出版社 1985 年版。

［英］罗伯特·欧文：《欧文选集》（第 1—3 卷），何光来、秦果显译，商务印书馆 1965 年版。

孙毓棠：《中国近代工业史资料》第 1 辑（上册），科学出版社 1957 年版。

汪敬虞：《中国近代工业史资料》第 2 辑（上、下册），中华书局 1962 年版。

中国新民主主义青年团中央委员会办公厅编：《中国青年运动历史资料》（第 1—10 册），中国新民主主义青年团中央委员会办公厅 1957 年版。

二、中文文献

（一）著作类

［美］杰里米·阿塔克：《新美国经济史：从殖民地时期到 1940 年》（上），罗涛等译，中国社会科学出版社 2000 年版。

［法］菲利普·埃利阿斯：《儿童的世纪——旧制度下的儿童和家庭生活》，沈坚、朱晓罕译，北京大学出版社 2013 年版。

［美］埃里克松：《童年与社会》，罗一静译，学林出版社 1992 年版。

［英］安特生：《英国工厂法略史》，陈其田译，全国基督教协进会工业委员会 1924 年版。

［英］奥尔德里奇：《简明英国教育史》，诸惠芳、李洪绪、尹斌苗译，人民教育出版社 1987 年版。

［美］鲍格度：《童工问题》，载瞿世英译述：《社会学概论》，商务印书馆 1925 年版。

［美］加里·S. 贝克尔：《家庭论》，王献生、王宇译，商务印书馆 2007 年版。

［美］加里·S. 贝克尔：《家庭经济分析》，彭松建译，华夏出版社 1987 年版。

［英］亨利·斯坦利·贝内特：《英国庄园生活：1150—1400 年农民生活状况研究》，龙秀清等译，上海人民出版社 2005 年版。

［葡］高梅斯·彼列拉：《被剥夺了的童年》，达恺、冀林译，文艺联合出版社 1955 年版。

［法］安·比尔基埃：《家庭史》第 2 卷，袁树仁译，生活·读书·新知三联书店 1998 年版。

［英］阿萨·勃里格斯：《英国社会史》，陈叔平等译，中国人民大学出版社 1991 年版。

［意］艾格勒·贝奇、［法］多米尼克·朱利亚：《西方儿童史》（上、下册），申华明、卞晓平译，商务印书馆 2016 年版。

［英］波斯坦等：《剑桥欧洲经济史》第 7 卷，王春法等译，经济科学出版社 2004 年版。

［法］P. 布瓦松纳：《中世纪欧洲生活和劳动》，潘源来译，商务印书馆 1985 年版。

常凯：《劳动关系学》，中国劳动社会保障出版社 2005 年版。

陈达：《中国劳工问题》，商务印书馆 1929 年版。

陈达：《我国抗日战争时期市镇工人生活》，中国劳动出版社 1993 年版。

陈三井：《近代中国妇女运动史》，近代中国出版社 2000 年版。

陈振鹭：《劳动问题大纲》，大学书店 1934 年版。

陈映芳：《图像中的孩子——社会学的分析》，山东画报出版社 2003 年版。

戴本博：《外国教育史》（中册），人民教育出版社 1990 年版。

邓中夏：《中国职工运动简史》，新华书店 1943 年版、上海书店 1990 年再版。

邓裕志：《中国劳工问题概要》，青年协会书局 1934 年版。

丁建定：《从济贫法到社会保险》，中国社会科学出版社 2000 年版。

杜杉杉：《社会性别的平等模式——"筷子成双"与拉祜族的两性合一》，云南大学出版社 2008 年版。

端木美：《法国现代化进程中的社会问题》，中国社会科学出版社 2001 年版。

［美］斯坦利·L. 恩格尔曼、罗伯特·E. 高尔曼：《剑桥美国经济史》第 1 卷，巫云仙、邱竞译，中国人民大学出版社 2008 年版。

［德］恩格斯：《英国工人阶级状况》，《马克思恩格斯全集》第 2 卷，人民出版社 1957 年版。

法律出版社编：《禁止使用童工规定女职工劳动保护规定未成年工特殊保护规定》，法律出版社 2003 年版。

［德］里夏德·范迪尔门：《欧洲近代生活：家与人》，王亚平译，东方出版社 2003 年版。

［德］里夏德·范迪尔门：《欧洲近代生活：村庄与城市》，王亚军译，东方出版社 2004 年版。

［美］方纳：《美国工人运动史》第 1 卷，黄雨石等译，生活·读书·新知三联书店 1956 年版；《美国工人运动史》第 2 卷，唯成译，生活·读书·新知三联书店 1963 年版。

方显廷：《中国之棉纺织业》，商务印书馆 1934 年版。

付涛编译：《消除童工问题，可望可及？应对童工问题：公民社会的角色》，北京公旻汇咨询中心编写：《中国发展简报》（中文版），知识产权出版社 2010 年版。

［法］福西耶：《中世纪劳动史》，陈青瑶译，上海人民出版社 2007 年版。

高德步：《英国的工业革命与工业化：制度变迁与劳动力转移》，中国人民大学出版社 2006 年版。

［德］汉斯-维尔纳·格茨：《欧洲中世纪生活（7—13 世纪）》，王亚平译，东方出版社 2002 年版。

耿杰：《浸透着童工血泪的旧北京火柴工业》，杨洪运、赵筠秋：《北京经济史话》，北京出版社 1984 年版。

谷宏伟：《转轨时期中国低收入家庭教育投资分析》，中国金融出版社 2009 年版。

辜燮高等选译：《工厂制影响——童工问题》，《1689—1815 年的英国》下册，商务印书馆 1997 年版。

关怀：《劳动法》，中国人民大学出版社 2001 年版。

郭松义：《伦理与生活——清代婚姻关系》，商务印书馆 2000 年版。

国际劳工组织编：《童工问题：从令人不能容忍的形式着手（国际劳工大会第 86 届会议报告：6（1））》，国际劳工局 1996 年版。

国际劳工组织编：《童工问题（国际劳工大会第 86 届会议报告：6（2））》，国际劳工局 1998 年版。

国际劳工组织编：《童工问题（国际劳工大会第 87 届会议报告：4（1））》，国际劳工局 1998 年版。

国际劳工组织编：《童工问题（国际劳工大会第 87 届会议报告：4（2A））》，国际劳工局 1999 年版。

国际劳工组织编：《童工问题（国际劳工大会第 87 届会议报告：4（2B））》，国际劳工局 1999 年版。

国际劳工组织编：《一个没有童工的未来世界》，国际劳工局 2002 年版。

国际劳工组织编：《童工劳动的终结：可望可及》，国际劳工局 2006 年版。

国际劳工组织编：《加速反童工劳动的行动》，国际劳工局 2010 年版。

国民政府财政部驻沪调查货价处编：《日本工场法令》，国民政府财政部驻沪调查货价处 1927 年版。

［民主德国］汉斯·豪斯赫尔：《近代经济史：从十四世纪末至十九世纪下半叶》，王庆余、吴衡康、王成稼译，商务印书馆 1987 年版。

何德明：《中国劳工问题》（上、下册），商务印书馆 1937 年版。

贺岳僧：《中国罢工史》，世界书局 1927 年版。

黄顿编译：《苦孩子——人类受难儿童的苦镜头》（上、下册），延边大学出版社 1998 年版。

黄宇桢：《中国的童工问题》，《大众经济学讲话》（下册），中国图书杂志公司 1939 年版。

黄荣康：《少年法研究》，人民法院出版社 2005 年版。

［英］皮特·柯比：《英国童工和国家干预 1750—1870》，李宏图：《表象的叙述》，上海三联书店 2003 年版。

［英］克拉潘：《现代英国经济史》（上、中、下册），姚曾廙译，商务印书馆 1977 年版。

［俄］克鲁普斯卡雅：《论废除童工问题》，《克鲁普斯卡雅教育文选》（上册），卫道治译，人民教育出版社 1987 年版。

［苏联］格·柯马罗夫斯基、尼·柯马罗夫斯基：《红头啄木鸟（美国童工的故

事)》，磐安译，少年儿童出版社 1955 年版。

　　［美］克伯雷：《英国为教育的国家组织而斗争》，《外国教育史料》，任宝祥、任钟印主译，华中师范大学出版社 1991 年版。

　　［英］约瑟夫·库利舍尔：《欧洲近代经济史》，石军、周莲译，北京大学出版社 1990 年版。

　　［法］魁奈：《关于手工业制度》，载吴斐丹、张草纫选译：《魁奈经济著作选集》，商务印书馆 1983 年版。

　　［美］拉尔夫等：《世界文明史》下册，赵丰等译，商务印书馆 1999 年版。

　　［美］史蒂文·兰兹伯格：《关闭血汗工厂》，载蒋旭峰译：《性越多越安全：颠覆传统的反常经济学》，中信出版社 2008 年版。

　　李大钊：《上海的童工问题》，载《李大钊选集》，人民出版社 1959 年版。

　　李家齐主编：《上海工运志》，上海社会科学院出版社 1997 年版。

　　李建、阎宝卿：《禁止使用童工规定释义》，中国法制出版社 2002 年版。

　　李平：《世界妇女史》，海南出版社、香港书环出版社 1993 年版。

　　李双元等：《儿童权利的国际法律保护》，人民法院出版社 2004 年版。

　　李增洪：《13—15 世纪伦敦社会各阶层分析》，中国社会科学出版社 2005 年版。

　　联合国教科文组织总部中文科译：《教育——财富蕴藏其中》，教育科学出版社 1996 年版。

　　［俄］列宁：《农民经济中的童工》，载中共中央编译：《列宁全集》第 19 卷，人民出版社 1984 年版。

　　［英］阿瑟·刘易斯：《经济增长理论》，周师铭、沈丙杰、沈伯根译，商务印书馆 1999 年版。

　　刘文军、王祎主编：《国际劳工标准案例评析》，中国劳动社会保障出版社 2009 年版。

　　骆传华：《今日中国劳工问题》，青年协会书局 1933 年版。

　　［美］埃弗里特·N. 罗吉斯、拉伯尔·J. 伯德格：《乡村社会变迁》，王晓毅、王地宁译，浙江人民出版社 1988 年版。

　　罗运炎：《中国劳工立法》，中华书局 1939 年版。

　　吕美颐、郑永福：《中国妇女运动（1840—1921）》，河南人民出版社 1990 年版。

　　马聪：《童工案——哈默诉达根哈特案》，《霍姆斯现实主义法学思想研究》，人民出版社 2009 年版。

　　马超俊：《中国劳工运动史》，商务印书馆 1942 年版。

　　马庚存：《中国近代妇女史》，青岛出版社 1995 年版。

　　马济民：《印度工厂立法小史》，商务印书馆 1947 年版。

［德］马克思：《资本论》第 1 卷，《马克思恩格斯文集》第 5 卷，中共中央马克思、恩格斯、列宁、斯大林著作编译局编译，人民出版社 2009 年版。

［印度］R. C. 马宗达等：《高级印度史》下册，张澍霖等译，商务印书馆 1986 年版。

马嬰：《工业革命与英国妇女》，上海社会科学出版社 1993 年版。

［法］保尔·芒图：《十八世纪产业革命——英国近代大工业初期的概况》，杨人楩等译，商务印书馆 1983 年版。

［印度］穆吉克：《印度工人阶级》，王家骧译，世界知识出版社 1955 年版。

［英］莫尔顿：《人民的英国史》，谢琏造等译，生活·读书·新知三联书店 1958 年版。

［英］摩根：《牛津英国通史》，王觉非等译，商务印书馆 1993 年版。

［法］让-皮埃尔·内罗杜：《古罗马的儿童》，张鸿、向征译，广西师范大学出版社 2005 年版。

［法］雷吉娜·佩尔努：《法国资产阶级史（近代）》，康新文等译，上海译文出版社 1991 年版。

［意］卡洛·M. 奇波拉：《欧洲经济史》第 3 卷，吴良健等译，商务印书馆 1989 年版。

钱乘旦：《工业革命与英国工人阶级》，南京出版社 1992 年版。

任扶善：《世界劳动立法》，中国劳动出版社 1991 年版。

任冉冉：《民国上海童工问题研究》，载邵雍编著：《中国近现代社会问题研究》，合肥工业大学出版社 2010 年版。

［以］苏拉密斯·萨哈：《第四等级　中世纪欧洲妇女史》，林英译，广东人民出版社 2003 年版。

［印度］阿玛蒂亚·森、让·德雷兹：《印度：经济发展与社会机会》，黄飞君译，社会科学文献出版社 2006 年版。

［英］亚当·斯密：《国民财富的性质和原因的研究》上卷，郭大力、王亚南译，商务印书馆 1983 年版。

［美］斯麦尔塞：《马克思论社会与社会变迁》，汪明译，中国展望出版社 1988 年版。

孙本文：《现代中国社会问题》第 4 册，商务印书馆 1947 年版。

孙海浪：《倾斜的童工世界》，中国少年儿童出版社 1991 年版。

孙绍康：《中国劳工法》，商务印书馆 1934 年版。

［美］沙伊贝：《近百年美国经济史》，彭松建译，中国社会科学出版社 1983 年版。

少年儿童出版社编：《童工血泪仇》，少年儿童出版社 1965 年版。

邵元冲：《美国劳工状况》，民智书局 1928 年版。

上海社会科学院历史研究所编：《五卅运动史料》第 1 卷，上海人民出版社 1981 年版。

上海市妇女联合会：《上海妇女运动史（1919—1949）》，上海人民出版社 1990 年版。

佘云霞：《国际劳工标准演变与争议》，社会科学文献出版社 2006 年版。

沈丹泥：《童工》，世界书局 1927 年版。

世界卫生组织编：《危害童工健康的特殊因素》，人民卫生出版社 1990 年版。

施义慧：《童年的转型——19 世纪英国下层儿童生活史》，南京大学出版社 2013 年版。

［美］西奥多·W. 舒尔茨：《人力投资　人口质量经济学》，贾湛、施伟等译，华夏出版社 1990 年版。

［美］西奥多·W. 舒尔茨：《人力资本投资：教育和研究的作用》，蒋斌、张蘅译，商务印书馆 1990 年版。

［美］詹姆斯·W. 汤普逊：《中世纪晚期欧洲经济社会史》，徐家玲等译，商务印书馆 1996 年版。

［英］E. P. 汤普森：《英国工人阶级的形成》上册，钱乘旦等译，译林出版社 2001 年版。

王春生、师雅各：《女工童工之研究》，美华浸会印书局 1922 年版。

王家宠：《国际劳动公约概要》，中国劳动出版社 1991 年版。

汪敬虞：《中国近代经济史 1895—1927》（第 1—3 卷），经济管理出版社 2007 年版。

王俊平：《刑法新增犯罪研究》，人民法院出版社 2004 年版。

王丽萍：《成长的权利》，山东人民出版社 2002 年版。

王清彬：《中国劳动年鉴（第一次）》，社会调查部 1928 年版。

王晓焰：《18—19 世纪英国妇女地位研究》，人民出版社 2007 年版。

王雪萍：《16—18 世纪婢女生存状态研究》，黑龙江大学出版社 2008 年版。

王稚庵：《中国儿童史》（第 1—4 册），儿童书局 1932 年版。

万明春：《失学问题诊断与对策》，四川教育出版社 1996 年版。

王仲莘：《听听孩子的声音——童工问题小议之一》，载泉州晚报社编：《北山博议（杂文卷）》，鹭江出版社 1991 年版。

［德］马克斯·韦伯：《新教伦理与资本主义精神》，于晓、陈维纲等译，生活·读书·新知三联书店 1987 年版。

　　［德］马克斯·韦伯：《经济通史》，姚曾廙译，上海三联书店2006年版。

　　吴经熊：《中华民国六法理由判解汇编》，会文堂新记书局1947年版。

　　［英］纳索·西尼尔：《纳索·西尼尔论童工法和工厂法》，载小罗伯特·B.埃克伦德：《经济理论和方法史》，张凤林译，中国人民大学出版社2001年版。

　　香港社区组织协会：《香港童工研究报告》，香港社区组织协会2005年版。

　　［奥］迈克尔·米特罗尔、雷因哈德·西德尔：《欧洲家庭史》，赵世玲等译，华夏出版社1987年版。

　　［奥］赖因哈德·西德尔：《家庭的社会演变》，王志乐等译，商务印书馆1996年版。

　　谢振民：《中华民国立法史》，中国政法大学出版社2007年版。

　　邢必信：《第二次中国劳动年鉴》（上、中、下册），大北印书局1932年版。

　　熊秉真：《童年忆往——中国孩子的历史》，广西师范大学出版社2008年版。

　　徐令义：《童工问题的分析与防范》，载于克家、茅临生主编：《浙江省未成年人保护手册》，中国广播电视出版社1991年版。

　　杨幼炯：《中华民国立法史》，商务印书馆1936年版。

　　姚建龙：《超越刑事司法：美国少年司法史纲》，法律出版社2009年版。

　　［苏］叶菲莫夫：《美国史纲　从美洲的发现至内战的结束　1492—1870》，苏更生译，生活·读书·新知三联书店1957年版。

　　于化龙：《日本工业发达之研究》，世界书局1928年版。

　　［美］理查德·扎克斯：《贪婪的资本主义——童工在美国的盛行》，载《西方文明的另类历史：被我们忽略的真实故事》，李斯译，海南出版社2002年版。

　　张柠：《土地的黄昏——中国乡村经验的微观权力分析》，东方出版社2005年版。

　　赵晓阳：《基督教会与劳工问题——以上海基督教女青年会女工夜校为中心》，载陶飞亚编：《性别与历史：近代中国妇女与基督教》，上海人民出版社2006年版。

　　赵晓阳：《福音与社会的契合：以中国基督教青年会与劳工问题为例》，载张宪文主编：《民国研究》总第15辑，社会科学文献出版社2009年版。

　　张少微：《儿童社会问题》，文通书局1944年版。

　　郑隆炎主编：《工业毒物学》，隆言出版社1980年版。

　　周宏基：《中国劳动状况》，著者自刊1933年版。

　　周莉萍：《美国妇女与妇女运动（1920—1939）》，中国社会科学出版社2009年版。

　　周愚文：《宋代儿童的生活和教育》，师大书苑有限公司1996年版。

　　中国第二历史档案馆：《中国国民党第1、2次全国代表大会会议史料》上册，江苏古籍出版社1985年版。

　　中国法制出版社编：《禁止使用童工规定》，中国法制出版社2002年版。

"中国劳工"运动编纂委员会：《中国劳工运动史》（第1—2册），文大劳研所理事会1984年版。

"中国劳工"运动史编纂委员会编纂：《中国劳工运动史》（第2—5卷），"中国劳工"福利出版社1966年版。

中华全国妇女联合会：《中国妇女运动史（新民主主义时期）》，春秋出版社1989年版。

中华全国妇女联合会妇女运动史研究室编：《中国妇女运动历史资料（1921—1927）》，人民出版社1986年版。

钟贵阳：《中国妇女劳动问题》，女子书店1936年版。

朱邦兴等：《上海产业与上海职工》，远东出版社1939年版；上海人民出版社1984年再版。

祝慈寿：《中国工业劳动史》，上海财经大学出版社1999年版。

［美］维维安娜·泽利泽：《给无价的孩子定价：变迁中的儿童社会价值》，王水雄等译，格致出版社2008年版。

［作者不详］《中国童工现象大揭秘》，载赵牧主编：《搜狐视线狂飙》，西苑出版社2003年版。

（二）论文类

1. 期刊报纸论文

［印］考什克·巴苏、王传辉：《国际劳工标准和童工问题》，《江苏社会科学》2001年第1期。

［印］考什克·巴苏、王传辉：《解决童工问题的策略》，《科学（中文版）》2003年第12期。

包华国讲，蔡懋端记：《如何废除我国之童工》，《社会工作通讯月刊》1947年第12期。

卜卫：《通过媒体报道透视童工现象》，《青年研究》2002年第8期。

蔡濛萌：《对滥用童工事件的多层面反思》，《商业文化（学术版）》2008年第12期。

曹燕飞：《童工利益保护的法律分析》，《重庆科技学院学报（社会科学版）》2009年第9期。

陈晓云：《童工国际保护初论》，《昆明理工大学学报（社科法学版）》2008年第9期。

陈兴蓉：《童工权益的法律保障问题研究——以凉山童工事件为例》，《法制博览》2015年第2期。

成之约：《国际核心劳动基准及其在我国实践状况之平息——以童工雇用禁止为

例》，《台湾民主季刊》2004 年第 4 期。

　　戴柳军：《童工的国际保护——以跨国公司的责任为视角》，《决策与信息（下旬刊）》2009 年第 7 期。

　　党日红：《雇佣童工从事危重劳动罪若干问题研究》，《山东工商学院学报》2016 年第 3 期。

　　丁勇华、吕佳航：《试论 1920、1930 年代上海童工问题》，《上海大学学报（社会科学版）》2008 年第 2 期。

　　樊建民：《雇用童工从事危重劳动罪探析》，《河南公安高等专科学校学报》2008 年第 3 期。

　　方俊：《不一样的童年：新加坡纪录片中的童工现象与启示》，《青少年学刊》2017 年第 6 期。

　　冯笑梅译：《美国政府怎样去解决三百万童工》，《妇女新运》1945 年第 9 期。

　　高光国：《敲铁锈的童工》，《青年进步》1930 年第 5 期。

　　高广童、王美丽：《强迫劳动罪与雇佣童工从事危重劳动罪刑罚尺度辨析》，《山西省政法干部管理学院学报》2014 年第 4 期。

　　谷宏伟：《凹型收益率曲线与中等教育投资"瓶颈"：对童工的另一种解释》，《中国人口科学》2006 年第 4 期。

　　郭法奇：《中世纪西欧儿童的日常生活和教育》，《首都师范大学学报（社会科学版）》2009 年第 2 期。

　　国际劳工组织：《非工业雇用童工最低年龄之规定公约草案》，《中华法学杂志》1932 年第 9 期。

　　国际劳工组织：《沉重的金子——小型矿山和采石场的童工劳动》，《劳工世界》2005 年第 12 期。

　　国际劳工组织：《终结童工——千百万的呼声，同一个愿望》，《劳工世界》2008 年第 4 期。

　　国际劳工组织：《打击童工劳动——进入更高的阶段》，《劳工世界》2010 年第 12 期。

　　胡放之：《英国工业革命时期的劳动力市场与工资水平》，《湖北大学学报（哲学社会科学版）》2004 年第 3 期。

　　胡汉民：《解释请求展缓施行〈工厂法〉的几个疑点》，《民国日报》1931 年 2 月 13 日。

　　胡文斌：《童工问题初探》，《教育研究》1988 年第 10 期。

　　胡志甫：《中国女工童工问题及其补救方法》，《社会月刊》1934 年第 1 期。

　　胡志刚：《社会问题童工现象》，《中外妇女文摘》1990 年第 4 期。

黄庭柱：《印度之童工》，《社会建设》1948 年第 8 期。

［美］吉尔·斯摩洛维等：《世界童工的悲惨命运》，陈文炳摘译，《编译参考》1983 年第 4 期。

［捷］基希：《纱厂的童工》，《时代的报告》1981 年第 4 期。

金燕：《试论 19 世纪上半叶英国的工厂立法》，《学海》2006 年第 6 期。

焦兴铠：《美国与国际童工问题之禁绝》，《中华国际法与超国界法评论》2006 年第 2 卷。

姜铎：《中国早期工人阶级状况初探》，《上海社会科学院学术季刊》1994 年第 4 期。

军持：《中国之女工和童工》，《中国劳动》1945 年第 3、4 期。

李瑾：《美国的儿童福利工作》，《妇女新运》1945 年第 7 期。

李楠：《近代中国工业化进程中童工使用与绩效研究》，《中国人口科学》2015 年第 4 期。

李楠：《农业冲击、乡村借贷与童工使用：来自 20 世纪 30 年代东北北部乡村社会的考察》，《中国经济史研究》2018 年第 1 期。

黎海波：《印度童婚缘何禁而不止》，《当代世界》2005 年第 3 期。

刘福同：《各国童工律与教育》，《妇女新运》1942 年第 5 期。

刘杰：《试论雇用童工从事危重劳动罪》，《北京化工大学学报（社会科学版）》2004 年第 1 期。

刘静茹：《19 世纪英国的工厂学校与童工教育》，《经济社会史评论》2018 年第 5 期。

刘丽华：《美国进步运动时期棉纺织业中的童工问题透析》，《辽宁大学学报》2000 年第 2 期。

刘舜丞：《现代中国童工问题》，《劳工月刊》1936 年第 10 期。

刘效骞：《童工教育政策》，《中国劳动月刊》1945 年第 3 期。

刘星星、张德发：《未成年人劳动权益的法律保护》，《社科纵横》2011 年第 6 期。

刘媛：《1927—1937 年上海童工的收入与消费研究》，《聊城大学学报（社会科学版）》2014 年第 2 期。

林华：《拉美儿童和青少年的贫困问题》，《拉丁美洲研究》2004 年第 4 期。

卢德平、刘湲：《论中国的童工问题》，《中国青年研究》2010 年第 9 期。

陆士桢：《童工问题及其治理》，《社会》2003 年第 4 期。

马成禄：《浅谈我国未成年人法律保护》，《北京青年政治学院学报》2004 年第 3 期。

马庚存：《中国近代青年工人的历史考察》，《青岛大学师范学院学报》2005 年第

1 期。

马庚存：《论中国近代青年产业工人的历史命运》，《史林》2007 年第 6 期。

［作者不详］《中央妇女部反对工厂虐待男女童工宣言》，1925 年 3 月 8 日。

［作者不详］《调查上海童工状况委员会之缘起及报告》，《中外经济周刊》1925 年第 104 期。

［作者不详］《童工》，《上海青年》1931 年第 38 期。

［作者不详］《非工业雇用童工最低年龄之规定公约草案》，《中华法学杂志》1932 年第 9 期。

［作者不详］《德国之童工雇用状况》，《国际劳工通讯》1939 年第 1 期。

［作者不详］《美国女工与童工之保护》，《国际劳工通讯》1939 年第 9 期。

［作者不详］《美国童工与青年工人之工作条件》，《国际劳工通讯》1940 年第 7 期。

［作者不详］《广西省保护童工及童年子女办法》，《广西省政府公报》1943 年第 1797 期。

［作者不详］《美国国内使用童工严重》，《参考资料》1992 年 7 月 5 日。

穆方顺：《欧洲童工问题日益严重》，《石油政工研究》2004 年第 1 期。

其颖：《上海的童工问题》，《向导》1925 年第 110 期。

祁玉红：《关于工业革命时期城镇下层儿童生存状况的思考》，《辽宁师专学报（社会科学版）》2015 年第 2 期。

邱成：《别拿农家孩子当"黄盖"——当代童工供体之透视》，《现代职业安全》2007 年第 6 期。

邱培豪：《中国的童工问题》，《社会月刊》1930 年第 6 期。

邱远猷：《旧中国资本家为什么大量使用童工》，《历史教学》1979 年第 6 期。

屈谦：《谈童工现象与实施义务教育问题》，《林业教育研究》1989 年第 2 期。

饶东辉：《试论大革命时期国民党南方政权的劳动立法》，《华中师范大学学报》1997 年第 4 期。

饶东辉：《民国北京政府的劳动立法初探》，《近代史研究》1998 年第 1 期。

史国衡：《童工与艺徒》，《自由论坛》1943 年第 3 期。

施义慧：《19 世纪英国解决童工问题原因探析》，《广西社会科学》2003 年第 11 期。

施义慧：《近代以来西方儿童经济与道德价值的演变》，《江苏工业学院学报（社会科学版）》2004 年第 4 期。

施义慧：《19 世纪英国工人阶级子女童年生活转型原因探析》，《史学月刊》2006 年第 12 期。

施义慧：《19 世纪英国下层儿童生活史研究述评》，《史学月刊》2008 年第 4 期。

施义慧：《工业革命时期英国童工问题的由来及解决》，《英国研究》2009 年第 1 期。

施义慧：《工业革命时期英国扫烟囱儿童的命运》，《史学月刊》2010 年第 3 期。

受百译：《上海童工保护问题》，《国闻周报》1925 年第 19 期。

隋燕飞：《国际劳工组织关于童工问题的核心公约概要》，《人权》2016 年第 4 期。

舒圣祥：《童工问题本质是贫穷问题》，《金陵瞭望》2005 年第 18 期。

宋严萍：《英国工业化早期的苦难与牺牲》，《历史教学问题》2006 年第 5 期。

宋玥：《我国禁止童工的立法及其完善：从国际劳工标准的角度》，《中国青年社会科学》2013 年第 1 期。

孙玉生：《中国现代文学中"童养媳"创作母题的生成与嬗变》，《名作欣赏》2010 年第 2 期。

汤毅平：《民国前期的劳动立法》，《求索》2004 年第 5 期。

屠哲隐：《修改工厂法之商榷》，《国货月报》1934 年第 1 期。

王福云：《关于完善童工保护制度的思考》，《资治文摘（管理版）》2009 年第 1 期。

王贵勤：《童工群体权益的物质保障和法制保障——以精准扶贫与法治科学化为视角》，《中国人力资源开发》2017 年第 2 期。

王蓉：《19 世纪末 20 世纪初美国纺织工厂的童工问题》，《赤峰学院学报（汉文哲学社会科学版）》2016 年第 1 期。

王文丰：《英国工业革命时期的议会立法与童工问题》，《东北师大学报（哲学社会科学版）》2016 年第 6 期。

王晓丹：《童工、童婚与义务教育：印度青少年问题》，《南亚研究》1994 年第 3 期。

王岩：《禁止使用童工方面的国际劳工标准与我国国内立法的完善》，《劳动和社会保障法规政策专刊》2002 年第 11 期。

王雪梅：《社会环境安全与儿童保护》，《青少年犯罪问题》2006 年第 1 期。

王仲莘：《童工问题之我见》，《社会保障报》1989 年 10 月 10 日。

王子涵、谭融：《论印度童工问题及其治理》，《天津师范大学学报（社会科学版）》2018 年第 5 期。

万方：《美国三百万童工问题》，《西点》1945 年第 2 期。

汶江：《印度的童婚》，《人口研究》1984 年第 4 期。

温文芳：《晚清童养媳的婚姻状况及其盛行的原因》，《甘肃行政学院学报》2005 年第 2 期。

文勇：《美国的女工和童工》，《礼拜六》1947 年第 776 期。

向应：《武汉童工争得八小时工作以后应有之努力》，《中国青年》1927 年第 7 期。

萧仲烈：《非工业所雇佣童工最低年龄之规定》，《中华法学杂志》1931 年第 4 期。

心冷：《上海妇女之保护童工运动》，《国闻周报》1925 年第 19 期。

邢建中：《浅谈新〈禁止使用童工规定〉的特点与实施》，《中国就业》2003 年第 2 期。

徐聪聪：《英国工业革命时期青年矿工的生存状态》，《祖国》2019 年第 2 期。

许利民：《中国儿童劳动法律保护刍议——国际劳工组织 182 号公约的国内立法应对》，《南京大学法律评论》2006 年第 1 期。

严浩然：《童工之研究》，《大夏周报》1933 年第 14 期。

燕天诒：《资本家剥削童工的一篇血泪账——关于北京早期火柴工业中对童工的剥削和压迫的调查报告》，《前线》1965 年第 9 期。

杨公怀：《儿童年中为全国的童工请命》，《机联会刊》1935 年第 116 期。

逸飞：《谈谈我国的童工》，《北辰》1933 年第 41 期。

一峰：《中国的童工问题》，《红旗》1929 年第 11 期。

易兰瑞：《大陆劳动立法关于童工女工的保护与我方应有的省思》，《工业安全卫生月刊》1995 年第 8 期。

易世芳：《童工保护问题的检讨》，《中国劳动》1941 年第 5 期。

一士：《中国之童工问题》，《中国劳动》1945 年第 5、6 期。

余汉章：《童工现象探究——从童工现象看中国教育立法》，《新疆广播电视大学学报》2006 年第 10 期。

俞金尧：《儿童史研究四十年》，《中国学术》2001 年第 4 期。

袁保珠：《由中国学徒谈到美国童工法》，《妇女新运》1948 年第 4 期。

［英］约翰·斯帕戈：《约翰·斯帕戈论童工》，《美国史译丛》1985 年第 1 期。

臧爱存、蔡大宇：《雇用童工从事危重劳动罪的司法认定》，《中国检察官》2007 年第 5 期。

臧珀亭：《为凄惨的煤矿童工呼吁》，《妇女月刊》1944 年第 5 期。

邹恩润（邹韬奋）：《童工问题》，《教育与职业》1926 年第 72 期。

张铖：《雇佣童工从事危重劳动罪立法完善研究》，《黑龙江生态工程职业学院学报》2014 年第 1 期。

张嘉瑶：《19 世纪英国针对工厂童工的立法及实施效果》，《经济社会史评论》2018 年第 5 期。

张道许、冯江菊：《雇用童工从事危重劳动罪研究》，《前沿》2006 年第 1 期。

张忠民：《20 世纪 30 年代中国〈工厂法〉的颁行及其社会反响》，http://bbs.

guoxue.com/viewthread.php?tid=151154&extra=page%3D59，2009-11-10。

　　赵梅：《童工就好欺侮吗》，《现代妇女》1945 年第 4 期。

　　赵章云：《印度童婚陋习革除难》，《人民日报》2002 年 8 月 6 日。

　　郑俊杰：《略论我国童工问题及其治理对策》，《东南学术》1989 年第 4 期。

　　郑云：《潮汕地区童工问题研究》，《劳动保障世界》2017 年第 29 期。

　　周清溪：《蔚县最早的童工班——略谈暖泉"采曲班"》，《蔚县文史资料选辑》1992 年第 5 期。

　　周玉文：《谈雇用童工劳动的犯罪行为》，《中国劳动》2003 年第 1 期。

　　朱丹：《对中国童工问题的思考》，《中外企业家》2011 年第 2 期。

　　朱正业：《南京国民政府〈工厂法〉述论》，《广西社会科学》2007 年第 7 期。

　　朱正业、杨立红：《试论南京国民政府〈工厂法〉的社会反应》，《安徽大学学报》2007 年第 6 期。

　　朱熊芷：《家庭对儿童的影响》，《妇女新运》1948 年第 4 期。

　　钟德钧：《北京早期火柴工业中对童工的剥削和压迫》，《北京工运史料》1982 年第 2 期。

　　庄解忧：《英国工业革命时期童工的作用与地位》，《厦门大学学报》1981 年第 4 期。

　　2. 学位论文

　　埃文斯·泰特（Evans Tetteh）：《童工对发展中国家基础教育的威胁——以加纳为例》，硕士学位论文，厦门大学，2018 年。

　　曹迪：《中国童工法律保护问题研究》，硕士学位论文，吉林大学，2013 年。

　　蔡大宇：《雇佣童工从事危重劳动罪研究》，硕士学位论文，中国人民大学，2004 年。

　　陈峰：《论童工权益的法律保障》，硕士学位论文，宁波大学，2015 年。

　　陈立文：《容共时期的上海工人运动：从同乡、帮会与政党谈起》，硕士学位论文，文化大学史学研究所，2007 年。

　　陈晓云：《童工权利的国际保护》，硕士学位论文，厦门大学，2007 年。

　　崔冯杰：《美国镀金时代滥用童工的思想因素》，硕士学位论文，四川外国语大学，2018 年。

　　戴柳军：《童工问题的国际法研究》，硕士学位论文，湖南师范大学，2010 年。

　　谷宏伟：《"教育致贫"及其后果：转轨时期中国低收入家庭的教育困境》，博士学位论文，东北财经大学，2007 年。

　　关晶：《西方学徒制研究——简论对我国职业教育的借鉴》，博士学位论文，华东师范大学，2010 年。

何祺婷：《瓜地马拉内战后非法雇佣童工问题研究（1996—2005）》，硕士学位论文，淡江大学，2005 年。

衡芳珍：《1927—1936 年南京国民政府劳工立法研究》，硕士学位论文，河南大学，2005 年。

黄蕊：《美国童工问题的法律规定——立法、实践与反思》，硕士学位论文，中国人民大学，2014 年。

侯磊：《1802 年"工厂法"研究》，硕士学位论文，华东师范大学，2015 年。

贾晓清：《发展中国家童工问题研究》，硕士学位论文，武汉科技大学，2012 年。

康琪：《童工问题法律治理研究》，硕士学位论文，西南大学，2010 年。

兰桂莎：《英国都铎王朝时期雇工问题初探》，硕士学位论文，首都师范大学，2007 年。

李聪慧：《蒙古国童工问题治理研究》，硕士学位论文，大连海事大学，2017 年。

李建怡：《萨尔瓦多童工问题及其与教育之关系（2008—2016）》，硕士学位论文，淡江大学，2017 年。

刘春：《美国童工现象研究（1880—1930）》，硕士学位论文，南京师范大学，2010 年。

刘静茹：《19 世纪英国工厂学校研究》，硕士学位论文，西北师范大学，2017 年。

刘燕歌：《唐诗中的少年儿童生活研究》，硕士学位论文，西北大学，2007 年。

刘媛：《上海儿童日常生活中的历史 1927—1937》，博士学位论文，华东师范大学，2010 年。

龙晓华：《童工：儿童，还是工资劳动者》，硕士学位论文，河南大学，2011 年。

栾雨龄：《国际童工标准法律问题研究》，硕士学位论文，复旦大学，2009 年。

马梵原：《工业革命时期英国贫困儿童救助问题研究》，硕士学位论文，华中师范大学，2015 年。

马建康：《工业革命对英国国民教育发展的影响》，硕士学位论文，四川大学，2007 年。

饶水利：《南京国民政府〈工厂法〉研究（1927—1936）》，硕士学位论文，华中师范大学，2007 年。

阮氏翠恒：《教育政策视角下的河内童工问题治理研究》，硕士学位论文，广西大学，2013 年。

阮氏黄幸：《国际法和国内法关于童工的立法与实践比较研究》，硕士学位论文，北京大学，2004 年。

孙东波：《19 世纪英国工厂立法初探》，硕士学位论文，华东师范大学，2007 年。

邵文燕：《19 世纪英国的工厂视察制度研究》，硕士学位论文，天津师范大学，

2017 年。

施页足：《行政管理视角下的温州市童工问题治理研究》，硕士学位论文，江西农业大学，2015 年。

施义慧：《19 世纪英国下层儿童生活史研究》，博士学位论文，南京大学，2005 年。

王安宁：《儿童权利法律保护的基本原则》，硕士学位论文，山东大学，2012 年。

王箐：《美国反对童工运动研究（1912—1938）》，硕士学位论文，上海师范大学，2013 年。

王蓉：《进步运动时期美国纺织工厂童工生存状况研究》，硕士学位论文，西北师范大学，2016 年。

汪雪憬：《Lord Ashley 的童工政策及其时代意义——以十小时工时法为例》，硕士学位论文，成功大学，2010 年。

王媛媛：《近代中国童工问题研究——以 20 世纪二三十年代上海为中心》，硕士学位论文，苏州大学，2007 年。

魏佳钦：《论禁止童工的国际法律标准》，硕士学位论文，中国政法大学，2009 年。

夏慧玲：《南京国民政府〈工厂法〉研究（1927—1937）》，硕士学位论文，湖南师范大学，2006 年。

岩金兵：《19 世纪 30 年代以后英国童工衰落原因探析》，硕士学位论文，南开大学，2011 年。

杨红：《拉祜女童的教育选择———一项教育人类学的回访与再研究》，博士学位论文，中央民族大学，2010 年。

于洋洋：《民国时期产业工人的劳动状况》，硕士学位论文，吉林大学，2005 年。

张铖：《雇佣童工从事危重劳动罪研究》，硕士学位论文，河北师范大学，2015 年。

张嘉瑶：《工业革命时期英国工厂童工生存状态研究》，硕士学位论文，西北师范大学，2015 年。

张利群：《社会排斥与主体参与：童工问题生成机制与应对策略探究》，硕士学位论文，中国社会科学院研究生院，2012 年。

张莺：《中国式调查报道研究："东莞凉山童工报道"过程事件分析》，硕士学位论文，武汉大学，2009 年。

赵洪顺：《国民党政府劳工政策研究 1927—1949》，硕士学位论文，山东师范大学，2007 年。

赵全华：《进步主义运动时期美国的童工救助》，硕士学位论文，山东师范大学，2010 年。

赵文俊：《新政时期的美国儿童局》，硕士学位论文，山东师范大学，2011 年。

朱志伟：《19 世纪英国童工与议会立法述评》，硕士学位论文，北京师范大学，2009 年。

三、外文文献

（一）著作类

Abbott, Edith, *Women in Industry: A Study in American Economic History*, New York; London: D.Appleton and Co., 1910.

Akee, Randall K.Q., etc., *Child Labor and the Transition Between School and Work*, Bradford: Emerald Group Publishing Limited, 2010.

Albert, Marika L.Kirk, *Challenging the Family Wage Ideal: Understanding the Changes to Child Employment Standards in British Columbia*, Burnaby, B.C.Canada: Simon Fraser University, 2006.

Anderson, Michael, *Approaches to the History of the Western Family 1500 – 1914*, Cambridge: Cambridge University Press, 1995.

Archard, David, *Children: Rights and Childhood*, London: Routledge, 1993.

Arnal, E., Tobin, S., Torres, R., *Combating Child Labour: A Review of Policies*, Paris: OECD Publishing, 2003.

Arès, P., *Centuries of Childhood: A Social History of Family Life*, translated from the French by Robert Baldick, New York: Vintage Books, 1962.

Ashby, L., *Endangered Children: Dependency, Neglect and Abuse in American History*, New York: Twayne Publishers, 1997.

Ashhad, Ahmad, *Child Labour in India, A Politico-legal Study*, Delhi: Kalpaz Publications, 2004.

Bartoletti, S.Campbell, *Kids on Strike*, Sandpiper: Reprint edition, 2003.

Bass, Loretta.Elizabeth, *Child Labor in Sub-Saharan Africa*, Boulder, Colo: Lynne Rienner Publishers, 2004.

Beales, Ross W., "Boys' Work on an Eighteenth-century New England Farm", in *The American Family: Historical Perspectives*, ed. Jean E. Hunter & Paul T. Mason, Pittsburgh: Duquesne University Press, 1991.

Bean, Philip, *Lost Children of the Empire*, London: Unwin Hyman, 1990.

Bekele, Assefa, Myers, William E., *First Things First in Child Labour: Eliminating Work Detrimental to Children*, Geneva: ILO, 1995.

Behlmer, G. K., *Child Abuse and Moral Reform in England, 1870 – 1908*, Stanford, CA: Stanford University Press, 1982.

Behlmer, G.K., *Friends of the Family: The English Home and its Guardians, 1850–1940*, Stanford, C.A.: Stanford University Press, 1998.

Bell, C., Gersbach, Hans, *Child Labor and the Education of a Society*, Discussion Paper No.338, Bonn: IZA, 2001.

Ben-Amos, I.K., *Adolescence and Youth in Early Modern England*, New Haven, Conn.: Yale University Press, 1994.

Benes, P., Benes, J.M., *The Worlds of Children, 1620–1920*, Boston: Boston University Press, 2004.

Bennett, Alan, *A Working Life: Child Labor through the Nineteenth Century*, Park-stone, Poole, Dorset: Waterfront Publications, 1991.

Bhalotra, S., Heady, C., *Child Labor in Rural Pakistan and Ghana: Myths and Data*, Working Paper, Department of Economics, University of Bristol, 1998.

Bhargava, Gopal, *Child Labour*, New Delhi: Gyan Publishing House Press, 2003.

Bhargava, Pramila H., *The Elimination of Child Labour: Whose Responsibility? A Practical Workbook*, New Delhi: Sage Publications, 2003.

Bishoyi, Kedarnath N., *Plight of Child Labour*, New Delhi: Discovery Publishing House, 2003.

Blunch, Niels-Hugo., etc., *Revisiting the Link Between Poverty and Child Labour: The Ghanaian Experience*, Center for Labour Market and Social Research, WP 01–03, Washington, D.C.: The World Bank, 2001.

Blum, Ann Shelby, *Domestic Economies: Family, Work, and Welfare in Mexico City, 1884–1943*, Lincoln: Univer-sity of Nebraska Press, 2009.

Bolin-Hort, Per, *Family and the State: Child Labour and the Organization of Production in the British Cotton Industry, 1780–1920*, Lund: Lund University Press, 1989.

Bothwell, James, etc., *The Problem of Labour in Fourteenth-century England*, Woodridge: Boydell & Brewer Ltd., 2000.

Bourdillon, M.F.C., etc., *Rights and Wrongs of Children's Work*, New Brunswick, N.J.: Rutgers University Press, 2010.

Boyden, Jo, Ling, B., Myers, W., *What Works for Working Children*, Stockholm and Florence: UNICEF, Radda Barnen, 1998.

Bray, R.Arthur, *Boy Labour and Apprenticeship*, London: Constable & Co., 1912.

Browning, Don S., Miller-McLemore, B.J., *Children and Childhood in American Religions*, New Brunswick, N.J.: Rutgers University Press, 2009.

Bullock, Edna Dean, *Selected Articles on Child Labor*, Minneapolis: H.W.Wilson, 1911.

Bureau of International Labor Affairs, *By the Sweat and Toil of Children(Anual Report, Vols.1-6)*, Washington, D.C.: U.S.Department of Labor, 1994-[2000] .

Bureau of Labor Statistics, *Report on the Youth Labor Force*, United States Department of Labor, 2000.

Burke, Helen, *The People and the Poor Law in 19th Century Ireland*, Dublin: Women's Education Bureau, 1987.

Burnett, John, *Destiny Obscure: Autobiographies of Childhood, Education, and Family from the 1820s to the 1920s*, London; New York: Routledge, 1994.

Bekele, A., Boyden, J.(eds.) , *Combating Child Labour*, Geneva: ILO, 1988.

Bekele, A., Muers, W.E., *First Things First in Child Labour: Eliminating Work Detrimental to Children*, Geneva: ILO, 1988.

Callcott, Mary Stevenson, *Child Labour Legislation in New York: The Historical Development and the Administrative Practices of Child Labor Laws in the State of New York, 1905-1930*, New York: The Macmillan Company, 1931.

Call-Sarbaugh, M., Zald, Mayer N., *Child Labour Laws: A Historical Case of Public Policy Implementation*, Ann Arbor, MI: University of Michigan, 1989.

Campbell, G., Miers, S., Miller, Joseph C., *Children in slavery through the ages*, Athens OH: Ohio University Press, 2009.

Campbell, G., *Child Slaves in the Modern World*, Athens OH: Ohio University Press, 2011.

Chakravarty, B., *Education and Child Labour*, Allahabad, India: Chugh Publications, 1989.

Challsj, Ellcmand, *Child Workers Today*, London: Quartermaine House, 1979.

Chakrabarty, Sayan, *Does Social Labeling Displace Child Labour and Increase Child Schooling?Evidence from Nepal*, Goettingen, Germany: Cuvillier Verlag, 2007.

Clapham, J.H., *An Economic History of Modern Britain: The Early Railway age, 1820-1850*, Cambridge: Cambridge University Press, 1930.

Clark, Alice, *The Working Life of Women in the Seventeenth Century*, New York: Routledge, 1968.

Classen, Albrecht, *Childhood in the Middle Ages and the Renaissance: The Results of a Paradigm Shift in the History of Mentality*, Berlin: Walter de Gruyter, 2005.

Clear, Catriona, *Growing up Poor: The Homeless Young in Nineteenth-century Ireland*, Galway: Galway Labour History Society, 1993.

Clement, P.F., *Growing Pains: Children in the Industrial Age, 1850- 1890*, New York: Twayne Publishers, 1997.

Clopper, E.Nicholas, *Child Labour in City Streets*, New York: Macmillan Co., 1912.

Coninck-Smith, etc., *Industrious Children: Work and Childhood in the Nordic Countries, 1850-1990*, Odense: Odense University Press, 1997.

Cook, Sylvia Jenkins, *Working Women, Literary Ladies: The Industrial Revolution and Female Aspiration*, Oxford: Oxford University Press, 2008.

Corsaro, W.A., *The Sociology of Childhood*, Newbury Park, C.A.: Pine Forge Press, 2005.

Crompton, Frank, *Workhouse Children: Infant and Child Paupers Under the Worcestershire Poor Law, 1780-1871*, Dover, NH: Sutton, 1997.

Cruickshank, Marjorie, *Children and Industry: Child Health and Welfare in Northwest Textile Towns During the Nineteenth Century*, Manchester: Manchester University Press, 1981.

Cullen, Holly, *The Role of International Law in the Elimination of Child Labor*, Leiden; Boston: Martinus Nijhoff Publishers, 2007.

Cullingford, B., *Brtish Chimney Sweeps: Five Centuries of Chimney Sweeping*, Chicago, Ill: New Amsterdam Books, 2001.

Cullingford, B., *Chimneys and Chimney Sweeps*, Oxford: Osprey Publishing, Ltd., 2008.

Cunningham, H., *The Children of the Poor: Representations of Childhood*, London: Blackwell, 1991.

Cunningham, H., *Children and Childhood in Western Society Since* 1500, London: Longman, 1995.

Cunningham, H., Viazzo, Pier Paolo, *Child Labour in Historical Perspective, 1800-1985: Case studies from Europe, Japan, and Colombia*, Florence: UNICEF, 1996.

Dahlén, Marianne, *The Negotiable Child: The ILO Child Labour Campaign 1919-1973*, Uppsala: Uppsala University Press, 2007.

Dauks, Sigrid, *Kinderarbeit in Deutschland im Spiegel Der Presse(1890-1920)*, Berlin: Trafo, 2003.

Davidson, E.H., *Child Labour Legislation in the Southern Textile States*, Chapel Hill: University of North Carolina Press, 1939.

Dehejia, R., Beegle, Kathleen.Gatti, R., *Why Should We Care about Child Labor?The Education, Labor Market, and Health Consequences of Child Labor*, Washington, D. C.: World Bank, 2004.

Dimock, G., *Priceless Children: American Photographs 1890-1925: Child Labor and the Pictorialist Ideal*, Seattle: University of Washington Press, 2002.

Dorman, Peter, *Child Labour in the Developed Economies*, ILO-IPEC Working Paper, ILO-IPEC, 2001.

Dunlop, J., Denman, R.D., *English Apprenticeship and Child Labor*, New York: The Mac-Millan Company, 1912.

Edmonds, Eric V., *Childhood Transformed: Working-class Children in Nineteenthcentury England*, Manchester, UK; New York: Manchester University Press, 1994.

Edmonds, Eric V., *Child Labour*, Cambridge, Mass.: National Bureau of Economic Research, 2007.

Edmonds, Eric V., *Defining Child Labour: A Review of the Definitions of Child Labour in Policy Research*, Geneva: ILO, 2008.

EL-Gabalawi, Nabila, *A Better Life for Child Labourers and Their Families in Egypt*, Munich: GRIN Verlag, 2009.

Elliott, Lynne, *Children and Games in the Middle Ages*, Crabtree Publishing Company, 2004.

Ensign, F.C., *Compulsory School Attendance and Child Labour*, Iowa City, Ia: The Athens Press, 1921.

Fassa, Anaclaudia G., etc., *Child Labour: A Public Health Perspective*, Oxford: Oxford University Press, 2010.

Fass, Paula S., *Encyclopedia of Children and Childhood: In History and Society*, Vol. 3, New York: Gale Group, 2003.

Felt, Jeremy P., *Hostages of Fortune: Child Labour Reform in New York State*, Syracuse, N.Y.: Syracuse University Press, 1965.

Flegel, Monica, *Conceptualizing Cruelty to Children in Nineteenth-century England: Literature, Representation, and the NSPC*, Aldershot, UK: Ashgate Publishing, Ltd., 2009.

Flowers, Ronald B., *The Victimization and Exploitation of Women and Children: A Study of Physical, Mental, and Sexual Maltreatment in the United State*, Jefferson, N.C.: McFarland & Co., 1994.

Flowers, Ronald B., *The Prostitution of Women and Girls*, Jefferson, N.C.: McFarland & Co., 1998.

Forastieri, V., *Children at Work: Health and Safety Risks*, Geneva: ILO, 2002.

Frame, Tasslyn L., *The Welfare of the Child: Child Labour and Progressive Reform at Saint Anthony Falls*, Minneapolis, Minn: University of Minnesota, 1993.

Freedman, Russell, *Kids at Work: Lewis Hine and the Crusade Against Child Labour*, New York: Clarion Books, 1994.

Freeman, M. D. A., *The Rights and Wrongs of Children*, London: Francis Pinter Publishers, 1983.

Fuchs, Rachel G., *Abandoned Children, Foundlings, and Child Welfare in Nineteenth-century France*, Albany: State University of New York Press, 984.

Fuller, Raymond G., *Child Labor and the Constitution*, North Stratford, New Hampshire: Ayer Co.Publishers, Inc., 1974.

Fyfe, A., *Child Labour*, Cambridge: Polity Press, 1989.

Fyfe, A., *Child Labour: A Guide to Project Design*, Geneva: ILO, 1993.

Fyfe, A., *Trade Unions and Child Labour: A Guide to Action*, Geneva: ILO, 1997.

Fyfe, A., *The Worldwide Movement Against Child Labour: Progress and Future Directions*, Geneva: ILO, 2007.

Gallop, Alan, *Children of the Dark: Life and Death Underground in Victoria's England*, Stroud, UK: Sutton Publishing Ltd., 2003.

Gathia, Oseph A., *Child Prostitution in India*, New Delhi: Concept Publishing Company, 1999.

George, Ivy, *Child Labour and Child Work*, New Delhi: Ashish Publishing House, 1990.

Gifford, Clive, *Child Labour*, London: Evans Brothers Ltd., 2009.

Goldthorpe, E., *Family Life in Western Societies: A Historical Sociology of Family Relationships in Britain and North America*, Cambridge: Cambridge University Press, 1987.

Goldberg, P.J.P., Riddy, F., *Youth in the Middle Ages*, New York: New York Medieval Press, 2004.

Golden, Mark, *Children and Childhood in Classical Athens*, Baltimore: Johns Hopkins University Press, 1993.

Goldson, B., etc., *Children, Welfare and the State*, London: Sage Publications, 2002.

Goonesekere, Savitri, *Child Labour in Sri Lanka: Learning from the Past*, Gneva: ILO, 1993.

Gorshkov, Boris B., *Russia's Factory Children: State, Society, and Law, 1800–1917*, Pittsburgh: University of Pittsburgh Press, 2009.

Goulart, Pedro, Bedi, Arjun S., *A History of Child Labour in Portugal*, Working Paper, No. 448, The Hague: Institute of Social Studies, 2007.

Gray, R., *The Factory Question and Industrial England, 1830 – 1860*, Cambridge: Cambridge University Press, 2002.

Greene, Laura, *Child Labor: Then and Now*, New York: Franklin Watts, 1992.

Grimsrud, B., *What Can be Done about Child Labor? An Overview of Recent Research and Its Implications for Designing Programs to Reduce Child Labor*, SP Discussion Paper No.0124, Washington, D.C.: World Bank, 2001.

Grimsrud, B., *Millennium Development Goals and Child Labour*, UCW report, 2003.

Grootaert, C., Patrinos, H. A., *The Policy Analysis of Child Labor: A Comparative Study*, New York: St. Martin's Press, 1999.

Hammond, J.L.& Barbara, *The Town Labourer 1760–1832*, New York: Longmans, Green and Company, 1917.

Hammond, J.L.& Barbara, *The Village Labourer 1760–1832: A Study in the Government of England before the Reform Bill*, London: Longmans, Green and Company, 1920.

Hanawalt, Barbara A., *Growing up in Medieval London: The Experience of Childhood in History*, Oxford and New York: Oxford University Press, 1995.

Haspels, Nelien, *Action Against Child Labour*, Geneva: ILO, 2000.

Helgren, J., Vasconcellos, Collen A., *Girlhood: A Global History*, New Brunswick, N. J.: Rutgers University Press, 2010.

Hendrick, H., *Child Welfare: England, 1872–1989*, London/New York: Routledge, 1997.

Hendrick, H., *Children, Childhood and English Society, 1880 – 1990*, Cambridge: Cambridge University Press, 1997.

Hendrick, H., *Child Welfare: Historical Dimensions, Contemporary Debates*, Bristol, UK: Policy Press, 2003.

Herath, G., Sharma, Kishor, *Child Labour in South Asia*, Hampshire, UK: Ashgate Publishing Ltd., 2007.

Herndon, Ruth Wallis, Murray, John E., *Children Bound to Labour: The Pauper Apprentice System in Early America, Ithaca*, New York: Cornell University Press, 2009.

Herumin, W., *Child Labor Today: A Human Rights Issue*, New Jersey: Enslow Publishers, Inc., 2007.

Heywood, Colin, *Childhood in Nineteenth-century France: Work, Health, and Education among the Classes Populaires*, New York: Cambridge University Press, 1998.

Heywood, Colin, *A History of Childhood: Children and Childhood in the West from Medieval to Modern Times*, Cambridge: Polity Press, 2001.

Hindman, Hugh D., *Child Labour: An American History*, Armonk/New York: M. E. Sharpe, 2002.

Hindman, Hugh D., *The World of Child Labour: An Historical and Regional Survey*, Armonk/New York: M.E.Sharpe, 2009.

Hobbs, S., etc., *Child Labour: A World History Companion*, Santa Barbara, CA: ABC-CLIO, 1999.

Honeyman, Katrina, *Child Workers in England, 1780 – 1820: Parish Apprentices and the*

Making of the Early Industrial Labour Force, Aldershot, England; Burlington, VT: Ashgate, 2007.

Hopkins, Eric, *Childhood Transformed: Working-class Children in Nineteenth-century England*, New York: St.Martin's Press, 1993.

Horn, Pamela, *Children's Work and Welfare, 1780 – 1890*, Cambridge: Cambridge University Press, 1995.

Humphries, S., *Hooligans or Rebels? An Oral History of Working-class Childhood*, Oxford: Basil Blackwell, 1981.

Humphries, Jane, *Childhood and Child Labour in the British Industrial Revolution*, Cambridge: Cambridge University Press, 2010.

Hungerland, B., *Working to Be Someone: Child Focused Research and Practice with Working Children*, London: Jessica Kingsley Publishers, 2007.

Hunt, David, *Parents and Children in History: The Psychology of Family Life in Early Modern France*, New York: Basic Books, 1970.

Hunt, Edward H., *British Labour History, 1815–1914*, New York: Humanities Press, 1981.

Hutchins, B. L., Harrison, A., *A History of Factory Legislation*, London: Frank Cass & Co., 1926.

ILO, *Child Labour: Targeting the Intolerable: Sixth Item on the Agenda*, Geneva: ILO, 1996.

ILO, *Child Labour*, Geneva: ILO, 1998.

ILO, *Every Child Counts: New Global Estimates on Child Labour*, Geneva: ILO, 2002.

ILO, *The End of Child Labor: Within Reach*, Geneva: ILO, 2006.

ILO, *Global Child Labor Trends: 2000–2004*, Geneva: ILO, 2006.

ILO, *Accelerating Action Against Child Labour: Global Report Under the Follow-up to the ILO Declaration on Fundamental Principles and Rights at Work*, Geneva: ILO, 2010.

ILO, *Global Child Labor Trends: 2008–2012*, Geneva: ILO, 2013.

ILO, *Marking Progress Against Child Labour: Global Estimates and Trends 2000–2012*, Geneva: ILO, 2013.

ILO, *Global Estimates of Child Labour: Results and Trends, 2012 – 2016*, Geneva: ILO, 2017.

Isecke, Harriet, *Child Labour and the Industrial Revolution*, Huntington Beach, CA: Teacher Created Materials, 2009.

IPEC, *Investing in Every Child: An Economic Study of the Costs and Benefits of Eliminating Child Labour*, Geneva: ILO, 2004.

Jaiswal, P., *Child Labour: A Sociological Study*, New Delhi: Shipra Publications, 2000.

James, A., Prout, A., *Constructing and Reconstructing Childhood: Contemporary Issues in the Sociological Study of Childhood*, London/New York: Routledge, 1997.

James, A., Prout, A., James, Adrian, *Key Concepts in Childhood Studies*, New York: SAGE Publications Ltd., 2008.

Jeszeck, Charles, *Child Labor in Agriculture: Changes Needed to Better Protect health and Educational Opportunities*, New York: DIANE Publishing Company, 1998.

Jewell, H. M., *Women in Medieval England*, Manchester: Manchester University Press, 1996.

Johnsen, Julia, *Selected Articles on Child Labour*, New York: The H. W. Wilson Company, 1925.

Joyner, C., *Child Labour: Characteristics of Working Children*, New York: DIANE Publishing Company, 1991.

Juyal, B. N., *Child Labour: The Twice Exploited*, Varanasi: Gandhian Institute of Studies, 1985.

Keeling, F., *Child Labour in the United Kingdom: A Study of the Development and Administration of the Law Relating to the Employment of Children*, London: P.S.King & Son, 1914.

Kelly, C., *Children's World: Growing up in Russia, 1890-1991*, New Haven, CT: Yale University Press, 2007.

Kelley, Florence, *Some Ethical Gains Through Legislation*, London: Macmillan &Co., Ltd., 1905.

Kenny, M.Lorena, *Hidden Heads of the Households: Child Labor in Urban Northeast Brazil*, Toronto: University of Toronto Press, 2008.

Khanam, Rasheda, *Child Labour and Schooling in Bangladesh*, Saarbrücken, Germany: LAP Lambert Academic Publishing, 2011.

Kirby, Peter, *Child Labour in Britain, 1750-1870*, New York: Palgrave Macmillan Routledge, 2003.

King, Wilma, *Stolen Childhood: Slave Youth in Nineteenth-century America*, Bloomington, IN: Indiana Univer-sity Press, 2011.

Kitchlu, T.N., *Exploited Child: A National Problem*, New Delhi: Md Publications Private Limited, 1996.

Krueger, D., Donohue, J.Tjornhom, *On the Distributional Consequences of Child Labor Legislation*, Cambridge, Mass.: National Bureau of Economic Research, 2004.

Lahiri, Keka, *Child Labor: Issues and Perspectives*, London: The ICFAI Univ.Press, 2006.

Lahne, H.J., *The Cotton Mill Worker*, New York: Farrer & Rinehart, Inc., 1944.

Lane, J., *Apprenticeship in England, 1600-1914*, Boulder: Westview Press, 1997.

Lavalette, M.(ed.), *A Thing of the Past? Child Labour in Britain in the Nineteenth and Twentieth Centuries*, New York: St.Martin's Press, 1999.

Lee, Chanyoung, *Three Essays on Child Labour, Schooling Outcomes and Health*, Pro Quest, 2007.

LeGrand, D., Olszak, Norbert, *Sur le Travail des Enfants Dans les Manufactures, 1830 - 1855*, Paris: EDHIS, 1979.

Levine, Marvin J., *Children for Hire: The Perils of Child Labour in the United States*, Westport, Conn.: Praege, 2003.

Lieten, G.K.(ed.), *The Child Labour Problem Issues and Solutions*, Geneva: Irewoc and DCI, 2004.

Lieten, G.K.(ed.), *Working Children Around the World Child Rights and Child Reality*, New Delhi: Institute for Human Development, 2004.

Lieten, G.K.(ed.), *Child Labour*, Amsterdam: Amsterdam University Press, 2005.

Lieten, G.K.(ed.), *Hazardous Child Labour in Latin America*, London: Springer, 2010.

Lieten, G. K., etc., (eds), *Child Labour's Global Past, 1650 - 2000*, New York: Peter Lang, 2011.

Lleras-Muney, Adriana, *Were Compulsory Attendance and Child Labor Laws Effective: An Analysis from 1915 to 1939*, Cambridge, M.A.: National Bureau of Economic Research, 2001.

Loughran, Miriam E., *The Historical Development of Child-labor Legislation in the United States*, Montana: Kessinger Publishing, 1921.

Lumpkin, K. D. P., Douglas, D. W., *Child Workers in America*, New York: Robert M. McBride and Company, 1937.

Mangold, George B., *Child Problems*, New York: The Macmillan Company, 1910.

Maynard, Trisha, Thomas, N., *An Introduction to Early Childhood Studies*, London: SAGE Publications Ltd., 2009.

McAhren, Robert Willard, *Making the Nation Safe for Childhood: A History of the Movement for Federal Regulation of Child Labor, 1900 - 1938*, Austin: University of Texas Press, 1967.

McCall-Sarbaugh, M., Zald, M. N., *Child Labor Laws: A Historical Case of Public Policy Implementation*, Ann Arbor, MI: University of Michigan, 1989.

McIntosh, R.G., *Boys in the Pits: Child Labour in Coal Mining*, Montreal; Ithaca: McGill-Queen's University Press, 2000.

MeQuade, V.A., *The American Catholic Attitude on Child Labour since 1891*, Washington DC.: Catholic Univ.of America, 1938.

Mintz, Steven, *Huck's Raft a History of American Childhood*, Cambridge: Harvard University Press, 2004.

Misra, L., *Child Labour in India*, New Delhi: Oxford University Press, 2000.

Misra, R. N., *Child Labour in Hazardous Sectors*, New Dehli: Discovery Publishing House, 2003.

Misra, R.N., *Problems of Child Labour in India*, New Delhi: Commonwealth, 2004.

Mofford, J.H., *Child Labour in America*, Carlisle, Mass.: Discovery Enterprises, 1997.

Mohsin, Nadeem, *The Lost Innocence: A Perspective on Child Labour*, New Delhi: Commonwealth Publishers, 2002.

Mukherjee, Diganta, *Child Labour and Child Work: A Household Level Analysis for India, Saarbrücken*, Germany: LAP Lambert Academic Publishing AG & Co., 2010.

Müller, Anja, *Fashioning Childhood in the Eighteenth Century: Age and Identity*, London: Ashgate Publishing, Ltd., 2006.

Murray, Una, *Good Practices: Gender Mainstreaming in Actions Against Child Labour*, Geneva: ILO, 2003.

Myers, W., Boyden, J., *Child Labour: Promoting the Best Interests of Working Children*, London: Save the Children Alliance, 1998.

Myers, William E., *Protecting Working Children*, London: Zed Books, 1991.

Nanjunda, D. C., *Child Labour and Human Rights: A Prospective*, New Delhi: Kalpaz Pub., 2008.

Nanjunda, D. C., *Anthropology and Child Labour*, New Delhi, India: Mittal Publications, 2009.

Narasaiah, M. Lakshmi, *Child Labour and Agriculture*, New Dehli: Discovery Publishing House, 2003.

Narasaiah, M. Lakshmi, *NGOs and Child Labour*, New Dehli: Discovery Publishing House, 2004.

Narasaiah, M. Lakshmi, *Urbanisation and Child Labour*, New Dehli: Discovery Pub. House, 2005.

Narasaiah, M. Lakshmi, *Child Labour and Education*, New Dehli: Discovery Publishing House, 2006.

National Research Council, etc., *Protecting Youth at Work: Health, Safety, and Development of Working Children and Adolescents in the United States*, Washington, D. C.: National

Academies Press, 1998.

National Child Labor Committee(U.S.) , *Child Labor and the Republic*, New York: National child Labor Committee, 1907.

National Child Labor Committee(U.S.) , *Child Labor and Social Progress: Proceedings of the 4th Annual Meeting of the National Child Labor Committee*, Philadelphia: Am.Acad., 1908.

National Child Labor Committee (U. S.) , *Child Employing Industries: Proceedings of the Sixth Annual Meeting of the National Child Labor Committee*, Philadelphia: American. Acad., 1910.

National Child Labor Committee(U. S.) , *The Child Labor Bulletin*, New York: National Child Labor Committee, 1912–[1919] .

National Child Labor Committee(U. S.) , *The American Child*, New York: National Child Labor Committee, 1919–[1967] .

National Child Labor Committee(U.S.) , *Proceedings of the Annual Meeting of the National Child Labour Committee, 1905, 1906*, New York: Arno Press, 1974.

National Child Labor Committee(U.S.) , *The Child Labor Bulletin, 1912, 1913*, New York: Arno Press, 1974.

Nardinelli, Clark, *The Determinants of American Child Labor Laws*, Clemson, SC: Center for Policy Studies, College of Commerce and Industry, 1985.

Nardinelli, Clark, *Child Labor and the Industrial Revolution*, Bloomington: Indiana University Press, 1990.

Nearing, S., *The Solution of the Child Labor Problem*, New York: Moffat, 1911.

Nesi, G., etc., *Child Labour in a Globalized World: A Legal Analysis of ILO Action*, London: Ashgate Publishing, Ltd., 2008.

Ogburn, W.F., *Progress and Uniformity in State Child Labor Legislation: A Study in Statistical Measurement*, New York: AMS Press, 1968.

Orazem, Peter F., etc., *Child Labour and Education in Latin America: An Economic Perspective*, New York: Palgrave Macmillan, 2009.

Otey, Elizabeth L., *The Beginnings of Child Labour Legislation in Certain States: A Comparative Study*, New York: Arno Press, 1974.

Parker, D., *Before Their Time: The World of Child Labour*, New York: Quantuck Lane, 2007.

Parker, D.L., etc., *Stolen Dreams: Portraits of Working Children*, Minneapolis: Twenty-First Century Books, 1998.

Phillips, George L. *England's Climbing Boys: A History of the Long Struggle to Abolish*

Child Labor in Chimney Sweeping, Cambridge M.A.: Harvard University Printing Office, 1949.

Pike, E.R., *Human Documents of the Industrial Revolution in Britain*, London: Taylor and Francis, 2006.

Pinchbeck, I., Hewitt, M., *Children in English Society*, London: George Routledge & Sons Ltd., 1973.

Plener, E., Weinmann, Frederick L., *The English Factory Legislation, from 1802 Till the Present Time*, London: Chapman and Hall, 1873.

Pollock, Linda A., *Forgotten Children: Parent-child Relations from 1500 – 1900*, New York: Cambridge University Press, 1983.

Pruitt, Paul M Jr.etc., *Child Labour in Alabama: 20th Century Reform*, Tuscaloosa, AL: University of Alabama.Honors College, 2008.

Rahikainen, Marjatta, *Centuries of Child Labour: European Experiences from the Seventeenth to the Twentieth Century*, Aldershot, Hampshire, England; Burlington, VT: Ashgate, 2004.

Raymond, G.F., *Child Labour and the Constitution*, New York: Thomas Y.Crowell, 2003.

Reddy, B.Srinivasa, Ramesh, K., *Girl Child Labour: A World of Endless Exploitation*, Dominant Publishers & Distributors, 2002.

Reef Catherine, *An Eyewitness History Working in Ameriean*, New York: Facts On File, Inc., 2000.

Reef Catherine, *Working in America*, New York: Facts On File, 2007.

Rehman, M.M., etc., *Child Labour and Child Rights: A Compendium*, New Delhi: Manak Publications, 2002.

Rivera, Ian C., Howard, Natasha M., *Child Labour in America*, New York: Nova Science Publishers, Inc., 2010.

Robinson, Tony Sir, Phillips, Mike, *The Worst Children's Jobs in History*, London: Macmillan Children's Books, 2006.

Rodgers, G., *Child Work, Poverty, and Underdevelopment*, Geneva: ILO, 1981.

Rose, L., *The Erosion of Childhood: Child Oppression in Britain, 1860–1918*, New York: Routledge, 1991.

Ross, Ellen, *Love and Toil: Motherhood in Outcast London 1870–1918*, New York: Oxford University Press, 1993.

Safley, T.Max, Rosenband, L.N., *The Workplace Before the Factory: Artisans and Proletarian, 1500–1800*, Ithaca and London: Cornell University Press, 1993.

Safley, T. Max, Rosenband, L. N., *Children of the Laboring Poor: Expectation and Experience Among the Orphans of Early Modern Augsburg*, Leiden; Boston: Brill, 2005.

Sahoo, U.C., *Child Labour in Agrarian Society*, Jaipur: Rawat Publications, 1995.

Salazar, M.C., Glasinovich, W.A., *Child Work and Education: Five Case Studies from Latin America*, Aldershot: Ashgate Publishing, 1998.

Sallee, Shelley, *The Whiteness of Child Labour Reform in the New South*, Athens, Ga.: University of Georgia Press, 2004.

Sanon, Chandragupt S., *Working Children: A Sociological Analysis*, New Delhi: APH Publishing Co., 1998.

Schlemmer, Bernard, *The Exploited Child*, London; New York: Zed Books, 2000.

Schlüter, Christina, *Home and Family Life in Victorian England: Reflections on Urban Middle-class and Working-class*, Munich, Germany: GRIN Verlag, 2008.

Schmitz, C. L., etc., *Child Labour: A Global View*, Westport, Conn.: Greenwood Press, 2004.

Schmidt, James D., *Industrial Violence and the Legal Origins of Child Labor*, New York: Cambridge University Press, 2010.

Schwartz, M. Jenkins, *Born in Bondage: Growing up Enslaved in the Antebellum South*, Cambridge, Mass: Harvard University Press, 2000.

Schwarz, L.D., *London in the Age of Industrialisation: Entrepreneurs, Labour Force and Living Conditions, 1700–1850*, Cambridge: Cambridge University Press, 2004.

Seabrook, J., *Children of Other Worlds: Exploitation in the Global Market London*, Sterling, Va.: Pluto Press, 2001.

Seccombe, Wally, *Weathering the Storm: Working-class Families from the Industrial Revolution to the Fertility Decline*, London: Verso, 1995.

Sedlacek, G.uilherme, etc.(eds.) , *Child Labour and Education in Latin America: An Economic Perspective*, New York: Palgrave Macmillan, 2009.

Sen, S., Ahuja, Jayashree, *Trafficking in Women and Children: Myths and Realities*, New Delhi: Concept Publishing Company, 2009.

Shahar, S., *Childhood in the Middle Ages*, London/New York: Routledge, 1990.

Sharma, Usha, *Child Labour in SIndia*, New Delhi: Mittal Publications, 2006.

Shukla, C.K., Ali, S., *Encyclopaedia of Child Labour: Priorities for 21st Century*, Vol.1–3, New Delhi: Sarup & Sons, 2000.

Shukla, C.K., Ali, S., *Child Labour and the Law*, New Dehli: Sarup & Sons, 2006.

Shukla, C. K., Ali, S., *Child Labour Socio-economic Dimensions*, New Dehli: Sarup & Sons, 2006.

Shandilya, T.Kumar, Khan, S.Ahmad, *Child Labour: A Global Challenge*, New Delhi: Deep &

Deep Publications, 2003.

Sislin, John, Murphy, K., *Approaches to Reducing the Use of Forced or Child Labour: Summary of a Workshop on Assessing Practice*, New York: National Academies Press, 2009.

Smith, Billy Gordon, *Down and Out in Early America*, University Park: Pennsylvania State University Press, 2004.

Stadum, Beverly, *Poor Women and Their Families Hard Working Charity Cases 1900 – 1930*, Albany: State University of New York Press, 1992.

Stearman, Kaye, *Child Labour(Face the Facts)*, London: Raintree, 2004.

Stott, R.B., *Workers in the Metropolis: Class, Ethnicity, and Youth in Antebellum New York city*, Ithaca, New York: Cornell University Press, 1990.

Strang, Kathleen H., *The Climbing Boys: A Study of Sweeps' Apprentices, 1773 – 1875*, London: Allison and Busby, 1982.

Sundue, Sharon Braslaw, *Industrious in Their Stations: Young People at Work in Urban America, 1720 – 1810*, Charlottesville: University of Virginia Press, 2009.

Sutherland, Neil, *Children in English Canadian Society: Framing the Twentieth Century Consensus*, Toronto: University of Toronto Press, 1976.

Tilly, L.A.and Scott, Joan W., *Women, Work and Family*, London: Routledge, 1987.

Trattner, Walter I., *Crusade for the Children: A History of the National Child Labor Committee and Child Labor Reform in America*, Chicago: Quadrangle Books, 1970.

Troubnikoff, Anna M., *Trafficking in Women and Children: Current Issues and Developments*, New York: Nova Science Publishers, 2003.

Tuttle, C., *Hard at Work in Factories and Mines: The Economics of Child Labor during the British Industrial Revolution*, Boulder, CO: Westview Press, 1999.

Udry, C., *Child Labour*, New Haven, CT: Yale University, 2003.

United States. Bureau of International Labor Affairs, *Advancing the Campaign Against Child Labor*, Washington, D.C.: The Dept., 2004.

Valencia, L.H., Bryson, J., eds., *Employment and Labor Issues: Unemployment, Youth Employment and Child Labor*, New York: Nova Science Publishers, 2010.

Veditz, C.W.A., *Child-labour Legislation in Europe*, Whitefish, MT Kessinger Publishing Co., 1910.

Wal, S., *Child Labour in Various Industries*, New Delhi: Sarup & Sons, 2006.

Wal, S., *Combating Child Labour Legal Approach*, New Delhi: Sarup & Sons, 2006.

Wang, S., *Le Travail Industriel des Femmes et des Enfants en Chine*, Paris: A. Pedone, 1933.

Weiner, Emmy, *Through the Eyes of Innocents: Children Witness WWII*, Boulder, CO: Westview, 1999.

Weiner, Myron, *The Child and the State in India: Child Labor and Education Policy in Comparative Perspective*, Princeton, N.J.: Princeton University Press, 1991.

Weissbach, L.S., *Child Labour Reform in Nineteenth-century France: Assuring the Future Harves*, Baton Rouge: Louisiana University Press, 1989.

Weston, Burns H., *Child Labor and Human Rights: Making Children Matter*, Boulder, CO: Lynne Rienner Publishers, 2005.

Whittaker, William G., *Child Labour in America: History, Policy, and Legislative Issues*, New York: Novinka Books, 2004.

Sumner, Helen L., *The Working Children of Boston: A Study of Child Labor Under a Modern System of Legal Regulation*, Washington, D.C.: Government Printing Office, 1922.

Zelizer, Viviana A.Rotman, *Pricing the Priceless Child: The Changing Social Value of Children*, Princeton University Press, 1997.

平体由美：“連邦制と社会改革——20 世紀初頭アメリカ合衆国の児童労働規制”，京都：世界思想社，2007。

（二）论文类

1. 期刊论文

Abbot, E., "A Study of the Early History of Child Labor in America", *America Journal of Sociology*, 1908, (14): 15-37.

Abbott, G., "The Child Labor Amendment-I", *The North American Review*, 1924, 220 (825): 223-237.

Abernethie, Loraine, "Child Labor in Contemporary Society: Why Do We Care", *The International Journal of Children's Rights*, 1998, (6): 81-114.

Alaimo, Kathleen, "Childhood and Adolescence in Modern European History", *Journal of Social History*, 1991, 34(3): 591-602.

Aldous, Joan, "The Political process and the Failure of the Child Labour Amendment", *Journal of Family Issues*, 1997, 18(1): 71-92.

Altman, M.A., "Revisionist View of the Economic Implications of Child Labour Regulations", *The Forum for Social Economics*, 2001, 30(2): 1-23.

Anderson, Elisabeth, "Policy Entrepreneurs and the Origins of the Regulatory Welfare State: Child Labor Reform in Nineteenth-Century Europ", *American Sociological Review*, 2018, 83(1): 173-211.

Anderson, Elisabeth, "Ideas in Action: the Politics of Prussian Child Labor Reform,

1817−1839", *Theory and Society*, 2013, 42: 81−119.

Angrist, Joshua D. and Krueger, Alan B., "Does Compulsory School Attendance Affect Schooling and Earnings?", *The Quarterly Journal of Economics*, 1991, 106(4): 979−1014.

Angus, David L.and Mirel, Jeffrey E., "From Spellers to Spindles: Work-force Entry by the Children of Textile Workers, 1888−1890", *Social Science History*, 1985, 9: 123−43.

Arat, Zehra F., "Analyzing Child Labor as a Human Rights Issue: Its Causes, Aggravating Policies, and Alternative Proposals", *Human Rights Quarterly*, 2002, 24(1): 177−204.

Autumn, S., "Almost Revolutionaries: The London Apprentices during the Civil Wars", *Huntington Library Quarterly*, 1979, 424: 313−328.

Bachman, S.L., "A New Economics of Child Labor: Searching for Answers behind the Headlines", *Journal of International Affairs*, 2000, 52(2): 545−572.

Baland, J.M., Robinson, J.A., "Is Child Labor Inefficient?", *Journal of Political Economy*, 2000, 108(4): 663−79.

Basu, K., "International Labor Standards and Child labor", *Challenge*, 1998, 42(5): 80−93.

Basu, K., "Child Labour: Causes, Consequences and Cure, with Remarks on International Labor Standards", *Journal of Economic Literature*, 1999, 37(3): 1083−1119.

Basu, K., Van.P.H., "The Economics of Child Labour", *American Economic Review*, 1998, 88(3): 412−427.

Basu, K., Tzannatos, Z., "The Global Child Labor Problem: What do We Know and What Can We Do?", *World Bank Economic Review*, 2003, 17(2): 147−73.

Beegle, K., Dehejia, R., Gatti, R., "Child Labor and Agricultural Shocks", *Journal of Development Economics*, 2006, 81(1): 80−96.

Beegle, K., Dehejia, R., Gatti, R., "Why should We Care about Child Labour? The Education, Labor Market, and Health Consequences of Child Labour", *Journal of Human Resources*, 2009, 44(4): 871−889.

Beier, A. L., "Social Problems in Elizabethan London", *Journal of Interdisciplinary History*, 1978, 9(2): 203−221.

Bellettini, G., Ceroni Berti, Carlotta, "Compulsory Schooling Laws and the Cure Against Child Labour", *Bulletin of Economic Research*, 2000, 56(3): 227−239.

Bellingham, B., "The History of Childhood Since the ' Invention of Childhood': Some Issues in the Eighties", *Journal of Family History*, 1988, 13(3): 347−358.

Ben-Amos, I.K., "Failure to Become Freemen: Urban Apprentices in Early Modern England", *Social History*, 1991, 16: 155−172.

Ben-Amos, I.K., "Service and the Coming of Age of Young Men in Seventeenth CING Century England", *Continuity and Change*, 1998, 3(1) : 41-64.

Bequele, A., Boyden, J., "Working Children: Current Trends and Policy Responses", *International Labor Review*, 1988, 127(2) : 153-171.

Berdugo, B., Hazan, M., "Child Labor, Fertility and Economic Growth", *Economic Journal*, 2002, 112(482) : 810-828.

Berdugo, B., Hazan, M., Heady, C., "Child farm Labour: the Wealth Paradox", *World Bank Economic Review*, 2003, 17(2) : 197-227.

Bidwel, C.E., "The Moral Significance of the Common School: A Sociological Study of Local Patterns of School Control and Moral Education in Massachusetts and New York, 1837-1840", *History of Education Quarterly*, 1966, 6: 50-91.

Blair, S. Lee, "Children's Participation in Household Labour: Child Socialization Versus the Need for Household Labour", *Journal of Youth and Adolescence*, 1992, 21(2) : 241-258.

Boakye-Boaten, Agya, "Changes in the Concept of Childhood: Implications on Children in Ghana", *The Journal of International Social Research*, 2010, 3(10) : 104-115.

Bonnal, Michael, "The ' *Amelioration*' of Child Labor, ' A Modest Proposal' ", *The Journal of International Trade & Economic Development*, 2015, 24(5) : 616-637.

Bommier, A., Dubois, P., "Rotten Parents and Child Labor", *Journal of Political Economy*, 2004, 112(1) : 240-249.

Bonnet, M., "Child Labour in Africa", *International Labour Review*, 2004, 132 (3) : 371-389.

Boulton, J., "Wage Labour in Seventeenth-century London", *Economic History Review*, 1996, 49(1) : 266-290.

Bourdillon, M.F.C., etc., "Reassessing Working Children and Minimum-age Standards", *International Journal of Sociology and Social Policy*, 2009, 29(3/4) : 106-117.

Bowden, Bradley and Stevenson-Clarke, Peta, "Reconsidering Managerial Use of Child Labor: Lessons from the Experience of Nineteenth Century Australia", *Journal of Management History*, 2010, 16(3) : 380-395.

Brooks, W., "How to Stop Child Labour Abusers", *USA Today Magazine*, 1991, (3) : 38-40.

Brooks, D., Davis, L., Gallagher, S., "Work-related Injuries Among Massachusetts Children: A Study Based on Emergency Department Data", *American Review of Public Health*, 1993, 24: 313-324.

Brooks, John Graham, "Past and Present Arguments Against Child Labour", *Annals of the*

American Academy of Political and Social Science, 1906, 27: 281–284.

Brown, M., Christiansen, B., Philips P., "The Decline of Child Labor in the U.S.fruit and Vegetable Canning Industry: Law or Economics", *Business History Review*, 1992, 66(4) : 723–770.

Brown, J.C.Sept., "The Condition of England and the Standard of Living: Cotton Textiles in the Northwest, 1806–1850", *This Journal*, 1990, 50: 591–614.

Bugni, Federico A., "Child Labor Legislation: Effective, Benign, Both, or Neither?", *Cliometrica*, 2012, 6(3) : 223–248.

Burton, Anthony, "Looking forward from Ariès? Pictorial and Material Evidence for the History of Childhood and Family Life", *Continuity and Change*, 1989, 4(2) : 203–209.

Canagarajah, Sudharshan & Nielsen, Helena Skyt, "Child Labour in Africa: A Comparative Study", *Annals of the American Academy of Political and Social Science*, 2001, (575) : 71–91.

Cavalcanti, T., "Child Labour and School Policies", *RBE Rio de Janeiro*, 2003, 57(4) : 741–753.

Childs, M.J., "Boy Labour in Late Victorian and Edwardian England and the Remaking of the Working Class", *Journal of Social History*, 1990, 23(4) : 783–802.

Clark, Elaine, "Medieval Labor Law and English Local Custom", *The American Journal of Legal History*, 1983, 27(4) : 330–353.

Clay, J. M., Stephens, E. C., "A Brief History of Child Labour", *Cornell Hotel and Restaurant Administration Quarterly*, 1996, 37(6) : 22.

Bell, Clive, Gersbach, Hans, "Child Labour and the Education of a Society", *Macroeconomic Dynamics*, 2009, (13) : 220–249.

Cole, S., "Child Labour: Looking Backward", *Psychology Today*, 1980, (14) : 52–65.

Cooper, James, "Child Labour: Legal Regimes, Market Pressures and the Search for Meaningful Solutions", *International Journal*, 1997, 52(3) : 411–430.

Cox, J.Robert, "The Rhetoric of Child-labour Reform: An Efficacy-utility Analysis", *Quarterly Journal of Speech*, 1974, 60: 359–370.

Creighton, Breen, "Combating Child Labour: The Role of International Labour Standards", *Comparative Labor Law Journal*, 1997, (18) : 362.

Cunningham, H., "The Employment and Unemployment of Children in England c. 1680–1850", *Past and Present*, 1990, 126: 115–150.

Cunningham, H., "The Decline of Child Labor: Labour Markets and Family Economics in Europe and North America Since 1830", *Economic History Review*, 2000, 53(3) : 409–428.

Davidson, Audrey B., etc., "Political Choice and the Child Labor Statute of 1938: Public Interest or Interest Group Legislation", *Public Choice*, 1995, (1–2) : 85–106.

D'Avolio, Michele, "Child Labour and Cultural Relativism: From 19th Century America to 21st Century Nepal", *Pace International Law Review*, 2004, 16(109) : 109-145, http: //digital-commons.pace.edu/intlaw/220.

Delap, E., "Economic and Cultural Forces in the Child Labour Debate: Evidence from urban Bangladesh", *The Journal of Development Studies*, 2001, 37(4) : 1-22.

De Leon, Edwin W., "Accidents to Working Children", *Annals of the American Academy of Political and Social Science*, 1909, 3: 131-143.

Dessy, Sylvain, "A Defense of Compulsive Measures Against Child Labor", *Journal of Development Economics*, 2000, (62) : 261-75.

Dessy, Sylvain and John Knowles, "Why is Child Labor Illegal?", *European Economic Review*, 2008, 52(7) : 1275-311.

Dessy, Sylvain and Vencatachellum, D., "Explaining Cross-country Differences in Policy Response to Child Labor", *Canadian Journal of Economics*, 2003, 36: 1-20.

Dinopoulos, E., Zhao, L., "Child Labour and Globalization", *Journal of Labor Economics*, 2007, 25(3) : 553-579.

Doepke, Matthias, Zilibotti, Fabrizio, "The Macroeconomics of Child Labour Regulation", *American Economic Review*, 2005, 95(5) : 1492-1524.

Doepke, Matthias, Zilibotti, Fabrizio, "International Labour Standards and the Political Economy of Child-labour Regulation", *Journal of the European Economic Association*, 2009, 7 (2-3) : 508-518.

Drenovsky, Cynthia, "Children's Labor Force Participation in the World System", *Journal of Comparative Family Studies*, 1992, 23(2) : 183-195.

Dubois, E., "Child Labour in Belgium", *Annals of the American Academy of Political and Social Science*, 1902, 20(1) : 203-220.

Edgren, Lars, "Crafts in Transformation: Masters, Journeymen and Apprentices in a Swedish Towns, 1800-1850", *The Continuity and Change*, 1986, 1(3) : 363-384.

Edmonds, Eric, "Does Child Labour Decline with Improving Economic Status", *Journal of Human Resources*, 2005, 40(1) : 77-99.

Edmonds, Eric and Pavcnik, Nina, "Child Labour in the Global Economy", *Journal of Economic Perspectives*, 2005, 18(1) : 199-220.

Emerson, P.M., Souza, A.Portela, "Is there a Child Labor Trap? Intergenerational Persistence of Child Labor in Brazil", *Economic Development and Cultural Change*, 2003, 51 (2) : 375-398.

Emery, James A., "Is Child Labour a Government or State Question", *Annals of the Ameri-

can Academy of Political and Social Science, 1927, (129): 34-40.

Enalieva, N.I., "Child Labour and Industrial Apprenticeship in Prerevolutionary Russia", *Russian Education and Society*, 1995, 37(11): 11-18.

Fauve-Chamoux, A., "Servants in Preindustrial Europe: Gender Differences", *Historical Social Research*", 1998, 23(1/2): 112-129.

Finch, Percival, "Battle Against Child Labour in China", *Current History*, 1925, 22(5): 759-765.

Fletcher, Duncan U., "The Child Labour Amendment-II", *The North American Review*, 1924, 220(825): 238-244.

Friedman, D., etc., "A Theory of the Value of Children", *Demography*, 1994, 31(3): 375-401.

Fuller, Raymond G., "Child Labor and Child Nature", *Pedagogical Seminary*, 1922, (29): 44-63.

Fuller, Raymond G., "Child Labour and Mental Age", *Pedagogical Seminary*, 1922, 29: 64-71.

Gagliardo, Domenico, "A History of Kansas Child-labour Legislation", *Kansas Historical Quarterly*, 1932, 1(4): 379-401.

Galbi, Douglas A., "Child Labor and the Division of Labor in the Early English Cotton Mills", *Journal of Population Economics*, 1997, 10: 357-375.

Goldin, Claudia and Sokolof, K., "Women, Children and Industrialization in the Early Republic: Evidence from the Manufacturing Censuses", *Journal of Economic History*, 1982, 24(4): 741-774.

Goldstein, Harold, "Child Labour in America's History", *Journal of Clinical Child Psychology*, 1976, 5(3): 47-50.

Gratton, B., Moen, J., "Immigration, Culture, and Child Labour in the United States, 1880-1920", *Journal of Interdisciplinary History*, 2004, (34): 355-391.

Green, D., "Child Workers of the Americas", *Nacla Report on the Americas*, 1999, 32(4): 21-27.

Greene, Thomas R., "The Catholic Committee for the Ratification of the Child Labor Amendment, 1935-1937: Origin and limits", *The Catholic Historical Review*, 1988, 74(2): 248-269.

Grootaert C., Kanbur R., "Child Labour: An Economic Perspective", *International Labor Review*, 1995, 134(2): 187-203.

Haavind, Hanne, "Towards a Multifaceted Understanding of Children as Social Participants", *Childhood*, 2005, 12(1): 139-152.

Haisch, Helen M., "Do Child Labour Laws Prevent Youth Employment", *The Journal of Negro Education*, 1964, 33(2) : 182-185.

Hazan, M., Berdugo, B., "Child Labour, Fertility, and Economic Growth", *Economic Journal*, 2002, 112: 810-828.

Hazarika, G.and Bedi, A.S., "Schooling Costs and Child Work in Rural Pakistan", *Journal of Development Studies*, 2003, 39(5) : 29-64.

Heesom, A., "The Coal Mines Act of 1842, Social Reform, and Social Control", *Historical Journal*, 1981, 24(1) : 69-88.

Higgs, E., "Domestic Servants and Households in Victorian England", *Sociology History*, 1983, 8: 201-210.

Hindman, H.D.and Smith, Charles G., "Cross-cultural Ethics and the Child Labor Problem", *Journal of Business Ethics*, 1999, 19(1) : 21-33.

Hindman, H.D.and Smith, Charles G., "Unfinished Business: The Persistence of Child Labor in the US", *Employment Rights and Responsibilities Journal*, 2006, 18(2) : 125-131.

H.M.B., "Child Labor Law Lase: Commerce Power of Congress and Reserved Powers of the States", *Michigan Law Review*, 1918, 17(1) : 83-87.

Honeyman, Katrina, "The Poor Law, the Parish Apprentice, and the Textile Industries in the North of England, 1780-1830", *Northern History*, 2007, 44(2) : 115-140.

Honeyman, Katrina, Goodman, Jordan, "Women's Work, Gender Conflict, and Labour Markets in Europe, 1500-1900", *The Economic History Review*, 1991, 44(4) : 608-628.

Hopkins, Eric, "Working Hours and Conditions During the Industrial Revolution: A Reappraisal", *Economic History Review*, 1982, (35) : 52-66.

Horan, P.M.and Hargis, P.G., "Children's Work and Schooling in the Late Nineteenth Century Family Economy", *American Sociological Review*, 1991, 56(5) : 583-596.

Horrell, S.and Humphries, "The Exploitation of Little Children: Child Labour and the Family Economy in the Industrial Revolution", *Explorations in Economic History*, 1995, 32(4) : 485-516.

HP, Jacobi, "Child Labour in Your Dental Office", *Dent Manage,* 1972, 12(6) : 63-70.

Hulett, J. E., Jr., "Propaganda and the Proposed Child Labour Amendment", *Public Opinion Quarterly*, 1938, 2(1) : 105-115.

Humphries, J., "Protective Legislation, the Capitalist State, and Working Class Men: The Case of the 1842 Mines Regulation Act", *Feminist Review*, 1981, 7: 1-33.

Humphries, J., "Cliometrics, Child Labour, and the Industrial Revolution: A Review Essay on ' Child Labour and the Industrial Revolution' by Clark Nardinelli", *Critical Review*, 1999, 13

(3-4) : 269-283.

Kazanas, H.C., Miller, F.M., "Child Labor Laws and Career Education Incentive Act of 1977-Conflict or Compatibility", *Journal of Career Education*, 1978, 4(4) : 35-41.

Kauffman, Bill, "The Child Labor Amendment Debate of the 1920's: or, Catholics and Mugwumps and Farmers", *Journal of Libertarian Studies*, 1992, (10) : 138-169.

Kellogg, Paul U., "The State's Responsibility Toward Child Labour Legislation", *American Academy of Political and Social Science*, 1927, 129: 59-64.

King, P., "Customary Rights and Women's Earnings: The Importance of Gleaning to the Rural Labouring Poor, 1750-1850", *Economic History Review*, 1911, 44(3) : 461-476.

Kirby, P., "Causes of Short Stature Among Coal-mining Children, 1823-1850", *Economic History Review*, 1995, 48(4) : 687-699.

Kirby, P., "How many Children were' Unemployed' in Eighteenth-and Nineteenth-century England?", *Past and Present*, 2005, 187(5) : 187-202.

Kleinberg, S. J., "Children's and Mothers' Wage Labor in Three Eastern U. S. Cities, 1880-1920", *Social Science History*, 2005, 29(1) : 45-76.

Krueger, D.and Donohue, J.T., "On the Distributional Consequences of Child Labor Legislation", *International Economic Review*, 2005, (46) : 785-815.

Kruse, D.L. & Mahony, D., "Illegal Child Labor in the United States: Prevalence and Characteristics", *Industrial and Labor Relations Review*, 2000, 54(1) : 17-40.

Lansky, L., "Child Labour: How a Challenge is being Met", *International Labour Review*, 1997, 136(2) : 233-257.

Lea, Arden J., "Cotton Textiles and the Federal Child Labour Act of 1916", *Labour History*, 1975, 16(4) : 484-494.

Leiter, Robert D., "Federal Regulation of Child Labour", *The American Journal of Economics and Sociology*, 1951, 10(3) : 293-300.

Leonard, M., "Children's Views on Children's Right to Work: Reflections from Belfast", *Childhood*, 2004, 11(1) : 45-61.

Liebel, M., "Working Children as Social Subjects: The Contribution of Working Children's Organisations to Social Transformations", *Childhood*, 2003, 10(3) : 265-85.

Lleras-Muney, Adriana, "Were Compulsory Attendance and Child Labor Laws Effective an Analysis from 1915 to 1939", *Journal of Law and Economics*, 2002, 45(2) : 401-435.

López-Calva, Luis F., "Child Labour, Myths, Theories, and Facts", *The Journal of International Affairs*, 2001, 55(1) : 59-73.

Lovejoy, Owen R., "The Function of Education in Abolishing Child Labor", *The ANNALS of the American Academy of Political and Social Science*, 1908, (32): 80–91.

Lovejoy, Owen R., "The Child Labor Question and the Federal Government", *American Academy of Political and Social Science*, 1927, (129): 28–33.

Sundari L., Natarajan V.& Krushna, A., "Sociological Aspects of Child Labour", *Indian Pedlar*, 1984, (21): 665–668.

Lumpkin, K.D.P., "The Child Labour Provisions of the Fair Labor Standards Act", *Law and Contemporary Problems*, 1939, (6): 391–405.

Gordon, Lynn, "Women and the Anti-child Labour Movement in Illinois, 1890–1920", *Social Service Review*, 1977, (51): 228–241.

Main, Gloria L., "From farm to Factory to School the Supply and Demand for Child Labor in Rural New England, 1700 – 1850", http://scholar. googleusercontent. com/scholar? q = cache: ux0qZ9ZV_ sMJ: scholar.google.com/&hl=zh−CN&as_ sdt=0.

Manacorda, M., "Child Labor and the Labor Supply of Other Household Members: Evidence from 1920 America", *American Economic Review*, 2006, 96(5): 1788–1801.

Manning, W. D., "Parenting Employed Teenagers", *Youth and Society*, 1990, 22 (2): 184–220.

Margo, R.A.and Finegan, T.A., "Compulsory Schooling Legislation and School Attendance in Turn-of-the Century America: A' Natural Experiment' Approach", *Economics Letters*, 1996, 53(1): 103–110.

Marvel, H. P., "Factory Regulation: a Reinterpretation of Early English Experience", *Journal of Law & Economics*, 1977, 20: 379–402.

McCall-Sarbaugh, M.and Zald, M.N., "Child Labor Laws: A Historical Case of Public Policy Implementation", *Administration and Society*, 1995, 26(1): 25–53.

McLogan, Harry R., "History of Child Labour Legislation in Wisconsin and Attempts by the U.S.Government to Regulate Child Labour", *Marquette Law Review*, 1935, 19(2): 73–91.

McMurry, S., "Women's Work in Agriculture: Divergent Trends in England and America, 1800–1930", *Comparative Studies in Society and History*, 1992, 34(2): 248–270.

Medick, Hans, "The Proto-industrial Family Economy: The Structural Function of Household and Family During the Transition from Peasant Society to Industrial Capitalism", *Social History*, 1976, 1(3): 291–315.

Mille, M.E., Bush, D., "Review of the Federal Child Labor Regulations: Updating Hazardous and Prohibited Occupations", *American Journal of Industrial Medicine*, 2004, 45 (2): 218–221.

Miller, P., "Useful and Priceless Children in Contemporary Welfare States", *Social*

Politics, 2005, 12(1) : 3-41.

Minge-Kalman, Wanda, "The Industrial Revolution and the European Family: The Indus-trialization of Childhood as a Market for Family Labour", *Comparative Studies in Society and History*, 1978, (20) : 454-468.

Mitchell, Margaret, "The Effects of Unemployment on the Social Condition of Women and Children in the 1930s", *History Workshop Journal*, 1985, 19(1) : 105-127.

Moav, Omer, "Cheap Children and the Persistence of Poverty", *Economic Journal*, 2005, 115(500) : 88-110.

Moehling, Carolyn M., "State Child Labour Laws and the Decline of Child Labour", *Explorations in Economic History*, 1999, 36(1) : 72-106.

Moehling, Carolyn M., "Family Structure, School Attendance, and Child Labour in the A-merican South in 1900 and 1910", *Explorations in Economic History*, 2004, 41(1) , 73-100.

Murshed, Madiha, "Unraveling Child Labor and Labour Legislation", *Journal of International Affairs*, 2001, 55(1) : 169-190.

Myers, W.E., "Can Children's Work and Education be Reconciled", *International Journal of Educational Policy, Research and Practice*, 2001, 2(3) : 307-30.

Myers, W.E., "The Right Rights? Child Labor in a Globalizing World", *The Annals of the American Academy of Political and Social Science*, 2001, 575(1) : 38-55.

Nardinelli, Clark, "Child Labour and the Factory Acts", *Journal of Economic History*, 1980, 40(4) : 739-755.

Nardinelli, Clark, "Were Children Exploited During the Industrial Revolution", *Research in Economic History*, 1988, (11) : 243-276.

Neuman, R.P., "Masturbation, Madness, and the Modern Concepts of Childhood and Ado-lescence", *Journal of Social History*, 1975, 8: 1-27.

Nicholas, David, "Child and Adolescent Labour in the Late Medieval City: A Flemish Model in Regional Perspective", *English Historical Review*, 1995, 110(439) : 1103-1131.

Nieuwenhuys, Olga, "The Paradox of Child Labour and Anthropology", *Annual Review of Anthropology*, 1996, (25) : 237-251.

Novkov, Juli, "Historicizing the Figure of the Child in Legal Discourse: The Battle Over the Regulation of Child Labour", *The American Journal of Legal History*, 2000, 44 (4) : 369-404.

Nurdoğan, Arzu M.A., "Comparative Analysis of Childhood Perception in the Nineteenth Century", *Journal of Academic Studies*, 2008, 10(36) : 167-187.

Osterman, P., "Education and Labor Markets at the Turn of the Century", *Politics and So-*

ciety, 1979, 9: 103−122.

Palley, Thomas, "The Child Labor Problem and the Need for International Labor Standards", *Journal of Economic Issues*, 2002, 36(3): 601−615.

Parsons, Donald and Goldin, Claudia, "Parental Altruism and Self-interest: Child Labour Among Late Nineteenth-century American Families", *Economic Inquiry*, 1989, 27(4): 637−659.

Pardoe, Elizabeth Lewis, "Poor Children and Enlightened Citizens: Lutheran Education in America, 1748−1800", *Pennsylvania History*, 2001, 68(2): 162−201.

Paz, D.G., "Working-class Education and the State, 1839−1849: The Sources of Government Policy", *The Journal of British Studies*, 1976, 16(1): 129−152.

Peacock, A.E., "The Successful Prosecution of the Factory Acts, 1833−1855", *The Economic History Review*, 1984, 37: 197−210.

Pilz, H., "Child Labor in the German Medical Literature between 1800 and 1850", *Z Gesamte Hyg*, 1975, 21(9): 694−699.

Plumb, J.H., "The New World of Children in Eighteenth-century England", *Past and Present*, 1975, 67: 64−93.

Pride, Nancy, "Incidents Preceding the Louisiana Child Labour Law of 1912", *The Journal of the Louisiana Historical Association*, 1978, 19(4): 437−445.

Psacharopoulos, G., "Child Labour Versus Educational Attainment", *Journal of Population Economics*, 1997, 10(4): 377−386.

Puerta, Juan Manuel, "What Saved the Children? Factory Acts and the Decline of Child Labour in the U.S.", Unpublished mimeo, Central European University, Economics Department, 2007, http://www.econ.ceu.hu/download/BESS/25Nov10.pdf.

Ranjan, Priya, "An Economic Analysis of Child Labor", *Economics Letter*, 1999, 64: 99−105.

Ray, R., "Analysis of Child Labour in Peru and Pakistan: A Comparative Study", *Journal of Population Economics*, 2000, 13: 3−19.

Ray, R., "Child Labor, Child Schooling, and Their Interaction with Adult Labour: Empirical Evidence for Peru and Pakistan", *World Bank Economic Review*, 2000, 14(2): 347−67.

Ray, R., "Child Labor: A Survey of Selected Asian Countries", *Asian Pacific Economic Literature*, 2004, 18(2): 1−18.

Robinson, R.V. and Wahl, A., "Industrial Employment and Wages of Women, Men and Children in a 19th Century City: Indianapolis, 1850−1880", *Journal of Family History*, 1990, 20(1): 1−22.

Robinson, W. A., "Advisory Referendum in Massachusetts on the Child Labour Amendment", *American Political Science Review*, 1925, (25): 69–73.

Rose, M. B., "Social Policy and Business: Parish and Apprenticeship and the Early Factory System 1750–1834", *Business History*, 1989, 31(4): 5–33.

Saad-Lessler, J., "A Cross-national Study of Child Labour and Its Determinants", *The Journal of Developing Areas*, 2010, 44(1): 325–344.

Sanderson, A. R., "Child Labor Legislation and the Labor Force Participation of Children", *Past and Present*, (56): 75–104, *Journal of Economic History*, 1974, 34(1): 297–299.

Satz, Debra, "Child Labour a Normative Perspective", *The World Bank Economic Review*, 2003, 17(2): 297–309.

Sharpe, P., "Poor Children as Apprentices in Colyton, 1598–1830", *Continuity and Change*, 1991, 6: 253–270.

Schechter, S. L., Coon, Charles, "Public Policy Analysis: the Case of Child Labour", *Social Science Record*, 1995, 32(1): 36–40.

Schmidt, A., Meerkerk, E. v. N., "Between Wage Labor and Vocation: Child Labour in Dutch Urban industry, 1600–1800", *Journal of Social History*, 2008, 41(3): 717–736.

Schwarz, Leonard, "English Servants and Their Employers During the Eighteenth and Nineteenth Centuries", *Economic History Review*, 1999, 52(2): 236–56.

Shade, William G., "The' Working Class' and Educational Reform in Early America: The Case of Providence, Rhode Island", *The Historian*, 1976, 39: 1–23.

Sittert, Lance van, "Working Children: Rural Child Labor Markets in the Postemancipation Great Karoo, South Africa, 1856–1913", *Ournal of Family History*, 2015, 41(1): 1–26.

Simonton, D., "Earning and Learning: Girlhood in Pre-industrial Europe", *The Women's History Review*, 2004, 13(3): 363–386.

Smith, S. R., "The London Apprentices as Seventeenth-century Adolescents", *Past and Present*, 1973, 61: 149–161.

Smith, S. R., "The Social and Geographical Origins of the London Apprentices, 1630–1660", *Guildhall Miscellany*, 1973, 4(4): 195–206.

Smith, S. R., "The Ideal and Reality: Apprentice-master Relationships in Seventeenth Century London", *History of Education Quarterly*, 1981, 21(4): 449–459.

Smith, S. R., "The Apprenticeship System in British History: The Fragmentation of a Cultural Institution", *History of Education*, 1996, 25(4): 303–322.

Snell, K. D. M., "The Sunday-school Movement in England and Wales: Child Labor, Denominational Control and Working-class Culture", *Past and Present*, 1999, 164(1) : 122–168.

Srivastava, Rajendra, "Children at Work, Child Labor and Modern Slavery in India: an O-verview", *Indian Pediatrics*, 2019, 56(8) : 633–638.

Stadum, B., "The Dilemma in Saving Children from Child Labor: Reform and Casework at Odds with Families' Needs(1900–1938) ", *Child Welfare*, 1995, 74(1) : 33–56.

Stambler, Moses, "The Effect of Compulsory Education and Child Labor Laws on High School Attendance in New York City, 1898 – 1917", *History of Education Quarterly*, 1968, 8 (2) : 189–214.

Swaminathan, Madhura, "Economic Growth and the Persistence of Child Labor: Evidence from an Indian City", *World Development*, 1998, 26(8) : 1513–1528.

Swinnerton, K., Rogers, C., "The Economics of Child Labor: Comment", *American Economic Review*, 1999, (89) : 1382–1385.

Tawney, R. H., "The Economics of Boy Labour", *Economic Journal*, 1909, 19 (76) : 517–537.

Thompson, E.P., "The Moral Economy of the English Crowd in the Eighteenth Century", *Past and Present*, 1971, 50(1) : 76–136.

Toor, Saadia, "Child labour in Pakistan: Coming of Age in the New World Order", *Annals of the American Academy of Political and Social Science*, 2001, 575: 194–224.

Trattner, Walter I., "The First Federal Child Labour Law (1916) ", *Social Science Quarterly*, 1969, 50(3) : 507–524.

Trinkley, C.G., "Child Labour in America: An Historical Analysis", *In the Public Interest*, 1993, (13) : 59–93.

Tuttle, Carolyn, "A Revival of the Pessimist View: Child Labour and the Industrial Revo-lution", *Research in Economic History*, 1998, 18: 53–82.

Tuttle, Carolyn, "History Repeats Itself: Child Labor in Latin America", *Employee Respon-sibilities and Rights Journal*, 2006, 18(2) : 143–154.

T.W.S., "Regulating Child Labour by Federal Taxation", *The Yale LawJournal*, 1922, 31 (3) : 310–314.

Wallis, P., "Apprenticeship and Training in Premodern England", *Journal of Economic History*, 2008, 68(3) : 832–861.

Walters, Pamela B., "Schooling and the Family Economy: The Effects of Industrialism, Race and Religion on American Educational Participation, 1890–1940", *American Journal of Sociology*, 1988, 93: 1116–1152.

Walters, Pamela B., Briggs, C.M., "The Family Economy, Child Labour, and Schooling:

Evidence from the Early Twentieth Century South", *American Sociological Review*, 1993, (58): 163–181.

W.E.B., "Constitutional Law: Tax on Employment of Child Labor", *Michigan Law Review*, 1922, 21(1): 88–90.

Weissbach, Lee S., "Child Labor Legislation in Nineteenth-century France", *The Journal of Economic History*, 1977, 37(1): 268–271.

Westermann, W.L., "Apprentice Contracts and the Apprentice System in Roman Egypt", *Classical Philology*, 1914, 9(3): 295–315.

White, B., "Children, Work and ' Child Labor': Changing Responses to the Employment of Children", *Development and Change*, 1996, 25(4): 849–878.

White, Lynn K.and Brinkerhoff, David B., "Children's Work in the Family: Its Significance and Meaning", *Journal of Marriage and Family*, 1981, 43(4): 789–798.

Wilson, Adrian, "The Infancy of the History of Childhood: An Appraisal of Philippe Ariès", *History and Theory*, 1980, 19: 132–154.

Woodhead M., " Psychosocial Impacts of Child Work: A framework for Research, Monitoring and Intervention", *International Journal of Children's Rights*, 2004, 12 (4): 321–377.

Wright, Gavin, "Cheap Labour and Southern Textiles, 1880–1930", *The Quarterly Journal of Economics*, 1981, 96(4): 605–629.

Ogawa Masaaki, Ogawa Toshio, "History of the Child Labour Legislation in Prussia(Commemoration Issue of the Tenth Anniversary of the School)", 社會事業の諸問題：日本社會事業短期大學研究紀要, 1956, (4)：84–144。

齊藤佳史："産業革命期フランス・アルザス地方における児童労働問題—1841年児童労働法と企業家", 社会経済史学, 1999, 64 (5)：671–698。

田中勝文："児童労働と教育—とくに一九一一年工場法の施行をめぐって", 教育社会学研究, 1967, 22：148–161。

荻山正浩："戦前日本の児童労働と労働供給：紡績女工の年齢，賃金，需給状況 （秋元英一先生退職記念号)", 千葉大学経済研究, 2008, 23 (3)：419–453。

2. 学位论文

Anderson, Elisabeth, *Policy Entrepreneurs and Institutional Change The Politics of 19th-Century Child Labor Reform in Germany and the U.S.*, Evanston: Northwestern University, 2013.

Beck, Rainer, *The Development of Child Labor Legislation in Imperial Germany*, Los Angeles: University of California, 1970.

Bolin-Hort, Per, *Work, Family, and the State: Child Labour and the Organization of Pro-*

duction in the British Cotton Industry, 1780—1920, Lund, Sweden: Lund University Press, 1989.

Carter, L. K., *Evening Schools and Child Labor in the United States, 1870 – 1910*, Nashville, Tennessee: Vanderbilt University, 2009.

Doftori, Mojibur Rahman, *Education and Child Labour in Developing Countries: A Study on the Role of Non-governmental Organisations in Bangladesh and Nepal*, Helsinki: University of Helsinki, 2004.

Ensign, Forest Chester, *Compulsory School Attendance and Child Labour: A Study of the Historical Development of Regulation Compelling Attendance and Limiting the Labor of Children in a Selected Group of States*, PhD Disserta-Tion, Columbia University, 1921.

Felt, Jeremy P., *The Regulation of Child Labour in New York State, 1886—1942, with Emphasis Upon the Work of the New York Child Labour Committee*, Ann Arbor, Mich.: University Microfilms, 1960.

Gorshkov, Boris B., *Factory Children Child Industrial Labour in Imperial Russia 1780 – 1914*, Auburn, Alabama: Auburn University, 2006.

Loughran, Miriam, *The Historical Development of Child-labour Legislation in the United States*, PhD Dissertation, Catholic University of America, 1921.

McAhren, Robert Willard, *Making the Nation Safe for Childhood: A History of the Movement for Federal Regulation of Child Labour, 1900 – 1938*, Austin: University of Texas, 1967.

Manen, Niels van, *The Climbing Boy Campaigns in Britain, c.1770—1840: Cultures of Reform, Languages of Health and Experiences of Childhood*, PhD Dissertation, University of University of Durham, 2010.

Moore, Barbar E., *American Childhood Through the Years Colonial Era, 18th Century through 19th Century and Progressive Era*, Arcata, CA: Humboldt State University, 2006.

Smit, Cornelis Bernardus Antonius, *The Leiden Factory Children, Child Labor, Industrialization and Society in A Dutch Town, 1800—1914*, Utrecht University Repository, 2014.

Storment, Frank Edward, *The Evolution of Child Labour Legislation in Illinois: 1818-1917*, Charleston: Eastern Illinois University, 1978.

Whalen, Cora Daggett, *History of Child Labor in the United States since the Civil War*, Boston: Boston University, 1931.

3. 其他论文

Bhalotra, S., *Is Child Work Necessary?*, LSE Development and Distribution Series Discussion Paper No.25, 2000, First draft, 1998.

Bhaskar, V.and B.Gupta, *Were American Parents Really Selfish? Child Labour in the 19th*

Century, CEPR Discussion Papers 5675, CEPR, 2006.

Doepke, M., Zilibotti, Fabrizio, *Voting with Your Children: A Positive Analysis of Child Labor Laws*, Discussion Paper No.3733, Centre for Economic Policy Research, 2003.

Doepke, M., Zilibotti, Fabrizio and Krueger, D., *Origins and Consequences of Child Labor Restrictions: A Macroeconomic Perspective*, NBER Working Papers 12665, National Bureau of E-conomic Research, 2006.

Fallon, Peter, Tzannatos, Zafiris, *Child Labour: Issues and Directions for World Bank*, Washington D.C.: World Bank, 1998.

Grimsrud, B., *What Can be Done about Child Labour?An Overview of Recent Research and Its Implications for Designing Programs to Reduce Child Labor*, SP Discussion Paper No.0124, Washington D.C.: World Bank, 2001.

Gunnarsson V., Orazem P.F., Sedlacek G., "Changing Patterns of Child Labour around the World since 1950: The Roles of Income Growth, Parental Literacy, and Agriculture", In: Orazem P.F., Sedlacek G., Tzannatos Z.(eds), *Child Labor and Education in Latin America*, Palgrave Macmillan, New York, 2009.

Miguel Á.Pérez de Perceval Verde, etc., *Child and Youth Labour in the Spanish Mining Sector:* 1860−1940, Documentos de Trabajo(DT-AEHE) 1310, Asociacion Espa-ola de Historia Economica, 2013.

Wallis, Patrick, *Apprenticeship, Training and Guilds in Pre-industrial Europe*, Economic History Society Annual Meeting, April, 2006.

四、网络资源

（一）中文资源

国际劳工组织亚洲和太平洋地区国际劳工组织北京局，http://www.ilo.org/beijing/whatwedo/publications/lang--zh/index.htm

国际劳工标准目录，http://www.calss.net.cn/n1196/n23327/n24579/29702.html

山西黑砖厂虐待工人，http://news.sina.com.cn/z/shanximaltreat/index.shtml

上海市地方志办公室，http://www.shtong.gov.cn/node2/index.html

中国劳动和社会保障法律网，http://www.cnlsslaw.com.cn/

中国世界史研究网，http://worldhistory.cass.cn/

中国学术论坛，http://www.frchina.net/

中国青少年研究网，http://www.cycs.org/

中国社会学网，http://www.sociology2010.cass.cn/

中国劳工网，http://www.cn51.org/

（二）外文资源

A Brief History of Children, http://www.localhistories.org/children.html

Child Labour in Britain, http://www.spartacus.schoolnet.co.uk/IRchild.html

Child Labor in U.S.History The Child Labor Education Project, http://www.continuetolearn.uiowa.edu/laborctr/child_ labor/about/us_ history.html

Child Labor Resources, http://www.vachss.com/help_ text/child_ labor.html

Digital Archive of Documents Related to Child labor, http://www. cs. arizona. edu/patterns/weaving/topic_ child.html

Encyclopedia of Children and Childhood in History and Society, http://www. faqs. org/childhood/

EH.Net-Economic History Services, http://eh.net/encyclopedia/contents/jacoby.apprenticeship.us.php

Hathi Trust Digital Library, http://www.hathitrust.org/

International Programme on the Elimination of Child Labour (IPEC) , http://www. ilo. org/ip-ec/lang--en/index.htm

The History Place-Child Labor in America: Investigative Photos, http://www. Historyplace.com/unitedstates/childlabor/

The Peel Web, http://www.historyhome.co.uk/peel/factmine/southey.html

Welcome to the Home of the Child Labor Coalition, http://www. stopchildlabor. org/index.html

后　记

　　本书是 2012 年度教育部人文社会科学研究一般项目"童工问题的历史考察与现实启示"（项目批准号：12YJA770034）的最终结项研究成果。

　　本项目从前期准备、申请到研究、结项成书过程中，得到了众多友人的帮助。

　　临沂大学马克思主义学院的刘世廷副教授，多年来从事政治经济学的教学、研究，他不但传授给我政治经济学的知识，而且还在我感到孤独无助时给予精神慰藉；临沂大学理学院的徐教授传胜博士，既是生活中的益友，又是我前行的鞭策者；临沂大学图书馆李博副研究馆员的热情令人难以忘怀。项目立项前，网络尚未勃兴，为以廉价方式将搜集的相关资料打印保存，他指导并陪同我从市场购买纸张、色带，然后将购买的纸张切成 A4 或 B5 大小便于使用，其热心相助的情景恍如昨日。趋行于人生旅途，绕不开坎坷忧愁。前行路上有几位挚友相助相伴，怎敢踟蹰不前？

　　临沂大学原文学院院长、现临沂大学学报主编张根柱博士，从申报课题撰写标书到申报过程中的方方面面，给予了全方位的支持，没有他的指导帮助，不知道这个课题现在是否能够申请得到。词穷字乏，难表感激之情。

　　在全国各地求学、工作的学生们，从各地图书馆查找、复印资料，他们热情无私的帮助为课题的顺利完成奠定了基础。南京大学刘金源先生的高足邵成珠，南阳师范学院的王斌老师，山东师范大学的李娟老师，广东省社会科学院的武文霞老师，山东旅游职业学院的祝艳华老师，山师育才培训学校的于月霞老师，中央民族大学的张方译老师，江西省省属国有企业资产经营有限公司的李艳处长，曾在南开大学读攻读硕士学位的牛琳女士，曾在广西师范大学攻读硕士学位、现在平邑一中任教的李世林老师，他们从不同的渠道为我购买、下载、复印或整理相关资料。特别需要提及的是，在毗邻国家图书馆的中央民族大学就读、工作的张方译老师，从其攻读硕士、博士研究生到参加工作期间，一直帮我从国家图书馆查找、复印需要的资料。对以上诸位——可能还有为我提供资料被忘记的同学——无私的帮助致以深深的谢意，谢谢你们！

中国社会科学院民族学与人类学研究所所长王延中研究员，中国资产评估协会岳公侠副秘书长与中国财政经济出版社的李玲兰夫妇帮我查找、复印过资料；临沂大学研究生处的邱建龙博士，在美国访学期间帮我查找到一些需要的资料；文学院徐玉如教授通过其在美国求学的公子徐静涛博士为我下载了部分国内无法下载的资料；历史文化学院的魏本权院长、张学强博士也在早年求学期间为我复印过资料。对他们给予的帮助表示诚挚的感谢。

为了能够顺利完成课题的研究任务，课题组成员尹明明、宋海燕、刘长飞、方建新、李桂峰、魏秀春、魏本权等人时常在一起讨论交流，有争执，有共识。彼此思想的碰撞为课题研究任务的顺利完成提供了便利。书中可能有的闪光点，是课题组成员交流讨论的结晶，存在的不足则是我天资愚钝未能很好消化所致。谢谢各位课题组成员为顺利完成研究任务所做的付出。

原在一起共事过的领导，现山东石油化工学院党委委员张思峰副院长，临沂大学教学质量与监督评估办公室的赵主任光怀博士，不但在我从事课题研究时提出了很好的建议，而且对我的工作也较为包容。对他们，我除了感觉要好好工作外，难以表达谢意。

中国社会科学院研究生院的李尚英研究员、赵俊研究员，北京大学的王新生教授，复旦大学的李剑鸣教授，厦门大学的王旭教授，南开大学的常建华教授，四川大学的陈廷湘教授，东北师范大学的梁茂信教授，河南大学的闫照祥教授，日本德岛大学的荒武达朗教授，《历史教学》编辑部的倪金荣先生，山东师范大学的王玮教授、时晓红教授等专家、学者，或在来校讲学或在会议期间的交流中，给予不同形式的指导和帮助，在此也一并谢谢他们。

书稿完成后，临沂大学历史文化学院已退休的王冠卿教授、伏广存教授，阅读了部分书稿并提出了很好的修改建议，在此表示感谢；临沂大学文学院的宋教授希芝博士，在百忙之中认真阅读了书稿，并对书稿文字进行了润色、加工，感谢宋希芝教授的付出。

感谢家人的包容。妻子尹明明教授，本就是课题组成员，除完成教学、科研任务外，包揽了一切家务，任劳任怨，若无她的鼎力支持，项目研究难以顺利完成。

关于本书还要再简单交代几句。一是书中使用的主要资料截止日期到2019年11月，尽量把最新的研究成果和资料吸收进去；二是书中个别章节是在已经发表文章的基础上修改加工而成，书中已经注明（不排除或有遗漏）请读者谅解；三是对一些原著可能存在释读不准确的情况，欢迎有兴趣的读者进行交流；四是在课题研究和书稿写作过程中参考了许多相关研究者的论文著作，书中亦已详细注明，在此表示感谢；五是书中日语文献资料在使用时得到临沂大学历史文化学院刘钦博士的帮助，在此也一并表示感谢。

事非亲历不知难。虽然努力想把项目研究做得更好一些，但因本人才疏学浅只能以目前面目示人，恳请读者批评谅解。

鲁 运 庚

临沂大学

2021 年 5 月 29 日

索　引

责任编辑:江小夏
封面设计:胡欣欣

图书在版编目(CIP)数据

儿童劳动的历史考察/鲁运庚 著. —北京:人民出版社,2021.12
ISBN 978－7－01－022345－2

Ⅰ.①儿…　Ⅱ.①鲁…　Ⅲ.①童工–历史–研究–世界　Ⅳ.①K14

中国版本图书馆 CIP 数据核字(2020)第 127519 号

儿童劳动的历史考察

ERTONG LAODONG DE LISHI KAOCHA

鲁运庚　著

人民出版社 出版发行
(100706　北京市东城区隆福寺街 99 号)

北京中科印刷有限公司印刷　新华书店经销

2021 年 12 月第 1 版　2021 年 12 月北京第 1 次印刷
开本:710 毫米×1000 毫米 1/16　印张:35
字数:466 千字

ISBN 978－7－01－022345－2　定价:138.00 元

邮购地址 100706　北京市东城区隆福寺街 99 号
人民东方图书销售中心　电话 (010)65250042　65289539